柿沼陽平著

汲古叢書148

中国古代貨幣経済の持続と転換

汲古書院

目 次

中国古代貨幣経済の持続と転換

序　章

本書では、まず後漢時代に関する文字史料のなかに、前漢時代に量的にまさるともおとらぬ貨幣（とくに銭と布帛）の用例がみいだされることを指摘する。また三国時代と両晉時代の文字史料のなかにも銭と布帛に関する相当数の記載があることをしめす。それらの史料を手がかりとして、後漢三国両晉貨幣経済の存在を闡明し、それと前漢貨幣経済とのあいだに質的差異があることを論ずる。また考古資料や出土文字資料を加味しつつ、後漢・三国・両晉という三つの時代のあいだ、ひいては三国（曹魏・蜀漢・孫呉）のあいだや両晉（西晉・東晉）のあいだにも貨幣・経済・財政の面でさまざまな相異があったことをのべ、後漢三国両晉貨幣経済の時代的・地域的差異に、その当時の経済・制度・習俗が影響を与えていたことを具体的に明らかにする。

このような考え方は、前漢末期以後もしくは後漢末期以後の経済状況（とくに両晉時代まで）を低調なものと捉える旧来の見解とは相反する。これまでの中国古代貨幣経済史の研究動向については拙著『中国古代貨幣経済史研究』（以下、前著と称す）の序章で詳論したことがある。(1) それを今一度簡単にまとめておくと、ほぼつぎのようになる。

まず二十世紀初頭以来、学界では考証学・金石学・古銭学・甲骨学・文献史学・考古学などの成果をふまえた基盤研究が行なわれ、それは一九三〇年代の中国食貨学派の活躍や一九七〇年代以降の出土文字資料研究を追い風とし、現在に至るまで継続的に進められている。一方多くの研究者はそのような基盤研究とはべつに、基盤研究の成果を統合して中国古代貨幣経済史の大まかな流れを復元することにも、つとに取り組んできた。そのなかから最初に台頭したのが〝中国古代貨幣経済盛衰論〟とよぶべき一連の諸学説であった。これは、貨幣経済が周代以前に誕生し、それを中心とする経済が前漢前半期にピークを迎え、前漢後半期もしくは魏晋南北朝以降に衰退したという説で、とくに戦後日本の歴史学界では多くのヴァリエーションに分かれつつも、長らく定説とされてきた。一方、中国の学界では、前近代中国経済を一貫して「自然経済」とするいわゆる〝前近代中国自然経済論〟が有力であったが、そのなかにも中国古代における貨幣の存在を認め、その時代的変化をみようとする研究は存在した。そこには、大綱として〝前近代中国自然経済論〟に従いつつも、戦国秦漢時代に未成熟ながら貨幣経済が存在したとし、それは後漢時代に入ってもなお衰退しなかったとする〝後漢貨幣経済隆盛論〟者も含まれていた。その意味で、後漢時代の経済史に関してはまだ評価が分かれているといえる。ただし三国時代と両晋時代の貨幣経済に関しては、従来その存在に否定的な研究が多く、あるいはほとんど体系的研究の対象とはされてこなかった。

もっとも、一九六〇年前後になると、「貨幣経済の盛衰」や「貨幣経済か自然経済か」といった二項対立的議論の仕方そのものが部分的ながらも徐々に批判されはじめた。その過程で派生したのがつぎの五つの潮流であった。

①銭＝国家的決済手段論……銭の普及と使用が、民間における自生的な物神崇拝でなく、むしろ国家的な強制（銭納人頭税の賦課など）によるものであったことを強調する説。これは、中国古代の銭と現代貨幣との質的差異をしめすもので、貨幣経済の盛衰を銭の数量的増減の問題に還元する従来の説の批判にもなっている。

②貨幣間関係論……銭や黄金などの貨幣同士の関係に注目する説。複数並存する貨幣の関係の変化に注目することで、たんに貨幣経済の盛衰を論ずるのではなく、その時代的な質的変化に言及したものである。①と同様、中国古代貨幣経済盛衰論批判としての意義を有する。

③地域貨幣論……貨幣経済の盛衰に時代差だけでなく、地域差もあったとする説。従来の中国古代貨幣経済盛衰論が地域差を考慮していない点を批判する。ここから、都市—農村間、都市間にも経済的差異を認める〝多元的流通経済論〟も生まれた。

④現物貨幣論……銭・黄金などの金属貨幣だけでなく、布帛や穀物などの現物貨幣をも「貨幣経済」の要素とする説。従来の説が金属貨幣の増減のみを指標としている点を批判する。これは②の前提ともなる考え方である。

⑤商人—豪族論的転回……貨幣経済の時代的変化を論ずる上で、とくに貨幣経済の担い手（商人・豪族・小農民など）の変化に注目する説。

加えて一九九〇年代にはいわゆるポランニー派経済人類学をふまえた議論も登場し、「貨幣経済の盛衰」や「貨幣経済か自然経済か」といった二項対立的な問題設定自体はますます疑義にさらされ、中国古代貨幣経済史の時代的・地域的な質的変化が問われるようになっていった。このときにいたっても、後漢三国両晉貨幣経済の実証的体系的再検討はなお、課題として残されたままであったが、それとはべつに、中国古代貨幣経済史を議論するための土台そのものが見直されはじめたのである。そこで前掲の学説史（とくに①〜④）をふまえて筆者が著わしたのが前著であった。

前著は、出土文字資料研究の成果をとりこみ、考古学・経済学・人類学・社会学などの関連研究にも極力目を配りつつ、中国古代貨幣経済史（とくに殷周時代〜前漢時代前半）の全面的な再検討を行なったものである。それによると戦国秦漢時代には「買う」や「賣る」といった動詞が登場し、貨幣と商品の差異が明確化されるようになり、とくに銭・黄金・布帛が都市部を中心に貨幣として定着した。銭・黄金・布帛のあいだには用途上の違いもあり、そこには一定の規則性があった。それは、当時の経済状況だけでなく、国家による貨幣制度の施行状況や、各地域特有の習俗にもよるものであった。これは、当時の国家にとって銭・黄金・布帛の動きを一元的に把握・制御することが容易でなかったことをしめす。それゆえ秦や前漢の政府はつとにその把握・制御に注意を払ってきた。まず銭は、戦国中期以降、国家的決済手段として強力な統制下に置かれた。秦漢国家は物価を固定官価・平賈（平価）・実勢価格の三段階に分け、銭をその基本的な価値尺度手段とし、国内では同一の銭文をもつ銭のみを流通させ、その枚数の積算によって商品の価値を尺度する体制を整えた。民間では銭を秤量貨幣として扱う傾向が強く、その政策も当初は十分には貫徹しなかったものの、前漢武帝期に五銖銭の国家的専鋳がなされるようになると、一応の安定期に入った。また武帝は、当時民間供給型貨幣であった布帛を決済手段とする塩鉄専売制を施行し、布帛をも国家的税収として管理下に組み込んでいった。こうして戦国時代以来の銭・黄金・布帛を中心とする貨幣経済は、当時の経済・制度・習俗によって複雑な動きをみせつつも、国家に馴致されていった。以上が前著の主旨である。このように従来の学説（とくに前掲①～④）をふまえて貨幣経済史を描きなおそうという学問的方向性を、筆者は〝多元的貨幣論〟とよぶ。

こうした議論を参照しつつ、筆者は二〇〇九年六月以来、〝多元的貨幣論〟の立場から、前漢末期以後の貨幣経済史の再検討にも着手した。(2) その成果をまとめたものが本書である。その概要は本章冒頭ですでに簡単にふれたとおりであり、本書終章でさらに詳細にのべる。

もっとも、二十世紀末以来、中国大陸では出土銭幣を整理した馬飛海総主編『中国歴代貨幣大系2　秦漢三国両晋南北朝貨幣』などの大作が刊行され、(3) 日本では山田勝芳『貨幣の中国古代史』や宮澤知之『中国銅銭の世界　銭貨から経済史へ』、(4) 台湾では王怡辰『魏晉南北朝貨幣交易和発行』や陳彦良『通貨緊縮与膨張的双重肆虐　魏晉南北朝貨幣史論』が上梓され、(5) 漢魏晉貨幣史研究は少しずつではあるが、注目を集めるようになってきた。また一九九六年に中国湖南省長沙市の五一広場前デパート建設現場の井戸址から総数十四万枚弱の竹簡・木簡（いわゆる走馬楼呉簡）が出土し、孫呉の黄龍・嘉禾年間（西暦二二九～二三七年）の臨湘侯国（もしくは臨湘県）に関係する文書と目されており、そこにも銭や布帛に関する膨大な記録がみえる。これによって後漢三国時代を自然経済や物々交換経済とする見解はいよいよ疑義を突きつけられた形となった。後漢経済に関しては湖南省長沙市出土の東牌楼簡牘や五一広場東漢簡牘、西晉経済に関しては湖南省郴州蘇仙橋遺跡出土の郴州晉簡なども参考になる。本書もその流れに棹さす形で準備したものである。

ただし、以上の諸研究と私見とのあいだには理論面・実証面でなお少なからぬ懸隔がある。すなわち、本書が文字資料を主、考古資料を副として後漢三国両晉貨幣経済の時代的特質を問うのに対して、馬飛海氏らの大著は古銭や銭范の収集に力点がおかれているものの、銭以外の貨幣の存在や、諸貨幣間の関係性を体系的に把握するところまでは議論の範囲が及んでいない。外国人研究者の研究成果も活かされていない。山田氏の前掲書は殷周時代から隋唐時代までの貨幣通史を一般書のかたちで説明したもので、随所に創見を含むものであるが、後漢三国両晉貨幣経済を専門としたものではなく、私見と相異する箇所もある。宮澤氏の前掲書は、銭に焦点を絞った一般書の形をとっており、やはり随所に卓見の盛り込まれた好著ではあるものの、必ずしも布帛などを含む後漢三国両晉貨幣経済史の全体像を専門的に再検討する方向には進んでいない。王氏は五胡十六国や南北朝時代の貨幣史に重点を置いており、その点では重厚な成果を挙げているものの、後漢三国両晉貨幣経済史に関する論述はわずかにとどまる。陳氏は、拙稿（本書第八章の元となった論文）をふまえた議論を展開しているものの、出土文字資料研究への言及はほとんどなく、出土銭幣と伝世文献に焦点を絞った研究を行なっている。

また走馬楼呉簡などの新出資料研究に関しては現在、その史料的性格を見定め、釈文を吟味し、簡牘の文章を他の簡牘との比較検討のなかで理解し、簡牘のモノとしての性格を闡明するなどの簡牘学的研究がさかんである。それ自体は確度の高い重要な成果を生んでいるものの、伝世文献に基づく伝統的な後漢史研究や『三国志』研究との関係はやや希薄であると思われる。とくに貨幣経済史研究に関しては、呉簡研究と『三国志』などに基づく研究成果との接合点がみえにくくなっている。これらの理由により、前漢時代末期以後もしくは後漢末期以後の経済状況（とくに両晉時代まで）を低調なものと捉える通説的見解はなおも十分な吟味を経ないままに残されているといわざるをえないのである。そこで本書では、伝世文献研究・出土文字資料研究・出土銭幣研究を軸として、後漢三国両晉貨幣経済史の体系的再検討を目指した次第である。

ところで、本書はいくつかの既出論文の改訂版よりなっており、その意味では論文集の体裁をとっている。だが各章の元となった論文は本書収録時に、上記指針に基づいて全面的に書き直しており、内容的に首尾一貫したものとなっている。その意味で本書はたんなる論文集ではない。

また本書は、後漢時代・三国時代・両晉時代の貨幣経済史を扱い、取り扱う時代の範囲からみれば、殷周時代から前漢時代までの経済史を扱った前著の続編にあたる。実際に本書では、前著で提示した交換史観（communication history）という歴史の見方をも色濃く継承している。交換史観に関してはその後、知的好奇心あふれる高校生以上の読者に向けた拙著『中国古代の貨幣　お金をめぐる人びとと暮らし』においても平易な説明につとめ、(6)共著『つながりの歴史学』第一章でもその学説史的背景の詳細な解説を試みた。(7)本書はそのような見方を受け継ぎ、前漢時代以後の貨幣経済史を取り扱ったものである。(8)ただし本書は、前述したように本書独自の具体的課題ももっており、その意味で、前著のたんなる続編であるにとどまらない意義をもつ。むしろ本書は、前著の枠組みを受け継ぎつつも、後漢三国両晉貨幣経済の構造と特質を別途具体的に検討しようとしたものなのである。このような本書全体を貫く主題とその学説史的意義に関しては本書第一章～第八章の議論をふまえて改めて終章で確認することとして、ともかくさっそく具体的な議論に入っていくことにしよう。

注

（1）柿沼陽平「中国古代貨幣経済史研究の意義と分析の視角」（『中国古代貨幣経済史研究』汲古書院、二〇一一年）。

（2）学会報告「後漢時代における貨幣経済の展開とその特質」平成十七年度～二十一年度文部科学省特定領域研究「東アジアの海域交流と日本伝統文化の形成」貨幣論班第十四回研究会「東アジア貨幣史の諸問題」（二〇〇九年六月五日、於東京大学）等。

（3）馬飛海総主編『中国歴代貨幣大系2 秦漢三国両晉南北朝貨幣』（上海辞書出版、二〇〇二年）。

（4）山田勝芳『貨幣の中国古代史』（朝日新聞社、二〇〇〇年）、宮澤知之『中国銅銭の世界 銭貨から経済史へ』（思文閣出版、二〇〇七年）。

（5）王怡辰『魏晉南北朝貨幣交易和発行』（文津出版社、二〇〇七年）、陳彦良『通貨緊縮与膨張的双重肆虐 魏晉南北朝貨幣史論』（国立清華大学出版社、二〇一三年）。

（6）柿沼陽平『中国古代の貨幣 お金をめぐる人びとと暮らし』（吉川弘文館、二〇一五年）。

（7）柿沼陽平「中国古代の人びととその「つながり」」（本田毅彦編『つながりの歴史学』北樹出版、二〇一五年）。

（8）『中国古代貨幣経済史研究』・『中国古代の貨幣 お金をめぐる人びとと暮らし』・『つながりの歴史学』と本書との連続性に関しては別途さまざまな形で説明を加えてきた。たとえば柿沼陽平「中国古代貨幣の展開とその特殊性」（『歴史と地理 世界史の研究』第二四五号、二〇一五年）参照。ただし前著三者のあいだにも異なる目的があり、必ずしも完全に方向性が重複しているわけではない。『中国古代の貨幣 お金をめぐる人びとと暮らし』の執筆背景に関しては柿沼陽平「貨幣と生きる」（『本郷』第一一六号、二〇一五年）も参照。また『つながりの歴史学』で提示した交換史観に基づく具体的研究手法の実践例に柿沼陽平「中国古代郷里社会の「きずな」と「しがらみ」」（本田毅彦編『つながりの歴史学』北樹出版、二〇一五年）や柿沼陽平「魏晉時代の人びととそのつながり――臨澤県黄家湾村出土晉簡等よりみた民衆社会――」（『歴史民俗研究（櫻井徳太郎賞受賞作文集）』第十三輯、二〇一六年）もある。

［付記］本稿で用いた簡牘史料（略号五十音順）

尹湾漢墓簡牘（前漢中期）
　連雲港市博物館・中国社会科学院簡帛研究中心・東海県博物館・中国文物研究所共編『尹湾漢墓簡牘』（中華書局、一九九七年）

居延旧簡（前漢後期～後漢前期）
　労榦『居延漢簡　図版之部』（中央研究院歴史語言研究所専刊之二十一、一九五七年）、謝桂華・李均明・朱国炤『居延漢簡釈文合校』（文物出版社、一九八七年）

居延新簡（前漢後期～後漢前期）
　甘粛省文物考古研究所・甘粛省博物館・文物部古文献研究所・中国社会科学院歴史研究所編『居延新簡　甲渠候官与第四隧』（中華書局、一九九四年）

五一広場東漢簡牘（後漢後期）
　長沙市文物考古研究所・清華大学出土文献研究与保護中心・中国文化遺産研究院・湖南大学岳麓書院編『長沙五一広場東漢簡牘選釈』（中西書局、二〇一五年）

儀徴胥浦第一〇一号前漢墓出土「先令券書」（前漢後期）
　揚州博物館「江蘇儀徴胥浦一〇一西漢墓」（『文物』一九八七年第一期）、陳平・王勤金「儀徴胥浦一〇一西漢墓《先令券書》」（『文物』一九八七年第一期）

尚徳街東漢簡牘（後漢後期）
　長沙市文物考古研究所編『長沙尚徳街東漢簡牘』（岳麓書社、二〇一六年）

松柏漢牘（前漢中期）
　荊州博物館「湖北荊州紀南城松柏漢墓発掘簡報」（『文物』二〇〇八年第四期）

睡虎地秦簡（戦国秦）

《雲夢睡虎地秦墓》編写組『雲夢睡虎地秦墓』（文物出版社、一九八一年）、睡虎地秦墓竹簡整理小組『睡虎地秦墓竹簡』（文物出版社、一九九〇年）、武漢大学簡帛研究中心・湖北省博物館・湖北省文物考古研究所編、陳偉主編『秦簡牘合集』（武漢大学出版社、二〇一四年）

走馬楼呉簡（三国）

長沙市文物考古研究所等編『長沙走馬楼三国呉簡・嘉禾吏民田家莂』（文物出版社、一九九九年）、長沙市文物考古研究所等編『長沙走馬楼三国呉簡・竹簡〔壱〕』（文物出版社、二〇〇三年）、長沙簡牘博物館等編『長沙走馬楼三国呉簡・竹簡〔弐〕』（文物出版社、二〇〇七年）、長沙簡牘博物館等編『長沙走馬楼三国呉簡・竹簡〔参〕』（文物出版社、二〇〇八年）、長沙簡牘博物館等編『長沙走馬楼三国呉簡・竹簡〔肆〕』（文物出版社、二〇一一年）、長沙簡牘博物館等編『長沙走馬楼三国呉簡・竹簡〔柒〕』（文物出版社、二〇一三年）、長沙簡牘博物館等編『長沙走馬楼三国呉簡・竹簡〔捌〕』（文物出版社、二〇一五年）。

張家山漢簡（前漢初期）

張家山二四七号漢墓竹簡整理小組編著『張家山漢墓竹簡〔二四七号墓〕』（文物出版社、二〇〇一年）、彭浩・陳偉・工藤元男主編『二年律令与奏讞書』（上海古籍出版社、二〇〇七年）

郴州晋簡（西晋前期）

湖南省文物考古研究所・郴州市文物処「湖南郴州蘇仙橋遺址発掘簡報」（『湖南考古輯刊』第八輯、岳麓書社、二〇〇九年）、伊藤敏雄・永田拓治「郴州晋簡初探――上計及び西晋武帝郡国上計吏勅戒等との関係を中心に――附郴州晋簡にみる田租」（『長沙呉簡研究報告』二〇一〇年特刊、二〇一一年）

天長市安楽鎮一九号漢墓木牘（前漢前期）

天長市文物管理所・天長市博物館「安徽天長西漢墓発掘簡報」（『文物』二〇〇六年第十一期）

東牌楼簡牘（後漢後期）

王素「長沙東牌楼東漢簡牘選釈」（『文物』二〇〇五年第十二期）

敦煌漢簡（前漢後期～後漢前期）

大庭修『大英図書館蔵　敦煌漢簡』（同朋舎、一九九〇年）、甘粛省文物考古研究所編『敦煌漢簡』（中華書局、一九九一年）

鳳凰山漢簡（前漢前期）

紀南城鳳凰山一六八号漢墓発掘整理組「湖北江陵鳳凰山一六八号漢墓発掘簡報」（『文物』一九七五年第九期）

龍崗秦簡（統一秦）

中国文物研究所・湖北省文物考古研究所編『龍崗秦簡』（中華書局、二〇〇一年）

里耶秦簡（統一秦）

湖南省文物考古研究所編『里耶発掘報告』（岳麓書社、二〇〇七年）

第一章　後漢貨幣経済の展開とその特質

はじめに

前著で論じたように、中国古代では、戦国秦漢時代に銭・黄金・布帛を軸とする多元的貨幣経済が展開した。ところが、前漢時代末期以後や後漢末期以後に関しては、その経済状況（とくに両晉時代まで）を低調なものと捉える見方が現在もなお根強い。その見方は厳密には、中国古代貨幣経済が前漢後半期以降衰退したとする〝中国古代貨幣経済盛衰論〟と、中国古代全体が自然経済中心であったとする〝前近代中国自然経済論〟に大別される。

ただしとくに後漢時代に関しては異論もあり、未熟ながら貨幣経済が存在し、前漢に比してそれほど遜色なかったとする〝後漢貨幣経済隆盛論〟者も存在する。なかでも彭信威、パトリシア・イブリー、紙屋正和諸氏の研究は詳細で、後漢貨幣経済史の再評価に直結する重要なものである。(1) また馬飛海氏や山田勝芳氏は、別途後漢の貨幣・経済・商業に関する史料の収集と分析を丹念に行なっている。(2) 後述するように、主要な後漢貨幣のひとつと目される布帛に関しては、佐藤武敏氏の研究も参考になる。(3) 後漢商業全般を再評価する多田狷介・余英時・紙屋正和諸氏の研究も看過できない。(4)

そこで本章では〝多元的貨幣論〟（銭＝国家的決済手段論・貨幣間関係論・地域貨幣論・現物貨幣論を統合した分析視角。前著序章参照）の観点から、前掲の先行研究所引の史料を再検討し、さらに出土文字資料を含む関連史料を収集・附加したうえで、あらためて後漢時代における貨幣経済の存在と、その構造および特質を闡明したい。

第一節　後漢時代の五銖銭制度

一　五銖銭の鋳造再開

後漢貨幣経済について学説史上最初に問題となったのは、それが衰えていたのか、それとも前漢と同等以上に栄えていたのかであった。しかし多元的貨幣論に基づくと、その判断はじつはきわめて難しい。その基準となる貨幣の定義自体が従来と異なり、多元的貨幣論では金銭以外のいわゆる現物貨幣（布帛など）も適宜貨幣に数えるためである。だが、それにも増して問題なのは、従来の中国古代貨幣経済盛衰論者の多くが貨幣経済の盛衰を銭の流通量の多寡に求めているにもかかわらず、意外にも後漢時代の銭の用例分析をあまり網羅的には行なっていないことである。

たとえば戦後を代表する中国貨幣史研究者の彭信威氏はつとに范曄『後漢書』のなかから賜銭（皇帝などから臣下などへの銭の賜与）の事例を収集し、その総額の算出を試みており、後学の多くはそれに依拠しているが、その統計はじつは必ずしも十全でない。研究者のなかには『東漢会要』に抽出されている黄金や布帛の賜与例を傾向分析の史料とする者や、『後漢書』の帝紀のなかから賜与例を抽出して傾向分析の史料とする者も多いが、そのようにはじめから検討対象の史料数を限定するのも妥当性を欠く。そこで『後漢書』を含む後漢時代史関連史料をあらためて精査すると、巻末の付表1のようになる。それによると黄金の用例は少ないものの、銭の授受例は四〇〇例以上にのぼる。その賜与数は「數萬」・「數億」のように曖昧な場合が少なくなく、賜銭数の厳密な数値を得ることは不可能であるが、『後漢書』の事例数は『史記』・『漢書』の銭の授受例に比して決して劣っていない。また付表1には、布帛の用例も

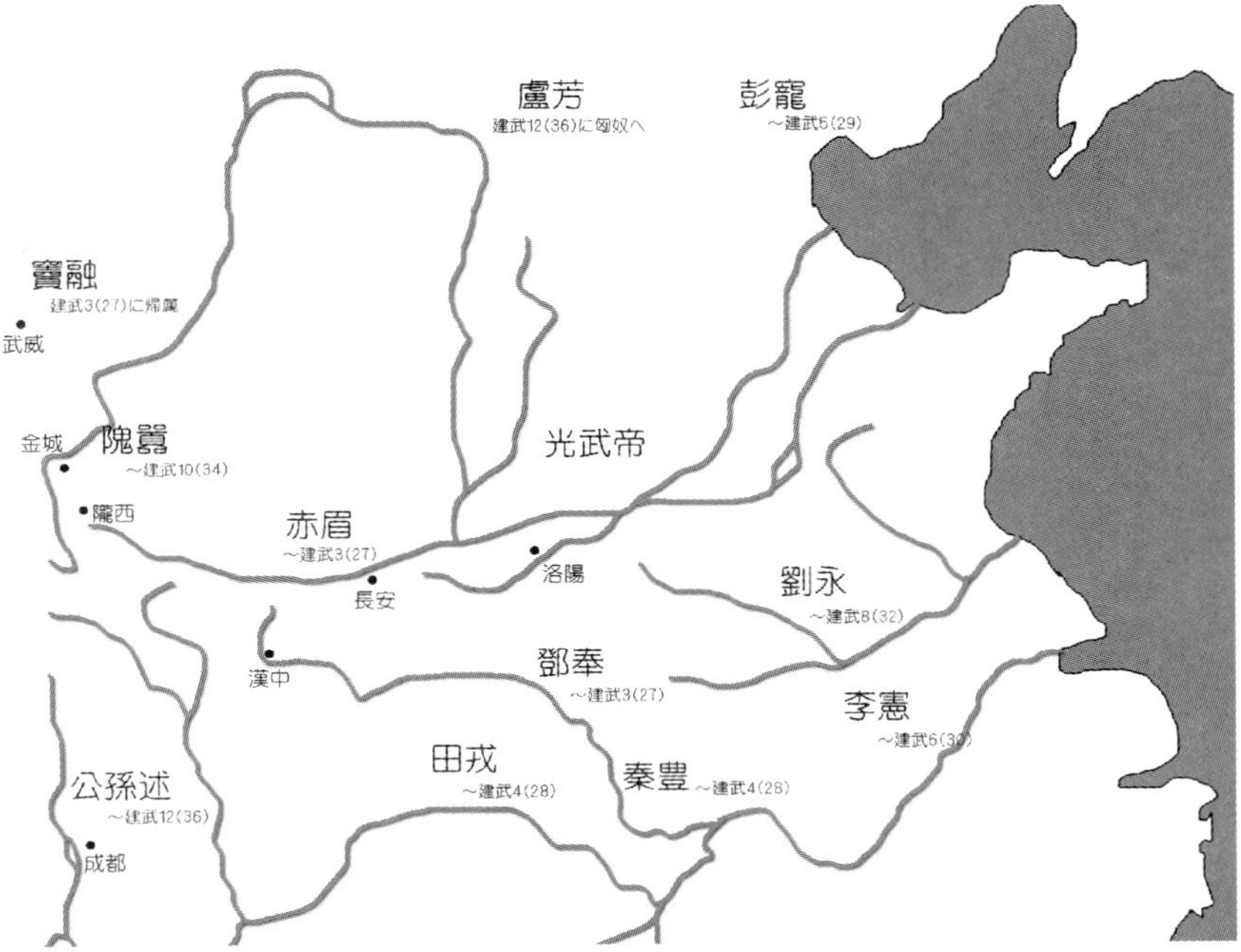

［図１—１］後漢初期（建武１～12年）の勢力図
※各勢力のなかには代表的人物の死後も残党勢力がおり、地図中の勢力滅亡年は残党勢力の滅亡をさす。

多く、やはり『史記』・『漢書』の用例数に匹敵する。すると従来の中国古代貨幣経済盛衰論のうち、後漢時代に貨幣経済が衰えたとする見解は、各研究者の視点や貨幣の定義の違いによるものかどうか以前に、まずは実証的に再検討してみる必要があることになろう。ここで銭と布帛の個々の用例を具体的にみてゆくまえに、まずは後漢王朝成立前後における銭の鋳造・改廃の状況を確認しておこう。その関連史料に関してはすでに先行研究があるものの、当該関連史料は議論の基礎になるものゆえ、ここでふれないわけにはいかない。そこで私見をつけ加えつつ、以下その内容を細かく検証しておきたい。

天鳳年間（西暦一四～一九年）におこった赤眉の乱は、燎原の火のごとく燃え広がった。王莽の新王朝は動揺した。各地には軍閥が形成され、そのうちのひとつであった劉玄が更始元年（二三年）春に帝（更始帝）を名乗り、長安を掌握した。乱戦のさなか、王莽は殺害され、新は滅亡した。王莽は生前いくども銭の改革を行ない、前漢武帝以来の五銖銭体制に手を加えたが、それが王莽の死の直後にどうなったかは史料がない。その後しばらくして更始三年（二五年）に更始帝は殺され、数ある軍閥のなかから劉秀が台頭し、後漢を建国した。光武帝となった劉秀はさらに勢力を拡大し、最終的には隗囂、ついで公孫述を滅ぼし、建武十二年（三六年）にはほぼ前漢末期の版図を回復した（図1―1）。後漢時代における銭の鋳造・改廃に関する伝世文献の史料のなかでも、最初のものはそれから数年後の記事で、『後漢書』光武帝紀下建武十六年（四〇年）条に、

初、王莽亂後、貨幣雜用布・帛・金・粟。是歲、始行五銖錢。

（初め、王莽の亂の後、貨幣は布・帛・金・粟を雜え用う。是の歲、始めて五銖錢を行す）

とある。これによると王莽の死後には布・帛・金・粟が「貨幣」とされる状況がつづいていた。加藤繁氏や山田勝芳氏は、ここにさらに銀も含めるべきとする。[5] 銀に関する私見は後述する。

さて、ここで問題となるのは、この時期に銭も貨幣であったのか否かである。本文をみても当該時期に銭が「貨幣」であったか否かは不明である。これに関しては、唐の李賢が「武帝始爲五銖錢、王莽時廢、今始行之（武帝始めて五銖錢を爲り、王莽の時に廢せられ、今、始めて之を行す）」と注するのに対して、奥平昌洪『東亜銭志』巻八が「新代寶貨ヲ用ヰ、其亡後前漢ノ半兩・五銖・新ノ大泉五十・貨泉・更始五銖錢等ノ行ハレシモノナレバ……此記事［前掲『後漢書』光武帝紀下建武十六年条］及ビ李注ハ皆事實ト合ワズ」とするなど、従来諸説紛々としている。新末には「黄金一斤易豆五升（黄金一斤もて豆五升に易う）」（『東観漢記校注』巻九、巻二一）のごとく、黄金と豆との交換を物語る史料が散見するので、王莽期～後漢建武十六年に黄金が経済的流通手段であったことは確かで、それは前掲『後漢書』の記載を裏づけるもののようであるが、建武十六年以前の銭の流通に関しては奥平説に分《ぶ》がありそうである。

実際に、まず一部の先学がつとに指摘するように、当時も銭が流通していたという点は、他の史料から窺える。その好例として、「更始二年」銘の五銖銭銭范の存在が挙げられる（図1—2）。また山田勝芳氏は、建武三年（E.P.F22:21・E.P.F22:29）、建武四年（E.P.F22:45・E.P.F22:54）、建武六年（E.P.F22:38A）の紀年をもつ居延新簡に銭関連の記載があるとする。(6) とくに建武六年七月十八日の紀年をもつ官文書形式の居延新簡（E.P.F22:38A-39）には、

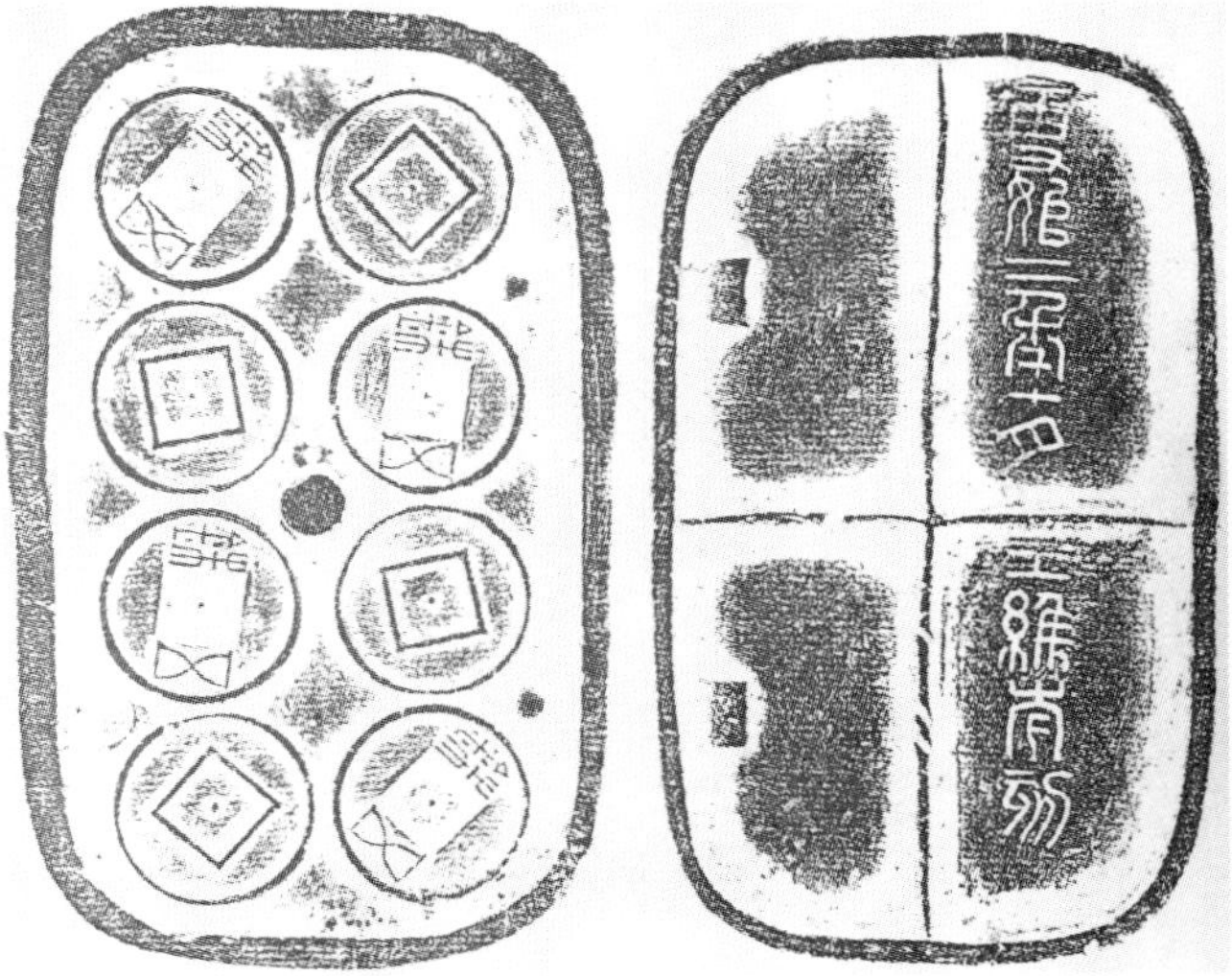

［図1—2］「更始二年」銘の五銖銭銭范

建武六年七月戊戌朔乙卯、甲渠鄣守候　敢言之。府移大將軍莫府書曰、「姦黠吏民作使賓客私鑄作錢薄小不如法度、及盜發冢、公賣衣物於都市、雖知莫譴苛。百姓患苦之。書到自今以來、獨令縣官鑄作錢、令應法度。禁吏民毋得鑄作錢及挾不行錢、輒行法。諸販賣發冢衣物於都市、輒收沒入縣官、四時言犯者名狀」。●謹案、部吏毋犯者。敢言之。

（建武六年七月戊戌朔乙卯、甲渠鄣守候　敢えて之を言う。府の移《おく》りし大將軍［竇融］の莫府の書に曰く、「姦黠《かんかつ》の吏民、賓客を作使して私《わたくし》に錢の薄小にして法度に如《し》かざるを鑄作し、及び冢を盜み發《あば》き、公に衣物を都市に賣らしめ、知ると雖も譴苛《けんか》する莫し。百姓、之に患苦す。書到りて今より以來、獨《ひと》り縣官のみをして錢を鑄作せしめ、法度に應ぜしめよ。吏民に禁じて

錢を鑄作し及び行錢に不《あら》ざるを挾《はさ》むを得る毋《な》からしめ、輒ち法を行せよ。諸々の冢より發《あば》きし衣物を都市に販賣するものは、輒ち收して縣官に沒入し、四時に犯者の名狀を言え」と。●謹しみ案ずるに、部吏に犯す者毋し。敢えて之を言《もう》す）

とあり、当時竇融の支配していた居延地方で「縣官〔国家の意〕」が独占的に鋳銭していた様子が明記されている。後述するように、光武帝が五銖銭を唯一の国家公認銭としたのは建武十六年のことであるが、それより前にも少なくとも一部の地域では銭が鋳られていたことになる。これより、王莽死後～建武十六年には布帛・黄金・粟だけでなく、銭も流通しつづけていたと確言される。しかも「更始二年」銭范から推せば、そのなかには五銖銭が含まれていたと考えられる。それを裏書する史料として、居延旧簡（16.11）には、

將軍使者・大守議、貨錢古惡小萃不爲用。改更舊制、設作五銖錢、欲便百姓。錢行、未能……。

（將軍の使者・大守議すらく、貨錢は古惡小萃にして用を爲さず。舊制を改更し、五銖錢を設作し、百姓に便たらしめんと欲す。錢、行わるるも、未だ能く……）

とある。もっとも、本史料の年代には諸説あり、前漢時代のものとする説もあるが、論拠を欠く。一方、山田氏は、各官に将軍号を加える例や使者を重用した例が更始帝期に多いこと、光武帝期の鋳銭案は三公府で練られたこと、本簡では地方官も議論に加わっていることをふまえ、本簡を更始期のものとする。また劉釗・譚若麗両氏は、本簡と他簡（16.4、16.10）を一つの文書とし、隗囂の主導と竇融の協力による下行文書と推測する。(7) これらの説によれば、いずれにせよ本簡も建武十六年以前の五銖銭の存在を裏づける一証となる。

では、複数貨幣の並存する状況は建武十六年にどのように変化したのか。これについて前掲『後漢書』光武帝紀下建武十六年条には「始行五銖錢」とある。前著第四章で詳論したように、「行」とは「銭を国家の公認のもとで流通

させる」意なので、これは建武十六年に後漢国家が五銖銭を国家公認銭としたことを意味する。これに対して建武十六年以前には、既述のごとく、五銖銭を含むさまざまな銭が布帛・黄金・粟とともに流通していた可能性が高い。王莽の貨泉・貨布、更始帝・竇融の五銖銭以外にも、蜀では公孫述が鉄銭（五銖銭ではない）[8]を発行した。『漢書』の食貨志下や王莽伝中によれば、当時民間での五銖銭人気は想像以上に高かったようだが、そこでは貨泉や貨布も流通しつづけていたのである。すると「始行五銖錢」とは、建武十六年に並存する複数の種類の銭を廃し、五銖銭のみを国家公認銭としたことをさすのであろう。現に『晉書』食貨志をみると、

漢錢舊用五銖。自王莽改革、百姓皆不便之。及公孫述僭號於蜀、童謠曰、「黄牛白腹、五銖當復」。好事者竊言、「王莽稱黄、述欲繼之。故稱白帝。五銖漢貨。言漢當復併天下也」。至光武中興、除莽貨泉。建武十六年、馬援又上書曰、「富國之本在於食貨。宜如舊鑄五銖錢」。帝從之、於是復鑄五銖錢、天下以爲便。

（漢銭は舊と五銖を用う。王莽の改革して自《よ》り、百姓は皆な之を不便とす。公孫述の蜀に僭號するに及び、童謠に曰く、「黄牛白腹、五銖當復」と。好事者は竊かに言う、「王莽は黄を稱し、述は之を繼がんと欲す。故に白帝を稱す。五銖は漢貨なり。漢の當に復た天下を併すべきを言うなり」と。光武の中興するに至り、莽の貨泉を除く。建武十六年、馬援又た上書して曰く、「富國の本は食貨に在り。宜しく舊との如く五銖錢を鑄るべし」と。帝、之に從い、是に於いて復た五銖錢を鑄、天下は以て便と爲す）

とあり、建武十六年の幣制改革の主眼が、銭全般の復活でなく、五銖銭の復活にあったとされている。しかもそれに先んじて王莽期以来の「貨泉」が「除（廃止）」されていたことも明記されている。

ちなみに前掲『晉書』食貨志の「至光武中興、除莽貨泉」と「建武十六年、馬援又上書曰……」は、一見すると時間的に連続した一連の動きのようにもみえなくはない。だが『藝文類聚』巻六六引『東観漢記』に、

馬援在隴西、上書曰、「富民之本、在於食貨。宜如舊鑄五銖錢」。三府凡十三難、援一一解之、條奏其狀。帝從之、天下賴其便。

（馬援、隴西に在るとき、上書して曰く、「民を富ますの本は、食貨に在り。宜しく舊との如く五銖錢を鑄るべし」と。三府に凡そ十三難あるも、援は一一之を解き、其の狀《じょう》［狀況・経緯］[9]を條奏《じょうそう》［箇条書きにして上奏］す。帝、之に從い、天下、其の便なるに賴《たよ》る）

とあり、『後漢書』馬援列伝に、

初援在隴西、上書言、「宜如舊鑄五銖錢」。事下三府、三府奏以爲未可許、事遂寢。及援還、從公府求得前奏難十餘條、乃隨牒解釋、更具表言。帝從之、天下賴其便。

（初め援、隴西に在るとき、上書して言す、「宜しく舊の如く五銖錢を鑄るべし」と。事、三府に下され、三府は奏して以て未だ許すべからずと爲し、事遂に寢《や》む。援の還るに及び、公府從《よ》り前に奏する難十餘條を得るを求め、乃ち牒《ちょう》［簡の一種］に隨いて解釋し、更《あらた》めて具《つぶさ》に表して言す。帝、之に從い、天下其の便なるに賴る）

とあるように、じつは馬援は五銖銭の復活に関する上書を二回行なっており、一度目は十三条にわたる批判を受けて棄却され、二回目は馬援が赴任先の隴西郡から京師長安へ戻ってきたときになされている。このことをふまえると、前掲『晉書』食貨志の「建武十六年、馬援又上書曰……」は、「又」字を含むことからわかるように、二度目の上書と当該政策の実施についてのべたものと解される。するとその直前の「至光武中興、除莽貨泉」は馬援の一度目の上書に関係していた可能性がある。一度目の上書は部分的に政策に活かされた可能性があるのである。現に前掲の『東観漢記』や『後漢書』馬援列伝によれば、一度目は馬援の隴西太守着任期間内（建武十一年～建武十六年）に行なわれ、前掲『晉書』食貨志「至光武中興、除莽貨泉」のいう光武帝の「中興」（公孫述を滅ぼして統一を成し遂げた建武十二年）

はそのあいだに挟まれる。おそらく光武帝は「中興」とともに「貨泉」を公認することをやめ、しばらくは穀物や布帛に頼り、建武十六年になってから五銖銭を正式に唯一の国家公認銭とする命令を各地に出したのであろう。ともあれこれより、光武帝は建武十六年よりも前に「貨泉」を廃止し、そのあとに建武十六年になって五銖銭を唯一の国家公認銭としたものと考えられる。

二　五銖銭の継続的鋳造

では、後漢はなぜ建国直後にすぐ銭の種類を五銖銭に統一するのではなく、建武十六年になってようやく統一したのか。この点について彭信威氏や山田勝芳氏は、建武十六年以前に「貨泉」が主流であったこと、「貨泉」の文字の部首を組み替えると「白水眞人」になること、光武帝が「白水郷」に拠点を置く南陽劉氏の出自であること、当時「白水」から挙兵した者が天下を治めるとの讖緯思想があったことから、王莽以来の「貨泉」が光武帝の正統性を担保していたとし、それゆえ光武帝は天下統一後（建武十二年）、耕地・戸籍調査などを施行し（建武十五年）、建武十六年に政権の安定が確保されるまでのあいだ、あえて五銖銭の発行には踏み切らなかったとする。文字学的には、「貨泉」を「白水眞人」に読み替える字釈は誤釈にすぎないとはいえ、後漢初期の人びとがこの俗説を信奉した可能性は皆無でない。それが五銖銭改革を遅延せしめたとの説には一理あるのである。ただしその場合、馬援は二度も光武帝の正統性を否定したことになるが、臣下たる馬援が本当に君主の正統性を批判しえたか否かには疑問も残る。また前述したように、貨泉は建武十六年以前にすでに「除（廃止）」されている。

しかも前掲の『後漢書』馬援列伝や『東観漢記』によれば、建武十六年の五銖銭の「行錢」化はあくまでも馬援が反対派を論破した結果で、そのさいに反対派は事前に「十三難（反対意見）」を提示していた。よって光武帝が銭の五銖銭への統一に踏み切らなかった理由はひとつに限られない。

この点には山田勝芳氏も気づいており、「白水眞人」説以外に、長安地域に集中していた鋳造機関が当時壊滅していたこと、王莽が推進した各郡での鋳造機関も同様に壊滅していたこと、中原の工官・銅官が破壊され、銅産出量も少なかったこと、人口の激減と商工業の衰退によって財政収入も減っていたこと、隗囂や公孫述などのまつろわぬ存在がまだ残存していたことも、「十餘條」に含まれると推測している。いずれも確たる論拠はないものの、当時の時代背景を鑑みるならば、ありえない推測ではない。

これらに加えて筆者はつぎの二史料に注目したい。すなわち『後漢書』第五倫伝に、

時長安鑄錢多姦巧。乃署倫爲督鑄錢掾、領長安市。

（時に長安の銭を鑄るもの多く姦巧す。乃ち倫を署《しる》［配置］して督鑄銭掾と爲し、長安の市を領せしむ）

とあり、『後漢書』第五倫伝李賢注引『東観漢記』に、

時長安市未有秩、又鑄錢官姦軌所集、無能整齊理之者。興署倫督鑄錢掾、領長安市。

（時に長安の市に未だ秩［役人］有らず、又た鑄銭の官は姦軌の集る所にして、能く整齊して之を理《おさ》むる者無し。興［徴発］して倫を督鑄銭掾に署し、長安の市を領せしむ）

とある。これによれば後漢初期の長安では銭の偽造の問題が発生していた。また「鑄銭の官は姦軌の集る所」の一文によれば、国家主導で銭を鋳造する場合、鋳銭官のもとには「姦軌（悪人の類）」が集まった。その実態を知るうえで参考になるのが『漢書』王莽伝下地皇二年条である。

民犯鑄錢、伍人相坐、沒入爲官奴婢。其男子檻車、兒・女子歩、以鐵鎖琅當其頸、傳詣鍾官。以十萬數。到者易其夫婦。愁苦死者什六、七。

（民、犯して銭を鑄ば、伍人、相坐《あい》し、沒入して官奴婢と爲す。其の男子は車に檻し、兒・女子は歩かしめ、鐵鎖を以て其の頸を琅當《ろうとう》し、傳《おく》りて鍾官に詣《いた》らしむ。十萬を以て數う。到らば其の夫婦を易《か》えしむ。愁苦して死する者、什の六、七）

本史料によれば、王莽は盗鋳銭の犯罪者を捕えてわざわざ鍾官（鋳銭を掌る官）に護送し、国家の鋳銭作業を手伝わせている。それはおそらく民間の盗鋳銭者のなかにも鍾官で働かせるに足る技術者が多かったからであろう。これを参考にすれば、鋳銭官のもとに「姦軌」が参集するのも納得がいく。ただしその場合、鋳銭官（督鋳銭掾）には「姦軌」を「能く整齊して之を理《おさ》むる」ための統率力と技術力が求められる。上記二史料によれば、その初めての適格者が第五倫であった。そもそも第五倫は鮮于褒（or鮮於褒or鮮于裒）に見出され、蓋延が馮翊長（or左馮翊長or京兆尹）になると、不遇を囲い、下野して塩商人となった。数年後に鮮于褒が謁者として長安に赴いたさいに、第五倫は京兆尹閻興を紹介され、長安の督鋳銭掾に抜擢された[10]。蓋延が馮翊長であったのは建武十一年～十五年ゆえ、建武十三年頃に下野して三年後に長安督鋳銭掾に抜擢されたとすれば、建武十六年の弊制改革期とちょうど符合する。現に『冊府元亀』巻四九九銭幣は第五倫の長安督鋳銭掾着任を建武十六年に繫年する。すると上記史料は、彭信威氏も指摘するように、建武十六年の弊制改革の一端をしめす貴重な史料とみなせよう[11]。これは裏を返せば、後漢には建武十六年以前に「姦軌」を「能く整齊して之を理《おさ》むる」実力をもった人材がいなかったことをしめす。となるとこれが、督鋳銭掾による五銖銭の鋳造に歯止めをかけた一因であり、馬援の上書に対する「十三難」のひとつであったのではなかろうか。

　ともあれつぎに問題となるのは、建武十六年以降、後漢が五銖銭を鋳造しつづけたのか否かである。そこで注目すべきは、上海博物館に「建武十七年」銘とおぼしき五銖銭銭范が現存している点である（図1―3）[12]。私見では、その

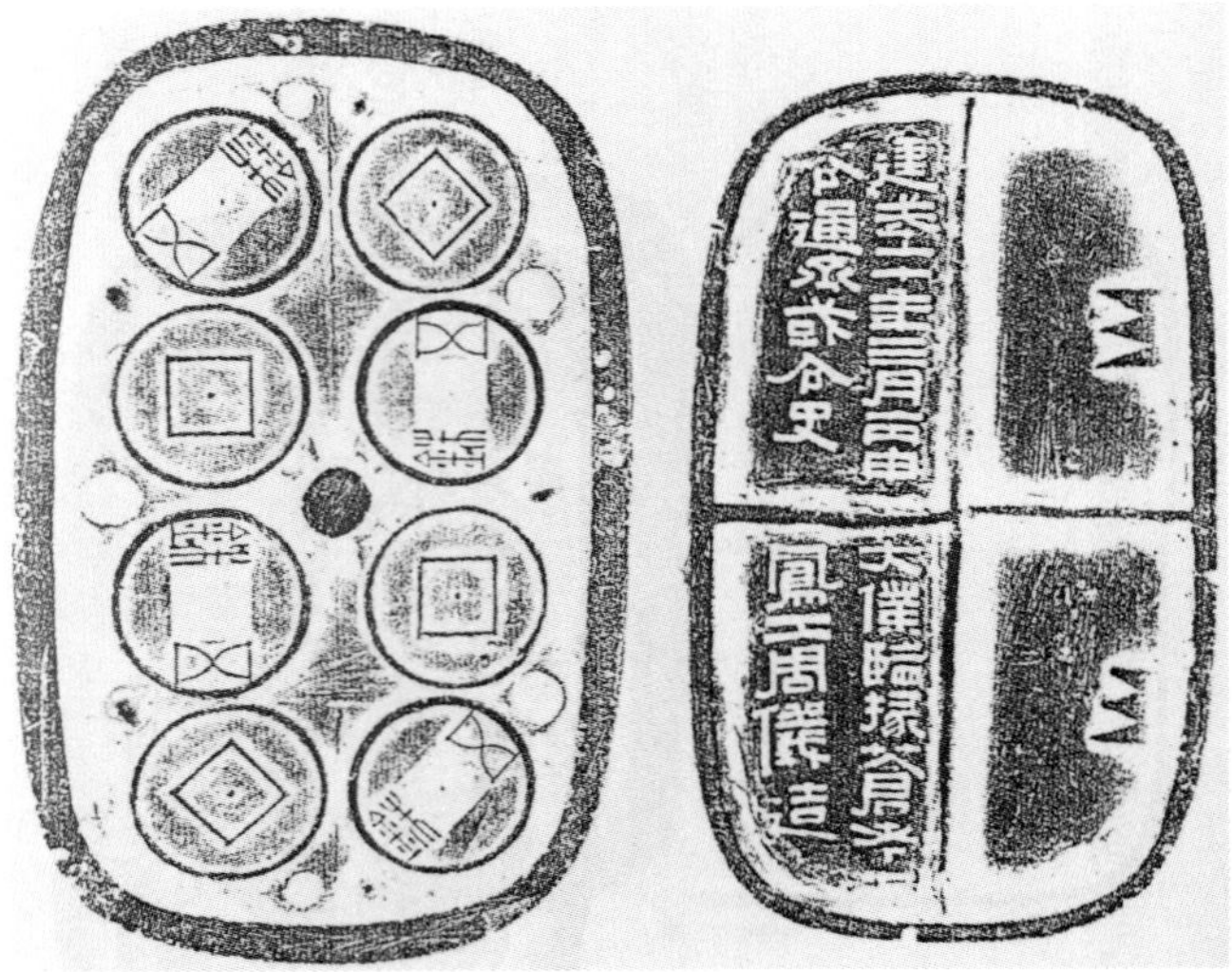

[図１—３]「建武十七年」銘の五銖銭銭范

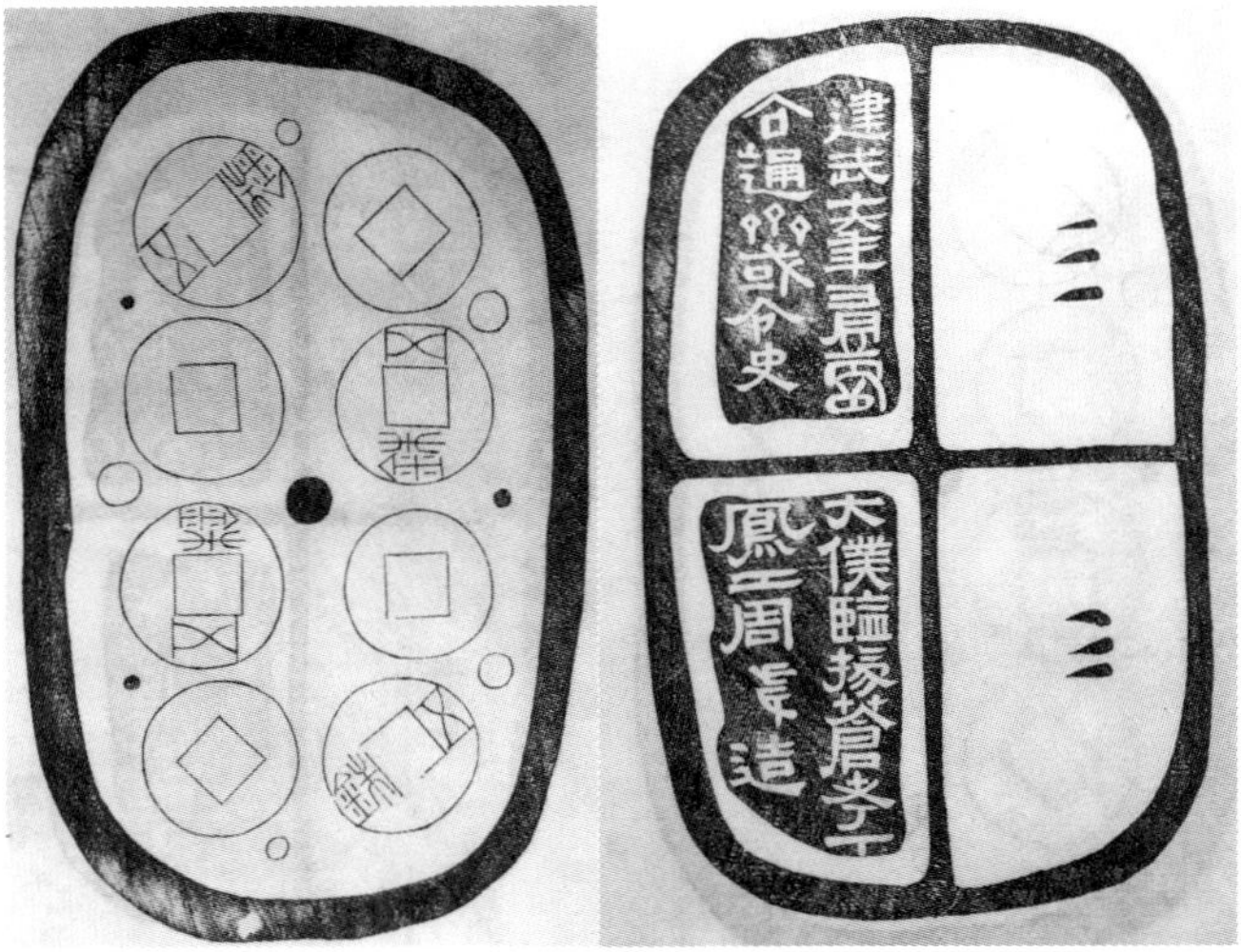

[図１—４]「建武十六年」銘の五銖銭銭范（誤）

銘文の釈文はつぎのとおり。

建武十七年三月丙申太僕監掾蒼考工令通丞或令史鳳工周儀造

（建武十七年三月丙申、太僕監掾の蒼・考工令の通・丞の或・令史の鳳・工の周儀造る）

この釈文は、管見のかぎり、清・翁方綱撰『復初斎文集』巻第十九「跋建武泉范」の提唱にさかのぼる。もっとも、

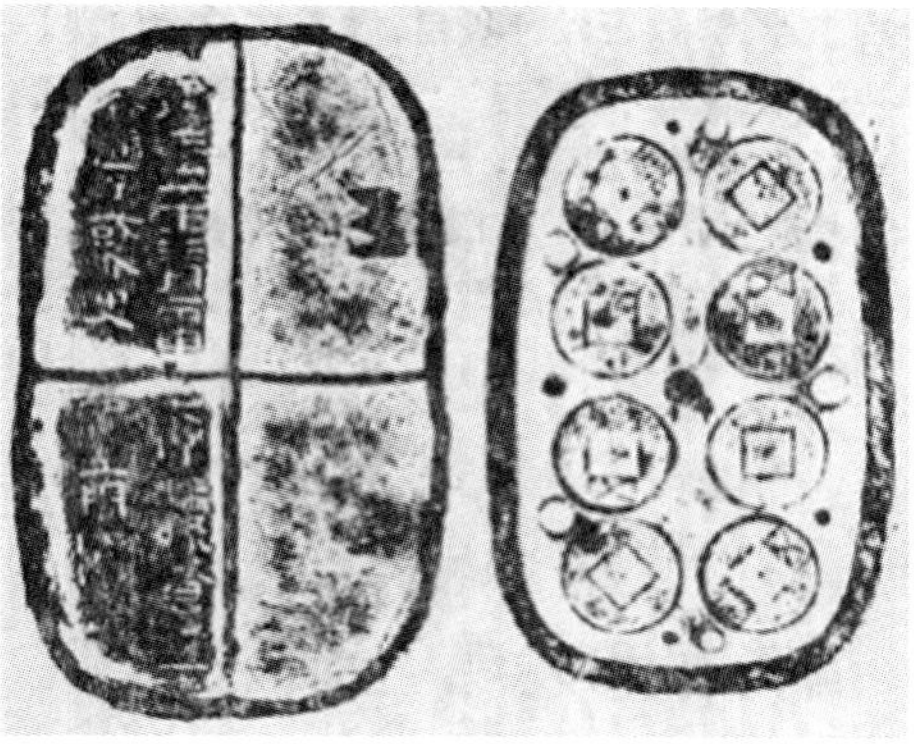

［図１―５］石家荘市で発見の銭范

銘文の冒頭数文字分は読みにくく、「建武十七年」説以外にも従来「建武二年」説、「建武十一年」説、「建武十六年」説、「建武十十年（よって建武二十年）」説がある。とくに建武十六年説はやや複雑な経緯をもっている。すなわち、清朝の金石学者張燕昌は『重定金石契』に「建武十六年」銘の五銖銭銭范の拓本を収録している（図1―4）。そこには「依翁宜泉太史訂正（翁宜泉太史に依りて訂正す）」との付記がある。翁宜泉太史は清・乾隆五十二年（一七八七年）の進士翁樹培の号で、張燕昌が翁樹培の意見を聞き、銭范上の拓本原版を一部校訂したことをしめすもののようである。かりに図1―4が無謬であれば、これは現存する唯一の「建武十六年」銘の銭范拓本となる。だが実際には図1―3と図1―4の形状をよく見比べてみると、鋳型の外形・穴の位置・五銖銭の向き・字体などから、じつは両者は同一物と考えられる。つまり翁樹培は、冒頭五文字を誤って「建武十六年」に校訂し、それが図1―4のいわゆる「拓本」となったようなのである。すると「建武十六年」銘の銭范拓本なるものは、もとより現存しないことになる（だからといって、建武十六年時点において五銖銭がまだ鋳造されていなかったとまではいえない）。

そこで残る諸説をみると、「建武十十年」説は他に類例のない年数表記で、「十十年」を二十年とするのも不可能である。また、あらためて図1―3をみると、「建武二年」・「建武十一年」・「建武十七年」の三説を字形分析のみから絞り込む方法には無理がある。これに関連して一九五八年に石家荘市の廃品投棄場所で類似の銭范がみつかり、王海航氏は銭范上の銘文を「建武十七年三月丙申太僕監掾倉考工令通丞或令史鳳工周儀造」と釈している（図1―5）[13]。山田勝芳氏は、これによって「建武十七年」説の正しさが証明されたとする[14]。結論からいえばそのとおりなのであるが、図1―3の銭范のみならず、図1―5の銘文も字形が明瞭でなく、バリや欠損もありうるため、筆者自身はなお字形から結論を下すことに逡巡せざるをえない。そこで図1―3銘文の月日に注目すると、「三月丙申」に作る。当時の暦法に従えば[15]、上記三説のうち、三月に「丙申」の日があるのは建武十七年だけである。これより筆者は、図1―3を「建武十七年」銘の五銖銭范であると判断する。

これは、後漢王朝が建武十七年に五銖銭を鋳造していたことをしめす。これによって二つの可能性が浮上する。建武十六年の五銖銭鋳造令発令後、実際に五銖銭が鋳造されはじめたのが建武十七年であったという可能性と、建武十六年以降じつは連年五銖銭が鋳造されていたという可能性である。ここで結論を急ぐつもりはない。ともかくここではつぎの点のみを確認しておけばよい。すなわち、先学の多くは従来、『後漢書』光武帝紀下建武十六年条に「是歳、始行五銖銭」とあり、それ以降五銖銭の鋳造記事が絶えることから、後漢王朝は五銖銭鋳造に積極的でなかったとし（彭信威氏はこれに懐疑的）、これが後漢貨幣経済衰退説の論拠のひとつとなってきた。けれども以上の考証によれば、『後漢書』はたんに建武十六年以来五銖銭が国家公認銭となったことをしめすにすぎず、五銖銭はそれ以降も鋳造されつづけていた可能性がある。少なくとも伝世文献と銭范を根拠とするかぎり、その可能性を完全に排除することはできないのである、と。

ちなみに、一九七九年に陝西省淳化県で発見された「銅碟」（のち淳化県文物館が収集）に、

建武十年三月丙申周儀造

（建武十年三月丙申、周儀造る）

とある[16]。ここにみえる周儀は、建武十七年の銭范を製造した人物と同名で、同一人物とみるのが自然であろう。また

清・阮元『積古斎鐘鼎彝器款識』巻九漢壺所収の青銅容器釈文にも「大官銅鐘容一斛建武十十選工伍輿造考工令史由丞或令通主太僕監掾蒼省」とある。本器は摸写によるもののみで、摹本・釈文には疑問がある箇所もあるが（たとえば「建武十十」）、ともかくそこに「丞或令通」や「太僕監掾蒼」とある。彼らも前掲銭范上の「太僕監掾蒼・考工令通・丞或」と同一人物であろう。すると銭范は、当時銅官に勤務する熟練の工人に鋳造され、その工人は普段から銭范を含むさまざまな銅器・青銅器を鋳造していたことになる。おそらく彼らは、数ある銅製品・青銅製品のうちのひとつとして、時に銭范を鋳造していたのであろう。

以上が後漢王朝成立前後における銭の鋳造・改廃の状況である。その後、霊帝期に五銖銭のさらなる増鋳（部分的改鋳）が図られるが、これについては次章で検討する。

第二節　諸貨幣の民間社会への浸透

一　複数貨幣の並存状況

こうして建武十六年以降、後漢では五銖銭がふたたび公認されるようになった。では、後漢時代には五銖銭しか貨幣の役割を果たす物財がなかったのかといえば、必ずしもそうともいえない。前掲『後漢書』光武帝紀下「初、王莽乱後、貨幣雑用布・帛・金・粟。是歳、始行五銖錢」によれば、建武十六年の五銖銭の国家的公認に伴い、「布・帛・金・粟」は一見「貨幣」でなくなったごとくであるが、本史料は実際には、布・帛・金・粟の貨幣的機能が消失したことを意味しない。その証拠として、建武十六年以降、布帛や黄金が商品の売買に使用されたことを窺わせる例は皆無ではない。とくに班固（三二～九二年）は『漢書』巻二四食貨志下のなかで、「貨（経済的流通手段）」の起源・機能

に関する一般論として、

凡貨金錢布帛之用。夏殷以前其詳靡記云。太公爲周立九府圜法。黄金方寸而重一斤。錢圜函方、輕重以銖。布帛廣二尺二寸爲幅、長四丈爲匹。故貨寶於金、利於刀、流於泉、布於布、束於帛。

（凡そ貨は金錢布帛の用〔用途〕なり。夏殷以前は其の詳、記す靡《な》きと云う。太公、周の爲に九府の圜法を立つ。黄金は方寸〔約二・四㎝〕にして重さは一斤。錢は圜にして方を函《い》れ、輕重は銖を以てす。布帛は廣さ二尺二寸〔約五〇・六㎝〕を幅と爲し、長さは四丈〔約九・二m〕を匹と爲す。故に貨は金よりも寶《たっと》く、刀よりも利《と》く、泉よりも流れ、布よりも布き、帛よりも束《あつ》まる）

とのべている。本文の読み方には諸説あり、たとえばナンシー・スワン氏などはまったく別様に読んでいるけれども、(17)筆者は以上のように訓読するべきであると考える。もとより『漢書』は、班固が『史記』や『後伝』などをまとめ直し、さらにそこに『別録』・『七略』を転用した藝文志、班昭（班固の妹）・馬続（馬融の弟）が続修した可能性の高い八表・天文志などを加えた史書であるが、前掲食貨志下の文は『史記』にみえず、『後伝』（帝紀と列伝よりなる）とも関係がないので、班固の手になる部分であろう。これは穂積文雄氏も指摘するごとく、後漢時代の人びとの認識として、銭だけでなく黄金や布帛も「貨」に含まれていたことをしめす（ただし穂積氏と筆者の訓読にも差異がある(18)）。そこでつぎに、銭を含む諸々の貨幣の民間社会への浸透度を確認し、後漢時代における複数貨幣の並存状況を描写してみたい。

二　貨幣としての銭

まず銭は、算賦などの納税手段に用いられただけでなく、官吏の俸禄にも用いられた。(19)

秩	漢律	建武26年（西暦50年）	延平元年（西暦106年）		居延漢簡［増額後］
単位：石	単位：銭	単位：斛	「半銭半穀」（左は銭、右は米斛）		単位：銭
［丞相・大司馬大将軍］	60000				
［御史大夫］	40000				
中二千石		180	9000	72［54］	
真二千石	20000		6500［6000］	36	
二千石	16000	120			
比二千石	12000	100	5000	34［30］	
千石		90	4000［4500］	30［27］	
比千石		80	［4000］	［24］	
八百石	9200				
六百石		70	3500	21	6000
比六百石		60	［3000］	［18］	3000
四百石		50	2500	15	
比四百石		45	［2250］	［13.5］	
三百石		40	2000	12	
比三百石		37	［1850］	［11.1］	
二百石		30	1000［1500］	9	2000［3000］
比二百石		27	［1350］	［8.1］	
百石	600	16	800	4.8	1200［1800］
斗食		11	［550］	［3.3］	900［1350］
佐史		8	［400］	［2.4］	600［900］
参考文献	陳1980	宇都宮1967	［　］内は宇都宮1967の補正値		李2003

［表１—１］後漢時代の官吏の月俸一覧

すなわち労榦氏や陳夢家氏によれば、前漢時代の俸禄は銭中心、王莽期の俸禄は穀物中心、後漢時代の俸禄はいわゆる「半銭半穀」であった[20]。「半銭半穀」とは史料上の語で、字義的には半分を銭、半分を穀物で納める意に解される。だが漢代官吏の俸禄に関する現存史料（『続漢書』百官志等）はそれと整合せず、誤字があると目されており、「半銭半穀」の実態には諸説ある[21]。また居延漢簡には官吏の俸禄を布帛で支払っている例も散見するが、施偉青氏・李天虹氏により、王莽期の特例とされている[22]。俸禄は塩や塩豉などで支払われる場合もあり、高位高官のなかには、その余剰分を市場で売却する者も

	月俸（文）	食料	雑用	防閤・庶僕
1品	8000	1800	1200	20000
2品	6500	1500	1000	15000
3品	5000	1100	900	10000
4品	3500	700	700	6667
5品	3000	600	600	5000
6品	2300	400	400	2500
7品	1750	350	350	1600
8品	1300	300	250	625
9品	1050	250	200	417

［表１—２］開元期唐代在京官俸祿表

いたようであるが、(23)その詳細はここでは措いておく。かかる俸祿例のなかでも銭と穀物の用例に焦点を絞ってみると、ほぼ表１—１のようになる。(24)全官吏の俸祿体系をしめす史料は現存しないので、これは伝世文献や出土文字資料に残る断片的記録をつなぎ合わせた結果である。ただし既述のとおり、本表の典拠にはなお検討の余地がある。ここではあくまでも、後漢官吏の月俸の大まかな偏差をつかむために本表を供するにすぎないことを御諒承いただきたい。

ともかくそれによると、官吏の月俸（毎月の俸祿）はまさにピンからキリまであった。閻歩克氏によれば、もともと戦国時代の官吏には、年祿（爵に応じて邑・田が与えられ、その収穫物を収入とする爵祿）の受給者と、月俸（稍食に由来）の受給者がいた。(25)宮宅潔氏によると、前者はのちに毎月固定額を支給する形に切り替えられ、後者も支給額の固定化と序列化を経て、しだいに毎月固定額を支給する形に切り替えられ、「〇〇石」とよばれ、「斗食」や「佐史」になっていったという。(26)表１—１は、その結果生まれた後漢時代の俸祿体系であり、一番左の縦列は秩の等級である。丞相や御史大夫の秩数は不定数ゆえ、［　］内にその官名のみをしるした。縦二列目は漢律佚文にみえる実際の銭建ての月俸、三列目は後漢建武二十六年時点での穀物建ての月俸、四・五列目は後漢延平年間の穀物・銭二本建ての月俸、六列目は居延漢簡の断片的記載から復元された月俸である。これより後漢官吏の俸祿は、建武二十六年の事例以外ではいずれも銭を含むことがわかり、官吏は基本的には俸祿として受領した銭を用いて生計をたてていたと考えられる。

実際に、伝世文献にはそのことを裏づける例が散見する。たとえば『太平御覧』巻九二引『東観漢記』には、火事に遭った高官の家々に順帝が銭と穀物をまっさきに賜与した例がある。(27)これは、銭が高位高官の生活に欠かせぬものであったことを裏づける。そうした例については付表1を御覧いただきたい。

ちなみに、唐代開元二十四年の官吏の月俸（祿田は除く）をみると、銭建て支払分は漢代のそれとあまり変わらず、一品官レベルではやや少額である。すなわち横山裕男氏は、第一品～第九品の在京官の月俸関連史料を校訂し、毎月の俸銭、食料銭、雑用銭（こまごました雑多な銭建て費目）、防閤・庶僕（本来官吏には色役が割当てられた。色役とは一般人民を義務的に指定徴発し、官吏の私的な使役に供するもので、五品以上には防閤、六品以下には庶僕が供される。だが銭を代納することによって免除され、官吏はそのぶんの銭を受領できる。ここでいう防閤・庶僕とは、それらの者を雇わぬ代わりに得られる銭をさす）の額面を表1―2のごとく復元している。(28) また宮澤知之氏が論証するごとく、前漢後期の五銖銭官鋳量は総計二八〇億銭（年平均二、三億銭）に達し、唐が年平均二億銭、北宋が二十億銭であるのと比べ、やはり唐代との近似性が窺える。(29) むろん、両者の単純な比較は不可能であるばかりか、誤解を招きかねないものである。だが、とりあえずこれによって、漢代を自然経済や物々交換経済の時代、唐代を開元通宝（もしくは開通元宝）に彩られた貨幣経済の時代とし、両時代をむやみに二項対立的に捉える一部の先行研究に、疑義をつけ加えることは許されよう。

また銭は、伝世文献や出土文字資料において、諸商品の物価が原則的に銭建てで表示されていることから、(30) 一般的な価値尺度手段・価値表示手段でもあった。戦国期～統一期の岳麓書院蔵秦簡「数」や、前漢初期の張家山漢簡「算数書」、もしくは後漢時代にすでに著名となっていた

用語＼編年	1期	2期	3期	4期	5期	6期	7期
貴		1					
富			2	8	3	2	2
富昌		1			4		2
富貴		3	1	1	10	2	17
貴富	2	6		2			
大富					2		
賈市			1	3	2		8
買							4
金				1	1		
錢金			1				
金財			3				
賈萬倍					3	1	1

［表1―3］漢鏡銘文の特定用語の所載器数と編年

『九章算術』には、さまざまな商品を銭で購入する例がみえ、[31]銭を経済的流通手段とする後漢時代の常識を前提としたものと思われる（ただし数学問題上の数値が現実の価格を反映したものか否かは別問題である）。後漢時代になると、銭建ての価格を鋳込んだ青銅器も登場する。[32]安帝元初四年の大火で焼けた「兵物百二十五種」の価値も、「直千萬以上」のごとく銭で表示されている（『東観漢記校注』巻三）。また京都大学人文科学研究所研究班の収集した漢鏡銘文をみると、[33]富貴を希求する文言や、商業取引の活況をしめす語（賈市・賈萬倍・金・銭金・金財など）が前後漢（京大編年は第一期～第四期を前漢、第五期～第七期を後漢に比定）を通じてみえ（表1―3）、とくに後漢時代の青銅鏡は吏民向けに販売されていたこともわかる。[34]前漢中期以来、伝世文献において貨殖者の資産が銭建てで表示されているのも、宮崎市定氏が指摘するごとく、「財産が貨幣［柿沼注――銭］に換算して評価される迄に、貨幣経済が滲透して来た」[35]証拠とみることができる。

このように銭は当時、官吏のあいだでさかんに用いられ、価値尺度手段・価値表示手段としても幅広く用いられていたのであるが、銭の用途はそれだけにとどまらない。むしろ銭は民同士の多様な取引の場においても、頻繁に用いられた。一部の事例はすでにパトリシア・イブリー氏や紙屋正和氏によって引用されているけれども、それ以外にも関連史料は少なくない。たとえば、王符『潜夫論』述赦には、後漢後半期の洛陽で揉め事の交渉を担う「會（駔儈）」が十万銭を、非合法殺人を請け負う「任（任俠）」が数千銭をそれぞれ依頼者から受領していた様子が描かれている。[36]また『後漢書』をみると、銭は、新任官吏が冠幘を買い整えるさいの代金や（付表1の史料335）、雇傭者への支払（付表1の史料47・65）、「裝錢」・「辦裝錢」（旅費・支度金）にも用いられた（付表1の史料52・69・78・115・128・補42・補43）。さらに彭信威氏は、後漢時代に銭が民間社会に深く浸透していた証として、後漢・王充『論衡』量知篇の一節を引用している。[37]これはたしかに銭が民間市場の取引現場で貨幣として用いられていたことを物語る。[38]『後漢書』以外の文献からも複数の徴証が得られ、当時は市列肆の建築・馬車の修理・馬の購入などの高額取引から、[39] 食料品（猪《ブタ》、肉、果物など）[40]・日用品（筆など）[41]・占師への代価などの少額取引にいたるまで、[42] 多種多様な商取引が銭で行なわれていた。伝世文献のみならず、たとえば後漢霊帝期の紀年を含む長沙尚徳街東漢簡牘（第八六簡）にも、卵・魚などを銭で購入した例がある。店舗をもつ賈人だけでなく、行商人が銭で商取引をした例もある。[43] 子供でも銭さえあれば旅行ができた。[44] 県の下級役人への賄賂も銭払いであり、[45] 飢民も米・塩・野菜に次いで銭を求めるほどであった。[46] また、東海郡東海下邳県で「傭賃（雇われ仕事）」をしていた江革は親孝行で知られ、それゆえ市場の人びとは、銭を持たぬ彼に特例としてツケ買いを許したといわれており、[47] 宵越しの金を持たぬ賃労働者でさえも、通常は銭の経済にどっぷりと浸かっていた実態が浮き彫りになっている。

さらに、銭の流通地域もまた、あまねく広がっていたようで、范曄『後漢書』には、辺鄙な山奥に住み、これまで一度も県廷を訪れたことのない「山民」までもが銭を有し、善政を布く県吏劉寵に銭百枚を献上した例もある（付表1の史料310・311）。当時ある程度人が集まれば、山奥であっても「市」が形成される場合があったことを鑑みれば、[48] 山奥に銭が流通していたとしても、じつは別段おかしくはない。後漢時代には毎年二百万人におよぶ労役に対して、銭納代替化・雇用労働化が進んだといわれており、[49] これこそが民間社会の末端にまで銭を行き渡らせた一因であったと考えられる（本書終章も参照）。

そのうえ、陳直氏によれば、居延漢簡などのいわゆる辺境出土簡牘においても、銭は戍卒の衣料や雇工費などとされ、末端の兵卒や民が銭を貨幣としていた。[50] とくに官吏間や吏卒間の売買に関しては角谷常子氏の研究もある。[51] 近年では、たとえば施偉青氏がいわゆる居延旧簡を検討し、居延地方の下級官吏が俸祿のみで経済生活を送る難しさに触れ、[52] ヘレン・ワン氏がいわゆる居延旧簡と居延新簡の双方を精査し、官府での会計業務、民への課税、罰金、諸商品の価値表示、官による民間人の雇用、被災者への補償、信用貸し付け、借金等々の場面で銭が登場することを詳論している。[53] その後も辺境での漢簡の出土はあいついでおり、似たような用例の増加はとどまるところを知らない。これらの用例の数々は、官民による銭利用が大都市内部に限定的な現象でなく、辺境地域にもみられることを物語ると同時に、それが後漢時代初期に限定的な現象でないことをも物語る。これより、後漢時代の人びとは都鄙貴賤を問わず（分布の濃淡はあれども）、銭を媒介とした経済生活に浸かっていたと論定される。

三　貨幣としての金銀

つぎに黄金の使用状況をみると、黄金は前漢後期以来、国庫に蓄積され、王莽期にその数量は七十万斤に達していた。そして既述のとおり、黄金は後漢建武十六年（西暦四〇年）以前には経済的流通手段として使用され、新末には黄金で穀物価格をしめす史料や、黄金と豆との交換を物語る史料が散見する。ところが、建武十六年以後の事例をみると、『史記』や『漢書』と比べ、『後漢書』には黄金の記載が少ない。これに関しては、つぎのような見解がある。すなわち加藤繁氏は、つとに伝世文献所見の黄金の例をいくつか引用し、「後漢時代に於ける民間の金の使用は、前漢時代に比して増すとも減じなかつたけれども、宮廷に於ける其れは、前漢よりも稍衰へた」とする。[54] しかし実際には、後述するように、後漢末期の董卓でさえ二〜三万斤の黄金を貯蔵していたにすぎず、その分量は王莽のそれと比ぶべくもない。少なくとも後漢の宮廷における黄金は、「稍衰へた」どころか、劇的に減少していたといわざるをえず、その点で、奥平昌洪『東亜銭志』巻八の「後漢ノ時金ヲ宮廷ノ賞賜ニ用キルコト前漢ニ比スレバ頗ル衰ヘタレドモ、民間ニ於テハ却テ然ラズ」との言の前半部分は的を射ている。また、黄金の民間流通量を軽視しない点では、加藤・奥平両氏は共通しているが残念ながらその論拠は挙げられていない。本書の付表1をみても、その徴証は得られない。

このことに関連して、多くの研究者（加藤氏と奥平氏以外）は従来一般に、王莽の滅亡後に黄金が官民を問わずに亡失したとし、その理由に関してさまざまな説を唱えてきた[55]。だがなお定見は得られていない。なかには曽延偉氏のように、そもそも前漢時代の黄金に関する文献史料の記載さえも信頼できないとし、黄金の総量は漢代を通じて少なかったとする論者もいる[56]。また、漢代文献所見の「金若干」は、黄金そのものではなく、実際にはそれと同価値の銭をさす場合が多かったとみる論者もいる[57]。さらに、漢代には罰金刑があったことが知られるが、それも建前上黄金を科してはいたものの、実際には黄金と同価分の銭を科していたとの説もある[58]。

では、結局どう考えるべきなのか。私見では、まず前漢時代の文献所見の「黄金」と「銭」は比較的明瞭に書き分けられており（前著第六章、前著付表3）、前漢時代の黄金に関する文献史料をまったく信用しないのは行き過ぎである。また漢代の罰金刑（後述する贖刑を含む）は、たしかに黄金・銭のどちらによっても決済できたようではあるが（前著第三章）、それが実態としてすべて銭で支払われていたとまではいえない。むしろ「罰金」という刑罰名が漢代を通じて使用され続けたことからもわかるように、それはあくまでも黄金払いを原則としたはずである。また『書』「金作贖刑」の唐・孔穎達疏に、

漢及後魏贖罪皆用黄金、後魏以金難得、合金一兩收絹十匹。

（漢及び後魏［曹魏か］の贖罪は皆な黄金を用い、後魏は金の得難きを以て、金一兩に合わせて［対応させて］絹十匹を収《しゅう》す）

とあり、黄金払いを原則としていた点は漢代贖刑も同様であった。これより私見では、漢代の黄金に関する伝世文献の記載をすべて鵜呑みにすることはできないものの、そのすべてを疑うことも妥当でないと考える。そこでここでは、

後漢時代における黄金の量的減少化の傾向を一定程度認め、宮廷内のみならず、民間でも黄金をやり取りする史料が全般的に減少傾向にある点を指摘したうえで（本書付表1）、とりあえずその詳細な実証は今後に委ねる。そのうえで、前掲『漢書』食貨志下「凡貨金銭布帛之用」に従い、後漢時代に黄金がなお「貨」として機能する場合もあった点のみを確認するにとどめたい。

ちなみに『後漢書』には、黄金が貯蓄・窃盗・賄賂・謝礼の対象としても登場し（付表1の史料12・43・70・233・282・287・338・359・374・376・377・378・補92・補104）、穀物や家畜の購入時に「金帛」を代価とする例もある（付表1の史料199）。また本書第二章でも紹介するように、後漢時代の墓葬内には鎮墓瓶（被葬者の安寧を祈念する文章が器腹に描かれた壺や鉢）が設置されるようになり、そこには「謹奉金銀」・「謹奉黄金千斤兩」・「謹以鉛人金玉」などの文がしるされ、当時の人びとが死後にも黄金を希求していたことを窺わせる。[59] その意味で、黄金の経済的価値はいささかも衰えていなかったといわねばならない。その名残として『三国志』魏書董卓伝には、

卓塢中金有二、三萬斤、銀八、九萬斤。珠玉錦綺奇玩雜物、皆山崇、阜積、不可知數。

（[董]卓の塢の中には金は二、三萬斤、銀八、九萬斤有り。珠玉錦綺奇玩雜物は、皆な山のごとく崇《たか》く、阜《おか》のごとく積まれ、數を知るべからず）

とあり、後漢末の董卓も郿塢に金銀珠玉錦綺奇玩雑物を蓄え、それらに価値を見出していた。ただし前述のように、王莽の有した黄金七十万斤に比すると、数量的に極端に少ない点は注意を要する。また『後漢書』には、病死寸前の一書生から黄金十斤を託された王忳が、その者の遺言に従って葬儀を司り、そのさいに黄金一斤を「鬻（売却）」して調度を整えた例がある（付表1の史料392・393）。これより推せば、黄金の直接的交換可能性は銭よりも低かったようである。つまり後漢時代の黄金は、「貨」として機能する場合もあったとはいえ、銭ほどの直接的交換可能性を実現

できていたわけではなかったようである。けれどもこれは、少額貨幣の銭とは異なり、黄金は高額貨幣ゆえに、その流通速度は銭に劣っていたということではなかろうか。

なお本文には銀も含まれるが、伝世文献や出土文字資料には他に銀関連史料は少ない。たとえば顧炎武『日知録』巻十一銀条は「唐宋以前、上下通行之貨、一皆以錢而已、未嘗用銀（唐宋以前、上下通行の貨は、一《もっぱ》ら皆な銭を以てするのみ、未だ嘗て銀を用いず）」と断言している。二十世紀初頭には「建武中元元年」「中元二年」の銘をもつ銀鋌が数点発見されているが（一部は出土物と伝わる）、加藤繁氏は「銀貨幣にはあらず、銀地金にして、工藝品の原料に用ひ、貨幣的用途にも充当せるなり」とする(60)。銀鋌の銘文には「考工所造」「銀工高和造」などとあり、他の一般的な漢代官製青銅器の銘文の形式と類似するので、銀地金説が妥当と思われる。もっともその一方で、郴州晉簡には「其出一百六十四匹依丙寅詔書雇募市銀賈（1-31）」、「䐗一頭　直銀三朱（3-148）」、「羊一頭直銀三朱（3-194）」、「右䐗二頭羊二頭直呉稱銀合三兩一銖二絫（3-199）」、「右䐗二頭羊二頭直呉稱銀合三兩二銖二絫（3-219）」などとある。たとえばそのなかの二番目の例は「䐗一頭、その価格は銀三朱にあたる」を意味する。これより、上記諸例は価値尺度手段もしくは経済的流通手段としての銀の用例と解される。また『太平御覧』珍宝部銀条引の晉・裴淵『広州記』にも、

廣州市司、用銀易米。（廣州の市司、銀を用て米に易《か》う）

とある。けれども上記諸史料は、厳密にいえば、あくまでも晉代江南の状況を伝えるにすぎず、後漢三国時代の詳細は不明である。また奥平昌洪『東亜銭志』巻八は対羌戦争時の「購」（懸賞金）として銀が与えられた例（本書付表1の史料220）を挙げ、「銀ノ使用ハ後漢ニ至リテ益發達シタリ」とするが、孤例では論拠薄弱であり、むしろ辺境地域の特例と解したほうがよさそうである。よって加藤氏も論ずるとおり、銀地金は貨幣的用途に充当される場合もあったとは思われるものの、現時点でその詳細はなお不明とせざるをえないであろう。

四　貨幣としての布帛

つづいて布帛の貨幣的用途を確認するうえで、従来もっとも注目されてきたのが『後漢書』朱暉列伝である。

是時穀貴、縣官經用不足……尙書張林上言、「穀所以貴、由錢賤故也。可盡封錢、一取布帛爲租、以通天下之用。……」。……暉奏據林言不可施行、事遂寢。……帝卒以林等言爲然。……暉等皆自繫獄。……暉曰「……」。……帝意解、寢其事。

（是の時穀貴く、縣官の經用足らず……尙書張林上言すらく、「穀の貴き所以は、錢の賤きが故に由るなり。盡く錢を封じ、一《もっぱ》ら布帛を取りて租と爲し、以て天下の用を通ぜしむべし。……」と。……〔朱〕暉、林の言に據りては施行すべからずと奏し、事、遂に寢《や》む。……帝卒《つい》に林等の言を以て然りと爲す。……暉等、皆な自ら繫獄す。……暉曰く「……」と。……帝の意解け、其の事寢む）

類似の文は『晉書』食貨志や『通典』巻八食貨八錢幣上などにもみえる（史料間の異同は次章で検討）。これは従来、元和年間（八四～八七年）に尚書張林が布帛の貨幣化を提言したものと解されてきた。この解釈は、元和年間以前に布帛が貨幣でなかったとする説と、表裏一体をなす。だがよくみると本文は、実際には銭納税制の停止と、布帛による税制の確立、さらにはそれによって得た布帛を用いて「天下の用（穀物）を通ぜしむ」ることを提言したもので、必ずしも元和年間以前に布帛が民間の経済的流通手段でなかったことを意味するものではない。

一方、伝世文献には市場で縑を「賣」ろうとする者の姿もみえる。(61) 「賣」字は一般に商品と銭との取引に用いられるので（前著第二章参照）、そのとき縑はたんなる商品にすぎないともいえる。加えて、織物の価格を銭でしめす例はあるものの、その逆の例はない。しかし、それもあくまでも銭との対比においてのことであり、縑などの貨幣的機能

（商品との直接的交換可能性）が他の諸商品とまったくの同格であったとまではいえない。もとより貨幣と商品との非対称性は「程度」の問題にすぎぬとはいえ、両者を完全なる同一物とみなすことはできず[62]、むしろ前掲食貨志下「凡貨金銭布帛之用」を勘案すれば、後漢時代の布帛は民同士の商品売買で貨幣的役割をも果たしてきたはずである。

ちなみに、筆者はすでに前著においても、出土法制史料を活用しつつ、漢代の布帛が貨幣（経済的流通手段）として商品売買に用いられていた点を指摘したつもりである。その後、リチャード・フォン・グラン氏は丁寧に前著を御評価くださると同時に、筆者が漢代布帛を貨幣とする点には疑問を投げかけられた[63]。ただしロータール・フォン・ファルケンハウゼン氏が前著に対する精確な理解に基づき、筆者の代わりに御反論くださったように[64]、筆者自身はなおも前著第四章・第七章の結論と、漢代布帛が貨幣（経済的流通手段）としても機能する場合があったとの結論を変える必要性を感じていない。前掲食貨志下（訓読は前掲）はその傍証となるものである。

さらに後漢時代の布帛に関してはつぎの用例もある。まず陳直氏はつとに、居延漢簡の用例を分析し、賦税が運搬困難な銭でなく黄金で運搬された例や、官俸が銭でなく布帛で支払われた例を挙げている[65]。既述のごとく、官俸が布帛で支払われる例は王莽期の特例といわれているものの、ともかく俸禄として支給された布帛をすべて衣料にした場合、受給者の家族は食事などに事欠くことになる。よって、少なくともその当時の人びとは布帛で食糧や日用品を購入していたはずである。また、ここで目を転じて内郡の様子をみると、『後漢書』（付表1参照）には、布帛が貴戚等の財産や（史料320・374・376）、賄賂とされ（史料111・349・386）、帛が百官中最貧の者へ賜与される例や（史料382）、長距離移動中の者が帛を重要な財物として携行する例（史料379）、あるいは西羌が後漢帝国内部で穀物や家畜を購入するさいに「金帛」を代価とした例などがある（史料199）。また被雇傭人として銭帛を稼いだ鄭均の例（史料65）、布帛で醴酪を購入した例（史料164）もある。飢えた盗人に後漢末の陳寔が絹二匹を与えた例もあり（史料372）、当時絹は衣料となるだけでなく、食糧購入の手段にもなりえたと考えられる。実際に賈逵はその学業を嘉せられ、章帝から「布五百匹・衣一襲」を賜与されているが（史料119）、「布五百匹」は衣料として賜与されたわけではなく、ゆえに「衣一襲」と区別されている。さらに勤続二十余年の官吏馮衍は、建武末年の退職時に「家に布帛の積無し」（『後漢書』馮衍列伝）とされ、居延漢簡の事例と同様に、内郡でも俸禄が絹などで支払われていた実情をしめす。ほかにも北海王劉睦は、父死亡時に財産を諸弟に分け与え、後日必要なものは「金帛」で買い戻したとされる（史料補36）。これらの事例により、後漢時代の布帛は民間の経済的流通手段としても広く用いられていたと考えられる。

五　貨幣としての穀物・真珠

最後に、穀物や真珠の貨幣としての用例を吟味したい。そもそも前掲『後漢書』光武帝紀下によれば、建武十六年以前には穀物も貨幣とされていた。この点は出土文字資料からも窺える。すなわち山田勝芳氏は、居延新簡（E.P.F22:1-36）の「建武三年十二月候粟君所責寇恩事」冊書を検討し、銭と穀物の両方で物価が表示されている事例を指摘している。[66] もっとも、建武十六年以降に穀物が民間の経済的流通手段であったことを明示する史料は伝世文献にない。管見のかぎり、銭穀で人を雇用した例（史料47）などが見出されるにすぎない。永平六年（六六年）の紀年をもつ「開通褒斜道摩崖」石刻もその一例である。[67]

永平六年、漢中郡以詔書受廣漢蜀郡巴郡徒二千六百九十人、開通褒余道……最凡用功七十六萬六千八百餘人、瓦卌六萬九千八百四器、用錢百四十九萬九千四百餘斛粟。九年四月成就、益州東至京師、去就安穩。

（永平六年、漢中郡は詔書を以て廣漢蜀郡巴郡徒二千六百九十人を受け、褒余道を開通せんとす……最凡《さいぼん》用功は七十六萬六千八百餘人、瓦は卌六萬九千八百四器、用錢は百四十九萬九千四百餘斛粟。九年四月に成就し、

益州東より京師に至るまで、去就安穏たり）

ここでは、「用錢」の単位が「斛粟」となっている。「用錢」は居延漢簡などにも散見する語で、「ある目的にそって使用される銭」や「使用に供する銭」を意味する。よって右の石刻文は、穀物が銭の代わりとして労働者に支払われたことをしめす。このように穀物は、価格表示機能や支払機能を帯びる時もあるが、経済的流通手段として多用されたか否かは史料的根拠を欠くのである。けれども、穀物はみなが欲しがるものである。ゆえにその余剰分は、やはり他の商品を買う時にも用いられ、つまり経済的流通手段とされることもあったとみるのが現実的ではなかろうか。

また後漢時代には、ごく一部の地域において、真珠も貨幣とされたことがあるようである。謝承『後漢書』佚文〔『藝文類聚』や『北堂書鈔』の佚文を周天游『八家後漢書輯注』が校合した佚文〕には、

孟嘗遷合浦太守。郡不産穀、而海出珠寶。舊採珠以易米食。

（孟嘗、合浦太守に遷る。郡、穀を産せず、而して海、珠寶を出だす。舊《も》と珠を採りて以て米食に易《か》う）

とある。これは合浦郡（現在の広西壮族自治区内）で珠宝（真珠）が「米食」購入に用いられていたことをしめす。このとき真珠は一種の地域通貨であったとみなされる。

以上、本節では、銭・黄金・銀・布帛・穀物・真珠の貨幣的機能について検討し、とくに銭・布帛が貨幣として民間社会に深く浸透し、分布の濃淡はあれども、商取引の商品価格の貴賤、関係者の身分、現場の都鄙を問わず、あらゆる場面で広範に貨幣として用いられていたことを確認した。また布帛がそれに準ずること、黄金も、事例数はきわめて少ないものの、なお貨幣として機能する場合があったことをのべた。さらに銀・穀物・真珠も、時と場に応じて、ごく稀にではあるが、貨幣的機能（経済的流通手段としての機能）を果たす場合があったと推測した。以上をふまえ、つぎにとくに銭・布帛・黄金の用例をさらに細かく具体的に検討し、それらがたんに同一の機能を有する貨幣にすぎ

なかったのか、それともそれらは貨幣としての共通の機能を有するとともに、何らかの機能的差異をも有していたのかどうかを闡明する。

第三節　銭・黄金・布帛の社会的機能

本節では後漢時代の銭・黄金・布帛の使用状況を確認し、それを前漢時代の状況と比較する。そのさいに参考となるのが、前漢・新における銭・黄金・布帛の授受例を収集・整理した前著の付表と、本書の付表1である。前者の傾向については前著の第六章・第七章で以下のように概括した。

前漢時代の銭・黄金・布帛の使われ方には大きな違いがあり、そこには一定の規則性があった。それによると賜与物・贈与物としての黄金と銭の価値は必ずしもつねに上下関係にあるわけではなく、それらと布帛の関係も一元的に説明しうるものではなかった。むしろ前漢時代の銭・黄金・布帛は、それぞれ全く異なる流通回路を有し、贈与物・賜与物・呪物などとして各々独自に流通していた。たとえば前漢時代では、銭は軍功褒賞・対徙民賜与・喪葬関連・餞別、黄金は軍功褒賞・官吏退職金・対外国交易・対外国賜与、帛は対外国交易・対外国賜与・社会的名望・地位を有する民への賜与・社会的福祉の必要な弱者への賜与・病気見舞い・中級以下の官吏に対する賜与などに用いられ、それらの用途は慣行上、基本的に相互代替不可能なものであったようである。これより筆者は、前漢時代の銭・黄金・布帛が経済的流通手段として共通の機能を果たす一方で、当時の経済・制度・習俗の複雑な絡み合いを背景として、それぞれ独自の社会的機能をも果たしていたとし、そのような各貨幣の相互補完的関係のうえに、地域性を胚んだ柔構造として前漢貨幣経済が存立していたことを論じた。では、このような時代的特徴を有する前漢貨幣経済は、その後どのように変化したのか。既述のとおり、後漢時代になると、黄金の授受の事例数は前漢と比べて、劇的に少なくなるが、それは銭・黄金・布帛の用途にいかなる影響を与えたのか。そこで付表1をみると、後漢における銭・黄金・布帛の社会的機能として、つぎの特徴が見出される。

第一に、国外関連の授受には、既述のごとく黄金と、さらに布帛が選好され、銭はほとんど使用されなかった[68]。これは前漢と同様の傾向で、国外の人びとが漢銭を常用しておらず、銭に価値を見出していなかったことに一因があろう。さらに前著第四章では、前漢に銭の国外流出禁止規定があったことを指摘したが、おそらく後漢にも同様の規定が存在したものと推測される。もっとも、付表1をよくみると、国外関連の物財授受において銭が用いられた例も皆無ではない[69]。しかしそのなかには、青州・徐州に「歸附」した「鮮卑大人」と、「歸義内屬」した「蜀郡旄牛徼外夷」への銭の賜与例が含まれ、それらはあくまでも郡県への内属予定の異民族を対象としている。また残る一例は「徼外蠻」などへの賜与例であるが、これも「小君長」のみを対象とした特例と解釈できる。これより、国外関連の銭授受はやはり原則上存在しなかったと論定される。

第二に、布（麻織物）の賜与は、帛（絹織物）賜与と比べて圧倒的に少ない。布賜与の多くは喪葬関連であった[70]。喪葬関連の賜与には銭も常用され、光武帝期には帛も多少使用された[71]。これに関連して楊樹達『漢代婚喪礼俗考』賻礼は、基本的史料の収集・整理に基づき、漢代の喪葬儀礼の手順を闡明し、その一段階として遺族に縑帛や銭を贈る賻があったとする。そして、貧家が賻によって葬式を行なった例や、国家が賻を贈る例（法賻）を挙げている[72]。また鎌田重雄氏は、襚（死者に衣服を贈ること）・祱（死者に衣服を贈ること）・賵（死者に車馬を贈ること）・賻（遺族に銭財を贈ること）を区別したうえで、とくに賻と賵が漢代に盛行した点を論ずる。さらに、高位高官に対する法賻の額面が後漢時代に固定化したとし、建武二十七年以来、列侯の遺族に「賻銭千萬・布萬匹」が贈られたことや（史料56）、諸侯王始封者（はじめて諸侯に封建された者）が亡くなった場合、その遺族に、後漢初期には「賻銭二千萬・布三萬匹」、安帝期以降には「賻銭千萬・布萬匹」が贈られたことを指摘する（付表1の史料174・175）。またその一方で、後漢前期・王充『論衡』量知篇に、

貧人與富人倶齎銭百、並爲賻禮死哀之家、知之者、知貧人劣能共百、以爲、「富人饒羨有奇餘也」。不知之者、見銭倶百、以爲、「財貨貧富皆若一也」。

（貧人、富人と倶に銭百を齎し、並びに賻禮《ふれい》を死哀の家に爲さば、之を知る者は、貧人の劣るも能く百を共するを知り、以爲えらく、「富人の饒《じょう》［富］は羨《す》ぎて奇餘有るなり」と。之を知らざる者は、銭の倶に百なるを見て、以爲えらく、「財貨の貧富は皆な一の若きなり」と）

という譬え話があることを挙げ、賻礼は貴賤を問わずに行なわれ、銭以外に布や絹も用いられたとする。[73] なるほど、たとえば『後漢書』羊続伝には、

舊典、二千石卒官賻百萬（舊典に、二千石、官に卒せば、賻百萬とす、と）。

とあり、二千石官（郡太守など）が在官中に亡くなった場合、遺族に「賻百萬」を贈るという「舊典」があった。すると、後漢時代に高位高官の法賻がすべて「典」によって固定化されていた可能性は十分ある。また賻礼が貴賤を問わずに広く行なわれたのも前掲『論衡』のしめすとおりである。そのうえ汪桂海氏は、出土文字資料にも賻銭の例が散見するとし、「酸棗令劉熊碑陰」・「婁壽碑陰」・「太尉陳球碑陰」・「太尉劉寛碑陰」や、鳳凰山第十号漢墓簡牘（第二簡）・尹湾第六号漢墓簡牘（M6D7、M6D8）を挙げる。[74]『後漢書』所見の喪葬関連の銭や布の賜与例の多くは、こうした儀礼に即したものであろう。その詳細をみると、前漢では喪葬関連の賜与物として銭と帛が常用されたのに対して、既述のとおり、後漢時代（とくに光武帝期よりも後）には銭と布が多用された。帛の代わりに布を用いる理由は

不明だが、後漢時代には奢侈批判が盛行し、光武帝期以来、喪葬儀礼にも建前上質素さが求められたので（楊樹達『漢代婚喪礼俗考』従葬之物）、高価な帛でなく、安価な布が選好されたのかもしれない。なお、自然災害等で死亡した民には前漢以来、しばしば国家から「棺銭」（死者の棺を準備するための給付金）も賜与された。もとより賻銭は葬儀費用を助ける名目で遺族に贈られ、その点で棺銭は賻礼の一環とも解せなくはない。しかし付表1の史料297・298では、自然災害の被災者本人（死者）に「銭」、「喪主」に「布」が賜与され、前者は「棺銭」と解され、遺族へ贈られる「布（賻礼の一環）」と区別されている。

第三に、贖罪関連の支払には「縑《ふたこぎぬ》」が用いられた[75]。漢代には正刑としての贖刑と、換刑としての贖刑があり[76]、ここでいう贖罪は後者に相当する。というのも、付表1の「贖」の例は、詔に基づいて「死刑」の該当者などに発せられた臨時的措置で、はじめから「贖」刑が課されることになっていたわけではないからである。では一体なぜ後漢国家はそのような臨時的な贖罪措置をたびたび施行し、そのさいに「縑」を支払わせたのか。犯罪者を赦してまで「縑」の納付を優先する以上、「縑」が後漢国家にとって重要なものであったことは確かである。そこで付表1をみると、当該例は光武帝期に一例、明帝期に三例、章帝期に二例、和帝期に一例、順帝期に一例、霊帝期に六例あり、そのなかでも霊帝期の例については売官・売爵・賄賂が横行した霊帝期特有の現象であったと考えられる（その背景については次章参照）。一方、のこる事例は順帝期以前に集中してみられるが、ここで国家による「縑」の支出例をみると、軍需物資としての「縑」が挙げられ、じつは順帝期以前の後漢ではちょうど西羌の反乱があり、大量の軍需物資が必要であった[77]。とすると、順帝期以前の「縑」による贖罪の事例は、そのような対西羌戦争の物資獲得を目的としていた可能性が高いといえよう（この点も次章でさらに詳論する）。

第四に、官吏の退職祝いには銭が常用され、ごくまれに銭に帛が伴うこともあった[78]。既述のごとく、前漢官吏の退職では黄金が常用されたので、これは官有黄金量の激減した後漢特有の現象といえる。帛よりも銭が常用された理由は不明だが、それが退職者の生活を支えるもっとも実用的な経済的流通手段であったからかもしれない。

第五に、徙民・謫戍時の賜与には原則的に銭が[79]、購賞には銭と黄金が多用された[80]。また軍功褒賞の基本は銭で、縑や黄金も賜与された[81]。ここで前漢の購賞・軍功褒賞制度を振り返ってみると、前著第六章で指摘したように、そこでも銭と黄金が状況におうじて使い分けられている。すると、懸賞時に黄金と銭を用いる後漢の制度的骨子はまさに前漢から継受されたものと解されよう。では、それ以外の徙民・謫戍・募民時の賜与はなぜ銭でなされたのか。そこで注目すべきは、それらの賜与例が前漢にもあり、やはり銭が用いられている点である。その理由について前著の第六章・第七章ではつぎの二点を挙げた。

（α）徙民・謫戍にとって銭の実用性が高かったこと。

（β）徙民・謫戍が軍功の一種とみなされ、軍功褒賞制の基準に基づき銭賜与の対象とされたこと。

すると後漢の徙民・謫戍も、それと同様の理由で銭賜与の対象に選ばれたのであろう。現にその事例中には、前節でものべたように「装銭（支度金）」の語がみえ、銭が旅支度用に賜与されており、少なくともその背景に銭の経済的流通手段としての実用性の高さがあったことを窺わせる。

第六に、官吏の疾病時に見舞金のような形で賜与がなされる場合には銭が常用され、布の例（付表1の史料207・247）と帛の例（付表1の史料247・270）もある[82]。ただし読み方次第では、付表1の史料207は病気を理由に退職を願い出た官吏を慰留するための賜与、史料270は官吏退職時の賜与とも解しうる。また史料247は、九卿が病に倒れた場合の問疾賜与の原則を描いたものであるが、これも范曄『後漢書』では「銭布」に、『後漢紀』孝安皇帝紀下では「銭帛」に作り、どちらが誤文か不明である。よって当面は、後漢官吏の病気見舞金はおもに銭で、布・帛の例も皆無でなかったとみるのが妥当であろう。一方、前漢では、既述のごとく問疾賜与に帛が常用された。それは、帛が高級で温かい衣料と認識されていたため、賜与者がそれを賜与して病人の快癒を願ったからであった。では、その習俗はなぜ前漢から後漢にかけて変化したのか。その理由は不明である。

第七に、三老（五十歳以上で善行があり、よく民衆の師たるべき者として選ばれた郷三老、あるいは県三老）・孝（親に仕えて孝行な者）・弟（＝悌。長幼の序をわきまえた者）・力田（農業に精励する者）・貞婦には「帛」が賜与され、鰥《やもめ》（老鰥夫）・寡（老寡婦）・孤（幼少で父なき者）・独（高齢で子のいない者）・高年（高齢者）などには「帛」ないし「布帛」が賜与されることがあった。(83) 佐藤武敏氏が指摘するように、三老・孝悌・力田・貞婦への賜与は〝郷村社会の秩序強化〟、高年・鰥・寡・孤・独への賜与は〝社会福祉〟の施策であろう。(84) では、これらの賜与にはなぜ「帛」が常用されたのか。ここで注意すべきは、前漢でも当該賜与に「帛」が常用されていたことである。その理由について前著第七章では、それが暖かい衣料たりうるものであったがゆえに、賜与者たる皇帝はその温もりを通じて対象者を労《いた》わり、顕彰し、それによって皇帝の恩徳を民に直接伝えようとしたと論じた。すると後漢における当該賜与も、それと同様の意味をもっていたのであろう（これは質素化の対象とならなかったのであろう）。

第八に、有為の人材を招聘する場合には「束帛」が多用された。(85) 人材招聘時に「束帛」を用いるのは伝統的な礼で、儒家経典にも関連規定が散見する。たんなる「銭」・「金」・「布」・「帛」でなく、「束帛」と表記する例の多いことが特徴的である。後漢時代以降も、蒲車（蒲で車輪を包んだ車）と束帛によって人材を招聘する礼は、「蒲帛之招」（『晉書』巻七二郭璞列伝付客傲列伝）・「蒲帛之聘」（『宋書』武三王江夏文献王義恭列伝）・「蒲帛之徴」（『初学記』巻二十引何法盛『晉中興書』）などと表現され、「束帛」贈与が脈々と行なわれつづけたことをしめす。

第九に、婚礼では束帛（縑や帛の例もあり、束帛をさすと思われる）が多用された。(86) 黄金・銭などが用いられる例もあるが、必ず絹織物との組み合わせで登場する。『儀礼』士昏礼によれば、婚礼は納采（男家が女家に品物を贈り、婚姻の許可を求める）・問名（婚姻の吉凶を占うため、女子の母親の氏を尋ねる）・納吉（問名後に男家が女家に吉凶を伝える）・納徴（婚姻合意形成後に男家が女家に品物を贈る）・請期（男家から女家に結婚の日定めを相談にゆく）・親迎（結婚当日に壻が女家に赴いて女子を迎える）などよりなり、鄭玄注によれば、納徴時には男家から女家に鹿皮・束帛を贈ることになっている。付表1所見の婚姻時の「束帛」はこれに該当するものであろう。また黄金に関しても、楊樹達『漢代婚喪礼俗考』婚儀はつとに漢代婚姻史料を収集し、「所謂聘金、即納徴金也（所謂《いわゆる》聘金は、即ち金を納徴するなり）」とし、その典拠として、懿献皇后が輿入れしたさい、前漢の恵帝・平帝の故事にならって、桓帝が納采として「乗馬束帛」を、納徴として「黄金二萬斤」を女家に贈った例を挙げている（付表1の補59）。

第十に、国家的慶事（皇后・皇太子冊立など）で全国的賜与をする場合には、帛と黄金が多用された[87]。その背後には一定の法律の存在があったようで、たとえば漢・衛宏『漢官旧儀』巻下（清・孫星衍輯『漢官六種』所収）には、

立皇后・太子、大赦天下、賜天下男子爵、女子牛酒・繒帛、夫増秩。

（皇后・太子を立つるや、天下に大赦し、天下の男子に爵を、女子に牛酒・繒帛を賜い、夫は増秩す）

とある。これによると皇后や太子の冊立時には一般に、天下の女子に牛酒と「繒帛」を賜与する規定があった。皇后や太子の冊立はとうぜん付表1の「慶事」項目に該当する。また何らかの瑞祥（鳳凰出現など）がみられた場合には、全国的に帛が賜与される傾向が強く、ほかに布賜与が若干例と、銭賜与が一例確認できる[88]。ただしこれも本質的には国家的慶事に違いなく、それゆえ帛の賜与が重視されたのではなかろうか。

上記十点に加え、第十一点目の特徴として、いわゆる春賜と臘賜の存在も忘れることはできない（ただしその出典は付表1以外の史料に求められる）。それは、応劭『漢官儀』巻下［孫星衍『漢官六種』所輯］に、

立春之日、遣使者賜文官、司徒・司空帛三十匹、九卿十五匹。武官太尉・大將軍各六十匹、執金吾・諸校尉各三十匹。武官倍于文官。……大將軍・三公臘賜錢各三十萬、牛肉二百斤、稉米二百斛。特進侯十五萬。卿十萬。校尉五萬。尚書丞・郎各萬五。千石・六百石各七千。侍御史・謁者・議郎・尚書令各五千。郎官・蘭臺令史二千。中黄門・羽林・虎賁士二人共三千。以爲當祠門戸直、各隨多少受也。

（立春の日、使者を遣わして文官に賜うに、司徒・司空は帛三十匹、九卿は十五匹とす。武官には太尉・大將軍に各六十匹、執金吾・諸校尉に各々三十匹とす。武官は文官に倍す。……大將軍・三公の臘賜の錢は各々三十萬、牛肉は二百斤、稉米は二百斛とす。特進侯は十五萬とす。卿は十萬とす。校尉は五萬とす。尚書丞・郎は各々萬五とす。千石・六百石は各々七千とす。侍御史・謁者・議郎・尚書令は各々五千とす。郎官・蘭臺令史は二千とす。中黄門・羽林・虎賁士二人は共《あわ》せて三千とす。以て門戸を祠《まつ》るの直に當つると爲し、各々多少に隨いて受くるなり）

とあるものである。閻歩克氏は当該史料の諸典拠を引用して相互検証し、賜与物を銭に換算したうえで、春賜・臘賜制度を復元し、それが後漢時代に定制化したことを論じている(89)。その見解はほぼ首肯しうる。だが、賜与物を銭に換算する点は、銭・帛・穀物の用途上の差異を等閑視することに繋がりかねない。むしろ本章で重要なのは、春賜が帛なのに対し、臘賜が銭によっており、両者が制度上区別されている点である。保科季子氏が論ずるとおり、臘賜の賜与対象は官吏だが、その直接の受け取り手は基本的に官吏の妻や母で、簡牘史料をみると、末端の官吏にまで銭が賜与されていたことがわかる(90)。かように賜与物（銭と帛）を区別する制度的理由はいまいち判然としないけれども、ともかくこれも銭と帛の使い分けの一例として理解することができよう。

以上、前漢と後漢の銭・黄金・布帛の用途には各々大きな相異があった。前漢後半期以降の貨幣経済は必ずしも衰退の一途を辿ったわけではなく、むしろそれは前漢とは異なる質的変化を経ていた。たとえば後漢では、銭・布帛を主たる貨幣とする点では前漢と共通するものの、減少した黄金の代わりに銭が代替的機能を果たすようになっていた。そしてその背景には、黄金の量的減少などの物理的事情に加え、当時の制度や習俗の時代的変化（貨幣流通の地域的範囲・習俗的範囲の変化、儀礼の質素化など）も深く関与していた。するとそれは当然、後漢における銭・黄金・布帛の経済的流通手段としての動きにも大きな影響を与えたであろう。

しかも『後漢書』をみると、たとえば明帝が不法官吏より没収した財物を鍾離意に賜与しようとしたさい、鍾離意はそれを「臧穢之寶」とよび、受け取ろうとはしなかった（付表1の史料70・71）。また親を亡くした友人に対して、大俠陳遵が莫大な「賻助」を行なう一方、王丹は手作りの「縑一疋」を贈って名声を高めたという（付表1の補23）。こうした事例の数々は、諸貨幣が必ずしも無色透明な経済的計算手段でなく、一方的に既存社会のありようを変更するものでもなく、むしろ逆に、既存の社会・制度・慣行が諸貨幣のありようを変更する場合もあることをしめす。たとえていえば、一銭と百銭はつねに一対百の関係にあるのではなく、貨幣の動きはつねに経済的合理性のみに左右されるわけでもない。銭や布帛は経済的流通手段であるとともに、時と場に応じて贈答品や賜与物としても使い分けられ、両者は不可分の関係にある。よって、後漢貨幣経済のあり方を理解するさいには、当時の経済事情を考察するだけでは不十分である。これより、後漢貨幣経済の特質は、そのような後漢独自のさまざまな用途をもつ銭・黄金・布帛と、それらが織りなす多元的な構造に求められる。

おわりに

以上本章では、後漢時代に銭・黄金・布帛などを主たる要素とする多元的貨幣経済が展開していたこと、そこに前漢貨幣経済とは異なる時代的特質があったことを論じた。それによると銭・黄金・布帛は、当時の経済・制度・習俗を背景に、それぞれ全く異なる流通回路を有していた。後漢貨幣経済は、銭・黄金・布帛などを主とする多元的構造を有していたという点では前漢と大差なく、その点でたんなる前漢貨幣経済の延長とも位置づけられるが、そこには大きな時代的差異もあったのである。

このことは、ある貨幣の増減がべつの貨幣の需要に必ずしも影響を及ぼさないということを意味する。貨幣それぞれが、重複する機能を有するとともに、相互に代替できない機能をも有していた以上、ある貨幣の不足をべつの貨幣で補うことが困難な場合も当然あったと考えられるからである。すると、銭・黄金・布帛の実勢比価が後漢を通してまったく変化しなかったとは考えがたい。これは、秦漢時代に銭—黄金間に絶対的比価があったとする定説を批判した前著第四章の検討結果と符合する。しかも貨幣経済の進展は、必ずしも漢代社会の市場化のみを意味せず、むしろ貨幣（経済的流通手段）のほうが当時の制度や既存の習俗と折り合いをつける形で、特定用途化されることもあった。では、以上のような構造と特質を有する後漢貨幣経済は、時とともにどのように移ろい、いかに魏晋経済へ繋がってゆくのか。次章ではこの点を検討する。

注

(1) 彭信威『中国貨幣史』(上海人民出版社、二〇〇七年)、Ebrey, Patricia. 1986. The Economic and Social History of Later Han. *The Cambridge history of China.* vol.1. Twitchett, D. & Loewe, M. eds.. London: Cambridge University Press、紙屋正和「前漢後半期以降の貨幣経済について」(川勝守編『東アジアにおける生産と流通の歴史社会学的研究』中国書店、一九九三年)。

(2) 山田勝芳「後漢・三国時代貨幣史研究——古代から中世へ——」(『東北アジア研究』第三号、一九九九年)、山田勝芳『貨幣の中国古代史』(朝日新聞社、二〇〇〇年)、馬飛海総主編『中国歴代貨幣大系2　秦漢三国両晉南北朝貨幣』(上海辞書出版、二〇〇二年)。

(3) 佐藤武敏『中国古代絹織物史研究』上(風間書房、一九七七年)。

(4) 多田狷介「漢代の地方商業について——豪族と小農民の関係を中心に——」(『漢魏晉史の研究』汲古書院、一九九九年)、Yu, Yingshi. 1967. *Trade and Expansion in Han China: A Study in the Structure of Sino-Barbarian Economic Relations.* Berkeley and Los Angeles. University of California Press、紙屋正和「両漢時代の商業と市」(『東洋史研究』第五二巻第四号、一九九四年)。

(5) 加藤繁「漢代に於ける国家財政と帝室財政との区別並に帝室財政一斑」(『支那経済史考証』上、東洋文庫、一九五二年)、山田勝芳注(2)前掲書。

(6) 山田勝芳注(2)前掲論文。

(7) 劉釗・譚若麗「漢簡所見竇融時期〝治所書〟新探」(『簡帛』第十四輯、二〇一七年)。

(8) 『後漢書』公孫述列伝建武六年[三〇年]条に「是時、述廢銅錢、置鐵官錢。百姓貨幣不行。蜀中童謠言曰、「黄牛白腹、五銖當復」。好事者竊言「王莽稱「黄」、述自號「白」。五銖錢漢貨也。言天下當幷還劉氏」(是の時、[公孫]述は銅銭を廃し、鐵官の銭を置く。百姓は貨幣をば行せず。蜀中の童謡に言いて曰く「黄牛白腹、五銖當復」と。好事者は竊かに言う、「王莽は「黄」を稱え、述は自ら「白」を號す。五銖銭は漢の貨なり。天下當に幷《あわ》さりて劉氏に還るべきを言う」と)」によれば公孫述も建武六年に成都で鉄銭を鋳造した。その銭文に関しては従来「五銖」説が有力であった（『陳氏図経』・戴熙『古泉叢話』など）。だが彭信威注（1）前掲書は、前掲公孫述列伝所見の蜀の童謡において王莽と公孫述の銭が「黄牛白腹」、五銖銭が「五銖」と表現され、両者が区別されていることから、公孫述の銭は五銖銭でないとする。そのうえで彭氏は「貨泉」説と「五瑪」説を挙げる。

（9）鷹取祐司「漢代の挙劾文書の復元」（『秦漢官文書の基礎的研究』汲古書院、二〇一五年）。

（10）狩野直禎「第五倫伝考」（『後漢政治史の研究』同朋舎出版、一九九三年）。

（11）彭信威注（1）前掲書。

（12）馬飛海注（2）前掲書。

（13）王海航「石家荘市発現東漢五銖銭范」（『文物』一九七九年第三期）。

（14）山田勝芳注（2）前掲論文。

（15）陳垣『二十史朔閏表』（中華書局、一九六二年）、徐錫祺『新編 中国三千年暦日検索表』（人民教育出版社、一九九二年）、張培瑜『三千五百年暦日天象』（大象出版社、一九九七年）、吉村昌之「出土簡牘資料にみられる暦譜の集成」（冨谷至編『辺境出土木簡の研究』朋友書店、二〇〇三年）。

（16）姚生民「淳化県発現東漢銅碟」（『文博』一九八五年第二期）。

（17）Swann, Nancy Lee. 1950. *Food & Money in Ancient China: The Earliest Economic History of China to A.D. 25*. Princeton: Princeton University Press.

（18）穂積文雄「物品貨幣考」（『支那貨幣考』立命館出版部、一九四四年）。

（19）本文では後漢官吏に対する月俸を便宜上「俸禄」ともよんでいるが、「奉（俸）」と「禄」は本来別々の字源をもち、とくに唐代には石高で定められた禄と、銭で支給された月俸が区別されている。漢代史料においても両字は別々に登場することがあり、たとえば「楊秉歴牧四州、計日受俸、稟禄不入私門（楊秉は歴《あまね》く四州を牧し、日を計りて俸を受け、禄を稟《う》くるも私門に入れず）」（『八家後漢書輯注』所収の謝承『後漢書』第二三二条、薛瑩『後漢記』第十五条）のごとく、両字を別々に挙げる史料もある。だが本史料は「受俸＝稟祿」とも読めなくはない。しかも居延漢簡上の用語法として、森鹿三「居延出土の王莽簡」（『東洋学研究 居延漢簡篇』同朋舎、一九七五年）は、「奉」と「祿」が同義であることを前提とし、王莽期に「奉（俸）」は「祿」に改称されたとする。一部の論者が指摘するように、成帝綏和二年の紀年簡に「祿錢」（E.P.F25:14）とあるため、森説を絶対視はできないが、森説は現在大まかな傾向をしめすものとして広く認められ、それと矛盾する史料もないようである。本書では以上の議論をふまえて、「月俸」や「俸祿」の語を文脈に合わせて用いる。

(20) 労榦「関于漢代官俸的幾個推測」（『文史哲学報』第三期、一九五一年）、陳夢家「漢簡所見奉例」（『漢簡綴述』中華書局、一九八〇年）。

(21) 宇都宮清吉「続漢書百官志受奉例考」「続漢書百官志受奉例考再論」（『漢代社会経済史研究（補訂版）』弘文堂書房、一九六七年）、Yang, Lien-sheng. 1961. Numbers and Units in Chinese Economic History. *Studies in Chinese Institutional History.* Cambridge MA. Harvard-Yenching Institute Studies. pp.75-84、布目潮渢「半銭半穀論――宇都宮清吉・楊聯陞両教授の論争をめぐって――」（『布目潮渢中国史論集』上巻、汲古書院、二〇〇三年）。

(22) 施偉青「漢代居延官俸発放的若干問題」（『中国古代史論叢』岳麓書社、二〇〇四年）、李天虹「俸祿・現銭」（『居延漢簡簿籍分類研究』科学出版社、二〇〇三年）。

(23) 宋弘爲司空、常受俸得鹽豉千斛。遣諸生迎取上河、令糶之。鹽賤、諸生不糶。弘怒、便遣、及其賤、悉糶賣、不與民争利（宋弘、司空と爲り、常に俸を受けて鹽豉千斛を得。諸生を遣わして上河に迎取《げいしゅ》し、之を糶《う》らしむ。鹽賤《やす》ければ、諸生糶らず。弘怒り、便ち遣わし、其の賤きときに及び、悉く糶賣《ちょうばい》し、民と利を争わず。『太平御覧』巻八二八引『東観漢記』）。

(24) 表1―1は柿沼陽平『中国古代の貨幣　お金をめぐる人びとと暮らし』（吉川弘文館、二〇一五年）より転載した。

(25) 閻歩克「从稍食到月俸」（『品位与職位』中華書局、二〇〇九年）。

(26) 宮宅潔「漢代官僚組織の最下層――「官」と「民」のはざま――」（『東方学報（京都）』第八七冊、二〇一二年）。

(27) 漢安元年、雒陽劉漢等百九十七家爲火所燒、其九十家不自存。詔賜錢廩穀（漢安元年［一四二年］、雒陽の劉漢等百九十七家は、火の燒く所と爲り、其の九十家は自存［自ら生計を立てる意］せず。詔して錢を賜い穀を廩［給附］す）。

(28) 横山裕男「唐代月俸制の成立について——唐官僚俸祿攷の一——」（『東洋史研究』第二七巻第三号、一九六八年）。
(29) 宮澤知之「五銖銭の鋳造額」（『文学部論集（仏教大学）』第八六号、二〇〇二年）。
(30) 後漢時代の物価に関しては王仲犖『金泥玉屑叢考』（中華書局、一九九八年）、黄今言『秦漢商品経済』（人民出版社、二〇〇五年）、丁邦友『漢代物価新探』（中国社会科学出版社、二〇〇九年）参照。
(31) 彭浩『張家山漢簡《算数書》注釈』（科学出版社、二〇〇一年）。
(32) 徐正考「器物的転送与買売」（『漢代銅器銘文総合研究』作家出版社、二〇〇七年）。
(33) 「中国古鏡の研究」班「前漢鏡銘集釈」（『東方学報（京都）』第八四冊、二〇〇九年）、同「後漢鏡銘集釈」（『東方学報（京都）』第八六冊、二〇一一年）、同「漢三国鏡銘集釈補遺」（『東方学報（京都）』第八八冊、二〇一三年）。
(34) 岡村秀典「後漢鏡銘の研究」（『東方学報（京都）』第八六冊、二〇一一年）。
(35) 宮崎市定「読史劄記」（『宮崎市定全集17　中国文明』岩波書店、一九九三年）。
(36) 洛陽至有主諧合・殺人者、謂之會・任之家、受人十萬、謝客數千（洛陽の諧合《かいごう》［和合］・殺人を主る者有るに至りては、之を會（儈）・任の家と謂い、人より十萬を受け、客より數千を謝せらる）。本文の解釈には諸説あるが（たとえば『潜夫論箋校正』（中華書局、一九八五年）所載の清・汪継培箋や彭鐸校正）、ここでは私見を提示する。
(37) 手中無錢、之市決貨、貨主問曰、「錢何在」。對曰、「無錢」。貨主必不與也。夫胸中無學、猶手中無錢也。欲人君任使之、百姓信嚮之、奈何也（手中に錢無くして、市に之《ゆ》きて貨を決［商品を選ぶ意］せんとするに、貨主問いて曰く、「錢は何《いづ》くに在るや」と。對えて曰く、「錢無し」と。貨主必ずや與えざるなり。夫れ胸中に學無きは、猶お手中に錢無きがごときなり。人君の之を任使《にんし》し、百姓の之に信嚮《しんきょう》［信じて従う］せんことを欲するも、奈何《いかん》せんや）。
(38) 彭信威注（1）前掲書。
(39) 『後漢書』鍾離意列伝李賢注引『東観漢記』に「意在堂邑、爲政愛利、輕刑愼罰、撫循百姓如赤子。初到縣、市無屋、意出奉錢帥人作屋。……人皆大悦（［鍾離］意は堂邑に在るや、政を爲すに愛利《あいり》［民を愛しみ利する意］、刑を輕くし罰を愼しみ、百姓を撫循《ぶじゅん》すること赤子の如し。初めて縣に到るや、市に屋無く、意は奉錢を出だし人を帥いて屋を作る。……人は皆な大いに悦ぶ)」とあり、西晉・干宝『捜神記』巻三に「漢永平中、會稽鍾離意、字子阿、爲魯相。到官、出私錢萬三千文、附戶曹孔訴、修夫子車（漢の永平中［五八～七五年］、會稽の鍾離意、字は子阿、魯相と爲る。官に到るや、私錢萬三千文を出だし、戶曹の孔訴に附し、夫子の車を修む)」とある。『捜神記』の故事は完全な創作だが、プロット上は前掲『東観漢記』の鍾離意の故事と同根のようで、その時代背景は一定程度史実を反映したものと思われる。『太平御覧』巻八三五引『東観漢記』に「王阜爲益州太守。大將軍竇憲貴盛、以絳罽襜褕與阜、阜不受。嘗移書益州取六百萬。阜疑有奸詐、以狀上。憲遣奴騶帳下吏李文迎錢、阜以詔書未報、距不與文。積二十餘日、詔書報、給文以錢市馬（王阜、益州太守と爲る。大將軍竇憲貴盛《きせい》にして、絳罽襜褕を以て阜に與えんとするも、阜は受けず。嘗て書を益州に移《おく》りて六百萬を取らんとす。阜は奸詐《かんさ》有るを疑い、狀を以て上る。憲は奴騶帳下吏の李文を遣わして錢を迎えんとするも、阜は詔書の未だ報［返答］ぜざるを以て、距《こば》みて文に與えず。積むこと二十餘日にして、詔書報じ、文に給《たま》いて錢を以て馬を市《あきな》わしむ)」とある。

(40)　『後漢書』方術伝注引謝承『後漢書』に「穆嘗養豬。豬有病、使人賣之於市、語之云、「如售、當告買者言病、賤取其直。不可言無病、欺人取貴價也」。賣豬者到市即售、亦不言病、其直過價。穆怪之、問其故。齎半直、追以還買豬人、告語云、「豬實病、欲賤賣、不圖賣者人相欺、乃取貴直」。買者言賣買私約、亦復辭錢不取。穆終不受錢而去（［公沙］穆は嘗て豬《ぶた》を養う。豬に病有り、人をして之を市に賣らしめ、之に語りて云う、「如《も》し售《う》らば、當に買者に告げて病と言い、賤《やす》く其の直を取るべし。無病と言い、人を欺きて貴價を取るべからざるなり」と。豬を賣る者は市に到りて即ち售り、亦た病を言わず、其の直は價を過ぐ。穆、之を怪しみ、其の故を問う。半直を齎《もたら》［携帯］し、追いて以て豬を買う人に還さんとし、語を告げて云う、「豬は實は病あり、賤賣《せんばい》せんと欲するも、圖《はか》らずも賣者の人、相い欺き、乃ち貴直を取る」と。買う者は賣買の私約なるを言い、亦た復《かえ》して錢を辭して取らず。穆、終《つい》に錢を受けずして去る)」、『藝文類聚』巻九四及び『太平御覧』巻四八四所引の『東観漢記』（姚本・聚珍本）に「閔仲叔居安邑、老病家貧、不能得錢買肉、日買一片豬肝。屠者或不肯爲斷（閔仲叔は安邑に居り、老病《ろうびょう》ありて家貧しく、錢を得て肉を買う能わず、日ごとに一片の豬《ぶた》の肝を買う。屠者《としゃ》は或いは爲《ため》に斷つを肯んぜず)」とあり、『後漢書』党錮劉祐列伝李賢注引の謝承『後漢書』に「祐、宗室胤緒、代有名位。少脩操行、學嚴氏春秋・小戴禮・古文尙書、仕郡爲主簿。郡將小子嘗出錢附之、令市買果實。祐悉以買筆書具與之、因白郡將言、「郎君年可入小學、而但傲佷、遠近謂、明府無過庭之教。請出授書」（［劉］祜は、宗室の胤緒《いんしょ》［家系］にして、代々《よよ》名位有り。少くして操行《そうこう》［品行］を脩《おさ》め、嚴氏春秋・小戴禮・古文尙書を學び、郡に仕えて主簿と爲る。郡將の小子、嘗て錢を出だして之に附し、果實を市買せしむ。祜は悉く以て筆書具を買いて之に與え、因りて郡將に白《もう》して言う、「郞君は、年、小學に入るべく、而るに但だ傲佷《ごうこん》にして、遠近謂う、明府は過庭《かてい》の教え［家庭での親による教育］無し、と。請うらくは出だして書を授けしめんことを」と）」とある。

（41）『藝文類聚』巻五八雜文部「筆」引『列仙伝』に「李仲甫、潁川人。漢桓帝時、賣筆遼東市上、一筆三錢。有錢亦與筆、無錢亦與筆（李仲甫は、潁川の人。漢の桓帝の時、筆を遼東の市の上に賣り、一筆三錢とす。錢有るも亦た筆を與え、錢無きも亦た筆を與う）」とある。

（42）『論衡』辨崇篇には「人之於世、禍福有命、人之操行亦自致之。其安居無爲、禍福自至命也。其作事起功、吉凶至身人也。人之疾病、希有不由風濕與飮食者。當風臥濕、握錢問祟。飽飯饜食、齋精解禍、而病不治謂祟不得、命自絕謂筮不審、俗人之知也（人の世に於けるや、禍福には命［天命］有り、人の操行も亦た自《おのずか》ら之を致す。其れ安居無爲なるも、禍福自ら至るは命なり。其れ事を作し功を起こし、吉凶身に至るは人なり。人の疾病は、風濕と飮食とに由らざる者有ること希なり。風に當たり濕に臥し、錢を握りて祟を問う。飯に飽き食に饜き、精を齋し禍を解き、而るに病治まらずんば祟の得ざるを謂い、命自ら絕えば筮審らかならずと謂うは、俗人の知なり）」とある。

（43）『東観漢記校注』巻十八樊曄伝には「樊曄爲天水郡、其政嚴猛、好申・韓之術。善惡立斷、不假下以權、道路不敢相盜、商人行旅以錢物聚於大道旁曰、「以附樊父」。後還其物如故。道不拾遺（樊曄、天水郡［の郡太守］と爲るや、其の政は嚴猛にして、申・韓の術を好む。善惡立《たちどころ》に斷《さだ》まり、下を假《か》る［下々の人びとを利用する意］に權［權勢］を以てせず、路に道《よ》［経由］るに敢えて相い盜まず、商人行旅は錢物を以て大道の旁《かたわ》らに聚《あつ》めて曰く、「以て樊父に附せん」と。後に其の物を還すこと故の如し。道に遺《お》ちたるを拾わず）」とある。

（44）王阜、字世公、蜀郡人。少好經學、年十一、辭父母、欲出精廬、以尙少、不見聽。後阜竊書誦盡日、辭欲之犍爲定生學經、取錢二千・布二端去。母追求到武陽北男、謁舍家、得阜、將還（王阜は、字は世公、蜀郡の人。少《わか》くして經學を好み、年十

一にして、父母に辭［別れを告げる意］して、精廬［学校］に出でんと欲するも、尙お少きを以て、聽されず。後に阜は書を竊みて誦《とな》うること盡日《じんじつ》［一日中］、辭して犍爲［犍爲郡］に之《ゆ》き生［生計］を定め經を學ばんと欲し、錢二千・布二端を取りて去る。母、追求［捜し求める意］して武陽の北の男［王阜をかくまっていたか］に到り、謁《つ》［説明］げて家［男の家］に舍《やど》り、阜を得《とら》え、將《ともな》いて還る。『東観漢記校注』巻十三王阜伝）。

(45) 『東観漢記校注』巻十四鄭均伝に「鄭均……治尙書……。兄仲爲縣游徼、頗受禮遺。均數諫止不聽、即脫身出作。歲餘得數萬錢、歸以與兄曰「錢盡可復得。爲坐吏贓、終身捐棄」。兄感其語、遂爲廉潔、稱淸白吏（鄭均……尙書を治む……。兄の仲は縣の游徼と爲り、頗る禮遺《れいい》［贈物］を受く。均は數々諫止すれども聽かず、即ち身を脫して出でて作す。歲餘にして數萬錢を得、歸りて以て兄に與えて曰く、「錢盡くれども復た得べし。爲に吏贓《りぞう》に坐せば、終身捐棄《えんき》せられん」と。兄、其の語に感じ、遂に廉潔《れんけつ》［淸廉潔白］と爲り、淸白の吏と稱《たた》えらる）」とある。

(46) 『東観漢記校注』巻十五梁商伝には「梁商、饑年穀貴有餓餧、輒遣蒼頭以車載米鹽菜錢、於四城散乞貧民（梁商、饑年《きねん》に穀貴く餓餧《がだい》［飢餓］有るや、輒ち蒼頭《そうとう》を遣わし車を以《ひき》いて米鹽菜錢を載せ、四城に於いて散じて貧民に乞《あた》う）」とある。

(47) 江革……客東海下邳、傭賃以養父母。下邳知其孝、市買輒與好善者、雖無錢、任貰與之（江革……東海下邳に客たり、傭賃して以て父母を養う。下邳、其の孝を知り、市買せば輒ち好善なる者を與え、錢無しと雖も、任せて之に貰與す。『東観漢記校注』巻十五）。

(48) 張楷、字公超、隱居弘農山中。學者隨之、所居成市。後華陰山南遂有公超市（張楷、字は公超、弘農の山中に隱居す。學ぶ者、之に隨い、居る所、市を成す。後に華陰の山の南に遂に公超市有り。『東観漢記校注』巻十五張楷伝）。

(49) 渡邊信一郎「漢代の財政と帝国」（『中国古代の財政と国家』汲古書院、二〇一〇年）。

(50) 陳直『居延漢簡研究』（天津古籍出版社、一九八六年）所載の「戍卒的服装」・「貰売衣服的券約」・「居延簡中所見庸工価値」・「居延的物価」参照。

(51) 角谷常子「居延漢簡にみえる売買関係簡についての一考察」（『東洋史研究』第五二巻第四号、一九九四年）。

(52) 施偉青「漢代居延戍辺官吏的俸銭及相関的一些問題」（『中国古代史論叢』岳麓書社、二〇〇四年）。

(53) Wang, Helen. 2004. Chinese Documents: Wood Slips, First Century BC to Fourth Century AD. *Money on the Silk Road: The Evidence from Eastern Central Asia to c.AD 800*. London: The British Museum Press.

(54) 加藤繁「隋以前及び元以後に於ける金銀」(『唐宋時代に於ける金銀の研究』東洋文庫、一九二六年)。

(55) 唐任伍「西漢巨量黄金消失之謎考」(『史学月刊』一九八九年第五期)など。

(56) 曽延偉『両漢社会経済発展史初探』(中国社会科学出版社、一九八九年)。

(57) 加藤注(54)前掲論文。

(58) 藤田高夫「秦漢罰金考」(梅原郁編『前近代中国の刑罰』京都大学人文科学研究所、一九九六年)。

(59) 鎮墓瓶の史料収集と研究状況に関しては關尾史郎『もうひとつの敦煌~鎮墓瓶と画像磚の世界~』(高志書院、二〇一一年)。

(60) 加藤繁「考証失敗談――「金銀の研究」訂正二題――」(『中国経済史の開拓』桜菊書院、一九四八年)。

(61) 『太平御覧』巻六三九刑法部五聴訟引『風俗通』に「臨淮有一人、持疋縑到市賣之。道遇雨被載。後人求共庇蔭雨。霽當別、因共爭鬪、各云我縑。……宣曰、「縑直數百錢。有何足紛紛自致縣官……」(臨淮に一人有り、疋縑を持ち市に到り之を賣らんとす。道に雨に遇いて被《おお》い載《いただ》く。後に人、雨を庇蔭《ひいん》するを共にするを求む。霽れて別るるに當り、因りて共に爭鬪し、各々我が縑なるを云う。……[薛]宣曰く、「縑の直は數百錢なるのみ。何ぞ紛紛として自ら縣官に致すに足る有らんや……」と)」とある。

(62) von Hayek, Friedrich August. 1978. *Denationalisation of Money: The Argument Refined. An Analysis of the Theory and Practice of Concurrent Currencies (2nd.)*. London: The Institute of Economic Affairs。

(63) von Glahn, Richard. 2013. Review of Chūgoku kodai kahei keizai shi kenkyū. By Kakinuma Yōhei. *The Journal of Asian Studies*. Vol.72. no.2。

(64) von Falkenhausen, Lothar. 2014. Review of Kakinuma Yōhei, Chūgoku kodai kahei keizaishi kenkyū. *Zhejiang University Journal of Art and Archaeology*. no.1. Hangzhou: Zhejiang University Press。

(65) 陳直「辺郡黄金布帛代替貨幣問題」(『居延漢簡研究』天津古籍出版社、一九八六年)。

(66) 山田勝芳「後漢の銭封印——悪銭が主役へ——」（『貨幣の中国古代史』朝日新聞社、二〇〇〇年）。

(67) 永田英正編『漢代石刻集成』（同朋舎、一九九四年）。発見当初に解読され、のちに剥落した部分は□で括った。

(68) 国外関連の絹織物の授受は10・15・25・32・34・49・50・51・58・59・60・61・76・102・124・139・141・160・165・172・178・192・194・196・198・199・200・231・232・235・236・241・242・265・266・268・276・277、麻織物は123、銀は165・177・190・236、黄金は15・34・49・50・102・172・177・178・190・194・198・199・214・231・232・236・268・277・304・380。また辺境在住者へ銭でなく金帛等を賜与した例20・21もあるが、これも異民族との混在をふまえた辺境地域の特例かもしれない。なお解釈の余地の残る史料の番号には（　）を付す。以下同じ。

(69) 国外関連の銭賜与は史料74・196・200。

(70) 喪葬関連の麻織物賜与は史料56・159・(171)・174・175・176・204・210・211・212・218・227・249・274・275・298・301・315・361。

(71) 喪葬関連の銭賜与は史料26・35・46・56・62・63・77・83・118・140・159・161・(171)・174・175・176・204・205・210・211・212・(213)・218・227・228・239・240・245・249・(257)・258・264・269・274・275・278・297・299・301・303・(306)・315・321・(347)・361・367・368・補13・補54。喪葬関連の絹帛・縑賜与は史料17・27・31・(61)・(64)・(389)・(補22)・補23。ただし史料61は匈奴単于の死去に伴う定制で、国外賜与に分類でき、史料64は死後の褒賞とも解釈でき、史料389は対象者が「貞義」とたたえられた婦女で、力田などと同じく社会福祉の一環であった可能性がある。すると純然たる喪葬関連の絹帛賜与例は史料17・27・31・補23で、光武帝期に限定される。

(72) 楊樹達「漢代婚喪礼俗考」（『楊樹達文集』上海古籍出版社、二〇一三年）。

(73) 鎌田重雄「漢代賻贈考」（『秦漢政治制度の研究』日本学術振興会、一九六二年）。

(74) 汪桂海「談碑刻・簡牘中的賻賵名籍」（『秦漢簡牘探研』文津出版社、二〇〇九年）。

(75) 贖罪としての縑の納入例は史料66・67・68・85・86・92・93・94・103・104・105・136・137・138・166・167・168・182・(241)・(242)・279・332・340・341・342・348・350・363・補14。贖罪関連の銭授受として史料9・259・補75があるが、史料9は公孫述による強奪に近い例、史料259は「義銭」と称される特例、補75は梁冀の特例で、いずれも一般的な贖罪の例とは異なる。

(76) 角谷常子「秦漢時代の贖刑」（梅原郁編『前近代中国の刑罰』京都大学人文科学研究所、一九九六年）。
(77) 『八家後漢書輯注』所収の袁山松『後漢書』（第一〇六条）に「天鳳五年、樊崇起兵於莒、號曰赤眉。圍莒數月、或説樊崇曰、「豈有父母之國而攻之乎」。莒中人出縑數千疋以自贖、乃引去（天鳳五年、樊崇は兵を莒に起こし、號して赤眉と曰う。莒を圍むこと數月、或ひと樊崇に説きて曰く、「豈に父母の國有りて之を攻めんや」と。莒中の人、縑數千疋を出だして以て自贖すれば、乃ち引きて去る）」とあり、縑による贖罪例は前漢末に遡るようである。だがこれは個々の罪人による一般的な贖罪例とは異なるもので、しかも本例も当時の背景を鑑みれば、軍需物資確保を目的としたものと解される。
(78) 退職（乞骸骨）時の銭賜与は史料（16）・48・54・144・158・(189)・234・(270)。帛賜与は史料（16）・48・(270)・補100。「乞骸骨」は疾病による場合が多く、ゆえに乞骸骨者に対する賜与は退職に伴うものとも、問疾に伴うものとも解せる。
(79) 徙民・謫戍・募民への銭賜与は史料52・73・78・87。募兵（決死隊）の例は史料24（金帛）だが、これは公孫述の例であり、厳密にいえば後漢の例ではない。
(80) 購賞の銭賜与は史料219・285、黄金は(220)・326・補87、銀は史料(220)、帛は史料（25）・（64）・(124)である。前著第六章で論じたように、購賞は本来軍功と同列に論じるべき例を含み、前漢では銭と黄金が多用される。そこで後漢の事例をみると、確実に購賞の事例と目されるのは銭と黄金のみである。
(81) 軍功褒賞の場合、黄金は史料11・（24）・（53）・(231)・(254)・346、縑は史料（19）・(327)・(328)・補6・補8・補11・補17、帛は史料（24）・（53）・(231)・(254)、布は史料補35、銭は史料208・209・(213)・229・(254)・305・(306)・(307)・(308)・313・317・322・330・333・補69・補76。ただし帛・布の賜与はみなそう解せるか疑問が残る。よって軍功褒賞の基本は銭で、縑や黄金も賜与される場合があったとみるのが妥当であろう。
(82) 問疾時の銭賜与は史料84・170・(189)・191・(207)・247・(270)、布賜与は史料(207)・247、帛賜与は史料247・(270)。
(83) 三老・孝悌・力田・貞婦への帛賜与は史料146・147・(148)・184・202・226・243・260・267・290・(389)・補65・補66・補73・補74・補90、自然災害の被災者に対する銭賜与は261・補68。史料184と史料202は二千石官〜三老等への賜与例で、前者は「銭帛」、後者は「銭布」による。ただしおそらく銭は二千石官等を対象とし、「布」は「帛」の誤りで、これらの場合も三老には帛が賜与されたとみるべきであろう。高年・鰥寡・孤独等への帛賜与は史料164・181・263・267・296、布帛賜与は史料164の「高年」に対する一例のみで、「帛」の誤文か。史料302は皇帝が行幸時に道すがら九十歳以上の者に銭を賜与した例で、全国対象ではなく、特例であろう。

(84) 佐藤武敏注（3）前掲書。

(85) 人材招聘関連の縑賜与は史料18、帛賜与は史料18・(53)、黄金賜与は史料(53)、束帛賜与は史料補49・補57・補93、銭賜与は史料(36)。解釈不確定の事例を除くと、縑・帛・束帛の賜与例が残り、みな絹織物賜与で、正式には「束帛」であろう。

(86) 婚姻関連の帛は史料3、縑は史料3・373、束帛は史料383・補59、黄金は史料補59、銭は史料373。

(87) 慶事における帛賜与は史料95・96・97・98・99・114・117・180・(181)・215・262・(263)・295・(296)・補62・(補63)・補77、黄金賜与は114・117・179・215・262・293・294・補62・補77。

(88) 瑞祥出現に伴う帛賜与は史料101・(146)・147・(148)・152・153・154・155・156・250・251・252・253、布賜与は史料149・150・151、銭賜与は史料148。

(89) 閻歩克「品秩的構成要素三：薪俸」（『中国古代官階制度引論』北京大学出版社、二〇一〇年）。

(90) 保科季子「漢代の女性秩序――命婦制度淵源考――」（『東方学』第一〇八輯、二〇〇四年）。

第二章　後漢時代における金銭至上主義の台頭

はじめに

後漢時代の経済状況は従来、「貨幣経済衰退期」・「自然経済」・「物々交換経済」などと形容されるのが一般的であった。後漢末の政治状況が「銅臭紛々たる宦官政治」[1]と評される一方で、「銅臭」の源である貨幣経済の存在自体はほとんど等閑視され、ごく一部の研究者の注目を集めるにすぎなかった。そこで前章では、『後漢書』の銭・黄金・布帛の事例などを網羅的に検討し、それらが経済的流通手段（つまり本書のいう狭義の貨幣）で、各々独自の社会的機能をも有していたことを論じた。これは、後漢時代が前漢時代に比してたんなる「貨幣経済衰退期」などではなく、「自然経済」や「物々交換経済」でもなかったことを意味する。[2]本章ではこの観点をさらに推し進め、まず後漢が河湟地方（黄河上流・湟水付近）の半農半牧集団「西羌」[3]との熾烈な戦争を繰り広げるなかで、銭の増鋳などに取り組み、結果として金銭至上主義の拡大を招いたことを闡明する。そのうえで、それが後漢末にさまざまな混乱を生み、魏晋社会を形作っていったことを論ずる。これは、対羌戦争と自然災害が後漢の国家に与えた悪影響や、[4]後漢末の政争（党錮の禁、黄巾の乱、宦官と外戚の対立）に関する先行研究を参考にしつつ、それらと後漢貨幣経済との関係について検討する試みでもある。なお本章では以下、『後漢書』を引用するさいに書名と巻数を省略する。

第一節　対羌戦争の軍事費

そもそも後漢財政にかげりがみえはじめたのは、本書末尾の付表2によれば第三代章帝のころである。それ以前にも、たとえば明帝永平三年（西暦六〇年）には一時的に収穫不足が危惧され（明帝紀）、倹約のために宮殿建設が中止されたこともあったものの（第五鍾列伝）、その後は豊作が続いている（明帝紀）。それゆえに『群書治要』巻四五所引の後漢・崔寔『政論』にも、

傳曰、「工欲善其事、必先利其器」。舊時、永平・建初之際、去戰攻未久、朝廷留意於武備、財用優饒。主者躬親、故官兵常牢勁精利。

（傳に曰く、「工、其の事を善くせんと欲せば、必ず先ず其の器を利《と》くす」と。舊時、永平・建初の際、戰攻《せんこう》を去ること未だ久しからず、朝廷は意を武備に留め、財用は優《すぐ》れて饒《ゆた》かなり。主者［武具製造を掌る官吏］は躬《みずか》ら親《みずか》らし［自ら作業を掌る意］、故に官兵は常に牢勁精利なり）

とあり、明帝永平年間から章帝建初年間への転換期（七五年前後）にはなお「財用」に余裕があった。諸侯も、民より借金することを禁じられ、倹約に努めた[5]。だが建初元年（七六年）以降は自然災害・対羌戦争・対匈奴戦争がつづき、たとえば建初元年には「虚費國用」で章帝陵建設が中止され（光武十王劉蒼列伝）、元和三年（八六年）には「縣官經用不足」となり（朱暉列伝）、章和元年（八七年）には穀価高騰が起こった（馬棱列伝）。和帝期に入ると財政状況は益々ひどくなり、章和二年（八八年）・永元元年（八九年）・永元三年（九一年）に「倉帑空」・「府帑空虚」・「倉庫空虚」・「公私疲弊」・「國用勞費」の語が並び、大司農財政の逼迫が窺われる。その原因としてつぎの四つが挙げられる。

①章帝期〜和帝期に連年水害・旱魃があり、飢餓・流民が多く、穀物の発育が不良であった点（魯恭列伝）。
②章和二年（八八年）の和帝即位以来、外戚竇氏が政治の実権を握り、奢侈と賞賜が盛んになった点（何敞列伝）。
③竇憲が北匈奴遠征を行なった点（任隗列伝、袁安列伝）。
④対羌戦争が持続・激化した点（後述）。

とくに章帝末年（八七年）から和帝永元元年（八九年）には西羌対策として毎年二万人以上の屯兵が動員され、府帑は空になった（鄧訓列伝）。兵二万は計算上、毎年約一二〇万斛の軍糧を要する（本書第五章）。かかる大司農財政の逼迫症状はその後、永元四年（九二年）に一時的におさまった。

だが永初元年（一〇七年）に事態は悪化する。先零羌が大規模反乱に転じたのである。結果、永初元年・三年・四年は「國用不足」、永初二年は「米穀踴貴」となり、永初五年には西羌に押されて隴西郡・安定郡・北地郡・上郡を実質的に放棄するに至った。そして元初二年（一一五年）にはとうとう先零羌の首領零昌が帝号を僭称し、後漢側は「三州の屯兵二十餘萬人」を動員せざるをえず、「府庫單竭」となった（西羌伝）。この対羌戦争は、一一六年に零昌が大破されるまでの約十年間続いた。約二十万の屯兵の維持には計算上毎年一二〇〇万斛を要する。渡邊信一郎氏によれば、前漢時代に関東諸地域から中央へ上供された田租などの穀物は四〇〇万〜六〇〇万斛で、漢代物流の基幹部分をなすが[6]、このときの対羌戦争の穀物歳出はそれよりも多い。これは平均穀物価格（粟一斛＝一〇〇銭）に基づくと十二億銭分である。屯兵達は、戦時中には耕作を営む余裕をもたず、結局は各地の穀物備蓄を要したと考えられ、現に西羌伝には、

軍旅之費、轉運委輸用二百四十餘億、府帑空竭。延及內郡、邊民死者不可勝數、幷・涼二州遂至虛耗。

（軍旅の費、轉運委輸には二百四十餘億を用い、府帑空竭す。延は內郡に及び、邊民の死する者は數うるに勝

うべからず、幷・涼二州、遂に虚耗に至る）

とあり、段熲列伝には、

伏計、永初中諸羌反叛、十有四年用二百四十億。永和之末、復經七年、用八十餘億。費耗若此。猶不誅盡。
（伏して計るに、永初中に諸羌反叛し、十有四年にして二百四十億を用う。永和の末に、復た七年を經、八十餘億を用う。費耗《へ》ること此の若し。猶お盡くを誅せざるがごとし）

とある。これらは、対羌戦争軍事費（軍糧を含む）が莫大で、それによって「府帑空竭」となり、内郡の貯蓄も動員したことをしめす。

その後しばらくは豊作が続き（安帝紀）、羌とのあいだにも小競り合い程度しかなかった。だが永寧元年（一二〇年）には早くも先零羌に代わって焼当羌・当煎羌・焼何羌が反乱を起こし、建光元年（一二一年）には「帑藏單盡」、延光二年（一二三年）には「帑藏匱乏」となった。順帝期前半にはやや戦乱も減り、永建四年（一二九年）には涼州放棄案も棄却され、安定郡・北地郡・上郡も再設置されたが、永和三年（一三八年）には焼当羌・且凍羌が攻勢に転じた。結果、永和六年（一四一年）には四年間（永和三～六年）で百億銭近くを費やした馬賢が敗れ（皇甫規列伝）、ふたたび安定郡・北地郡を放棄した。

もっとも、べつの史料には永和元年（一三六年）から永嘉元年（一四五年）の「十餘年間（正確には十年間と数ヶ月）」で「費用は八十餘億」とも（西羌伝）、「永和の末に復た七年を經、八十餘億を用う（前掲段熲列伝）」ともいわれる。よって当該戦争の正確な期間と支出額は不明といわざるをえない。だが七年間～十余年間で八十億銭以上を費やしたことは間違いない。加えて、永建年間（一二六～一三二年）以来の自然災害は、前漢初期から永建年間の災害回数を超え（黄瓊列伝）、後漢がいかに自然災害に悩まされていたかを窺わせる。以上一連の対羌戦争が一応終結したのは沖帝期（一四四年）であった。

だが三輔以西の平穏な日々はまたも長く続かなかった。桓帝延熹二年（一五九年）には焼当羌らが続々と三輔に進撃し、延熹五年（一六二年）には「帑藏空虚」となった。ゆえに陳蕃は延熹六年（一六三年）に当時の社会問題として作物不育・人材不足・備蓄不足・戦乱持続を挙げた（陳蕃列伝）。また朱穆の上奏によれば、後漢は永和年間（一三六～一四一年）に財政困難に陥ったが、梁冀独裁期（一四一～一五九年）にはそれを上回る財政困難に陥り、民には重い「公賦」以外にも以前の十倍の「調」が課された（朱穆列伝）。

とはいえ、百年近い戦争を通じて西羌側も深く傷ついており、往時の持久力はすでに失われつつあったとみられる。現に霊帝永康元年（一六七年）に段熲は、安帝永初中（一〇七～一一三年）以来の十四年間で二四〇億銭、順帝永和末（一四一年）のころに七年間～十余年間で八十余億銭の対羌戦争費を用いたのに対し、東羌・先零羌との戦争では「騎五千・歩萬人・車三千兩」を二年半動員し、五四億銭も用いれば十分とし、実際には朞年（満一年）のうちに半分未満の予算（二八億銭未満）で「餘寇は殘燼し、將に殄滅に向わんとす」るに至った（段熲列伝）。なお建寧三年（一七〇年）以降、後漢は大きな対外戦争をしていないが、かわりに連年自然災害が発生し、一八四年に黄巾の大乱を招くに至る。

以上を整理すると、後漢は一〇七年以降長らく断続的に対羌戦争に悩まされ、そのつど国家財政の枯渇が問題視されていた。具体的な数値を挙げると、後漢は一〇七年から一六九年のうち、約二二から二五年間余（十四＋七～十＋一＋α）で最低三四八億銭分以上（二四〇余億＋八〇余億＋二八億未満＋α）を対羌戦費としていた。これらの戦費には銭以外の支出も含まれ、「金錢綵絲の珍」や「糧粟鹽鐵の積」があり、それらは前線で西羌に対する「賂遺（賄賂・贈物）」・「購賞（懸賞）」・「尺帛之賜（賜与）」や、漢軍の「轉輸（輸送費）」・「勞來（労い）」にも用いられた（皇甫規列伝、西羌伝）。

これは年平均十四億銭から十六億銭弱以上（一二一年～一二五年間）である。なおこれに匈奴・鮮卑・烏桓・南蛮西南夷・海賊などの対策費が加算されたものと考えられる。

第二節　後漢財政における軍事費の割合

では対羌戦争の軍事費（年平均十五億銭前後）の財政上の割合はどの程度で、当該支出はどの部署から捻出されたのか。対羌戦争・自然災害の財政上の影響に関する吉田虎雄氏の研究をふまえ、軍事費の具体的数字を確認する。

漢定（宣）以來、百姓賦斂一歲爲四十餘萬萬、吏俸用其半、餘二十餘萬萬藏于都内爲禁錢。少府所領園池作務之八《誤》（入《?》）十三萬萬、以給宮室供養諸賞賜（『太平御覧』巻六二七所引桓譚『新論』[7]）。

（漢宣以來、百姓の賦斂は一歲ごとに四十餘萬萬を爲し、吏俸は其の半ばを用い、餘の二十餘萬萬は都内に藏して禁錢と爲す。少府の領する所の園池作務の入は十三萬萬にして、以て宮室供養の諸々の賞賜に給す）

孝元皇帝奉承大業、溫恭少欲。都内錢四十萬萬、水衡錢二十五萬萬、少府錢十八萬萬（『漢書』巻八六王嘉伝）。

（孝元皇帝、奉りて大業を承け、溫恭にして少欲なり。都内の錢は四十萬萬、水衡の錢は二十五萬萬、少府の錢は十八萬萬なり）

臣竊以往者羌軍言之。暴師曾未一年、兵出不踰千里、費四十餘萬萬。大司農錢盡、乃以少府禁錢續之。（『漢書』巻六四下賈捐之伝・元帝初元元年〔前四八〕の賈捐之の言）。

（臣、竊かに往者《さき》の羌軍〔前六一年の先零羌〕を以て之を言う。暴師曾て未だ一年ならず、兵は出でて千里を踰えざるも、費は四十餘萬萬なり。大司農の錢盡き、乃ち少府の禁錢を以て之に續かしむ）

上記史料によると、前漢後半期の大司農の収入は四十余億銭であった。渡邊信一郎氏によれば、四十余億銭は国家財政の中央上供分（地方貯蔵分を除く）で、その半分の「吏俸（二十億銭相当）」は前漢後半期の中央と地方の官吏全員（『漢書』百官公卿表上によると約十二万人）の俸給であった(8)。

漢にはこの他に地方行政府に留め置かれた財もあった（委積）。現に、前漢中晩期の尹湾漢墓簡牘「集簿」（YM6D1）をみると、東海郡の歳入は一人あたり約一九〇銭で、当時の総人口の概数五四〇〇万人とかければ、前漢全体の銭の歳入は一〇三億銭強、銭の歳出は五六億銭強、穀物の歳入は一九四四万石、穀物の歳出は八一〇万石となる（前著第五章参照）。「粟一石＝一〇〇銭」の場合、穀物の歳入は十九億銭分、歳出は八億銭分程度となる。「集簿」は郡の上計簿関連史料なので、ここでいう銭と穀物の歳入総計（一〇三億＋十九億＝一二二億銭相当）と歳出総計（五六億＋八億＝六四億銭相当）は全国の年間収支である。その額面は前掲の中央大司農収入（四〇億銭）より大きい。よって「集簿」の収入は東海郡内の歳入で、その一部が中央上供分となり、中央財政を構成し、残りが東海郡に留めおかれたと考えられる。

一方、王莽期から後漢初期に帝室財政の財源はほぼ国家財政に編入され(9)、国家財政の規模は六十余億銭であった。

　収［梁］冀財貨、縣官斥賣、合三十餘萬萬。以充王府、用減天下税租之半（梁統列伝附梁冀列伝）。

（梁冀の財貨を収め、縣官斥賣するに、合して三十餘萬萬。以て王府を充たし、用て天下の税租の半ばを減ず）

本史料は、順帝期（一二五～一四四年）に梁冀が財産（三十余億銭）を没収され、後漢がその年の「天下の税租の半ば」を減額したことをしめす。これより渡邊信一郎氏は「天下税租＝大司農収入（国家財政の中央上供分）＝六十余億銭」とする。これは、前漢後半期の中央財源全体（帝室財政と国家財政の中央上供分＝都内銭四十億＋水衡銭二五億＋少府銭十八億）より少ない。

その主要因の一つは、前漢武帝が対匈奴戦争費を塩鉄専売制で補塡したのに対し（前著第八章）、後漢が塩鉄専売制をほぼ実施しなかったためであろう[10]。塩官は存在したけれども、それは中央政府（もしくは中央政府の出先機関）に属したのではなく、各郡県に属しており、しかも民間での塩鉄の生産や売買を司っていたわけではなかった。当時の塩官はせいぜい民間業者に「鹽税」を課していたにすぎず、それは郡の収入であったとみられる（周天游『八家後漢書輯注』所収の司馬彪『続漢書』第四九六条）。では後漢が塩鉄専売制をほぼ実施しなかったのはなぜか。

塩鉄専売制未実施の理由について和帝は、「吏、多く不良にして、動《やや》もすれば其の便を失（和帝紀章和二年条）」うからであるとのべている。だが後漢にも「能吏」はいたはずである[11]。すると和帝の言の真意は何か。そこで注目すべきは、和帝の言が『塩鉄論』復古篇所見の「吏或不良、禁令不行、故民煩苦之（吏或いは不良にして、禁令行われず、故に民は之に煩苦す）」の一文とほぼ合致する点である。これは、前漢武帝期以来の塩鉄専売制の是非をめぐり、前漢昭帝始元六年（前八一年）に推進派の御史大夫桑弘羊らと反対派文学らが交わした論争における、御史大夫側の言である。塩鉄専売制が国家と民を争わせ、民に不利益を与える政策であるとする文学側の批判に対し、御史大夫側は、専売制実施以前にも豪族が塩鉄業を営み、専売制下でも豪族が吏となり塩鉄を掌り、民を苦しめ続けており、つまり責任は豪族にあると吐露したのである[12]。すると後漢和帝は、その言をあえて逆手にとって、塩鉄専売制未実施の理由としたことになる。つまり、前漢では上記の批判にもかかわらず、結局塩鉄専売制が実施されつづけたのに対し[13]、後漢和帝は同様の豪族問題を認識し、塩鉄専売制を実施しなかったのである。とすれば、塩鉄専売制未実施の真因は、和帝の発言自体にあるのではなく、その背後（後漢当時の朝廷内での論調）に求められねばなるまい。

この問題に関連して張伝璽氏は、当時すでに山林藪沢の私有化が相当進行しており、もはや自然資源の塩鉄を国営に帰するのは困難であったとする[14]。これには一理あるものの、塩鉄専売制反対派が直接この点を挙げて論陣を張ったわけではない。他方、陳蘇鎮氏は春秋公羊学派の影響を挙げる。[15] なるほど、前漢塩鉄会議における塩鉄専売制反対派の理論的根拠は春秋公羊学であったろう。その公羊学派は後漢時代に有力化しており、章帝期に尚書張林（外戚竇憲の一派）の塩鉄専売制案に反対した朱暉も、光武帝即位年頃に太学（公羊学派が有力）で学んだ人物である。だが建初六年（八一年）に塩鉄官の再設置に反対した鄭衆（外戚竇憲の一派）は『左伝』を修めた古文学派で、今文公羊学派ではない。朱暉も専売制反対時に上奏文のなかで『礼記』王制の一文を引証しており、必ずしも『公羊伝』を論拠とはしていない。もとより章帝建初四年（七九）の白虎観会議を公羊学派独尊化の画期とする通説に検討の余地がある点と、[16] 政治の現場でしばしば春秋三伝が併用された点も勘案するならば、[17] 専売制反対運動は公羊学派に限らず、当時の儒者の総意に近かったというべきではなかろうか。逆に、塩鉄専売制を主唱した張林は、法吏陳寵から、

林雖有才能而素行貪濁（陳寵列伝）。

（林は才能有ると雖も素行は貪濁）

と評され、儒吏と対立的な、法吏に近い評価を受けていた。なお安帝期以降の借金・増税・売爵・売官・贖罪・鋳銭などの財政策（後述）も儒者の批判を招いたが、当時「學者、頗《すこぶ》る懈《おこた》（儒林列伝上）」り、かつ自然災害と対羌戦争も多発するなかで、実際にはそれらは議論の末に容認されることが多かった。その意味では、塩鉄専売制は当時の儒者にとって譲れぬ最後の一線であったといえようか。

ともあれ以上、後漢初期国家財政（中央上供分）は六十億銭相当で、「集簿」所見の穀物と銭の比率に基づくと、国家財政収入の大半は銭であった。前漢後期の吏俸は年間二十余億で、後漢の吏俸も同等以上であったとみられる。[18] これに年平均十四億銭～十六億銭弱の対羌戦争費が加算された。すると残額は二十億銭以下となろう。これに毎年膨大な災害対策費や対匈奴軍事費などが加わった。また他の雑費も少なくなく、たとえば桓帝が荊州へ行幸したさいに、

「公卿貴戚の車騎は萬もて計り、徴求の費役は勝げて極むべからず」となった（胡騰列伝）。加えて後漢後半期には人口は減少の一途をたどり、三国時代までに八分の一ほどになっており、国家財政の収入は激減したはずである。これより対羌戦争の軍事費は、後漢国家財政（大司農）の中央上供分ではまかないきれず、だからこそ「倉帑空」・「府帑空虚」・「倉庫空虚」・「公私疲弊」・「國用勞費」などとなり、時に地方貯備分も動員せざるをえなくなったと考えられる。前掲西羌伝の「延は内郡に及び……幷・涼二州、遂に虚耗に至る」の一文はその証拠である。王符『潜夫論』の勧将・救辺・辺議三篇にも、対羌戦争の激化と、それによって国家が財政難に陥り、民に多大な負担をかけているさまが描写されている。

だが地方貯備分にも十分な余力はなかった。前掲「集簿」によれば、前漢後半期の東海郡には巨額の塩鉄官収入を含めてもなお年間一億二〇八〇万銭の余剰しかない。これは州（数郡相当）に換算すると数億銭にすぎない。ところが、後漢時代にはさらに服属異民族に毎年各々億単位の銭が賜与されていた。その一例として章和二年（八八年）に袁安が上奏した文にはつぎの一節がある。すなわち当時、後漢に服属して四十余年の南匈奴に対し、長く敵対関係にあった北匈奴は次第に勢威を失い、烏桓や鮮卑にも破られ、後漢に帰順を申し出るに至った。そこで竇憲は新たに左鹿蠡王阿佟を北匈奴単于に奉戴し、南匈奴単于同様の待遇に処するべきことを上奏した。一方、袁安はそれに反対し、

……且漢故事、供給南單于費直歳一億九十餘萬、西域歳七千四百八十萬。今北庭彌遠、其費過倍。是乃空盡天下、而非建策之要也（袁安列伝）。

（……且つ漢の故事に、南單于に供給する費の直《あたい》は歳ごとに一億九十餘萬、西域は歳ごとに七千四百八十萬、と。今、北庭《ほくてい》［北匈奴の居住地］は彌遠《びえん》にして、其の費は過倍《かばい》［超過の意］せん。是れ乃ち空しく天下を盡くして、建策《けんさく》の要に非ざるなり）

とのべた。匈奴以外の異民族に関しても、その一部は青州・徐州・冀州などの「賦調」で補われていた。すなわち、鮮卑列伝明帝永平元年条には、

於是鮮卑大人皆來歸附、並詣遼東受賞賜。青・徐二州、給錢歲二億七千萬、爲常。

（是に於いて鮮卑大人は皆な來りて歸附し、並な遼東に詣《いた》りて賞賜を受く。青・徐の二州、錢を給すること歲ごとに二億七千萬にして、常と爲す）

とあり、劉虞列伝獻帝初平元年条には、

舊幽部應接荒外、資費甚廣、歲常割青・冀賦調二億有餘、以給足之。

（舊との幽部は、應に荒外に接し、資費甚だ廣かるべく、歲ごとに常に青・冀の賦調二億有餘を割き、以て之に給足《きゆうそく》す）

とある。「賦調」の「調」は追加課税の意で（本書第七章参照）、既存の納税収入だけでは戦費を補塡しきれなかった実情を物語る。このような追加課税の常態化は当然民間経済を圧迫する。では後漢の政府はこの状況にどう対応したのか。

第三節　後漢による財政補塡策

一　多様な財政補塡策

『後漢書』には、華美な葬制を禁じた光武帝（光武十王劉蒼列伝）、節約のために北宮建設を中止した明帝（鍾離異列伝）、薄葬を奨励した和帝・安帝や（和帝紀、安帝紀）、倹約を宗とした馬太后・鄧太后が登場する（皇后紀、馬援列伝）。

倹約を重んずる外戚や政府高官も少なくなく、たとえば桓帝期（一四六～一六七年）に荀爽は、後宮の五、六千人の女性への支出（衣服・糧・縑帛など）が「府藏を空竭し、徵調增して十にして一を税し、空しく不幸の民に賦して以て無用の女に供し、百姓は外に窮困」する点を批判し（荀爽列伝）、同時期に陳蕃も自然災害と後宮維持費の増大を批判した[19]。沖帝期（一四四～一四五年）にも、軍事費と順帝陵・殤帝陵建造費が嵩んで「賦發」が度々課されたので、李固は殤帝陵の建設費縮小を上言した[20]。将作大匠陳球は桓帝陵造営費を一億銭以上削減して評価された（陳球列伝）。これらの倹約政策はおもに儒家官僚に支持され、儒教を国是とする後漢の特徴となり、結果的に削減分（衣服・稟糧・縑帛）の軍事費への転用を可能にした。

また安帝永元三年（九一年）には「今始めて徵發するも大司農の調度足らず（魯恭列伝）」のごとく、臨時徴税で大司農財政を補塡した。さらに吉田虎雄氏によれば、安帝・順帝期（一〇六～一四四年）には対羌戦争費や南蛮西南夷・鮮卑・烏桓・海賊などの対策費、並びに外戚嬖倖への過剰な賞賜による財政負担を補うため、売官・売爵・増税・官吏の減俸・王侯吏民よりの金銭及び穀物（田租収入）の借用などの対策がとられた。桓帝期にも増税（新税徴収と地方官の私斂）・減俸・借穀・借租・売官・売爵などの対策がとられ、霊帝期にも増税・売官・売爵・鋳銭などの対策がとられた[21]。厳密にいうと爵位の売買には、一部の富人を対象として国家が爵位を売る型（次節参照）と、国家の許可を得て民同士が爵位を売買する型があり[22]、前者は安帝期と霊帝期に集中し、とくに安帝期分（安帝紀永初三年四月条）は時期的にみて、一〇七年以来の対羌戦争費に充当されたとおぼしい（霊帝期の例は後述）。ちなみに爵は、賜与物であると同時に、他の賜与物の多寡を定める目安ともなるものであって、授爵者は財の将来的受給が期待できる[23]。その意味で売爵は「返済期間・返済額に柔軟性のある戦時国債」に近い性質をもつといえる。また売官も、当面の財源確保に役立つものの、次年度以後の官吏俸祿の支出増加に繫がるという負の側面をもつ。その意味で売官・売爵は財政問題を先送りにする面ももっていたといわねばならない。

以上の諸政策に加え、後漢はさらに五つの財政補塡策をとった。

第一に、一部の諸侯は国費を補うべく自発的に銭や縑を献上した（光武十王劉彊列伝、光武十王劉彊列伝付劉崇列伝、張禹列伝）。劉彊や劉崇が対羌戦争による財政不足の補塡を意図したのに対し、張禹は自然災害による財政不足の補塡を意図したという相異はあるけれども、ともかく両者は自発的な献上をしたことになっている。かくて大司農財政は補塡され、対羌戦争や自然災害対策に割ける財力は増えたろう。

第二に、後漢は積極的に犯罪者の贖罪を許可し、「縑」を納付させた。漢代に存在した「正刑の贖刑」と「換刑の贖刑」のうち、ここでの贖は後者にあたる。当該例は順帝期以前と霊帝期に集中し、後者は売官・売爵・賄賂の横行した当該時期特有の現象である（理由は後述）。一方、順帝期以前に犯罪者を赦してまで縑の納付を優先した理由は、本章第一節でのべたように、縑が貴重な軍需物資（金銭縑綵の珍と糧粟鹽鐵の積）のひとつで、時期的に対羌戦争で必要とされたためであろう。なお後漢時代には俸祿削減の形をとった「贖」も散見する。

第三に、清・趙翼『廿二史劄記』巻五「籍没財産代民租」が例示するように、後漢の権臣は広く苞苴《ほうしょ》［ワイロ］をとり、そのおおもとは民の財産に求められた。その一例が梁冀であった。ゆえに桓帝は梁冀を滅ぼすや、三十億銭を回収して官府の用に充て、かわりに天下の租税を半額にした。このように権臣の財産を没収して財政を補塡した例は、管見のかぎり、『後漢書』にはこの一例しかみあたらない。とはいえ、趙翼も指摘するように、その後も中国史上いくどかみられる財政補塡の一策であり、その効力を看過することはできない。周知のごとく、変転めまぐるしい後漢朝廷において失脚した寵臣は数知れず、その過程で彼らの財産が国家に没収された可能性は十分にある。梁冀はとくに莫大な財産を有していたため、史料中に特記されたとみるべきであろう。

第四に、中蔵より軍事費を捻出した。中蔵（内蔵）は洛陽西北（都城外、外郭内）に位置する濯龍園内に位置し(24)、少府属官の中蔵府令に属す(25)。たとえば、竇太后は臨朝称制時（八八～九一年）に中蔵から軍事費を補助し（段熲列伝）、桓帝は延熹五年（一六二年）に公卿以下の俸禄や王侯の租税を借り上げて軍事費を補塡し、公卿・王侯への資金返済に中蔵の財が用いられた（桓帝紀）。

第五に、本書前章でも詳論したように、後漢は銭を鋳造しつづけた可能性がある。これは当然財力の創造を意味する。もっとも、牧野巽氏はつとにその可能性を否定し、三つの問題点を挙げる。

①もし銭のだぶつきが感じられた場合、官の増銭は抑制され、盗鋳も利益が少なくなり、行なわれなくなったはずである。もし銭が地金よりも安価であれば、鋳つぶされ、外国にも輸出されたはずである。

②後漢末にも王莽の「貨泉」が流通しており、後漢時代の鋳銭が盛んでなかったことをしめす。

③後漢末に董卓が悪質の小銭を鋳造し、経済界を混乱に陥れた後、曹操《ママ》（柿沼注――曹丕の誤(26)）が五銖銭を復活させたが、その理由は銭が長く鋳造されず希少で、穀価が下落したためであった。

これより牧野氏は、後漢の銭貨過剰を銭の流通範囲の縮小に伴う表面的現象とし、銭の絶対量自体は後漢を通じて減少したとする(27)。牧野説の賛同者や(28)、類似学説の論者はその後も多い。だが後漢の対羌戦争費は膨大で、いくら鋳銭しても政府支出を補いきれなかった可能性がある（①批判）。後漢は初期から中期にかけて人口が急増し、銭の需要と使用者数は平行増加したので、銭の増鋳が銭のだぶつきに直結するとは限らない（①批判）。貨泉は後漢時代の墓葬からも出土するが、それは貨泉が建武十六年以降は非合法な銭ゆえに（本書前章参照）、五銖銭のかわりに陪葬されたにすぎない(29)。つまり、墓葬から出土した銭は必ずしもその当時の流通銭であったとはかぎらない（②批判）。後漢は永初元年（一〇七年）以来しばしば穀価高騰に見舞われた（③批判）。むしろ本書前章で詳論したように、後漢にも銭納人頭税があった点、官吏の俸禄がいわゆる「半銭半穀」であった点、銭の授受に関する史料例が総計四〇〇以上に達し、『漢書』に比しても遜色ない点、建武十七年銘の五銖銭銭范が現存する点を勘案すれば（本書第一章参照）、そして走馬楼呉簡に膨大な銭が登場することを鑑みれば、五銖銭は建武十六年以降も鋳造されつづけた可能性が高い。

二　民一人当たりの銭所有量（平均値）の増加

以上本章では、後漢政府が多様な財政補塡策を打ち出したことを論じた。そのひとつとして後漢による鋳銭事業を挙げたのであるが、これについて筆者はむしろ、民一人当たりの銭所有量（貧富の格差を当面捨象した場合に限る）は後漢の中期から後期にかけて増加傾向にあったとさえ考えている。パトリシア・イブリー氏はつとに、建武十六年の五銖銭復活後、後漢帝国の崩壊に至るまでのあいだ、持続的に鋳銭がなされたと推測しているが（論拠を挙げているわけではない[30]）、筆者はその推測を妥当とするのみならず、銭の増加傾向さえあったのではないかと考えているのである。そこでつぎに、その論拠として以下の五点を検討したい。

第一。章帝期には物価の全面高がすすんだ。そのことをしめすものとして『晉書』食貨志に、

及章帝時、穀帛價貴、縣官經用不足、朝廷憂之。尚書張林言、「今非但穀貴也。百物皆貴、此錢賤故爾。宜令天下悉以布帛爲租、市買皆用之、封錢勿出。如此則錢少物皆賤矣。……」。

（章帝の時に及び、穀帛の價《あたい》貴く、縣官の經用足らず、朝廷之を憂う。尚書張林言す、「今は、但だ穀貴きのみに非ざるなり。百物皆な貴く、此れ錢賤《やす》きが故のみ。宜しく天下に令して悉く布帛を以て租と爲し、市買《しばい》は皆な之を用い、錢を封じて出だす勿からしむべし。此の如くんば則ち錢少なく物皆な賤からん。……」と）

とある。朱暉列伝にもこれとほぼ同内容の記載がみえ、両史料を比較すると、本史料の「章帝の時」は元和年間（八

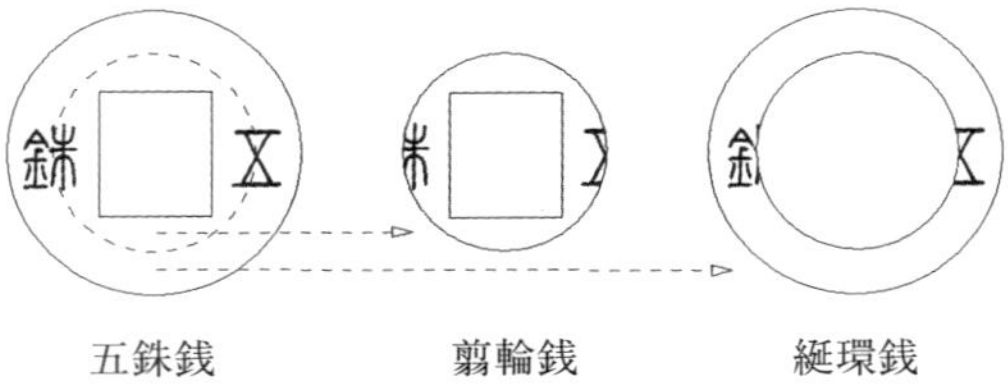

［図２—１］五銖銭を2枚にする過程

四～八七年）とわかる。本史料には朱暉列伝末載の文も散見し、ここではその部分が重要となる。それによると胡寄窓氏も指摘するように、当時は穀価だけでなく、「百物皆な貴」く、銭の価値のみが下落している(31)。章帝期は人口増加期で、飢饉なども京師付近に限られるので、「銭賤（銭の価値下落＝物価上昇）」の原因は飢饉（穀物不足）ではない。また当時銭の用途は前漢以上に拡大しているので（前著第六章と本書第一章を比較されたい）、銭賤の原因を銭の用途縮小に求めることもできない。一方、胡氏は銭の質的劣化と量的増加の可能性を挙げる。たしかに後漢後期に銭の質は低下した（後述）。だがこのとき張林は「銭を封じて出だす勿からし」め、「銭少なく」すべきと提案しており、物価の全面高はあくまでも銭の数量的過多による。すると、後漢では人口が建国以来桓帝期（一五七年）までに二倍以上の五六四八万人余に達し(32)、銭の用途も拡大し、労役の銭納化（既述）も進んでいたにもかかわらず、章帝期にはその需要を上回る数量の銭があふれ、銭の価値は下落していたことになる。本書前章で論じたように、後漢時代には銭が持続的に鋳造されていた可能性が否めず、しかもそれは増鋳といえるものであったようなのである。

第二。劉陶列伝をみると、桓帝期（一四七～一六七）に「人、貨軽く銭薄きを以て、故に貧困を致す。宜しく改めて大銭を鋳るべし」との上奏があり、それに劉陶が反対し、結局大銭鋳造計画は取りやめになったとある。

時有上書言、「人以貨輕錢薄、故致貧困。宜改鑄大錢」。……陶上議曰、「……臣伏讀鑄錢之詔……。蓋以爲、當今之憂不在於貨、在乎民飢。夫生養之道先食後民(誤)（貨）。……竊見、比年已來、良苗盡於蝗螟之口、杼柚空於公私之求、所急朝夕之餐、所患靡盬之事。豈謂錢貨之厚薄・銖兩之輕重哉。……蓋民可百年無貨、不可一朝有飢。

故食爲至急也。議者不達農殖之本、多言鑄冶之便、或欲因緣行詐以賈國利。國利將盡、取者爭競。造鑄之端於是乎生。蓋萬人鑄之一人奪之、猶不能給。況今一人鑄之則萬人奪之乎。……陛下聖德、愍海內之憂戚、傷天下之艱難、欲鑄錢齊貨以救其敝、此猶養魚沸鼎之中、棲鳥烈火之上。水木本魚鳥之所生也、用之不時、必至燋爛。願陛下寛鍥薄之禁、後治鑄之議……」。帝竟不鑄錢。

（時に上書するもの有りて言う、「人は貨輕く錢薄きを以て、故に貧困を致す。宜しく改めて大錢を鑄るべし」と。……陶は議を上《たてまつ》りて曰く、「……臣、伏して鑄錢の詔を讀むに……。蓋し以爲えらく、當今の憂いは貨に在らずして、民の飢うるに在り。夫れ生養の道は食を先にし貨を後にす。……竊かに見るに、比年《ひねん》〔近年〕已來、良苗は蝗螟《こうめい》の口に盡き、杼柚《ちょじく》〔機を織る道具〕は公私の求めに空しく、急とする所は朝夕の餐、患うる所は靡盬《びこ》の事〔繇役が繁多で民の農作業に支障が出ること〕なり。豈に錢貨の厚薄・銖兩の輕重を謂わんや。……蓋し民は百年貨無かるべくも、一朝飢うること有るべからず。故に食は至急を爲すなり。議者は農殖の本に達せず、多く鑄冶の便なるを言い、或いは因緣して詐を行ないて以て國の利を賈わんと欲す。國の利將に盡きんとして、取る者爭い競う。造鑄の端は是に於いて生ず。蓋し萬人之を鑄て一人之を奪わば、猶お給する能わず。況んや今一人〔國家の意〕之を鑄て則ち萬人之を奪うをや。……陛下は聖德もて、海內の憂戚《ゆうせき》を愍れみ、天下の艱難を傷み、錢を鑄て貨を齊《ととの》へて以て其の敝を救わんと欲するも、此れ猶お魚を沸鼎の中に養い、鳥を烈火の上に棲まわすがごとし。水木は本より魚鳥の生まるる所なるも、之を用うるに時ならずんば、必ずや燋爛《しょうらん》するに至らん。願わくは陛下、鍥薄《けつはく》の禁を寛《ゆる》くし、冶鑄の議を後にせんことを……」と。帝竟《つい》に錢を鑄ず）
袁宏『後漢紀』巻第二一孝桓皇帝紀上永壽三年条にも類似の文がみえる。この史料は一見すると、後漢時代における増銭の流れと逆行するもののごとくである。だが実際にはこれも、五銖銭の数量的増加傾向を裏づける史料として読みうる。(33) すなわち、当時は「鍥薄《けつはく》（銭の削薄）」を禁ずる銭質維持の法律があった。にもかかわらず、「貨軽く銭薄き」と評されるほど、数多くの軽薄な銭が流通していた。前漢武帝期以来の五銖銭が本来重厚な官鋳の銭であったのに比せば、五銖銭の盗鋳と翦鑿《せんさく》（方孔円銭の外周と方孔の間を円周状に切り抜き、一枚の銭を二枚にする技法。広義には銭を削り青銅を取り新銭を鋳ること）が当時いかに盛んであったかが窺われよう。現に後漢時代の遺跡からは翦輪銭・綖環銭が数多く出土している（図2―1）(34)。するとこれは、当時銭がなおも根強い需要に支えられ、その数量を増していたことを物語るものといえよう。ちなみに、翦輪銭と近い形状をした銭の鋳型も現存し、(35) それによって生み出される銭を、古銭学者は一般に「咬金」や「圧五圧金」などとよぶ。曹操五銖課題組の編年作業はそれを曹魏五銖銭とするが、(36) かような形状の銭が鋳造された理由も含め、今後の課題とせざるをえない。

第三。華嶠『漢後書』（周天游『八家後漢書輯注』第七条の校訂による）に、

> 靈帝時、遂使鉤盾令宋典繕治南宮、修玉堂殿。又使掖庭令畢嵐鑄銅人四、列於蒼龍・玄武闕外。又鑄四鍾、皆受二千斛、懸於玉堂及雲臺殿殿前。又鑄天祿・蝦蟆吐水、渴烏施於橋西、用灑南北郊路、以省百姓灑道之費。又鑄四出文錢。
>
> （靈帝の時、遂に鉤盾令宋典をして南宮を繕治《ぜんち》し、玉堂殿を修めしむ。又た掖庭令畢嵐をして銅人四を鑄、蒼龍・玄武の闕の外に列せしむ。又た四鍾を鑄、皆な二千斛を受け、玉堂及び雲臺殿の殿前に懸く。又た天祿《てんろく》［獣の名］・蝦蟆《がま》の吐水《とすい》［噴水か］を鑄、渴烏《かつう》［貪欲な烏か］もて橋の西に施し、用て南北の郊路を灑《そそ》ぎ、以て百姓の道を灑ぐの費を省く。又た四出文錢を鑄る）

とあり（類似の文が『後漢書』宦者列伝にみえ）、『後漢書』孝霊帝紀中平三年（一八六年）二月条に、

> 復修玉堂殿、鑄銅人四・黄鍾四及天祿・蝦蟆、又鑄四出文錢。

（復た玉堂殿を修《おさ》め、銅人四・黄鍾四及び天祿・蝦蟆を鑄、又た四出文錢を鑄る）

とあり、『後漢紀』孝献皇帝紀初平元年（一九〇年）五月条に、

卓……壞洛陽城中鍾簴、鑄以爲錢、皆不成文。更鑄五銖錢、文章輪郭不可把持。於是貨輕而物貴、穀一斛至數百萬。

（［董］卓……洛陽城中の鍾簴《しょうきょ》を壊し、鑄て以て錢と爲すも、皆な文を成さず。更めて五銖錢を鑄るも、文章輪郭は把持《はじ》すべからず。是に於いて貨輕くして物貴く、穀一斛は數百萬に至る）

とあり、『後漢書』孝献帝紀初平元年（一九〇年）五月条に、

董卓壞五銖錢、更鑄小錢。

（董卓は五銖錢を壞し、更めて小錢を鑄る）

とあり、『後漢書』董卓列伝に、

又壞五銖錢、更鑄小錢、悉取洛陽及長安銅人鍾虡・飛廉・銅馬之屬、以充鑄焉。故貨賤物貴、穀石數萬。又錢無輪郭文章、不便人用。時人以爲、秦始皇見長人於臨洮、乃鑄銅人。卓、臨洮人也。而今毀之。

（又た五銖錢を壞し、更めて小錢を鑄、悉く洛陽及び長安の銅人の鍾虡・飛廉・銅馬の屬を取りて、以て鑄るに充《あ》つ。故に貨賤《やす》く物貴く、穀は石ごとに數萬。又た錢に輪郭文章無く、人の用に便ならず。時人《じじん》以爲らく、秦の始皇は長人《ちょうじん》を臨洮《りんとう》に見、乃ち銅人を鑄る。卓、臨洮の人なり。而して今、之を毀つ、と）

とある。これらによれば、霊帝期には四出文銭（後述）が鋳造され、献帝期には董卓の手で小銭が鋳造された。前者は「銅人四・黄鍾四及天祿・蝦蟆」などとともに鋳造され、当時国庫内の青銅原料になお多少の余力があったことを示唆する。一方、後者は「洛陽及長安銅人鍾虡・飛廉・銅馬之屬」を鋳つぶして鋳造されている。「長安銅人鍾虡」

は楽器を懸ける人型の銅製器具で、秦の始皇帝が鋳造した「鍾虡金人十二、重各千斤」のうちの十体分（約二・二ｔ）に相当する。[37] かりに銭一枚を二ｇとすれば、約一一〇万銭を鋳造でき、これに「飛廉・銅馬の屬」の原料も加わった。これは、董卓の小銭鋳造（『後漢紀』によれば五銖銭も鋳造）が小規模だったことをしめすとともに、当時すでに銅人などを鋳つぶさねばならぬほどに国庫の青銅原料が枯渇気味だったことも示唆する。つまり、後漢政府が鋳銭をつづけ、民間の銭需要が翦輪銭・綖環銭を生み出すほどに高まった結果、とうとう後漢末には青銅原料不足が生じていた可能性があるのである。後漢末の人口激減にともない、民一人当たりの銭所有枚数（平均値）は激増していたにもかかわらず（後述）、後漢政府（実際には董卓）がなおも鋳銭し続けた点は、もっと注目されてよかろう。なお『晉書』食貨志には「獻帝作五銖錢、而有四道連于邊緣（獻帝は五銖錢を作り、而して四道の邊緣に連なる有り）」とあり、四出文銭が霊帝期でなく献帝期に鋳造されたかのごとき記載があるが、清・呉士鑑『晉書斠注』に「晉書有誤（晉書に誤り有り）」とあるとおりで、霊帝期の四出文銭と献帝期の小銭とを混同したものとみられる。呉栄曽氏も古銭学と考古学の知見をふまえ、呉士鑑説を支持している。[38]

第四。甘粛省成県嘉陵江上流の桟道上の「耿勳摩崖」には、霊帝熹平二年（一七三年）に耿勳が武都郡故道県（現在の陝西省宝鶏南）の銅官に就任したときのこととして、

又開故道銅官、鑄作錢・器、興利無極。

（又た故道の銅官を開き、錢・器を鑄作し、利を興すこと極まり無し）

とある。これについて陳直氏は、同地の「西狹頌摩崖」所見の「衡官」を「水衡」官とし、前漢の水衡三官が鋳銭を主管していた点と、当地に銅官の管理する銅鉱山があった点をふまえ、当地では衡官が鋳銭をしていたとする。[39] 呉栄曽氏も、本文の「錢器」を農具とする一般的解釈を批判し、当時の農具は鉄製ゆえ、銅官製の「錢器」が農具のはず

はなく、「銭（青銅貨幣）・器（銅製品）」であるとする。(40) すると本史料も霊帝期の持続的鋳銭を裏づけるものとみなされる。

第五。桓帝期以降、漢帝国の全人口は激減した。後漢中期に約五千万人に達した人口は、三国時代までに戸籍上は数百万人にまで落ち込んだ。そのなかには戸籍を逃れた民も含まれたものの、それだけでここまで人口が激減するはずもなく、対羌戦争・自然災害・黄巾の乱による戦死者・餓死者も多く含んだはずである。その過程で、民一人あたりの銭保有量（平均値）は当然激増したと考えられる。現に本書前章でも論じたように、後漢末の会稽郡では「山民」までもが銭を有し、走馬楼呉簡にも膨大な銭関係史料が残されており、銭は都鄙遠近を問わずに流布していた。もっとも、『後漢書』などにみえるごとく、後漢政府が捻出した災害対策費や対外戦争費としての銭は、必ずしも末端の兵士や民にまで均等に行き渡ったわけではなく、しばしば政府高官・外戚・宦官に不法に没収された。(41) ゆえに後漢末には貧富の格差が拡大し、地方によっては銭不足に悩まされる都市や農村も出現したとみられる。前述したように、当時は「山民」までもが銭を有したとはいっても、彼らの銭所有額は少なかったといわねばならない。実際に、たとえば東牌楼漢牘（第十二簡）には、

臨湘守令臣肅上言、荊南頻遇軍寇、租茤法賦、民不輸入。冀蒙赦令、云當齮除。連年長逋、倉空無米、庫無錢・布……。

（臨湘守令の臣の肅、上言すらく、荊南は頻《しきり》に軍寇［黄巾］に遇い、茤［南夷］より法賦［規定の賦税］を租［徴収］せんとするも、民［茤の民］は輸入せず。赦令を蒙るを冀い、當に齮除《きじょ》［減税か］すべきを云う。連年長らく逋《とど》［税金滞納］むれば、倉は空にして米無く、庫に錢・布無し……）

とある。本史料は中平五年（一八八年）以後の霊帝期の史料である。(42) これは、後漢末に中央政府の高官や宦官のあい

だで銭の賄賂が横行するかたわら、銭・布・粟の不足に悩む地方城市が生まれていたことをしめす。しかし何度もくりかえすように、このことは地方都市で銭がもはや不要とされてしまったことを意味しない。むしろ逆に、銭・布・粟は当時もなお地方都市で行政運営上必要不可欠とされており、ゆえにここでは地方都市での銭不足が問題となっているのである。

　そしてこのことは、霊帝が鋳造した前掲「四出文銭」（表面に四本の筋が入った五銖銭）の故事を理解するうえでも役に立つ。すなわち、『後漢書』宦者張讓趙忠列伝に、

又鑄四出文錢、錢皆四道。識者竊言、「侈虐已甚、形象兆見。此錢成、必四道而去」。及京師大亂、錢果流布四海。

（又た四出文銭を鑄、銭は皆な四道あり。識者は竊かに言う、「侈虐は已に甚だしく、形象の兆見《きざしあら》わる。此の銭成らば、必ず四道より去らん」と。京師の大いに亂るるに及び、銭は果して四海に流布す）

とあり、『太平御覧』巻九二皇王部十七孝霊皇帝引『献帝春秋』に

初、黄巾賊起、靈帝建九重華蓋、自稱無上將軍、身被介冑、練兵京城。先是、造作角錢猶五銖、而有四道連於邊輪、百姓或有識者、以爲妖徵、竊言、「新錢有四道、京城將壞、而此錢四出、散於四方之外乎」。遂皆如言。

（初め、黄巾の賊起こり、靈帝は九重の華蓋を建て、自ら無上將軍と稱し、身に介冑を被り、京城に練兵す。是より先に、角銭の猶お五銖のごときを造作し、而して四道の邊輪に連ぬる有り、百姓或いは識者有り、以て妖徵と爲し、竊かに言う、「新錢に四道有り、京城將に壞れんとし、而して此の錢四出し、四方の外に散らん」と。遂に皆な言の如し）

とあり、宋・佚名『貨泉沿革』所引の南朝梁・顧烜『銭譜』に、

五銖錢有四道連于邊緣、俗謂之角錢。或謂、豈非此錢既成、京師將壞、而四出流布四海乎。至董卓焚宮、乃鈒鑾

輿西幸長安、悉壞五銖錢。

（五銖錢に、四道の邊縁に連なるもの有り、俗に之を角錢と謂う。或るもの謂う、豈に此の錢の既に成りて、京師將《まさ》に壞《こわ》れんとし、而して四出して四海に流布するに非ずや、と。董卓の宮を焚《や》くに至り、乃ち鑾輿《らんよ》［献帝の御車］を刼《おびや》かして西のかた長安に幸し、悉く五銖錢を壞す）

とある。これによると、角銭ともよばれた四出文銭は、その形状がしめすごとく、鋳造するとすぐに京師洛陽より地方に散ってしまうものと予言され、現にそうなったという。これは、四出文銭が京師で鋳造され、地方で鋳造されなかったことを物語るとともに、後漢全土でなおも銭が必要とされていたことを物語る。そして京師の銭が地方に流出したということは、その逆に地方から都市へさまざまな商品が流れ込んだことをも意味する。これは後漢の人びとが銭を用いた貨幣経済にどっぷりと浸かっていたことを意味する。それゆえにこそ「四出文銭」は各地に散ったのである。つまり四出文銭の拡散は、後漢末期が自然経済や物々交換経済であったことの証ではなく、むしろ京師や、ひいては地方の隅々においてさえも、銭が使用可能であった証とみるべきなのである。また各地方における銭の不足は、後漢政府による銭の持続的鋳造を否定するものではなく、むしろ銭が一部の政府高官や宦官の手に相対的に集中していたことをしめす。そして民一人あたりの銭保有量（平均値）は、人口激減に反比例するかたちで、後漢中期以降激増していたと考えられるのである。

第四節　金銭至上主義とそれに対する反動

前節では、後漢が対羌戦争などの支出を補うため、借金（借租を含む）・増税・売爵・売官・贖罪・鋳銭などを実施したことを論じた。だが上記政策は財政規律の弛緩と規範意識の低下を招いた。

そもそも後漢帝国は、政治的中核（京師）と軍事的前線（辺境）の食糧・衣料・兵員をその他の内部地域が補う分業体制を布き、分田農民に輸送を担わせるとともに、量入制出（収入額を前提に支出を決定する）に基づく税を課し、収入不足が起こるたびに正税以外の賦斂を臨時調発する形をとっていた(43)。それは、あらかじめ課口数を把握し、課口数に基づき算出された賦の総額を、戸ごとに貲産に応じて差をつけて割り振り、郷単位で平均して総額にあわせる徴税方式を前提とした(44)。そうした方式が量出制入へと逆転したのは従来一般に、唐代両税法のときとされる(45)。この意味では、対羌戦争に伴う臨時徴税（賦斂）も、あくまでも量入制出を補完する一策にすぎないともいえなくはない。だが臨時徴税は「助軍」・「修宮」・「導行」などの名目で頻繁に徴収され、つまり簡単な予算はたてられていたはずで、実態的には早くも、支出額を前提として毎年の歳入を決定する変動税制（つまり量出制入）に近づいている。また州郡が臨時徴税を用いて調達した建材の質に対し、それを中央政府にとりつぐ宦官がケチを付け、建材は買い叩かれた。そこで各州郡は損失分補塡のために民に別途「私調」を課した（宦者張讓列伝）。もはや民にすれば、税額の上限はないに等しい。また量入制出は本来財政赤字を生じない機制のはずだが、実際には売爵・売官の出費や借金・借租は次年度に繰越された（既述）。その意味では、量出制入の祖型は漢代に溯るともいえよう。さらに持続的な鋳銭も財政規律の弛緩に拍車をかけたと思われる。

つぎに売官・売爵・贖罪（縑による贖罪）の奨励は、人びとの規範意識の低下を招いた。藤川正数氏が整理しているように、財政難ゆえに贖罪や売官を認める例は前漢に溯り、当時すでに人びとの規範意識の低下を招くものと危惧されてはいたが、「賦斂を増さずして國用を足す」便法として実行された。後漢時代にも王符『潛夫論』述赦の贖刑法批判があったが、やはり同様の理由で売官・贖罪は容認されざるを得なかった(46)。また前漢時代の爵に刑罰減免特典が付くのはいうまでもないことであるのに対して、後漢時代の爵位の詳細はいまいちよくわからないのであるが、長沙五一広場東漢簡牘などをみるかぎり、なお刑罰減免特典を有していたようである(47)。すると売爵は結果的に刑罰減免特典の売却につながる。かくて人びとの規範意識の低下が招来されたと考えられる。しかも、光武帝期以来の官途と評価基準の多様化に伴い、コネの入り込む余地が広がった結果（左雄周挙黄琬列伝論曰）、請託（近親・友人・部下などの官職の斡旋依頼）も盛んとなり、明帝期以後の例は枚挙に遑がない(48)。

こうして財政規律の弛緩と規範意識の低下が進むなか、貨幣経済の展開と請託の横行も加わり、順帝期・桓帝期になると、

時上信閹宦、天下牧守多其宗親舊故、及受貨賂、有詔特拜、不由選試、亂生彌甚。

（時に上、閹宦《えんかん》を信じ、天下の牧守は多く其の宗親舊故にして、貨賂を受くるに及び、詔有りて特に拜せられ、選試に由らず、亂の生ずること彌々《いよいよ》甚だし。司馬彪『続漢書』周天游校訂本）。

となり、李固が、

古之進者有徳有命、今之進者唯財與力。

（古の進む者は徳有り命［李賢注――命は爵命なり］有るも、今の進む者は唯だ財と力あるのみ。李固列伝）

と嘆く時代が到来した。それは、つぎの王符『潜夫論』考績篇が象徴的にしめすごとく、爵位や官位以上に、銭がものをいう時代である。

今……令長守相不思立功、貪残専恣、不奉法令、侵冤小民。州司不治、令遠詣闕上書訟訴。尙書不以責三公、三公不以讓州郡、州郡不以討縣邑。……富者乗其材力、貴者阻其勢要、以銭多爲賢、以剛彊爲上。凡在位所以多非其人、而官聽所以數亂荒也。

（今……令長守相、功を立つるを思わず、貪残《たんざん》［貪欲で残酷］にして専恣《せんし》［わがまま］、法令を奉《たてまつ》らず、小民を侵冤《しんえん》［無実の罪で虐げる］す。州司《しゅうし》［州の役人］は治めず、遠く闕《けつ》に詣《いた》り書を上り訴《そ》を訟《うった》えしむ。尚書は以て三公を責めず、三公は以て州郡を譲《せ》めず、州郡は以て縣邑を討《おさ》めず。……富者は其の材力に乗じ、貴者は其の勢《せい》要《よう》［権勢をもつこと］なるに阻《よ》り、銭の多きを以て賢と為し、剛彊《ごうきょう》［強く盛んなこと］を以て上《うえ》と為す。凡そ在《ざい》位《い》の多く其の人に非ざる所以にして、官の聽《ちょう》［判決］の数々《しばしば》亂れ荒るる所以なり）。

このような考え方はしだいに人びとの死生観にまで影響を与え、死後の世界（だけ）でも銭を多く保有したいという願望は、四川方面では「揺銭樹」として具現化し、当時の墳墓は「銭紋」入りの磚や銅器で彩られた。呉栄曽氏によれば、後漢時代の銭紋がおもに五銖銭や大泉五十で、一部に「吉祥」の二字を付したものもあるのに対し、孫呉・両晉・南朝の紀年磚には人目を引く四出文銭の紋様がしばしば選好され、霊帝期鋳造の四出文銭以来の現象とみられる[49]。また買地券も章帝期頃（現存最古は八一年造[50]）に登場し、銭建ての墓地購入価格がしるされた。額面は大小さまざまだが、もとより現実的な土地価格とは考えにくく、六朝期には「萬萬九千九百九十文」などの定型表現を生むに至った[51]。墓葬内には鎮墓瓶（被葬者の安寧を祈念する文章が器腹に描かれた壺や鉢）も置かれ、「謹奉金銀」・「謹奉黄金千斤兩」・「謹以鉛人金玉」などの文がしるされ、〝死後の世界〟用に黄金も希求された[52]。かかる時代精神をひろく金銭至上主義とよんでおこう。これに関連して余英時氏はつとに、後漢末期の社会上層の人びとが相当程度「胡化」するとともに、利潤追求型の貿易にも手を出すようになった点を指摘し、それを「商業化」とよんでいる[53]。それはたしかにそのとおりなのであるが、その背後には金銭自体に対する物神崇拝があり、その影響は社会上層に限局されるものではない。貨幣史研究のうえでは、社会上層部の商業化傾向だけでなく、むしろその奥底に流れる後漢社会全体を貫く金銭崇拝の高潮にこそ注目される。本章ではそのような人びとの心性を金銭至上主義と称する。そしてこれに拍車をかけたのが霊帝（一六七～一八九年）の財政改革であると思われる。

霊帝は、光和元年（一七八年）に西邸（西園）で関内侯・虎賁・羽林や、四百石～二千石（公卿を含む）の官位を売り、光和四年（一八一年）には後宮（西園）でみずから商人の服を着用して列肆をたて、宮女とともに商売（売官・売爵）をした（付表1史料343・344・345）。なかには、後宮の綵女を客に見立て、しばしば西園で戯れたとの史料や、[54]光和元年売官記事を中平元年（一八四年）に繋年する史料もあり（付表1史料343・344・345）、売買相手や売官時期に関しては情報が錯綜している。実際、売官は、熹平元年（一七二年）につとに臨朝称制中の永楽董太后の命でなされ、それ以降、熹平・光和・中平年間を通じて断続的になされており、特定の某一年間に限定しうる現象ではない（付表1）。ともかく結果的に、中平二年（一八五年）に西園に「萬金堂」が造営され、その建物名から、霊帝が財を収集してそこに備蓄したことは確実である。ちなみに、『後漢書』宦者張讓列伝に「又造萬金堂於西園、引司農金錢繒帛、仞積其中（又た萬金堂を西園に造り、司農の金銭繒帛を引きて、其の中に仞積《じんせき》［満たし積む］す）」とあるごとく、万金堂内には大司農（つまり国家財政）の金銭繒帛も積まれたようであるが、これは霊帝が国家財政財源の一部を帝室財政に移管したことをしめすものではなかろうか。

また中平二年には、中使（中蔵府からの使者）を派遣して各地より毎畝十銭を取り立て、「助軍修宮錢」の名目で「刺史・二千石及茂才孝廉遷除」から銭を調発した（宦者張讓列伝）。そして諸郡の貢献物を中尚方に、天下の繒を中御府に、大司農の財を西園に、太僕の馬を中廏に取り込んだ（宦者呂強列伝、『後漢紀』献帝紀中平二年条）。かつてはこれらを、売官・売爵の名を借りた強制的徴発とし、官吏に科せられた一種の「罰金」と解する論者もいたが、現存史料をみるかぎりではカール・レバン氏の指摘どおり、光和元年（一七八年）に希望者向けに売官・売爵がなされ、中平二年（一八五年）に一種の臨時徴税がなされたと素直に解するべきであり、前者には皇太后や宦官の意向も絡んでいたと思われる。[55] このような行為を霊帝らの私的蓄財として批判する論者は、当時から現在に至るまで数多く存在する。だが霊帝は、中平元年（一八四年）に黄巾を防ぐべく中蔵の銭と西園の廏馬を軍士に与え（皇甫嵩列伝）、中平五年（一八八年）に中蔵の財による「戰士」を集めて洛陽城西の平楽観で軍事演習を挙行しており（蓋勳列伝、霊帝紀李賢注）、必ずしも蓄えた財を霊帝個人の私的遊楽にのみ費やしていたわけではない（『晉書』劉毅列伝）。ゆえに石井仁氏は「霊帝の悪名高き蓄財の一端」を「傭兵集団（西園軍など）の軍事費捻出の方便」とする。また後漢初期以来、既設中央軍が形骸化し（もしくは軽視され）、それに反比例して募兵への依存度が高まった点と、和帝期以来、宦官が中央軍への関与を強めた点を背景に、黄巾以後の動乱を契機として上記西園軍が創設されたとし、霊帝の軍制改革を再評価する。[56]

以上の石井説に間然する所はない。ただし石井氏自身が軍事費を「蓄財の一端」と解するごとく、霊帝の蓄財の名目には他にも「修宮」や「導行」があった。また西園軍が中平元年に黄巾対策用に創設されたのに対し、蓄財の開始はそれ以前に遡る。ゆえに黄巾蜂起なくして西園軍創設もなく、西園軍は蓄財の結果であって原因ではない。さらに霊帝は鴻都門学の創設にも取り組み（光和元年二月＝熹平七年二月）、資金（の一部）も中尚方から捻出した（酷吏陽球列伝）。鴻都門学は「書画・辞賦」を軸とする官吏養成機関で、文学・書藝の地位向上に一役買った点や、[57] 西園軍とともに「皇帝直属の権力装置（官僚機構と軍事力）を用意」した点が近年再評価されつつある[58]（正確にいうと、鴻都門学が「尺牘辭賦及工書鳥篆」を主要試験科目にしたのは後日のことで、発足当初は経学を重視するものであった）。[59] すると霊帝の蓄財には、ほんらい軍制改革に限定されないべつの意図があったのではないか。この点についてアルバート・ディエン氏は、それをたんに私的蓄財や汚職の語でかたづけるのではなく、むしろ当時は地方勢族の跋扈せいで各地の税金が中央に届きにくくなっており、ゆえに霊帝らは新しい財源を求めざるをえなかったとのべている。[60] だが売官・売爵・臨時徴税による収益は必ずしも大司農（国家財政の主管者）のもとへ運ばれたわけではない。

そこで改めて振り返ってみるべきが、鎌田重雄氏の所説である。鎌田氏は売爵・売官等の背後に、後漢時代における帝室財政の縮小があるとし、そのせいで霊帝は新たな財源を求めねばならなくなったとする。[61] たしかに売爵・売官等による財の納付先を確認すると、中尚方は「禁物」を作る官署（『三国志』魏書明帝紀、『三国志』魏書任城威王彰伝など）、中御府は皇后の府蔵（『漢書』王莽伝下の顔師古注）、中廏は皇后車馬を掌る官署で（『漢書』巻六三武五子戻太子拠伝の顔師古注）、みな少府に属する。また霊帝期には中使の監督下で東園に「禮銭千萬」（左騶とよばれる）を納付した者は三公になることができ（『北堂書鈔』巻五十引謝承『後漢書』）、東園も少府に属する（『後漢書』巻十和熹鄧皇后紀李賢注）。少府は前漢時代に帝室財政を主管し、国家財政（大司農所管）と区別されたが、周知のとおり、その財源は後漢光武帝期までに徐々に大司農に再編され、帝室財政は縮小された。すると霊帝の蓄財は結果的に帝室財政の再強化（前漢への回帰）に繫がることになるのである。もっとも、鎌田氏はかような霊帝による新財源の確保を直截に霊帝個人の私欲の充足とするが、この点には既述のとおり疑問が残る。というのも霊帝の蓄財は、董太后の指示もあったとはいえ（皇后董皇后紀）、その支出項目を勘案するかぎり、一概に遊戯にのみ用いられたものではなかったからである。むしろ霊帝は、豊富な帝室財政（そして石井氏が指摘するように、新たに編成された直属軍）に支えられた皇帝権力の再建を目指していたというべきであろう。

ただし結論からいえば、いずれにせよ上記財政改革は周囲の強い反発を受けた。当時の国家財政（大司農所管）は対羌戦争と自然災害のせいで連年逼迫し（既述）、その収入の一部を帝室財政に回すことは現実にそぐわず、人びとの目には皇帝個人のたんなる「私」的蓄財と映ったのである（宦者呂強列伝、盧植列伝）。霊帝は率先して売官・売爵を行なったが、これも周囲の目には、官吏登用制度をないがしろにして金銭の多寡を優先する行為と映った。[62] 現にその結果、政府高官や軍人の位は「賈豎（商人の類）」によって占められた。彼らは官位・爵位を求めると同時に、金銭至上主義を体現する存在となった。その頂点に霊帝は位置した。こうして霊帝は、結果的に金銭至上主義の旗手と化したのである。(63)

おわりに

以上本章では、後漢貨幣経済を支える金銭至上主義の展開過程について検討した。すなわち、河湟で半農半牧の生活を営む西羌は後漢中期前後より三輔地方への攻勢を強め、後漢はその駆逐に莫大な支出を要した。大司農の府帑は空虚となり、国用（国家財政）は連年不足した。そこで後漢政府は借金・借租・増税・売爵・売官・贖罪・鋳銭などの財政補塡策によって急場をしのいだ。とくに鋳銭の結果、後漢の人口増加期にも一人当たりの銭保有量は減少せず、逆に元和年間（八四～八七年）には物価の全体的上昇が起こった。だが上記諸政策は人々の規範意識の低下と財政規律の弛緩を招いた。賄賂請求関連犯罪に対する厳格な漢律は骨抜きにされ、請託が横行し、いわゆる民爵最高の八級（公乗）保持者が増加し、爵制的身分秩序は相対的に無効化された。官爵・官職の序列は献金次第となり、人々の価値尺度は金銭的価値に一本化されていった。金銭至上主義への傾斜は人々の死生観にも影響を与え、揺銭樹・銭紋磚・買地券・鎮墓瓶を生んだ。人口増加現象が桓帝期に反転すると、一人当たりの銭保有量は激増し、都鄙貴賤を問わずに銭を保持するようになり、金銭至上主義は各地にますます浸透した。また霊帝は皇帝権力強化のために帝室財政の再建を図ったが、それが結果的にさらなる金銭至上主義を招いた。もっとも、後漢末には政府高官・外戚・宦官による不法な搾取が重なり、貧富の格差が広がり、一部地域では銭不足現象も引き起こされた。だが金銭至上主義の波は鎮まらなかった。こうして銭と布帛を主とする後漢貨幣経済と、それに基づく民間の経済格差の問題は、三国時代へと受け継がれていったのである。

注

(1) 川勝義雄「漢末のレジスタンス運動」(『六朝貴族制社会の研究』岩波書店、一九八二年)。

(2) 陳彦良「東漢長期通貨膨張――兼論「中古自然経済」的形成」(『清華学報』第四一巻第四期、二〇一一年)は、後漢貨幣経済衰退説を批判した研究は従来ないとし、後漢出土銭に着目した。本書前章(二〇〇九年初出)を含むいくつかの先行研究に言及がない点は遺憾であるが、陳氏の議論も本書前章を補強するうえでは興味深い。

(3) 漢代西羌の半農半牧生活様式に関しては、Wang, Mingke. 1992. *The Ch'iang of Ancient China through the Han Dynasty: Ecological Frontiers and Ethnic Boundaries.* PhD diss. Harvard University。該当箇所の翻訳として柿沼陽平訳「(王明珂著)中国漢代の羌(三)――生態学的辺境と民族的境界――」(『早稲田大学長江流域文化研究所年報』第五号、二〇〇七年)参照。

(4) 対羌戦争費に関しては吉田虎雄『両漢租税の研究』(大安、一九四二年)や濱口重國「魏晉南北朝隋唐史概説」(『秦漢隋唐史の研究』下巻、東京大学出版会、一九六六年)参照。とくに濱口氏は、西羌反乱を契機に被害地で郷党の有力者中心の自衛自治が企図されたとし、対羌戦争を「後漢の政治的統制が紊れ人心が動揺して行く第一歩(八三二頁)」と評する。また後漢時代の自然災害対策費が膨大であった点は多田狷介「黄巾の乱前史」(『漢魏晉史の研究』汲古書院、一九九九年)参照。

(5) 永平時、諸侯負責、輒有削絀之罰。此其後、皆不敢負民、而世自節倹、辭訟自消矣。今諸侯貴戚、或曰、勑民慎行、徳義無違、制節謹度、未嘗負責……。或既欺負百姓、上書封租、願且償責(永平の時、諸侯負責せば、輒ち削絀の罰有り。此れ其の後、皆な敢えて民に負わずして、世々自ら節倹し、辭訟自ら消ず。今、諸侯貴戚、或いは曰く、民に勑し行ないを慎み、徳義に違う無く、節を制し度《ど》を謹《つつし》み、未だ嘗て負責せず……。或いは既に百姓を欺負《ぎふ》し、上書して租を封じ、且く責を償うを願う。断訟篇）。本史料によれば、諸侯の負債禁止は後漢を通じての律令であったが、後漢後期には表面上それを守りつつも、実質的にそれを破る諸侯も出現したようである。

（6）渡邊信一郎「漢代の財政運営と国家的物流」（『中国古代の財政と国家』汲古書院、二〇一〇年）。

（7）本『新論』と次の『漢書』巻八六王嘉伝の記載内容と関連については従来論争があり、『新論』について加藤繁「漢代に於ける国家財政と帝室財政の区別並に帝室財政一斑」（『支那経済史考証』上巻、東洋文庫、一九五二年）は「漢定以來」の「定」を「宣」の誤とし、「前漢宣帝以來……」の意とする。増淵龍夫「先秦時代の山林藪沢と秦の公田」（『新版　中国古代の社会と国家』岩波書店、一九九六年［一九五七年初出］）は「八十三萬萬」の「八」を「入」の誤とし、少府所領園池作務の収入を十三億銭とする。渡邊氏は「四」の誤とし、「国家財政＝都内銭四十億（吏俸二十億＋禁銭二十億）」、「帝室財政＝少府所領園池作務之入四三億（水衡銭二五億、少府銭十八億）」とする。また先学のように両史料に脱文を想定した場合、「国家財政＝都内銭四十億（吏俸二十億＋禁銭二十億）」、「帝室財政＝少府所領園池作務之入八三億（水衡銭二五億、少府銭五八億）」の可能性も出てくる（つまり王嘉伝「少府錢十八萬萬」を「少府錢五十八萬萬」に校訂する）。両史料の時代差も検討せねばならない。ではどの説が有力か。私見では、両史料の数値は完全には一致する必要はない。なぜなら加藤氏も指摘するごとく、『新論』が毎年の各収入額をしめすのに対し、王嘉伝は某時点の各財政部署の貯蓄量をしめし、両史料の性質は異なるからである。ここではとりあえず増淵氏の校訂に従っておくが、なお疑問は残るといえよう。

（8）山田勝芳「後漢の大司農と少府」（『史流』第十八号、一九七七年）は後漢官吏の俸祿を中蔵府から支給していたとするが、渡邉将智「後漢における「内朝官」の解体と九卿の再編」（『後漢政治制度の研究』早稲田大学出版部、二〇一四年）の批判がある。

（9）加藤注（7）前掲論文、西田元祐「漢代の勧農政策」（『中国経済史研究』東洋史研究会、一九六八年）、山田勝芳「漢代財政制度に関する一考察」（『北海道教育大学紀要』第二三巻第一号、一九七二年）、山田勝芳「漢代財政制度変革の経済的要因について」（『集刊東洋学』第三一号、一九七四年）、山田勝芳「王莽代の財政」（『集刊東洋学』第三三号、一九七五年）。また山田勝芳「後漢財政制度の創設について（上）」（『北海道教育大学紀要（第一部Ｂ）』第二七巻第二号、一九七七年）、山田

勝芳「後漢財政制度の創設について（下）」（『人文論究』第三八号、一九七八年）は財政一元化の理由を考察。

（10）吉田注（4）前掲書（一三一～一三八頁）、影山剛「後漢朝の塩政に関する一、二の問題」（『中国古代の商工業と専売制』東京大学出版会、一九八四年）、大櫛敦弘「中国古代における鉄製農具の生産と流通」（『東洋史研究』第四九巻第四号、一九九一年）。なお楊華星・黄小芳「試論東漢時期的塩鉄政策与商品経済的発展」（『四川師範学院学報（哲学社会科学版）』第二期、二〇〇三年）は後漢時代に塩鉄専売制が施行されたとするが、引用史料はみな官営塩鉄業の存在をしめすのみで、民営業の存在を否定するものではない（つまり官側の専売特許とは限らない）。

（11）福井重雅『漢代官吏登用制度の研究』（創文社、一九八八年）によれば、郡国による官吏登用制度の孝（儒家的官僚登用制度）と廉（法家的官僚登用制度）のうち、後者は後漢初期以降形骸化したが、残る前者がみな「不良」とは限らない。

（12）日原利国「『塩鉄論』の思想的研究」（『漢代思想の研究』研文出版、一九八六年）。

（13）『塩鉄論』復古で御史大夫桑弘羊は、「卒徒衣食縣官、作鑄鐵器、給用甚衆、無妨於民。而吏或不良、禁令不行、故民煩苦之（卒徒は縣官に衣食し、鐵器を作鑄し、給用は甚だ衆く、民に妨げ無し。而して吏或いは良からず、禁令行なわれず、故に民は之に煩苦す）」という故扇水都尉彭祖の批判を引いたうえで、なお塩鉄専売制の利を説く。

（14）張伝璽「論秦漢時期三種塩鉄政策的遞変」（『秦漢問題研究（増訂本）』北京大学出版社、一九九五年）。

（15）陳蘇鎮「讖緯和《公羊》学対東漢内外政策的影響」（『《春秋》与〝漢道〟——両漢政治与政治文化研究』中華書局、二〇一一年）。

（16）田中麻紗巳「『白虎通』の「或曰」「一説」」（『後漢思想の探究』研文出版、二〇〇三年）、井ノ口哲也「経義・経文の正定」（『後漢経学研究序説』勉誠出版、二〇一五年）。

（17）田中麻紗巳「後漢初期の春秋学」（『後漢思想の探究』研文出版、二〇〇三年）。

（18）『太平御覧』巻九十皇王部光武皇帝所引『東観漢記』「前以用度不足、吏祿薄少。乃自《ママ》（今）益其俸、自三公下至佐使（史）各有差（前に用度の足らざるを以て、吏祿は薄少たり。今、其の俸を益し、三公自り下は佐史に至るまで各々差有り）」と、光武帝紀下建武二十六年正月条「詔有司增百官奉。其千石已上減於西京舊制、六百石已下增於舊秩（有司に詔して百官の奉を増す。其の千石已上は西京の舊制より減じ、六百石已下は舊秩より増す）」によれば、後漢官吏（六〇〇石以下の人数が大半を占める）の俸祿の総計は前漢以上であろう。陳夢家「漢簡所見奉例」（『漢簡綴述』中華書局、一九八〇年）や李天虹『居延漢簡簿籍分類研究』（科学出版社、二〇〇三年）によれば、前漢期の俸祿は銭、王莽期は穀物、後漢期はいわゆる半銭半穀で、後漢の吏俸（銭支出分）は前漢より減少したごとくだが、前漢官吏数十二万人余に対して後漢は十五万人余ゆえ（『通典』職官典巻一九）、銭支出総額は大差なかろう。

(19) 桓帝期に陳蕃は「又比年收斂、十傷五六、萬人飢寒、不聊生活。而采女數千、食肉衣綺、脂油粉黛、不可貲計（又た比年の收斂、十に五六を傷《そこ》ない、萬人は飢え寒《こご》え、生活を聊《たの》しまず。而るに采女數千、肉を食らい綺を衣、脂油粉黛は、貲計すべからず）」と上奏し、延熹九年に「又青・徐炎旱、五穀損傷、民物流遷、茹菽不足。而宮女積於房掖、國用盡於羅紈、外戚私門、貪財受賂、所謂「祿去公室、政在大夫」（又た青・徐に炎旱あり、五穀は損傷し、民物は流遷し、菽を茹《くら》うも足らず。而るに宮女は房掖に積み、國用は羅紈に盡き、外戚の私門は、財を貪り賂を受け、所謂「祿は公室を去り、政は大夫に在り」と）」とし、青州・徐州の被災と後宮費の増大を指摘している（陳蕃列伝）。同様の批判文は『北堂書鈔』巻一三五引司馬彪『續漢書』や『太平御覧』巻四九五引司馬彪『續漢書』にもみえる。

(20) 李固列伝「時沖帝將北卜山陵。固乃議曰、「今處處寇賊、軍興用費加倍、新創憲陵、賦發非一。帝尙幼小、可起陵於憲陵塋内、依康陵制度。其於役費三分減一」。乃從固議（時に沖帝は將に北のかた山陵を卜せんとす。固、乃ち議して曰く、「今、處處に寇賊あり、軍興の用費は加倍《かばい》［二倍に増加］し、新たに憲陵を創り、賦の發することは一に非ず。帝は尙お幼小なれば、陵を憲陵塋内に起て、康陵の制度に依るべし。其れ役費に於いて三分して一を減ぜん」と。乃ち固の議に從う）」。

(21) 吉田注（4）前掲書（二〇七～二三四頁）。

(22) 西嶋定生「官爵・民爵の区別と授爵の機会」（『中国古代帝国の形成と構造』東京大学出版会、一九六一年）。

(23) 宮宅潔「漢初の二十等爵制——制度史的考証——」（『中国古代刑制史の研究』京都大学学術出版会、二〇一一年）。

(24) 渡邉将智「附表—1　後漢洛陽城の建築物」（『後漢政治制度の研究』早稲田大学出版部、二〇一四年）。

(25) 安作璋・熊鉄基「宮官」（『秦漢官制史稿』斉魯書社、二〇〇七年）。

(26)『晉書』食貨志「至魏武爲相、於是罷之、還用五銖（魏武の相と爲るに至り、是に於いて之（＝董卓小銭）を罷め、還た五銖を用う）」は曹操が丞相の時に五銖銭を復活したとするが、西嶋定生『晉書食貨志訳注』（東洋文庫、二〇〇七年）の注804・805によれば誤り。なお、たとえば奥平昌洪『東亜銭志』巻八は典拠を挙げずに「建安元年曹操政ヲ執ルニ及ビ小銭ヲ罷メテ復タ五銖銭ヲ行フ」とのべるが、やはり『晉書』食貨志に基づく誤りであろう。

(27)牧野巽「中国古代貨幣経済の衰頽過程」（『牧野巽著作集第六巻　中国社会史の諸問題』御茶の水書房、一九八五年）。

(28)永田英正「漢代人頭税の崩壊過程——特に算賦を中心として——」（『東洋史研究』第一八巻第四号、一九六〇年）など。以下注記のない限り、永田説の引用は本論文による。なお永田氏は銭納人頭税が農民の生活を破壊し、後漢時代に流民が発生し、多くが北から南へ移住したとするが、それなら同様に銭納人頭税を課される南方民も流民化したはずである。しかし現実は異なる。ゆえに私見では、北から南への流民増加の原因を西羌反乱と河北の自然災害の双方に求める。

(29)彭信威『中国貨幣史研究』（上海人民出版社、二〇〇七年、九五頁）は後漢光武帝建武二年銘の貨泉銭范拓本を根拠に、後漢が貨泉の流通を後押しした時期もあったとする。だが建武二年銘貨泉銭范なるものはじつは存在せず、当該拓本は偽物である。この点は唐石父「《光武貨泉》小議——兼談《建武二年貨泉銭范》真相」（『中国銭幣』一九八三年第一期）参照。

(30)Ebrey, Patricia. 1986. The Economic and Social History of Later Han. *The Cambridge History of China.* vol.1. Twitchett, D. & Loewe, M. eds.. London: Cambridge University Press。

(31)胡寄窓『中国経済思想史』中巻（上海財経大学出版社、一九九八年）。

(32)佐藤武敏「後漢の戸口統計について」（『中国古代史研究』第六巻、研文出版、一九八九年）。

(33)紙屋正和「前漢後半期以降の貨幣経済について」（川勝守編『東アジアにおける生産と流通の歴史社会学的研究』中国書店、一九九三年）。

(34)銭嶼・顧家熊「秦・漢・三国・両晉・南北朝貨幣出土情況表」（『中国歴代貨幣大系2　秦漢三国両晉南北朝貨幣』上海辞書出版社、二〇〇二年）。

(35)馬飛海総主編『中国歴代貨幣大系2　秦漢三国両晉南北朝貨幣』（上海辞書出版、二〇〇二年、四五五頁）所載の五銖銅范。

(36) 曹操五銖課題組「曹魏五銖銭」(『中国銭幣論文集』第三輯、一九九八年)。
(37) 藤田豊八「鍾鐻金人につきて」(『東西交渉史の研究（西域篇)』荻原星文館、一九四三年)によれば、鍾虡は楽器を懸ける器具で、銅人の形状をしており、ゆえに「銅人鍾虡」は「銅人・鍾虡」でなく、「銅人の鍾虡」と読む。また前掲董卓列伝には、臨洮県で銅人を見た秦の始皇帝がそれを忌んで鋳造したのに対し、臨洮出身の董卓は臨洮県の負のイメージを払拭すべく銅人を破壊したとあるが、銅人と臨洮県を結びつける伝承は漢代五行説の論者による付会である。
(38) 呉栄曽「四出文五銖銭探討」(『中国銭幣論文集』第五輯、二〇一〇年)。
(39) 陳直「塩鉄及其他采鉱」(『両漢経済史料論叢』陝西人民出版社、一九八〇年)。
(40) 呉栄曽「両漢五銖概述」(馬飛海注 (35) 前掲書)。
(41) 内田吟風「後漢永初の羌乱について」(『小笠原宣秀博士追悼論文集』明文舎、一九八五年)。
(42) 王素「長沙東牌楼東漢簡牘選釈」(『文物』二〇〇五年第十二期)。
(43) 渡邊信一郎「漢代の財政と帝国編成」(渡邊注 (6) 前掲書)。
(44) 重近啓樹「算賦制の起源と展開」(『秦漢税役体系の研究』汲古書院、一九九九年)。
(45) 日野開三郎「色額制に見る租調庸制の諸原則」(『唐代租調庸の研究I色額篇』私家版、一九七四年)は「租調庸に代って正税となった両税法は先ず中央・地方を通ずる歳出予算を見積り、それに応じて両税の課徴総額を決め、それを担税力に対して同率となる様に州県に配分し、更に民戸に配課する仕組みであり、従って担税者の担税額は歳出予算の都合で増減すべきものであった。これは租調庸と正反対の原則に立ったもので、時人はこれを先の量入制出に対して量出制入といっていた。租調庸から両税法への移行は税財制原則の量入制出から量出制入への大転換であった」とする。そして「課丁は何れも自らの負担色額を周知しており、従って歴史的に官権が過大で官吏の横暴私曲が常態とされて来た中国においては、民衆の無知に乗ずる彼らの不当徴斂を牽制するに役立つ面があった」とされる租庸調制に対して、「両税法は国事多端の世相を乗切る税法として創施」されたとする。本論点に関しては、最近では渡邊信一郎「定額制の成立――唐代後半期における財務運営の転換――」(『国立歴史民俗博物館研究報告』第一七九集、二〇一三年)もあり、詳論されている。

(46) 藤川正数「贖刑法の可否論」（『漢代における礼学の研究（増訂版）』風間書房、一九八五年）。

(47) 『史記』・『漢書』・『後漢書』所見の九十例の民爵賜与例をみると、前漢と後漢には違いがある。前漢が爵一級ずつの賜与なのに対し、後漢は一度に二～三級の爵を賜与する例が多く、後者は章帝期に集中し、民は数年以内に八級以上の爵を得られた計算になる。九級以上はいわゆる官爵（秩六百石以上の吏に賜与される爵）で、民爵の上限は八級ゆえ、章帝期の民は軒《のき》並《なみ》八級（公乗）を有したことになる。民同士の爵位の高低格差はこれによって減少したろう。同様の状況は走馬楼呉簡にも窺え、後漢中期以降一貫した現象で、より高い爵を望む民はもはや九級以上の爵（官爵・官位）を購入する以外にない。ちょうどこのころ（和帝・殤帝・安帝期）、対羌戦争で軍功爵が頻発され、戦費確保のために売爵も行なわれ、有爵者はますます増加した。すると、かりに後漢の爵になお前漢初期以来の刑罰減免特典が付帯しておれば、その濫発も人びとの規範意識の低下を助長しよう。もっとも、後漢の爵がどれほどの刑罰減免特典を有したか否かは従来論争がある。たとえば、朱紹侯「東漢時期軍功爵詔令及説明」（『軍功爵制研究』上海人民出版社、一九九〇年）はこう指摘する。後漢初期に列侯となった者は数多く、みな就国させられ、中央政府から遠ざけられた。後漢後期には列侯が濫発され、各列侯封地は細分化された（列侯・関内侯未満～公乗以上の賜与例は少ない）。公乗以下も濫発され、公乗爵を有する者が新たに授爵する場合、子・同産・同産の子に爵を振り分けることもでき、爵はたんなる記号と化した。民爵の数々の特権も失われ、王充や王粲も爵の意義に疑問を呈した。ゆえに後漢末になると売爵が価値を失い、売官が盛行した。以上が朱説の概略である。朱説は現在非常に有力視されており、朱氏所引の史料をみると、後漢時代の民爵に刑罰減免特典があったか否かは疑問が残る。ところが近年公開された長沙市文物考古研究所等編『長沙五一広場東漢簡牘選釈』（中西書局、二〇一五年）の第一四四条をみると「以劾律爵咸（減）論……」などとあり、後漢の爵位にはなおも多少の刑罰減免特典が付帯していたと思われる。その詳細は今後の爵制研究の進展に期待したい（是であれば本論の主旨は補強されるが、否であっても本論の主旨に大きな影響はない）。

(48) 橋本循「後漢中葉後の世相の一面に就いて」（『支那学論叢 高瀬博士還暦記念』弘文堂書房、一九二八年）。宮崎市定「漢末風俗」（『宮崎市定全集七』岩波書店、一九九二年［一九四二年初出］）、紙屋正和「後漢時代における地方行政と三公制度」（『漢時代における郡県制の展開』朋友書店、二〇〇九年）。

(49) 呉栄曽注（38）前掲論文。
(50) 魯西奇「漢代買地券叢考」（『中国古代買地券研究』廈門大学出版社、二〇一四年）。
(51) 魯西奇注（50）前掲論文。
(52) 鎮墓瓶の史料収集と研究状況に関しては關尾史郎『もうひとつの敦煌～鎮墓瓶と画像磚の世界～』（高志書院、二〇一一年）。
(53) Yu Yingshi. 1967. *Trade and Expansion in Han China: A Study in the Structure of Sino-Barbarian Economic Relations.* Berkeley and Los Angeles: University of California Press.
(54) 靈帝數遊戯於西園、令後宮綵女爲客、主身爲商賈（靈帝數々西園に遊戯し、後宮の綵女をして客爲らしめ、主として身ら商賈と爲る。『太平御覧』巻八二八引謝承『後漢書』）、靈帝數遊於西園、令後宮采女爲客舍、主身爲商賈、行至客舍、采女下酒、因共飲食（靈帝數々西園に遊び、後宮の采女をして客舍を爲らしめ、主として身ら商賈と爲り、行きて客舎に至り、采女は酒を下し、因りて共に飲食す。『太平御覧』巻八四七引司馬彪『續漢書』）。
(55) Carl Leban. 1990. Sale of Office or "Fines" in Later Han: A Matter of Interpretation. in Albert E. Dien. ed. *State and Society in Early Medieval China.* Stanford, California: Stanford University Press.
(56) 石井仁「無上将軍と西園軍――後漢霊帝時代の「軍制改革」」（『集刊東洋学』第七六号、一九九六年）。
(57) 徐難于『漢霊帝与漢末社会』（斉魯書社、二〇〇二年）。
(58) 上谷浩一「後漢政治史における鴻都門学――霊帝期改革の再評価のために」（『東洋史研究』第六三巻第二号、二〇〇四年）。
(59) 光和元年、初置鴻都門、生本頗以經學相引。後詔、能爲尺牘辭賦及工書鳥篆相課試、至千人（光和元年、初めて鴻都門を置き、生《た》だ本《もと》より頗《すこぶ》る經學を以て相い引く。後に詔して、能く尺牘辭賦及び工書鳥篆を爲すをば相い課試し、千人に至る。『太平御覧』巻九二引司馬彪『續漢書』）。また「光和元年、置鴻都門學、畫孔子及七十二弟子像（光和元年、鴻都門學を置き、孔子及び七十二弟子の像を畫く。華嶠『漢後書』周天游校訂本第六条）」によれば、建物には「孔子及七十二弟子像」が描かれ、これも当初の設立目的が儒学の顕揚にあったことをしめす。
(60) Albert E. Dien. 1990. Indroduction. in Albert E. Dien. ed. *State and Society in Early Medieval China.* Stanford, California:

Stanford University Press.

（61）鎌田重雄「後漢の西園軍」（『立正史学』第三二巻、一九六八年）。

（62）霊帝期が「于時爵服横流、官以賄成、自公侯卿士、降於皁隷、遷官襲級、無不以貨（時に爵服《しゃくふく》横《ほしいまま》に流れ、官は賄《わい》［買収のための金銭］を以て成り、公侯卿士自《よ》り、皁隷《そうれい》［しもべ］に降《くだ》るまで、官を遷り級を襲うには、貨を以てせざる無し。『太平御覧』巻九二及び『北堂書鈔』巻四一引薛瑩『後漢記』）」とも評される所以である。

（63）『中論』は、建安七子の一人として曹操に仕えたこともある徐幹の書で、素行に問題があっても才智のある人物を評価する点や（智行篇）、然るべき評価基準によって選ばれた人材は十分な爵禄や資財をもってよいとする点など（爵禄篇）、ところどころに曹操の香りを漂わせる史料である。その原序に「于時、董卓作亂、劫主西遷……營利之士得譽、守貞之賢不彰（時に董卓、亂を作し、主［献帝］を劫《おびや》かして西遷し……利を營むの士は譽《ほまれ》を得、貞を守るの賢［賢人］は彰《あき》らかならず）」とある。本史料は献帝初期の貴重な証言で、「利を營むの士は譽《ほまれ》を得」は、霊帝期の官界の雰囲気がその後もしばらく続いていたことを物語る。

第三章　後漢末の群雄の経済基盤と財政補塡策

はじめに

後漢中平六年（一八九年）四月に霊帝が崩御すると、政局は急速に混迷の度合いを強めていった。新たに即位した劉弁（少帝）のもと、何太后と大将軍何進は実権を握った。同年八月には宦官張譲らが何進を暗殺した。袁紹らは宮中に乱入し、宦官の一部は劉弁とともに洛陽城外に脱出した。洛陽城外には何進の命を受けた董卓らが駐屯中で、董卓は劉弁を奉戴した。洛陽に入城した董卓は劉弁を廃し、陳留王劉協を皇帝として擁立し、同年十一月には相国に昇った。董卓の独裁に対し、一八九年末頃より関東では反董卓同盟が準備されはじめ、董卓のほうでは関西長安へ遷都を決行した。こうしていわゆる群雄が割拠する時代が到来した。

その後、反董卓同盟は内部分裂し、関西では王允らが董卓を暗殺した。董卓軍配下の李傕・郭汜は王允を殺害し、朝政は混乱を極め、群雄は合従連衡をくりかえした。建安五年（二〇〇年）には官渡の戦いで曹操が袁紹を破り、建安十二年（二〇七年）には袁氏残党と遼東諸勢力を滅ぼし、中原をほぼ統一した。そして南下を始めた曹操の前に、荊州は降伏した。劉備は江東の孫権と盟約を結び、曹操はいわゆる赤壁の戦いで大敗した。

以上の流れを概観すると、董卓と反董卓勢力との対立が鮮明化した中平六年（一八九年）末から、曹操が河北を統一した建安十二年（二〇七年）までの期間は、周知のとおり、中原での群雄争いがとくに猖獗を極めた時期であったといえる。その後も各地にはさまざまな勢力が点在し、最終的に曹魏・蜀漢・孫呉の皇帝が並立するのは二二九年に下るとはいえ、曹操の中原における覇権は建安十三年（二〇八年）以降はもはや揺らがない。その意味で一八九年から二〇七年の期間は、群雄のなかから曹操が突出し、中原を再統一する過渡期にあたるものであった。本章ではこの、一八九年から二〇七年の期間（以下、便宜的に群雄割拠期とよぶ）に注目する。

では曹操は群雄割拠期にいかに覇権を獲得し、また他の群雄はどうせめぎあったのか。これには従来さまざまな研究があり、とくに名望家・士人・士大夫・貴顕・「名士」などとよばれる人びとの動向と役割を重視する研究が多い。なるほど先学の多くは、たとえば群雄割拠期に、従来の郡県郷里制度に収まりきらぬ人びとが地方名望家のもとで自衛組織を構成する点や、経済的基盤をもたぬ人びとが特定の価値観（たとえば儒家的価値観）を共有する者同士の名声をたよりに台頭し、群雄の興亡さえも左右した点などの指摘を通じて、当時の時代的特質を明らかにしようとしており、その点を抜きにして群雄割拠期を語ることはできない。だが群雄が士人や軍隊を擁するには、当然のことながら、金銭穀物衣料の定期的収入の見込める経済基盤も必要である。もとより後漢三国経済史に関しては制度史的研究が積み重ねられており、とりわけ土地や屯田の制度に議論が集中してきたが、ここでは群雄の財源の所在がさらに多角的に問われねばならない。そこで本章では州牧・州刺史（以下、両者を総称する場合には州長官とよぶ）や軍制・税制・田制に関する制度史研究の成果をふまえつつ、後漢末の群雄の経済基盤と経済政策を闡明する。また後述するように、群雄の経済基盤は州に求められるようであるが、それでは州長官であった者が順調に勢力を拡大していったのかといえば、必ずしもそうともいえない。また群雄のなかには、当初は州長官でなくとも、しだいに台頭して州を入手し、大勢力へ発展した者もいる。本章ではこれらの問題についても検討する。そのうえで、群雄の興亡の因果関係にも経済史的観点から考察を試みたい。

第一節　経済基盤としての州

後漢王朝の高官は中央高官と地方高官に大別される。中央高官は皇帝のお膝元で政治を司る三公九卿など、地方高官は州郡長官などの謂である。王朝安定期に政治の大局を左右する者は概して中央高官である。だが乱世に牛耳を執らんとする者にとっては、中央高官は必ずしも有利な職位ではない。なぜなら中央高官は一定の人口や土地を委ねられているわけではないからである（加官があれば話は別である）。実際に一八九年の時点で、中央軍はすでに形骸化しており、(1)并州牧董卓の軍事力に抗しうる中央高官は一人もいなかった。一方、州牧に関する石井仁氏の研究と、州刺史に関する植松慎吾氏の研究によれば、中平五年（一八八年）以前はともかく、(2)一八八年以後は州長官が州内の軍事・司法・民政の実務や郡県の税収を管掌していた。(3)州の軍事に関していえば、かりに「節」を帯びた者が中央より派遣されてきた場合、州の兵権が一時的にその者に委譲される場合もあったはずであるが、(4)そのときにも州長官の経済的自立性が失われることはなかった。その意味で、州の税収こそは群雄の継続的な経済基盤たりえた。

そこで先行研究を顧みると、群雄割拠期の州長官に関してはすでに清・万斯同「三国漢季方鎮年表」や厳耕望『両漢太守刺史表』による整理があり、州ごとに漢末の政治状況を窺ったものとして狩野直禎氏の先駆的研究などがある。(5)もっとも、狩野氏は州刺史を「新時代を担うに足るものではなかった」と評するが、州牧のみならず州刺史も漢末の群雄の経済基盤たりえたことは、すでに植松氏の論ずるとおりである。それでは、後漢末の群雄はいかに州を支配するにいたったのか。

そもそも後漢官吏登用制度には察挙と辟召があり、おもに儒学的素養や能力を審査基準とし、(6)そうして得られる官途の先に州長官位も位置づけられる。だが後漢中期以降になると、州郡長官人事はとくに尚書の意向に左右されるようになり[(7)]、売官・売爵も横行するかたわらで、儒学的素養云々以上に金銭の多寡がその評価基準となっていった。そののち一八九年に幷州牧董卓が洛陽で実権を握ると、州長官人事は董卓に専断されるに至った（『後漢書』董卓列伝、『三国志』魏書董卓伝）。こうして州長官には儒学的素養のない者も着任できるようになり、とくに董卓に従順な者が抜擢されることになった。董卓の実権掌握後に万単位の正規兵を動員可能であったのは、一部の持節領護官を除けば、当時の州郡長官にほぼ限られる。ただし、そのときに董卓の命令で州長官になった者のなかには心中董卓に服していない者もおり、そうして董卓に叛旗を翻した韓馥らが群雄割拠期への道を切り開いた。彼らはその後、州長官の地位をめぐって熾烈な争いを展開し、基本的に支配下の郡県による軍糧補給を支えとして軍事行動をとることになる。もっとも、州郡長官同士は制度上君臣関係になく[(8)]、みな後漢皇帝の臣下ゆえ、状況次第で集合離散する場合があった。また州長官の任命権は建前上、尚書などの中央官（とくに献帝奉戴者の董卓、李傕、もしくは曹操）がもっていたものの、実際には群雄が各々州郡長官の候補者を推挙し、中央朝廷の承認を経ずに赴任させる例が少なくなく、同一州内で複数の任官者が競合する結果を招いた。このことが地方高官人事をさらに混迷に陥れていった。

以上の点をふまえて中平六年（一八九年）前後の情勢をみると、当時皇帝を擁したのは幷州牧董卓で、司隷校尉宣播は董卓の命に服していた（『後漢書』袁紹列伝注引『献帝春秋』）。幽州牧劉虞も董卓と正面を切って敵対することはしなかった。また涼州刺史（万斯同は韋端とする）と交州刺史朱符の動向は不明である。だが、中平六年十一月に董卓の任命した州郡長官のうち、豫州刺史孔伷・冀州刺史韓馥・兗州刺史劉岱・陳留郡太守張邈らは（『後漢紀』孝霊皇帝紀下）、じつは内心董卓に服しておらず、着任するやいなや、一九〇年正月にいわゆる反董卓同盟を結成した。反董卓同盟の主要構成員に関してはおもに『三国志』魏書臧洪伝（史料A。[(9)]『後漢書』臧洪列伝にも類似の文がみえる）、

人物名／史料	A	B	C	州名	関連事項
後将軍袁術		1	2	司隷	河南尹から南陽太守へ転ずる。BEで南陽に、Cで酸棗に、Fで魯陽に駐屯。
冀州牧韓馥		2	3	冀州	袁氏故吏。劉岱の紹介で加盟。BCEFで鄴に駐在。B注引『英雄記』及びCFで橋瑁偽造の檄文を受けて袁紹の挙兵を許可。
兗州刺史劉岱	1	4	5	兗州	Aでは臧洪の友人。BCEFで酸棗に駐屯。
豫州刺史孔伷	2	3	4	豫州	Aでは臧洪の友人。BCEFで潁川に駐屯。
河内太守王匡		5	8	司隷	何進故吏で、袁紹の友人か。CEFで河内に駐屯。
勃海太守袁紹		6	1	冀州	CDEFで車騎将軍、Dで領司隷校尉も称す。Cで董卓が「軍號」付与。BCDEでは盟主。BCEFで河内に駐屯。別途冀州十郡の守相と反董卓の盟約を結ぶ（『後漢書』袁紹列伝注引『献帝春秋』、時期不明）。
陳留太守張邈	3	7	6	兗州	Aでは計画立案者。袁紹の友人。張超の兄。BCEFで酸棗に駐屯。
東郡太守橋瑁	4	8	10	兗州	橋玄の族子。先の兗州刺史。BCEFで酸棗に駐屯。B注引『英雄記』及びCFで三公移書を偽造し檄文作成。
山陽太守袁遺		9	9	兗州	袁紹側につき、後に袁術に敗れる。BCEFで酸棗に駐屯。
濟北国相鮑信		10	11	兗州	私兵２万で参加。CEFで酸棗に駐屯。
広陵太守張超	5		7	徐州	Aでは計画立案者。張邈の弟。CFで酸棗に駐屯。
広陵功曹臧洪				徐州	Aでは計画立案者及び宣言者。
行奮武将軍曹操				兗州	私兵で数千参加。Bで189年12月挙兵（張邈の薦めで衛茲が曹操を支援したため）。EFで酸棗に駐屯。

［表３—１］反董卓同盟
※史料ABC欄の数字は盟約文に列記された人物の序列。
※鮑信は190年当時「行破虜将軍」だが、ABCEFは「濟北國相」に作る。
※史料Aは陳留郡酸棗県で結盟。BCは場所不明。

『三国志』魏書武帝紀初平元年正月条（史料B）[10]、『後漢書』袁紹列伝（史料C）[11]、『三国志』魏書袁紹伝（史料D）[12]、『後漢紀』孝献皇帝紀初平元年春正月条（史料E）[13]、『資治通鑑』孝霊皇帝下中平六年及孝献帝甲初平元年正月条（史料F）[14]があり、それぞれの内容に若干の相異がある（表3—1）。

史料Aによれば、反董卓の盟約はまず広陵郡功曹臧洪が画策し、張超と兄張邈を筆頭に、臧洪の友人（劉岱・孔伷ら）を取り込んで完成した。盟約時に陳留郡酸棗県の壇上で最初に宣言をしたのは臧洪であるが、彼の職位は広陵郡功曹にすぎない。『三国志』魏書張邈伝では最初に義兵を挙げたのは張邈と曹操ともいわれ、『三国志』魏書武帝紀は曹操が一八九年十二月に陳留郡己吾県で挙兵したとするが、『三国志』魏書典韋伝には張邈が一九〇年に陳留郡己吾県で挙兵したともある。それらとはべつに、一八九年末に河内太守王匡が先んじて董卓軍と戦って敗れ、のちに泰山で軍勢を立て直し、あらたに張邈と合流しようとした形跡もあり（『三国志』魏書董卓伝、『三国志』魏書武帝紀注引謝承『後漢書』）、いまひとつ前後関係が判然としない。おそらく各地で複数の集団がほぼ同時期に反董卓の挙兵を画策し、それらの諸集団が一九〇年正月頃に大規模な同盟へと発展したとみるのが実態に近かろう。詳細に関しては他の論考などにゆずるとして、[15]ともかくここでは劉岱が韓馥（袁氏故吏）に挙兵を促したとする『後漢書』袁紹列伝注引『英雄記』や、東郡太守橋瑁が「三公の移書」を偽造し、それに基づく檄文を受領した韓馥が袁紹の挙兵を許可したとする史料B注引『英雄記』、さらには史料CFの記載を参考に、臧洪らがまず盟約（於酸棗）を結び、三公（華湛恩「後漢三公年表」によれば太尉黄琬・司徒楊彪・司空荀爽）の名を借りた檄文を作り、のちに韓馥や袁紹らが盟約に加わった点のみを確認しておきたい。

つぎに盟約構成員をみると（表3―1）、史料Aに「廣陵太守超等」とあり、じつは酸棗盟約の構成員は史料上に名前が明記されている者に限られない。史料Bにはさらに多くの人名がみえる反面、張超の名を欠くなど、これまた完全無欠の人名録とは思えない。また他の史料をみると、行河南尹事の楊原が曹操とほぼ同時期に挙兵し、のちに曹操軍に合流している（『三国志』魏書任峻伝）。幷州西河郡太守崔鈞も袁紹と挙兵している（『太平御覧』巻六四四刑法部「鎖」所引の華嶠『漢後書』。類似の文は『後漢書』崔駰列伝にもみえ、「山東」で挙兵したとある）。青州刺史焦和や荊州刺史王叡も同盟に関与し（『三国志』魏書臧洪伝、『三国志』呉書孫堅伝注引『呉録』）、揚州刺史陳温も曹操に兵を供出した。益州牧劉焉は事態を静観していたが、董卓の指令を受けた犍為太守任岐や賈龍の攻撃を受け、結局一戦を余儀なくされている（『三国志』蜀書劉焉伝、同伝注引『英雄記』）。徐州刺史陶謙は史料上一九〇年時点で反董卓同盟に参加した形跡がないが、のちに朱儁の要請におうじて精兵を派遣し、一九二年正月に董卓軍と戦っている。そして初平三年には、朱儁を太師として担ぎ上げ、李傕の手から献帝を奉迎する計画を立てている。そのさいに陶謙は、

自起兵已來、于茲三年（『後漢書』朱儁列伝）。

（起兵して自り已來、茲に三年）

とのべており、みずからの反李傕同盟を反董卓同盟に連なる抵抗運動と位置づけている。

如上の点をふまえて再度表3―1をみると、一九〇年正月の反董卓同盟の盟主は袁紹で、序列二位は袁術のようである。このとき袁氏が盟主とされた理由に関しては、袁紹の優れた個人的能力に求める説もあるが[16]、一般には袁氏の擁する家柄（四世三公）や人脈（いわゆる門生故吏）に求める説が有力である。実際に、袁術・袁紹・袁遺は太傅袁隗・太僕袁基と同族のいわゆる「汝南袁氏」で、多くの門生・故吏を抱える。とくに故吏には諸説あるが、一般に、州郡長官や大官に起用された後に諸般の理由で長官のもとを去った者で、元上官に忠義を尽す後漢魏晋南朝特有の人格的主従関係をさすとされている。さらに彼らは、史料に「袁氏門生故吏」や「袁氏故吏」などの語が散見するとおり、元上官の家族子孫にも尽したことが現在ほぼ確実視されている[17]。むろん故吏よりも現行の属吏の方が絆として強く（『三国志』魏書劉表伝注引『傅子』）、故吏関係自体も絶対不断とは限らぬものの、後漢末における両者の紐帯の強靭さを窺わせる史料は少なくない。一方、袁紹と盟主の座を争った袁術はちょうどこの頃に南陽郡を手に入れている。後漢中期の南陽の人口は荊州全体の四割に達し、単独で幽州・交州・幷州・涼州を凌駕し、徐州に匹敵するものであった。後漢末期の南陽は流民の主たる逃亡先ゆえ、人口はさらに多かったはずである。ゆえに袁術は実質的には州級の経済基盤を有していたといってよい。

では反董卓同盟で兵を拠出した者のうち、州郡長官でない者はいたかといえば、鮑信と曹操の二人がいた。史料B

ＣＥＦ所見の「濟北相鮑信」は誤文で、東郡太守曹操（初平二年七月以降）の上表で済北国相となる以前（とくに盟約時）の鮑信は、曹操・袁紹の上表によって行破虜将軍に任官していたにすぎない。ただし鮑信はつとに反董卓の旗を掲げ、地元の泰山郡で私財を投じて「衆二萬・騎七百・輜重五千餘乘」を準備していたので（『三国志』魏書鮑勛伝注引『魏書』）、盟約の正式な構成員に加われたのであろう。一方、『三国志』魏書武帝紀や同書衛臻伝や同伝引『先賢行状』によれば、曹操も「家財」や衛茲の資金援助（張邈の推薦）をもとに「義兵」を募った。彼が義兵を基盤とした理由は、彼が当時「行奮武将軍」で、公的な経済基盤（州郡）と州郡兵を有さなかったためと思われる。

以上、反董卓同盟の構成員情報を整理した。同盟の主力は州郡兵で、私兵を主としたのは鮑信と曹操にすぎない（じつは曹操も陳留や揚州の兵を借り、鮑信も泰山郡兵に支えられた可能性がある）。これは、当時挙兵した群雄にとり、経済基盤（州郡）の公的確保がいかに重要であったのかを物語る。ただし州長官の位は一度着任してしまえば安泰なものではなかった。既述のとおり、州郡長官同士は制度上君臣関係になく、状況次第で集合離散する場合があり、また同一州に複数の長官が林立する例もあったためである。そのなかで群雄割拠期を通じて州長官位を保ち続けたのは益州劉氏と荊州劉氏のみで、逆に群雄割拠期に台頭する袁術・袁紹・公孫瓚・曹操・劉備・孫策・呂布は一八九年時点では、まだ州長官になっていなかった。では、益州劉氏と荊州劉氏はなぜ天下を獲るに至らなかったのか。逆に、袁術・袁紹・公孫瓚・袁術・曹操・劉備・孫策・呂布はいかに前任の州長官に取って代わったのか。

第二節　州をめぐる群雄の争い

一　群雄割拠期を生き抜いた州長官――益州劉氏と荊州劉氏

そもそも後漢西晉期に最大の人口を擁したのは益州で、そのあとに荊州が続く。すると中平六年（一八九年）に最大の経済基盤をもっていたのは益州牧劉焉で、つぎは荊州刺史劉表であったはずである。にもかかわらず、益州劉氏と荊州劉氏は群雄割拠期間に州外進出を果たせなかった。その理由は何か。

劉焉は、『三国志』蜀書劉二牧伝と裴松之注によれば、侍中董扶の「益州分野有天子氣（益州の分野に天子の氣有り）」との予言に従って益州牧就任を決めており、そもそも益州牧が天子にもっとも近い存在であることに気づいていたふしがある。だが道路の不通ですぐには州府に着任できなかった。しばらくして前任の益州刺史郤儉の暴政に対する反乱を鎮圧した益州従事賈龍が劉焉を綿竹県に迎え入れたが、(18)劉焉はすぐに賈龍や犍為太守任岐と対立してしまった。董卓も劉焉に攻撃を加え、劉表も敵意を示したため、劉焉は当分のあいだ州内行政に専心せざるをえなかった。渡邉義浩氏によれば、入蜀後の劉焉は「東州兵」とよばれる直属の部曲を編成しており、(19)これが益州統一に一役買ったろう。やがて董卓が死に、長安で李傕が実権を掌握すると、征西将軍馬騰らが叛乱を起し、劉焉も誘いを受けて李傕討伐を試みた（『後漢書』献帝紀興平元年条）。これは劉焉がなお州外進出を諦めていなかったことを意味する。だが計画は事前に発覚し、息子は殺され、落雷による官舎の被災もあり、劉焉は一九四年に病死した。これより劉焉の対外進出は州内事情に阻まれたとわかる。死の直前に劉焉は州をまとめあげ、子の劉璋を後継者とすることには成功したものの、劉璋は漢中の張魯と対立し、州外進出はまたも阻まれた。後漢永和五年（一四〇年）の人口統計によれば、後漢中期における漢中郡が約六万戸なのに対し、益州は一五二万戸で、一見すると益州牧劉璋は張魯をひと飲みにできたごとくだが、実際には後漢末の漢中は人口流入で十万戸を超え（『三国志』魏書張魯伝）、逆に二一一年の益州（漢中を含む）人口は二十万戸に落ち込んでいた。[20]ゆえに劉璋は張魯を破れなかったのであろう。

劉表は郡功曹や上計吏、北軍中候を歴任したのち、荊州刺史となった。劉表の荊州刺史拝命には一八八年説（『三国志』蜀書劉焉伝、同伝注引『続漢書』）、一八九年説（『三国志』魏書劉表伝）、一九〇年説があるが（『後漢書』劉表列伝、『三国志』蜀書劉焉伝注）、後掲「劉鎮南碑」によれば一九〇年十一月の着任で、一九三年に荊州牧・安南将軍となった。当時益州につぐ経済基盤・軍事力を擁する劉表は当然群雄割拠期を勝ち抜く自信があったようで、「職貢」（郡国貢献物）を納めず、僭越にも天地を郊外で祭り、列侯を殺し、自らを天子に擬えた（『後漢書』孔融伝）。本来地方は中央へ賦税中央上供分と郡国貢献物（上計吏が運搬するとは限らない）を上納せねばならなかったが（本書第七章参照）、当時の混乱した情勢を勘案すれば、劉表は郡国貢献物のみならず、賦税中央上供分も上納していなかったと思われる。もっとも、献帝が曹操に奉戴されて許に都すると（一九六年）、劉表は「貢獻」の使者を派遣し、袁紹とも盟約を結んだ。このとき劉表の両面外交を諫めた治中鄧羲に対して劉表は、

内不失貢職、外不背盟主。此天下之達義也。治中獨何怪乎（『三国志』魏書劉表伝注引『漢晉春秋』）。

（内に貢職を失せず、外に盟主に背かず。此れ天下の達義なり。治中獨り何をか怪しむか）

とのべている。だが劉表は一九六年に、荊州北辺を荒らし回っていた元董卓軍の張済を破り、張済の族子張繡の軍を吸収して宛・南陽におき、曹操らに対する防波堤としている。よってそののち劉表の貢献はまたもすぐに途絶えたのであろう。ともあれこのころの劉表の勢威を窺わせるのが「劉鎮南碑」である。

君諱表、字景升、山陽高平人也。……遣御史中丞鍾繇、即拜鎭南將軍、錫鼓吹大車、策命褒崇、謂之伯父。置長

史・司馬・従事中郎、開府辟召、儀如三公。上復遣左中郎将祝耽、授節、以増威重、幷督交揚二州、委以東南（『蔡中郎集』巻第三所収）。

（君、諱は表、字は景升、山陽高平の人なり。……御史中丞鍾繇を遣わし、即ち鎮南将軍に拜し、鼓吹大車を錫い、策命して褒崇し、之を伯父と謂う。長史・司馬・従事中郎を置き、開府して辟召せしめ、儀は三公の如し。上は復た左中郎将祝耽を遣わし、節を授け、以て威重を増し、幷せて交揚二州を督せしめ、委ぬるに東南を以てす）

鍾繇の御史中丞就任は曹操の献帝奉戴後（一九六年頃）で、劉表の鎮南将軍就任はそれ以降となる。本碑には劉表が献帝から「鼓吹」「大車」を拝受したとあるが、後漢皇帝が存命中の功臣に鼓吹を与えた実例はなく、[21]劉表が杜夔・孟曜に天子用楽曲を作成させたことから推せば（『三国志』魏書方士杜夔伝）、鼓吹賜与などは自作自演かもしれない。現に劉表の非礼ぶりは中央朝廷でもつとに話題となっており、にもかかわらず朝廷はみずからの体面を守るためにそれを隠蔽した形跡がある（『後漢書』孔融伝）。また劉表は交州・揚州を「督」したとあるが、劉表が頼恭を交州刺史にした点は『三国志』呉書士燮伝にもみえる。おそらく士燮が交州、孫策・孫権が揚州を実効支配するなか、劉表側も交州刺史と揚州刺史を任じたのであろう。かように勢威を誇った劉表は、しかし一九八年に長沙太守張羨・張懌親子が四郡（盧弼集解によれば長沙・零陵・桂陽・武陵）を挙げて叛き、一九九年に張繡が曹操に降伏すると、経済基盤の大半を失った（『後漢書』劉表列伝、『三国志』魏書桓階伝）。これは孫堅の故吏桓階が張羨に提言したことによる。孫堅は劉表との戦闘で死亡したので、桓階は孫堅の仇をとろうとしたのであろう。劉表が数年かけて事態を収拾すると、周囲の人びとは劉表に対外進出を薦めたが、結局その後の劉表は事態を静観しつづけた。

以上、益州劉氏と荊州劉氏の情況を確認した。彼らは一九〇年に他の群雄に先駆けて各々大きな経済基盤の州を保持し、群雄割拠期を生き抜いた。ただし詳細をみると、益州も荊州も内部離反（郡守による）の動きを抱え、そのつど両者は対外進出の好機を逃した。加えて劉表には対外進出を躊躇する個人的性向もあった。ゆえに両者は各々益州・荊州を出て複数州を支配するには至らなかったと考えられる。

二　群雄割拠期に台頭した群雄①――曹操・袁術・袁紹

つぎに群雄割拠期間内にあらたに州を獲得した者を確認する。前節でのべたように、当時中央朝廷の権威は墮ち、各地で州郡長官が並立し、郷（徴税・徴兵単位）をたばねる県はどの郡太守に付くかに、郡太守はどの州長官に付くかに頭を悩ませた。そこに州支配の困難さがあり、群雄の新規参入の余地があった。安定的な州支配には諸郡太守の信用が、郡支配には諸県長官の信用が必要で、信用の確立には資金と人脈が不可欠であった。ところが、当時州長官でないながらも、すでにそれ以前から資金と人脈の双方を有していた者もいた。曹操・袁術・袁紹である。

曹操は宦官曹騰・太尉曹嵩の私財と人脈を受け継ぐ人物で、張邈に薦められた衛茲は曹操に家財を投資し（『三国志』魏書張邈伝）、曹操はそれで五千の兵を募って挙兵した（『三国志』魏書武帝紀注引『世語』）。のちに董卓軍の徐栄に敗れるや、曹洪のコネで揚州刺史の兵も借りた（『三国志』魏書武帝紀、『三国志』魏書曹洪伝、呉書宗室孫静伝注引『会稽典録』）。(22)当時曹操がこのような形で兵を募った理由は、彼が州郡長官ではなく、それ以外に軍事力を擁する手段がなかったためである。ところで、後漢の既成軍隊を基礎とせずに曹操軍が成長した背景として濱口重國氏は、①流賊を招撫した点（初平二年に黒山賊の一部を降伏させ、翌三年に青州黄巾を平定した）、②避難逃亡民を強制的に兵士化し、貧農窮民を募集した点、③敵方の降兵や新占領地の民を兵士化した点、④各地から馳せ参じた有力者のうち、一部にはそのまま私兵の保有を認めて戦闘に参加させ、一部は私兵を解体させて中央軍に吸収した点を挙げる。(23)さらに毛光漢氏は上記濱口説をふまえたうえで、初平二年以前にはとくに地方豪族の来帰（④に含まれるか）が重要であったとする。[24]濱口・毛両氏の考察には史料的根拠がある。ただしここで上記の点に先んじて問題とすべきは、後漢正規軍の所属とそれを維持するための資金を曹操がいかに入手したかである。そこで注目されるのは、私兵に支えられた曹操がそののち東郡太守となり、兗州刺史劉岱が青州黄巾に殺されるや、済北国相鮑信らの支持でさらに兗州刺史に昇った点である。曹操を兗州刺史に推したのは袁紹だともいわれる（『文選』巻四四陳琳為袁紹檄豫州注引謝承『後漢書』）。しかも曹操は黄巾討伐に成功した。こうして曹操は遅まきながら経済基盤を確立したのである。もっとも、曹操の兗州支配はその後も不安定であったものの、後述するように曹操は青州黄巾を許の典農部屯田で半強制的に労働させたことで、他の群雄にない付加的財源（及び三万の付加的兵力）を有しており、これが呂布・袁術・袁紹との抗争に有利に働いたと思われる。後漢永和五年（一四〇年）の人口統計を基準とし、三国時代の総人口（約七六〇万人）を後漢中期（五千万人）の約十五％とし、曹魏の兵力を総人口の約五％とすると（西晉泰始六年造の河南南鄉太守郛休碑陰）、兗州兵は約三万、徐州兵は約二万一千と推定される。それらの地域を呂布・袁術らと争っている以上、三万の付加的兵力はじつは勝敗を左右する大きな存在であったといわねばならない。

袁術は四世三公の汝南袁氏として孝廉から郎中に昇り、河南尹・後将軍に達したが、南陽へ逃亡した。[25]そして一九〇年に南陽太守張咨が長沙太守孫堅に殺されたので、南陽を支配した。袁術は孫堅が南陽へ来る前に上表して孫堅を仮中郎将とし（『三国志』呉書孫堅伝注引『献帝春秋』）、南陽奪取後は彼を豫州刺史に推薦し、孫堅に恩を与えると同時に、彼を豫州に据えた。それゆえ袁術は太守不在となった南陽郡太守の座に滑り込むことができたと考えられる。しかも同一九〇年は劉表が荊州刺史に着任した年で、劉表は荊州内の反抗的宗族が袁術と連携することを恐れており（『後漢書』劉表列伝）、おそらくは袁術懐柔を目的に、劉表は上表して袁術を南陽太守にせざるをえなかった（『後漢書』

袁術列伝)。結果、袁術の南陽太守の座は確実となった。既述のとおり、南陽郡の人口は荊州全体の四割に相当し、経済力は劉表に匹敵した。また当時袁術の故吏は各地にいた。ただし袁術が公孫瓚・黒山賊・於夫羅(南匈奴単于の子)と結び、袁紹・劉表と対立すると(『三国志』魏書袁術伝)、それ自体は戦国時代以来の遠交近攻策と評せるとはいえ、袁氏故吏は分裂せざるをえなかったと思われる。ここで袁術は袁紹と雌雄を決すべく、初平三年(一九三年)春に南陽を離れて陳留へ北上した。だが途中で劉表に後方の糧道を断たれ、前線で三万の付加的兵力をもつ曹操にも敗れ、九江郡寿春(揚州府所在地)へ逃れた(『三国志』魏書武帝紀)。おりしも揚州刺史陳温が病死し、袁紹は袁遺を後任として送り込んできたので、袁術は彼を破り、おそらくはまず鄭泰を揚州刺史にしようとし(『三国志』魏書鄭渾伝注引張璠『漢紀』)、実際には陳瑀を揚州刺史とし、自らは「徐州伯」を名乗った(『三国志』魏書袁術伝注引『英雄記』[26])。「伯」は「霸」に通じ、霸者(支配者)の意で、ほぼ同時代の例として黒山伯丁原や屠伯厳延年がおり、いずれも通称である。よって「徐州伯」も袁術の自称もしくは通称であって、後漢帝国の正式な官名や爵号ではあるまい。長安では別途劉繇を後任として送り込んだが、劉繇はすでに袁術が州府寿春に駐屯済と知り、袁術をさけて曲阿に居を構えた。袁術は孫策らに追撃させ、数年で揚州支配を達成した。当時李傕が懐柔目的で馬日磾を派遣して袁術を左将軍としたさい、袁術は馬日磾を軟禁して「節」を奪い、自軍の十余人を馬日磾の名も借りて三公の掾に推薦させたが(『三国志』魏書袁術伝注引『献帝春秋』、『後漢書』孔融伝)、これも人的資本を重視する袁術特有の戦略と評せる。しかも「節」をもつ者は複数州の兵権を専断でき[27]、とくに馬日磾は「直指(繡衣直指の略)」したとされ、繡衣直指は各州郡のまつろわぬ勢力を自在に武力討伐する権限をもち(『北堂書鈔』巻六二設官部等参照)、袁術はその「節」を入手した。かくて袁術は故吏恵衢を揚州刺史に、故吏陳紀を九江太守に、故吏劉勲を廬江太守に、周尚(袁氏故吏の廬江周氏出身)を丹楊太守とし、江東孫氏(孫堅は袁氏故吏に相当)をも州郡長官に起用した。『後漢紀』孝献皇帝紀興平二年(一九五年)条に、

袁術自依據江淮、帯甲數萬。加累世公侯、天下豪傑無非故吏。

（袁術の江淮に依據する自り、帯甲は數萬。加えて累世公侯たりて、天下の豪傑、故吏に非ざる無し）

とあるとおり、故吏を存分に活用した点に袁術の特長があった。つまり袁術は故吏の治める州の収入を頼りに、自ら部曲を率いる形で台頭したのである。だが袁術の病死後に部曲は劉勲に受け継がれ、これを孫氏が奇襲したため、袁術勢力は孫氏に吸収される。

袁紹は汝南袁氏の流れをくみ、やはり多くの門生故吏と繋がっていた。はじめ洛陽にいた袁紹は、董卓の少帝廃立に同意せずに中平六年八月末に逃亡した（『後漢紀』孝献皇帝紀）。董卓は袁紹の名声を恐れ、一八九年十二月（『資治通鑑』中平六年条）もしくは一九〇年一月に彼を勃海太守に任命して懐柔するとともに（『後漢紀』孝献皇帝紀）、あくまでも彼に州全体を握らせはしなかった。だが初平二年（一九一年）に冀州刺史韓馥は袁紹に位を譲る。これは、韓馥が「袁氏故吏」で、かつ袁紹が逢紀の計によって公孫瓚を南下させ、同時に袁紹自身も韓馥を攻撃する構えをみせた結果、韓馥が袁紹と公孫瓚による挟撃を恐れたためである（『後漢書』袁術列伝、『三国志』魏書公孫瓚伝注引『典略』、『後漢書』臧洪列伝注引『英雄記』）。その意味で、袁紹が強大化した理由を彼の冀州牧位取得に求める矢野主税説は傾聴に値する[28]（ただし矢野氏が門生故吏の紐帯全般を軽視する点は、故吏を駆使する袁術らの例もあり、疑問である。また本章で冀州牧位に注目する理由も、いわゆる寄生官僚論の文脈に沿ったものではなく、あくまでも州支配が群雄の経済基盤となるからである）。

ともあれこうして冀州牧となった袁紹は早速公孫瓚と対立する。そのころ南方の兗州は、袁紹の推薦によって劉岱、のちに曹操が刺史となっており、曹操は袁紹に叛意を抱きつつも、表面上はまだ友好的であった（『文選』巻四四陳琳為袁紹檄豫州注引謝承『後漢書』）。そのため袁紹は公孫瓚討伐に力を傾注できた。もっとも、公孫瓚は青州徐州黄巾と黒山集団を大破し、強勢であった。ゆえに袁紹は最初、勃海太守印綬を公孫範（公孫瓚の従弟）に献上して懐柔を試みたが、公孫範は勃海兵を率い、公孫瓚自身も青冀兗三州刺史（田楷・厳綱・単経）と郡県守令を置き、袁紹と敵対した。結果、界橋の戦いで袁紹が公孫瓚の騎馬隊を弩兵で迎撃するという戦術的勝利を収めるや、形勢は徐々に逆転していった。このころ董卓とその後継集団が冀州牧台寿（もしくは壺寿）を対抗馬として送り込み、黒山・白波集団に連なる于毒・白繞・眭固や、南匈奴単于於夫羅もそれに加勢したため、袁紹側は一時劣勢に立たされるが、袁紹は数ヶ月で彼らをも撃退する。(29) しかも公孫瓚が初平四年（一九三年）十月に対北方諸族融和策をとる劉虞を殺したのに対し、袁紹は積極的に烏桓・鮮卑に恩信を施した。かくて袁紹は最終的に公孫瓚を破り（一九九年）、冀州・幽州・青州・幷州を支配した。このとき袁紹は、袁術とは異なり、複数州を故吏でなく子や外甥に支配させた。袁紹が冀州（一九一年〜）、袁熙が幽州（一九五年〜）、高幹が幷州、袁譚が青州（一九九年〜）を支配する体制は、

孤欲令諸兒各據一州也（『三国志』魏書袁紹伝注引『九州春秋』）。

（孤は諸兒をして各々一州に據らしめんと欲するなり）

という袁紹のかねてよりの希望であった。とはいえ袁紹が病死して兄弟喧嘩が嵩じると各州は不調和となり、そこを曹操に衝かれ、各個撃破されることになる。

以上、私財と人脈（親族や故吏）を駆使して一九〇年以後に州を支配した群雄の例（曹操・袁術・袁紹）を検討した。彼らは前任者の譲位・病死・他殺に伴って州長官に就いた。その後、曹操は積極的に財政政策を打ち出し、黄巾を吸収して版図拡大を図り、袁術は故吏や直参の臣に州を委ね、「節」を用いて彼らを束ね、袁紹は子や親族に州を委ねた。複数州を束ねる群雄といえども、制度上は二州以上の長官を兼ねることはなかった。また汝南袁氏は強大な人的資本を有したことで知られるが、袁紹と袁術の国づくりのあり方には明白な相異もあった。

三　群雄割拠期に台頭した群雄②——劉備と江東孫氏

一方、一八九年時点で州長官でなく経済的人的資本もない者がのちに州を支配し、最終的に群雄割拠期を生き抜いた例としては、劉備と江東孫氏に注目される。結論からいえば、彼らは各々商人・豪族の投資を受けて成長した。

劉備の一族は代々州や郡に仕え、たんなる貧乏人や一般人の家柄ではない(30)。幼くして父を亡くし、劉備の母は蓆を編んで生計を立てたといわれるが、親族同士の相互扶助慣行に助けられ、劉備十五歳（西暦一七六年）の時には同郡出身の大儒盧植に師事し、公孫瓚らと机を並べた（『三国志』蜀書先主伝）。ただし劉備は、蓆を編む母の元を離れるや、公孫瓚に兄事して犬や馬の競争や音楽・服装に熱中したとされ、いわゆる「孝」や学業とは程遠い生活を送った。その後、中山の馬商人張世平・蘇双は涿郡に到来するや、劉備に大金を投資した。おそらく当時の涿県令が公孫瓚で、かつ劉備は競馬に関与していたため、馬商人と繋がれたのであろう。結果、劉備は関羽や張飛と出会う。三人は同牀の仲で知られるが（『三国志』蜀書関羽伝）、劉備が張世平・蘇双の融資で関羽・張飛を雇用できた以上、劉備と関張二者との間に金銭関係が介在した点は無視できない。その後、劉備は公孫瓚のコネで県級の官位を転々とし、平原国相に達し、公孫瓚（献帝支持派）に味方して袁紹（劉虞支持派）と敵対し、黄巾の攻撃を受けた北海国相孔融の救援要請に応じた（『三国志』蜀書先主伝、『後漢書』孔融列伝、『建康実録』太祖上）。つづいて兗州牧曹操に攻撃された徐州刺史陶謙（一九三年に徐州牧）の救援要請に応じ、陶謙の上表によって豫州刺史に転じた（『三国志』蜀書先主伝）。陶謙は曹操が恐れるほどの兵力を有したが（『三国志』魏書陶謙伝注引『呉書』）、陶謙は当時同郷出身の仏教信者笮融に広陵・下邳・彭城三郡の食糧輸送を管掌させ、笮融は職権を乱用して大々的に仏事を営んだため、徐州の経済基盤はそのぶん脆弱であった(31)。人口比をみると、広陵・下邳・彭城三郡の収入を欠く陶謙が曹操に苦戦したのも無理はない。そののち病床に就いた陶謙は一九四年に劉備に徐州を委ねた。陶謙の子息は未仕官で（『三国志』魏書陶謙伝）、袁紹や曹操も敵対者ゆえ、彼らに徐州を委ねることはできないと判断したのであろう。本籍地回避原則のために徐州出身の人士も徐州牧や郡太守になりにくい[32]。劉備は北海国相孔融の推薦も受けた（『三国志』蜀書先主伝）[33]。孔融は鄭玄と関係が密で、鄭玄も劉備に弟子孫乾を推薦し、鄭玄は劉備の師盧植の旧友であった。劉備も前後して孔融を青州刺史にと上表しており（周天游『八家後漢書輯注』校訂本第五三九条所収司馬彪『続漢書』）、相互に信頼関係を構築していたことが窺える。もっとも、寿春には袁術もおり、陳群は袁術招聘を説いたが、陳登・孔融は劉備を支持し、結局興平元年（一九四年）に劉備が徐州牧となった（『三国志』蜀書先主伝）。当時対袁術包囲網結成を優先中の袁紹・曹操もこれを支持せざるを得なかった（『三国志』蜀書先主伝、同伝注引『献帝春秋』）。だが生前の陶謙が「諸寓士」を捕え（『後漢書』許劭列伝）、笮融に相当な収入を取られていたことを勘案すれば、陶謙の基盤を引き継いだ劉備の経済的人的基盤も、なお確固不抜とは限らず、現に早速袁術の来寇を受け、間隙を呂布に衝かれた。ゆえに劉備台頭は二〇八年以降となる。

なお、反董卓同盟の標的董卓を手づから殺した呂布は反董卓同盟首唱者の張邈・張超という二名の郡太守の力を借り、兗州牧曹操が徐州へ遠征している隙を狙って兗州で叛乱を起こしたが、確たる財政補塡策をもたず、持久戦に弱かった。ゆえに曹操は一時袁紹への帰順を考える程に苦しめられたが（『三国志』魏書程昱伝）、呂布は最終的に徐州へ逃げた。そして徐州でも裏切りを重ねて徐州牧の位を劉備から奪った。だが、袁術の食糧援助をあてにし（『三国志』魏書呂布伝注引『英雄記』、『後漢書』呂布列伝）、徐州五郡の完全支配も叶わず、二倍の兵を擁する曹操に包囲殺害された（『孫子』謀攻篇注）。当時の人口比（税収比）をみれば、これは当然の帰結であった。

孫堅は若いとき「賈人財物」を掠奪する海賊を破って名を挙げた人物で、沿岸部の賈人が孫堅に後日資金援助を申し出た可能性は十分にある。揚州刺史臧旻は彼を郡司馬・県丞に抜擢した。中平元年に下邳丞として黄巾討伐に加わったさいには「諸商旅及淮泗精兵」を「募（臨時的に募集）」[34]しており、やはり商人の援助を受けた。中郎将朱儁は孫堅をすぐ佐軍司馬とし、のち戦功を嘉して別部司馬とした。私見によれば、別部司馬は県令・校尉レベル以下の軍官で、上官より兵を授かる形をとり（上官の裁量で兵数は増減）、日常的に練兵・人数把握を行ない、節度府や督軍糧都尉を通じて政府から軍糧支給を受けた[35]。よって孫堅が率いた兵士はいわゆる私兵ではなく、孫堅は軍糧を「商旅」に依存したわけではない。とはいえ、「商旅」の支援があれば、孫堅は支給額以上の軍糧を兵士に分配可能で、そうなると孫堅の兵が士気高く軍功を重ねた理由も納得がゆく。ともあれその後、司空張温の参軍事となり、議郎・長沙太守と昇進を重ねた孫堅は、自らを「以征伐爲功（征伐を以て功を爲す）」存在、つまり非士人的存在と位置づけ、郡兵を郡外に出す禁を犯し、隣郡混乱時に積極的に援兵を送り名声を高めた。中平元年の反董卓同盟結成時に、孫堅は郡境を越えて北上したが、その背景にも同様の考えがあったろう。袁術も彼を中郎将、さらには行破虜将軍・領豫州刺史に任じた。もともと孫堅は臧旻の故吏で、臧旻は匈奴中郎将として前線で大敗し獄に下されたさい、太尉袁逢に再抜擢された人物のようである（『後漢書』南匈奴列伝、『後漢書』臧洪列伝注引『謝承書』）。すると後将軍袁術が武名高き孫堅を抜擢し、孫堅がそれに応じたのは人脈的にも当然であったろう。しかも孫堅は事前に光禄大夫の檄（じつは武陵太守曹寅の偽作）によって荊州刺史王叡を殺害しており（『三国志』呉書孫堅伝注引『呉録』）、後任者に処罰される恐れがあり、袁術の後盾を欲した。こうして豫州刺史となった孫堅は「豫州諸郡兵」を率いて董卓と戦った（『三国志』魏書董卓伝）。その後、孫堅は劉表との戦闘で死に、孫堅の軍勢は「節」をもつ袁術に従ったが、その一部が後日孫策に戻され、孫策は袁術の命で揚州獲得に乗り出した。孫策は、袁術の経済基盤と人脈によるだけでなく、居巣県令の周瑜を通じて魯粛から食糧援助を受けるなど（『三国志』呉書魯粛伝）、やはり地方士豪の経済支援を受け、袁術死後は奇襲によって劉勲を破り、版図の大半を継承した。

第三節　群雄の財政補塡策

以上の検討によれば、群雄は自らの経済資本と人的資本の有無を背景として、各人各様に経済基盤たる州の獲得を試みていた。後漢中央朝廷の権威が失墜するなかで、新たに独立勢力として州を確保するには、私財もしくは商人・豪族からの援助を元手に、軍勢を整えて機会を窺い、そこから親族・故吏・直参の家臣を駆使して、複数州の支配を狙うのが基本路線であったといってよい。だが群雄は、たんに州の正規税収に頼っていただけではない。彼らは群雄間の合従連衡に勝ち残るため、少しでも軍事費や外交費を捻出せねばならず、さまざまな財政補塡策を打ち出した。

第一に献費・献御の接収。後漢帝国には算賦とよばれる課税制度があり、建前上は成年男女一人一人に一律同額の税額を課すものとされていた。だが実際には、事前に課税対象人口を把握しておき、課税対象人口をもとに算出された賦税総額を郷ごとに割り振り、郷内では戸貲に応じて差等をつけて課税額が決定されていた(36)。徴税額は結果的に成年男女一人あたり一二〇銭で（本書第七章参照）、これに田租・更賦などの諸税が加算された。かかる徴税の総額のうち、一人当たり六三銭分が「献費」とよばれ、京師洛陽大司農に上供され、中央朝廷の運営費や人件費に用いられた(37)。この他に各地方政府は各々の特産物を「献御」として中央政府に上供せねばならず、それらの品々が大々的にお披露目されるのが年初の元会儀礼で(38)、他の時期にも適宜献上された（本書第七章参照）。ところが董卓の献帝奉戴以降、各地の州郡長官は献御（貢献）のみを上納するか（『三国志』魏書張魯伝）、あるいは道路の不通などを理由に献費と献御の上納を怠るようになった。なかには貢献を試みる者もいたが（『三国志』魏書公孫瓚伝注引『呉書』、『三国志』魏書陶謙伝、『三国志』呉書士燮伝）、陶謙がそれを理由に安東将軍・徐州牧・溧陽侯へ昇進し、士燮が安遠将軍に昇進したごとく、貢献者は例外中の例外で、実際には献帝のもとに「委輸」「職貢」はほとんど届かなかった（『後漢書』孝献帝紀建安元年六月条、『三国志』魏書陶謙伝注引『呉書』）。逆にいえば、群雄はこうした献費・献御を接収して、自領の軍事費や外交費に充てていたと思われる。

第二に救荒食の栽培と活用。すでに岡崎文夫氏以降の研究でも指摘されていることであるが、[39] 今一度若干の史料を補いつつ整理しておこう。興平末年の飢饉時に楊沛は「乾椹（乾燥した桑の実）」を貯蔵させ、「豋豆（野生の豆）」を収穫させ、救荒食として準備し、曹操へ提供した（『三国志』魏書賈逵伝注引『魏略』）。冀州周辺も戦乱と寒波に襲われ（『三国志』魏書武帝紀注、魏書袁紹伝注引『典略』）、ゆえに袁紹配下は桑の実を食べて飢えを防いだ（『三国志』魏書武帝紀注引『魏書』）。三国時代後期の飢饉時には「桑皮を食する」に至る者もおり、桑が三国時代にひろく救荒食と目されていたことをしめす（『太平御覧』巻三五凶荒引『魏名臣奏』太尉司馬懿条）。袁紹死後には袁尚配下の李孚《りふ》が韮《にら》を植えて救荒食とした（『三国志』魏書賈逵伝注引『魏略』）。幽州でも、連年の不作で人間同士相食む事態に陥り、蝗害に遭ったさいに、はじめて「秬《くろきび》」を採取し、「棗椹」を食糧とするようになった（『太平御覧』巻三五凶荒引『英雄記』）。袁術も奢侈な上層部に比して士卒は飢え凍えていたとされるが（『三国志』魏書袁術伝）、実際には「蒲《がま》」や「蠃《かたつむり》」を臨時食糧とする対応策をとった（『三国志』武帝紀注引『魏書』）。なお曹操の参謀程昱は兵士への食糧配給時に人肉を混ぜてごまかしたといわれる（『三国志』魏書程昱伝注引『魏書』）。実話か否かはともかく、これは群雄期の曹操軍がいかに飢えていたかを物語る史料ではあろう。

第三に豪族・商人の投資。徐州牧劉備は呂布の裏切りで州を失った際、徐州の麋竺に経済的支援を請うた。麋竺は東晉・干宝『捜神記』巻四や『太平寰宇記』海州東海県条『水経注』佚文に伝説の残る程の大荘園主で、一万人に達する小作人を抱え、劉備に奴僕二千人・金銀貨幣を提供し、妹を劉備の夫人とした（『三国志』蜀書麋竺伝）。人の統率が不得手で軍の統率経験もない麋竺が劉備に最も愛された一因はこのときの投資にあろう。また劉備は荊州滞在時に諸葛亮を連帯保証人とし、保券（借金証書。石券として宋代まで残存）まで作って南陽の大姓晁氏から借金をしたとの伝説もある（明・楊時偉『諸葛忠武書』巻九遺事）。これは、劉備がすでに経済的信用を欠いていたことと、その逆に、当時二十代の諸葛亮が高い信用を有していたことを物語る。それは琅邪諸葛氏と諸葛亮の閨閥（蔡氏に連なる）の名声に加え（『天中記』所引の習鑿歯『襄陽伝《ママ》（記）』）、劉備が各地で何度も借金を踏み倒していた事実がすでに噂になっていたためではないか。また公孫瓚も元卜数師の劉緯台・販繒（絹商人）の李移子・賈人の楽何当の三名と義兄弟関係を結んだ（『三国志』魏書公孫瓚伝注引『英雄記』）。これには、公孫瓚が微賤な母をもつゆえに大姓を弾圧して富室の財力に依存したとする説や[40]、公孫瓚が「名士」以外の価値基準（商人の尊重や任侠的紐帯の重視）に自らの権力基盤を求めたとする説があるが[41]、ここではともかく公孫瓚が商人の財力を活用した可能性だけを指摘しておきたい。もとより若き劉備に投資した中山の馬商人張世平・蘇双も公孫瓚と関係したことを勘案すれば（既述）、非州郡長官の公孫瓚はつねに商人の支援に頼らざるをえなかったのではないか。

第四に発丘中郎将・摸金校尉の設置。これは曹操麾下固有の官名で、大庭脩氏によれば、当時濫造傾向にあった中郎将・校尉の一種であり、字面から判断するに「墓堀り中郎将」・「金さぐり校尉」程度の意である[42]。古墓をあばいて財物を収拾し、軍費を補塡する役割を果たした。袁紹がこれを非難していることから（『三国志』魏書袁紹伝）、当時としても儒教倫理的に受容しがたい役割ではあったようである。ちなみに董卓も墳墓盗掘を行ない、それは董卓なりの財源確保策であったと近年再評価されているが[43]、曹操はこれを承けたのではないか。

第五に黄巾・塢・異種族の吸収。周知のとおり、後漢中期の人口五千万前後に対し、三国時代の人口は数百万で、それは戦乱による虐殺だけでなく、国家による戸籍把握力が低下したためである。一部は自衛措置として数十人～数千人単位で塢に立て籠もり、一部は黄巾の乱に加わって流民と化した。また各地には鮮卑・烏桓・匈奴・西羌・山越・南蛮西南夷をはじめとする異種族も点在した。すると群雄の税収増加策として黄巾・塢・異種族の吸収がありうる。現に多くの先学が指摘しているように、曹操・劉焉・孫堅らは適宜黄巾残党の吸収を図った。曹操麾下の満寵は袁紹側に味方する塢を次々に攻略し、曹操自身も李典・李通・許褚・臧覇・田疇らの塢や宗族を吸収した。さらに群雄が適宜異種族を味方に付けた例も枚挙にいとまがなく、たとえば劉虞は烏桓・鮮卑に恩徳を施して味方につけ、袁紹も北方諸族と結び、袁術も於夫羅（匈奴の一支）らと連携した(44)。

第六に掠奪や臨時追加徴税。董卓は洛陽周辺で掠奪を繰り返し、その行動は「牢捜」とよばれて非難されたが、じつは董卓なりの財源確保策であったともいわれている(45)。公孫瓚は袁紹の罪状を挙げた際、富裕な家から銭を没収した点、郡県を寇掠した点、もとの上谷太守高焉や甘陵相姚貢から銭を不法に取り立てた点などを挙げる（『三国志』魏書公孫瓚伝引『典略』）。ただし袁紹は重臣を厳しく取締まらず、私財の貯蓄に励む者が多かったとも（『三国志』魏書王脩伝）、袁紹支配下の「下民」は「豪彊」の「租賦」を肩代りしたともいわれ、袁紹勢力を滅ぼした曹操は河北の「彊民」による「隠蔵」を取締まり、「弱民」へ「兼賦（二倍の賦をかける意）」することのないよう郡国守相に指令を出してもいる（『三国志』魏書武帝紀建武七年九月条注引『魏書』所載「公令」）。これらの史料を綜合すると、袁紹は「富室」と「弱民（＝下民）」に課税し、「富室」はさらに「弱民」から搾取をしていたようである。また後漢は郡県民に一定の田租・賦税を課す以外に、対外戦争などの出費に伴い、適宜臨時追加税（いわゆる調）を課した。孫呉政権も後漢税制を継受し、多種多様な臨時追加諸税の「調」をも課した（本書第七章参照）。なお献帝奉戴後の曹操の場合は、戸単位で定額の布帛を「調」する税制（実態は家貲に応じた不均等課税制）を毎年課し、史料上「賦」とも「調」とも称され(46)、正税と臨時徴税の境目はすでに曖昧化していたようである。

第七に典農部屯田の拡大。別稿で諸説を挙げて検討・総括したように、曹操は建安元年（一九六年）に献帝奉戴の準備を進めるなか、劉表や袁紹にない長久の策として農業改革を訴える毛玠の上言を聞き、羽林監棗祗や韓浩の立案による形で、漢代の農都尉（大司農所属）による公田耕作制度を承けた典農部屯田を許に開設した。そして、毛玠を幕府功曹、任峻を典農中郎将、韓浩を中央軍の護軍とした。司空曹操は大司農の上位に位置するとともに、実際には司空掾属国淵を通じて当該屯田を掌握した。それは初年度に穀物百万石の収益を上げ、次年度以降は各州郡にも拡大敷設され、各々田官が管理した。屯田自体は同時期に公孫瓚や陶謙配下陳登も行なっているが（『後漢書』公孫瓚伝、『太平御覧』巻三五凶荒引『英雄記』、『三国志』魏書陳登伝）、とりわけ曹操の典農部屯田は青州黄巾の討伐時に設置された点に、つまり本来黄巾残党（おもに青州からの流民）を強制移住後に地着させる政策であった点に特徴がある。黄巾残党を吸収した群雄は他にもいたが（前掲）、管見の限り、彼らを一般郡県民と別扱いにして屯田に半強制的に従事させたのは、少なくとも群雄割拠期においては曹操だけで、ここに曹操の経済政策の一特徴が垣間見える。(47)当該制度創設の意図を鑑みるに、曹操は形式上、献帝奉戴後も兗州刺史で、他州の財源には手が出せない。しかし曹操は許昌（豫州）に青州黄巾を受容せざるをえなかった。そこで青州黄巾の屯田を、司空曹操の直属の財源とすべく、彼らを一般郡県化せず、司空直属の典農部に属させたのではないか。ちなみに青州黄巾の規模は従来降兵三十万、男女百余万とされるが、当時は斬首・捕虜の数を十倍にして報告するのが通例で、(48)また穀物収穫高から逆算しても、実数は十分の一程度（降兵三万、男女十余万）であったと考えられるので（本書第五章参照）、その勢力を過大評価してはならない。

第八に塩官設置による耕牛準備。官渡の戦い前後の時期に、衛覬の上言により、曹操は塩官を設置して莫大な利益をあげ、それで耕牛を購入し、以前荊州へ逃げた流民のうち、関中への帰郷を望む者に与えて農業を奨励した（『三国志』魏書衛覬伝)。これは流民を取り込まんとする他の群雄の力を削ることにもなる、曹操独自の施策であった。

おわりに

本章では、後漢末の群雄割拠期(とくに一八九〜二〇七年)における群雄の経済基盤について検討し、彼らにとって州郡を掌握することが重要であった点を確認した。後漢永和五年(一四〇年)や三国時代の人口統計を参考にすれば、後漢最大の州は益州で、荊州・冀州と続くので、これら三州のどれかを得た者がまずは優勢であったと判断される。そのうえで州長官位をめぐる群雄の動向を調べ、一八九年に洛陽入城を果たした董卓が早速州長官人事に介入した点、董卓の期待に反して州郡長官が中心となり反董卓同盟を結成した点、一九〇年前後に群雄が州支配をめぐって相互対立し始めた点、州郡長官同士が本来君臣関係にないがゆえに状況次第で集合離散した点、複数州を束ねる群雄も制度上一州の長官で、他の州郡を親族・属吏・故吏に委ねざるをえなかった点、群雄が州郡長官を各々勝手に任命した結果、任官者が複数並存し相互衝突した点を論じた。

以上に基づいて個々の群雄の動向を確認すると、まず劉焉一族・劉表一族は一九〇年時点で益州・荊州を支配し、もっとも強勢で、現に群雄割拠期を生き抜いた。だが途中で内乱などに見舞われ、とくに晩年の劉表は対外進出に乗り気でなかったため、両者ともに州外進出には至らなかった。一方、一九〇年以降に州長官として新たに独立した者のうち、勃海太守袁紹は、韓馥が袁氏故吏で、かつ韓馥が袁紹と公孫瓚による挟撃を恐れていた点を利用して冀州牧位を入手した。また南陽太守袁術は、前任者の死を経て寿春を占拠し、「節」を掲げ、故吏を通じて複数州を支配した。郡すら有さぬ鮑信・曹操・公孫瓚・劉備・江東孫氏は、家財もしくは商人・豪族からの借財によって挙兵した。

その過程で、群雄の一部はさまざまな財政補塡策を打ち出して、さらなる財源と軍事力の維持向上に努めた。

以上の検討結果は、後漢末の群雄がいかに安定した財源の確保に腐心していたかを物語る。彼らの勝敗は、必ずしもいわゆる名望家・士人・士大夫・貴顕・「名士」などの意向や、親族関係・故吏関係にのみ左右されたわけではなかった。むしろ勝敗の多くを左右したのは兵力とそれを支えた経済力で、逆に寡兵で大軍を破った戦い（赤壁など）は例外に属し、当時の人びともそうした戦いを例外とみなしていた。群雄の勝敗の多くは、群雄個人の働きや血縁・地縁・文化資本の有無、もしくは群雄と群雄を支える士人層との関係性だけでなく、いささか陳腐な結論ながら、軍事力を支える安定的な税収の多寡に求められるのである。

この観点からみれば、たとえば一九九年以前に中原で袁紹・袁術に優る勢力などなく、当時の士人層が指摘する袁紹・袁術の敗因なるものは後付けにすぎない可能性も出てくる。袁術は皇帝僭称後にいくども戦敗を重ね、孫策にも離反され、みじめに病死したとされるが、実際には袁術が経済都市寿春を失ったことはなく、袁術の遺族は故吏の廬江太守劉勲のもとへ集い、劉勲は孫策と懇意で、孫権は袁術の娘を側室にし、子の袁燿を郎中に迎え入れている。かりに孫策が生前の袁術に叛いておれば、劉勲と孫策は仇敵関係のはずである（孫策が袁術と断交したとする『三国志』呉書の記載の典拠には疑問が残る）。孫策はのちに劉勲の強大化を恐れたが、これも故袁術の部曲がなお強力であったことを物語る。その意味で、複数州を擁する袁術に本来死角はなく、敗因は袁術の病死に伴う内部分裂にあった可能性があるのである。また袁紹の官渡敗戦も、曹操側士人が指摘するほど必然的でなく（現存史料の多くは当然勝者曹操側の視点から書かれている）、郭図の策略が裏目に出て食糧倉庫を焼き払われたという戦術的敗北にすぎない（郭図の策略も兵法上はいわゆる囲魏救趙策にあたり、けっして荒唐無稽な策略であったわけでもない）。ゆえに大半の士人は最後まで袁紹が勝つと信じてやまず、曹操側にも袁紹との内通者が多くおり、現に官渡敗戦後も袁紹はすぐには滅びていない。むしろ群雄の経済基盤を州に求める上記検討結果によるならば、河北袁氏の敗因は、官渡敗戦一年後に袁紹が病死し、各州を委ねられた親族が分裂し、そこを曹操が各個撃破した点に求められる。一方、曹操はその数年前から黄巾を吸収して典農部屯田で労働させ、塩官を設置して耕牛を準備するなど、他に類例のない財政補塡策をも打ち出し、複数州の支配を一つ一つ確実にしていった。本章はここに曹操の台頭の一因を求めるものである。

注

(1) 石井仁「無上将軍と西園軍　後漢霊帝時代の「軍制改革」」(『集刊東洋学』第七六号、一九九六年)。

(2) 後漢時代に州刺史はすでに行政官化していたとする説が小嶋茂稔『漢代国家統治の構造と展開』(汲古書院、二〇〇九年)に至るまで脈々と存在するのに対し、紙屋正和「漢時代における郡県制と州牧・刺史」(『漢時代における郡県制の展開』朋友書店、二〇〇九年)は後漢州刺史が民政の実務(徴税等)を取り仕切れるほどの属吏数を擁さない点を指摘し、植松慎悟「後漢時代における刺史の「行政官化」再考」(『九州大学東洋史論集』第三六号、二〇〇八年)、植松慎悟「漢代における州牧と刺史に対する認識をめぐって」(『九州大学東洋史論集』第四一号、二〇一三年)はさらに後漢州刺史(後漢末を除く)を行政官でなく「皇帝の使者」の地方監察官と捉え直すべきことを主張する。他方、藤田勝久「後漢時代の交通と情報伝達――褒斜道の石刻をめぐって」(『中国古代国家と情報伝達――秦漢簡牘の研究――』汲古書院、二〇一六年)は出土文字資料に基づき、後漢の州長官は郡県制の上級機関として文書伝達や軍事などを統括していたとする(民に関係する直接的な行政官とは限らない)。いずれにせよ、王符『潜夫論』三式に「今者、刺史・守相、率多怠慢、違背法律、廢忽詔令、專情務利、不卹公事(今者《いま》、刺史・守相、率《おおむ》ね多く怠慢にして、法律に違背《いはい》し、詔令を廢《はい》し忽《ゆるが》せにし、情を専らにし利に務め、公事を卹《うれ》えず)」とあること、王符が後漢後半期の思想家であること、『太平御覧』巻十三「霹靂」引『正論』(崔寔『政論』)に「里語云、「州縣符、如霹靂。得詔書、但桂壁」(里語に云う、「州縣の符は、霹靂《へきれき》[激しく鳴りひびく雷]の如し。詔書を得るも、但だ壁に桂(挂《か》)くるのみ」と)」とあること、崔寔が建寧年間(一六八~一七二年)に亡くなっていることを勘案すれば、遅くとも群雄割拠期以前にすでに州郡県長官の実質的支配力は向上しており、中央政府の指令がそれほど実効力を有さなくなっていたのは確かであろう。

（3）石井仁「漢末州牧考」（『秋大史学』第三八号、一九九二年）、植松慎悟「後漢末の州牧と刺史について」（『日本秦漢史学会会報』第十号、二〇一〇年）。石井氏によれば、後漢末の州牧は州刺史の行政監察権と監軍使者（＝使持節・督（監）州軍事）の軍事監察権をあわせもち、さらに軍政・軍令権（将軍号）を帯びて軍政機構を形成した。一方、植松氏によれば、後漢末には州刺史も人事・財政・軍事（徴兵権等）の権限を有した。すると改めて後漢末における州刺史と州牧の権限上の差異が問題となるが、この点は今後の検討に委ねざるをえない。

（4）大庭脩「後漢の将軍と将軍仮節」（『秦漢法制史の研究』創文社、一九八二年）。

（5）狩野直禎「後漢末地方豪族の動向——地方分権化と豪族——」（『中国中世史研究』東海大学出版会、一九七〇年）。

（6）福井重雅『漢代官吏登用制度の研究』（創文社、一九八八年）。

（7）紙屋正和「後漢時代における地方行政と三公」（『漢時代における郡県制の展開』朋友書店、二〇〇九年）。

（8）清・趙翼『廿二史劄記』巻三長官喪服が「蓋自漢制、三公得自置吏、刺史得置従事、二千石得辟功曹、掾吏不由尚書選授、爲所辟置者、卽同家臣。故有君臣之誼（蓋し漢の制に、三公は自ら吏を置くを得、刺史は従事を置くを得、二千石は功曹を辟するを得、掾吏は尚書の選授に由らざる自り、辟置する所と爲る者は、卽ち家臣に同じ。故に君臣の誼有り）」と指摘するように、三公と属吏、刺史と従事、二千石と功曹などの間には、それぞれ擬似的な君臣関係が生じうる。けれども州刺史と郡太守や、郡太守と県令との関係はそうとは限らない。むしろ、たとえば兗州牧曹操が陳留太守張邈に裏切られて呂布に攻撃された際、鄄城・范・東阿の三県城以外は降伏した。このとき范県令も、曹操と君臣関係になく、曹操を裏切っても非難を受けるいわれはなかったが、あえて曹操に付いたとされている（『三国志』魏書程昱伝、注引『評』）。本史料は、州郡県長官の間が必ずしも君臣関係で結ばれてはいなかったことを物語る。

（9）靈帝末、棄官還家。太守張超請洪爲功曹。董卓殺帝、圖危社稷。洪說超曰、「明府歷世受恩、兄弟並據大郡。今、王室將危、賊臣未梟。此誠天下義烈・報恩・效命之秋也。今郡境尚全、吏民殷富、若動枹鼓、可得二萬人。以此誅除國賊、爲天下倡先、

義之大者也」。超然其言、與洪西至陳留、見兄邈計事。邈亦素有心、會于酸棗。邈謂超曰、「聞、弟爲郡守、政教威恩、不由己出、動任臧洪。洪者何人」。超曰、「洪才略・智數優超、超甚愛之。海内奇士也」。邈卽引見洪、與語大異之。致之于劉兗州公山・孔豫州公緒、皆與洪親善。乃設壇場、方共盟誓、諸州郡更相讓、莫敢當、咸共推洪。洪乃升壇操槃歃血而盟曰、「漢室不幸、皇綱失統、賊臣董卓乘釁縱害、禍加至尊、虐流百姓。大懼淪喪社稷、翦覆四海。兗州刺史岱・豫州刺史伷・陳留太守邈・東郡太守瑁・廣陵太守超等糾合義兵、並赴國難。凡我同盟、齊心勠力、以致臣節、殞首喪元、必無二志。有渝此盟、俾墜其命、無克遺育。皇天后土・祖宗明靈、實皆鑒之」（靈帝の末、［臧洪は］官を棄てて家に還る。太守張超は洪を請いて功曹と爲す。董卓、帝を殺し、社稷を危うくせんと圖る。洪は超に説きて曰く、「明府は歴世《れきせい》［累世］恩を受け、兄弟は並《み》な大郡に據る。今、王室將に危うからんとし、賊臣未だ梟せられず。此れ誠に天下の義烈・報恩・效命《こうめい》［命を賭けて努力］するの秋《とき》なり。今、郡境は尚お全《まった》く、吏民は殷富《いんぷ》にして、若し枹鼓《ふこ》［バチとツヅミ］を動かさば、二萬人を得べし。此を以て國賊を誅除《ちゅうじょ》し、天下の爲《ため》に先を倡《とな》うるは、義の大なる者なり」と。超は其の言を然りとし、洪と西のかた陳留に至り、兄の邈に見《まみ》えて事を計らんとす。邈も亦た素より心有り、酸棗に會す。邈は超に謂いて曰く、「聞くに、弟は郡守と爲り、政教［政治と教化］の威恩［威厳と恩信］は、己由り出でず、動《ややもす》れば臧洪に任ず、と。洪とは何人か」と。超曰く、「洪の才略・智數は超に優り、超は甚だ之を愛す。海内の奇士なり」と。邈は卽ち洪を引見し、與に語りて大いに之を異とす。之を劉兗州公山・孔豫州公緒に致すや、皆な洪と親善《しんぜん》す。乃ち壇場《だんじょう》を設け、方に共に盟誓せんとするや、諸々の州郡は更《こもごも》相い讓り、敢えて當たるもの莫く、咸な共に洪を推す。洪は乃ち壇に升《のぼ》り槃《ばん》を操《と》り血を歃《すす》りて盟して曰く、「漢室不幸にして、皇綱《こうこう》は統《とう》を失い、賊臣董卓は釁《きん》［間隙］に乘じて害を縱《ほしいまま》にし、禍は至尊《しそん》［皇帝］に加えられ、虐［災禍］は百姓に流る。大いに社稷を淪喪《りんそう》［滅ぼす］し、四海を翦覆《せんぷく》［覆し滅ぼす］するを懼る。兗州刺史岱・豫州刺史伷・陳留太守邈・東郡太守瑁・廣陵太守超等は義兵を糾合し、並な國難に赴かんとす。凡そ我が同盟は、心を齊《ひとし》くし力を勠《あ》わせ、以て臣節を致《いた》［達成］し、首を殞《お》とし元を喪《うしな》うも、必ず二志無からん。此の盟に渝《そむ》くもの有らば、其の命を墜《お》とし、克《よ》く遺育《いいく》［種子を残して生長させる意］無から俾《し》めん。皇天后土・祖宗明靈は、實に皆な之を鑒《かんがみ》ん」と）。

（10）太祖至陳留、散家財、合義兵、將以誅卓。冬十二月、始起兵於己吾。是歳中平六年也。後將軍袁術・冀州牧韓馥・豫州刺

史孔伷・兗州刺史劉岱・河内太守王匡・勃海太守袁紹・陳留太守張邈・東郡太守橋瑁・山陽太守袁遺・濟北相鮑信同時俱起兵、衆各數萬、推紹爲盟主。太祖行奮武將軍。二月、卓聞兵起、乃徙天子都長安。卓留屯洛陽、遂焚宮室。是時紹屯河内、邈・岱・瑁・遺屯酸棗、術屯南陽、伷屯潁川、馥在鄴。卓兵彊、紹等莫敢先進（太祖、陳留に至り、家財を散じ、義兵を合し、將に以て卓を誅せんとす。冬十二月、始めて兵を己吾に起こす。是の歳は中平六年なり。後將軍の袁術・冀州牧の韓馥・豫州刺史の孔伷・兗州刺史の劉岱・河内太守の王匡・勃海太守の袁紹・陳留太守の張邈・東郡太守の橋瑁・山陽太守の袁遺・濟北相の鮑信は時を同じくして俱に兵を起こし、衆は各々數萬、紹を推して盟主と爲す。太祖は行奮武將軍たり。二月、卓、兵の起こるを聞くや、乃ち天子を徙して長安に都す。卓は留りて洛陽に屯し、遂に宮室を焚く。是の時、紹は河内に屯し、邈・岱・瑁・遺は酸棗に屯し、術は南陽に屯し、伷は潁川に屯し、馥は鄴に在り。卓の兵は彊く、紹等は敢えて先づ進むこと莫し）。

(11)　初平元年、紹遂以勃海起兵、以（與）從弟後將軍術・冀州牧韓馥・豫州刺史孔伷・兗州刺史劉岱・陳留太守張邈・廣陵太守張超・河内太守王匡・山陽太守袁遺・東郡太守橋瑁・濟北相鮑信等同時俱起。衆各數萬、以討卓爲名。紹與王匡屯河内、伷屯潁川、馥屯鄴、餘軍咸屯酸棗。約盟、遙推紹爲盟主。紹自號車騎將軍・領司隸校尉（初平元年、［袁］紹遂に勃海を以て兵を起こし、從弟の後將軍の術・冀州牧の韓馥・豫州刺史の孔伷・兗州刺史の劉岱・陳留太守の張邈・廣陵太守の張超・河内太守の王匡・山陽太守の袁遺・東郡太守の橋瑁・濟北相の鮑信等と時を同じくして俱に起つ。衆各々數萬、卓を討つを以て名と爲す。紹は王匡と河内に屯し、伷は潁川に屯し、馥は鄴に屯し、餘軍は咸な酸棗に屯す。盟を約し、遙かに紹を推して盟主と爲す。紹は自ら車騎將軍・領司隸校尉を號す）。

(12)　紹遂以勃海起兵、將以誅卓。語在武紀。紹自號車騎將軍、主盟（紹、遂に勃海を以て兵を起こし、將に以て卓を誅せんとす。語は武紀に在り。紹は自ら車騎將軍を號し、盟を主る）。

(13)　關東州郡、皆起兵以討董卓、推勃海太守袁紹爲盟主。紹自號車騎將軍、諸將皆板授官號。紹與河内太守王匡屯河内、冀州牧韓馥留鄴、給其軍糧。豫州刺史孔伷屯潁川、兗州刺史劉岱・陳留太守張邈・邈弟廣陵太守超・東郡太守橋瑁・山陽太守袁遺・濟北相鮑信與曹操俱屯酸棗。後將軍袁術屯魯陽。衆各數萬。豪桀多歸心袁紹者（關東の州郡、皆な兵を起こすに董卓を

討つを以てし、勃海太守袁紹を推して盟主と爲す。紹は自ら車騎將軍を號し、諸將は皆な官號を板授せらる。紹は河內太守王匡と與に河內に屯し、冀州牧韓馥は鄴に留まり、其の軍糧を給す。豫州刺史孔伷は潁川に屯し、兗州刺史劉岱・陳留太守張邈・邈の弟の廣陵太守超・東郡太守橋瑁・山陽太守袁遺・濟北相鮑信は曹操と倶に酸棗に屯す。後將軍袁術は魯陽に屯す。衆は各々數萬。豪桀に心を袁紹に歸する者多し）。

（14）春正月、關東州郡皆起兵以討董卓、推勃海太守袁紹爲盟主。紹自號車騎將軍、諸將皆板授官號。紹與河內太守王匡屯河內、冀州牧韓馥留鄴、給其軍糧。豫州刺史孔伷屯潁川、兗州刺史劉岱・陳留太守張邈・邈弟廣陵太守超・東郡太守橋瑁・山陽太守袁遺・濟北相鮑信與曹操倶屯酸棗。後將軍袁術屯魯陽、衆各數萬（〔初平元年〕春正月、關東の州郡は皆な兵を起こして以て董卓を討たんとし、勃海太守袁紹を推して盟主と爲す。紹は自ら車騎將軍を號し、諸將は皆な官號を板授《ばんじゅ》せらる。紹は河內太守王匡と與に河內に屯し、冀州牧韓馥は鄴に留まり、其の軍糧を給す。豫州刺史孔伷は潁川に屯し、兗州刺史劉岱・陳留太守張邈・邈の弟の廣陵太守超・東郡太守橋瑁・山陽太守袁遺・濟北相鮑信は曹操と倶に酸棗に屯す。後將軍袁術は魯陽に屯し、衆は各々數萬）。

（15）大原信正「反董卓同盟の成立」（『様々なる変乱の中国史』汲古書院、二〇一六年）が酸棗の盟・漳河の盟・反董卓同盟の三者を区別している点は重要である。戦乱期の記録ゆえに史料間に矛盾が多く、たんなる誤記によるものや、群雄同士の情報操作によるものも含まれうるので、今後は出土文字資料研究等による傍証が期待される。また大原編年は日にち単位で董卓側と反董卓側の応酬の編年を組むが、当時の郵便制度と文書作成手順に照らして現実的想定か否かも要検証であろう。

（16）矢野主税「後漢曹魏交替史序説」（『門閥社会史』長崎大学史学会、一九六五年）。

（17）鎌田重雄「漢代の門生・故吏」（『東方学』第七輯、一九五三年）以降の諸説を総括・吟味したものとして、東晋次「後漢時代の故吏と故民」（『中国中世史研究』続編、京都大学学術出版会、一九九五年）参照。

（18）一般に中平元年（一八四年）に南陽三輔の民数万戸も安寧を求めて蜀地に赴くべく、劉焉のもとに参集し、劉焉は彼らの力も借りて入蜀を果たしたとされるが、疑問も残る（『華陽国志』公孫述劉二牧志・任乃強校補）。

（19）渡邉義浩「蜀漢政権の支配と益州社会」（『三国政権の構造と「名士」』汲古書院、二〇〇四年）。

(20) 梁方仲編著『梁方仲文集 中国歴代戸口・田地・田賦統計』(中華書局、二〇〇八年)。
(21) 増田清秀『楽府の歴史的研究』(創文社、一九七五年)。
(22) 当時の豫州刺史には周喁説、周昂説、周昕説がある。周建『三国潁川郡紀年』(人民出版社、二〇一三年)一九一年条参照。
(23) 濱口重國「後漢末曹操時代に於ける兵民の分離」(『秦漢隋唐史の研究』上巻、東京大学出版会、一九六六年［本論文初出は一九三九年］)。
(24) 毛漢光「三国政権的社会基礎」(『中国中古社会史論』上海書店出版社、二〇〇二年)。
(25) 周建『三国潁川郡紀年』(人民出版社、二〇一三年)の一八九年条参照。
(26) 『三国志』魏書袁術伝や『後漢書』袁術伝は袁術が陳温を殺し、すぐ揚州刺史を領したとするが、陳温が揚州軍を率いて袁術と戦ったとの記載はなく、この場合は後漢・王粲『英雄記』を信ずるべきであろう。
(27) 大庭注(4)前掲論文。
(28) 矢野注(16)前掲論文。
(29) 石井仁「黒山・白波考——後漢末の村塢と公権力——」(『東北大学東洋史論集』第九輯、二〇〇三年)。
(30) 津田資久「劉備出自考」(『國士舘人文学』第三号、二〇一三年)。
(31) 任継愈主編『定本 中国仏教史Ⅰ』(柏書房、一九九二年)。
(32) 濱口重國「漢代に於ける地方官の任用と本籍地との関係」(『秦漢隋唐史の研究』東京大学出版会、一九六六年)。窪添慶文「魏晉南北朝における地方官の本籍地任用について」(『魏晉南北朝官僚制研究』汲古書院、二〇〇三年)によれば、後漢霊帝期以降は本籍地任用も絶対不可能というわけではなかったが、なお類例は少ない。
(33) 孔融に関する出来事の時系列には史料上混乱がみられる。間嶋潤一「鄭玄の晩年とその学問」(『鄭玄と『周礼』——周の太平国家の構想』明治書院、二〇一〇年)参照。
(34) 重近啓樹「商人とその負担」(『秦漢税役体系の研究』汲古書院、一九九九年)によれば賈人は原則的に繇役・兵役に従事しない。よって「商旅」は孫堅の臨時募兵によるものであろう。

（35）柿沼陽平「从走馬楼呉簡看孫呉的中央集権化和軍制」（『中国魏晉南北朝史学会第十届年会暨国際学術研討会論文集』北岳文藝出版社、二〇一二年）。

（36）後漢賦税が建前上は一律定額人頭税だったのに対し、実際には戸貲に応じて差等が付けられて個々人に課されていた点は唐長孺「魏晉戸調制及其演変」（『魏晉南北朝史論叢』中華書局、二〇〇一年）参照。重近啓樹「算賦制の起源と展開」（『秦漢税役体系の研究』汲古書院、一九九九年）は出土文字資料をふまえ、後漢の賦税の実態を郷単位の不均等課税とする。

（37）渡邊信一郎「漢代の財政運営と国家的物流」（『中国古代の財政と国家』汲古書院、二〇一〇年）。ちなみに諸侯国では諸侯に献費が献上されたとみられる。実際に『太平御覧』巻八三五引『東観漢記』には「趙勤、字益卿、劉賜姉子。勤童幼有志操、往來賜家、國租適到、時勤在旁、賜指錢示勤曰、「拜乞汝三十萬」。勤曰、「拜而得錢、非義所取」。終不肯拜（趙勤、字は益卿、劉賜の姉の子なり。勤は童幼にして志操有り、賜の家を往來し、國租適々《たまたま》到り、時に勤は旁らに在り、賜は錢を指して勤に示して曰く、「拜さば汝に三十萬を乞《あた》えん」と。勤曰く、「拜して錢を得るは、義の取る所に非ず」と。終に拜するを肯んぜず）」とあり、侯国を治める劉賜は自身の国租を自由にできた。劉賜は建武二年に慎侯、建武十三年に安成侯に封ぜられており、前任の安成侯銚期は食邑五千戸であったので、劉賜の食邑も同程度以下であろう。その国租が三十万銭ということは、五千人で割ると一人当たり六十銭の献費を上納していた計算になる。

（38）渡邊信一郎「帝国の構造——元会儀礼と帝国的秩序」（『天空の玉座——中国古代帝国の朝政と儀礼』柏書房、一九九六年）。「献御」たる地方特産品の種類に関しては汪桂海「漢代的貢納制度」（呉栄曽・汪桂海主編『簡牘与古代史研究』北京大学出版社、二〇一二年）に詳しい。

（39）岡崎文夫「魏晉の文明」（『魏晉南北朝通史』弘文堂、一九三二年）。

（40）方詩銘「从《漢末英雄記》看公孫瓚」（『史林』一九八六年第二号）。

（41）渡邉義浩「袁紹と公孫瓚」（『三国政権の構造と「名士」』汲古書院、二〇〇四年）。

（42）大庭脩「漢の中郎将・校尉と魏の率善中郎将・率善校尉」（『秦漢法制史の研究』創文社、一九八二年）。

（43）上谷浩一「董卓事蹟考——「霊帝期改革」論の視点から——」（『東方学』第一一六輯、二〇〇八年）。

（44）渡邉義浩「後漢の匈奴・烏桓政策と袁紹」（『三国志よりみた邪馬台国』汲古書院、二〇一六年）。
（45）上谷注（43）前掲論文。
（46）唐長孺注（36）前掲論文。
（47）柿沼陽平「魏晉時代の人びととそのつながり――臨沢県黄家湾村出土晉簡等よりみた民衆社会――」（『歴史民俗研究（櫻井徳太郎賞受賞作文集）』第一三輯、二〇一六年）。
（48）宮崎市定「読史箚記」（『宮崎市定全集17　中国文明』岩波書店、一九九三年）は『三国志』魏書国淵伝「破賊文書、舊以一爲十。及淵上首級、如其實數（破賊の文書は、舊と一を以て十と爲す。淵の首級を上るに及び、其の實數の如くす）」に基づき、当時敵の捕虜を十倍に誇張するのが習慣で、曹操に降伏した青州黄巾も実数は三万、男女十万余口だとする。本書第五章の食糧計算式によれば、少なくとも青州黄巾に関する宮崎説は妥当である。

第四章　曹魏の税制改革と貨幣経済の質的変化

はじめに

本書ではこれまで、後漢時代に貨幣経済が衰退したとする通説を批判し、後漢時代においても銭・布帛が流通していたこと、それらの用途が前漢と部分的に異なること、それゆえ前漢と後漢の貨幣経済には質的差異があったとみられることなどを指摘した。このような状況は後漢末期になると一変する。たとえば銭は、漢代では国家供給型貨幣・国家的決済手段として機能していたが、後述するごとく、後漢末に徐々にその地位を失っていった。すなわち、銭納人頭税たる算賦は後漢時代になると徐々に形骸化し、後漢末に中原では完全に廃止され、代わりに織物の納付を主軸とする戸調制が整備され、かくして銭は国家的決済手段の中心的地位から転落したのである。これは中国貨幣史上の一大画期であった。本章ではこの点を検討し、その背景を探る。

第一節　政策としての女織・婦織

そもそも戦国秦漢時代に布帛（麻織物と絹織物）が誰によってどのように作られたのかについては、従来つぎのような考え方が一般的であった。戦国時代以降の農村では、副業として布帛がさかんに作られた(1)。また中国には太古以来、

「男耕女織（＝一般に男性は農耕、女性は機織を本業とする）」・「夫耕婦織（家内分業として夫は農耕、妻は機織を本業とする）」という社会通念があり、布帛の生産はもっぱら婦女子の仕事と目されていた。とくに漢代以降、儒家思想が浸透すると、この通念は強く意識されるようになった。そして前漢では、歴代の皇后に「親桑親蠶」の儀礼を行なわせ、採桑・養蚕・紡績・機織・裁縫などが女性本来の任務であることを天下にしめすとともに、既婚・未婚を問わずに全女性がこれに専念することを求めた。この通念は徐々に強化され、魏晉期になると、ついに各戸の男女に田租と帛（絹織物）を課する税制までもが生み出されるに至った、と。(2) 要するに、戦国秦漢時代の布帛は、農婦によって作られたと理解されてきたのである（麻と絹は当然別物だが、本章で論ずる税制では、絹織物の産地では絹を、他の産地では所定の絹織物と同額相当の麻織物などを課していたと考えられる。(3) そこで本章では、特段の理由がない場合には両者を一緒くたに論ずる）。

これに対してかつて鶴間和幸氏は、「男耕女織（夫耕婦織を含む）」という通念が必ずしも漢代の実態を反映したものではなかった可能性に言及した。(4) さらに原宗子氏は、武帝期以前に「夫耕婦織」の通念が存在したこと自体に疑義を呈し、むしろ当時の布帛の生産は少なからず専門的女工集団によってなされていたとする。そのうえで、当時の農民の多くは貧乏で、妻を娶ることさえできなかったとする。(5) もっとも、私見によれば、武帝期以前の婚姻率が一概に低かったとは断定できない。(6) また中小農家が桑の木を保有する例があることから、(7) 武帝期以前の農婦が紡績業関連の仕事に従事しなかったともいいきれない。だが、それでもなお「婦織」の実態化に関する疑問は残る。(8)

では、結局どのように考えるのが妥当なのか。この点について筆者は前著第七章においてつぎのようにのべた。すなわち、戦国秦漢時代に通念・実態としての女織・婦織があったかは疑問だが、布（麻織物）に関する秦律（戦国秦の睡虎地秦簡「秦律十八種」）をみると、〝機織＝女事〟・〝家内分業としての婦織〟・〝家内消費分の衣料用の織物は婦《つま》が織り、それ以外の女性親族は関わらない〟の三点を前提に立条されており、女織・婦織は戦国秦以来の国家的政策であったと考えられる、と。これは、従来曖昧であった「男耕女織（夫耕婦織を含む）」の実態的側面・通念的側面・政策的側面の三者を弁別し、そのうえで政策的側面が前二者に先行していた点を指摘したものであった。しかも「男耕女織」と「夫耕婦織」は、厳密には異なる概念である。すなわち、男が耕し、女が織る例は古来多いが、その場合の女とは専門的女工である可能性がある。一方、「夫耕婦織」は農家における家内分業を意味するのであり、上記法律はそうした家内分業を奨励するものである。前著第七章はこうした論点を提起したものであった。[9]

そこで前著第七章の整理をふまえ、あらためて漢代における「夫耕婦織」の状況をみてみよう。すると、漢代史料には農業と織物業をセットにした「耕織」の語が多くみられることに気づく。それは、漢代人の基本的な生活様式であるとされ、他の生活様式よりも優先されていた。[10]しかも、「農桑」を推進する詔（以下、農桑推進詔）も散見し、商鞅変法期や前漢文帝期、もしくは景帝期以降とくにさかんにくりかえし発布されている。また文帝期には、皇后による「親蠶」儀礼も開始され、[11]天下の女性を代表する皇后が当該儀礼を執り行い、それによって「婦織」の重要性が天下に顕揚されるようになった。また漢初の張家山漢簡「算数書」にも「女織（第四十簡）」や「婦織（第五四簡）」と題する数学問題がみえ、少なくとも後者の例は「婦織」の存在を前提としたものである。それは法制史料と同墓から出土した史料で、たんなる民間常識に基づくという以上に、やはり「婦織」政策の存在を裏づけるものと解するべきであろう。

このように漢代には「婦織」政策が布かれていた。ただし一言で「婦織」とはいっても、その作業過程は「採桑→養蚕→紡績→機織→裁縫」に分けられる。それでは「婦織」はどの作業過程をさすのか。すべての作業過程は「婦」によって担われるべきものであったのか。

そこで注目されるのは、「婦織」には「織」字が含まれ、機織をさすと考えられる点である。また機織以外の過程も、じつは原則的に「婦」の労働とみなされる場合が多かった。たとえば、後漢・崔寔『四民月令』三月条や、『大戴礼記』夏小正によると、採桑は「婦女」・「妾子」の仕事とされていた。また、王莽が太后・婦人とともに「孤寡貞婦」を視察し、「繭館（養蚕の場所）」に行幸していることから、養蚕も「婦」の労働とみなされる場合があったと考えられる。(12) さらに班彪が「女脩織紝」を理想視し（『後漢書』班彪列伝付班固列伝下）、班昭が「専心紡績」を「婦功」とみていることから（『後漢書』列女伝付班昭伝引「女誡」）、紡績も班彪・班昭らによって「婦」の労働とみなされていたようである。(13)

では、漢代の織物業の実態はいかなるものであったのか。「婦織」政策は本当に漢初から実態として定着していたのか。既述のごとく、上記史料は、厳密にいえば、どれも国家的政策の反映にすぎない。よって、女織・婦織を政策・実態・通念の三者に分けて考えた場合、上記の史料がはたしてどの程度実態を反映しているのかには疑問が残る。現に、親蚕儀礼や農桑推進詔は、当時実際には農桑がほとんど社会に定着していなかったからこそ、逆に国家が躍起になって打ち出した政策であるとも解釈できなくはない。また前掲「日書」や「算数書」なども「婦織」の理念や政策の存在をしめすにすぎない。前掲『四民月令』も、藤田勝久氏によれば、郡県の官吏が則るべき時令であった。(14) むしろ伝世文献をみると、とくに裕福な豪族・貴族の女性親族は、紡績具を手にとることなどなかったらしい。(15) もし彼女達がみずから養蚕業や紡績を行なえば、それは賞賛の的となるほどであった。(16)

以上論じてきたように、「婦織」関連史料は当該政策の存在をしめすものの、必ずしも実態を反映したものとは断定できない。加えて以下三点に注目される。第一に、一言で「婦織」といっても、それは一人の「婦」が紡績の全過程を担うことを必ずしも意味しない点である。第二に、漢代女性は必ずしも農業と紡績業だけに専従していたわけではない点である。第三に、漢代の男性も織物業に携わることがあった点である。順番に説明してみよう。

第一に、漢代における布帛の生産過程は、必ずしも一人の「婦」が単独ですべて担いうるものではなく、女性のみが担っていたわけでもなく、状況に応じて男性も加わるような曖昧なものであった。たとえば野中敬氏は、日野開三郎氏の説をふまえ、漢代の農婦は概して出機《でばた》のかたちで荘園などに雇傭され、集団的に紡織などに従事し、そこで分業を営んでいた可能性があると推測している。(17) また『漢書』食貨志上には、貴重な燎火《ともしび》の費用を節約し、かつ女性間の技術伝播を促すため、ひとつの燎火を囲んで郷里の女性達が集団で夜中に織物を営んでいたとある。他の伝世文献によれば、同様の慣行は後漢時代にも存在していた。(18) そのなかで分業が行なわれた可能性は十分にある。現実問題として、採桑～機織の全過程はそれぞれ専門的な作業で、ひとりの人間が単独で担いうるものとは到底思われない。「女織」政策を反映する前掲『四民月令』のなかでさえ、養蚕は「蠶妾」、機織は「女紅（紅女）」、縫製・洗い張りは「縫人」が担当し、ひとりの女性が全過程を担当すべきとはされていない。

第二に、漢代女性は必ずしも農業と紡績業だけに専従していたわけではない。ブレット・ヒンシュ氏や劉増貴氏によれば、漢代の史料には、紡織業以外の仕事（農作業や酒屋など）に従事する女性の姿が散見し、すべての女性が紡織業に従事していたわけではない。(19) 彭衛氏も、漢代の女性のなかには商業・農業・家内労働・雑務・乳母・卜者・巫医などに従事する者も少なくなく、男を外、女を内とする単純な家内分業観は成り立ち得ないとのべている。(20)

第三に、漢代の男性も織物業に携わることがあった。伝世文献には、成年男性や男児による採桑・衣料製作の例も散見し、(21) 女性のみが布帛生産を担っていたわけではない。むしろ原宗子氏によれば、中国古代の桑栽培には地域ごとに、高木栽培（梯をかけて人の身長より高い桑葉に登り、枝伝いに桑葉を摘む）と低木栽培（低木種の桑葉を歩いて摘む）があり、前者は男手を要した可能性がある。麻織物業に関しても、刈り取った麻の茎をきれいな水に浸して繊維をとりだす作業は重労働で、男手を要したと考えられるという。(22) そのうえ、前著第七章で指摘したように、睡虎地秦簡の「秦律十八種」や「法律答問」では、機織以外の作業（採桑・養蚕・紡績・裁縫など）には男性も携わることが前提視されていた(23)。

以上の分析から判明するのは、結局、戦国末期の秦以来、漢帝国が一貫して「女織」・「婦織」政策を維持していた点のみである。よって、それがどれほど実態的であったかは、じつは留保が必要であるといわざるをえない。まして、それが一般民衆の通念としてあまねく広がっていたとは思えず、そのことをしめす史料もない。もちろん現実的にみれば、漢帝国が数百年間維持しつづけた「女織」・「婦織」政策がまったく実態に影響を及ぼさなかったとも考えにくく、とくに前漢武帝期以降には、「女織」・「婦織」関連の史料が急増しており、それは「女織」・「婦織」の漸次的な実態化を反映したものとも解しうる。しかしその具体的な実態化の「程度」を証するには、いわゆる「女織」・「婦織」関連の史料から離れて、べつの論拠を探す必要があるのである。そこでつぎに、漢代の布帛の実質的生産量の変遷をうかがわせる史料に注目してみたい。

第二節　漢代における布帛生産量の拡大

漢代の布帛の実質的生産量は、結局全体としてどの程度であったのか。この問題を検討するうえで、改めて考慮すべき点が二つある。第一は、現存史料の大半が官側の視点からしるされたもので、必ずしも当時の実態をしめすとは限らない点。すなわち既述のごとく、「女織」・「婦織」の関連史料のほとんどは政策もしくは政策理念をしめすにすぎないので、それを論拠として布帛の実質的生産量を闡明することはできない。第二は、布帛生産量自体がそもそも「程度」の問題にすぎないので、「女織」・「婦織」関連の史料からその時代的な増加傾向を跡づけることが困難である点。これは、従来当然視されてきた布帛の実質的生産量の増加が、じつは容易には断定のできない問題であることをしめす。むしろ既述のごとく、近年のブレット・ヒンシュ氏の研究によれば、漢代儒学では「女織」を道徳的に称賛すべき女性の家内労働とみなし、利潤追求型の「女織」を非難する傾向があった[24]。またタマラ・チン氏は、女工による織物業を国家的主要産業のひとつとして重視する『管子』軽重篇などの軽重思想が前漢武帝期頃に朝廷内で有力となったのに対し、漢代儒学（班昭「女誡」などとして結実）は「男耕婦織」を思想上重要な家族のあり方とするにすぎず、国家経済に占める「婦織」の経済的利益を重視せず、かえって「婦織」による剰余生産を否定的に捉えていたとする[25]。すると、前漢後半期に儒教の官学化が強まるなか、布帛の実質的生産量の増加率は一定程度思想的理由によって抑制された可能性もある。その実態を把握するには、当時の儒家思想や軽重思想の理想をしめした文献ではなく、極力その生産実態を反映したものを活用せねばならない。そこで注目されるのが、以下の三つの事例である[26]。これらは、「女織」・「婦織」政策とは無関係の史料であり、かつ、それにもかかわらず布帛の生産量と消費量を別途しめすものであり、布帛の実質的生産量の漸次的増加傾向を窺ううえで重要な指標になると思われる[27]。

第一は、前漢武帝期のいわゆる塩鉄専売制が、民に布帛を捻出させ、代わりに塩鉄を専売する制度であったことである（前著第八章）。これによれば、当時の民は布帛を自給しないかぎり生活必需品の塩鉄を入手できないので、彼らはすでにある程度布帛を自給していたと考えられる。むろんこれも国家的政策にすぎないので、必ずしも実態を伴うとは限らず、各家では布帛を機織職人から購入したり、塩鉄購入時に布帛以外の物財代納が許されていた可能性もある。だがこれは「女織」・「婦織」を謳った政策理念ではなく、納税制度に関する法律に基づくのであり、その結果として建前上布帛を全家庭が揃えねばならない以上、民間における布帛の生産量は増加しつつあったとみられる[28]。

第二は、漢代官吏の給与がしばしば布帛で支払われていたことである。すなわち、前漢時代の俸禄は銭中心、王莽期の俸禄は穀物中心、後漢時代の俸禄は半銭半穀であったが、居延漢簡には俸禄が布帛払いの例も散見する。もっとも、これは一般に王莽期の特例と解されるが(29)、その他の事例もあることは本書第一章で確認した。当該制度の存在は布帛の国庫蓄積が当時すでに膨大であったことを示唆する。では、その蓄積はいかに達成されたのかというと、『後漢紀』孝質帝紀本初元年（一四六年）条に、

穆……曰、「今宦官倶用、水螽爲害、而京師之費十倍於前。河内一郡嘗調縑素綺縠纔八萬餘匹、今乃十五萬匹。官無見錢。皆出於民。……」。

（[朱]穆……曰く、「今、宦官倶に用いられ、水螽、害を爲して、京師の費は前に十倍す。河内一郡は嘗て縑素綺縠を調すること纔《わずか》に八萬餘匹なるも、今は乃ち十五萬匹。官に見錢無し。皆な民より出づ。……」と）

とあり、後漢時代に「民より出づ」る「縑素綺縠」が「調」として定期的に収取されていたとある。唐長孺氏はこれを曹魏戸調制に連なるものとし、前者の固定化・普遍化が後者を生んだとする(30)。後漢時代には布帛による俸祿支払が行なわれなくなり、一見すると布帛生産量が落ち込んだことをしめすかのようであるが、本文をみると実際には布帛生産量は増加傾向にあったのである。その傍証として『晉書』周馥列伝には、

周馥……討陳敏滅之。……毎欲維正朝廷、忠情懇至。……洛陽孤危、乃建策迎天子遷都壽春。永嘉四年、與長史呉思・司馬殷識上書曰、「……臣謹選精卒三萬、奉迎皇駕。……荊・湘・江・揚各先運四年米租十五萬斛・布絹各十四萬匹、以供大駕……」。

（周馥……陳敏を討ちて之を滅ぼす。……毎に朝廷を維正せんと欲し、忠情は懇至たり。……洛陽孤危なれば、乃ち建策して天子を迎えて壽春に遷都せんとす。永嘉四年、長史呉思・司馬殷識と上書して曰く、「……臣、謹みて精卒三萬を選び、皇駕を奉迎せん。……荊・湘・江・揚、各々先づ[永嘉]四年の米租十五萬斛・布絹各々十四萬匹を運び、以て大駕に供せん……」と）

	嘉禾4年				嘉禾5年		
	常限熟田	餘力熟田	火種熟田	旱田	常限熟田	餘力熟田	旱田
米	1.2	0.456	0.456	0	1.2	0.4	0
布	2	2	2	0.66	2	2	0
銭	70	70	70	37	80	80	0

［表4—1］「田家莂」よりみた各田種の畝単位課税（米は斛、布は尺）

とあり、戸調制（戸単位布帛納税制）下の西晉永嘉四年においても、州単位の年間「調」数は「布絹各十四萬匹」程度であった。後漢河内郡は「戶十五萬九千七百七十（『続漢書』郡国志二）」、西晉荊州は「戶三十五萬七千五百四十八（『晉書』地理下）」で、西晉荊州における一人当たりの「調」数は後漢河内郡のそれより少ないので、前掲『後漢紀』の「調」は相対的にかなり多いといわねばならない。これは、当時すでに算賦が形骸化し（＝官無見錢）、銭の代わりに布帛の「調」収取が常制化しつつあった実情を示唆する。

第三は、孫呉・走馬楼呉簡「嘉禾吏民田家莂」（4・2159。以下「田家莂」）に、[31]

下伍丘州卒區張、田廿町、凡五十一畝。其廿八畝皆二年常限。其廿五畝旱敗不收、畝收布六寸六分。定收三畝。畝收稅米一斛二斗、爲米三斛六斗。畝收布二尺。其廿三畝餘力田。旱敗不收畝收布六寸六分。其米三斛六斗四年十一月十六日付倉吏李金。凡爲布三丈七尺八寸五分、四年十一月八日付庫吏潘有。其旱田畝收錢卅七、其熟田畝收錢七十。凡爲錢二千三錢、四年十一月九日付庫吏潘有。嘉禾五年三月十日、田戶經用曹史趙野・張惕・陳通校。

（下伍丘の州卒の區張、田は廿町、凡そ五十一畝。其の廿八畝は皆な二年常限。其の廿五畝は旱敗して收めず、畝ごとに布六寸六分を收む。定收は三畝。畝ごとに稅米一斛二斗を收め、米三斛六斗と爲り、畝ごとに布二尺を收む。其の廿三畝は餘力田。旱敗して收めざるは畝ごとに布六寸六分を收む。其の米三斛六斗は四年十一月十六日に倉吏李金に付す。凡そ布三丈七尺八寸五分と爲り、四年十一月八日に庫吏潘有に付す。其の旱田は畝ごとに錢卅七を收め、其の熟田は畝ごとに錢七十を收む。凡そ錢二千三錢と爲り、四年十一月九

日に庫吏潘有に付す。嘉禾五年三月十日、田戸の經用曹史趙野・張惕・陳通、校す）

とあり、孫呉が田租とともに麻織物と銭を課税していることである。「田家莂」の史料的性格については諸説あり、「徴税側の郷が作成し、郷と県で分有した納税者台帳」とする關尾史郎氏の説が有力である(32)。その文例によれば（表4―1）、嘉禾四年と嘉禾五年で課税率が多少異なるものの、どちらの場合においても、田種（常限田・余力田・火種田）や麻田の有無とは関わりなく、米田の大小と実り具合（熟田か旱田か）を規準に布・銭を課している。よって孫呉では、田種や栽培種目を問わず、原則的に熟田所有者全員が戸単位で銭と布を納税していたと考えられる(33)。これは、田租収取時の布帛もまた膨大であったことを示唆する。ちなみに当該税制は、一見すると曹魏戸調制（後述）と類似するごとくであるが、両者の税率が異なり、また走馬楼呉簡には別途「調」がみえる（本書第七章で詳論）。よって前掲「田家莂」にみえる納税は田租の一部と解される。

　これに関連して『三国志』呉書太史慈伝裴松之注引『江表伝』には、建安元年（一九六年）以前に江東諸郡が「租布」を課していたとある。

慈見策曰、「華子魚良徳也、然非籌略才、無他方規、自守而已。又丹楊僮芝自擅廬陵、詐言被詔書爲太守。鄱陽民帥別立宗部、阻兵守界、不受子魚所遣長吏、言、「我以別立郡、須漢遣眞太守來、當迎之耳」。子魚不但不能諧廬陵・鄱陽、近自海昬有上繚壁、有五、六千家相結聚作宗伍、惟輸租布於郡耳、發召一人遂不可得、子魚亦覩視之而已」。策拊掌大笑、乃有兼幷之志矣。

（［太史］慈、［孫］策に見えて曰く、「華子魚は良徳なるも、然るに籌略《ちゆうりやく》［はかりごと］の才に非ず、他方の規《き》［他の方面で手本となること］無く、自守《じしゆ》するのみ。又た丹楊の僮芝は自ら廬陵を擅《ほしいまま》にし、詐《いつわ》りて詔書を被りて太守と爲ると言う。鄱陽の民の帥は別に宗部を立て、兵を阻みて界を守り、子魚の遣る所の長吏を受けず、言う、「我は以て別に郡を立て、漢の眞太守を遣わし來るを須ち、當に之を迎うべきのみ」と。子魚は但だに廬陵・鄱陽を諧《かな》う〔調和する〕能わざるのみならず、海昬自《よ》り近くに上繚の壁有り、五、六千の家有りて相い結び聚まりて宗伍を作り、惟だ租布を郡に輸するのみにして、發〔興發〕して一人を召さんとするも遂に得べからず、子魚も亦た之を覩視《とし》〔視察の意か〕するのみ」と。策は掌を拊《う》ちて大いに笑い、乃ち兼幷の志有るなり）

魏晉南北朝期の「租布」は「田租＋戸調」[34]・「戸調」[35]・「田租としての布」[36]などと解されている。しかし本文の場合、後漢末の江東にすでに曹魏戸調制が導入されていたとは思われず、以上の考察もふまえれば、「田家莂」の布帛税であったと推測される。これより、孫呉の織物生産量は膨大であったと論定される。

ちなみに、前掲「田家莂」によると、孫呉では米田所有者に対して布のみならず銭も課税されているので、米田所有者は納税のためにわざわざ収穫物を売り払って銭を入手せねばならなかったと考えられる。これに関連して従来多くの先学は、漢代銭納税制の実態に言及するさいに、農民は入手困難な銭の代わりに布帛などを代納していたと推測してきたが、前掲「田家莂」によれば、孫呉ではほんとうに銭を納税手段として用いており、それゆえ当時の農民は何としても銭を入手せねばならなかったことになる。これは孫呉が、「銭＝国家的決済手段」を軸とする漢代貨幣経済の特質を濃厚に継受していたこと、それゆえ銭が農村にまで深く浸透していた実態を物語る。このことは、本節において、孫呉における布帛生産量の増加と、それに伴う布帛税制の存在を指摘するのと同時に、明記しておかねばならない点である（本書第七章で詳論）。

以上本章ではまず第一節において、「女織」・「婦織」の政策的側面・通念的側面・実態的側面を弁別し、戦国秦漢時代の関連史料の大半が政策をしめすにすぎず、実際は「女織」・「婦織」に限定されなかったことを論じた。そしてそれらの「女織」・「婦織」関連史料は、じつは現実上の布帛生産量の拡大過程をしめすとは限らないことを指摘した。

そのうえで第二節では、このような政策的影響の強い「女織」・「婦織」関連史料とはべつに、国家に布帛を納付させる制度と布帛生産量に関する史料を指標とし、あらためて漢代の布帛生産量の漸次的な増加傾向を窺った。
ちなみに、彭衛氏が論ずるように、漢代の女性は公共の管理領域（いわゆる政治）への関与を許されなかったとはいえ、家庭経済に占める女性の生産力は看過できず、ゆえに彼女達の家内での発言権も小さくなかったと思われる(37)。すると、布帛生産量の増加は、かような女性の発言力をさらに向上させたかもしれないが、それはここでは措いておく。ともあれそれでは、このような布帛の生産拡大は、その後の貨幣経済に具体的にいかなる影響を与えたのか。

第三節　後漢末の戸調制

そこでまず注目すべきは『漢書』食貨志下である。

元帝時、嘗罷鹽鐵官、三年而復之。貢禹言、「鑄銭・采銅一歳十萬人不耕、民坐盗鑄陥刑者多。富人臧銭満室、猶無厭足。民心動搖、棄本逐末、耕者不能半、姦邪不可禁、原起於銭。疾其末者絶其本、宜罷采珠玉金銀鑄銭之官、毋復以爲幣。除其販賣租銖之律、租税祿賜皆以布帛及穀、使百姓壹意農桑」。議者以爲、「交易待銭、布帛不可尺寸分裂」。禹議亦寢。

（元帝の時、嘗《かつ》て鹽鐵官を罷め、三年にして之を復す。貢禹言《もう》す、「鑄銭・采銅は一歳ごとに十萬人耕さず、民の盗鑄に坐して刑に陥る者多し。富人、銭を臧して室に満たし、猶お厭足《えんそく》［満足］する無きがごとし。民心動搖し、本を棄て末を逐い、耕者半ばなる能わず、姦邪は禁ずべからざるは、原《もと》より銭より起く。其の末を疾む者は其の本を絶つべく、宜しく珠玉金銀を采り銭を鑄るの官を罷め、復た以て幣と爲す毋かるべし。其の販賣租銖の律を除き、租税祿賜は皆な布帛及び穀を以てし、百姓をして意を農桑に壹ならしめよ」と。議者以爲えらく、「交易は錢を待ち、布帛は尺寸に分裂すべからず」と。禹の議も亦た寢《や》む）

これは、前漢後半期に儒家官僚の貢禹が「農桑」奨励策の一環として、官営鋳銭と、銭による「交易」の停止、そして布帛と穀物の「租税祿賜」化を提案したことをしめす。しかし当該案は結局貢禹一人が支持するにとどまり、布帛が「交易」に向かないとの理由で一蹴された。

一方、『後漢書』朱暉列伝には、

是時、穀貴、縣官經用不足、朝廷憂之。尙書張林上言、「穀所以貴、由錢賤故也。可盡封錢、一取布帛爲租、以通天下之用。……」。……暉奏、「據林言不可施行」。事遂寢。後陳事者、復重述林前議、以爲於國誠便。帝然之、有詔施行。暉復獨奏曰、「……布帛爲租、則吏多姦盜、誠非明主所當宜行」。……帝意解、寢其事。

（是の時、穀貴く、縣官の經用は足らず、朝廷は之を憂う。尙書張林、上言すらく、「穀の貴き所以は、錢の賤きが故に由るなり。盡く錢を封じ、一に布帛を取りて租と爲し、以て天下の用に通ぜしむべし。……」と。……〔朱〕暉、奏すらく、「林の言に據りては施行すべからず」と。事、遂に寢む。後に事を陳《の》ぶる者、復た重ねて林の前議を述べ、以て國に誠に便なりと爲す。帝、之を然りとし、詔有りて施行せしむ。暉、復た獨り奏して曰く、「……布帛もて租と爲さば、則ち吏多く姦盜し、誠に明主の當に宜しく行うべき所に非ず」と。……帝の意解け、其の事を寢む）

とあり、そこにも布帛を「租」とする案がみえるが、論調が少し変化している。すなわち本案も結局は朱暉の反論で棄却されているが、前漢の類例に比べ、皇帝自身が一度裁可しているばかりでなく、賛同者の人数が圧倒的に多い。これは、提案者張林の後盾が権力者竇憲であったからだけでなく(38)、むしろ前節までの検討をふまえると、その提案自体がある程度現実味を帯びつつあったからであろう(39)。

こうして、しだいに多くの農村で婦女が織物業を営む風景が一般的になっていった。もっとも、一部の地域では後漢中後期に至ってもなお、麻織物技術が周知されておらず、官吏も草衣を着用しており(40)、紡績業を知らぬ地域は明清時代にも残存していた（『日知録』巻十紡織之利）。だが、こうした現象が史料に特記されるようになってくるのも、婦女が織物業を営む風景がすでに一般化しておればこそであろう。

そして布帛租税化計画は、とうとう後漢末には定制化されたようである。すなわち、東牌楼漢牘（第十二簡）には、

臨湘守令臣肅《?》上言、荊南頻遇軍寇、租茤法賦、民不輸入。冀蒙赦令、云當虧除。連年長逋、倉空無米、庫無錢・布……。

（臨湘守令の臣の肅《?》、上言すらく、荊南は頻《しきり》に軍寇［黄巾］に遇い、茤［南夷］より法賦《ほうふ》［規定の賦税］を租《そ》［徴収］せんとするも、民［茤の民］は輸入せず。赦令を蒙《こうむ》るを冀《こいねが》い、當に虧除《きじょ》［減税］すべきを云う。連年長らく逋《とど》［税金帯納の意］むれば、倉は空にして米無く、庫に錢・布無し……）

とある。これは中平五年（一八八年）以後の霊帝期の史料である(41)。本史料によれば、長江流域の夷のなかには錢・布・粟を納税する人びとがいたようである。これは、本書第二章で指摘したように、後漢末に中央政府の高官や宦官のあいだで銭の賄賂が横行する一方、黄巾の乱のせいで、銭・布・粟の不足に悩む地方城市が生まれたことをしめす。逆にいえば、銭・布・粟は当時の江南の地方都市にとって行政運営上なお必要不可欠とされていたのである。

また、後漢末に布帛租税化計画が実行に移された論拠として、先学はつぎの三史料を挙げる。すなわち、『三国志』魏書武帝紀建安九年（二〇四年）条（以下、史料A）に、

令曰、「河北罹袁氏之難、其令無出今年租賦」。重豪彊兼并之法、百姓喜悦。

（令に曰く、「河北は袁氏の難に罹れば、其れ令して今年の租賦を出だす無し」と。豪彊兼幷の法を重んじ、百姓喜悦《きえつ》す）

とあり、その裴松之注引『魏書』引「公令」（以下、史料B）に、

有國、有家者、不患寡而患不均、不患貧而患不安。袁氏之治也、使豪彊擅恣、親戚兼幷、下民貧弱、代出租賦、衒鬻家財、不足應命。審配宗族、至乃藏匿罪人、爲逋逃主。欲望百姓親附、甲兵彊盛、豈可得邪。其收田租畝四升《ママ》（斗）[42]、戸出絹二匹・綿二斤而已。他不得擅興發……。

（國を有《たも》ち、家を有《たも》つ者は、寡《すくな》きを患えずして均しからざるを患い、貧しきを患えずして安からざるを患う。袁氏の治たるや、豪彊をして擅恣《せんし》し、親戚をして兼幷《けんぺい》せしめ、下民《かみん》は貧弱にして、代わりて租賦を出だし、家財を衒鬻《げんいく》［売却］するも、命に應《こた》うるに足らず。審配《しんぱい》の宗族は、乃ち罪人を藏匿《ぞうとく》し、逋逃《ほとう》の主と爲るに至る。百姓の親附《しんぷ》し、甲兵の彊盛《きょうせい》たるを欲望するも、豈に得べけんや。其れ田租を收むること畝ごとに四斗とし、戸ごとに絹《きぬ》二匹・綿《きぬわた》二斤を出ださしむるのみ。他は擅《ほしいまま》に興發するを得ず……）

とあり、『晉書』食貨志（史料C）に、

及初平袁氏、以定鄴都、令收田租畝粟四升《ママ》（斗）、戸絹二匹而綿二斤、餘皆不得擅興、藏强賦弱。

（初めて袁氏を平らげ、以て鄴都を定むるに及び、令して田租を收むること畝ごとに粟四斗、戸ごとに絹二匹・綿二斤、餘は皆な擅に興し、强に藏し弱に賦するを得ざらしむ）

とある。上記の史料A・B・Cは、絹織物を収取する税制の成立をしめす。ただし先学が詳論するごとく、絹・布・縑の産地には本来大きな違いがあり、全地域に一律に「絹《きぬ》二匹・綿《きぬわた》二斤」を課すことはできない。ゆえに現実的には、たとえば絹織物の産地に対しては絹織物を課税し、麻織物などの産地に対しては所定の絹織物と同額相当の麻織

物などを課税（いわゆる折納《せつのう》）していたと考えられる。(43) よって以上の史料A・B・Cは、現実的には絹織物に限らず、布帛全般を対象とした税制であるといってよかろう。また史料Aの発布時期は建安九年（二〇四年）である。史料Bも史料Aに付された注釈所引の史料で、しかも文中に袁氏配下の審配が登場し、彼を滅ぼした建安九年の命令とみてよい。史料Cも袁氏討伐直後の建安九年のものである。すると史料A・B・Cは同一年度の命令ということになる。だが、その内容をみると、じつは史料A・B・Cの内容は相互に異なっている。すなわち、史料Aが建安九年に租賦をまったく課さないとしているのに対して、史料B・Cは「田租畝四升《ママ》（斗）、戸出絹二匹而綿二斤」のみを課すとしている。この点について佐藤武敏氏は、史料Bが最初に出された令で、のちに建安九年の河北地域にかぎって無課税（史料A）としたものと推測している。(44) けだし整合的な解釈というべきであろう。これより、建安九年にはすでに河北地方で絹と綿を対象とした税制が布かれていたことがわかる。

これに加えて、先学はつぎの三つの史料にも言及している。(45) すなわち『三国志』魏書何夔伝（以下、史料D）に、

是時、太祖始制新科下州郡、又収租、税綿絹。夔……乃上言曰、「……所領六縣疆域初定、加以饑饉。若一切齊以科禁、恐或有不從教者。……愚以爲、此郡宜依遠域・新邦之典。其民間小事、使長吏臨時隨宜……比及三年、民安其業。然後齊之以法、則無所不至矣」。太祖從其言。

（是の時、太祖始めて新科を制して州郡に下し、又た租を収め、綿絹を税す。［何］夔……乃ち上言して曰く、「……領する所の六縣［盧弼集解によれば長広郡下の長広県・牟平県・東牟県・昌陽県・不其県・挺県をさす］の疆域は初めて定まり、加うるに饑饉を以てす。若し一切齊《ととの》うるに科禁を以てせば、恐らく或いは教えに從わざる者有らん。……愚以爲えらく、此の郡、宜しく遠域・新邦の典に依らしむべし。其の民間の小事は、長吏をして時に臨みて宜しきに隨わしめ……三年に及ぶ比《ころあ》い、民、其の業に安ぜん。然る後に之を齊うるに法を以てせば、

則ち至らざる所無からん」と。太祖、其の言に従う）

とあり、『三国志』魏書趙儼伝（以下、史料E）に、

時袁紹擧兵南侵、遣使招誘豫州諸郡、諸郡多受其命。惟陽安郡不動。而都尉李通急錄戸調。儼見通曰、「方今、天下未集、諸郡並叛、懷附者復收其綿絹。……小緩調……」。

（時に袁紹、兵を擧げて南侵し、使を遣わして豫州の諸郡を招誘せしめ、諸郡は多く其の命を受く。惟だ陽安郡のみ動かず。而るに都尉李通、急ぎて戸調を錄す。［趙］儼、通に見えて曰く、「方今、天下未だ集《やす》んぜず、諸郡並びに叛し、懷附する者も復た其の綿絹を收む。……小《すこ》しく調を緩むべし。……」と）

とあり、『三国志』曹洪伝裴松之注引『魏略』（以下、史料F）に、

初、太祖爲司空時、以己率下、毎歳發調、使本縣平（評）貲。

（初め、太祖、司空と爲るの時、己を以て下を率い、歳ごとに調を發し、本縣をして貲を評せしむ）

とある。当該三史料はいずれも曹操による布帛課税に関するもので、史料Dは建安三～四年（一九八～一九九年）、史料Eは袁紹が南下を開始した建安二年（一九七年）頃、史料Fは曹操司空就任時の建安元年（一九六年）のことをしめす。これより渡邊信一郎氏は、建安元年頃から税制が再編され、田租・更賦を中心とする漢代税役体系が「公令＝戸調制」に統一化されたとする[46]。

もっとも、曹魏の織物課税は「戸調」だけとは限らない。すなわち、前節所引『後漢紀』孝質帝紀本初元年条によれば、後漢時代にはすでに「調」があった。加えて、前節で論じたごとく、「熟田」には穀物とともに布（田租としての布、つまり租布）も課された。よって、後漢末の曹操政権にも、「戸調」以外に、「租布」があった可能性がある。とはいえ、以上の点はささいな修正点にすぎない。重要なのはむしろつぎの論点である。

すなわち、先学は、「公令＝戸調」としたうえで、前掲の史料Dや史料Fにみえる絹織物収取をすべて「公令」（史料B）によるものとするが、そもそも史料D・E・Fによると、「税綿絹」は遅くとも建安初年にはあったものの、曹操は「それを占領地などに一律に課すべきではない」とする何夔の案に従っている。その結果制定されたのが史料Bの「公令」で、それをさらに改めたのが史料Aの「令」である。よって、占領地（旧袁紹領）の鄴で建安九年に発布された史料A・Bはそうした占領地向けの臨時の令と解され、基本的布帛税制は史料A・Bとはべつに規定されていた可能性が高い。史料Dによると、「遠域・新邦の典」による臨時の令は基本的税制よりも軽減すべきものなので、基本的布帛税制は建安九年の「公令」や「令」よりも重かったと推測される。

さらにもう一点注意すべきは、袁紹勢力を駆逐した曹操がその年（建安九年）から被征服地に「公令」を適用している以上、それ以前から袁紹勢力下でも布帛納税制が布かれていた可能性が高いことである。さもないと、河北民は戦災被害を受けたうえ、それが癒える間もなく、納税手段が銭から布帛に急遽変更されたことになり、現実的でないからである。これは、戸調制を開始したのが必ずしも曹操とは限らぬことを示唆する。[47]

ともあれ、こうして布帛税制は徐々に後漢末に定制化していった。そしてそれは、西晋武帝の制定した戸調制（原則として戸ごとに絹三匹・綿三斤を収取する西晋戸調制）に継受された。では、魏晋期にはなぜ布帛税制が主軸となりえたかというと、以上の検討をふまえれば、それはやはり漢代～晋代にかけての布帛の生産増加が背景にあったからであろう（本章では、当該税制改革の前提と、その貨幣経済への現実的な影響を問うことを主題とし、国家による戸調制の具体的な立案意図に関する論争には立ち入らない[48]）。

第四節　曹魏における五銖銭の流通

つぎに問題となるのは、曹魏のときに漢代以来の五銖銭がどうなったのかである。これについて前漢時代においては、布帛の租税化は「交易は銭を待ち、布帛は尺寸に分裂すべからず」との理由で棄却された。しかし後漢末には、布帛の重要性が高まり、銭のほうは急速に信用を失っていったごとくである。

現に、『太平御覧』巻八一七所引「魏文帝詔」（『全三国文』の校訂に従う）には、

今、與孫驃騎和通、商旅當日月而至。而百賈偸利喜賤、其物平價又與其絹。故官逆爲平准耳。官豈少物輩耶。

（今、孫驃騎［孫權］と和通し、商旅は當に日月《じつげつ》［毎日・毎月］にして至るべし。而るに百賈は利を偸《ぬす》み賤《やす》きを喜び、其の物の平價には又た其の絹を與《あた》う。故に官は逆《あらかじ》め平准を爲すのみ。官は豈に此の物の輩を少なくせんや）

とある。魏宏燦『曹丕集校注』は、本詔で孫権が驃騎と称されていること、孫権は建安二十四年に驃騎将軍となり、黄初元年に称藩し、黄初二年十一月に呉王に封建されていることから、本史料を黄初元年～黄初二年十一月の曹魏文帝曹丕による詔と解する。本詔はいまひとつ文意の把握しがたいところもあるが、おそらく曹魏と孫呉との国交和平化に伴い、商賈の往来が盛んとなり、彼らが絹織物を両国間の経済的流通手段としていたことを物語るものであろう。これは、絹織物が当時民間で貨幣として広く受領されていた実態をしめす。一方、後漢末の中原地方は戦乱に遭い、五銖銭の流通に支障が出ていた（ただし一部地域を除き、五銖銭の民間市場における流通が完全に停止したとは考えにくい）。董卓は洛陽・長安において小銭を発行したが[49]、それが全国の群雄（袁紹・袁術・曹操など）に広範かつ円滑に行き渡っ

たとも思えない。

　このように、後漢末には布帛の租税化がすすむ一方で、銭の信用性は低下していった。そののち、曹魏の文帝曹丕は即位直後の黄初二年（二二一年）三月に五銖銭を「復」した。[50] 黄初二年三月以前にも曹魏領内で五銖銭を用いた例があるため、「復」は五銖銭の流通停止状態からの復活を意味せず、既存の五銖銭の流通強化を意味するものと考えられる。[51] しかし銭が信用を取り戻すことはなく、穀価の高騰を招来し、結局は黄初二年十月に「罷」められている。[52]

　では、曹魏文帝が黄初二年十月に再度五銖銭を「罷」めた理由はなにか。西嶋定生氏も論ずるとおり、その直接の原因と推察されるのが、一時的な穀物価格の騰貴である。[53] これに加えて、五銖銭反対派（後掲『申鑑』時事所見）が当時の曹魏朝廷内で優越していた可能性もある。

　ともかくこうして五銖銭は文帝黄初二年十月に「罷」められた。ところが、それにもかかわらず、五銖銭は明帝太和元年四月に再度「行」銭化される。[54] では、それは一体なぜか。そこでまず確認すべきは、曹魏では五銖銭復活後も銭が主たる納税手段となることはなく、布帛納の戸調制が維持されたことである。これは、漢代五銖銭が国家的決済手段として機能し、それゆえに国家に流通を後押しされ、また民間の信頼をも得ていたのに対して、魏晉五銖銭がもはや全く別の存在意義（＝非国家的決済手段としての存在意義）を有していたことを意味する。このことは、五銖銭復活を上奏した司馬芝が、その一方で戸調制の基礎たる男耕女織を重視した大司農であったことからも窺えよう（後掲『宋書』孔琳之伝、『三国志』魏書司馬芝伝）。すなわち司馬芝は、戸調制継続と五銖銭復活とを必ずしも矛盾するものとは考えておらず、布帛と五銖銭をそれぞれ別個に併存しうるものとみていたのである。では両者の違いとは何か。これに関連して『宋書』孔琳之伝には以下のような記述がある。これは、東晉末に権力者桓玄が提案した廃銭案に対し、孔琳之が反論した経緯をしるしたものである。

桓玄時、議欲廢錢用穀帛。琳之議曰、「……故聖王制無用之貨以通有用之財、既無毀敗之費、又省運置之苦。……穀帛爲寶、本充衣食、今分以爲貨、則致損甚多。……故鍾繇曰、「巧僞之民競蘊濕穀以要利、制薄絹以充資」。魏世、制以嚴刑、弗能禁也。是以司馬芝以爲、「用錢、非徒豐國、亦所以省刑」。錢之不用、由於兵亂積久、自至於廢。有由而然、漢末是也。……魏明帝時錢廢穀用三十年矣。以不便於民、乃擧朝大議。精才達治之士、莫不以爲「宜復用錢」。……世或謂「魏氏不用錢久、積累巨萬、故欲行之、利公富國」、斯殆不然。……無取於廢錢」。

（桓玄の時、議して錢を廢して穀帛を用いんことを欲す。［孔］琳之議して曰く、「……故に聖王は無用の貨を制して以て有用の財を通ぜしめ、既に毀敗の費無く、又た運置の苦を省く。……穀帛は寶爲り、本より衣食を充たすも、今分ちて以て貨と爲さば、則ち損を致すこと甚だ多からん。……故に鍾繇曰く、「巧僞の民、競いて濕穀を蘊《つ》みて以て利を要《もと》め、薄絹を制して以て資を充たす」と。魏世、制するに嚴刑を以てするも、禁ずる能わざるなり。是を以て司馬芝以爲えらく「錢を用いるは、徒だ國を豊ますのみに非ず、亦た刑を省く所以なり」と。錢の用いざること、兵亂の積むこと久しきに由り、自ら廢するに至る。由有りて然るは、漢末是れなり。……魏の明帝の時、錢廢せられ穀用いらるること三十年。民に不便なるを以て、乃ち朝を擧げて大いに議す。精才達治の士、「宜しく復た錢を用うべし」と以爲《おも》わざるは莫し……世、或いは「魏氏、錢を用いざること久しくして、巨萬を積累し、故に之を行し、公に利し國を富まさんと欲す」と謂うも、斯れ殆んど然らず。……廢錢に取る無し」と）

それによると、魏晉期の布帛・穀物は民間の経済的流通手段として機能しており、それが偽造者の増加を招き、「毀敗の費」・「運置の苦」を招来し、「民に不便」と判断され、かくして五銖銭は曹魏明帝期に復活されることになった。これは、漢代五銖銭が国家的決済手段としての存在意義を主軸としたのに対して、魏晉五銖銭が経済的流通手段としての利便性に基づき、民間の意向をくんで再建された幣制であったこと、したがって両者のあいだには質的変化があったことをしめしている。むろん本史料は孔琳之の個人的意見にすぎず、「民のために銭の流通を支持する」という主張自体が民意という名の大義名分を掲げるための政治的言説であった可能性も皆無ではない。しかしたとえそうであったとしても、上記のごとく当時の五銖銭と布帛が何らかの機能的差異を有していたことは確かであり、本文はその内実を窺わせるほとんど唯一の貴重な史料であるといわねばならない。

加えて荀悦『申鑑』時事には、献帝奉戴後の曹操政権内で五銖銭に関する質疑応答がみえる。これは、五銖銭に関する周囲の疑問に対し、荀悦が回答するという形をとった架空の問答集とみられるが、やはり漢末魏初の五銖銭の機能をしめすものとして注目される。

或問貨。曰「五銖之制宜矣」。曰「今廢、如之何」。曰「海内既平、行之而已」。曰「錢散矣。京畿虚矣。其勢必積於遠方。若果行之、則彼以無用之錢市吾有用之物、是匱近而豊遠也」。曰「事勢有不得。官之所急者穀也。牛馬之禁不得出百里之外。若其他物、彼以其錢取之於左、用之於右、貿遷有無、周而通之、海内一家、何患焉」。曰「錢寡矣」。曰「錢寡民易矣。若錢既通、而不周於用、然後官鑄而補之」。或曰「收民之藏錢者輸之官、牧〔或作收。案應作牧。〕遠輸之京師、然後行之」。曰「事枉而難實者、欺慢必衆、姦僞必作、爭訟必繁、刑殺必深、吁嗟・紛擾之聲、章乎天下矣。非所以撫遺民、成緝熙也」。曰「然則收而積之與」。曰「通市其可也」。或曰「改鑄四銖」。曰「難矣」。或曰「遂廢之」。曰「錢實便於事用、民樂行之、禁之難。今開難令以絶便事、禁民所樂、不茂矣」。曰「起而行之、錢不可、如之何」。曰「尚之廢之弗得已。何憂焉」。

（或るひと貨を問う。曰く「五銖の制、宜《よろ》しきなり」と。曰く「今、廢するは、之を如何《いかん》せん」と。曰く「海内既に平かなれば、之を行するのみ」と。曰く「錢散ずるなり。京畿《けいき》虚なり。其の勢必ず遠方に積《つ》〔滞留〕まる。若し果して之を行せば、則ち彼《か》［遠方］は無用の銭を以て吾《わ》［京畿］が有用の物を市《か》い、是れ近くを匱《とぼ》しくして遠きを豊かにするなり」と。曰く「事の勢いには得ざること有り。官の急《せ》く所は穀なり。牛馬の禁もて百里の外に出づるを得ざらしめよ。其の他の物の若きは、彼は其の銭を以て之を左に取り、之を右に用い、有無を貿遷《ぼうせん》し、周《あまね》くして之を通ぜしめよ。海内、一家たりて、何ぞ患えんや」と。曰く「銭寡《すくな》きなり」と。曰く「銭寡くとも民易《おさ》まる。若し銭、既に通ずるも、而るに用《よう》［用途］に周《あまね》からずんば、然る後に官、鑄て而して之を補え」と。或ひと曰く「民の銭を藏せし者を收《しゅう》［没官］して之を官に輸し、牧《ぼく》［監督］して遠く之を京師に輸し、然る後に之［銭］を行せ」と。曰く「事枉《まが》りて實《じつ》にし難き者［究明困難］は、欺慢必ず衆《おお》く、奸僞《かんぎ》必ず作《お》こり、争訟必ず繁《おお》く、刑殺必ず深く、吁嗟《くさ》［嘆き］・紛擾《ふんじょう》［混乱］の聲、天下に章《あきら》かなり。遺民を撫《ぶ》し、緝熙《しゅうき》［光］を成す所以に非ざるなり」と。曰く「然らば則ち收して之を積むか」と。曰く「市に通ぜば其れ可なり」と。或ひと曰く「四銖に改鑄せよ」と。曰く「難《かた》きなり」と。或ひと曰く「之を廢するを遂《と》げん」と。曰く「銭は實《まこと》に事用《じよう》に便にして、民は樂《たの》しみて之を行い、之を禁ずるは難《かた》し。今、難令を開きて以て便事を絶ち、民の樂しむ所を禁ずるは、茂《ぼう》ならざるなり」と。曰く「起こして之を行うも、銭、可ならずんば、之を如何せん」と。曰く「之を尙《たつと》び之を廢するは已むを得ず。何ぞ焉《これ》を憂えんや」と）

黄啓治の校補によれば、本文は後漢献帝期に董卓が五銖銭を廃止した初平元年（一九〇年）以後、『申鑑』の成立した建安十年（二〇五年）までの状況を描いた史料で、曹操はこの提言をふまえて、建安十三年に五銖銭の鋳造再開に着手した。[55] ここで荀悦は、「八方塞がりの中で具体的な提案をすることを放棄してしまっている」[56] わけではなく、むしろ断固として五銖銭の鋳造再開を主張している。本文では、五銖銭が中央・地方を問わず不足している状況をふまえ、鋳銭の是非が議論され、反対派はつぎの二点を指摘する。

①中央（洛陽・許・鄴付近）で五銖銭を増鋳すると、五銖銭不足の地方に吸収されて滞留し、中央に還元されない恐れがある。

②遠方の者は五銖銭で中央の有益な商品を買い漁り、それが中原の物資不足を招く恐れがある。

だが賛成派の荀悦は、穀物と牛馬を確保したうえで、他の商品は遠方と貿易させるがままとし、適宜銭の増鋳を行なうべきとする立場をとる。また五銖銭の鋳造自体に関しても、市場で自由に流通させ、銭の名目重量に余計な改変は加えるべきでないとする。そのなかで荀悦が五銖銭を「實《まこと》に事用《じよう》に便」で「民の樂しむ所」とする点は、やはり五銖銭がすでに利便性の高い民間の経済的流通手段として定着しつつあった実情を裏づける[57]。

これより、三国時代の曹魏は後漢同様に銭と布帛を主軸としつつ、両者をまったくべつの役割をもつモノとして活用していたと考えられる。その意味で、曹魏は、漢代とは質的に異なる貨幣経済を営んでいたと結論づけられる。

おわりに

以上本章では、銭・黄金・布帛を主とする秦漢貨幣経済が後漢末に変化し、とくに国家供給型貨幣・国家的決済手段として機能していた漢銭がその地位を失った背景について検討した。それによると、まず戦国秦漢時代には布帛生産量の漸次的な増加傾向が認められた。従来もこのことは先学によってたびたび指摘されてきたが、それらは「女織」・「婦織」関連の史料を論拠としたものであった。ところが「女織」・「婦織」の語にはじつは政策的側面・通念的側面・実態的側面があり、関連記載のほとんどは「女織」・「婦織」政策の存在をしめすにすぎなかった。つまり実際の布帛の生産過程は「女織」・「婦織」とは限らず、「女織」・「婦織」の関連史料は現実上の布帛生産量の拡大過程をしめすものとは限らなかった。これより、当時の布帛生産量に関してはあらためてべつの史料を用いて検証する必要が出てきた。そこで国家に布帛を納付させる制度と布帛生産量を具体的にしめす史料をみると、あらたに前漢武帝期以降の布帛生産量の増加が裏づけられ、これが後漢末における銭納税制（算賦・口賦など）から布帛納税制（対熟田布帛課税制・戸調制）への大転換を帰結したものと考えられる。ところが銭は、国家的決済手段の中心的地位から転落したにもかかわらず、それでもなお曹魏の曹叡のときに復活された。その理由は、銭が貴重であるからでも、政府の統治に必要なためでもなく、むしろ経済的流通手段として布帛・穀物以上に民間で好まれていたからであった（ただし布帛などが売買に用いられた例も皆無ではない）。かくして「銭＝国家供給型の国家的決済手段兼経済的流通手段」・「布帛＝民間供給型の補助的貨幣」という傾向を有する戦国秦漢貨幣経済は、「銭＝国家供給型の経済的流通手段」・「布帛＝民間供給型の国家的決済手段」という傾向を有する魏晉貨幣経済へと質的転換を遂げたのである。では、このような貨幣経済の質的変化はその後の経済にいかなる影響を及ぼしたのか。この点は本書第八章で検討する。

注

（1）佐藤武敏『中国古代絹織物史研究』（風間書房、一九七七年）。

（2）上田早苗「漢代の家族とその労働――夫耕婦績について――」（『史林』第六二編第三号、一九七九年）。採桑・養蚕・紡績・機織・裁縫などが女性本来の任務とされ、「農」の一環として漢代農婦に重視されつづけた点は、Hinsch, Bret. 2002. Wealth and Work. *Women in Early Imperial China.* Lanham, Boulder, New York, and Oxford: Rowman & Littlefield Publishers なども指摘する。

（3）布は麻織物全般をさし、厳密には『儀礼』喪服篇の伝に「苴経者、麻之有蕡者也。……牡麻者、枲麻也（苴経は、麻の蕡《ふん》有る者なり。……牡麻は、枲麻なり）」とあるように、雄株から採れる上質の枲麻《メアサ》と、雌株から採れる質の劣る苴《オアサ》に大別される。後者は採種後に麻としての特徴を失うため、衣料たりえない（ただし原宗子「古代の涇水流域――豳風「七月」の世界」（『「農本」主義と「黄土」の発生――古代中国の開発と環境2――』研文出版、二〇〇五年）が論ずるように、繊維分を取った残存部分のオガラは燃料として活用可）。森鹿三「中国の衣食の歴史地理」（『東洋学研究　歴史地理篇』同朋舎、一九七〇年）は中国古代の衣料として麻と絹が重要だったこと、衣料の麻は一般に「枲麻」だったこと、麻は南北（とくに華北）で広く栽培されたこと、古代では華北で大麻（hemp、桑科一年草）が、南方で苧（ramie。蕁科宿根草）が優越したことを指摘する。佐藤武敏「中国古代の麻織物業」（『中国古代工業史の研究』吉川弘文館、一九六二年）は麻の産地についてさらに詳論している。一方、帛（絹織物）の生産は、一般に蚕育成用の桑（温帯・亜熱帯に自生する広葉樹）の栽培を伴い、それらの産地にも大きな地域差がある。帛の産地に関しては、史念海「黄河流域蚕桑事業盛衰的変遷」（『史念海全集』第三巻、人民出版社、二〇一三年）や佐藤武敏注（1）前掲書参照。

（4）鶴間和幸「戦国・秦・漢」（『史学雑誌　一九七九年の歴史学界――回顧と展望――』第八九編第五号、一九八〇年）。

（5）原宗子「麻をめぐって」（『古代中国の開発と環境――『管子』地員篇研究――』研文出版、一九九四年）。

（6）統一秦・里耶秦簡には戸籍様簡がみえ、戸主の大半は妻帯している。また前漢中期の尹湾漢墓木牘「集簿」をみると、東海郡が某一年間に獲得した「流（流民）」の数は「其戸萬一千六百六十二獲流」・「其四萬二千七百五十二獲流」で、当時は「流」ですら毎戸約三・七人の家族をもち、それは一夫一婦を含んでいたとみられる。また渡邉信一郎「古代中国における小農民経営の形成」（『中国古代社会論』青木書店、一九八六年）によると、前漢文帝期～景帝期の鳳凰山第十号漢簡「鄭里稟簿」は鄭里の貧農二五戸分の戸人（＝戸長）名・能田数・口数・保有粟田面積・種籾支給量を列記したもので、平均四・五人の戸のほとんどに「能田」が二人以上おり、夫妻に相当する。これらは戦国時代の史料ではないものの、中国古代の婚姻率が必ずしも経済的理由に大きく左右されるものではなかったことを意味する。

（7）睡虎地秦簡「封診式」封守（第五八八～五九二簡）には、官吏が犯罪者の私有財産を「封守《さしおさえ》」する調書の書式がみえ、「門桑十木」が含まれている。また元始五年の中小農による遺言書とおぼしき江蘇省儀徴胥浦第一〇一号前漢墓出土「先令券書」にも私有財産の「桑田二處」を粟田とともに子供に相続させる旨が明記されている。杉本憲司「江蘇省儀徴県の前漢墓出土の「先令券書」」（『東アジアの法と社会 布目潮渢博士古稀記念論集』汲古書院、一九九〇年）ほか、西川素治「漢代の遺言状 補説『先令券書』の釈文をめぐって」（『駿台史学』第七八号、一九九〇年）、川村康「（書評）西川素治「漢代の遺言状：江蘇儀徴胥浦一〇一号前漢墓出土「先令券書」について」」（『法制史研究』第三九号、一九九〇年）、遠藤祐子「「先令券書」の投げかけるもの――漢代家族史の課題――」（『立命館東洋史学』第十七号、一九九四年）参照。

（8） Hinsh, Bret. 2003. Textiles and Female Virtue in Early Imperial Chinese Historical Writing. *Nan Nü*. no.5-2. pp.170-202 は、「女織」が戦国時代以来、家計を支える重要な仕事とされ、国家の税収としても期待されたとする。また漢代に儒学が発展すると、「女織」はしだいに道徳的に称賛すべき女性の家内労働（ただし利潤追求は非難対象）へと変化したとする。これによれば、「女織」の意味内容は通時代的に変化してゆくもので、漢代のそれは儒家的な理想にすぎない。よって漢代の「女織」の語はやはり実態を反映したものとは限らないことになる。

（9） Hsu, Cho-yun. 1980. The Nonagricultural Alternatives. *Han Agriculture: The Formation of the Early Chinese Agrarian Economy (206 B.C.-A.D. 220)*. Seattle: University of Washington Press. p.130 は、婦女と織物業の密接な関係性をしめす最古の例として、『毛詩』小雅谷風之什所見「織女」（天秤座に含まれる星）の名を挙げる。ただしその具体的な成立年代は不明で、戦国時代に下る可能性もある。またHsu Cho-yun（許倬雲）所引の史料に加え、戦国秦の睡虎地秦簡「日書」（三背壹）にも「織女」が登場し、「牽牛」と番《つがい》になっている。これより、農作業を象徴する「牽牛」と、紡績業を象徴する「織女」との結婚説話は、戦国時代には萌芽していたとわかる。七夕説話については小南一郎『中国の神話と物語り 古小説史の展開』（岩波書店、一九八四年）も参照されたい。以上の例は一見すると、「夫耕婦織」の通念化が戦国時代に溯ることをしめすかのようである。ただし後者は法制史料と同墓から出土した史料で、やはり国家的政策の反映にすぎない可能性もある。また、それが実態化していたか否かはべつの問題である。

（10） 匈奴の中行説は、遊牧騎馬民の匈奴の優越性を説き、前漢の生活様式を批判するなかで、前漢が一律に「耕桑」を行なっていた点を前提としている。『史記』匈奴列伝には「中行説曰……今中國雖詳不取其父兄之妻、親屬益疏則相殺、至乃易姓。皆從此類。……夫力耕桑以求衣食、築城郭以自備、故其民急則不習戰功、緩則罷於作業……」（中行説《ちゅうこうえつ》曰く……今、中國は詳《いつわ》りて其の父兄の妻を取《めと》らずと雖も、親屬は益々疏にして則ち相い殺し、乃ち姓を易うるに至る。皆な此の類に從う。……夫れ耕桑に力《つと》めて以て衣食を求め、城郭を築きて以て自ら備え、故に其の民は、急［戦時］のときは則ち戰功［軍功を挙げること］に習れず、緩［平時］のときは則ち作業［農作業と機織］に罷《つか》る……）」とある。匈奴の中行説は元来前漢の人で、のち匈奴に派遣された。そのことを恨みとし、以後は匈奴に利して反漢的態度を取った。ちなみに『後漢書』劉般列伝には「先是時、下令禁民二業、又以郡國牛疫、通使區種增耕。而吏下《ママ》（下吏）檢結《ママ》（括）、多失其實、百姓患之。般上言、「郡國以官禁二業、至有田者不得漁捕。今濱江湖郡率少蠶桑、民資漁採以助口實。且以冬春閑月不妨農事……」」（［後漢永平年間］是の時に先んじて、［明帝は］令を下して民の二業を禁じ、又た郡國に牛疫あるを以て、通じて區種增耕《くしゅぞうこう》［農地に一定の間隔で溝を掘って播種し、増産する意］せしむ。而れども下吏の檢括［下役人による調査結果］は、多く其の實を失い、百姓は之を患う。［劉］般は上言すらく、「郡國、官の二業を禁ずるを以て、田を有する者は漁捕するを得ざるに至る。今、江湖に濱《ひん》する郡は率《おおむ》ね蠶桑《さんそう》少なく、民、漁採を資《と》りて［頼る意］以て口實《こうじつ》［食扶持］を助く。且つ冬春の閑月を以てすれば農事を妨げず……」と）とある。これは、当時各地で民が実際に農作業と織物業に従事していたこと、河川沿いでは例外的に漁業にも力を入れていたこと、当時の国家が農桑を優先していたことを物語る。侯旭東「漁采狩獵与秦漢北方民衆生計——兼論耕織為本伝統的形成与農民的普遍化」（『近観中古史——侯旭東自選集』中西書局、二〇一五年。『歴史研究』二〇一〇年第五期に初出）も、本章旧稿（詳細はあとがき参照）とほぼ同時期に同様の点を指摘し、さらに詳細に秦漢時代の漁業・狩獵・採集の実態解明に取り組んでいる。これらも女織・婦織政策は前後漢を通じて布かれ続けていた傍証となる。

(11)　上田注（2）前掲論文。

(12)　『漢書』元后伝に「莽又知太后婦人厭居深宮中……乃令太后四時車駕巡狩四郊、存見孤寡貞婦。春幸繭館、率皇后列侯夫人桑、遵霸水而祓除（［王］莽は又た太后婦人の居の宮中に深きを厭うを知り……乃ち太后をして四時車駕もて四郊を巡狩し、孤寡貞婦を存見《そんけん》［慰問］せしむ。春に繭館《けんかん》に幸《みゆき》し、皇后列侯夫人を率いて桑《くわ》とり、霸水に遵《したが》いて祓除す）」とある。

(13)　紡績・機織も、特殊技術を要する場合や、作業者が織機を有するほどの裕福な家に属している場合にかぎり、家内で営まれることがあった（実際には婢が従事するのが一般的であった）。たとえば『西京雑記』巻上には、「散花綾《さんかりょう》（花を散らした模様の綾絹)」に関して「陳竇光の家より出で、竇光の妻、その法を傳う」とあり、織物技術の中には家ごとに婦を対象に伝承されるものもあった。

(14) 藤田勝久「漢代の地方統治と時令思想」(『中国古代国家と郡県社会』汲古書院、二〇〇五年)。

(15)『八家後漢書輯注』所収謝沈『後漢書』第二一条。

(16) 魏霸、字喬卿、爲鉅鹿太守。妻子不到官舍。常念兄嫂在家勤苦、己獨專樂、故掌服麄糲、不食魚肉之味、婦親蠶桑、服機杼、子躬耕農、與兄弟子同苦樂、不得有異。鄉里慕其行、化之(魏霸、字は喬卿、鉅鹿太守と爲る。妻子は官舍に到らず。常に兄嫂の家に在りて勤苦《きんく》し、己獨りのみ專ら樂しむを念《おも》い、故に掌に麄糲《それい》[精白していない米]を服し、魚肉の味を食わず、婦は蠶桑に親しみ、機杼に服《したが》い[従事し]、子は躬ら耕農し、兄弟の子と苦樂を同じくし、異有るを得ず。鄉里は其の行を慕い、之に化す。『東観漢記校注』巻十三魏霸伝)。逆に、自給自足の質素な暮らしを目指した家々はしばしば「妻紡績以自給(妻は紡績して以て自給す)」などと評される(『八家後漢書輯注』所収袁山松『後漢書』第一六五条など)。

(17) 野中敬「魏晉戸調成立攷」(『早稲田大学大学院文学研究科紀要』別冊第十四集・哲学・史学編、一九八七年)。

(18) 廉范、字叔度、爲蜀郡太守。成都邑・宇逼側、舊制、禁民夜作以防火。而更相隱蔽、燒者日日相屬。范乃毀削前令、但嚴使儲水、百姓爲便。乃歌之云、「廉叔度、來何暮。不禁火、民安堵。昔無襦、今五袴」(廉范、字は叔度、蜀郡太守と爲る。成都の邑・宇[家屋]は逼側《ひょくそく》[混雑]し、舊制に、民に夜に作すを禁じて以て火を防ぐ。而るに更々《こもごも》相い隱蔽し、燒者は日日相い屬《あつ》まる。范は乃ち前令を毀削《きさく》し、但だ嚴しくして水を儲《たくわ》えしめ、百姓は便と爲す。乃ち之を歌いて云う、「廉叔度、來ること何《なん》ぞ暮《おそ》きや。火を禁ぜずして、民は安堵す。昔は襦無く、今は五袴あり」と。『東観漢記校注』巻十四廉范伝)。

(19) Hinsch, Bret. 2002 注(2)前掲書、劉增貴「画像与性別——漢画中的漢代婦女形象——」(李貞徳主編『中国史新論 性別史分冊』中央研究院、二〇〇九年)。

(20) 彭衛「漢代女性的工作」(『史学月刊』二〇〇九年第六期)。

(21)『史記』外戚世家に「竇皇后……弟曰竇廣國……家貧、爲人所略賣、其家不知其處。……聞竇皇后新立、家在觀津、姓竇氏。廣國去時雖小、識其縣名及姓、又常與其姊採桑墮[古鈔本・楓山本・三條本は「墮樹」に作る]。用爲符信、上書自陳(竇皇

后……弟は竇廣國と曰い……家は貧しく、人の略賣する所と爲り、其の家は其の處を知らず。……竇皇后の新たに立ち、家は觀津に在り、竇氏を姓とするを聞く。廣國は去時［過去の意か］に小きと雖も、其の縣名及び姓を識り、又た常《かつ》て其の姉と桑を採りて［樹より］墮《お》つ。用て符信と爲し、上書して自ら陳ぶ）」、『三国志』蜀書龐統伝に「統弱冠往見徽。徽採桑於樹上、坐統在樹下、共語自晝至夜。徽甚異之……（［龐］統は弱冠にして往きて［司馬］徽に見えんとす。徽は桑を樹上に採り、統を樹下に坐せしめ、共に語ること晝自り夜に至る。徽は甚だ之を異とす……）」とある。

（22）原宗子『環境から解く古代中国』（大修館書店、二〇〇九年）。

（23）長沙五一広場東漢簡牘（第十六条）には「廣亭部。董、上丘。旦、橋丘。與男子烝願・雷勒相比近知習、輔農、以田作・莫旦績紡爲事。……永初元（廣亭部。董は、上丘［の人］。旦は、橋丘［の人］。男子の烝願・雷勒と相い比近知習にして、農を輔け、田作・莫旦《マ》績紡《マ》を以て事と爲す。……永初元）」とある。張煒軒「読《長沙五一広場東漢簡牘選釈》札記」（武漢大学簡帛網、二〇一七年八月九日閲覧）の指摘どおり、「莫旦績紡爲事」は「莫（眞の誤字。女性人名）と旦（女性人名）は紡績に従事した」とも「莫（暮）と旦（明け方）には績紡に従事した」とも解釈でき、後者の場合、後漢永初元年（一〇七年）時点で紡績に従事する男性もいたことになる。しかも夜中に紡績をしていた点は、本文で指摘した習俗とも符合する。その是非は今後に委ねたい。

（24）Hinsh, Bret. 2003 注（8）前掲論文。

（25）Chin, Tamara T.. 2014. Alienation: Kinship in the World Economy. *Savage Exchange: Han Imperialism, Chinese Literary Style, and the Economic Imagination.* Cambridge (Massachusetts) and London: Harvard University Asia Center. pp.191-227。

（26）後漢・王符『潛夫論』務本篇「夫用天之道、分地之利、六畜生於時、百物聚於野。此富國之本也。游業・末事、以收民利、此貧邦之原也。……故力田所以富國也。今民去農桑……（夫れ用天の道は、地の利を分かち、六畜は時に生まれ、百物は野に聚まる。此れ富國の本なり。游業［行商等の流動的職業］・末事［本業に対する末業、転じて商業の意］して、以て民利を收むるは、此れ貧邦の原なり。……故に力田は國を富ます所以なり。今、民は農桑を去り……）」や、『潛夫論』浮侈篇「王者以四海爲一家、以兆民爲通計。一夫不耕、天下必受其饑者。一婦不織、天下必受其寒者。今舉世舍農桑、趨商賈（王者は四海を以て一家と爲し、兆民を以て通計と爲す。一夫耕さずんば、天下に必ず其の饑を受く者あり。一婦織らずんば、天下に必ず其の寒を受く者あり。今、世を擧げて農桑を舍《す》て、商賈に趨る）」のような抽象的かつ思想的な批判は他にも散見し、布帛の実質的な生産量をしめす指標とはなりえない。

（27）Hsu, Cho-yun 1980 注（9）前掲書は、『九章算術』衰分「今有女子善織、日自倍、五日織五尺。問、日織幾何（今、女子の善く織るもの有り、日に自ら倍し、五日にして織ること五尺。問う、日ごとに織ること幾何ぞ）」と『太平御覧』巻八二六資産部織所引「古艶歌」「孔雀東飛、苦寒無衣。爲君作妻、中心惻悲。夜夜織作、不得下機。三日載疋、尙言吾遲（孔雀東に飛び、苦寒するも衣無し。君が爲に妻と作るも、心に中《み》つる惻悲［悲しみの意］。夜夜織作し、機を下るを得ず。三日にして疋［＝四十尺］を載《にな》うも、尙お吾の遲るるを言う）」を比較し、前者を前漢時代、後者を後漢時代の状況をしめしたものとし、前漢から後漢にかけて「女織」の平均的生産量が増加したとする。かりに許倬雲（Hsu, Cho-yun）説が妥当であれば、これも前漢から後漢にかけて布帛生産量が増加した一証となる。しかし『九章算術』衰分と類似の数学問題は前漢初期の張家山漢簡「算数書」と南北朝期の『孫子算経』巻中にもみえ、前者は「有婦三人、長者一日織五十尺、中者二日織五十尺、少者三日織五十尺（婦三人有り、長者は一日に五十尺を織り、中者は二日にして五十尺を織り、少者は三日にして五十尺を織る）」に作り、後者は『九章算術』と同じく「今有女子善織、日自倍、五日織五尺」に作る。上記四史料を時系列順に並べると、「女織」の平均的生産量は必ずしも増加傾向にあるとはいえず、むしろみな架空の数学問題の前提にすぎず、現実を反映したものではないようである。よって本章本文では数学史料を布帛生産量の通時的増加傾向の証拠としては採用しない。

（28）重近啓樹「算賦制の起源と展開」（『秦漢税役体系の研究』汲古書院、一九九九年）によると、第一次～第二次変法間に実施された戸賦は戸単位布帛納税制で、恵文王二年の「初行錢（初めて錢を行す）」以前は布帛納であった。たしかに鋳銭以前の税制が銭以外の物財（布帛等）によっていたことは容易に想像しうる（戸単位か否かは別途検討）。もっとも、国家的鋳銭以降も田租の布帛折納はあったようで、龍崗秦簡（第一二六簡）にも「租布」がみえるが、その例は少なく、漢代では例外であったと思われる。また統一秦前後に繭に対する「戸賦」もあったが、「戸賦」は銭による場合もあり、しかも田租や算賦とは区別される一税目であった。鄔文玲「里耶秦簡所見〝戸賦〟及相関問題瑣議」（『簡帛』第八輯、二〇一三年）参照。

(29)　施偉青「漢代居延官俸発放的若干問題」(『中国古代史論叢』岳麓書社、二〇〇四年)、李天虹「俸祿・現銭」(『居延漢簡簿籍分類研究』科学出版社、二〇〇三年)。

(30)　唐長孺「魏晉戸調制及其演変」(『魏晉南北朝論叢』中華書局、二〇〇九年)。

(31)　「田家莂」の統計については、關尾史郎主編・伊藤敏雄編『嘉禾吏民田家莂数値一覧(Ⅱ)』(二〇〇七年)参照。

(32)　王素(市来弘志訳)「中日における長沙呉簡研究の現段階」(『長沙呉簡研究報告』第三集、二〇〇七年)参照。

(33)　麻栽培は肥沃な土地を必要とし、米田と競合関係にあり、夏作物用の耕起・播種期とも重複する。『四民月令』や『斉民要術』によれば、麻は夏至頃に播種し、春分時に刈取って剝皮するため、大麻の播種と穀物の刈入れ、穀物の播種と大麻の収穫は時期的に重複するのである。よって、「田家莂」の各戸全部が麻田を保有していたとは限らない。なお、帛は養蚕用の桑と密接な関係があり、『礼記』月令・『四民月令』などによると、旧暦三月頃に催青し、四月中下旬に上蔟するのが模範的で、桑摘みはそれ以前に行われ、麻織物ほど農作業時期と衝突するわけではない。

(34)　唐長孺注(30)前掲論文。また藤家禮之助「南朝の税制」(『漢三国両晉南朝の田制と税制』東海大学出版会、一九八九年)は、南朝斉の「租布」を「田租としての布」としつつも、南朝宋の「租布」については唐説に従い、田租＋戸調とする。

(35)　吉田虎雄『魏晉南北朝租税の研究』(大阪屋号書店、一九四三年)。

(36)　陳寅格「隋唐制度淵源略論稿」(『陳寅恪集(第二版)』三聯書店、二〇〇九年)。

(37)　彭衛注(20)前掲論文。

(38)　『後漢書』陳寵列伝に「皇后弟侍中竇憲薦眞定令張林爲尙書(皇后の弟の侍中竇憲は眞定令の張林を薦めて尙書と爲す)」とある。

(39)　もっとも、後漢後半期になると、衣料としての絹織物の不足が取沙汰されるようになる。これは一見すると、後漢時代になって布帛生産が増えたとする本論と矛盾するかのごとくである。たとえば王符『潛夫論』浮侈篇には「今擧世舍農桑、趨商賈、牛馬車輿塡塞道路、游手爲功、充盈都邑。治本者少、浮食者衆。……今察洛陽、浮末者什於農夫、虛僞游手者什於浮末。……天下百郡千縣、市邑萬數、類皆如此。……今多不脩中饋、休其蠶織、而起學巫祝、鼓舞事神、以欺誣細民、熒惑百姓婦女。……今京師貴戚、衣服・飲食・車輿・文飾・廬舍、皆過王制、僣上甚矣。……富貴嫁娶、……富者競欲相過、貧者恥不逮及。是故一饗之所費、破終身之本業（今、世を擧げて農桑を舍《す》て、商賈に趨《はし》り、牛馬の車輿は道路を塡塞《てんそく》［滿ちふさがる］し、游手《ゆうしゅ》は功を爲し、都邑に充盈《じゅういつ》す。本を治むる者は少なく、浮食者は衆《おお》し。……今、洛陽を察するに、浮末者は農夫に什《じゅう》［十倍の意］し、虛僞游手の者は浮末に什す。……天下の百郡千縣、市邑萬數、類は皆な此の如し。……今、多く中《ちゅう》饋《き》［婦女が家庭で料理炊事をすること］を脩《おさ》めず、其の蠶織《さんしょく》を休み、而して起ちて巫祝に學び、鼓舞して神に事《つか》え、以て細民を欺誣《きぶ》［欺く］し、百姓の婦女を熒惑《けいわく》す。……今、京師の貴戚、衣服・飲食・車輿・文飾・廬舍は、皆な王制を過ぎ、僭《せん》上《じょう》甚だし。……富貴嫁娶《かしゅ》するや……富者競いて相い過ぎんと欲し、貧者は逮及《たいきゅう》［及ぶ］せざるを恥づ。是の故に一饗の費やす所、終身《しゅうしん》［一生涯］の本業を破る）」とある。また同『潛夫論』務本篇も、民による「本」（農桑だけでなく、実用的器物の製造に携わる百工や物財流通に有用で暴利を求めぬ商賈なども含む）を重視する論調のなかで、後漢後期の状況を「今民去農桑、赴游業、披采衆利、聚之一門。雖於私家有富、然公計愈貧矣。……今工好造彫琢之器、巧僞飭之、以欺民取賄。……今商競鬻無用之貨・淫極侈之弊、以惑民取產。雖於淫商有得、然國計愈失矣（今、民は農桑を去り、游業に赴き、披く《ひろ》衆利《しゅうり》［多くの利益］を采《と》り、之を一門に聚《あつ》む。私家に富有りと雖も、然るに公計は愈《いよいよ》々貧し。……今、工は好みて彫琢の器を造り、巧僞《こうぎ》もて之を飭《かざ》り、以て民を欺きて賄《わい》［財物］を取る。……今、商は競いて無用の貨を鬻《ひさ》ぎ、極侈《きょくし》の弊に淫《いん》し、以て民を惑わし產を取る。淫商《いんしょう》には得《とく》有りと雖も、然るに國計愈々失す）」と批判している。ここには、農桑生産でなく、奢侈品売買に励む商賈の姿が描かれている。これらの史料は、後漢後半期の思想家王符の『潛夫論』の一部である。王符は、出自の低さと非社交的性格のため、出世街道を外れ、その忿懣と世俗批判を『潛夫論』に込めた。なかでも前掲両篇は、後漢末・仲長統『昌言』の理乱篇や損益篇とともに、富者の奢侈に言及したものとして名高い。これより内藤湖南「支那中古の文化」（『内藤湖南全集』第十巻、筑摩書房、一九六九年）がつとに論ずるように、「後漢の時も、民間の奢侈は前漢と大差のないことが分る」。それによると、後漢後半期には「農桑を舍《す》て、商賈に趨《はし》」る者が増え、「浮末者」は「農夫」の十倍、「虛僞游手の者」は「浮末者」の十倍に達し、それは首都洛陽にとどまらない全国的現象であったという。そのうえで王符は、当時の婦女が儲けを優先し、絹織物生産業よりも巫祝業を選ぶ現状を批判する。けれどもこれは、当時の多くの農村ですでに「婦女による絹織物生産」が一般化していた実態を前提とするものであろう。だからこそ、布帛の価値は下落し、一部の婦女は暴利にありつくべく、巫祝業を選択しているのである（かりに農桑を舎《す》てる者の数がほんとうに致命的水準に達しておれば、そもそも農作物と絹織物の価値が高騰するため、人びとは農桑業に回帰するはずである）。

(40)『八家後漢書輯注』所収華嶠『漢後書』第一六三条、『太平御覧』巻二七冬下及び同巻八二六織所収の崔寔『政論』、『東観漢記校注』巻十七崔寔伝。

(41) 王素「長沙東牌楼東漢簡牘選釈」（『文物』二〇〇五年第十二期）。

(42) 賀昌群「升斗弁」（『歴史研究』一九五八年第六期）、周国林「曹魏畝収租四升弁誤」（『江漢論壇』一九八二年第一期）、張学峰「曹魏租調制度についての一考察——特にその租額問題を中心として——」（『史林』第八一巻第六号、一九九八年）などは「四升」を「四斗」の誤りとする。このような史料の読み替えには批判もあるが、張氏が総括しているように、やはり「四升」を「四斗」の誤りとみる方が妥当と思われる。しかも、走馬楼呉簡でも熟田に毎畝四斗以上課税され、魏と呉はそれほどかけ離れた税率を採用していたとは考えにくいので、これも「四斗」説の傍証となる。

(43) 佐藤武敏注（1）前掲書。

(44) 佐藤武敏注（1）前掲書。

(45) 吉田注（35）前掲書、渡邊信一郎「戸調制の成立——賦斂から戸調へ」（『中国古代の財政と国家』汲古書院、二〇一〇年）。

(46) 渡邊注（45）前掲論文は西晋戸調制について、県段階における直接的収取と、それら収取物を基礎として郡国単位に中央へと貢納する二層があるとし、県段階では農民各戸の家産評価額に基づく九等級累進課税がなされ、その中から中央政府財源が委輸されたとする。

(47) 唐長孺注（30）前掲論文によれば、名詞の「調」は本来「調度調発」の意で、漢代に溯る用語であり、賦銭（軍事費支出のために徴収）や田租・塩鉄業収入などを含意する。「調」の額面や徴収対象は本来定まっておらず、後漢明帝期には毎年徴収される形になっていた。しかも算賦を繇絹で折納する例も後漢時代に溯る。こうした状況をふまえ、あらためて「調」を固定化・普遍化し、繇絹を軸に据えたのが曹操であるという。これをふまえれば、類似の税制改革がすでに袁紹の勢力下で起こっていたとしても不思議ではない。

(48)「戸」単位課税の立案意図については、①後漢末の戦乱により人民流亡・田土荒廃が生じ、人口調査や土地調査が困難となったため、人や土地より把握しやすい戸を対象としたとする松本善海「隣保組織を中心としたる唐代の村政」（『中国村落制度の史的研究』岩波書店、一九七七年）、曽我部静雄「晉の土地税役制度」（『均田法とその税役制度』講談社、一九五三年）の説、②国家権力の衰退した魏晉期に、国家が豪族の台頭を防ぎ、農民を吸収する一手として、比較的緩やかな戸単位把握を実施したとする西嶋定生「魏の屯田制――特にその廃止問題をめぐって――」（『中国経済史研究』東京大学出版会、一九六六年）の説、③布帛は細かく裁断して納めることができないためとする唐長孺注（30）前掲論文の説、④漢代郷里社会の階層差が拡大したため、戸ごとに不均等課税制を課すことで格差に対応したとする重近啓樹「徭役の諸形態」（『秦漢税役体系の研究』汲古書院、一九九九年）の説、⑤農戸が男耕女織を営んでいたことを前提とし、それを課税対象としたとする堀敏一「魏晉の占田・課田と給客制の意義」（『均田制の研究』岩波書店、一九七五年）、上田注（2）前掲論文、野中注（17）前掲論文の説などがある。また野中氏は、それによって戸単位の生産基盤の再建をはかったとする。次に、戸調を銭でなく布帛で納付させる制度とした立案意図についても、①後漢以来の貨幣流通の衰退と現物経済の進展に対応させるためとする西嶋説。②小農民の非生産物（銭）でなく生産物（布帛）に課税し、布帛の通貨的機能を推進し、金属貨幣を廃止することで、小農民の没落に波止めをかけ、商人階層の市場における優位性を抑止しようとしたためとする藤元光彦「『戸調』の成立をめぐって――特に貨幣経済との関連を中心に――」（『立正史学』第六一号、一九八七年）の説、③地着勧農政策のもと、戦乱で流亡した民を地着させて生産の場を再建すべく、桑などの栽培を強制して民を土地に縛りつけたとする野中説などがある。筆者は現時点では野中説が妥当と考えているが、野中氏の依拠する上田説には反対で、これを論じたのが本章第二節である。

(49)『後漢書』董卓列伝に「卓……又壊五銖錢、更鑄小錢、悉取洛陽及長安銅人鍾虡・飛廉・銅馬之屬以充鑄焉（［董］卓は……又た五銖錢を壊し、更めて小錢を鑄、悉く洛陽及び長安の銅人の鍾虡・飛廉・銅馬の屬を取て以て鑄に充《あ》つ）」とある。

(50)『三国志』文帝紀黄初二年［二二一年］三月条に「初復五銖錢（初めて五銖錢を復す）」、『資治通鑑』文帝黄初二年三月条に「初復五銖錢（初めて五銖錢を復す）」、胡三省注に「漢獻帝初平元年、董卓壊五銖錢、今復之（漢の獻帝の初平元年に、董卓は五銖錢を壊し、今、之を復す）」とある。

（51）黄初二年三月条の「復」字は、『史記』六国年表秦始皇二十六年欄にも「復行錢（復た錢を行す）」とみえ、そこでは「行錢」が秦始皇二十六年以前にまったく流通していなかったという意味でなく、それ以前から流通していた銭をさらに流通強化する意に用いられている（前著第四章）。曹操五銖課題組「曹魏五銖銭」（『中国銭幣論文集』第三輯、一九九八年）は、当時銭が流通していた一証として『後漢書』献帝本紀興平元年［一九五年］条「是時穀一斛五十萬、豆麥一斛二十萬（［長安に於いて］是の時に穀は一斛ごとに五十萬、豆麥は一斛ごとに二十萬）」を引く。他にも『古文苑』巻十所引「與太尉楊彪書」に「操白、與足下同海内大義……而足下賢子恃豪父之勢、毎不與吾同懷……便令刑之。念卿父息之情……今贈足下錦裘二領・八節銀角桃杖一枚・青氈床褥三具・官絹五百匹・錢六十萬……。……所奉雖薄、以表吾意（操白す、足下［楊彪］と海内の大義を同じうす……而るに足下の賢子は豪父の勢を恃み、毎に吾と懷を同じうせず……便ち令して之を刑す。卿の父息の情を念《おも》い……今、足下に錦裘二領・八節銀角桃杖一枚・青氈床褥三具・官絹五百匹・錢六十萬……を贈る。……奉ずる所は薄きと雖も、以て吾が意を表す）」とある。Tian, Xiaofei. 2015. Material and Symbolic Economies: Letters and Gifts in Early Medieval China. In Richter, Antje. ed. *A History of Chinese Letters and Epistolary Culture*. Leiden & Boston: Brill. pp.135-186の論ずるとおり、本書信は曹操が楊彪（二二五年死去）に与えたもので、二一九年に楊脩を処刑した曹操が父楊彪に遺憾の意を表したものである。これも後漢末に銭が流通していたことを物語る。ちなみに『晉書』食貨志「及獻帝初平中、董卓乃更鑄小錢、由是貨輕而物貴、穀一斛至錢數百萬。至魏武爲相、於是罷之、還用五銖。是時不鑄錢既久、貨本不多。又更無增益。故穀賤無已。及黃初二年、魏文帝罷五銖錢、使百姓以穀帛爲市。至明帝世、錢廢穀用既久……（獻帝の初平中に及びて、董卓乃ち更めて小錢を鑄、是れ由り貨輕くして物貴く、穀一斛は錢數百萬に至る。魏武の相と爲るに至り、是に於いて之を罷め、還た五銖を用う。是の時、錢を鑄ざること既に久しく、貨は本より多からず。又た更に增益すること無し。故に穀賤きこと已む無し。黃初二年に及びて、魏の文帝は五銖錢を罷め、百姓をして穀帛を以て市を爲さしむ。明帝の世に至りて、錢廢せられ穀用いらるること既に久しく……）」や『通典』食貨八錢幣上「曹公爲相、於是罷之、還用五銖。是時不鑄錢既久、貨本不多、又更無增益、故穀賤而已（曹公、相と爲るや、是に於いて之を罷め、還た五銖を用う。是の時、錢を鑄ざること既に久しく、貨は本より多からず、又た更めて增益すること無く、故に穀賤きのみ）」によれば、曹操が丞相就任時（建武十三年、二〇八年）に五銖銭を復活させたかのごとくである。現に曹操五銖課題組前掲論文などはそのように理解しており、それと蜀漢の直百体制・孫呉の大泉体制とを対比している。だが考古学的に漢代五銖銭と曹魏銭との弁別は不可能で（可能だとする古銭学者は少なくないが、じつは明確な論拠がない）、蜀漢の直百五銖銭は五銖銭の存在を前提とし（本書第五章）、孫呉においても五銖銭は流通し続けていた（本書第七章）。加えて西嶋定生『晉書食貨志訳注』（東洋文庫、二〇〇七年）の注804が論ずるとおり、曹操の丞相就任時に五銖銭が「復」されたと解釈した場合、『三国志』文帝紀黄初二年［二二一年］三月条「初復五銖銭」と矛盾する。よって前掲の『晉書』食貨志と『通典』食貨八銭幣上の記載は誤りであろう。つまり五銖銭は、後漢末以来流通しつづけていたけれども、曹操の丞相就任時に新たに鋳造されたり、国家的決済手段として復活したとみることはできないのである。

(52)　『三国志』魏書文帝紀黄初二年十月［二二一年］条に「以穀貴、罷五銖錢（穀の貴きを以て、五銖錢を罷む）」とあり、『資治通鑑』文帝黄初二年条に八～十月のこととして「以穀貴、罷五銖錢（穀の貴きを以て、五銖錢を罷む）」とあり、胡三省注に「復五銖錢無幾何而罷（五銖錢を復すこと幾何《いくばく》も無くして罷む）」とあり、『晉書』食貨志に「文帝黄初二年、以穀貴、始罷五銖錢（文帝の黄初二年、穀の貴きを以て、始めて五銖錢を罷む）」や「及黄初二年、魏文帝罷五銖錢、使百姓以穀帛爲市。至明帝世、錢廢穀用既久（黄初二年に及び、魏の文帝は五銖錢を罷め、百姓をして穀帛を以て市《あきな》いを爲さしむ。明帝の世に至り、錢の廢せられ穀の用いらるること既に久し）」とある。

(53)　西嶋定生注（51）前掲訳注の注808。なお全漢昇「中古自然経済」（『中国経済史研究（1）』稲郷出版社、一九八〇年）はその時代背景として、①戦乱による経済混乱、②人口激減、③青銅供給量の減少、④仏像建立による青銅消費量増加の四点を挙げる。

(54)　『三国志』魏書明帝紀太和元年四月条に「行五銖錢（五銖錢を行す）」とある。このときの鋳銭を疑う説もあり、またその鋳造分量を少なく見積る説もあるが、のちに西晉・魯褒『銭神論』が執筆されたことからもわかるように、明帝期以降西晉に至るまで、五銖銭は相当量鋳造されたとみるのが穏当である。

(55) 黄啓治『中鑑注校補』（中華書局、二〇一二年）。

(56) 山田勝芳『貨幣の中国古代史』（朝日新聞社、二〇〇〇年、二五三頁）。

(57) 五銖銭が曹魏後期に広く民間の経済的流通手段として受容されていた点を念頭に置かなければ、たとえば文帝司馬昭（二五五〜二六五年に実権掌握）が山濤に対し、生活の足しにと「錢二十萬・穀二百斛」を賜与した背景も説明しえまい。すなわち、『晉書』巻四三山濤列伝に「山濤……遷尚書吏部郎。文帝與濤書曰、「足下在事清明・雅操邁時。念多所乏、今致錢二十萬・穀二百斛」（山濤……尚書吏部郎に遷る。文帝、濤に書を與《あた》えて曰く、「足下、事に在りては清明《せいめい》・雅操《がそう》にして時を邁《ゆ》く。乏《とぼ》しい所多きを念《おも》い、今、錢二十萬・穀二百斛を致す」と）」とある。なお『九家旧晉書輯本』所引の臧榮緒『晉書』巻七に同文、王隠『晉書』巻六に類似の文があり、後者は「致錢二十萬・絲百觔・穀二百斛」に作る。

第五章　蜀漢の軍事最優先型経済体制

はじめに

前章では曹魏の貨幣経済について検討した。それによると曹魏では、後漢以来の五銖銭が国家的決済手段としての役割を失い、純粋に民間での利便性の高い経済的流通手段として生まれ変わる一方、布帛があらたに国家的決済手段としての役目を果たすようになった。この貨幣史上の大転換は、当初は曹魏国内にとどまるものであったが、曹魏が蜀漢を吸収し、西晋に帝位を禅譲し、西晋が孫呉を吸収したために、結局は三国時代以降の貨幣経済全体を決定的に方向づけるものとなった。このことは、のちに本書第八章で晋代貨幣経済の構造的特質を検討するさいに、今一度詳細に検討する。

それでは、このような中原貨幣経済の転換期にあって、曹魏以外の二国（いわゆる蜀漢と孫呉）には一体いかなる経済体制が存したのか。そもそも曹魏と西晋が中原主流経済を構築したのに対し、蜀漢・孫呉は地方政権として四川・江南に数十年割據したにとどまる。だが後述するように、じつはそのような国々に暮らした人びともまた、自分達なりに試行錯誤を重ね、三国間の熾烈な生存競争を勝ち抜こうとしたのであり、それは結果的に独特な地方経済を胚胎した。魏晋南北朝貨幣経済の時代的特質を描写するうえで、そのような地方政権のもがく姿と、彼らの経済的思索の過程を看過することはできない。

では蜀漢経済は具体的にいかなる構造的特質を有していたのか。そもそも蜀漢経済の関連史料については従来非常に少ないといわれてきたが、実際には必ずしも皆無ではなく、陶元珍氏・陳嘯江氏・余鵬飛氏などの基礎的研究があり、すでに細部にわたる史料収集と考証が図られている(1)。また蜀漢の主たる経済政策や丞相諸葛亮の経済思想などに関しても膨大な論考がある。とはいえ、それらは必ずしも蜀漢経済の構造的特質を体系的に論じたものではない。

また、もとより本章第三節で詳細に検討するように、蜀漢の吏卒数の対総人口比はじつは十五%にのぼるものであった（後掲表5—1）(2)。この吏卒比は、中国古代の諸軍事国家のなかでも群を抜いており、中国史上最大級と考えられる。これは蜀漢がたんなる軍事国家を越える軍事国家（以下、軍事最優先型国家）であったことを意味する。だが先学は、かかる軍事最優先型国家を支えた蜀漢経済の特異性に関しては詳細な分析を加えていない。

たとえば周一良氏は、蜀漢経済が諸葛亮執政以降とくに後退したとする(3)。閔伝超氏は、蜀漢が軍事のみを重視して経済発展を軽視していたとする(4)。上海社会科学院経済研究所経済思想史研究室は、諸葛亮が軍事目的で経済維持を図り、四川地方の豊富な資源に依存するのみで経済改革に着手せず、特別な経済思想や経済政策も有していなかったとする(5)。これらの研究は、どれも蜀漢貨幣経済の存在を消極的に評価したものである。

一方、劉静夫氏は、蜀漢が豊富な資源を背景とする小農経済立国であったとする(6)。余鵬飛氏は、諸葛亮独自の経済政策として、①農本主義的政策、②塩鉄と絹織物の生産、③繇役と賦税の軽減化、④節約と奢侈反対の四点を挙げる(7)。だが、これらの研究も関連史料を紹介・概説するにとどまり、軍事―経済間の連動性にも觝れておらず、蜀漢経済の構造的特質を十分に論述したものとはいいがたい。

他方、たとえば高凱氏・鄭発展氏・趙中祥氏は、蜀漢が極度に軍事を重んじた結果、人口バランスが失われ、蜀漢は必然的に滅亡したとし(8)、陳玉屏氏は、蜀漢が強大な兵力を有し、民に相当な経済的負担をかけた一方で、それでもなお蜀漢では諸葛亮の高尚な道徳的気風が民に影響を与えたために民衆反乱が少なかったとする。(9) これらはともに蜀漢の軍事国家的特質を正確に指摘したものである。だがこれらも経済分析を主題としたものではない。

これに対して周紅氏は、蜀漢が外征をくりかえして民に相当な経済的負担をかけたとし、経済と軍事の関係に具体的に論及している。(10) また王明前氏も、諸葛亮執政期を中心とする蜀漢経済を「軍政合一」・「以軍統政」に基づく「戦時経済」と捉え、その内実を検討している。(11) これらは蜀漢における軍事と経済の関連性に注目した数少ない研究である。ただしこれらも初歩的な分析にとどまり、依拠すべき史料の収集・選択・解釈が粗く、私見とも多くの点で異なる。また周知のごとく蜀漢関連史料には信憑性を欠く記載が含まれるので、これに関する先行研究もふまえた慎重な論述が求められる。

さらに両研究は蜀漢を「以攻為守」・「軍政合一」・「以軍統政」の国とし、蜀漢経済を「戦時経済」と形容するが、それと他の中国古代国家・経済体制との相異も不明瞭である。とくに蜀漢の吏卒比は中国史上最大級なので、蜀漢経済にも他の軍事国家にはない特質があった可能性が高い。そのうえ、蜀漢政府はかくも厳格な軍事最優先型国家体制を布いたにもかかわらず、結局は四十年間以上にわたり命脈を保ちつづけた。そして後述するように、蜀漢が滅亡したのは、蜀漢が経済的に自壊したからではなく、あくまでも曹魏という外敵が侵攻したためであった。よって蜀漢滅亡の直接的原因を蜀漢内部（たとえば軍事偏重・人口比率異常・軍事最優先型経済など）に求める諸説には最初から検討の余地がある。むしろ蜀漢の滅亡を前提とすることなく、まずは統計史料などを駆使して蜀漢経済の構造的特質を丁寧に読み解くことが求められよう。それによって蜀漢独自の経済体制（以下、蜀漢軍事最優先型経済体制）の骨子と機制とが明らかになると期待される。

そこで本章では、蜀漢の軍事と経済の関係を中心に、蜀漢経済の構造的特質を闡明し、さらに軍事と経済を結び付ける蜀漢独自の政治体制にも検討を加えたうえで、蜀漢経済と中原主流経済（後漢経済→曹魏経済→西晋経済）との相異点を浮き彫りにしたい。

第一節　劉備軍団と軍事最優先型経済体制

一　荊州期

本章冒頭でもふれたように、蜀漢経済の構造的特質を論ずるうえで、もっとも注目すべきは経済と軍事の関係である。蜀漢の初代皇帝劉備は、もともと後漢末の戦乱期に河北方面で旗揚げし、爾来各地を転戦した軍人であった。劉備の股肱の臣である関羽・張飛らも生粋の軍人であった。彼らは各地を転戦し、徐々に傭兵軍団としての名声を高めていった。劉備はのちに諸葛亮を「三顧の礼」で迎え、赤壁の戦いをへ、みずからが荊州の一部を領有するようになるが、それ以降も曹操打破・漢室再興の大義名分を掲げ、軍団の維持と強化を重視しつづけた。それゆえ劉備政権はつねに軍事を重視しており、経済はつねに軍事に従属していた。たとえば赤壁の戦いののち、零陵・桂陽・長沙の三郡を手中に収めた劉備は、その統治を諸葛亮に任せ、諸葛亮は該地の賦税をまっさきに「軍實（軍事費）」に充てている。

A．曹公敗於赤壁、引軍歸鄴。先主遂收江南、以亮爲軍師中郎將、使督零陵・桂陽・長沙三郡、調其賦稅、以充軍實（『三国志』蜀書諸葛亮伝）。

（曹公は赤壁に敗れ、軍を引きて鄴に歸る。先主遂に江南を収め、亮を以て軍師中郎將と爲し、零陵・桂陽・長沙三郡を督せしめ、其の賦稅を調して、以て軍實に充つ）

むろん劉備が政権を運営するうえで、すべての賦税を軍事費に充当することはできず、実際には統治領域のインフラ整備などにも少しは賦税が用いられたとみられる。だが、本文でとくに賦税を軍事費に充当したと明記されている点は示唆的である。「賦税」の「賦」が本来軍事費を意味する文字であることを念頭におくならば[12]、かような賦税の使い方は賦税本来の名目にかなっているものの、それが現代日本に膾炙する仁君劉備の像といささか乖離するのも事実であろう。

ところで、赤壁の戦いの少し前に劉備に仕え始めた諸葛亮は、仕官時に「隆中対」と通称される天下統一策を献じている[13]。すなわち、劉備政権はまず交通の要衝たる荊州と経済的資源の豊富な要害の地たる益州を押さえ、西方・南方の蛮族を撫順し、孫権と結び、そのうえで「内に政理を脩め」、天下の変事に乗じて荊州・益州より出兵し、曹魏を打倒すべきである、と。

これは必ずしも軍隊の維持のみを重視した政策ではなく、「内に政理を脩めること」(以下、内政重視体制)を前提とし、そのうえで時宜をみはからって出兵すべきことを説いたものである。つまり諸葛亮は内政重視体制を完全に軽視していたわけではない。

しかし、入蜀前の劉備はまだ荊州の一部しか保有しておらず、勢力維持のための軍隊が必要不可欠であった。ゆえに劉備は軍事最優先型経済体制下で軍備増強と領土拡張を優先せざるを得なかった。「隆中対」をそのまま実現しようとするならば、まずは軍事最優先になるほかないのである。史料Aで賦税が主に軍事費に充当されている理由も、ここに一因があったと考えられる。つまり劉備は「民間経済復興」よりも「漢室復興」のための軍備を優先しているのである。これは「治世以大德、不以小惠(世を治むるには大徳を以てし、小恵を以てせず。『華陽国志』劉後主志)[14]」という劉備と諸葛亮の政治姿勢を如実にしめすものであろう。

ちなみに、これに関連して田余慶氏は、「隆中対」が結果的に赤壁以降の劉備政権の動向とかなり近かったことを認める一方で、それでもなお諸葛亮は劉備政権の中枢を担っておらず、「隆中対」に沿った政権運営は実質的に劉備死後に開始されたとする。(15)しかし、劉備は一貫して軍事最優先型経済体制を重視しており、その点は「隆中対」の方向性と同様であった。

二　入蜀期

その後、劉備は蜀へと軍を進めた。諸葛亮の目論見通り、当時の四川はきわめて裕福な農業地帯であった。そこでは奢侈な風俗が行き渡り、(16)当地の劉璋政権は多くの財を保有していた。

B．璋以米二十萬斛・騎千匹・車千乘・繒絮錦帛、以資送劉備（『三国志』蜀書劉二牧伝「璋資給先主、使討張魯、然後分別」裴松之注引『呉書』）。

（璋は米二十萬斛・騎千匹・車千乘・繒絮錦帛を以《もち》いて、以て劉備に資送《しそう》す）

C．十九年、進圍成都數十日。城中尚有精兵三萬人、穀帛支一年、吏民咸欲死戰（『三国志』蜀書劉二牧伝）。

（十九年［二一四年］、進みて成都を圍むこと數十日。城中に尚お精兵三萬人有り、穀帛は一年を支え、吏民は咸な死戰せんと欲す）

D．璋增先主兵、使擊張魯、又令督白水軍。先主幷軍三萬餘人、車甲・器械・資貨甚盛（『三国志』蜀書先主伝）。

（璋は先主の兵を增やし、張魯を撃たしめ、又た白水の軍を督せしむ。先主は軍を幷すこと三萬餘人、車甲・器械・資貨は甚だ盛んなり）

それゆえ当初は輜重さえ有していなかった劉備軍も、(17)入蜀戦争を通じて莫大な富を得、成都入城のさいには諸葛亮・

法正・張飛・関羽に各々黄金五百斤、銀千斤、銭五千万、錦千匹を賜与し、他の将校・兵士にも金銀などを賜与できるほどになっていた。

E．飛所過戰克、與先主會于成都。益州既平、賜諸葛亮・法正・飛及關羽金各五百斤・銀千斤・錢五千萬・錦千匹。其餘頒賜各有差。以飛領巴西太守（『三国志』蜀書張飛伝）。

（飛は過ぐる所、戰いて克ち、先主と與に成都に會す。益州既に平らかにして、諸葛亮・法正・［張］飛及び關羽に金各五百斤・銀千斤・錢五千萬・錦千匹を賜う。其の餘は頒賜すること各々差有り。飛を以て巴西太守を領せしむ）

F．十九年夏、雒城破、進圍成都數十日、璋出降。蜀中殷盛豐樂、先主置酒大饗士卒、取蜀城中金銀分賜將士。還其穀帛（『三国志』蜀書先主伝(18)）。

（十九年［二一四年］夏、雒城破れ、進みて成都を圍むこと數十日、璋は出でて降る。蜀中は殷盛にして豐樂、先主は置酒して大いに士卒を饗《もてな》し、蜀の城中の金銀を取りて將士に分賜す。其の穀帛を還《かえ》さしむ）

ここで史料Fをみると、劉備は入蜀後に将兵達に向けて「金銀」を開放しており、劉備が分賜したのは金銀だけであったかのごとくである。しかし史料Fの後段には「穀物と絹織物はもとの保管場所へ戻させた」とあり、金銀だけでなく穀物や絹織物も分賜していたことが知られ、さらに後掲史料Kには「府庫百物」を分賜したともある。よって実際の分賜対象は「金銀」に限定されず、あらゆる物財に及んだと考えられる。つまり劉備は、まだ曹魏に匹敵しうるほどの領土も持たず、財政を極力切詰める必要があったにもかかわらず、長年付き従ってきた将兵のために財物の開放に踏み切ったのである。これは逆にいえば、本来その後の政権運営や国内インフラの整備などに用いられるべき資産が、このとき軍功褒賞に優先的に転用されたことを意味する。

だがその結果、国庫はまたたく間に底をついた。これに対して劉備は、史料Fにみえるごとく、将兵たちに穀物と絹織物を国庫に返納するよう指令を出す。その理由は、穀物と絹織物が政権運営上とくに必須であったからであろう。現に伝世文献には、蜀漢がその後、穀物と絹織物を主たる国家的決済手段としていたことを窺わせる事例が散見する。

G．亮曰、「街亭軍退、兵將不復相錄。箕谷軍退、兵將初不相失、何故」。芝答曰、「雲身自斷後、軍資什物略無所棄。兵將無緣相失」。雲有軍資餘絹、亮使分賜將士、雲曰、「軍事無利、何爲有賜。其物、請悉入赤岸府庫、須十月爲冬賜」。亮大善之（『三国志』蜀書趙雲伝裴松之注引『雲別伝』）。

（亮曰く、「街亭の軍退くに、兵將は復た相い錄《おさ》めず。箕谷の軍退くに、兵將初めて相い失わず、何故ぞ」と。［鄧］芝答えて曰く、「［趙］雲は身自ら後を斷てば、軍資什物は略ぼ棄つる所無し。兵將は錄まりて相い失する無し」と。雲に軍資の餘絹有れば、亮は將士に分賜せしめんとするも、雲曰く、「軍事に利無きも、何爲れぞ賜有らん。其の物は、請うらくは悉く赤岸の府庫に入れ、十月を須《ま》ちて冬賜と爲せ」と。亮大いに之を善《よみ》す）

H．初亮自表後主曰、「成都有桑八百株・薄田十五頃、子弟衣食、自有餘饒。至於臣在外任、無別調度、隨身衣食悉仰於官、不別治生以長尺寸。若臣死之日、不使内有餘帛、外有贏財以負陛下」。及卒、如其所言（『三国志』蜀書諸葛亮伝）。

（初め亮、自ら後主に表して曰く、「成都に桑八百株・薄田十五頃有り、子弟衣食し、自《おのずか》ら餘饒有り。臣の外任［漢中進駐の意］に在るに至り、別に調度無く、身に隨う衣食は悉く官に仰げば、別に生を治めて以て尺寸《せきすん》［小さい財産の意］を長ぜんとせず。若し臣死するの日には、内をして餘帛有り、外をして贏財有りて以て陛下に負《そむ》かしめざらん」と。卒するに及び、其の言う所の如し）

I．二年春、務農殖穀、閉關息民。三年春三月、丞相亮南征四郡、四郡皆平（『三国志』蜀書後主伝）。

〔建興〕二年〔二二四年〕春、農に務め穀を殖やし、關を閉じ民を息ましむ。三年春三月、丞相亮は南のかた四郡を征し、四郡皆な平らぐ）

では逆に、穀物と絹織物以外の物財は政権運営上必須ではなかったのか。そこで以下の史料をみると、炎興元年（二六三年）の蜀滅亡時の国庫には、黄金などの蓄積も少しはあったことがわかる。

J．又遣尚書郎李虎送士民簿。領戶二十八萬・男女口九十四萬・帶甲將士十萬二千・吏四萬人・米四十餘萬斛、金銀各二千斤・錦綺綵絹各二十萬匹、餘物稱此（『三国志』蜀書後主伝裴松之注引王隠『蜀記』）。

（又た尚書郎李虎を遣わして士民簿を送る。戸二十八萬・男女口九十四萬・帶甲將士十萬二千・吏四萬人・米四十餘萬斛・金銀各々二千斤・錦綺綵絹各々二十萬匹を領し、餘物は此に稱《かな》う）

だが、前漢が莫大な黄金（とくに王莽期には七十万斤）を有していたのに比べ、蜀漢の金銀保有量（金銀各々二千斤）は微々たるものであった。これは入蜀時に諸葛亮・法正・張飛・関羽に賜与した黄金の総量とも同等で、一国の保有量としてはあまりにも少ない。むろん後述するように、蜀漢政府は東南アジアやチベット方面とも対外貿易を行なっており、そのさいに蜀錦のみならず金銀も決済手段とされたと考えられるが[19]、その国庫所有量（史料J）をみるかぎり、やはり金銀の国家的決済手段としての存在意義を過大評価するわけにはいかないのである。よって黄金はたんなる一貴重品にすぎず、政権運営上必須な決済手段として大きなウェートを占めていたわけではなかったと考えられる。

では銭はどうなったのか。上記の分析によれば、劉備は入蜀時に穀物・絹織物以外のもの（銭を含む）をすべて将兵に放出した可能性が高く、実際につぎの史料にはそのことが明記されている。

K．初攻劉璋、備與士衆約、「若事定、府庫百物、孤無預焉」。及拔成都、士衆皆捨干戈、赴諸藏、競取寶物。軍用不足、備甚憂之。巴曰、「易耳。但當鑄直百錢、平諸物賈、令吏爲官市」。備從之、數月之間、府庫充實（『三国志』蜀書劉巴伝裴松之注引『零陵先賢伝』）。

（初め劉璋を攻むるや、［劉］備は士衆と約すらく、「若し事定まらば、府庫の百物、孤は焉に預ること無からん」と。成都を抜くに及び、士衆は皆な干戈を捨て、諸々の藏に赴き、競いて寶物を取る。軍用足らず、備甚だ之を憂う。［劉］巴曰く、「易きのみ。但だ當に直百の錢を鑄て、諸々の物賈を平らかにし、吏をして官市を爲らしむべきのみ」と。備之に従うや、數月の間に、府庫充實す）

劉備はまだ漢臣なので、銭を主とする漢代軍功褒賞制に則り（前著第六章）、軍功褒賞時に銭や黄金（おもに銭）を放出せざるを得なかったろう。では、なぜ銭は穀物・布帛のように回収されなかったのか。もし劉備がその後の政権運営に銭を必須と考えていたのであれば、銭を放出したままにするはずがない。だが実際には、劉備は銭の回収を命じてない。これより劉備は、入蜀以降の政権運営にさいし、銭を主たる国家的決済手段（政権維持に必須である将兵や吏の給与など）として使用する気が希薄であったと推測される。現にこれ以降、蜀漢が銭を国家的決済手段として大々的に用いたことをしめす史料は見当たらない。

三　劉巴の名目貨幣政策

だが銭は入蜀時に多くの臣下・将兵に褒賞として受領されており、臣下や将兵にとってはまだ何らかの価値を有していた。そこで前掲史料Kをみると、入蜀時に「府庫百物」を放出して財政難に陥った劉備に対し、謀臣の劉巴が、「直百銭（一枚で百銭相当）」の名目貨幣を鋳造し、従来の五銖銭と同時並行で流通させ、それによって民間より諸物資を買い集めることを提言している（図5―1）。つまり劉巴は、まず官市を設けて取引現場を囲い込み、吏に監視させ、商人達が名目貨幣の使用を拒んだり、五銖銭とのあいだで選銭できないようにし、それによって諸物価を安定させ、さらに民から「百物」を買い上げて府庫を満たすことを提言したのである。これは、蜀漢の市にまだ「直百銭」の基準となる五銖銭が広く流通していたことを前提とする。[20] 現に蜀漢古銭には「直百五銖」・「五銖」などの銭文がみえ、そのなかでも入蜀時に鋳造されたのは「直百五銖」銭とされ、[21]「値《あたい》百銭の五銖銭」の意に解せる。とすれば、蜀銭はまだ民間の経済的流通手段としての価値を有していたといえよう。むろん、このときに蜀漢政府が銭で民間の物資を購入している以上、銭が国家的決済手段として使用されることも皆無とはいえない。しかし既述のごとく、蜀の地においては、銭は将兵への給与を含む通常経費などに常用されたとは考えにくく、この点で漢銭とは大きく異なっていた。すなわち、蜀漢政府は、民間から物財を買い上げるために、民間ですでに広く受容されていた銭を臨時に増鋳・改鋳したにすぎず、政権運営のための基本的な決済手段（課税物や官吏の給与など）はやはり布帛と穀物であったのである。

しかも劉巴の政策は、そもそも「官市」での商取引と銭自体の信用が政権によって担保されていることを前提とするが、逆にもし強力な国家的統制を欠けば、銭価低下と物価高騰を招来する。とくに「官市」以外の市で「直百銭」が流通した場合、銭の価値低下は避けがたい。かりに布帛と銭の固定比価を定め、暫定的に名目貨幣の価値を維持しようとしても、これは容易でない。現に漢帝国も銭文と実質重量の乖離を目指したことがあるが、いずれも失敗に終わっている（前著第三章）。つまり劉巴の名目貨幣策は、あくまでも軍需物資回収を第一の目的としたものであって、必ずしも民間経済の安定を優先したものではなかったのである。ちなみにこの時すでに国庫に銭はなく、すぐに銅原料などを収集するのも困難であったと考えられるが、『南斉書』崔祖思列伝に、

［図５—１］　直百五銖
（孫呉・朱然墓出土）

L．上即位、祖思啓陳政事曰……「……劉備取帳鈎銅鑄錢、以充國用……」。

（上［太祖］位に即くや、［崔］祖思は政事を啓《もう》し陳《の》べて曰く……「……劉備は帳［とばり］の鈎《こう》［留め具］の銅を取りて銭を鑄、以て國用を充《み》たす……」と）

とあるのによれば、劉備は帳《とばり》の金具を熔かして鋳銭し、それによって急場をしのいだようである。

ところが蜀漢では、このような政策を施行したにもかかわらず、実際には大きな政治的反乱を生んではいない[22]。その一因は、当時の銭の保有者の多くが、入蜀時の軍功受益階層として軍に属し、政権のいうことを聞かざるをえない立場にあったからであろう。しかも彼らは入蜀時に土地保有制限を受け[23]、地主化への道が閉ざされていたので、蜀漢政府に従属的とならざるを得なかった。筆頭重臣たる諸葛亮も蓄財を避けており（史料H）、これも他の臣下達の地主化傾向を律する役割を果たしたとみられる[24]。これは非四川系臣下の従属化をもたらし、結果的に政権の専制的支配を支える一因となったであろう。また一方で、元々益州にいた豪族達（以下、四川系臣下）は逆に領地を安堵され、その意味で非益州系臣下より優遇された[25]。しかも四川系臣下は、入蜀戦争の軍功褒賞で銭を得て新たに台頭したのではなく、旧来の大土地所有を主たる財源とし、それゆえ劉巴の貨幣政策によって全財産を失うほどの直接的打撃を受けたわけではない。かくして劉巴の政策は、四川系臣下と非四川系臣下の両方の不満を巧みに躱しつつ、円滑に施行されたのである。では蜀漢は、その後いかに経済の舵取りを行なったのか。

第二節　漢中争奪戦と南征の経済的意義

入蜀後の劉備が最初に行なったのは、漢中への進出であった。このとき漢中は曹操の手に落ちていたが、劉備は曹操麾下の勇将夏侯淵を斬り、漢中奪取に成功した。もっとも、その直前に漢中の民の大半は北方に移住させられていたので、劉備が実際に得たのは「民なき漢中」であった[26]。しかし、劉備が直接曹操と対峙して大勝したのはこれが初めてで、それゆえ漢中奪取は重要な意義を有していた。その結果、劉備は建安二十四年秋に「大司馬・漢中王」に推戴された。また建安二十五年には皇帝に即位した。だが蜀漢はその直後に夷陵の戦いで孫呉に大敗を喫しており、やはりまだ軍事最優先型経済体制を解くわけにはいかなかった。しかも劉備の死とともに、南中諸郡（現在の雲南地方周辺）では反乱が相次いだ。では諸葛亮は、劉備の死後、第二代皇帝劉禪のもとで一体いかに経済を統制したのか。

諸葛亮は孫権と盟約を結ぶと、まず南征に乗り出そうとする。その一因は、劉備の死後に益州豪族の雍闓が反乱し、また建興元年（二二三年）に牂牁太守朱褒・越嶲蛮王高定が反乱したからである。だが南征には以下の経済的要因もあった。この点はすでに史念海氏などの触れるところであるが[27]、ここではより詳細にその背景を論じてみよう。

蜀漢では、塩府校尉（王連）・司塩校尉（岑述）・司金中郎将（張裔）を置き、蜀漢の特産品たる塩鉄を管理することによって、「國用（蜀書王連伝）」を助け、「農戰之具（蜀書楊洪伝）」を作り、軍事費を補っていた[28]。そのさいに王連はわざわざ呂乂・杜祺・劉幹らを招聘して典曹都尉に任じており、塩府の組織強化を図っている。だが国家による塩鉄の管理は、漢代塩鉄専売制が民衆の負担になったのと同様（前著第八章）、蜀漢の民間経済にも弊害をもたらしたとみられる。現に王連は「軍需担当として頼みにされ、よく任務を遂行し補給した（屯騎主舊……軍資所恃、是辨是裨。賛王文儀。蜀書楊戯伝附『季漢輔臣賛』）」と評される一方で、「民衆を疲弊させた（使百姓疲弊。蜀書廖立伝）」とも批判されている。また蜀漢では絹織物も「錦官」の管理下に置かれ[29]、曹魏や孫呉に輸出され、大きな貿易黒字を挙げた[30]。諸葛亮は絹織物を「決敵之資」と評し、その経済戦争上の意義を非常に重視していた[31]。そして上記諸史料をよく見ると、塩鉄や絹織物はやはり蜀漢の軍需産業として重んじられ、必ずしも民間経済のためだけに育成されたわけではなかった。

そして、前掲「隆中対」にみられるごとく、曹魏討伐のためにはさらなる領土・物資の確保と南中平定が不可欠で、ここに諸葛亮が大挙して南征せざるをえない理由のひとつがあった。

だが、これに対して王連は度々反対し、諸葛亮も当初はあえて南征に赴かなかった。これは王連からいわせれば、みずからが塩鉄政策を取り仕切る限り、新たなる財源を確保する必要はなく、たとえ南中が反乱しているとはいえ、諸葛亮みずからが風土病などの危険を押してまで鎮圧に赴かねばならないほど重要な地ではなかったからであろう。しかし建興二年（二二四年）に王連が死ぬと、翌年に南征が開始される。その原因は、劉備に対する服喪期間が終わったことに加え、王連という卓越した官僚が死に、益州の塩鉄を円滑にさばけなくなり、南中に新たな財源を求めざるを得なくなったからではないか。しかも先学も指摘するように、南中諸郡は塩・鉄・耕牛・軍馬・金・銀・犀の皮などの物資の宝庫で、それらを軍用に供することは、つづく北伐での益州本土に対する経済的負担を軽減することに繋がる。北伐時に益州系臣下が反対しなかったのはこれが原因ともいわれる[32]。

かくして蜀漢は、南中諸郡の人びとに諸物資を献上させ、彼らから当該物資の原産地を奪い取り、賦税と兵役を課した[33]。南中諸郡には西南シルクロードを通って貴重品なども流入し、蜀漢はこれらの物資も支配下に納めていた可能性がある[34]。それに関連してマウリヤ朝インドのチャンドラグプタ王（前三一七～前二九三年頃在位）の宰相カウティリア著と伝わる『実利論』（Kauṭilīya Arthaśāstra）第二巻第十一章にも、「Cīnaの絹布」に関する記載がみえる。『実利論』の書写年代には諸説あるが、上村勝彦氏は西暦一五〇年以前の成書とする[35]。「Cīna」やそれに似た語（Thinai, Sinai）は『エリュトゥラー海案内記』（Periplus Maris Erythraei）やプトレマイオス『地理学』（Geographia）にもみえ、その指示対象には諸説あるが[36]、もし多くの論者がいうように中国（の一部）をさす語であるとすれば、これをもって蜀漢期西南夷―インド間に一定の交易ルートがあったことの傍証とみることが許されよう。

では南征後、蜀漢経済には一体いかなる変化が生じたのか。これについて諸葛亮は、南征後〜北伐前に君主劉禅に奉った「出師の表」で、大量の軍需物資を得たとのべるとともに、「益州疲弊せり」とものべている。(37) これは一見矛盾であるが、蜀漢が当時大量の軍需物資を得たという記載と、(38) 当時益州が疲弊していたという記載は、(39) 各々他の史料にも散見し、ともに当時の実情をしめすものと思われる。では、これらを矛盾なく解釈するにはどうすればよいのか。

そこで注目すべきは、南征の成果があくまでも軍需物資の充足にとどまり、必ずしも民間経済の全面的向上を意味しない点である。すなわち南征は、たしかに先学も指摘するように、南中諸郡に対する経済的搾取を目的の一つとするものであったが、(40) それは厳密には軍需物資を対象とし、民間経済の充足を主眼とするものではなかった。むろん蜀兵とその家族の中には南征の軍功受益者もいたが、彼らも民間経済と直結しているわけではなく、あくまでも官側の人間として受益したにすぎない。これより、諸葛亮はやはり内政よりも軍事を優先し、ゆえに「出師の表」には、民間経済の疲弊をさす「益州疲弊」と、「軍需物資の獲得」とが併記されたと考えられる。

第三節　北伐の経済的背景

一　蜀漢の人口比率と軍事最優先型経済体制

南征より帰還した諸葛亮は、次年より北伐を開始する。もっとも、前掲「隆中対」によれば、北伐は本来荊州を保有したうえでの計画であった。だが蜀漢はもはや荊州を保有しておらず、内政重視政策には移行しようがなかった。曹魏と蜀漢にはすでに縮めがたい国力の差があり、国内に座して内政重視政策を採るだけでは、国力の差が広がる一方であったからである。(41) かくて諸葛亮は、「益州疲弊」にもかかわらず、軍需物資確保を優先し、軍事最優先型経済

国名	領域	年号	西暦	兵数	吏数	戸数	口数	出典・備考
蜀漢	蜀漢	劉備章武元年	221	不明	不明	200000	900000	『晉書』地理志、『通典』食貨7。
		劉禅建興５年	227	200000以上	不明	不明	不明	『三国志』後主伝注引『諸葛亮集』。
		劉禅炎興元年	263	102000	40000	280000	940000	『三国志』後主伝注引『蜀書』、『通典』食貨7。
曹魏	曹魏	曹奐景元4年	263	不明	不明	663423	4432881	『通典』食貨7。
孫呉	孫呉	孫権赤烏5年	242	不明	不明	523000	2400000	『晉書』地理志。『通典』食貨7戸数作520000、口数作2300000。
		孫晧天紀4年	280	230000	32000	523000	2300000	『晉陽秋』。『通典』食貨7戸数作530000。
西晉	旧曹魏及旧蜀漢之地	武帝太康元年	280	不明	不明	2459840	16163863	『晉書』地理志。『通志』食貨略与『文献通考』戸口1戸数作2459804。
	益州			不明	不明	149300	597200	口数は1戸4口で計算。
	秦州（陰平与武都）			不明	不明	6000	24000	口数は1戸4口で計算。
	寧州			不明	不明	82400	329600	口数は1戸4口で計算。
	梁州			不明	不明	80800	323200	口数は1戸4口で計算。
	前４州総計（旧蜀漢）			不明	不明	318500	1274000	口数は1戸4口で計算。

［表５―１］魏晉時代人口統計

体制を維持したままで北伐を敢行する。

　では蜀漢はいかなる陣容を擁していたのか。表５―１によると、それは十万人～二十万人であった（表５―１引史料以外にも当時の人口統計史料はあるが、どれも信憑性を欠く）(42)。現に史料Ｃ・Ｄによれば、入蜀時に劉備軍は三万人、劉璋軍は成都に三万人（さらに雒城に二万人(43)）おり、劉璋降伏時には成都軍三万人が無傷で劉備軍に統合されている。よって成都入城直後の劉備軍は、すでに七万人近くを擁していた（関羽の荊州軍は不算入(44)）。しかも劉備は曹操との漢中争奪戦でさらに増兵を図っている(45)。その後、蜀漢は夷陵の戦いで大敗したが、既述のごとく南征を通じて再度兵力を増強しており、兵数の大きな減少は想定しにくい。表５―１の建興五年欄の二十万という数値は誇張しすぎのように思われるが、やはり北伐時の兵士数は蜀漢滅亡時よりも多く、十万以上とみるのが妥当であろう。

一方、蜀漢の総人口に関しても諸史料があるが、これも百万人前後とみて大過なかろう（表5―1）。現に、西晋泰始年間の蜀漢旧地の人口も蜀漢滅亡時の人口と大差ない。もっとも当該人口統計に関して高敏氏は、当時の吏・兵・民の人口バランスがあまりにも異常であること、『晉書』地理志上に「（章武元年〔二二一年〕其戸二十萬、男女口九十萬」、『三国志』蜀書後主伝引王隠『蜀記』に「炎興元年（二六三年）領戸二十八萬、男女口九十四萬」とあり、蜀漢人口が四十年以上ほぼ変化していないことを挙げ、王隠『蜀記』自体に誤りがあるか、あるいは蜀漢政府による人口隠蔽があったと推測し、当時の生産条件で総人口の九分の一に及ぶ吏卒を養うことは現実上不可能であったとする。[46]しかし高凱氏・鄭発展氏・趙中祥氏が指摘するように、当時蜀漢が戦争つづきであった以上、その間に人口が増加しないことは十分にありうる。[47]また、表5―1所引王隠『蜀記』は蜀漢滅亡時に曹魏に献上された戸口統計なので、その数値を蜀漢政府の隠蔽によるものと解するのは困難である。一方、余鵬飛氏・蔣福亜氏などは、上記人口統計が地主の申請した数値にすぎず、実際にはより多くの民が地主の支配下にいたとする。[48]もちろんその可能性はある。けれども、ともかく戸口統計上の人口と実際の人口にどれほど開きがあろうとも、王隠『蜀記』によるかぎり、蜀漢政権が約百万の人口と約十四万の吏卒を把握し、それを基盤に財政運営を行っていたことは事実である。これは、約六・七人に一人が吏・卒であったことを意味する。この比率は、現代中国でいえば二億人前後に相当するもので、率直に異常といわざるをえない。[49]

このような軍隊の異常な多さは、漢代の人口統計と比較すると一層際立つ。渡邊信一郎氏によれば、前漢武帝期の総人口を約五千万人とした場合、前漢には約十二～十三万人の官吏のもと、一五〇万人の繇役労働者がおり、さらに地方郡国の軍役・吏役を担う甲卒（正）数十万人と、辺境・中央諸官府の警護担当を担う戍卒数十万とを含めた合計七十万人〜八十万人が常時存在したという。これより渡邊氏は、漢代における労働人口は非常に多かったと評する。(50)ところがこの比率を蜀漢に適用した場合、蜀漢では人口約百万人に対して繇役労働者約三万人、兵士約一万五千人を動員するのが精一杯であったことになる。これは、実際の蜀兵が十万人に及んだとする上記の人口比率の異常さを、逆に雄弁に物語っている。

ではこのような人口比率は本当に当時の実情を反映しているのか。そこで蜀漢以外の比率をみると、曹魏の比率を明記した史料はみあたらない。しかし、曹魏滅亡直後の西晉泰始六年（二七〇年）正月造の河南南郷太守郛休碑陰によると、やはり軍隊過多の傾向は看取できる。

M・郡領縣八・戶萬七千百卅・職散吏三百廿・兵三千人・騎三百匹・參戰二人・騎督一人・部曲督八人・部曲將卅四人（『八瓊室金石補正』巻九、『匋斉蔵石記』巻四）。(51)

（郡は縣八・戶萬七千百卅・職散吏三百廿・兵三千人・騎三百匹・參戰二人・騎督一人・部曲督八人・部曲將卅四人を領す）

戸一七一三〇は、一戸四口の場合、約七万人に相当し、それに対して兵は三千人なので、西晉・曹魏の軍の対総人口比は蜀漢の二分の一程度であった。また本史料には騎督や部曲督も登場するので、兵三千の中には中軍も含まれたと考えられ、その養兵費は中央から一部助成された可能性もある。とはいえ、それでもなお、曹魏の兵数は前漢・後漢より多い。また孫呉にも同様に軍隊過多の傾向が認められる（表5—1）。よって、もし軍隊の異常な多さを理由に蜀漢の人口比を疑うのであれば、西晉初期（≒曹魏）と孫呉の人口比にも問題があることになる。

だが、曹魏と孫呉に関しては次のように説明しうる。すなわち濱口重國氏によれば、曹魏には兵戸制（兵士とその家族を一定の地域内に招致して一定程度の生活の保証を与え、編戸の民とは籍を別にして戸内の男丁に永代の兵役義務を課する制度）があった。また孫呉には皇帝即位以前に奉邑制（孫氏が主たる将領に奉邑を与え、そこから上がる租賦を用いて麾下の軍隊を給養する制度）と世兵制（父兄の旧兵を子弟が継領する制度）があり、奉邑制は孫権の皇帝即位後に封爵制へ移行した。さらに蜀漢にも魏呉同様の兵農分離による兵制が布かれ、中央軍以外にも土豪に便宜的に部衆を保有させ、治安維持に当たらせていた。つまり魏呉蜀には広義の兵戸的制度が布かれていた[52]。この説には細部に異論もあり、孫呉に関しては本書第七章を御覧いただきたいが、ともかく三国に兵戸的制度が存在した点は現在確実とされている。また少なくとも孫呉の場合、兵戸以外にも、輪番制による兵役従事者がいた（本書第七章）。これによれば、曹魏と孫呉の異常な兵力はいずれも実働人数ではなく、戸口統計上の予備的兵数にすぎないとも理解できる。

だが蜀漢の場合、三国一の吏卒比を有し、実際に北伐などで六万人〜八万人を派兵しており[53]、最盛期には十万人以上を動員できた可能性が高い。よって蜀漢には、輪番兵役制が布かれていたとはいえ（諸葛亮伝注郭沖曰）、常時十万人を派兵しうるだけの経済的基盤が備わっていたと考えられる。これは、十万人以上の将・兵・吏の家族が現に蜀漢政府の俸給に依存していたことをしめす。しかし、その経費は、民の納税だけで補い得るものではない。そこで、蜀漢軍自体が経済的自給自足体として屯田などを行ない、外征で国外物資を収奪していた可能性に注目される。

そこで諸葛亮の北伐行動を改めて鳥瞰すると、実際に全ての軍事行動が経済的事情と関係している。すなわち諸葛亮の北伐では、そのすべてにおいて食糧確保と屯田政策が問題となっている。この問題は姜維が北伐を敢行したときにも浮上し、とくに延熙十九年（二五六年）の北伐では、姜維が曹魏の麦の収奪を前提としていることを逆手に取られ、曹魏に大敗を喫している。また姜維はのちに沓中にて屯田を行ない、種麥の育成に従事している。ちなみに史念海氏は、諸葛亮や姜維が一直線に長安を目指さず、しばしば祁山方面に進出した理由として、武人の輩出で名高い涼州の人材を確保し、馬と食糧を獲得しようとした点を挙げる[54]。それには一理ある。けれども史氏が「もし涼州を得られねば、兵や馬を獲得するすべがなく、軍糧の問題を解決するすべもない。これらの条件がなお整う前に東進して中原を争うことは自滅の道を進むことにほかならない」とまで断ずる点は誤解を招きかねない。というのも、諸葛亮は五丈原で屯田に成功しつつあり（諸葛亮の病死で蜀軍は撤退）、涼州・祁山方面でなくとも屯田は不可能ではなかったからである。実際に姜維は駱谷へ進軍したこともある。むろん食糧運搬の問題は深刻で、ゆえに史料には木牛や流馬の実用化が特記されたのであるが、特記された以上、それらは多少とも有効に機能したはずである。むしろ蜀漢では、軍事最優先型経済体制のもとで軍隊自体が経済的自給自足体として機能し、漢中などで屯田を行ない、そのうえで外征中は敵地で屯田や略奪・拉致を行なっていたのであり、それゆえ大軍を維持できたのである。

二　蜀漢の屯田政策と対外遠征

以上の私見を具体的に検証するうえで、曹魏の鄧艾が提案した屯田政策にも注目される。

N．時欲廣田畜穀、爲滅賊資、使艾行陳・項已東至壽春。艾……又以爲、「昔破黄巾、因爲屯田、積穀于許都、以制四方。今三隅已定、事在淮南。毎大軍征擧、運兵過半、功費巨億、以爲大役。陳・蔡之間、土下田良、可省許昌左右諸稲田、幷水東下。令淮北屯二萬人、淮南三萬人、十二分休、常有四萬人、且田且守。水豐常收三倍於西、計除衆費、歲完五百萬斛以爲軍資。六七年間、可積三千萬斛於淮上、此則十萬之衆五年食也。以此乘呉、無往而不克矣」。宣王善之、事皆施行。正始二年、乃開廣漕渠……（『三国志』魏書鄧艾伝）。

（時に田畜穀を廣め、賊を滅ぼす爲の資とせんと欲し、［鄧］艾をして陳・項已東より壽春に至るを行《めぐ》らしむ。艾……又た以爲えらく、「昔、黄巾を破るや、因りて屯田を爲り、穀を許都に積み、以て四方を制せんとす。今、三隅已に定まり、事は淮南に在り。大軍の征擧する毎に、兵を運ぶこと半ばを過ぎ、功費は巨億にして、以て大役と爲る。陳・蔡の間、土は下にして田は良く、許昌の左右の諸々の稲田を省き、水を并せて東に下らしむべし。淮北をして二萬人を屯せしめ、淮南をして三萬人とし、十ごとに二は分かれて休み、常に四萬人有り、且つ田づくり且つ守らしむ。水豐かなれば常に西より三倍を収め、計りて衆費［諸経費の意］を除くも、歳ごとに五百萬斛を完《まつと》う［納入の意］して以て軍資と爲さん。六、七年の間に、三千萬斛を淮上に積むべく、此れ則ち十萬の衆の五年の食なり。此れを以て呉に乗ぜば、往きて克たざる無きなり」と。宣王、之を善し、事は皆な施行せらる。正始二年、乃ち漕渠を開廣し……）

それによると淮水沿岸では、もし合計五万人の兵士を屯田させ、常時四万人を稼働させた場合、当地の水資源・田質は良好ゆえに「西（曹魏の西方領域の意か）」の三倍の収穫が見込まれ、諸費用を抜いても毎年五百万斛の軍糧が得られるという。そして六、七年後には三千万石が得られ、十万の軍勢の五年分の食糧に相当するという。これはむろん淮水沿岸の環境を前提とした政策であるが、たとえば三千万斛が十万の軍勢の五年分の食糧に相当するという点は、支給対象者が同じ人間である以上、蜀漢でも同様であろう。これは、三国時代に十万の軍勢が毎年六百万斛の軍糧を必要としたこと、兵士一人につき毎年六十斛、毎月五斛、毎日一・六四斗を必要したことを意味する[55]。

もっとも、一斗＝約二リットルとすれば、この支給量は一見やや多すぎるようにも思われる。現に、魏晉期楼蘭では屯兵に通常毎日一・二斗（未脱穀の粟《あわ》や麦など）が支給され、役職や食糧事情に応じて、それより少ない場合もあった[56]。一方、戦国秦の睡虎地秦簡では、刑徒の隷臣に毎月禾《あわ》二石（毎日〇・六六斗）が支給されている[57]。また晩年の諸葛亮は毎日〇・三〜〇・四斗（脱穀済）を食するのみで、司馬懿にその死を予感させている（『晉書』宣帝紀）。したがって軍糧に余裕がある場合、兵士への日々の食事量が一人当たり〇・八斗（未脱穀）を下回るということは想像しにくい。魏晉期楼蘭の史料も参考にするならば、兵士の腹を十分に膨らませるには通常粟一斗（未脱穀）前後が必要であったとみてよいであろう。すると、このことから考えてみても、鄧艾が屯兵への食糧として算出している「毎日一・六四斗」という数値はやや多すぎる。

そこで考慮すべき点がある。すなわち、上記史料では許昌の「稲田」の改廃が問題となっている。よって、「兵士一人につき毎年六十斛、毎月五斛、毎日一・六四斗」は粟でなく稲をさすと考えられる。しかも上記の分量は収穫量（つまり未脱穀の稲）であって、「米」（脱穀した穀物の中身）ではない。すると中国古代には一般に、脱穀によって粟一斗は米六升、稲籾は米五升になるとの認識があるため、[58]稲一・六四斗を支給された兵士は、米〇・八二斗を食せた計算になる。それはさほど大きな数字ではない。しかも鄧艾の戦略では、もともと屯田経営全体が穀物単位で計算されている。よって、毎日一・六四斗に及ぶ軍糧支給量のなかには穀物立ての衣料費や穀物以外の食糧費（塩など）が加算されていた可能性が高い。それゆえ鄧艾は「兵士十万あたり毎年六百万斛が必要である」と見積もったのであろう。このように鄧艾の史料は、他の史料の数値ともぴたりと計算が合うものであり、今後の議論の基礎ともしうるものである。

では蜀漢は、十万の兵を維持するにあたり、毎年六百万斛に及ぶ軍糧をいかに確保したのか。これに関連して鄧艾は、淮水流域で年間四万人を稼働させれば五百万斛が得られると予想する一方で、「西」の収穫はその三分の一（約一六七万斛）にすぎないとする。これは曹魏国内の統計だが、当時肥沃で知られた漢中の穀物生産量が曹魏西方地域より低いとは考えにくいので、漢中で年間四万人が屯田した場合、最低でも一六七万斛以上が得られたとみられる。すると、蜀漢には当時全十万の兵がおり、その六割以上は漢中にいたとみられ、そこでは男女が農作業に携わり、[59]女性の多くは兵士の妻子であったと解されるので、蜀漢では単純計算して年間約十二万人以上の男女が屯田していたと考えられる。しかも、蜀漢は絶えず漢中に他郡から兵士を補給し、[60]南中諸郡の人びとを移住させ、[61]北方や西方の人び

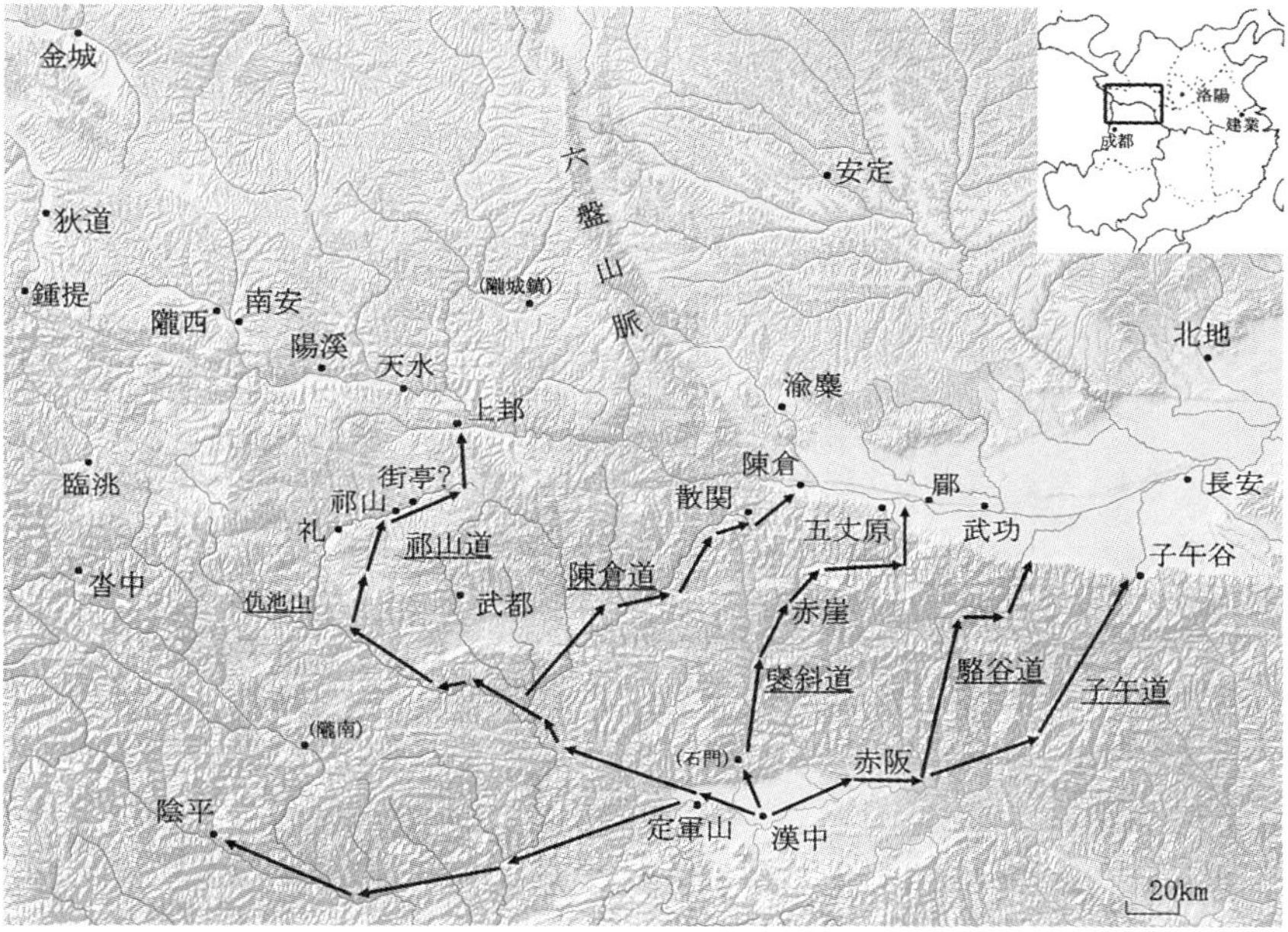

［図５―２］　秦嶺山脈にまたがる蜀漢期の主要道路（祁山道以東）

とを拉致し、もしくは彼ら（たとえば曹魏の郭循や武都氐王の苻健）の投降を受け入れていたので、実際には十五万人前後の屯田要員が漢中にいたであろう。しかも劉備入蜀時点の漢中は本来十万戸以上を擁し、[62] 彼らは曹魏によって北方に徙民されたので、広大な居住地・農地が空き地として残されていた。すると、もし漢中の生産量が「西」程度であったとしても、一年間で一六七万石の四倍弱に相当する六百万斛以上の軍糧が得られたことになる。これは奇しくも十万の軍を一年間維持するのに必要な穀物備蓄量と一致する。つまり以上の分析によれば、蜀漢では一年程度の軍糧準備期間を置きさえすれば、その次年度に大規模な軍事遠征が可能であったと推論されるのである。しかも当該遠征期間中も、漢中では兵士の家族による屯田が行なわれ、成都などでも絶えず食糧増産が図られたはずで、それも蜀漢軍の食糧を支えたとみられる。

もっとも、以上の屯田目標を達成するには、当然その背後に何らかの屯田管理機構があったはずである。とくに漢中は、劉備入植時点では民がおらず、劉備と諸葛亮が一から都市建設をする必要があった。よって、そこには然るべき管理機構が置かれたであろう。そこで蜀書をみると、漢中には「督農」という官が置かれ、劉敏らが任官され、漢中の男女を監督し、「軍糧」を補っていた(63)。伝世文献には呂乂以前の「督農」就任者の名が見えないが、それ以前は李厳（のち李平）が驃騎将軍・中都護として漢中に駐屯して軍糧を管領しており、同様の計画経済が営まれたとみられる。かくして漢中は、巨大な屯田を有し、国外からの徙民の受け皿となり、一度に十万の兵士を駐屯させうる計画的軍事都市として急成長を遂げたのである。これは、蜀漢の屯田が曹魏に劣り、曹魏を摸倣したにすぎないとする一部の先学の主張に反し(64)、蜀漢が漢中を拠点とする独自の計画屯田を実施していたことを意味する。

では、以上の分析に基づき、蜀漢が大規模な遠征を行なうさいに最低一年間の軍糧準備期間を要したとすると、蜀漢の軍事行動は一体いかに理解しうるのか。そこで付表4をみると、諸葛亮や蔣琬は建興二年・建興五年・建興十年・延熙元年に漢中で屯田しており、これらは次年度の南征や北伐の準備であったと解される(65)。また逆に、それ以外の「準備期間なき北伐」は、もともと敵地（陳倉など）からの食糧収奪や、敵地（五丈原など）での屯田を目指したものであったと理解できる。このような「準備期間なき北伐」は姜維期にとくに多いが、これは姜維が、次節で詳論するように、軍事のみを掌握し、政治経済（とくに益州の税収）を掌握できておらず、しかも孫呉や曹魏国内の反乱勢力もしくは周辺異民族との戦術的連携を優先した結果であろう。姜維が諸葛誕や治無戴の乱に呼応して北伐し、彼らが敗れると食糧不足で撤退しているのは、まさにその好例である。

また、北伐と屯田政策の密接な関係は、北伐の季節的パターンからも説明できる（小規模遠征はランダム）。すなわち既述のごとく、諸葛亮の軍隊は本来それ自体が自給自足体で、前年度にしっかりと軍糧準備期間をおけば、次年度

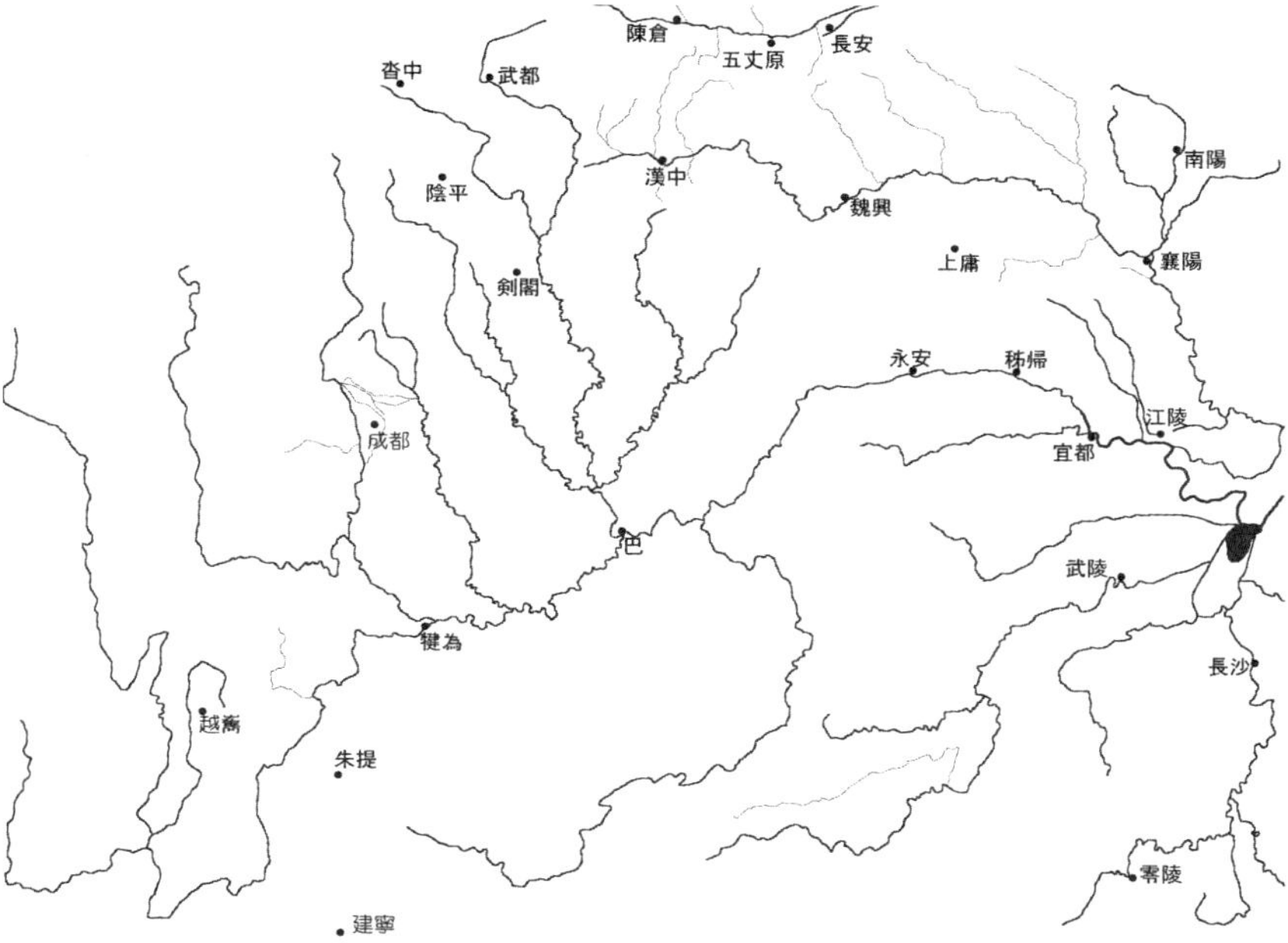

［図５―３］　蜀漢の支配領域

には理論上いつの時期にも出陣し得たわけであるが、逆に出陣先での屯田を意図した場合は、当然春の播種期前に出陣する必要があった。そこで付表4をみると、諸葛亮は実際に五丈原に屯田したさい、春二月に漢中を出発している。また陳倉包囲戦では、冬に包囲を開始しており、これは陳倉（その名のとおり、本来は穀倉地）の食糧を奪うことを目的としたものと解釈できる。これに対して第一次北伐では、敵地での屯田計画がないにもかかわらず、春に出陣しているが、これはおそらくつぎの理由によるものであろう。すなわち、蜀漢は春に出陣して漢中の屯田におけるその年の収穫を失うことになったが、既述のごとくその前年にすでに軍糧準備を終えていたので、これは問題ではなかった。ところが曹魏側は、諸葛亮が春に突然侵攻してきた以上、農作業を中断して対応せざるを得ず、財政面で相当なダメージを受けざるを得ない。曹魏側は北伐期間中、城外などで自由に播種できないからである。つまり諸葛亮は、曹魏側の軍糧問題をも計算に入れて遠征したと推測されるのである。以上の北伐に対する理解には多く推測も含まれているが、ともかくこのように解せば、北伐の季節的パターンの背景を全て整合的に説明できる（図5―2、付表3）。

もっとも蜀漢では、このように軍隊主導の耕戦体制を布いていたにもかかわらず、なお財政不足が生じていたようで、民に対する臨時徴税も連年に及んだようである。[66] ただし諸葛亮は、後述するように厳格な法制統治・思想統制を行ない、軍隊を合理的に活用することで、民の不満を極力抑制した。[67] また軍隊を用いて国内のインフラ整備なども行なった。

O．曰、「亮好治官府・次舍・橋梁・道路、此非急務。何也」。袁子曰、「小國賢才少、故欲其尊嚴也。亮之治蜀、田疇辟、倉廩實、器械利、蓄積饒、朝會不華、路無醉人。夫本立故末治、有餘力而後及小事。此所以勸其功也」（蜀書諸葛亮伝注引『袁子』）。

（曰く、「亮は好く官府・次舍・橋梁・道路を治むるも、此れ急務に非ず。何ぞや」と。袁子曰く、「小國は賢才少なく、故に其の尊嚴なるを欲するなり。亮の蜀を治むるや、田疇は辟《ひら》かれ、倉廩は實《み》ち、器械は利《と》く、蓄積は饒《ゆた》かにして、朝會は華《はな》やかならず、路に醉人《すいじん》無し。夫れ本立つるが故に末も治まり、餘力有りて後に小事に及ぶ。此れ其の功を勸む所以なり」と）

これらの事業も、徴税対象の田畑区画・官舎などの支配機構・進軍用の道路などの整備を主とし、本来は軍事最優先型経済のための整備であったとも考えられる。だが、結果的には民間にも利益をもたらしたであろう。かくして諸葛亮は、厳格な思想統制と合理的な人員活用を前提に、戦争の道具である軍隊を国内整備にも転用したのである。ちなみに、このような諸葛亮のインフラ整備政策について曹魏・西晋側の袁子は「小国には賢才が少なく、ゆえに尊厳さを求めた」云々と評するが、この部分は袁子個人の評価で、必ずしも事実とは限らない。むしろ当時の蜀漢には当時南蛮からの軍需物資が豊富だったので、諸葛亮はそれを活用して公共事業を積極的に行ない、非戦時に手の空いた兵に仕事をあてがい、かつ彼らを有効活用しようとした可能性がある。

要するに諸葛亮は、経済と軍事の両方を政治的に統合し（後述）、打倒曹魏の旗の下で大政翼賛的状況を演出し、戦争を継続的に行ない、周辺住民の拉致を行ない、蜀漢国内の不満を魏に向けて放出することで、国家権力を巧妙に維持しつづけた。諸葛亮自身はつねに軍事的勝利をあきらめていなかったが、かりに大勝が望めない場合でも、状況に応じて戦略を変更し、少しでも曹魏の民や周辺蛮族を拉致して漢中などに移植し、国内の戦意昂揚を図った。このような周辺住民に対する拉致は姜維も行なっており（付表3）、彼らに対する搾取はさらにひどかったようである(68)。要するに、このような遠征・拉致・屯田の三位一体的活動は、兵力増強・周辺鎮撫・国威顕揚といった効果をもたらし、軍事最優先型経済体制には必要な施策であったのである(69)。

第四節　蜀漢末期の軍事最優先型経済体制とその変化

ところが、このような度重なる軍事行動は、諸葛亮という精神的支柱を失うと、継続困難となった。むろん、このような社会体制の変化を諸葛亮個人の才にのみ帰することはできないが、諸葛亮の統率力にはやはり目を見張るものがあった。というのも、本来であれば十万人を常時軍隊に属せしめ、その家族に不安を抱かせ、かつ実際に戦死者を出す北伐を幾度も敢行することは、民の反感を買うこと必至であるにもかかわらず、蜀漢政権はなお一定の安定性を有していたからである。これは、北伐の前提となる諸葛亮の経済政策が周到であったことをしめすとともに、その思想統制がいかに優れていたのかを示唆する。(70)この点はつぎの史料にもしめされている。

P．行法嚴、而國人悅服、用民盡其力、而下不怨（蜀書諸葛亮伝注『袁子』）。

（［諸葛亮は］法を行なうに嚴しく、而るに國人悅服《えつぷく》し、民を用いて其の力を盡すも、而るに下は怨みず）

また陳寿は、諸葛亮語録ともいうべき『諸葛亮集』を編纂して西晉王朝に献上するさい、つぎの『孟子』尽心篇上の一句を引用して、諸葛亮の治政を評している。

Q．以逸道使民、雖勞不怨。以生道殺人、雖死不忿（蜀書諸葛亮伝）。

（逸道［安楽への道］を以て民を使わば、勞すと雖も怨みず。生道を以て人を殺さば、死すと雖も忿みず）

これは、諸葛亮が厳格な立法に基づき合理的かつ公平に民力を活用し、かつ「漢室復興」という明確な大義名分を掲げていたために、民間には怨む者がなかったことをしめす。むろんこれは支配者側の言説にすぎず、実際に全ての民が諸葛亮の治政に不満を抱かなかったわけではあるまい。しかし諸葛亮の高い治政能力は、父を髡《こん》刑に処された陳寿さえ諸葛亮を敬愛し、蜀書全体に諸葛亮の治政能力を賛美した文言が溢れていることなどからも窺える。(71)ゆえに諸葛亮が五丈原で没すると、厳格な思想統制に一時的にゆるみが生じ、北伐どころか、軍事最優先型経済体制の維持も困難となった。現に成都では諸葛亮の死後に士伍の逃亡があいついだという。(72)また贅言するまでもなく、諸葛亮以外に魏延や楊儀といった重臣が次々に亡くなったことも、蜀漢の支配体制が一時的に動揺した一因といってよかろう。

しかも、諸葛亮が絶対的権力を有し得た背景には、もう一点、彼が国内経済と軍事行動の両方を同時に掌握していたことが挙げられる。換言すれば、そもそも蜀漢経済は、政府主導による軍事最優先型経済体制で、それには合理的な経済運営と厳格な軍事統制のほかに、経済を軍事に従属せしめる徹底した政治的支配が必要であり、そのさいに経済と軍事の両者を一手に握った者こそが諸葛亮であったのである。現に諸葛亮は、劉備政権下で「丞相を以て尙書の事を錄し、假節[73]」となり、全権を担っている。「錄尙書事」は「尙書の事を錄《す》ぶ」ことを意味する慣用表現で[74]、蜀漢では「國事を總統」する存在であった。「總統」は伝世文献に散見する語で、全面的な委任を意味する語である。本来、漢代の朝政は皇帝の諮問機関たる複数の会議よりなり、最終的には皇帝が意志決定を行なう形をとっていたのであるが[75]、蜀漢では諸葛亮が「國事」を「總統」し、実質的な意思決定を行なっていたのである。当時の尚書諸官の人員配置に関しては狩野直禎氏の研究に詳しい[76]。しかも当時蜀漢で「開府辟召」権を有したのは諸葛亮だけで[77]、諸葛亮の出征時には「丞相留府長史」が「後事」を「統」した[78]。街亭敗戦時に諸葛亮は一時降格したことがあるが、そのときも「錄尙書事」を保持したまま、「右將軍」として「府」を掌握し、「所總統如前（總統する所は前の如し）」の状態で[79]、のちに丞相・録尚書事に復任した。加えて諸葛亮は益州刺史をも兼任しており、益州の民政と財政を監督したと思われる。

　一方、蔣琬や費禕は、丞相には就任せず、あくまでも大将軍・録尚書事・益州刺史に就任した。だが蔣琬・費禕も経済―軍事間の政治的連動を専断しえたことに変わりはない。すなわち諸葛亮が死ぬと、丞相は設置されなくなったものの、蔣琬は撫軍将軍・尚書郎など、費禕は中護軍・尚書令などとして各々将軍系と尚書系の両方の職務に携わった経験をふまえ、大将軍・録尚書事・益州刺史となり、「慶賞刑威（恩賞・刑罰の意）」を担った（史料T参照）。「慶賞刑威」は伝世文献に散見する語で、『晉書』巻六六劉弘列伝に「非臣所專（臣の專らにする所に非ず）」、『晉書』巻一〇六石季龍載記上に「后皇攸執（后皇《こうこう》の執《と》る攸《ところ》）」とあるごとく、本来は皇帝の專権事項で、「總統國事」とほぼ同義と思われる。もっとも、諸葛亮の死から蔣琬が大将軍・録尚書事・益州刺史となるまでのあいだには、蔣琬・費禕・楊儀・鄧芝・姜維・張翼による「集団指導体制」が布かれたとの説もある[80]。その論拠はつぎの史料である。

R．於是以琬爲尙書令、總統國事。以儀爲中軍師、司馬費禕爲後軍師、征西姜維爲右監軍・輔漢將軍、鄧芝前軍師、領兗州刺史、張翼前領軍、並典軍政（『華陽国志』劉後主志建興十二年条）。

（是に於いて［蔣］琬を以て尚書令と爲し、國事を總統せしむ。［楊］儀を以て中軍師と爲し、司馬の費禕を後軍師と爲し、征西の姜維を右監軍・輔漢將軍と爲し、鄧芝を前軍師とし、兗州刺史を領せしめ、張翼を前領軍とし、並な軍政を典る）

なるほど、楊儀は中軍師、費禕は後軍師、姜維は右監軍、鄧芝は前軍師、張翼は前領軍、蔣琬はおそらく都護という「行官」（軍政・軍令に関与する実職の武官）として、「軍政」を分担した[81]。ただし本史料は、厳密には上記六名による「軍政」（軍事行政）の共同支配をしめすのみで、当該六名が「國事」（国政全般）を共同統治したとは書いていない。現に、費禕・楊儀・鄧芝・姜維・張翼を「軍政」に配したのは蔣琬で、蔣琬は尚書令として他の五名の人選に関与した[82]。また史料Rでは「軍政」と「國事」が峻別され、蔣琬のみが「總統國事」したと明記されている。よって蔣琬は、尚書令就任時点で国政を専断しえたと考えられる。これは、「錄尚書事」のいない時期の尚書令が「總統國事」しうる要職であったことをしめす。現に『冊府元亀』巻三〇八宰輔部総序にも、

S．呉・蜀鼎國皆有丞相、而呉氏復有左右之名。二邦政事率以尚書總統。……蜀亦有司徒・大司馬之號、其平尚書事・錄尚書事・領中外諸軍事總統國事、皆爲宰相之任。

（呉・蜀の鼎國は皆な丞相有り、而して呉氏は復た左右の名有り。二邦の政事は率ね尚書を以て總統《そうとう》せらる。……蜀も亦た司徒・大司馬の號有り、其の平尚書事・錄尚書事・領中外諸軍事は國事を總統《そうとう》し、皆な宰相の任爲り）

とあり、蜀漢では尚書が「政事」を「總統《そうとう》」したとある。かかる「總統國事」権は、延熙七年（二四四年）以後、蔣琬に代わって大将軍・録尚書事に就任した費禕へ受け継がれた。しかも蔣琬や費禕は益州刺史を兼ねていた。本書第三章で論じたように、刺史は州財政を管掌する立場にある。

だが、延熙十六年（二五三年）に費禕が死ぬと、実戦経験の豊富な姜維が外征し、内では侍中守尚書令・鎮軍将軍の陳祗（二五八年に死去）が政治を掌握することになった。これに対して姜維は、延熙十年（二四七年）に費禕とともに「尚書の事を錄（錄尚書事）」したことはあるが(83)、実際に成都の尚書台に勤務することも（「尚書＝皇帝官房」説による場合、官界粛正に関わる職任、官僚人事に関わる職任などを含む、官僚機構の統御運用に関わる広範な機能をもつことを意味する）、「文書伝達」過程に関わることもなく、益州長官位ももたず、外征を繰返すのみであった。さらに姜維は延熙十九年（二五六年）に大将軍として北伐を敢行し、逆に曹魏の鄧艾に大破され、後将軍・行大将軍事に降格したが、そこに録尚書事の記載はなく、すでに「尚書の事を錄」していなかった可能性さえある。現に景耀四年（二六一年）には、諸葛瞻・董厥が「尚書の事を平（平尚書事）」もしくは「臺事を平（平臺事）」し、樊建が尚書令となっている（『三国志』蜀書諸葛亮伝付諸葛瞻伝、同董厥伝）。かりに姜維が録尚書事であり続けたならば、当時は録尚書事と平尚書事が並立したことになるが、そのようなことがありうるであろうか。むしろ当時姜維はすでに尚書台に何らの影響力も有していなかったからこそ、『三国志』諸葛亮伝付董厥伝には「自瞻・厥・建統事、姜維常征伐在外、宦人黄皓竊弄機柄、咸共将護、無能匡矯（瞻・厥・建の事を統《す》べ、姜維常に征伐して外に在るより、宦人黄皓竊かに機柄《きへい》［枢要の権力］を弄し、咸な共に将護《しょうご》［助け守る］し、矯《いつわ》りを匡《ただ》す能わず）」ともあり、諸葛瞻・董厥・樊建三名と姜維との差異がのべられているのであろう。姜維は一般に蜀滅亡まで宰相権を保持しつづけたといわれているけれども、これには検討の余地があるのである。現につぎの史料には、蔣琬や費禕が外地より国内の「慶賞刑威（恩賞・刑罰の意）」のすべてに関与していたとある一方で、逆に費禕以降には、彼らほどの権力者が蜀漢朝廷内に出現しなかったことが示唆されている(84)。

T．自琬及禕雖自身在外、慶賞刑威皆遙先諮斷、然後乃行、其推任如此（『三国志』蜀書費禕伝）。

（［蔣］琬自《よ》り［費］禕に及ぶまで自身は外に在ると雖も、慶賞刑威は皆な遙かに先ず諮《はか》りて斷じ、然る後に乃ち行なわる。其の任を推《お》［尊重］すこと此の如し）

周知のごとく、蜀漢の尚書は巨大な権力をもち、人事権を保有し、戸籍管理などを通じて内政を管掌していた可能性が高いので、(85)「尚書の事を錄」さない大将軍姜維はまさに軍事に特化した存在であった。一方、陳祇は従来軍を率いたことがなく、鎮軍将軍の肩書きも、侍中守尚書令の就任とともに与えられた名目的・散官的職位にすぎなかった。これは、陳祇と姜維が本来まったく異なる出世コースを歩んできたことを意味する。つまり蜀漢には、もはや経済―軍事間の政治的連動を単独で操作しうる者がいなかったのである。

ところが、それでもなお経済と軍事が決定的に分裂することはなかった。すなわち、姜維が外征を繰返して成都を空けるようになると、たしかに成都では尚書令陳祇が実権を握り、両者のあいだには緊張が走ったとみられる。というのも、度重なる外征は莫大な出費を生んだにもかかわらず、その経済的負担の処理の責任は尚書令陳祇が負わざるをえなかったからである。しかし陳祇はそれでも姜維の外征を支持しつづけた。(86)これは結果的に軍と朝廷との対立を緩和する役割を果たしたと考えられる。また姜維自身は涼州刺史を領しており、実際にしばしば涼州方面に進出し、現地での調発を財源としていた。

だが、姜維はその後も北伐をくり返し、次第に敗戦を重ね、ついには中央朝廷の会議の場で征西大将軍張翼からも反対されるようになった。(87)これは姜維の失策であった。そもそも既述のごとく、諸葛亮・蔣琬・費禕も軍事最優先型経済体制の維持に努めたけれども、彼らは録尚書事の業務を軽んじたことはなく、軍事的大敗を重ねたこともなかった。ところが姜維は、ただでさえ尚書系に強い影響力をもたないにもかかわらず、北伐でも連敗した。また景燿元年（二五八年）以来、蜀漢の朝廷はすでに宦官黄皓に壟断されていた。(88)もともと宦官黄皓の台頭は、陳祇が尚書台を統括するようになり、黄皓に高位の官職を与えたことに始まる。これは既述のごとく、やはり蜀漢では尚書を握った者こそが官職（＝人事権）に関与できた証左でもある。そして尚書令陳祇の死の同年（二五八年）に、黄皓はいよいよ国政の前面に出てきたのである。これは、「将軍系」と「尚書系」という従来の勢力に加えて、新たに宦官勢力が台頭した瞬間であった。これに対して景燿四年（二六一年）には、既述のとおり、諸葛瞻と董厥が新たに「尙書の事を平（平尙書事）」し、尚書令樊建・諸葛瞻・董厥が協力して「事を統べ」るようになった。前掲史料Sによれば、蜀漢では「平尙書事」も「國事」を「總統」する存在で、「事を統べ」るとはまさに「總統國事」を意味するものと思われる。しかしながら、もはや彼らをもってしても宦官勢力を封殺するには至らなかった（『三国志』蜀書諸葛亮伝附董厥伝）。その理由は宦官黄皓が皇帝劉禅の寵愛を受けていたからにほかならず、そのことを尚書令樊建・諸葛瞻・董厥らがおもんぱかったからであろう。

しかも当時成都では、北伐反対派の黄皓・右大将軍閻宇・諸葛瞻・董厥によって、北伐で連敗した姜維に代わり、新たに閻宇に軍を握らせようとする動きが起こっていた。(89)既述のごとく、当時の蜀軍にはすでに張翼のような北伐反対派もおり、彼らも閻宇になびく可能性があった。これは軍の分裂を意味した。またその一方で、宦官勢力を抑えるという目的から、宦官黄皓らと尚書系の諸葛瞻らも対立した。(90)これは従来尚書のもとで一丸となっていた朝廷が「宦官系」と「尚書系」に分裂したことを意味する。こうして蜀漢末期の朝廷では、「姜維系（将軍系）」・「閻宇系（将軍系）」・「尚書系」・「宦官系」の四勢力が激しく交錯する結果となり、四分五裂の状態になってしまったのである。これはたんなる政治的混乱をしめすのみならず、劉備以来の軍事最優先型経済体制が円滑に機能し得なくなったことを意味する。なぜなら、既述のごとく当該経済体制は経済を軍事に従属せしめる統一的な政治力を必要とするので、政治的混乱はそのまま軍事的および経済的な混乱にも直結したからである。曹魏がこの隙を見逃すはずはなかった。

景燿六年（二六三年）、鍾会・鄧艾らは大挙して蜀漢に侵攻する。姜維系（将軍系）・閻宇系（将軍系）・尚書系・宦官系の四勢力に分裂していた蜀漢は、みごとにその間隙を突かれた。姜維は当時、閻宇系・尚書系・宦官系との直接対決を恐れ、沓中で屯田に従事しており、成都には長らく帰還していなかった。既述のごとく、姜維は国事を総統しておらず、成都に帰れば真っ先に諸会議をふまえて罷免される恐れがあった。しかも将軍系はすでに姜維系と閻宇系に二分されており、十分な力を発揮できないまま、姜維は前線で敗れた。姜維は事前に成都に救援を求めたが、これも宦官系などの妨害にあい、大幅に遅延していた(91)。かくて姜維は剣閣まで退却し、そこで曹魏の主力を防ぐことにした。だがこのときに至って、蜀漢軍は外圧に抗するために姜維のもとで再度一丸となった。張翼や廖化といった諸将軍が援軍に駆け付けたのである。しかも「尚書系」の董厥も姜維軍の救援に向かい、剣閣の背後には同じく「尚書系」の諸葛瞻も控え、実際に曹魏軍はほとんど退却を余儀なくされるところであった(92)。もっとも、それにもかかわらず、蜀漢は鄧艾の奇襲作戦によって滅亡する。だがこれは、『三国志』蜀書をみるかぎり、鄧艾個人の戦術的功績によるところが大きく、必ずしも蜀漢自体に構造的敗因があったわけではない(93)。つまり既述のごとく、蜀漢では権力闘争が繰り広げられ、度重なる北伐で民と兵士は疲れていたにもかかわらず、軍内の分裂自体は剣閣退却時までに解決されていたのである。

おわりに

以上本章では、蜀漢政権が一貫して軍事最優先型経済体制をとりつづけてきたこと、それが布帛を主たる国家的決済手段、銭を民間の経済的流通手段とする貨幣経済を潤滑油とし、経済と軍事に対する政治支配の上に存立するものであったこと、当該体制が尚書令陳祇の死後に揺らいだことを論じた。ここでいう軍事最優先型経済体制とは、人口の七分の一以上にのぼる吏卒を有する蜀漢が、それらの吏卒を合理的に活用し、計画的軍事都市の漢中を拠点として遠征・拉致・屯田の三位一体的活動を行ない、兵力増強・周辺鎮撫・国威顕揚を実現するための経済体制であった。蜀漢は軍事経済・戦時経済を有する中国古代諸国家のなかでもとくにその特徴が濃厚であり、それゆえ筆者はこれを「軍事最優先型経済体制」と称する。蜀漢がそのような経済体制を採用した理由は、蜀漢が絶えず曹魏を意識した戦時的経済体制を営まざるをえなかったからであった。ここに蜀漢経済の構造的特質があった。

もっとも、蜀漢は自国よりも強大な曹魏を相手にせざるをえなかったので、あえて軍事最優先型経済体制を維持したのであるが、これは必ずしも民間社会の持続的安定を目指したものではなく、むしろ臨戦的・過渡的経済体制であった。その背後には蜀漢のもつ豊富な天然資源があったとはいえ、それが民間にもたらす経済的負担はやはり少なくなく、当該経済体制の運営には政治主導による経済―軍事間の円滑な連動が求められた。そのため尚書令陳祇が死ぬと、当該経済体制は徐々に揺らいでいった。当該経済体制は剣閣の戦いの時点で一時的に修復がはかられたが、すでに蜀漢は軍事最優先型経済体制の要であった計画的軍事都市漢中を失陥しており、情勢を挽回するには至らなかった。かくて魏将鄧艾が蜀漢軍主力を避けて間道より成都を奇襲するにいたり、ここに蜀漢は滅亡した。

その後、蜀漢の民がいかに疲弊していたのかが白日の下にさらされた。たとえば、「無歳不征……而使國内受其荒殘、西土苦其役調（〔諸葛亮は〕歳の征せざる無く……而して國内をして其の荒殘を受け、西土をして其の役調に苦しましむ）」（『三国志』蜀書諸葛亮伝付董厥伝注引『袁子』）や、「時蜀新平、人饑土荒（時に蜀、新たに平《たい》らぎ、人饑《う》え土荒《あ》る）」（『北堂書鈔』巻六八設官部掾本注引臧榮緒『晉書』）といった史料は、蜀漢国内の実情をあらわすものであろう。

では、蜀漢ではなぜ、上記のごとく経済統計上明らかに民に苛酷な政治体制を布いていたにもかかわらず、諸葛亮などに対する賞賛の声が各地で絶えなかったのか。そもそも『三国志』などの現存史料は社会上層階級の言説にすぎず、民間の評価を正確に伝えたものとは限らないが、諸葛亮賛美の言説は蜀漢滅亡後もみられ、旧蜀漢の上層階級の世論を一定程度反映したものと思われる。これは本来別途検討すべき問題ではあるが、本章の検討を通じて必然的に生じる疑問でもあるので、ここでは先行研究をふまえ、大まかな展望のみをしめしておきたい。

すなわち、これにはさまざまな要因があったと思われるが、たとえば蜀漢全盛期を築いた諸葛亮達が当地の人びとの誇りであったこと、とくに諸葛亮が自分を律して勤勉に仕事をこなし、最後には過労死するほどであったこと、史料P・Qにしめされるごとく確固たる大義名分のもとで民に労働を課し、それが民の理解をも一定程度得ていたことなどの理由が挙げられる。さらに諸葛亮賛美は、陳寿にとっては西晉における当時の政局を批判するのに有用で(94)、西晉司馬氏にとっては蜀漢旧地の人心を落ち着け、西晉の度量をしめし、残る孫呉に降伏を薦めるさいにも有用であった(95)。しかも西晉成立の基礎を築いた司馬懿こそは諸葛亮の北伐を防いだ曹魏の功臣で、諸葛亮賛美はそのまま司馬懿の軍功顕揚に繫がり得た。かくして諸葛亮を賛美する言説は蜀漢亡前後に定着したのであろう。

注

(1)　陶元珍『三国食貨志』(台湾商務印書館、一九三五年)、陳嘯江『三国経済史』(国立中山大学文科研究所、一九三六年)、余鵬飛『三国経済発展探索』(湖北人民出版社、二〇〇九年)。

(2)　表5―1所引史料以外にも三国時代の人口統計関連史料はあるが、どれも信憑性を欠く。余鵬飛注(1)前掲書参照。

(3)　周一良「論諸葛亮」(『歴史研究』一九五四年第三期)。

(4)　閔伝超「諸葛亮再評価」(『歴史教学問題』一九八四年第四期)。

(5)　上海社会科学院経済研究所経済思想史研究室編「三国時期其他人物的経済思想」(『秦漢経済思想史』中華書局、一九八八九年）。

（6） 劉静夫『中国魏晉南北朝経済史』（人民出版社、一九九四年）。

（7） 余鵬飛注（1）前掲書。

（8） 高凱・鄭発展・趙中祥「从人口性比率失調看蜀漢政権之敗亡——兼論劉備・諸葛亮為政之失」（『鄭州大学学報（哲学社会科学版）』第三二巻第四期、一九九九年）。

（9） 陳玉屏「試論諸葛亮的道徳風范及其対蜀漢政治的影響」（『秦漢魏晉南北朝史論集』四川民族出版社、一九九五年）。

（10） 周紅「論蜀漢興衰的財政原因」（『現代財経』二〇〇〇年第十一期）。ただし周紅氏は蜀漢の国是を「以攻爲守（攻を以て守と爲す）」と解し、それは明・王夫之『読通鑑論』巻十以来の説であるが、それには張大可「論諸葛亮出師」（『西北史地』一九八四年第四期）、李興斌「諸葛亮北伐曹魏目的論析」（『門外談兵』斉魯書社、二〇〇四年）などの批判がある。

（11） 王明前「蜀漢政権的軍政体制与戦時経済」（『福建師範大学福清分校学報』二〇一一年第三期）。

（12） 宮崎市定「古代中国賦税制度」（『宮崎市定全集3　古代』岩波書店、一九九一年）。

（13） 隆中対（蜀書諸葛亮伝）の目的は、内藤湖南「諸葛武侯」（『内藤湖南全集』第一巻、筑摩書房、一九七〇年）も指摘するごとく、天下三分でなく天下統一にあった。

（14） 本史料は大赦の濫発に対する諸葛亮の諫言だが、諸葛亮や劉備の政治姿勢を概括するものと理解できる。

（15） 田余慶「《隆中対》再認識」（『秦漢魏晉史（重訂本）』中華書局、二〇〇四年）。

（16） 蜀書董和伝に「益州牧劉璋以爲牛鞞・江原長・成都令。蜀土富實、時俗奢侈。貨殖之家侯服玉食、婚姻葬送傾家竭産（益州牧の劉璋は［董和を］以て牛鞞・江原長・成都令と爲す。蜀土は富實にして、時俗は奢侈。貨殖の家は侯服玉食し、婚姻葬送は、家を傾け産を竭くす）」とある。

（17） 蜀書法正伝に「鄭度說璋曰、「左將軍縣軍襲我、兵不滿萬、士衆未附、野穀是資、軍無輜重……」（鄭度は［劉］璋に說きて曰く、「左將軍［劉備］は軍を縣《か》［顕揚］けて我を襲うも、兵は萬に滿たず、士衆は未だ附かず、野穀は是の資にして、軍に輜重無し……」と）」とある。

(18)『華陽国志』劉先主志は「取蜀城中民金銀頒賜将士」に作り、将兵に頒布したのは「民の金銀」であったとする。『通鑑』本文は蜀書と同じだが、胡三省は「公私の有る所の金銀」を頒布したと注する。任乃強校注『華陽国志校補図注』(上海古籍出版社、一九八七年)も、蜀書劉巴伝裴松之注引『零陵先賢伝』は劉備入蜀時に公私両方から略奪を行なったことをしめすとし、胡注に賛同する。その上で、『華陽国志』中の「民」は劉璋・臣下・富商・巨室・寓公地主等の富室のみをさし、官庫も一般民家も含まないと限定し、蜀書でなく『華陽国志』を採る。ただし任氏が富室として挙げる劉璋の財は劉備に没収され、将兵が自由に没収したわけではなく、しかものちに全て劉璋に返還されている。よって両者はまったくべつの事象で、劉備が将兵に自由な略奪を許した対象はやはり富家や一般民家を含まず、官庫のみと考えられる。そこで蜀書を採る。

(19)『続漢書』郡国志五建為属国条注「諸葛亮書云、漢嘉金・朱提銀、採之不足以自食(諸葛亮書に云う、漢嘉の金・朱提の銀は、之を採るも以て自食《じしょく》するに足らず、と)」によれば、諸葛亮は南征で多少の金銀を得たものの、本文でものべたように、蜀漢政府の黄金貯蓄量は漢代と比べものにならない。

(20)曹操五銖課題組「曹魏五銖銭」(『中国銭幣論文集』第三輯、一九九八年)は蜀漢の銭幣制度が直百銭を基軸とする「直百体系」に移行したとするが、直百銭はあくまでも五銖銭の存在を前提とする。

(21)総論編写組「総論」(馬飛海主編『中国歴代貨幣大系2　秦漢三国両晉南北朝貨幣』上海辞書出版社、二〇〇二年)、王怡辰『魏晉南北朝貨幣交易和発行』(文津出版社、二〇〇七年)。なお総論編写組は「直百」・「太平百銭」・「世平百銭」・「太平百金」・「定平一百」・「直百銭」・「直一銭」も蜀漢銭に分類するが、蕭清『中国古代貨幣史』(人民出版社、一九八四年)も指摘するように、「太平百銭」や「定平一百」等については定論がない。

(22)曹操が漢中を制圧した時のこととして、魏書劉曄伝注引『傅子』に「居七日、蜀降者説「蜀中一日數十驚、備雖斬之而不能安也」。……([曹公は漢中に]居ること七日、蜀の降者は「蜀中は一日にして數十たび驚き、[劉]備は之を斬ると雖も安んずる能わざるなり」と説く。……)」とあるが、これは、曹操の漢中制圧で、蜀漢が一時的に恐慌状態に陥ったことをしめすにすぎない。現に謀臣劉曄は曹操に「今から蜀を攻めても遅い」と諫言している。これは、蜀漢の情報が漢中に伝わるのに数日かかり、曹操が蜀に本格的に侵攻するにはさらに時を要し、その頃には蜀も沈静化していると目算したからであろう。

（23）蜀書趙雲伝注引『雲別伝』に「益州既定、時議欲以成都中屋舎及城外園地・桑田分賜諸將。雲駁之曰、「……須天下都定、各反桑梓、歸耕本土、乃其宜耳。益州人民、初罹兵革、田宅皆可歸還。今、安居復業、然後可役調。得其歡心」。先主即從之（益州既に定まり、時に議して成都の中の屋舎及び城外の園地・桑田を以て諸将に分賜《ぶんし》せんと欲す。［趙］雲は之を駁《ただ》して曰く、「……天下の都な定まるを須ちて、各々桑梓に反り、歸りて本土を耕さば、乃ち其れ宜しきのみ。益州の人民は、初めて兵革に罹《かか》れば、田宅は皆な歸還すべし。今、居に安んじ業に復せしめ、然る後に役調すべし。其の歡心を得ん」と。先主は即ち之に従う）」とある。

（24）蜀書姜維伝「郤正著論、論維曰、「姜伯約據上將之重、處羣臣之右、宅舎弊薄、資財無餘、側室無妾媵之褻、後庭無聲樂之娛、衣服取供、輿馬取備、飲食節制、不奢不約、官給費用、隨手消盡……」（郤正は論を著わし、［姜］維を論じて曰く、「姜伯約は上將の重に據り、羣臣の右に處るも、宅舎は弊薄《へいはく》［壊れ果てる意］にして、資財に餘無く、側室に妾媵の褻無く、後庭に聲樂の娛無く、衣服は供に取り、輿馬は備に取り、飲食に節制あり、奢らず約《くる》しまず、官の給する費用は、手に隨いて消盡す……」と）」

（25）四川系臣下と非四川系臣下の別については、狩野直禎「蜀漢国前史」（『東方学』第十六輯、一九五八年）以降の議論参照。正確にいえば、本章の四川系と非四川系のちがいは、出身地の別ではなく、田余慶『秦漢魏晉史探微（重訂本）』（中華書局、二〇〇四年）のいう「新人」と「旧人」の別に近い。ちなみに当該議論は現在、家臣の出身別分類方法の是非をめぐる論争へと発展し、渡邉義浩『三国政権の構造と「名士」』（汲古書院、二〇〇四年）や上谷浩一「蜀漢政権論――近年の諸説をめぐって――」（『東方学』第九一輯、一九九六年）等があるが、本稿とはあまり関係がない。ただ付言すると、劉備入蜀時の抵抗者について渡邉氏は、劉焉以来の東州兵と「益州の在地社会に勢力を有さない者」が劉備に抵抗したのに対し、東州兵と対立していた益州在地勢力は劉備側に付いたとする。一方、上谷氏は、劉備を拒んだ者の中にも黄権・厳顔・鄭度らの益州在地勢力がいたと批判した上で、狩野直禎「蜀漢政権の構造」（『史林』第四二巻第四号、一九五九年）に従い、巴蜀豪族の行動は結局保身を第一とするものであったとする。だが、厳顔や張任は劉備側に捕縛された際に「ひと思いに殺せ」と言い放っており（蜀書先主伝、蜀書張飛伝）、彼らの行動を「保身」の一言で片づけられるかどうかにも疑問が残る。各人物に各々の個性・背景がある以上、出身分類に基づく研究も少なくとも絶対的ではなかろう。

(26) 蜀書周群伝に「先主欲與曹公爭漢中、問羣。羣對曰、「當得其地、不得其民也。若出偏軍、必不利、當戒愼之」。時州後部司馬蜀郡張裕亦曉占候、而天才過羣、諫先主曰、「不可爭漢中、軍必不利」。先主竟不用裕言、果得地而不得民也（先主は曹公と漢中を爭わんと欲し、［周］羣に問う。羣は對えて曰く、「當に其の地を得べきも、其の民を得ざるなり。若し偏軍《へんぐん》を出ださば、必ず利あらず、當に之に戒愼《かいしん》［気を張りつめて用心］すべし」と。時に州の後部司馬の蜀郡の張裕も亦た占候を曉《さと》り、而も天の才は羣を過ぎ、先主を諫めて曰く、「漢中を爭うべからず、軍は必ず利あらず」と。先主は竟《つい》に裕の言を用いず、果たして地を得るも民を得ざるなり）」とある。

(27) 史念海「論諸葛亮的攻守策略」（『史念海全集』第三巻、人民出版社、二〇一三年。一九四五年初出）。

(28) 蜀書呂乂伝に「初先主定益州、置鹽府校尉、較鹽鐵之利。後校尉王連請乂及南陽杜祺・南鄉劉幹等並爲典曹都尉（初め先主は益州を定むるや、鹽府校尉を置き、鹽鐵の利を較《きそ》う。後に校尉王連は［呂］乂及び南陽の杜祺・南鄉の劉幹等を請いて並な典曹都尉と爲す）」、『太平御覧』巻八六五飲食部塩所引『博物志』に「臨邛火井、諸葛亮往視之後、火益盛。以盆貯水煑之則鹽。後人以火投井中、火卽滅、至今不然（臨邛の火井、諸葛亮の往きて視るの後、火益々盛んなり。盆を以て水を貯《たくわ》えて之を煑するに則ち鹽なり。後人、火を以て井中に投げるや、火は卽ち滅し、今に至るも然《も》えず）」等とある。さらに『元和郡県図志』巻第三三剣南道下陵州始建県条「鐵山、在縣東南七十里。出鐵、諸葛亮取爲武器（鐵山、縣の東南七十里に在り。鐵を出だし、諸葛亮は取りて武器と爲す）」によれば、諸葛亮は採掘した鉄で直接兵器を製造する場合もあった。

(29) 『初学記』巻二七錦所引『益州記』に「錦城在益州南笮橋東流江南岸、蜀時故錦宮也。其處號錦里（錦城は益州南の笮橋の東流江南岸に在り、蜀の時の故の錦宮なり。其の處は錦里と號す）」とあり、「錦宮」は「錦官」の誤り。仲山八郎「唐末までの蜀錦生産」（『一橋論叢』第三二巻第四号、一九五四年）に蜀漢の絹織物関連史料が網羅されている。

(30) 『太平御覧』巻八一五布帛部「錦」引魏文帝詔に「鮮卑尙復不愛也。……蜀薄來至洛邑皆下惡、是爲下土之物。皆有虛名（鮮卑は尙お復た［蜀錦を］愛せざるなり。……蜀薄の洛邑に來至するは皆な下惡にして、是れ下土の物爲り。皆な虛名有り）」、同引環氏『呉紀』に「蜀遣使獻重錦千端（蜀は使を遣わして重錦千端を獻ず）」、同引『丹陽記』に「江東歷代尙未有錦、而成都獨稱妙。故三國時魏則布於蜀、而呉亦資西道（江東には歴代尚お未だ錦有らず、而るに成都は獨り妙を稱えらる。故に三國の時に魏は布を蜀に則り、而して呉も亦た西道に資《よ》る）」、同引の張温の表に「劉禪送臣溫孰錦五端（劉禪は臣溫に孰錦五端を送る）」とある。これらによれば蜀の織物は、質の良し悪しは賛否あるにせよ、主要な物産として曹魏や孫呉に輸出されていたとわかる。上記史料によれば、孫呉への織物輸出はあくまでも官吏主体であったかのごとくであるが、かつて呂蒙が関羽荊州軍を背後より奇襲したさいに兵士達に「商賈人服」を着用させた故事より推測するに（呉書呂蒙伝）、蜀漢と孫呉のあいだにも私貿易はあったと考えられる。

（31）『太平御覧』巻八一五引『諸葛亮集』に「今民貧國虚、決敵之資、惟仰錦耳（今、民は貧しく國は虚にして、決敵の資は、惟だ錦を仰ぐのみ）」とある。

（32）渡邉義浩「蜀漢政権の支配と益州社会」（『三国政権の構造と「名士」』汲古書院、二〇〇四年）。

（33）方国瑜「南中地方勢力与蜀統治之争奪及相互利用」（『方国瑜文集』第一輯、雲南教育出版社、二〇〇一年）や黎虎「蜀漢〝南中〟政策二三事」（『魏晉南北朝史論』学苑出版社、一九九九年）に関連史料が網羅されている。

（34）宮川尚志『諸葛孔明』（冨山房、一九四〇年）、宮崎市定「アジア史概説」（『宮崎市定全集』第十八巻、岩波書店、一九九三年）。

（35）カウティリア（上村勝彦訳）『実利論——古代インドの帝王学——』（岩波書店、一九八四年）。

（36）Wade. Geoff. 2009. The Polity of Yelang and the Origins of the Name ‘China’. *Sino-Platonic Papers*. no.188. pp.1-26 の研究史整理参照。

（37）蜀書諸葛亮伝に「五年、率諸軍北駐漢中、臨發、上疏曰、「先帝創業未半、而中道崩殂。今天下三分、益州疲弊。此誠危急存亡之秋也。……今南方已定、兵甲已足……」」（〔建興〕五年〔二二七年〕、〔諸葛亮〕は諸軍を率い北のかた漢中に駐し、發するに臨み、上疏して曰く、「先帝は創業未だ半ばならずして、中道にして崩殂す。今、天下は三分し、益州は疲弊す。此れ誠に危急存亡の秋なり。……今、南方は已に定まり、兵甲は已に足り……」と）」とある。

（38）蜀書諸葛亮伝に「建興三年秋、南中悉平、軍資所出、國以富饒（建興三年秋、南中は悉く平らぎ、軍資の出づる所あり、國は以て富穰たり）」、蜀書李恢伝に「南土平定……賦出叟・濮、耕牛・戰馬・金銀・犀革充繼軍資。于時費用不乏（南土平定し……賦は叟・濮より出で、耕牛・戰馬・金銀・犀革は軍資を充たし繼ぐ。時に費用は乏しからず）」、『旧唐書』張柬之伝に「諸葛亮五月渡瀘、收其金銀鹽布以益軍儲（諸葛亮は五月に瀘を渡り、其の金銀鹽布を收めて以て軍儲を益す）」とある。

(39) 諸葛亮執政期全般のこととして蜀書諸葛亮伝注引『蜀記』には「晉初扶風王駿鎭關中、司馬高平劉寶・長史滎陽桓隰、諸官屬士大夫共論諸葛亮。于時譚者多譏亮託身非所、勞困蜀民、力小謀大、不能度德量力（晉の初めに扶風王の駿は關中に鎭し、司馬の高平の劉寶・長史の滎陽の桓隰、諸々の官屬の士大夫は共に諸葛亮を論ず。時に譚《かた》る者は多く亮の身を非所《ひしょ》［辺荒の地］に託し、蜀民を勞困《ろうこん》せしめ、力小さく謀大にして、德を度り力を量る能わざるを譏る）」ともある。後掲注（66）引蜀書諸葛亮伝注引『默記』や後掲注（67）引蜀書諸葛亮伝注引『袁子』にも諸葛亮が蜀漢の人びとを疲労せしめた点が描かれる。

(40) 方国瑜注（33）前掲論文、黎虎注（33）前掲論文等。

(41) 蜀書諸葛亮伝注引『漢晉春秋』所載の所謂「後出師の表」に「座して待つよりも攻撃に転ずるべきだ」との諸葛亮の主張がみえる。「後出師の表」については梁玉文等『諸葛亮文訳注』（巴蜀書社、一九八八年）等の偽作説もある。ただそれが魏晉時代の作であることは確実なので、やはり一定の現実を反映したものと解せる。

(42) 蜀漢の兵力を「數萬（蜀書諸葛亮伝注引『袁子』）」、「不滿五萬（蜀書諸葛亮伝注引『默記』）」とする史料もあるが、いずれも戸籍関連史料ではなく、しかも『袁子』は曹魏・袁準『袁氏正論』と推測され、『默記』は呉大鴻臚張儼撰で、いずれも蜀漢本国の史料ではない。また『後漢書』郡国志一注引『帝王世紀』にも「景元四年、與蜀通計、民戸九十四萬三千四百二十三。口五百三十七萬二千八百九十一人。又案、正始五年、揚威將軍朱照日所上吳之所領兵戸、凡十三萬二千。推其民數、不能多蜀矣。昔漢永和五年、南陽戸五十餘萬、汝南戸四十餘萬。方之於今、三帝鼎足不踰二郡。加有食祿復除之民・凶年飢疾之難。見可供役、裁若一郡（景元四年［二六三年］、［魏と］蜀との通計は、民は戸九十四萬三千四百二十三。口は五百三十七萬二千八百九十一人。又た案ずるに、［魏の］正始五年［二四四年］、揚威將軍朱照日の上る所の吳の領する所の兵戸は、凡そ十三萬二千。其の民の數を推すに、蜀よりも多きこと能わず。昔、漢の永和五年［一四〇年］、南陽の戸は五十餘萬、汝南の戸は四十餘萬。之を今に方《くら》ぶるに、三帝鼎足［の地の人の数］は二郡を踰えず。加えて食祿復除の民・凶年飢疾の難有り。見（現）に役に供すべきは、裁《わず》かに一郡に若《し》く」という戸口統計史料がみえるが、越智重明「屯田」（『魏晉南朝の政治と社会』吉川弘文館、一九六三年）や余鵬飛注（1）前掲書が批判するように問題が多い。

(43) 蜀書法正伝に「及軍圍雒城、正牋與璋曰、「……雒下雖有萬兵、皆壞陳之卒、破軍之將……」（軍の雒城を圍むに及び、［法］正は牋もて［劉］璋に與えて曰く、「……雒下には萬の兵有ると雖も、皆な壞陳の卒、破軍の將にして……」と）」とある。

(44) 村田哲也「蜀漢政権成立前史――成立期劉備集団の支配をめぐって――」（『東洋史苑』第七四号、二〇一〇年）は参照すべき好論である。ただし、荊州軍を少数とする点のみ少し疑問である。のちに関羽は北上して曹魏の樊城に侵攻した際に于禁の三軍を捕虜としており（魏書于禁伝）、輜重部隊も含めて数万人はいたとみられる。

(45) 蜀書楊洪伝に「先主爭漢中、急書發兵。軍師將軍諸葛亮以問洪、洪曰、「漢中則益州咽喉、存亡之機會。若無漢中則無蜀矣。此家門之禍也。方今之事、男子當戰、女子當運。發兵何疑」。時蜀郡太守法正從先主北行、亮於是表洪領蜀郡太守（先主は漢中を争い、急書もて兵を發す。軍師將軍諸葛亮は以て［楊］洪に問うに、洪曰く、「漢中は則ち益州の咽喉にして、存亡の機會なり。若し漢中無くんば則ち蜀無し。此れ家門の禍なり。方今の事、男子は當に戰うべく、女子は當に運ぶべし。兵を發するに何ぞ疑わん」と。時に蜀郡太守の法正は先主に從いて北行すれば、亮は是に於いて洪を表して蜀郡太守を領せしむ）」とある。

(46) 高敏『魏晉南北朝社会経済史探討』（人民出版社、一九八七年）。

(47) 高凱・鄭発展・趙中祥注（8）前掲論文。

(48) 余鵬飛注（1）前掲書、蔣福亜「由戸口変動看蜀漢時期巴蜀地区的地主経済」（『魏晉南北朝経済史探』甘肅人民出版社、二〇〇四年）。

(49) 越智重明『魏晉南朝の政治と社会』（吉川弘文館、一九六三年）は、蜀漢滅亡時の戸口統計史料「又遣尚書郎李虎送士民簿、領戸二十八萬、男女口九十四萬、帶甲將士十萬二千、吏四萬人（蜀書後主伝裴松之注引王隱蜀記）」について、「戸＝人」と仮定し、戸が二十八万、兵戸が十万二千、吏戸が四万あったことをしめすとし、「戸」の総計は三二万に及んだとする。しかし、越智氏の引く史料だけから、魏晉期の戸口統計の全てで「戸＝人」という原則が貫かれていたとは断定できない。兵戸などが一般戸籍と区別されていたことは事実としても、前掲史料中の「領戸二十八萬」に「帶甲將士十萬二千、吏四萬人」が含まれなかったとみるのはあまりに不自然である。また中には、当時敵兵捕虜を十倍に誇張して報告する習慣があったとする宮崎市定「読史箚記」（『宮崎市定全集17　中国文明』岩波書店、一九九三年）に基づき、三国時代の人口統計史料の信憑性に疑問符を付す論者もいる。だが人口統計史料と捕虜人数関連史料とは性質が異なる。

(50)　渡邊信一郎「漢代国家の社会的労働編成」（『中国古代の財政と国家』汲古書院、二〇一〇年）。

(51)　詳細は唐長孺「晉郛休碑跋」（『山居存稿』続編、中華書局、二〇一一年）参照。

(52)　濱口重國『秦漢隋唐史の研究』上巻（東京大学出版会、一九六六年）所収の「後漢末・曹操時代に於ける兵民の分離に就いて」、「魏晉南朝の兵戸制度の研究」、「呉・蜀の兵制と兵戸制」参照。

(53)　延熙七年（二四四年）に曹爽が漢中に侵攻した際、蔣琬は主力を培に移しており、漢中には三万人しかいなかったという（蜀書王平伝）。これは逆にいえば、主力は三万人をはるかに上回る兵数で、しかも以前は上記三万人とともに漢中に駐留していたことを意味する。すると、主力を五〜七万人とすれば、蜀漢は最低でも八〜十万人を動員できたことになる。また魏書鍾会伝によれば、蜀漢滅亡時には楽城・漢城に五千人、姜維本隊に「歩騎四五萬」がおり、諸葛瞻も一軍を率い、蜀漢の北面部隊は六万人以上に及んだ。

(54)　史念海注（27）前掲論文。林成西「論諸葛亮在北伐過程中的屯田」（『中国史研究』一九八五年第一期）は蜀漢の屯田制に関する先駆的専論であるが、これも多くの点で私見と異なる。林氏によると、①劉備入蜀時に益州経済が広範に破壊され、②新たに入蜀した者の耕地も不足し、③対外戦争の繰り返しで農業人口・農業生産も減退したため、諸葛亮は屯田を実施した。ただし益州内部には屯田を設置できず、それゆえ漢中に軍屯が置かれた。しかし当時は豪強が人口の多くを握り、益州から漢中への徙民は困難を極め、軍糧不足を惹起した。しかも諸葛亮は当初、益州からの軍糧支給を主、漢中屯田を副とし、蜀漢軍の主力を曹魏との短期決戦を目的とする北伐に用いた。だが、建興十年（二三二年）になると諸葛亮は漢中の屯田や敵地での屯田を軸とする持久戦を採用した。林氏は、かかる政策転換を遅きに失するものと評する。だが私見によれば、そもそも劉備の入蜀によって破壊された益州民間経済の建て直しと、軍事最優先型経済政策の一環として屯田を設置するのとは、目的が異なる。漢中屯田の需給バランスに関しても検討の余地があり、漢中の屯田がそれほど小規模であったとも思われない。林氏は諸葛亮期の屯田にのみ着目し、諸葛亮期以後の屯田に関してはほとんど言及していないが、実際に蜀漢では諸葛亮死後も漢中の屯田を軸に兵力を維持しており、国内の軍糧需給に大きな不均衡が存したとは考えにくい。

(55)『北堂書鈔』巻一三二所引『諸葛亮集』「軍行、人將一斗乾飯、不得持鳥育及幔、什光耀日、往就與會矣」に兵は毎日一斗の乾飯を携帯したとあるが、行軍中の携帯分をさすのであろう。

(56)伊藤敏雄「魏晉期楼蘭屯戍の基礎的整理（一）」（『東洋史論』第五号、一九八三年）。

(57)睡虎地秦簡「秦律十八種」倉律（第一一六～一一九簡）に「隷臣妾其從事公、隷臣月禾二石、隷妾一石半。其不從事、勿稟。小城旦・隷臣作者、月禾一石半石。未能作者、月禾一石。小妾・舂作者、月禾一石二斗半斗。未能作者、月禾一石。嬰兒之母（無）母者各半石。雖有母而與其母冗居公者、亦稟之、禾月半石。隷臣田者、以二月月稟二石半石、到九月盡而止其半石。舂、月一石半石。隷臣・城旦高不盈六尺五寸、隷妾・舂高不盈六尺二寸、皆爲小。高五尺二寸、皆作之。倉（隷臣妾、其《も》し公に從事するや、隷臣は月ごとに禾二石、隷妾は一石半とせよ。其し從事せずんば、稟すること勿れ。小城旦・隷臣の作する者は、月ごとに禾一石半石とせよ。未だ作する能わざる者は、月ごとに禾一石とせよ。小妾・舂の作する者は、月ごとに禾一石二斗半斗とせよ。未だ作する能わざる者は、月ごとに禾一石とせよ。嬰兒の母無き者は各々半石とせよ。母有りと雖も、其の母と公に冗居する者は、亦た之に稟すること、禾月ごとに半石とせよ。隷臣の田する者は、二月を以て月ごとに稟すること二石半石、九月盡に到りて其の半石を止めよ。舂は、月ごとに一石半石とせよ。隷臣・城旦の高さ六尺五寸に盈たず、隷妾・舂の高さ六尺二寸に盈たざるは、皆な小と爲せ。高さ五尺二寸ならば、皆な之に作せしめよ。倉）」とある。

(58)日野開三郎「租の色額」（『唐代租調庸の研究Ⅰ　色額篇』私家版、一九七四年）。

(59)蜀書蔣琬伝付劉敏伝に「劉敏……與鎭北大將軍王平俱鎭漢中。魏遣大將軍曹爽襲蜀時、議者或謂、但可守城、不出拒敵、必自引退。敏以爲、男女布野、農穀棲畝、若聽敵入、則大事去矣（劉敏は……鎭北大將軍王平と倶に漢中に鎭す。魏の大將軍曹爽を遣わして蜀を襲うの時、議者は或いは謂えらく、但だ城を守るべきのみ、出でて敵を拒まずんば、必ずや［敵は］自ら引退す、と。敏以爲えらく、男女は野に布し、農穀は畝に棲《す》めば、若し敵の入るるを聽さば、則ち大事去らん、と）」とある。屯兵数に関しては前掲注（53）参照。

（60）蜀書呂乂伝に「乂遷新都・緜竹令、乃心隱卹、百姓稱之、爲一州諸城之首。遷巴西太守。丞相諸葛亮連年出軍、調發諸郡、多不相救。乂募取兵五千人詣亮。慰喩・檢制、無逃竄者（［呂］乂は新都・緜竹令に遷り、乃ち心もて隱卹《いんじゅつ》［いたみあわれむ］し、百姓は之を稱《たた》え、一州諸城の首と爲る。巴西太守に遷る。丞相諸葛亮は連年軍を出だし、諸郡に調發し、多くは相い救わず。乂は募りて兵五千人を取りて亮に詣る。慰喩《いゆ》・檢制《けんせい》し、逃竄《とうざん》する者無し）」とある。

（61）蜀書張嶷伝注引『益部耆旧伝』に「後南夷劉冑又反、以馬忠爲督庲降討冑。嶷復屬焉、戰鬪常冠軍首、遂斬冑。平南事訖、牂牁興古獠種復反、忠令嶷領諸營往討、嶷内招降得二千人、悉傳詣漢中（後に南夷の劉冑又た反し、馬忠を以て督庲降と爲して冑を討たしむ。嶷は復た焉に屬し、戰鬪して常に軍首に冠たり、遂に冑を斬る。南を平ぐるの事訖わり、牂牁興古獠種復た反し、忠は嶷をして諸營を領して往きて討たしめ、嶷は内に降を招きて二千人を得、悉く傳もて漢中に詣らしむ）」とあり、蜀書李厳伝に「以曹眞欲三道向漢川、亮命嚴將二萬人赴漢中（曹眞の三道より漢川に向かわんと欲するを以て、亮は［李］嚴をして二萬人を將いて漢中に赴かしむ）」とある。

（62）蜀書張魯伝に「羣下欲尊魯爲漢寧王。魯功曹巴西閻圃諫魯曰、「漢川之民、戸出十萬、財富土沃……願且不稱、勿爲禍先」。魯從之。韓遂・馬超之亂、關西民從子午谷奔之者數萬家（羣下、［張］魯を尊びて漢寧王と爲さんと欲す。魯の功曹の巴西の閻圃は魯を諫めて曰く、「漢川の民は、戸は十萬を出で、財は富み土は沃《よく》にして……願わくは且《しばら》く稱せず、禍いの先を爲す勿かれ」と。魯は之に從う。韓遂・馬超の亂るるや、關西の民の子午谷從り之に奔る者は數萬家）」とある。

（63）蜀書呂乂伝に「呂乂……徙爲漢中太守、兼領督農、供繼軍糧（呂乂は……徙りて漢中太守と爲り、督農を兼領し、軍糧を供《そな》え繼《つ》ぐ）」とある。前掲注（59）引蜀書蔣琬伝付劉敏伝も參照。

（64）上海社会科学院経済研究所経済思想史研究室編注（5）前掲書。

（65）満田剛「蜀漢・蔣琬政権の「北伐」について」（『創価大学人文論集』第十八号、二〇〇六年）は、費禕・姜維が諸葛亮・蔣琬に比して官職上の絶対的権力をもたず、費禕は北伐に消極的で、姜維は内政を顧みない軍事行動を起したと評するが、費禕は軍権を有して姜維の大規模北伐を抑制し、小規模北伐のみ許した。これは費禕が姜維を抑えられなかったからではなく、小規模であれば軍糧問題も生じず、被害も少なく、しかも勝利すれば周辺民の拉致等で国威宣揚ができるからである。また魏書三少帝紀斉王芳嘉平五年八月条「往歳、僞大將軍費禕驅率羣衆、陰圖闚閹、道經漢壽、請會衆賓、脩於廣坐之中手刀撃禕（往歳《おうさい》［前年］、僞大將軍の費禕は羣衆を驅率《くそつ》し、陰かに闚閹《きゆ》［窺う意］を圖り、道すがら漢壽を經、衆賓《しゆうひん》［多くの賓客］と會するを請い、［郭］脩は廣坐の中に於いて手刀もて禕を撃つ）」によれば、費禕も延熙十四年前後に大規模北伐を準備していたふしがある。姜維の北伐も、本文で指摘したように、孫呉等との戦略的連携を重視し、敵地での屯田や食糧略奪を念頭に置いたものであり、必ずしも無計画なものではない。しかも「内政を顧みない」点は、内政＝民間経済の場合、諸葛亮・蔣琬も同様であった。

(66)　蜀書諸葛亮伝注引『默記』に「諸葛丞相誠有匡佐之才、然處孤絶之地、戰士不滿五萬、自可閉關守險、君臣無事。空勞師旅、無歳不征、未能進咫尺之地開帝王之基、而使國内受其荒殘、西土苦其役調（諸葛丞相は誠に匡佐の才有り、然るに孤絶の地に處り、戰士は五萬に滿たず、自ら關を閉め險を守るに可《よ》く、君臣事無し。空しく師旅を勞《つか》れしめ、歳の征せざる無く、未だ能く咫尺《しせき》の地［蜀漢の地］より進みて帝王の基を開かず、而るに國内をして其の荒殘を受けしめ、西土は其の役調に苦しむ）」とある。

(67)　蜀書諸葛亮伝注引『袁子』に「行法嚴而國人悅服、用民盡其力而下不怨……（［諸葛亮は］法を行なうこと嚴なるも、國人は悅服し、民を用いて其の力を盡すも下は怨みず……）」とある。

(68)　魏書陳留王奐伝に「夏五月、詔曰、「蜀、蕞爾小國、土狹民寡、而姜維虐用其衆、曾無廢志。往歳破敗之後、猶復耕種沓中、刻剝衆羌、勞役無已、民不堪命」（夏五月、詔して曰く、「蜀は、蕞爾《さいじ》［国の小さいさま］の小國にして、土狹《せま》く民寡《すくな》く、而るに姜維は其の衆を虐用《ぎやくよう》し、曾て志を廢する無し。往歳《おうさい》［前年］に破敗するの後、猶お復た沓中に耕種し、衆羌を刻剝《こくはく》し、勞役は已む無く、民は命に堪えず……」と）」とある。

(69)　孫呉でも山越等に対する拉致は盛んに行なわれ、①軍備増強（＝労働力獲得）、②江南地域開発、③豪族勢力伸張が進んだとされる。唐長孺「孫呉建国及漢末江南的宗部与山越」（『魏晉南北朝史論叢』三聯書店、一九五五年）、川勝義雄「孫呉政権と江南の開発領主制」（『六朝貴族制社会の研究』岩波書店、一九八二年）、大川富士夫「呉の四姓について」（『六朝江南の豪

族社会』雄山閣出版、一九八七年）等参照。

(70) 陳玉屛注（9）前掲論文。

(71) 清・趙翼『廿二史劄記』巻六陳壽論諸葛亮、井波律子「解説――陳寿の「仕掛け」」（井波律子訳注『正史三国志5　蜀書』筑摩書房、一九九三年）等。

(72) 蜀書呂乂伝に「亮卒、累遷廣漢・蜀郡太守。蜀郡一都之《衍?》會、戸口衆多、又亮卒之後、士伍亡命、更相重冒、姦巧非一。乂到官、爲之防禁、開喩・勸導、數年之中、漏脱自出者萬餘口。後入爲尙書、代董允爲尙書令（［諸葛］亮卒し、［呂乂は］累ねて廣漢・蜀郡太守に遷る。蜀郡は一都會にして、戸口は衆多《しゅうた》、又た亮卒するの後、士伍亡命し、更々《こもごも》相い重ねて冒《おか》し、姦巧は一に非ず。乂は官に到るや、之が爲に防禁《ぼうきん》［防ぎ留める意］し、開喩《かいゆ》［教えさとす意］・勸導《かんどう》［忠告して導く意］し、數年の中、漏脱《ろうだつ》［逃亡］するも自ら出づる者は萬餘口。後に入りて尙書と爲り、董允に代わりて尙書令と爲る）」とある。

(73) 蜀書諸葛亮伝に「以丞相錄尙書事、假節（丞相を以て尙書の事を錄し、假節）」とあり、『華陽国志』劉先主志に「夏四月丙午、先主卽帝位、大赦、改元章武。以諸葛亮爲丞相假節錄尙書。許靖爲右司徒……（夏四月丙午、先主は帝位に卽き、大赦し、改元して章武とす。諸葛亮を以て丞相假節錄尙書と爲す。許靖は右司徒と爲り……）」とある。

(74) 鎌田重雄「漢代の尚書官――領尚書事と録尚書事を中心として――」（『東洋史研究』第二六巻第四号、一九六八年）。

(75) 永田英正「漢代の集議について」（『東方学報（京都）』第四五冊、一九七二年）、渡邊信一郎「朝政の構造――中国古代国家の会議と朝政」（『天空の玉座――中国古代帝国の朝政と儀礼』柏書房、一九九六年）。

(76) 狩野直禎「蜀漢政権の構造」（『史林』第四二巻第四号、一九五九年）。

(77) 石井仁「漢魏における公府・幕府の発達」（『狩野直禎先生米寿記念　三国志論集』汲古書院、二〇一六年）によれば、後漢末期に三公（太尉・司徒・司空）と「比公」将軍（大将軍・驃騎将軍など）は開府でき、みな「領兵」できた。張温の太尉就任後は「三公在外」といわれるごとく、彼らは必ずしも京師に留まらず、「在外」のまま三公に就任する者も登場する（州郡長官や将軍を兼任する三公も登場）。だが蜀漢では、建国時に許靖が太傅となって以来、三公と三師（太師もしくは太宰・太傅・太保）は置かれていない。また福井重雅『漢代官吏登用制度の研究』（創文社、一九八八年）は、辟召が前漢成帝以降に流行したこと、辟召権の所有者は中央の三公と地方の刺史、そして一部の将軍（大・車騎・驃騎・衛・度遼・鎮東将軍）に限定され、九卿や郡守といえども関与できなかったこと、一般に三公の辟召では公府の掾属に、刺史の辟召では州従事に任用され、前者は後者よりエリートコースであったことを論ずる。以上の石井説と福井説を念頭に置き、『三国志』蜀書李厳伝や『華陽国志』をみると、李厳は驃騎将軍就任と同時に「開府辟召」を許可されたわけではなく、驃騎将軍でさえも容易には開府辟召権を持てなかった蜀漢の内情が垣間見える（ゆえに驃騎将軍李厳は諸葛亮に手紙で「開府辟召」権を求めた）。また蜀漢劉禅期の車騎将軍には劉琰や呉懿がいたが、劉琰は「然不豫國政、但領兵千餘（然るに國政に豫らず、但だ兵千餘を領するのみ）」（『三国志』蜀書劉琰伝）とある。本史料は車騎将軍が本来「開府辟召」しえたことを浮き彫りにするけれども、やはり実情としては「開府辟召」しなかったことがわかる。

（78）石井仁「諸葛亮・北伐軍団の組織と編制について――蜀漢における軍府の発展形態――」（『東北大学東洋史論集』第四輯、一九九〇年）。

（79）そもそも殿中で文書を掌る尚書は、桜井芳朗「秦漢時代」（和田清編著『支那官制発達史』中央大学出版部、一九四二年）によると、前漢武帝が丞相・大尉・御史大夫以下を抑え、意のままに政治を行なった結果、徐々に台頭した。また鎌田重雄「漢代の尚書官――領尚書事と録尚書事を中心として――」（『東洋史研究』第二六巻第四号、一九六八年）によると、とくに前漢成帝期頃から「領尚書事（尚書を掌握すること）」が政権獲得に重要となり、代わりに三公は政務執行機関化した。その中で後漢皇帝は自ら尚書を掌握し、外戚の弊害を防いだ。さらに後漢には領尚書事を制度化した「錄尚書事（尚書の事を錄す）」も現われ、「百官を總領し一切の政事を聽」き、太傅と三公のうち基本的に二～三人が任ぜられた。このように録尚書事を国政掌握者とみる見解はつとに南宋・王楙『野客叢書』巻二六録尚書事条に溯り、陶希聖『中国政治制度史』（啓業書局、一九四三年）等も支持している。一方、冨田健之氏は、先学同様に後漢の尚書を重視しつつも、領尚書事と録尚書事の違いを次のように説明する。まず冨田健之「漢時代における尚書体制の形成とその意義」（『東洋史研究』第四五巻第二号、一九八六年）によれば、前漢後半期の尚書は「陛下の喉舌」で、皇帝自らが「尚書の事を省る（省尚書事）」とともに、その輔佐や代理を「領尚書事」者が担った。その後、尚書の組織化・体制化が進行し、皇帝自らが尚書を直接掌握する必要がなくなると、尚書体制のもとで国政運営の総轄的責任を負う輔翼者たる「錄尚書事」が出現した。また冨田健之「後漢前半期における皇帝支配と尚書体制」（『東洋学報』第八一巻第四号、二〇〇〇年）は、永平十八年（七五）年に後漢章帝が「尚書の事を省る」実力のないことを自認したために「錄尚書事」が設置されたとし、「錄尚書事＝領尚書事の制度化されたもの」とする鎌田説を批判する。その上で、「領尚書事」には、皇帝との人格的信頼関係や血縁的紐帯を有し、それを軍事的勢力によって固めた人物が任命されたのに対し、「領尚書事」は章帝個人でなく皇帝支配を体制として輔翼する存在であったとする。これらの説はいずれも後漢尚書を政治権力の中心とみる点で共通する。なお矢野主税「録尚書事と吏部尚書」（『史学研究』第百号、一九六七年）によれば、晉代～劉宋における政治の中心も尚書省であったというが、これをふまえれば、後漢代と晉代の時間的中間に位置する蜀漢で尚書権力が重要であることも容易に理解できる。もっとも、このように尚書の政治権力を高く評価する定説に対してはつとに部分的な批判もあり、とくに祝総斌『両漢魏晉南北朝宰相制度研究』（中国社会科学出版社、一九九〇年）は三公が依然として宰相権力の保有者であったとし、渡邉将智『後漢政治制度の研究』（早稲田大学出版部、二〇一四年）は三公と尚書の相互補完的関係に論及している（そのさいに後漢尚書権力の範囲をどう見直すかには論争があり、冨田健之「前漢武帝期政治制度史序説」（『東方学論集　川勝守・賢亮博士古稀記念』汲古書院、二〇一三年）や福永善隆「書評　渡邉将智『後漢政治制度の研究』」（『史学雑誌』第一二四編第七号、二〇一五年）も参照されたい）。もとより渡邊信一郎「朝政の構造——中国古代国家の会議と朝政」（『天空の玉座』柏書房、一九九六年）が論ずるように、当時朝廷の意志形成は、議文・駁義を要素とする公卿会議などの諸会議を通じて重層的に議論されるとともに、最終的な意志決定は皇帝に委ねられていたのであり、その意味で朝廷内権力を尚書もしくは三公のどちらか一方にのみ求めることは誤解を招きかねない。ゆえに福永善隆「漢代における尚書と内朝」（『東洋史研究』第七一巻第二号、二〇一二年）は冨田健之説や渡邊信一郎説を継承し、他の諸説をもふまえながら、こう総括する。後漢の尚書・掾属はそれぞれ皇帝・三公の官房として、尚書台・三公府において政策を議論して意見統一を図り、そうして得られた統一意見は、尚書・三公・掾属が参加する議などで相互討論に供された、と。筆者もこの方向性の議論に賛同する。すると、劉備が「汝與丞相從事、事之如父（汝は丞相と従事し、之に事うること父の如くせよ）」（『三国志』蜀書諸葛亮伝）と遺言し、劉禅が自己主張を控える蜀漢においては、録尚書事率いる尚書台がとりわけ大きな発言権を有したことは間違いない。しかも上記の諸説を筆者の認める範囲で敷衍すれば、蜀漢で諸葛亮が三公権力を併せた「丞相」を、蔣琬・費禕が大将軍を本官とし、さらに三者が「尚書の事を録」した理由も説明しうる。すなわち、諸葛亮等が蜀漢の政治・経済・軍事を全て支配下に置くには、三公・将軍府と尚書台とを各々別の意味で全ておさえ、複数の会議を主導する必要があったのである。また益州の税収を管理するという意味では、諸葛亮・蔣琬・費禕が益州長官位を有した意義も看過できない。

(80) 石井仁注(77)前掲論文、満田剛「諸葛亮没後の「集団指導体制」と蔣琬政権」(『創価大学人文論集』第一七号、二〇〇五年)。

(81) 石井仁注(77)前掲論文はいみじくも、蜀漢では行官(将軍・中郎将・校尉などの軍号とは別の体系)が独自の意義を有していたこと、後漢末に雑号将軍・中郎将が濫発され、現実の軍事行動時の指揮系統に乱れが生じ、それを是正すべく、新たに軍内の上下関係をしめすものとして、各群雄内で私設されたのが行官の起源であること、その保持者は軍政・軍令に関与する実職の武官であったこと、都護―軍師―監軍・領軍―典軍―参軍という序列になっていたこと、それぞれの行官は中・前・後・左・右・員外に分置され、とくに「中」が重視されていたことを指摘する。

(82) 蜀漢の尚書令が人事(正確には中央の人事)を左右できた点は、蜀書楊儀伝の「先主稱尊號、東征吳、儀與尙書令劉巴不睦、左遷遙署弘農太守(先主、尊號を稱し、東のかた吳を征するや、〔楊〕儀は尙書令の劉巴と睦じからず、左遷して遙《とお》く弘農太守に署せらる)」や「琬遂爲尙書令・益州刺史。儀至、拜爲中軍師、無所統領、從容而已(〔蔣〕琬は遂に尙書令・益州刺史と爲る。〔楊〕儀至り、拜せられて中軍師と爲るも、統領する所無く、從容とするのみ)」といった記載からも窺える。佐藤達郎「尚書の銓衡の成立――漢代における「選挙」の再検討――」(『史林』第七八巻第四号、一九九五年)が論ずるとおり、六百石以上の官吏の人選と任用に対する尚書の関与は前漢末に溯り、蜀漢尚書令はそれを継承したのである。蜀漢の尚書権力の強さについては、狩野直禎注(25)前掲論文以来多くの研究があるが、尚書関係官就任者の出身地等に焦点を絞ったものが多く、本稿とは視点が異なる。蜀漢尚書関連史料に関しては黄恵賢・王奎「蜀漢中央的政治制度」(『三国政治制度剖析』湖北人民出版社、二〇〇九年)も参照されたい。

（83）蜀書姜維伝に「十年……與大将軍費禕共録尚書事（［延熙］十年……［姜維は］大将軍費禕と共に尚書の事を録す）」とある。

（84）満田剛「蜀漢・蔣琬政権の「北伐」について」（『創価大学人文論集』第一八号、二〇〇六年）は、費禕と姜維が同時に録尚書事に就任したこと、『魏略』において蔣琬没後に劉禅が親政したとあること、費禕が開府したのは蔣琬の死後六年も経った延熙十五年であることを論拠に、諸葛亮・蔣琬に比して費禕は独裁的権力を掌握できていなかったとする。だが既述のごとく、姜維が録尚書事権を最後まで保持し続けたか否かには疑問が残る。また『魏略』は曹魏側の史料で、蜀漢の内情をしめすとは限らない。さらに費禕は蔣琬死去（延熙九年）から六年目に開府したが、蔣琬も諸葛亮死去（建興十二年）から四年目、楊儀解任（建興十三年）から三年目に開府しており、国政掌握直後に開府したわけではない。むしろ蜀書費禕伝「延熙七年……琬讓州職、禕復領益州刺史。禕當國、功名略與琬比。十一年、出住漢中。自琬及禕、雖自身在外、慶賞刑威、皆遙先諮斷、然後乃行、其推任如此（延熙七年……［蔣］琬は州職を譲り、［費］禕は復た益州刺史を領す。禕は國に當りては、功名は略ぼ琬と比《なら》ぶ。十一年、出でて漢中に住《とど》まる。琬自《よ》り禕に及ぶまで、自身は外に在ると雖も、慶賞刑威は皆な遙《とお》く先づ諮斷《しだん》［相談して決定］し、然る後に乃ち行われ、其の推任《すいにん》［重んじて信任］せらるることは此の如し）」によれば、蔣琬が漢中から涪に戻り、費禕が大将軍・録尚書事に就任した延熙七年に、費禕はすでに実質的な国政主管者となっており、延熙十一年の漢中出陣時にも国政を掌握し、蔣琬と同等の権限を振るったと考えられる。

（85）蜀漢尚書の人事権関与に関しては前掲注（82）参照。蜀漢滅亡時に曹魏に蜀漢の「士民簿」を献上したのが尚書郎李虎であることから、尚書台は戸籍管理をも掌っていた可能性がある。

（86）蜀書譙周伝に「于時軍旅數出、百姓彫瘁、周與尚書令陳祇論其利害、退而書之。謂之仇國論（時に軍旅數々出で、百姓は彫瘁《ちょうすい》［やせ衰える意］し、［譙］周は尚書令陳祇と其の利害を論じ、退きて之を書く。之を仇國論と謂う）」とある。

（87）蜀書張翼伝に「十八年、與衞将軍姜維俱還成都。維議復出軍、唯翼廷爭、以爲、國小民勞、不宜黷武。維不聽、将翼等行、進翼位鎭南大将軍。……自翼建異論、維心與翼不善、然常牽率同行、翼亦不得已而往（［延熙］十八年［二五五年］、衞将軍姜維と倶に成都に還る。維は議して復た軍を出ださんとし、唯だ翼のみ廷に争い、以爲えらく、國小さく民は勞《つか》れ、宜しく武を黷《けが》［乱用］すべからず、と。維は聴かず、翼等を將いて行き、翼の位を鎮南大將軍に進む。……翼の異論を建つる自《よ》り、維の心は翼と善からず、然るに常に牽率同行し、翼も亦た已むを得ずして往く）」とある。本史料によれば、延煕十八年（二五五年）に姜維の北伐に反対したのは張翼だけであったかのごとくであるが、これは朝廷で姜維を面と向かって批判しうるのが張翼だけであったことを意味するにすぎない。

(88) 蜀書後主伝に「景燿元年、姜維還成都。……宦人黄皓始専政（景燿元年、姜維は成都に還る。……宦人黄皓、始めて政を専らにす）」とある。

(89) 蜀書姜維伝に「五年、維率衆出漢侯和、爲鄧艾所破、還住沓中。維本羈旅託國、累年攻戰、功績不立、而宦官黄皓等弄權於内、右大將軍閻宇與皓協比、而皓陰欲廢維樹宇。維亦疑之。故自危懼、不復還成都（五年、［姜］維は衆を率いて漢の侯和に出で、鄧艾の破る所と爲り、還りて沓中に住《とど》まる。維は本《もと》羈旅にして國に託《よ》り［非蜀人として蜀に身を寄せる意］、累年攻《こう》戰《せん》すれども、功績立たず、而して宦官黄皓等は權を内に弄《もてあそ》び、右大將軍の閻宇は皓と協比《きょうひ》［力を合わせ仲良くする意］し、而して皓は陰《ひそ》かに維を廢して宇を樹てんと欲す。維も亦た之を疑う。故に自ら危懼し、復た成都に還らず）」、同諸葛瞻伝注引孫盛『異同記』に「瞻・厥等以「維好戰無功、國内疲弊、宜表後主召還爲益州刺史、奪其兵權」。蜀長老猶有瞻表以閻宇代維故事（［諸葛］瞻・［董］厥等以えらく、「［姜］維は戰を好むも功無く、國内は疲弊すれば、宜しく後主に表して召還して益州刺史と爲し、其の兵權を奪うべし」と。蜀の長老に猶お、瞻、表して閻宇を以て維に代うるの故事有るがごとし）」とある。

(90) 諸葛亮伝付諸葛瞻伝注引『華陽国志』に蜀漢滅亡時のこととして「尚歎曰、「父子荷國重恩、不早斬黄皓、以致傾敗。用生何爲」。乃馳赴魏軍而死（［諸葛］尚は歎きて曰く、「父子、國の重恩《じゅうおん》を荷《にな》うも［多大な恩恵を被る意］、早《つと》に黄皓を斬らず、以て傾敗《けいはい》に致る。生を用うるは何爲《なんす》れぞ」と。乃ち魏軍に馳赴《ちふ》［急いで突入］して死す）」とある。

(91) 蜀書姜維伝に「六年、維表後主、「聞鍾會治兵關中、欲規進取。宜並遣張翼・廖化督諸軍分護陽安關口・陰平橋頭、以防未然」。皓徵信鬼巫、謂敵終不自致、啓後主寢其事、而羣臣不知。及鍾會將向駱谷、鄧艾將入沓中、然後乃遣右車騎廖化詣沓中爲維援、左車騎張翼・輔國大將軍董厥等詣陽安關口以爲諸圍外助（［景耀］六年［二六三年］、［姜］維は後主に表す、「聞く

に鍾會は兵を關中に治め、進取を規《はか》らんと欲す。宜しく並《み》な張翼・廖化を遣わし諸軍を督して分かちて陽安關の口・陰平の橋頭を護らせ、以て未然《みぜん》を防ぐべし」と。［黄］皓は信を鬼巫に徵《もと》め、敵の終《つい》に自らに致らざるを謂《おも》い、後主に啓《もう》して其の事を寢《や》めしめ、而して羣臣は知らず。鍾會の將に駱谷に向かい、鄧艾の將に沓中に入らんとするに及び、然る後に乃ち右車騎廖化を遣わして沓中に詣り維の援と爲し、左車騎張翼・輔國大將軍董厥等は陽安關の口に詣りて以て諸々の圍の外助と爲す）」とある。

（92）蜀書姜維伝に「會不能克、糧運縣遠、將議還歸（［鍾］會は克つ能わず、糧運の縣は遠く、將に議して還歸《かんき》せんとす）」とあり、魏書鄧艾伝注引『袁子』に「方鄧艾以萬人入江由之危險、鍾會以二十萬衆留劍閣而不得進、三軍之士已飢。艾雖戰勝克、將使劉禪數日不降、則二將之軍難以反矣（方に鄧艾は萬人を以て江由の危險に入り、鍾會は二十萬の衆を以て劍閣に留まりて進むを得ず、三軍の士は已に飢う。艾は戰いて勝克《しょうこく》［勝利］すると雖も、將《も》し劉禪をして數日降らざらしめば、則ち二將の軍は以て反《かえ》り難し）」とある。

（93）蜀書譙周伝に「景耀六年冬、魏大將軍鄧艾克江由、長驅而前。而蜀本謂敵不便至、不作城守調度、及聞艾已入陰平、百姓擾擾、皆迸山野、不可禁制（景耀六年の冬、魏の大將軍の鄧艾は江由に克ち、長驅して前《すす》む。而るに蜀は本より敵の至るに便ならざるを謂《おも》い、城守の調度［整備］を作さず、艾の已に陰平に入るを聞くに及び、百姓は擾擾として、皆な山野に迸《はし》り、禁制《きんせい》［抑え留める］すべからず）」とある。

（94）渡邉義浩「陳寿の『三国志』と蜀学」（『西晉「儒教国家」と貴族制』汲古書院、二〇一〇年）。

（95）蜀書譙周伝引注引『華陽国志』に「晉泰始二年、拜濟陰太守、遷太子中庶子。立上言、「……又諸葛亮・蔣琬・費禕等子孫流徙中畿、各宜量才敍用、以慰巴蜀之心、傾吳人之望」。事皆施行（晉の泰始二年、［文立は］濟陰太守に拜せられ、太子中庶子に遷る。［文］立は上言すらく、「……又た諸葛亮・蔣琬・費禕等の子孫の中畿《ちゅうき》［王畿の意］に流徙せらるるは、各々宜しく才を量りて敍用《じょよう》［官位を授けて登用］し、以て巴蜀の心を慰め、吳人の望を傾けよ」と。事は皆な施行せらる）」とある。西晉時代の諸葛亮観については、狩野直禎「西晉時代の諸葛孔明像」（『史林』第五九巻第一号、一九七六年）も参照。また晉代巴蜀で諸葛氏が美化されていたからこそ、つぎのような故事も存すると思われる。すなわち、『太平御覧』巻三九六引臧栄緒『晉書』に「蜀人王富作亂。郡縣討平之。初諸葛孔明有盛德于蜀土。子瞻又身死王事。蜀人思之、以爲瞻不死。故將謂王富曰、「君狀貌甚似諸葛亮。君因此思克復、以扼巴蜀」（蜀人の王富、亂を作す。郡縣、討ちて之を平らぐ。初め諸葛孔明、盛德を蜀土に有す。子の瞻は又た身、王事に死す。蜀人之を思い、以て瞻は死せずと爲す。故に將、王富に謂いて曰く、「君の狀貌は甚だ諸葛亮［瞻の誤か］に似る。君は此に因りて克復《こくふく》するを思い、以て巴蜀を扼《お》さえよ」と）」とあり、『華陽国志』大同志に「四年、故中軍士王富有罪逃匿、密結亡命刑徒、得數百人、自稱諸葛都護、起臨邛、轉侵江原。……初、諸葛瞻與鄧艾戰於綿竹也、時身失喪、或言、生走深逃。親兵言富貌似瞻、故富假之也（［晉泰始］四年、故の中軍士の王富、罪有りて逃匿《とうとく》し、密《ひそか》に亡命刑徒と結び、數百人を得、自ら諸葛都護［＝諸葛瞻］と稱し、臨邛に起《た》ち、轉じて江原を侵す。……初め、諸葛瞻の鄧艾と綿竹に戰うや、時に身失喪《しっそう》し、或いは言う、生きながら走りて深く逃ぐ、と。親兵《しんぺい》、富の貌、瞻に似ると言えば、故に富、之を假《か》りるなり）」とある。

第六章　三国時代の西南夷社会とその秩序

はじめに

前章では蜀漢の経済体制について検討した。そのさいに蜀漢経済の大きな支えとなったのが西南夷社会の存在である。周知のごとく、曹魏・孫呉・蜀漢の国内経済は、交易を通じて、それぞれ外部世界（匈奴、鮮卑、西南夷など）にも開かれており[1]、なかでも蜀漢は西南夷の資源を元手として北伐（曹魏討伐）を行なった。よって西南夷の物資は蜀漢にとってたんなる奢侈品にとどまらない戦略的な重要性を有した。蜀漢にとって、西南夷の地は「不毛（『三国志』蜀書諸葛亮伝、『三国志』蜀書廖立伝注など）」・「左衽（『三国志』蜀書廖立伝など）」の地であり、罪人の徙遷先であるとともに[2]、貴重な資源の地でもあったのである。その意味で、蜀漢史を研究するさいに、西南夷の歴史的な存在意義は看過できない。そのため、蜀漢と西南夷との関係を論ずるうえで、必読ともいうべき先行研究は少なくなく、すでに西南夷の種族構成[3]・習俗[4]・特産品や[5]、諸葛亮の南征の径路[6]、諸葛亮の用兵・統治の法[7]、西南夷近辺の交通路・交易路の位置[8]、郡県などの行政区分の推移[9]、蜀漢による西南夷支配に関する後世の評価などに関しては[10]、丁寧な史料収集と多くの議論が積み重ねられている。

ただし西南夷は、たんに蜀漢にとっての奢侈品や戦略的物資の補給地であったただけではない。もとより後漢中晩期の雲貴高原出土墓には濃厚な漢文化の影響が認められるが[11]、それは必ずしも西南夷の完全なる漢化を意味せず、彼ら

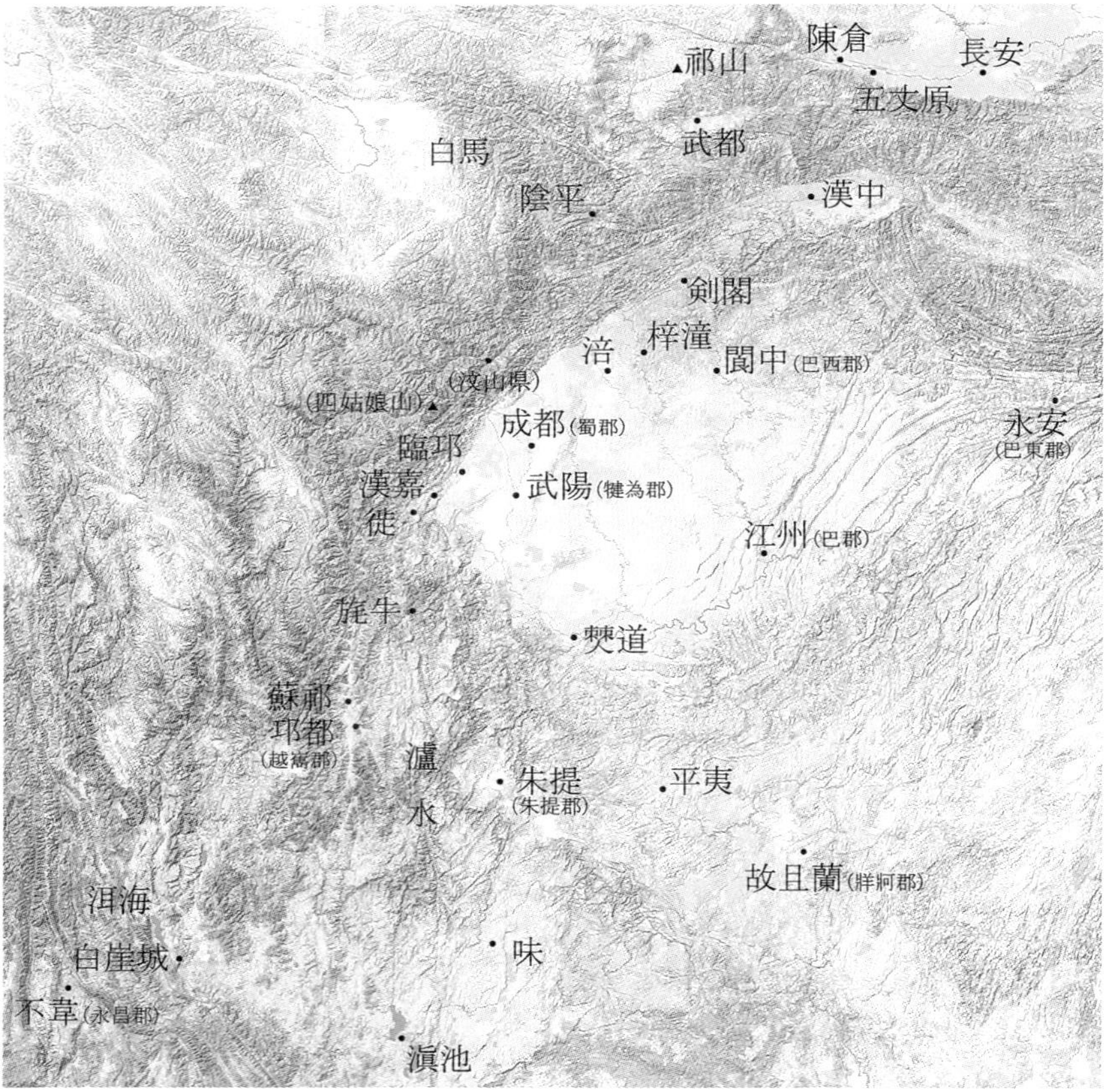

［図６―１］　蜀漢期南蛮西南夷関連地図

には彼らなりの生活があり、彼らの生活は蜀漢のたんなる付属品ではなかった。青銅器や鉄器文化の一部は西南夷から蜀方面に流入したともいわれ[12]、文化伝播の流れがつねに一方通行であったともかぎらない。むしろ西南夷中心の地図を描いた場合、「辺境」に位置するのは蜀漢のほうである。よって蜀漢期西南夷を歴史上に精確に位置づけるには、蜀漢と西南夷との関係を問うだけでなく、なによりもまず西南夷社会の内部の構造と秩序に留目せねばならない。

　この問題を考えるうえで最初に前提とすべきは、周知のごとく、西南夷とよばれる人びとのアイデンティティと生活様式が単一とは限らない点である。そもそも「西南夷」は、『史記』・『漢書』所見の語（『後漢書』所見の「南蛮西南夷」とほぼ同義語）で、本来「西夷」と「南夷」の併称である。その地理的範囲の定義は『史記』西南夷列伝にみえるが、西晉・陳寿『三国志』にはみえない。『三国志』蜀書には「南夷」の語が散見するが、具体的な分布域は明瞭でなく、それが自称であったとも限らない。つまり、「西南夷」というアイデンティティ自体、不変のものとは限らず、西南夷側の自称であるとも限らないのである。むしろ中国古代の他の種族名（たとえば西羌）と同様、[13]「西南夷」は内名でなく外名の可能性が高い。しかも「西南夷」の人びとは、同質の地理・環境下で単一の生活様式を共有した集団であったとも限らない。このような理由により、蜀漢期西南夷の社会の構造と秩序に着目する場合には、そのなかの人びとの異種混交性にも配慮せねばならないのである。そこで本章では、漢代西南夷のその後の状況を探り、三国時代における彼らと蜀漢との関係をよりよく理解するため、まずは西南夷地域の人びとの異種混交性を闡明する。

もっとも、西南夷社会の内部構造と秩序を解明するうえで、大きな障壁となるものがある。それは、体系的な文字史料の不足である。重要な史料として『三国志』蜀書があるものの、西南夷社会に関する記載の多くは断片化してしまっており、その分量もけっして多くはない。では、一体どのようにすれば史料間の空白を埋めてゆくことができるのか。

そこで注目されるのが、漢代西南夷に関して『史記』西南夷列伝・『漢書』西南夷両粤朝鮮伝・『後漢書』南蛮西南夷列伝などがあり、すでに膨大な訳注・論文・書籍がある点である。[14]また晉代西南夷に関しても、『華陽国志』などの史料と研究がある。[15]これらをふまえて以下では、漢代・晉代双方の関連史料の共通点を指摘し、それを通じて蜀漢期西南夷社会の状況を探ることにする。というのも、蜀漢期は漢と晉とのあいだに位置するので、漢晉両時代の共通点は、蜀漢期にもあてはまると考えられるからである（図6―1）。そのうえで、蜀漢期西南夷社会の内部の構造と秩序を解明し、あらためて西南夷社会内部における人間同士の関係を探る。以上をふまえて本章後半では、彼らが本来多種多様で異種混交的であったにもかかわらず、蜀漢初期にいかに一致団結して諸葛亮の南征に抵抗したのか、そして蜀漢がそうした西南夷の反乱をどのように鎮圧し、西南夷社会を支配しつづけたのかを検討する。

第一節　夜郎・滇・邛都の地

まず漢代における「西南夷」の定義をみると、『史記』西南夷列伝（久村因氏の校訂による）に注目される。

西《衍字》南夷君長以什數、夜郎最大。其西靡莫之屬以什數、滇最大。自滇以北君長以什數、邛都最大。此皆魋結、耕田、有邑聚。其外西自同師以東北至楪榆、名爲嶲・昆明、皆編髮、隨畜遷徙、毋常處、毋君長、地方可數千里。自嶲以東北、君長以什數、徙・筰都最大。自筰以東北、君長以什數、冄駹最大。其俗或土箸、或移徙、在蜀之西。自冄駹以東北、君長以什數、白馬最大。皆氐類也。此皆巴蜀西南外蠻夷也。

（南夷の君長は什を以て數え、夜郎は最も大なり。其の西の靡莫の屬は什を以て數え、滇は最も大なり。滇自《よ》り以て北の君長は什を以て數え、邛都は最も大なり。此れ皆な魋結し、田を耕し、邑聚有り。其の外の西の同師より以て東北の楪榆に至るまで、名は嶲・昆明爲り、皆な編髮し、畜に隨いて遷徙し、常處毋く、君長毋く、地方は數千里ばかりなり。嶲自り以て東北は、君長は什を以て數え、徙・筰都は最も大なり。筰自り以て東北は、君長は什を以て數え、冄駹は最も大なり。其の俗は或いは土箸、或いは移徙し、蜀の西に在り。冄駹自り以て東北は、君長は什を以て數え、白馬は最も大なり。皆な氐類なり。此れ皆な巴蜀の西南の外蠻夷なり）

ここには「南夷」たる夜郎などのほか、諸族が挙げられ、「西南の外蠻夷」と総称されている。これは、『史記』西南夷列伝の総説部分にあたり、ここにみえる諸族が「西南夷」に相当する。そして『漢書』西南夷両粤朝鮮伝にもほぼ同文が、『後漢書』南蛮西南夷列伝にも類似の文がみえる（徙の記載を欠く）。これより、上記諸族を含む「西南夷」概念は、司馬遷『史記』の編まれた前漢中期から、范曄『後漢書』の編まれた南朝宋初期にかけて、ひろく漢人側に共有された認識であったと考えられる。むろん司馬遷・班固・范曄らは西南夷地方に深く足を踏み入れて現地調査をしているわけではなく、昆明（後述）などの記述に関しては伝聞に基づくところが少なくないものの、大まかな諸族の分布に関しては上記の漢文史料以外に従うべきものがみあたらず、蜀漢期西南夷に関してもいちおう上記の概念に基づく議論を出発点とすべきであろう。そこで以下、上記の諸種族が蜀漢期にどうなったのかをみてゆくことにしよう。

まず前掲西南夷列伝の冒頭をみると、夜郎・滇・邛都が順にみえる。

夜郎は「夜郎自大」の故事で知られ、前漢牂柯郡太守陳立が夜郎王興を処刑した紀元前二七年頃に滅亡したとされる。夜郎の所在地に関しては諸説あるが、[16]『漢書』地理志上犍為郡条顔師古注引の後漢・応劭注に「故《もと》の夜郎國」とあり、その近くの貴州赫章可楽墓群（漢代犍為郡内）はちょうど漢代夜郎のものとされている。[17]すると、夜郎の少なくとも一部は、漢代には犍為郡内にいたことになる。そして蜀漢期においても建寧郡太守・庲降都督の霍弋は「夜郎」に鎮したとされ（『三国志』蜀書譙周伝裴松之注引孫盛曰）、庲降都督の治所は建寧郡味県であった。つまり蜀漢期にも建寧郡一帯は夜郎とよばれ、夜郎文化を継ぐ者がいたとわかる。

滇は「靡莫」の一国で、靡莫は漢代においては「僰《ほく》」人ともいわれ、[18]僰人は茘芰《ライチ》栽培も手がけた定住農耕民であった。[19]滇は、前漢武帝元封二年（前一〇九）に称臣して益州郡（郡治は滇池県）に編入された（『史記』西南夷列伝）。そして「滇王之印」(20)を与えられ、その後も滇王は自治を認められた（久村因訳注）。もっとも、『華陽国志』南中志晉寧郡滇池県条「郡治。本滇國也（郡治。本《もと》の滇國なり）」によれば、滇は晉代以前に滅亡していたようである。実際に管見の限り、滇国が蜀漢期に存在した形跡はない。だが、滇国滅亡とともに滇の人びとが皆殺しにされたわけではないので、滇文化の継承者は蜀漢期にも残存していたとみてよい。その一証として、本節で後述する宝貝文化の残存が挙げられる。

邛都夷は、元鼎六年（前一一一年）に前漢に討伐され、越嶲郡に編入された（『後漢書』南蛮西南夷列伝）。桑秀雲氏はつぎの史料などに基づき、邛都夷は秦代に蜀郡邛崍山東側にいたものの、漢代になると越嶲郡へ徙遷したとする(21)。

邛崍山。本名邛莋。故邛人・莋人界也（『続漢書』郡国志五蜀郡属国厳道条劉昭注引『華陽国志』）。
（邛崍山。本《もと》の名は邛莋。故《もと》の邛人・莋人の界なり）

旄、地也。在邛崍山表。邛人自蜀入、度此山甚險難。南人毒之、故名邛崍（『続漢書』郡国志五蜀郡属国旄牛条劉昭注引『華陽国志』）。
（旄、地なり。邛崍山の表に在り。邛人、蜀自《よ》り入り、此の山を度ること甚だ険難たり。南人、之を毒し、故に邛崍と名づく）

郡西南二百里本有邛民。秦始皇徙上郡實之（『華陽国志』蜀志蜀郡臨邛県条）。
（〔蜀〕郡の西南二百里には本《もと》より邛民有り。秦始皇、上郡〔の民〕を徙して之に實たす）

ただし、後掲『華陽国志』蜀志定莋県条や後掲『水経注』巻三六若水条に「蜀曰邛（蜀は邛と曰う）」とあり、地名でなく「夷種」としての「邛」人が登場し、彼らは蜀郡に住んでいたとある。すると邛都夷（邛夷）は後漢魏晉期にも残存しており、その一部は越嶲郡に徙遷したものの、一部は蜀郡にもとどまっていたと思われる。もっとも、蜀漢期の彼らの具体的動向は文字史料上不明である。また一般に西昌地区のいわゆる「大石墓」（戦国〜前漢後半期）は邛都夷の墓とされるが、大石墓も後漢以降消失したといわれている[22]。さらに劉弘氏は、金沙江中流域を邛都の地に比定すると同時に、その地の漢晉墓は墓制・出土物の点で成都平原の同時期墓と変わらないとものべている[23]。これより、蜀漢期邛都夷の動向は考古学的にも不明といわざるをえない。

以上をふまえ、あらためて前掲『史記』西南夷列伝をみると、夜郎・滇・邛都夷には前漢期に数十の君長がおり、「耕田（＝農耕）」を営んでいたらしい。とくに夜郎・滇の住む建寧郡や滇地周辺は現在の雲南省で、その八四％は山地、十％は高原、六％は農耕可能な壩子（山間盆地・河谷平野）である[24]。よって「耕田」はおもに壩子で営まれたと思われる。現に、水富楼壩崖前漢中期墓からは水田の明器[25]、壩子沿いの嵩明梨花村後漢墓からは水田や穀倉の明器も出土し[26]、蜀漢期にもそれらの壩子付近でひきつづき「耕田」が営まれていたと推測される。その場合、戦国〜前漢の雲南墓からは犂の実物・明器が出土せず、それゆえ前漢時代はまだ鋤耕（鍬耕）段階であり、牛は祭祀用であったと考えられるのに対して、後漢前期頃には牛耕が始まっているので[27]、三国時代の壩子における農作業の少なくとも一部はすでに牛耕によっていたとみてよかろう。当地はいわゆる照葉樹林文化圏に属するので[28]、「耕田」には稲作の水田だけでなく、雑穀の焼畑も含まれた可能性が高い[29]。そして漢代の夜郎・滇・邛都夷の地に数十の君長がいたのと同様、晉代南中でも「大種」は「昆」、「小種」は「叟」とよばれ（後掲『華陽国志』南中志）、複数の君長の並存が前提とされている。したがって蜀漢期にも、もとの邛都・夜郎・滇の地には複数の君長が並存していたのであろう。

彼らの身なりを確認すると、前掲西南夷列伝には「（夜郎・滇・邛都などは）此れ皆な魋結し……」とある。つまり彼らの髪型は「魋結《ついけい》」であった。その直後の文に「其の外の西の同師自り以て東北の楪榆に至るまで、名は巂・昆明爲り、皆な編髮し……」とあり、巂・昆明などは「編髮」であったとあり、「魋結」はいちおう「編髮」と区別されていた。『漢書』西南夷列伝・『後漢書』南蛮西南夷列伝は「魋結」を「椎結」に作り、「編髪」を「辮髪」に作る。
「椎結（魋結）」は『史記』巻九七陸賈列伝「尉他、魋結・箕倨し、陸生に見ゆ」の唐・司馬貞『史記索隠』に、

　謂爲髻一撮、似椎而結之。故字從結。
　（髻を爲すこと一撮、椎《さいづち》の似《ごと》くして之を結ぶを謂う。故に字は結に従う）

とあり、椎形の髷で、やはりたんなる「編髪（辮髪＝編み込んだ髪）」とは区別されている。だが『華陽国志』南中志には、西晉初期の夜郎・滇・邛都・巂・昆明の地の人びとがみな「編髪」であったともある。

　寧州。晉泰始六年初置。蜀之南中諸郡、庲降都督治也。南中在昔蓋夷越之地。滇・濮・句町・夜郎・葉楡・桐師・巂唐侯王國以十數。編髪・左衽、隨畜遷徙。
　（寧州。晉の泰始六年に初めて置く。蜀の南中諸郡にして、庲降都督の治なり。南中は、在昔は蓋し夷越の地なり。滇・濮・句町・夜郎・葉楡・桐師・巂唐の侯王の國は十を以て數う。編髪・左衽にして、畜に隨いて遷徙す）

では、蜀漢期の夜郎・滇・邛都の地の人びとは、結局、「魋結」と「編髪」のどちらであったのか。前掲の『史記』に「魋結」、『華陽国志』に「編髪」とある以上、漢代〜六朝期に「魋結」から「編髪」へ髪型が変化した可能性も一概には否定できない。だが、南宋・周去非『嶺外代答』巻三外国門下篇西南夷条をみると、諸葛亮の南征に伴い、当地ではむしろ髪型が「椎髻（＝椎結・魋結）」へと変更されたかのようにも書いてある。

　西南夷大率椎髻・跣足、或衣斑花布、或披氈而背刀帶弩、其髻以白紙縛之。云猶爲諸葛武侯制服也。武侯之烈遠矣哉。
　（西南夷は大率《おおむね》椎髻・跣足し、或いは斑花の布を衣《き》、或いは氈を披《き》て刀を背にし弩を帶び、其の髻は白紙を以

て之を縛る。猶お諸葛武侯の制せし服爲るがごときなりと云う。武侯の烈遠からん）

このように、髪型に関する文字史料は曖昧である。そこで考古資料に目を転じると、晉寧石寨山滇国遺跡出土貯貝器上には、さまざまな髪型の人がみえ、男性の多くは椎結で、他に編髪なども確認できる。[30] 貯貝器（図6—2）のうえには、現代の東南アジアやインドの人びとのごとく、荷物袋を頭上に載せて運ぶ滇人の姿もみえ、この習俗も髪型に影響を与えたと思われる（図6—3）。これより、漢代〜南宋時代の夜郎・滇・邛都の地には、実際には「魋結」の人も「編髪」の人もいたのであろう。

以上の点に対する傍証として、つぎの『華陽国志』南中志南夷府条には晉代夷人が「曲頭木耳環鐵裹結」であったこともある。なお、南夷府とはもとの寧州で、蜀漢期の南中四郡、すなわち建寧・興古・雲南・永昌に相当する。

［図6—2］　雲南石寨山出土貯貝器
※器上には祭祀中の人びとと銅鼓2基がみえる。

夷人大種曰昆、小種曰叟。皆曲頭木、耳環鐵、裹結。無大侯王如汶山・漢嘉夷也。夷中有桀黠能言議屈服種人者、謂之耆老、便爲主。論議好譬喩物、謂之夷經。今南人言論、雖學者亦半引夷經。

（夷人の大種は昆と曰い、小種は叟と曰う。皆な曲頭木、耳環は鐵にして、結（髻）を裹《つつ》む。大侯王無きこと、汶山・漢嘉の夷の如きなり。夷の中に桀黠にして能く議を言い種人を屈服する者有らば、之を耆老と謂い、便ち主と爲る。論議するに好《よ》く物に譬喩《たと》え、之を夷經と謂う。今、南人の論を言うもの、學者と雖も亦

た半ば夷經を引く）

本史料冒頭の「夷人」について、後掲『華陽国志』蜀志越嶲郡定筰県条には、「筰は筰夷なり。汶山を夷と曰い、南中を昆明と曰い、漢嘉・越嶲を筰と曰い、蜀を邛と曰い、皆な夷種なり」とある。これによると、「夷」にはさまざ

［図6―3］　雲南出土貯貝器上の人物

まな種類があった。だが本史料の「夷」は、少なくとも汶山の夷ではない。よって本史料は、南夷府管轄下の「夷」全般の特徴をのべたものと解される。また本史料は、蜀漢滅亡からわずか二十年後の西晉太康三年（二八二年）条に繫年されている。ゆえに、その内容は蜀漢期の状況と大差あるまい。その原文に「曲頭木耳環鐵裹結」とある。本句は一般に、「曲頭、木耳環、鐵裹結（任乃強校補など）」や、「曲頭・木耳・環鐵・裹結（中林訳注など）」と断句される。だが、身なりを意味する「鐵裹結」・「木耳」・「環鐵」の語例は他にみえず、「鐵裹結」の意も不明である。むしろ「曲頭」は当時、横に曲がった髪型や（『釈名』巻二釈形体）、先の曲がった植物を形容する熟語である（『説文』禾部）。するど「曲頭木」は、「曲頭の木のごとき髪型」の意で、「魋結」や「編髪」の一種ではないか。「耳環」も伝世文献に散見する語で、耳朶《みみたぶ》につける蛮夷由来の装飾品《ピアス》（後漢・劉熙『釈名』巻四、明・顧起元『説略』巻二一）。「裹結」も「裹髻」と通仮し、髻《もとどり》を包む意に解せる。その方法は前掲『嶺外代答』外国門下篇西南夷条にみえ、漢代滇国貯貝器上の青銅人像の中にも実例がある(31)。すると晉代夷人は、「曲頭木（のごとき髪形）、耳環は鐵にして、結（髻）を裹《つつ》ん」でいたと考えられよう。これは漢代滇人とも共通する。これより、蜀漢期南人もやはり同様の「魋結」や「編髪」の髪型をしていたとみられる。

ちなみに、夜郎・滇・邛都夷のなかでも、滇はとくに特徴的な銅鼓と貯貝器を有した（図6―1、図6―2）。そこで最後に、それらが蜀漢期に継承されたか否かを確認する。まず銅鼓は漢代以来、滇地のみならず、江南や東南アジアにも広く分布し(32)、現代まで継承されたことが知られる(33)。よって、蜀漢期西南夷（の一部）も、銅鼓を祭祀などで使用したと考えられる。一方、宝貝と宝貝を入れた春秋末期以来の青銅器（貯貝器）は、王やごく一部の貴族の墓から出土し、一般民には無縁の物財で、後漢以降みえなくなる(34)。ゆえに蜀漢期西南夷は基本的に貯貝器を使用・保有しなかったとみられる。ただし滇地の人びとは漢代以降も宝貝を重視しつづけた。中国古代宝貝文化は殷代に急成長したが、戦国時代までは四川方面に広がらず（前著第一章）、滇国宝貝文化は中原とべつに成長した可能性が高い。現に、南中と隣接するベトナムやインドは古来宝貝の産地で、滇国には独自の宝貝文化を支えるに足る自然環境が備わっていた。しかも雲南晉寧石寨山の十七基の墓から出土した宝貝は十五万個弱にのぼり、殷周時代の中原地域出土宝貝の総数を上回るほどである。また殷周宝貝の背部には概して孔《あな》が空いているが、滇国宝貝にはほとんどない[35]。宝貝の種類に関しても、殷周宝貝のほとんどがキイロダカラ（Cypraea moneta）とハナビラダカラ（Cypraea annulus）なのに対し（前著第一章）、雲南出土宝貝のほとんどはハナビラダカラである[36]。

かかる雲南出土宝貝の機能に関しては従来伝世文献に基づく研究があり、まず貨幣説がある[37]。たしかに南中交易で宝貝を使用した例は唐代以降散見し（『新唐書』南蛮列伝上南詔上、元・李京『雲南史略』諸夷風俗・白子条など）、唐代には銭と同様の貨幣であったことが知られ（『証類本草』巻二二所引『海薬』）、明・謝肇淛『滇略』巻四俗略篇は貨幣としての宝貝の起源を戦国滇国に求めている。また元・張道宗『記古滇説』（或作『紀古滇説』。清・王崧編纂『雲南備徴志』所収）も滇国宝貝を通商交易用の手段とする。

……帝再遣蹻、道通滇爲益州。亦曰昆明。冊張仁果爲滇主。通商賈、貿易用貝。

（……［武］帝、再び［張］蹻を遣わし、道は滇を通じて益州に爲《すす》む。亦た昆明と曰う。張仁果を冊して滇主と爲す。商賈を通じ、貿易するに貝を用う）

本史料の前後をみると、戦国楚の荘蹻《そうきやく》が来寇して滇王を称し、のちに張仁果も「白崖」の地で滇王を称した。「白崖城」の語は、大理市南詔太和城遺跡出土の南詔早期碑文にもみえ[38]、大理州弥渡県紅岩鎮古城村付近の古城に比定されている[39]。すると宝貝は滇地だけでなく、大理盆地でも用いられていたことになる。本史料の典拠について藤澤義美氏は、明・楊慎（清・胡蔚校訂版）『南詔野史』南詔歴代条や明・阮元声『南詔野史』（王崧校訂版。『雲南備徴志』所収）南詔歴代源流条所引『白古記』とし、[40]『白古記』は『張氏国史』（九世紀初には実在した南詔側史料）を底本、南詔期成立の『巍山起因記』・『鉄柱記』・『西洱河記』などを参考とし、十〜十一世紀頃に成書されたとする。[41]するとこれは、南詔側の貴重な史料ということになる。ただし上記史料はみな後世の文献には相違なく、その点で貨幣説には不安も残る。

一方、方国瑜氏は「南詔前期以前の宝貝＝装飾品」とする。[42]これは唐代以前の文献を網羅した見解で、たしかに宝貝は装飾品に用いられた。だがこの説も、滇国宝貝が数万個単位で貯貝器に埋納された理由を説明できておらず、宝貝が装飾品以外の用途を有した可能性も等閑視されている。また梶山勝氏は宝貝を宝蔵品とし、[43]江上波夫氏は滇国貯貝器が祭日と戦争をモチーフとすることから宝貝を貴族の特殊な財富とするが、[44]これらも財富の財富たるゆえんと、その具体的用途に関する説明を欠く。他方、ミッシェル・ピラゾーリ氏は、①雲南宝貝が中小墓にない点、②宗教器物の銅鼓と密接に関係している点、③漢代文献に宝貝を貨幣とする記載がない点、④滇と他地域との貿易量が少ない点、⑤宝貝が当時四川地方からは出土していない点を挙げ、江上説に同意したうえで、⑥雲南宝貝が無孔である点をもふまえ、雲南古代宝貝は装飾品ではなく、貴族の権威をしめし、宗教でも用いられ、生殖崇拝と関係したと推測する。[45]①〜⑥の指摘は説得力がある。だがこれも図6—4のシンボリズム（後述）を説明しきれていない。ちなみに十三世紀末雲南の斡泥蛮は宝貝を死後の世界で使用可能な貨幣として貯蔵し、現世では遺族のみがそれを使用できたという（元・李京『雲南史略』諸夷風俗）。とすると、もし漢代滇人も同様の認識を有したとすれば、[46]滇国宝貝が貯貝器に埋納された理由もいちおう説明がつくが、これも後世の史料にすぎない。

そこで注目すべきが、石寨山滇墓出土「刻紋銅片」（図6—4）に着目した林声氏の研究である。林氏は豹などの下に複数描かれる宝貝を動物の価格を表示する貨幣とする。[47]これは漢代滇国史料に基づく点で、後世の文献に基づく研

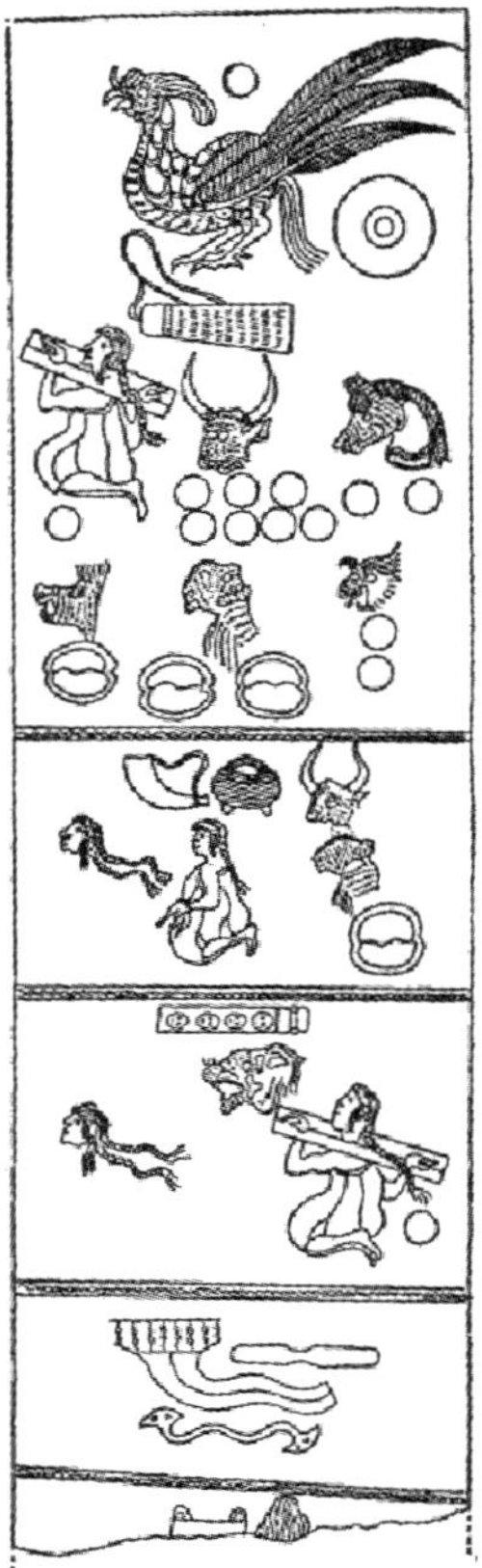
［図6―4］　刻紋銅片

究とは一線を劃する。宝貝の腹部を描く点はいわゆる貝紋や金文と同様で、殷周宝貝と同様のシンボリズム（腹部を女性器に見立て、宝貝を生命と再生のシンボルとして重視する考え。前著第一章参照）の影響を窺わせる。もっとも、本史料が孤例である点、本史料の刻紋の図像的意味がいまひとつ判然としない点、宝貝も貯貝器も大墓から出土するのみで、大多数の一般墓からは出土していない点を勘案すれば、宝貝は身分の高い者のあいだで限定的に流布した価値物で、部分的に価値尺度手段・交換手段としても活用された程度であったのであろう。これより、宝貝は漢代以来貴重な物財として雲南地方に流布し、唐代までには貨幣化が進み、蜀漢期西南夷もその流れのなかで宝貝を有したと推断される。

第二節　昆明・嶲・徙・筰都の地

それでは、夜郎・滇・邛都夷の地以外の夷は、一体どのような人びとであったのか。前掲西南夷列伝には、「其の外の西の同師自り以て東北の楪楡に至るまで、名は嶲・昆明爲り、皆な編髮し、畜に隨いて遷徙し、常處毋く、君長毋く、地方は數千里ばかりなり。嶲自り以て東北は、君長は什を以て數え、徙・筰都は最も大なり」とある。藤澤氏はこれを、広義の大理盆地一帯と永昌盆地を中心とする雲南省西半部の記載とし、そこに嶲や昆明という種族がいたとする。本節では昆明・嶲・徙・筰都の地を順番に検討する。

昆明に関して藤澤氏はこうのべる。前漢元狩三年（前一二二年）に武帝の使者が滇王嘗羌の助けを借りて西へ向かったさい、使者は「昆明」の妨害に遭った。当時、滇王は滇池付近（現在の昆明市南）にいたので、その西方（つまり大理盆地付近）に「昆明」がいたことになる。また武帝は「昆明」との水戦に備えて長安に「昆明池」を造築したが、大理付近には実際に洱海とよばれる湖がある。よって「昆明」は前二世紀頃に大理盆地〜保山県一帯にいた。また『華陽国志』蜀志越嶲郡定筰県条に、

　筰、笮夷也。汶山曰夷、南中曰昆明、漢嘉・越嶲曰筰、蜀曰邛、皆夷種也。
（筰は笮夷なり。汶山を夷と曰い、南中を昆明と曰い、漢嘉・越嶲を筰と曰い、蜀を邛と曰い、皆な夷種なり）

とあり、『水経注』巻三六若水条に、

　莋、夷也。汶山曰夷、南中曰昆彌、蜀曰邛、漢嘉・越嶲曰莋、皆夷種也。
（莋は夷なり。汶山は夷と曰い、南中は昆彌と曰い、蜀は邛と曰い、漢嘉・越嶲は莋と曰い、皆な夷種なり）

とあり、この二つの史料にみえる「昆明」・「昆彌」も上記の「昆明」と同一種族であった。そして「昆明」が前漢軍に数万人単位で抗した例があることから、昆明はこのとき一定の部族連合を形成していたとみられる(48)。以上が藤澤氏の説である。

また『後漢書』南蛮西南夷列伝には、他に「哀牢夷」もいたが、藤澤氏によれば、哀牢夷も昆明夷の別称である。すなわち、後漢時代に永昌盆地・大理盆地が永昌郡に編入されたとき、永昌盆地の哀牢人は西海・南海産の珍宝を有

し、漢側に珍重された。その後、永昌盆地以東（滇以西）の昆明夷も哀牢夷とよばれるようになった。現に、『後漢書』南蛮西南夷列伝哀牢夷条には、

永平十二年、哀牢王柳貌遣子率種人内屬。其稱邑王者七十七人、戸五萬一千八百九十、口五十五萬三千七百一十一。西南去洛陽七千里。

（永平十二年［西暦六九年］、哀牢王柳貌、子を遣わして種人を率いて内屬せしむ。其の邑王を稱する者は七十七人、戸は五萬一千八百九十、口は五十五萬三千七百一十一。西南のかた洛陽を去ること七千里なり）

とあり、「哀牢王柳貌（抑狼とする説あり。早稲田訳注参照）」の勢力は大きく、永昌盆地だけでなく、大理盆地南部（もとの昆明夷の地）にも及んでいたろう、と。[49] 以上の藤澤説に従えば、後漢以降の哀牢夷は、昆明夷の別称ということになる。

では、蜀漢期にも昆明夷（＝哀牢夷）はいたのか否か。そこでつぎの『華陽国志』南中志永昌郡条をみると、昆明（＝哀牢）は蜀漢期にもおり、諸葛亮と接点を有していたようである。

元隆死、世世相繼。分置小王。往往邑居、散在溪谷。絶域荒外、山川阻深、生民以來、未嘗通中國也。南中昆明祖之、故諸葛亮爲其國譜也。

（元隆死し、世世相い繼ぐ。分ちて小王を置く。往往にして邑居し、溪谷に散在す。絶域荒外、山川阻深にして、民を生ずるより以來、未だ嘗て中國と通ぜざるなり。南中の昆明は之を祖とし、故に諸葛亮は其の國の譜を爲るなり）

これによると諸葛亮は南征時に昆明（＝哀牢）の「國譜（国の系譜）」を整理した。本章第四節所引『華陽国志』南中志南夷条には「圖譜」の語がみえ、やはり諸葛亮が西南夷に与えたもので、「先ず天地・日月・君長・城府を書き、

次いで神龍を畫く。龍、夷及び牛馬羊を生む。後に部主吏の乘馬・幡蓋・巡行・安卹を畫く。又た牛を牽き酒を負い、金寶を齎し之に詣るの象を畫く」というものであった。このことから推せば、おそらく国譜は図譜と似たものであり、国譜には南中昆明の歴代の君長（神話伝説上の祖先を含む）が描かれ、さらには蜀漢へ朝貢すべき旨も明記されていたのではなかろうか。

ともあれこれより諸葛亮は、当地を直接支配せず、哀牢の「國」の存在を認め、間接統治を試みていたことがわかる。諸葛亮が「國譜」を整理した以上、それ以前は「國譜」が乱れ、それぞれ正統を主張する複数の国が林立していたのであろう。現に、漢代の哀牢王柳貌のもとには、自称「邑王」が七十七人おり（前掲『後漢書』南蛮西南夷列伝哀牢夷条）、それ以外に王がいた可能性も十分にある。彼らは後漢明帝永平十二年の時点で数十万人以上おり、当地は後漢末の戦乱に遭っていないので、蜀漢期も同規模を保っていた可能性が高い。それは蜀漢の人口規模（九十万人前後）の半数以上にあたる。すると彼らは、蜀漢の戸籍には組み込まれていなかったと思われる。さもないと蜀漢人の大半が哀牢人であった計算になるが、それはありえないからである。ちなみに『後漢書』南蛮西南夷列伝には、

哀牢人皆穿鼻・儋耳。其渠帥自謂王者、耳皆下肩三寸。庶人則至肩而已。

（哀牢人は皆な穿鼻・儋耳。其の渠帥の自ら王と謂う者は、耳、皆な肩を下ること三寸。庶人は則ち肩に至るのみ）

とあり、ほぼ同文が『太平御覧』巻七八六四夷部七南蛮二哀牢条引『九州記』、『通典』巻一八七哀牢条、『通志』巻一九七哀牢夷条、『太平寰宇記』巻一七九哀牢国条引『九州記』、『華陽国志』南中志永昌郡条・同雲南郡条などにみえる。これらの史料によるかぎり、後漢～晉代（蜀漢期を含む）の哀牢夷は一貫して「穿鼻・儋耳」であったのであろう。なお『華陽国志』南中志永昌郡条は「穿鼻」でなく「穿胸」に作り、劉琳『華陽国志校注』はそれを『淮南子』

地形訓・『論衡』藝増篇などにみえる「（南方の習俗とされる）穿胸」と結びつけているが、任乃強校補はたんなる「穿鼻」の誤記とし、当該地域で現在も穿鼻の習俗がある点を指摘する。たしかに胸に穴を開けて生きてゆける者がいたとは思えず、誤記は誤記に違いない。だがそのような人びとが辺境にいたとの故事は、前掲の『華陽国志』や『淮南子』のみならず、『文選』などにもみえ、一種の偏見やエキゾチズムのあらわれとみるべきであろう。また「儋耳」と似た習俗は唐代の当地にもみえるが、耳でなく鼻を垂らす点が異なる。

有穿鼻種、以金鐶徑尺貫其鼻、下垂過頤。君長以絲係鐶、人牽乃行。其次、以二花頭金釘貫鼻、下出（『新唐書』南蛮列伝下松外蛮条）。

（穿鼻種有り、金鐶の徑尺を以て其の鼻を貫き、下は垂るること頤を過ぐ。君長は、絲を以て鐶に係《つな》げ、人、牽《ひ》かば乃ち行く。其の次は、二花頭金釘を以て鼻を貫き、下に出づ）

要するに、蜀漢期の昆明（＝哀牢）は、数十人の王に率いられた数十万人の集団で、数十～数百の邑を構成し、みな巨大なピアスを鼻や耳に垂らし（＝穿鼻・儋耳）、王のそれはとくに長かったのである。張増祺氏は、人間の耳朶《みみたぶ》が物理的に肩下まで伸びることはありえず、それゆえそれはピアス分を足した長さであるはずだとする[50]。

嶲は、藤澤氏によると、昆明（＝哀牢）とともに雲南省西部にいた人びとである。『太平御覧』巻一六六州郡部十二嶲州条引『九州要記』によると、彼らは身体に龍鱗のごとき刺青を施していたという。

嶲之西夷人身青、面有文如龍鱗。

（嶲の西夷人の身は青にして、面に文有りて龍鱗の如し）

本史料は唐代史料の『御覧』嶲州条に引用されているもので、唐代嶲州の地は前漢時代の越嶲郡にあたる（『読史方輿紀要』四川など）。よって嶲は越嶲郡にもいたことになる。

徙・筰都（筰都）は、前掲西南夷列伝「嶲自り以て東北は、君長は什を以て数え、徙・筰都は最も大なり」によると、漢代に嶲の東北にいた種族である。そのうち徙族は詳細不明で、蜀郡徙県（『漢書』地理志上蜀郡条）にちなむ名と思われる。ただし、徙県はのちに漢嘉郡に編入されている。また、徙族は『後漢書』南蛮西南夷列伝に登場しない。よって、彼らは後漢時代までに漢嘉郡の他種族と同化したか、別名で呼ばれるようになった可能性が高い。

この問題に関連して童恩正氏は、史料中にみえる「徙」・「斯」・「斯楡」・「斯臾」・「臾」をすべて同一の族の呼称とし、氏の一種とする(51)。興味深い説であるが、彼らが三国時代にどう呼ばれたのかにはなお検討の余地がある。そこで漢嘉郡の歴史を回顧すると、まず漢代においては、「都尉が異民族の居住県を支配する制度→部都尉制→属国制→郡県制」のように、行政区分の整備が進められた（図6—5(52)）。だが蜀漢は漢嘉郡内の交通路を確保できたにすぎず（『三国志』蜀書張嶷伝）、当地の漢化（漢の徳・礼・法の全面的受容(53)）はなお十全でなかった。当地には前漢中期（西部都尉設置期）以来、蛮漢双方の居住が確認され、蜀漢期にも徙遷後の楊儀が居住し、かつ後述する旄牛王率いる旄牛種がおり（『三国志』蜀書張嶷伝）、蛮漢双方がいた。蜀漢が費用のかかる漢嘉郡を建前上設置した理由は(54)、郡吏を通じて夷のもつ塩鉄などを奪い、南中—成都間の交通路を確保し、利益を得んとしたからにすぎまい(55)。そうすると、徙族を

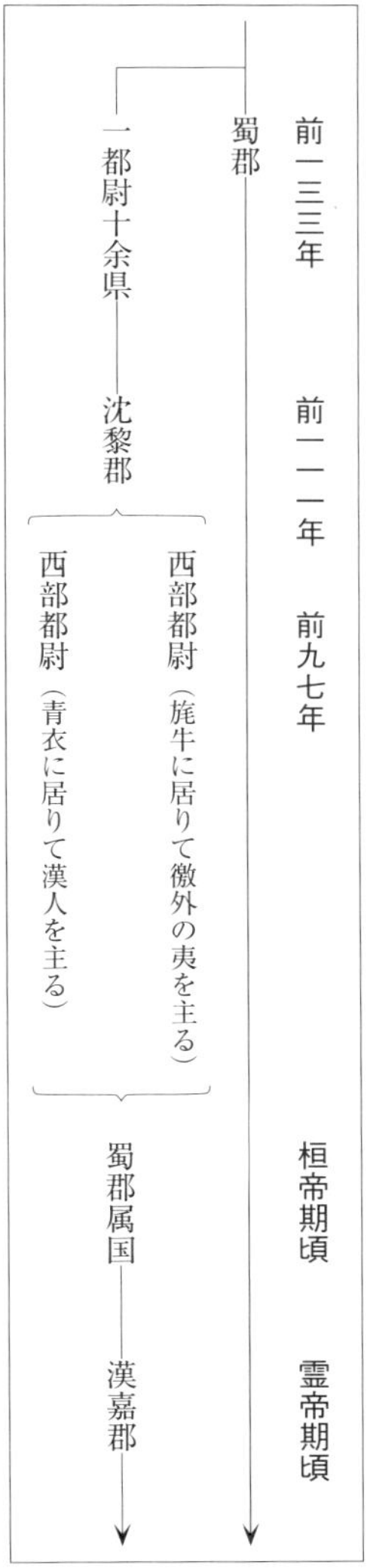

［図6—5］
漢嘉郡の成立過程

含む当地の夷が絶滅したとは考えにくく、『三国志』蜀書にみえる旄牛種こそは徙族の別名、もしくはその血を引く種族であろう。

筰都夷は「被髪左衽」の人びとで（『後漢書』南蛮西南夷列伝）、前漢武帝期以来の筰都県にちなむ名とされる（久村訳注参照）。筰都県はのちの越嶲郡定筰県だが（『漢書』地理志上越嶲郡条顔注）、前掲『華陽国志』蜀志「漢嘉・越嶲は筰と曰う」や前掲『水経注』若水条「漢嘉・越嶲は筰と曰う」によれば、筰都夷は蜀漢期の漢嘉郡にもいた（図6―4）。ちなみに、蜀漢越嶲郡定筰県には「槃木王の舅《きゅう》」の「定莋の率豪の狼岑」がおり、塩・鉄・漆の利益を独占し、他の蛮夷から信任されており（『三国志』蜀書張嶷伝）、彼らは地理的にみて筰都夷と思われる。また「越嶲夷王（蜀書後主伝）」の高定も、居住地からみて嶲か筰都の可能性が高く、つぎの史料によれば窟穴に住んでいたらしい。

初謂、高定失其窟穴、獲其妻子、道窮計盡、當歸首以取生也。而邈蠻心異、乃更殺人爲盟、糾合其類二千餘人、求欲死戰（『諸葛亮集』文集巻一「南征表」。『北堂書鈔』巻一五八所収とされるが見当たらず）。

（初め謂えらく、高定、其の窟穴を失い、其の妻子を獲えられ、道窮まり計盡くれば、當に首を歸して以て生を取るべきならん、と。而るに邈蠻は心異なり、乃ち更に人を殺して盟を爲し、其の類二千餘人を糾合し、求めて死戰せんと欲す）

このように蜀漢期の永昌郡・越嶲郡・漢嘉郡には昆明（哀牢）・嶲・旄牛（徙？）・筰都（槃木？）がおり、高定・狼岑・槃木王らが有名であった。だが彼らは、諸郡を股にかけるほどの大勢力ではなかった。もともと嶲は「君長毋し（前掲『史記』西南夷列伝）」で、前掲『華陽国志』南中志南夷府条「夷人の大種は昆と曰い、小種は叟と曰う。……大侯王無きこと、汶山・漢嘉の夷の如きなり。夷の中に桀黠にして能く議を言い種人を屈服する者有らば、之を耆老と謂い、便ち主と爲る」によれば、西晉時代の南夷府にも「漢嘉・汶山夷（嶲を含む）」にも大侯王はいなかった。彼らの大種は昆、小種は叟、弁論の立つ者は耆老とされ、耆老が種族の主であった。『華陽国志』南中志永昌郡条で哀牢王扈栗が「耆老」に語りかけていることから、耆老は哀牢（昆明）にもいた。蜀漢に反抗した雍闓も「益州郡之耆帥（『記古滇説』）」で、耆帥＝耆老とすると、彼も腕力でなく弁舌で長《おさ》の座を射止めた者ということになる。ちなみに同時代の巴族の場合、「擲劍（剣を投げる競技）」の的中結果によって「君」を選んでいたとされ（『後漢書』南蛮西南夷列伝巴郡南郡蛮条）、耆老や君長の選び方は地域や種族によって異なっていたことが知られる。ともあれこれより、蜀漢期の上記諸族に大侯王はいなかったと考えられ、現に、史料中に、諸郡を股にかけるほどの勢力は確認できない。

では昆明・嶲・筰都・旄牛の生活基盤は何か。藤澤氏は諸史料を挙げて農耕の存在を指摘する。すなわち、前掲『史記』西南夷列伝には滇以北で「耕田」が行なわれたとあり、晉寧石寨山滇国遺址の発掘報告もそれを裏付ける。大理付近の出土物（石器・土器・銅器・穀物）をみても、前漢昆明種は滇人と大差ない定住農耕化を成し遂げていた。伝世文献にも稲作の徴証がある。すなわち『後漢書』南蛮西南夷列伝哀牢夷条に、

土地沃美、宜五穀・蠶桑。

（土地沃美にして、五穀・蠶桑に宜し）

とあり、『華陽国志』南中志雲南郡条に、

土地有稲田畜牧、但不蠶桑。

（土地に稲田畜牧有り、但だ蠶桑せず）

とある。『後漢書』西南夷列伝滇条にも、漢将劉向が益州（大理盆地を含む）で「穀畜」を得たとある。つぎの『太平御覧』巻七九一嶲条所引『永昌郡伝』の記載も、越嶲郡・建寧郡での農耕文化の存在を窺わせる。

越嶲郡在建寧西北千七百里、治江都縣。自建寧高山相連、至川中平地。東西南北八千餘里、郡特好桑蠶、宜黍稷

麻麥稻粱。

（越嶲郡は建寧の西北千七百里に在り、江（邛？）都縣に治す。建寧自り高山相い連なり、川中の平地に至る。東西南北八千餘里にして、郡は特に桑蠶を好み、黍稷麻麥稻粱に宜し）

これより藤澤氏は、前掲『史記』西南夷列伝「畜に随いて遷徙し、常處毋く」を嶲・昆明全体の生活状況でなく、「旧四川省の西南辺境部の山谷地帯に広く分布していた嶲種族の生活状態を略記したもの」とする(56)。ただし上記史料は、昆明（哀牢夷）が「畜」を有したことをも物語る。『華陽国志』南中志晉寧郡条によれば、家畜は牛・馬・羊中心で、数は膨大であった。

晉寧郡本益州也。……司馬相如・韓説初開、得牛馬羊屬三十萬。

（晉寧郡は本《もと》益州なり。……司馬相如・韓説、初めて開き、牛馬羊の屬三十萬を得）。

すると、前掲『史記』西南夷列伝「（嶲・昆明は）畜に随いて遷徙し、常處毋く」もふまえると、移住性牧畜と農業を両立させた漢代西羌と同様(57)、嶲・昆明（の少なくとも一部）は半牧半農であったのであろう。つまり、四月中盤～五月終盤に春営地（山麓・平地）で種をまき、夏に涼しい山地の牧草地へ移動し、秋に再度春営地で穀物を刈り取る、いわゆる「移牧」である。「移牧」は、夏季に雨や牧草の多い山地に移動し、冬季に温暖な山麓などの平地へ下りる牧畜手法で、舎飼い（家畜を専用の小屋で通年飼育する手法）や遊牧（牧草を求めて広大な土地を移動する手法）とは異なる。現に現代雲南省西北部（香格里拉付近）でも、地域間の海抜高度差が大きく各地域が狭いため、「移牧」の採用例がある(58)。そして「移牧」は一般に山岳地帯に入り込むほど増えるので、昆明・嶲のみならず、より山がちに住む筰都・旄牛（の一部）も同様の生活を営んでいたと推測される。ただし近年の洱海付近における考古調査によれば、漢代のものとして農業中心の遺跡、漁撈中心の遺跡、農業と畜産による遺跡、農業と漁業による遺跡などの別があったことが判明しており[59]、ほかの生業をもつ者も皆無ではなかったと思われる。さらなる微視的研究の進展が、今後期待されるところである。

第三節　冄駹・白馬羌の地

山岳地帯に入り込むほど増える「移牧」は本来、夜郎・滇・邛都・昆明（哀牢）・嶲・旄牛（徙？）・筰都（槃木？）の周辺地以外の山岳地帯にこそ、あてはまると思われる（図6—6）。前掲『史記』西南夷列伝「筰自り以て東北は、君長は什を以て数え、冄駹は最も大なり。其の俗は或いは土箸、或いは移徙し、蜀の西に在り。冄駹自り以て東北は、君長は什を以て数え、白馬は最も大なり。皆な氐類なり。此れ皆な巴蜀の西南の外蠻夷なり」にみえる東北の冄駹・白馬の地はとくに山がちである。

「冄駹（冉駹）」は、本来「冄」と「駹」の二部族で、後漢以降に熟語化した集団名である（久村因訳注参照）。工藤元男氏によれば、彼らはおもに汶山郡（前漢武帝元鼎六年〔前一一一〕開置）に居住し、羌・氐などより構成された部族であった。彼らの居住地の土壌は塩分過多で農業に向かず、牧畜（それによる毛織物）が盛んで、各種の薬・薫香なども産した。その生活様式はつぎのごとくであった。

夷人冬則避寒入蜀、庸賃自食、夏則避暑反落、歳以爲常（『華陽国志』蜀志汶山郡条）。
（夷人は、冬は則ち寒を避けて蜀に入り、傭賃して自食し、夏は則ち暑を避けて落に反り、歳ごとに以て常と爲す）

また本史料を下敷きにして書かれたとおぼしき『後漢書』南蛮西南夷列伝にもほぼ同文がみえる[60]。以上の工藤氏の論

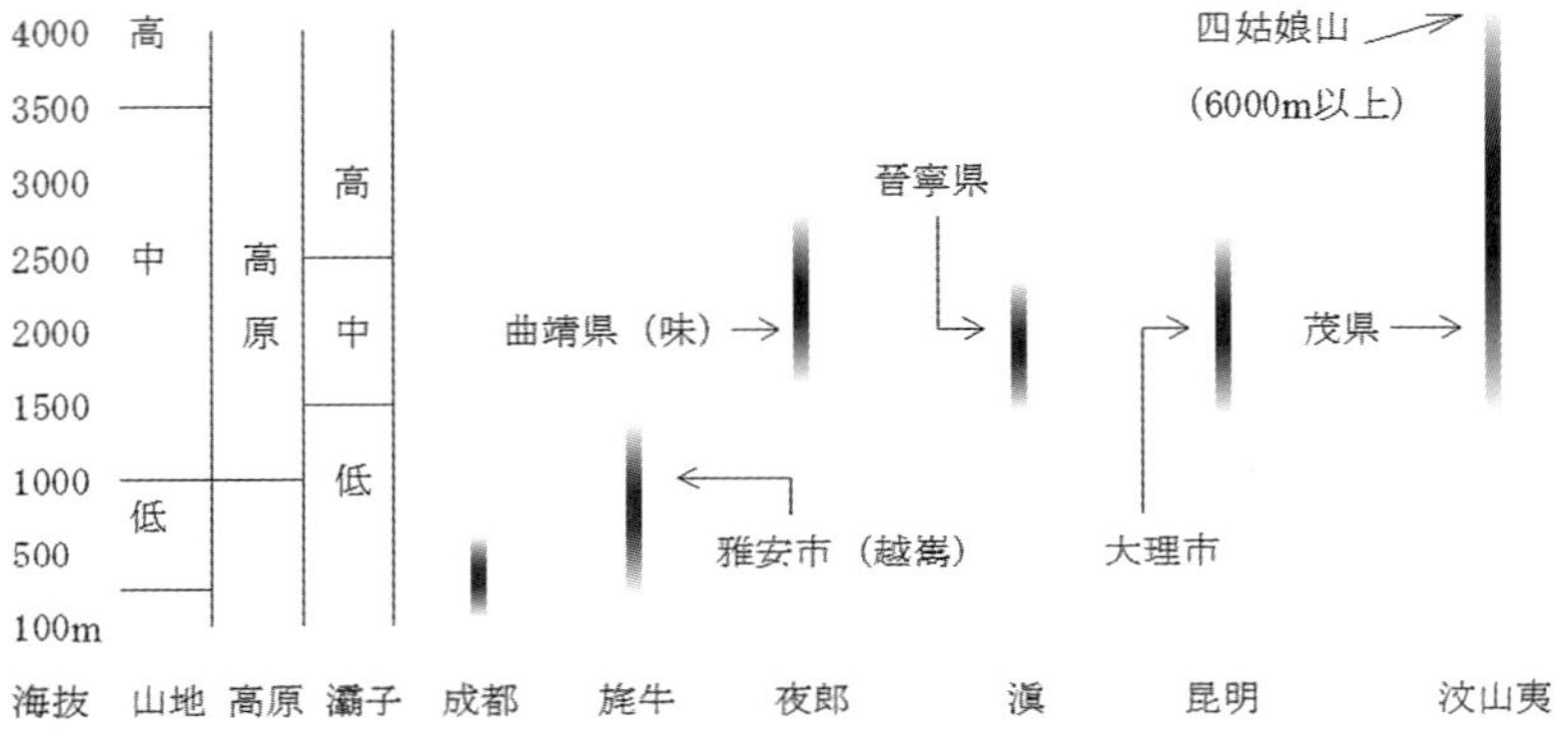

［図6―6］　蜀漢期西南夷の居住地域と海抜の関係

述によれば、「冄駹」の上記生活様式は晉代のものであり（前掲『華陽国志』蜀志汶山郡条）、『後漢書』の撰者范曄は冄駹の上記生活様式を後漢に遡るとみていたことになる。すると漢晉間の蜀漢期冄駹も、同様の生活を営んでいたと考えられることになる。

そこで『三国志』をみると、「冄（冉）駹」の語はなく、「汶山夷」の語がみえる。たとえば建興九年の北伐から帰還した馬忠は「將軍張嶷等」を「督」して「汶山郡叛羌」を討った（『三国志』蜀書馬忠伝）。『三国志』蜀書後主伝延熙十年（二四七年）条にも、蜀漢の姜維が「汶山平康夷」を討伐したとあり、『三国志』蜀書姜維伝や『華陽国志』後主伝にも、類似の文がみえる。何祗が汶山郡太守となるや（具体的年号は不明）、「汶山夷」は安定したともいわれる（『三国志』蜀書楊洪伝裴松之注）。彼らはみな汶山郡の夷で、まさに汶山郡の冄駹であろう。現に『旧唐書』巻四一地理志四剣南道維州条は、蜀漢期汶山羌の地を冉駹の旧地とする。

　薛城。漢已前徼外羌・冉駹之地。蜀劉禪時蜀將姜維・馬忠等討汶山叛羌即此地也。今州城即姜維故壘也。

（薛城。漢已前は徼外の羌・冉駹の地。蜀の劉禪の時に蜀將の姜維・馬忠等の汶山の叛羌を討つは即ち此の地なり。今の州城は即ち姜維の故壘なり）

漢代冄駹と蜀漢期汶山羌は、このように居住地が一致するのみならず、生活様式も大差ない。現に、『三国志』蜀書張嶷伝「北のかた汶山の叛羌を討つ」の裴松之注引『益部耆旧伝』には、汶山羌が山岳地帯に居住し、石門を作り、外敵に投石で応じたとある。山岳に住む汶山羌の姿はまさに漢代冄駹と合致する。

嶷受兵馬三百人、隨馬忠討叛羌。嶷別督數營在先、至他里。邑所在高峻。嶷隨山立上四、五里。羌於要厄作石門、於門上施牀、積石於其上、過者下石槌擊之、無不糜爛。嶷度不可得攻。乃使譯告曉之曰、「汝汶山諸種反叛、傷害良善、天子命將討滅惡類。汝等若稽顙過軍、資給糧費、福祿永隆、其報百倍。若終不從、大兵致誅、雷擊電下、雖追悔之、亦無益也」。耆帥得命、卽出詣嶷、給糧過軍。軍前討餘種、餘種聞他里已下、悉恐怖失所、或迎軍出降、或奔竄山谷。放兵攻擊、軍以克捷。

（［張］嶷、兵馬三百人を受け、馬忠に随いて叛羌を討つ。嶷、別に數營を督して先に在り、他里に至る。邑の在る所は高峻《こうしゅん》［高く険しい］。嶷、山に随いて上に立つこと四、五里。羌は要厄《ようやく》［要害の地］に石門を作り、門上に牀《しょう》を施し、石を其の上に積み、過ぐる者は石槌を下して之を撃ち、糜爛《びらん》［疲弊］せざる無し。嶷度《はか》るに攻むるを得べからず。乃ち譯［通訳］をして告げて之を曉《さと》さしめて曰く、「汝ら汶山の諸種は反叛し、良善を傷害すれば、天子は將に命じて惡類《あくるい》［悪人たち］を討滅せしめんとす。汝等若し過ぐる軍［蜀漢の軍］に稽顙《けいそう》［ひたいを地面につけて敬礼］し、糧費を資給《しきゅう》［供給］せば、福祿《ふくろく》は永く隆《さか》んにして、其の報は百倍せん。若し終《つい》に從わずんば、大兵もて誅を致し、雷擊電下し、追いて之を悔ゆると雖も、亦た益無きなり」と。耆帥、命［命令］を得るや、卽ち出でて嶷に詣《いた》り、糧を過ぐる軍に給す。軍、前に餘種を討ち、餘種、他里の已に下るを聞き、悉く恐怖して所を失い、或いは軍を迎えて出でて降り、或いは奔りて山谷に竄《のが》る。兵を放ちて攻擊し、軍は以て克捷《こくしょう》［勝利］す）

工藤元男氏は、冄駹の特徴として碉楼（石製の塔）・石棺墓・禹の石紐誕伝承などを挙げ、冄駹が「石夷」ともよばれたとする[61]。かかる石文化は、本史料所見の「石門」・「投石」にも通底する。現在、碉楼は四姑娘山付近を中心に、北は陰平（現在の九寨溝周辺）、西は汶山郡治（現在の茂県付近）、南は夾金山、西は炉霍付近まで分布し[62]、蜀漢汶山郡と重複する。

以上の検討をふまえて改めて前掲蜀志汶山郡条所見の「冬は則ち寒を避けて蜀に入り、傭賃して自食し、夏は則ち暑を避けて落に反る」という冄駹の特徴を確認すると、それは一見「移牧」と無関係である。だが彼らが牧畜に携わった点も前掲『華陽国志』蜀志に明記されている。すると冄駹は、夏に山地で遊牧し、冬に家畜とともに下山して、一部が出稼ぎにゆき、のこりは下山先で家畜の面倒をみたのではないか。こう解せば、出稼ぎと移牧の両立が可能である。

また前掲『華陽国志』蜀志によれば、下山時の冄駹の中には穀物栽培に携わった者もいた。つぎの蜀書附『季漢輔臣賛』裴松之注も、蜀漢期冄駹の上記生活様式を裏付けるもので、彼らが「馬牛羊氈毦」と穀物の両方を生産したことを物語る。

王嗣……稍遷西安圍督・汶山太守、加安遠將軍。綏集羌胡、咸悉歸服、諸種素桀悪者皆來首降。嗣待以恩信、時北境得以寧靜。大將軍姜維毎出北征、羌胡出馬・牛・羊・氈毦及義穀・裨・軍糧、國賴其資。……後從維北征、爲流矢所傷、數月卒。戎夷會葬、贈送數千人、號呼涕泣。嗣爲人美厚篤至、衆所愛信。嗣子及孫、羌胡見之如骨肉、或結兄弟、恩至於此。

（王嗣……稍く西安圍督・汶山太守に遷り、安遠將軍を加えらる。羌胡を綏集《すいしゅう》し、咸な悉く歸服し、諸種、素より桀悪なる者は皆な來りて首降す。嗣、待するに恩信を以てし、時に北境、以て寧靜を得。大將軍姜維、北征に出づる毎に、羌胡、馬・牛・羊・氈毦及び義穀・裨・軍糧を出だし、國、其の資に頼る。……後に維に従いて北征し、流矢の傷つくる所と爲り、數月にして卒す。戎夷、葬に會し、贈送するもの數千人、號呼涕泣す。嗣の人と爲《な》りは美厚篤至にして、眾の愛信する所なり。嗣の子及び孫、羌胡の之を見ること骨肉の如く、或いは結びて兄弟となり、恩は此に至る）

廖立（武陵郡出身）も失言のせいで「不毛（『三国志』蜀書廖立伝裴注引『諸葛亮集』引後主詔）」の汶山郡に徙遷され、農耕に従事した（『三国志』蜀書廖立伝）。『華陽国志』蜀志汶山郡条によれば、汶山郡で栽培可能な穀物は麦程度であったらしい。

最後に、汶山郡（酒泉以東・蜀以西・陰平以南・漢嘉以北）より東北の武都郡には白馬羌がいた。残念ながら、三国時代の彼らの社会・生活は不明である。ただし『華陽国志』大同志には、西晋泰和十年（二七四年）のこととして「汶山白馬胡」が諸種を蹂躙したとあり、冄駹の住む汶山郡にも「白馬胡」がいた。つまり白馬胡は武都郡と汶山郡に跨がって分布しており、白馬羌と冄駹の族属や生活様式は類似していた可能性がある。また三国時代の武都には「氐傁楊濮」（『華陽国志』巻三漢中志）や「氐王苻健」（蜀書張嶷伝）もおり、「氐」と「羌」との種族的近似性を鑑みれば、彼らは白馬羌の末裔とも考えられるが、やはり厳密なところはよくわからない。『華陽国志』巻三漢中志によれば、陰平郡・武都郡は鄧艾の蜀漢侵攻時に曹魏に降り、つづいて西晋に帰属したものの、永嘉末年には「楊茂」が当地の「氐羌」を「占有」したという。楊茂は楊濮と同姓ゆえ、ひょっとすると三国時代の武都・陰平は長らく氐羌系の楊一族のゆるやかな支配下に置かれていたのかもしれない（ただし、のちに蜀漢本国に武都氐王苻健なる人物が降伏してくることから、[63]武都・陰平の氐羌が楊一族のみを種族長としていたわけではない）。

なお、諸葛亮は建興七年（二二九年）の北伐時に陰平郡・武都郡を制圧しており、以上の検討によれば、これは白馬羌の居住区にあたる。白馬羌にとって陰平郡・武都郡が曹魏、隣接地が蜀漢に属する状況は必ずしも健全とはいえない。なぜなら前掲蜀志汶山郡条に「夷人は、冬は則ち寒を避けて蜀に入り、傭賃して自食し、夏は則ち暑を避けて落に反り、歳ごとに以て常と爲す」とあるごとく、武都郡・汶山郡などの白馬羌は蜀へ出稼ぎにゆく場合や、逆に蜀から帰郷する場合があり、そのさいに白馬羌は曹魏と蜀漢の国境を越えねばならなかったことになるからである。諸葛亮の陰平・武都制圧はそのような困難を除去し、結果的に白馬羌の蜀漢国内での移動上の安全と自由を保障したと考えられる（ただし既述のとおり、のちに蜀漢本国に武都氐王苻健なる人物が降伏してくることから、諸葛亮の侵攻によって武都・陰平全域が蜀漢の完全なる支配下に置かれたわけではないことは、もはや贅言するまでもあるまい）。

以上本章の第一節～第三節では、漢代史料と魏晉期史料を比較検討しつつ、数ある史料や伝承のなかから信憑性の高い記述をどう見出してゆくかを重視し、文字史料を主、考古資料を傍証として、蜀漢期西南夷の社会と人びとの異種混交的な生活そのものについて検討した。それによると『史記』西南夷列伝所見の西南夷（滇・夜郎・邛都・嶲・昆明・冄駹・白馬羌など）は、蜀漢期において、たんに中原王朝の周縁領域であるのみならず、本来中原と根本的に異なる社会を構成し、夷独自の社会と生活を有していた。しかも彼らは同質の地理・環境下で単一の集団意識・習俗を共有した存在ではなく、むしろ生活面で異種混交的であった。

ところが周知のごとく、西南夷の人びとは蜀漢初期に一致団結して蜀漢に抵抗し、蜀漢の諸葛亮は後顧の憂いを絶つために南征に尽力した。では西南夷は、多種多様で異種混交的であったにもかかわらず、一体どのように諸葛亮の南征に一定の政治的凝聚力をもって対抗したのか。また、かくも異種混交的な西南夷を、蜀漢はいかに安定的に支配しようとしたのか。

第四節　血縁と恩信

蜀漢期西南夷は、前節までに詳論したごとく、王・君王・君長・耆帥・耆老などのもとで集団をなし、各集団は並行関係や上下関係を構成していた。では、そのさいに彼らを相互に結びつけたものとは一体何であったのか。私見によれば、秦漢帝国では爵位・任俠・家族・市場などが人びとのコミュニケーションを媒介したと思われるのであるが（前著終章）、蜀漢期西南夷社会における人間同士の紐帯もそうであったのか否か。そこで注目すべきが『華陽国志』南中志南夷府条である。本史料の前半部分に関してはすでに本章第一節で検討したとおりで、ここであらたに問題となるのはその後半部分のほうである。ただし片方を省略すると全体の文脈が読めなくなるので、一部重複するけれども、煩を厭わず全文を挙げる（基本的に久村因氏の校訂により、句読点の振り方は私見による）。

夷人大種曰昆、小種曰叟。皆曲頭木、耳環鐵、裹結。無大侯王、如汶山・漢嘉夷也。夷中有桀黠能言議屈服種人者、謂之耆老、便爲主。論議好譬喩物、謂之夷經。今南人言論、雖學者、亦半引夷經。與夷爲姓曰遑耶。諸姓爲自有耶。世亂犯法、輒依之藏匿。或曰、有爲官所法、夷或爲報仇。與夷至厚者謂之百世遑耶、恩若骨肉、爲其逋逃之藪。故南人輕爲禍變恃此也。其俗徴巫鬼、好詛盟、投石・結草。官常以盟詛要之。諸葛亮乃爲夷作圖譜。先畫天地・日月・君長・城府、次畫神龍。龍生夷及牛馬羊。後畫部主吏乘馬・幡蓋・巡行・安卹。又畫牽牛負酒、齎金寶詣之之象。以賜夷。夷甚重之、許致生口直。又與瑞錦・鐵券。今皆存。毎刺史・校尉至、齎以呈詣、動亦如之。

（夷人の大種は昆と曰い、小種は叟と曰う。皆な曲頭木《ひらたい》（のごとき髪型）、耳環《ピアス》は鐵にして、裹結（髻）［もとどりを包む」す。大侯王無きこと、汶山・漢嘉の夷の如きなり。夷の中に桀黠［悪賢い］にして能く議を言い種人を屈服する者有らば、之を耆老と謂い、便ち主と爲る。論議するに好《よ》く物に譬《たと》喩え、之を夷經と謂う。今、南人の論を言うもの、學者と雖も亦た半ば夷經を引く。夷と姓を爲すは遑耶と曰う。諸姓は自有耶を爲す。世亂れ法を犯すも、輒ち之に依りて藏匿さる。或いは曰う、官の法とする所を爲す有らば、夷、或いは報仇を爲さん、と。夷と厚きに至る者は之を百世遑耶と謂い、恩は骨肉の若く、其の逋逃の藪と爲る。故に南人の輕々しく禍變を爲すは此を恃むなり。其の俗、巫鬼に徵し、詛盟を好み、投石・結草す。官、常に盟詛を以て之と要《むす》ぶ。諸葛亮、乃ち夷の爲に圖譜を作る。先ず天地・日月・君長・城府を畫き、次いで神龍を畫く。龍、夷及び牛馬羊を生む。後に部主吏の乘馬・幡蓋・巡行・安卹を畫く。又た牛を牽き酒を負い、金寶を齎し之に詣るの象を畫く。以て夷に賜う。夷、甚だ之を重んじ、生口の直を致すを許す。又た瑞錦・鐵券を與う。今、皆な存す。刺史・校尉の至る毎に、齎して以て呈詣し、動《やや》もすれば亦た之の如し）

本史料は「南夷」の特徴をのべたものである。そもそも「夷」は、本章第二節所引の『華陽国志』蜀志越嶲郡定笮県条に「笮は笮夷なり。汶山を夷と曰い、南中を昆明と曰い、漢嘉・越嶲を笮と曰い、蜀を邛と曰い、皆な夷種なり」とあり、『水経注』巻三六若水条に「栫は夷なり。汶山は夷と曰い、南中は昆彌と曰い、蜀は邛と曰い、漢嘉・越嶲は栫と曰い、皆な夷種なり」とあり、数種類存在したが、そのなかでも「南夷」は「昆明」種を中心とする南中在住の種のことである。史料冒頭の「夷人の大種は昆と曰い、小種は叟と曰う」の「昆」とは、まさに「昆明」の「昆」であろう。

このことをふまえて全文をみると、まず「夷と姓を爲」した漢人は「遑耶」といい、夷は各々「自有耶を爲」したとある。ただしその意味は不明瞭である。よって従来は、原文を「與夷爲婚曰遑耶。諸姓婚爲自有耶」と補訂し、

「夷と婚姻した漢人を遑耶、異姓の夷人と婚姻した夷人を自有耶という」の意に解するのが一般的であった[64]。これに対して王継超氏は、彝語東部方言黔西北次方言烏撒土語の音韻変化を参考に、「遑」・「耶」の音訳を「一」・「家」と推定する。そして彝族内にも異姓同士が「函野（一家人＝いわゆる家族）」となるための結盟儀礼（哦痴扣や阿柵柩）があり、「函野」こそが遑耶の名残であるとする[65]。この説によると、「遑耶＝一家＝夷と同姓となること」、「自有耶＝自身の家（姓）をもっていること」となり、夷と漢は結盟によって一家（同姓）となったことになる。では結局どのように理解すべきであろうか。通説のように原文の文字を大幅に校訂するのではなく、また異なる時代の漢語同士を無理に音通でむすぶこともなく、『華陽国志』の原文をよみとくすべはないものであろうか。もう少し解釈の飛躍の幅を同時代史料によって縮めることはできないであろうか。

そこでまず「遑耶」・「自有耶」の字義を再確認すると、「遑」字についてはよくわからない。だが王子今氏によると、「耶」は「邪」・「爺」に通じ、ほぼ三国時代以降、「父」の意で用いられる用例が多い[66]。この説によれば、「遑耶」はともかく、「自有耶」は「自ら父を有す（自らの父系の血統を維持する夷人）」の意に解せる。また夷人ととくに親密な関係をきずいた漢人を百世遑耶ということから推せば（後述）、遑耶がある種の漢人をさすこともまちがいない。すると遑耶とは父系のつながりで、『華陽国志』の原文に則して読めば「夷と同姓になった漢人」、通説による校訂文に則して読めば「夷と婚姻した漢人」となる。夷と同姓になることと、夷と婚姻することとは、一見ほぼ同義である。ただし王継超氏はとくに前者の訳を採用したうえで、夷人と漢人が結盟によって一種の擬制的血縁関係になることを念頭においている。これより、いずれの解釈をとるにせよ、夷人が漢人との擬制的ないし血縁的な父系の同族関係をかなり重視していた点のみは確言できる。そこでつぎに確認すべきは夷人の同族意識の範囲である。

そもそも本文の「姓」は、夷人の同族意識をしめすものであり、代々継承されるいわゆる姓（以下、漢姓）とは同一でない。現に、漢代の滇人・勞濅・靡莫はみな「同姓」とされるが、(67) 彼らが全員血縁者であったとは現実的に想定しにくく、むしろ伝説上の祖先を共有するといった程度の広い意味であろう。また白鳥芳郎氏は、明・李元陽編纂『万暦雲南通志』に、

　建興三年、時仁果十五世孫龍佑那者、能撫其民、號白子國。侯仍以其地封之、賜姓張氏。

　（建興三年、時に仁果の十五世の孫の龍佑那は、能く其の民を撫し、白子國と號す。［諸葛武］侯は仍《よ》りて其の地を以て之を封じて、姓張氏を賜う）

とあるのに基づき、南中における漢姓の出現を蜀漢期とする。(68) 当該史料は、『読史方輿紀要』巻一一三雲南一注引『白虎《ママ》通』（『白古通』の誤。『僰古通』・『白古記』・『白史』にも作り、十～十一世紀頃成書の南詔・大理国側史料(69)）に基づくと思われる。

　戰國時、楚莊蹻據滇、號爲莊氏。漢元狩間莊氏後有嘗羌者、與白厓王爭衡、武帝乃立白人仁果爲滇王、而蹻嗣絕。仁果傳十五代爲龍佑那當。蜀漢建興六年、諸葛武侯南征、師次白厓、立爲酋長、賜姓張氏、遂世據雲南。或稱昆彌國、或稱白國、或稱建寧國。

　（戰國の時、楚の莊蹻、滇に據り、號して莊氏と爲る。漢の元狩の間に莊氏の後に嘗羌なる者有り、白厓王と衡《こう》を爭い、武帝は乃ち白人仁果を立てて滇王と爲し、而して蹻の嗣は絕つ。仁果、十五代を傳えて龍佑那當と爲る。蜀漢の建興六年（三年の誤）、諸葛武侯南征し、師、白厓に次《やど》り、［龍佑那當を］立てて酋長と爲し、姓張氏を賜い、遂に世々雲南に據る。或いは昆彌國と稱し、或いは白國と稱し、或いは建寧國と稱す）

賀次君・施和金の点校は「戰國の時……莊氏と爲る」を『白虎《ママ》通』佚文とするが、右文の趣旨は首尾一貫しており、方国瑜『雲南史料叢刊』第二巻は右文全体を『白古記』の佚文とする。(70) とすると、白鳥氏の引く『万暦雲南通志』の

記載は十~十一世紀頃の雲南人の伝承に基づくことになり、たしかにその信憑性は低くない。

加えて南朝劉宋期の「宋故龍驤将軍護鎭蠻校尉寧州刺史邛都縣侯爨使君之碑」は、蜀姓の「爨」の出現を後漢末とする。

君諱龍顔、字仕德、建寧同樂縣人。其先少昊顓頊之玄冑、才子祝融之渺也。……斑彪删定『漢記』、斑固述脩『道訓』。爰曁漢末、采邑於爨、因氏族焉……。

（［爨］君、諱は龍顔、字は仕德、建寧同樂縣の人なり。其の先は少昊・顓頊の玄冑《げんちゅう》［遠い子孫］にして、才子祝融の渺［広い意、転じて広がりゆく子孫］なり。……斑彪、『漢記』を删定し、斑固は『道訓』を述脩《じゅつしゅう》［後世に伝える］す。爰《ここ》に漢末に曁《およ》び、邑を爨に采り、因りて焉を氏族とす……）

これは、西南夷地域における漢姓の使用が、白鳥氏の想定する蜀漢期よりも、さらにやや早いことを物語る。このように西南夷地域では、後漢末~蜀漢期にようやく漢人と同様の、父子間で継承される漢姓が少しずつ登場しはじめたのである。ただしそれは、すべての夷人たちがあっという間にもちうるようになったものではない。

現に、『通典』巻一八七辺防三南蛮上白子国には、諸葛亮の南征時に佑那という酋長が漢姓を賜わったとある。

後漢諸葛武侯南征、次白崖、以佑那爲酋長、賜姓張氏、仍統其民、號建甯國。

（後漢の諸葛武侯南征し、白崖に次《やど》り、佑那を以て酋長と爲し、姓張氏を賜い、仍《よ》りて其の民を統べしめ、建甯國と號す）

これは前掲『読史方輿紀要』所引『白古記』と類似する史料で、佑那以外の大多数の民が実際にはまだ漢姓をもっていなかったこと、南征が漢姓拡大の一契機となったこと、南征以降も大多数の南夷は漢姓をもっていなかったことを物語る。加えて、後述するように、越嶲旄牛王一族の名の一字目（漢人の姓にあたる部分）はみな異字である。これより、蜀漢期西南夷の「姓」は、やはり厳密な意味での漢姓ではなかったと考えられる。したがって、それは中原の厳格な姓とは異なり、相当曖昧な家族的紐帯であった可能性が高い。

以上、蜀漢期の南夷が、漢人との関係を築くさいに、漢人との擬制的ないし血縁的な同族関係を相当重視していたこと、その根底にある「姓」の範疇がかなり曖昧で広いものであったことを論じた。

それでは、そのような同族意識をもつ南夷がもっとも大切にした人間関係とはどのようなものだったのであろうか。そこで注目されるのが「骨肉」である。「骨肉」とは、その名のとおり、骨肉といえるほどに近しい家族・親族の意である。また、たとえば南夷が法（文脈的にいわゆる華夏側の法）で処罰された場合、同種の南夷が「報仇」し、南夷とのあいだで「恩は骨肉の若」き関係を築いた漢人が「百世遑耶」とよばれた点にも注目される。この語は、「子孫代々」を意味する「百世」の語を冠し、たんなる「同姓」関係（遑耶）以上の親密さをしめす。これは、逆にいえば、「恩」次第では漢人でも「骨肉」と同等の「百世遑耶」になることができ、「恩」が不十分ならば、姻族だろうと何だろうと、「百世遑耶」にはなりえなかったことを物語る。その意味で、蜀漢期西南夷の社会的紐帯を解く鍵は「姓」と「恩」にあり、とくに「骨肉」以外の者にとっては「同姓」関係以上に、「恩」に基づく人間関係が重要であった。

では「恩」とは何か。伝世文献中にその明確かつ具体的な定義は見出しにくいものの、『説文解字』心部に、

恩、惠也。从心因。因亦聲。

（恩は、惠むなり。心と因に从う。因は亦た聲なり）

とあり、「恩」は少なくとも相手への贈与を基本とする。前掲『華陽国志』南中志南夷府条の「恩」は、西南夷関連史料だけでなく、周辺諸民族全般の関連史料に広くみえる「恩信」の「恩」と同義と思われる。しかも前掲『華陽国志』南中志南夷府条に「官、常に盟詛を以て之［南夷］と要《むす》ぶ」とあるのによれば、南夷は盟詛（盟誓の意）も重視し

た。これは「恩信」の「信」に相当する。すなわち、『説文解字』言部には、

信、誠也。从人从言。會意。

（信は、誠なり。人に从い言に从う。會意）

とあり、信とは誠の意である。白川静『説文新義』は、『春秋穀梁伝』僖公二十二年「言而不信、何以爲言（言にして信ならずんば、何を以てか言と爲さん）」の一文を引用し、言を盟誓、信を盟誓を通じて神に誓う行為とする。(71) とすると、漢側の官吏が南夷と親しくなるには「恩」と「信」が必要であったとみられよう。この「恩信」の語は、正史のなかでも『三国志』・『後漢書』に頻見し、とくに魏晉期の対外関係史で重視された魏晉期特有の概念であった。

そしてそれは、つぎの例にみられるとおり、力によって相手を押さえつける方法（凶暴）とは区別された。

元素性凶暴、無他恩信（『三国志』蜀書温洪伝）。

（〔黄〕元は素より性、凶暴にして、他に恩信無し）

またつぎの例によると、それは敵対勢力を撫順して招き寄せる手段でもあった。

招廣布恩信、招誘降附（『三国志』魏書牽招伝）。

（〔牽〕招は廣く恩信を布き、降附せんとするものを招誘す）

撫以恩信（『三国志』魏書鮮卑伝）。

（撫するに恩信を以てす）

このような「恩信」を与える場合に直接的なのは、既述のとおり、賜与物を相手に「惠」み、「盟誓」によって相手との信頼関係を維持することである。また『三国志』蜀書張嶷伝には、

嶷殺牛饗宴、重申恩信、遂獲鹽鐵、器用周贍。

（〔張〕嶷、牛を殺して饗宴し、重ねて恩信を申し、遂に鹽鐵を獲、器用〔農具や兵器〕は周贍《しゅうせん》〔完備〕す）ともある。それによると蜀漢の張嶷は「恩信」を言葉で伝え、最終的に異民族から塩鉄の利権を得た。つまり「恩」は相手に対する有形の贈与のみならず、無形の贈与をも意味し、「信」は「盟誓」に基づく相手との約束の遵守を意味したとみられる。これに関連して呂静氏は、「律令・法規が及ばない場合、あるいは政治的権威が必ずしもその機能を果たせない場合には、盟誓は人びとの間の秩序を維持する重要な機能を果たしていた」とし、律令制の整備が進んだ中原では戦国時代以降急速に盟誓がみられなくなるとするが(72)、まことにそのとおりであろう。だからこそ、まつろわぬ民の多い西南夷では、中原とは逆に、蜀漢期になってもなお盟誓が盛行していたのである。

これより、蜀漢期西南夷は「骨肉」・「同姓」といった血縁関係と、贈与・盟誓をふまえた「恩信」による人間関係の両方を重視していたと結論づけられる。しかも、南夷とのあいだで「恩は骨肉の若」き関係を築いた漢人は「百世遑耶」とよばれた。その語は、「子孫代々」を意味する「百世」の語を冠し、たんなる同姓（遑耶）以上の親密さを物語る。これは、「遑耶」関係がもともと当人間を中心とした限定的関係であったこと、「遑耶」によって生じた親密な関係は必ずしも代々続いたわけではなかったこと、それゆえ遑耶関係の増加は必ずしも世代を超えた円滑な蛮漢融合を促さないことを意味する。そして華夏側の国家が南夷側と世代を超えた友好関係を結ぶには、たんに漢人官吏と南夷とが個人的に「遑耶」関係を構築する以上に、むしろ「恩信」に基づく関係を築くことが重要であったと考えられる。つぎに上記原則をふまえたうえで、蜀漢期西南夷の実例をみてみよう。

第五節　諸葛亮南征期

まず蜀漢期最初の南中反乱として、劉備危篤時の漢嘉郡太守黄元の反乱が挙げられる。黄元は諸葛亮と不仲で、劉備没後に諸葛亮が権力を握るのを恐れて挙兵し、臨邛城を焼き払った。諸葛亮は劉備のいる白帝城に赴いており、成都は空同然であった。このとき成都では、黄元が越嶲郡を通過して南下し、南中を拠点とする恐れがあるとの意見も出された。だが楊洪は、黄元の性格が凶暴で、南土に対する「恩信」がないため、その可能性はないとし、実際に楊洪の言った通りとなった（『三国志』蜀書楊洪伝）。これは南中を統治するうえで「恩信」がいかに重要かをしめす証言の一つである。

つづいて建興元年（二二三年）前後に、「南中豪率（『三国志』蜀書劉璋伝）」、「大姓（『三国志』蜀書後主伝・『三国志』呉書子闡伝・『華陽国志』南中志）」、「耆率（『三国志』蜀書張裔伝）」、「豪姓（『三国志』呉書子匡伝）」、あるいは「益州郡之者帥（『雲南備徴志』巻五引『記古滇説』）」などと称される雍闓と、「越嶲夷王（『三国志』蜀書後主伝、『資治通鑑』魏紀二文帝黄初四年〔二二三年〕六月条）」などと称される高定（『華陽国志』南中志に「高定元」・「定元」に作る）が反乱し、雍闓が反乱の「主」となった（『華陽国志』南中志）。雍闓の「恩信」は南土に行き渡り、益州郡太守正昂は殺され、その後任となった張裔は孫呉に流された（『三国志』蜀書後主伝、『三国志』蜀書張裔伝）。このとき一部の「益州夷」は雍闓に抵抗したが、雍闓は孟獲を派遣して説き伏せた。

闓使建寧孟獲説夷叟曰、「官欲得烏狗三百頭・膺前盡黑蟎腦三斗・斲木構三丈者三千枚。汝能得不」。夷以爲然、皆從闓。斲木堅剛性委曲、高不至二丈。故獲以欺夷（『華陽国志』南中志）。

（〔雍〕闓、建寧の孟獲をして夷叟に説かしめて曰く、「官、烏狗三百頭・膺の前盡く黒なると、螨脳三斗・斲木の三丈を構える者三千枚を得んと欲す。汝能く得るや不や」と。夷以て然りと爲し、皆な闓に従う。斲木は堅剛なるも性は委曲、高さは二丈に至らず。故に獲は以て夷を欺くなり）

かかるデマがまかり通った理由は、「益州夷」が蜀漢の官吏と直接的な接点をもたなかった点にある。つまり情報網が未発達の西南夷地域では、蜀漢の「恩信」をじかに「益州夷」に伝達するのは困難で、孟獲はそこに付け込んだのである。

その後、雍闓は「建寧（南征前の益州郡）」で「跋扈」し（『三国志』蜀書李恢伝）、牂牁郡の「太守（『三国志』蜀書後主伝、『資治通鑑』魏紀二文帝黄初四年六月条）」もしくは「郡丞（『三国志』蜀書馬忠伝）」と称される朱褒も反乱軍に加わった。「牂牁郡丞朱提朱褒領太守恣睢（『華陽国志』南中志）」によれば、朱褒は郡丞と郡太守の両方を司っていたのであろう。後述するごとく、このとき昆明（永昌郡付近）にも反乱軍がいたので、反乱は益州・越嶲・牂牁・永昌の四郡に及んだことになる。反乱鎮圧後には、朱襃に代わって馬忠が牂牁郡太守とされた[73]。このときに「主」の雍闓が「恩信」を支えとして反乱軍を率いた点は注目に値する。

また建興三年春に諸葛亮が南征軍を興すと、西南夷では内輪もめが起こり、高定は雍闓を殺し、代わりに孟獲が反乱の「主」となった（『華陽国志』南中志）。諸葛亮の主力は五月に「瀘（瀘水）」を渡河した。五月に瀘水を渡った理由は、他の月では瀘水に瘴気が出て渡河困難であったためらしい[74]。具体的な渡河地点は不明であるが、諸葛亮は「越嶲」を経て「建寧（南征前の益州）」に向かっているので（『三国志』蜀書李恢伝）、越嶲郡以北（越嶲郡を含む）にあったのであろう[75]。その後、諸葛亮は高定を斬り、孟獲を「七たび虜にして七たび赦」した（『華陽国志』南中志）。このいわゆる「七擒七縱」故事と孟獲個人の実在性には賛否もあるが[76]、ともかく益州・越嶲の乱はいったん鎮定された。さらに馬

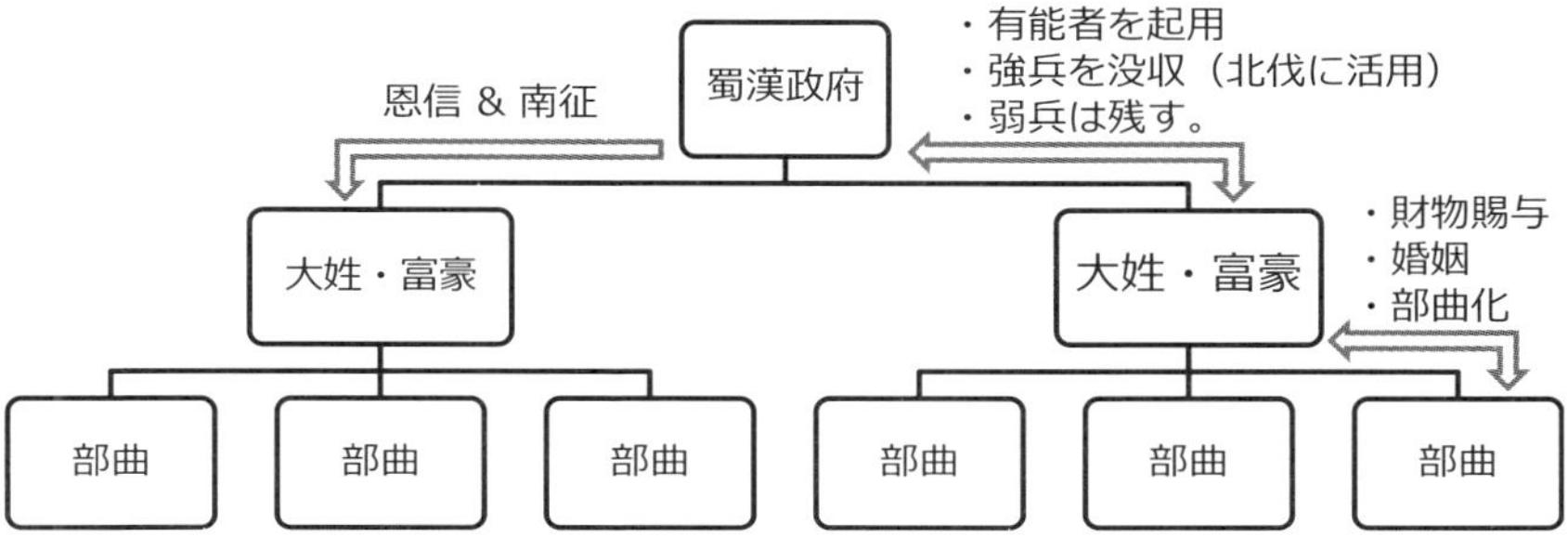

［図６―７］　諸葛亮による西南夷統治

忠軍は牂牁郡を平定し（『華陽国志』南中志）、李恢軍は昆明で敵の包囲を破り、永昌郡の「南人」も平定された（『三国志』蜀書李恢伝）。

このとき諸葛亮の本軍が益州・越巂を越えてどこまで進軍したかは諸説あり、味県に達したとする史料[77]、滇池に達したとする史料[78]、三絳・弄棟（現在の昆明～大理間の武定・姚安）に達したとする史料[79]、大理盆地に達したとする史料[80]、大理盆地には達しなかったとする史料[81]、大理盆地の以西・以南（永昌郡を含む）に達したとする史料がある[82]。諸葛亮が白崖に南中紀功碑を建てたとする史料や[83]、普里部（現在の普定）を通過したとの史料もあり[84]、後世に編纂された史料ほど、南征の範囲を広く伝える傾向がある。これと関連して雲南各地には、現在さまざまな諸葛亮伝説が残っており、その詳細・理由に関しては別途研究がある[85]。ただしともかく、『三国志』蜀書や『華陽国志』をみると、馬忠・李恢は単独で牂牁郡・永昌郡を制圧しており、諸葛亮本隊がそこまで深入りしたかは疑問である。滇池へ到達したとする説は、蜀臣習禎の子孫の東晉・習鑿歯『漢晉春秋』や『華陽国志』などに基づくもので、相対的にもっとも信憑性が高いものの、それ以上は確言困難である。

なお、涼山彝族自治州西昌市出土磚に「延熙十六年」、大理以西の保山市汪官営蜀漢墓出土磚に「延熙十六年七月十日」・「官吏建」とあり[86]、延熙は蜀漢後主の紀年、延熙十六年は西暦二五三年である。よって、蜀漢の影響力が大理以西に及んでいたことは確実である。

ともかくその後、諸葛亮は南中諸郡を平定し、つぎの策を採った。

移南中勁卒青羌萬餘家於蜀、爲五部。所當無前、號爲飛軍。分其羸弱、配大姓焦・雍・婁・爨・孟・量・毛・李爲部曲。……以夷多剛很、不賓大姓・富豪、乃勸令出金帛、聘策惡夷爲家部曲。得多者奕世襲官。於是夷人貪貨物、以漸服屬於漢、成夷漢部曲。收其俊傑建寧爨習・朱提孟琰及獲爲官屬。習官至領軍、琰輔漢將軍、獲御史中丞。出其金銀・丹漆・耕牛・戰馬給軍國之用（『華陽国志』南中志）。

（南中の勁卒の青羌萬餘家を蜀に移し、五部と爲す。當たる所前無く、號して飛軍と爲す。其の羸弱なるを分かち、大姓の焦・雍・婁・爨・孟・量・毛・李に配して部曲と爲す。……夷多く剛很にして、大姓・富豪に賓《したが》わざるを以て、乃ち勸めて金帛を出だし、惡夷を聘策して家の部曲と爲さしむ。多きを得たる者は奕世襲官す。是に於いて夷人貨物を貪り、以て漸く漢に服屬し、夷漢の部曲と成る。其の俊傑の建寧の爨習・朱提の孟琰及び［孟］獲を收めて官屬と爲す。習の官は領軍に至り、琰は輔漢將軍、獲は御史中丞たり。其の金銀・丹漆・耕牛・戰馬を出だして軍國の用に給す）

また昆明付近の「豪帥」を成都に徙し、「叟・濮」に「耕牛戰馬金銀犀革」などの「軍資」を「賦（課税）」した[87]。つまり諸葛亮は、南中の強兵を蜀に徙したうえで、「金帛＝貨物」を餌として、のこる西南夷たちを特定の「大姓」のもとに集めさせた。そして「大姓」と婚姻関係を結ばせ、「大姓」に弱兵（羸弱）を管理させた。弁舌の立つ「耆老」ではなく、特定の血縁関係によって結ばれた「大姓」を結節点とし、「大姓」のなかの代表的人物（爨習・孟琰・孟獲など）を中央官に起用した。要するに蜀漢は、一部の「大姓」と「恩信」関係を結んだうえで、「大姓」支配下の強兵を没収し、残る弱兵（羸弱）を友好的な「大姓」に委ね、彼らを通じて諸種族を間接統治したのである（図6—7）。これは、秦漢時代以来のいわゆる強幹弱枝政策に加え、西南夷が重視する「恩信」と「姓」の紐帯をも利用した、卓抜な統治策であると思われる。

第六節　諸葛亮南征以降

もっとも、諸葛亮の上記統治政策も、卓抜ではあるけれども、十全ではなかった。現に、高定没後の越巂郡では叟夷が反乱し、「斯都耆帥李求承」が郡太守の龔祿・焦璜を殺した。龔祿は「當世に聲名有」る巴郡の「士人」（『三国志』蜀書張嶷伝）、焦璜は南中大姓の一人であったが（『華陽国志』南中志）、士人内での名声も、大姓本位の秩序も、結局は越巂叟夷の全員を押しとどめる力にはならなかった。その一因は、諸葛亮の「恩信」が大姓に及ぶのみで、大姓から下の秩序に届かず、大姓から下の秩序が大姓任せであったためであろう。そこで張嶷は、延熙二年頃（二三九年）に越巂郡太守となるや(88)、直接「恩信」をほどこして多くの叟族を帰順させ、延熙十七年（二五四年）まで越巂郡を統治した。

また「蘇祁邑長冬逢」と弟の隗渠も、張嶷の「恩信」で一旦は帰順した。「蘇祁」は越巂郡の県で（蜀書張嶷伝盧弼集解）、「邑長」は県級の諸侯なので、蘇祁県は邑長の冬逢が治めており、民は非漢人であったのであろう。現に冬逢は、『華陽国志』巻三蜀志では「夷王」とも表現されている。ただし冬逢は再度背いて殺され、隗渠も西方の国境地帯で

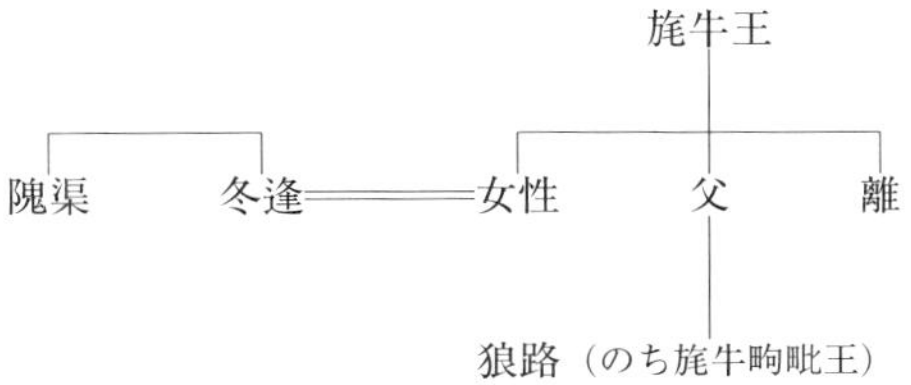

［図6—8］　蜀漢期の旄牛王の家譜

諸族を集めたが滅ぼされ、冬逢の妻は「旄牛王女（旄牛王の娘）」ゆえに解放された。このとき「恩信」が効力を失った理由はよくわからない。

ではその後、張嶷はどうやってこの状態を打開したのか。そもそも冬逢は、越嶲郡北の「漢嘉郡界旄牛夷種類四千餘戸」を率いていた狼路の「姑壻（父の姉妹の夫）」であった。冬逢の妻は「旄牛王の女《むすめ》」なので、狼路は旄牛王の孫にあたる。狼路はこのとき冬逢の敵《かたき》を取ろうとしており、狼路と冬逢は「旄牛王の女《むすめ》」を介して親戚であったとみられる。狼路は、「叔父の離」に「(冬) 逢の衆」を率いて形勢を窺わせており、離はのちに冬逢の妻と再会したさいに「姊弟歡悅」したという。つまり離は冬逢の妻の実の弟にあたる。このような史料内容をふまえ、川本芳昭氏は冬逢らをめぐる親族関係を図6―8のように復元し、「当時国家は四川西南の大涼山、大相嶺などの山岳地域である該地域に郡県を設置していたが、それは極めて不安定な状況に置かれており、該地域における非漢族諸族は、張嶷による制圧の後にあっても、婚姻などを通じて連合し隠然たる勢力を保持していた」と結論づけている(89)。

こうして張嶷は狼路・冬逢の妻・離を再会させて彼らを懐柔し、かくして狼路は降伏した。『三国志』蜀書張嶷伝に「旄牛、是れより輒ち患を爲さず」とあるので、狼路は旄牛王に事の次第を報告し、徼内の旄牛種を挙げて帰服したのであろう。その後、張嶷は郡内を通る旄牛～成都の旧道を復旧させたという。そこで川本氏の分析を推し進め、より具体的に史料をみてゆくと、以上の故事からはつぎの三つの論点が析出される。

第一に、旄牛種は旄牛王（とその大部落）を頂点とし、そのもとにいくつもの部落があった。そして各部落は四千戸に及ぶ場合があり、部落の長（の一部）は旄牛王の親族であった。しかも張嶷は成都へ戻るさいに「旄牛邑」を通過した。このとき「邑長」はわざわざ張嶷を見送った。その後、張嶷とともに成都へゆき、蜀漢に「朝貢」した「耆率」は百余人に及んだ(90)。これは旄牛王や旄牛畇毗王（後述）のもとに邑君・邑長がいたことをしめし、周囲にも「耆率」が百余人以上いたことを意味する。このことを裏付ける史料として『後漢書』南蛮西南夷列伝には、後漢明帝期に蘇祁（あるいは蘇祈）の「叟二百餘人」が越巂郡太守張翕の葬式に牛と羊を持参したとある。「叟」には、①夷の小部落（前掲『華陽国志』南中志）、②蜀人一般、③越巂を中心とする西南夷の意があるが(91)、本文では「夷人」が悲しんで「叟二百餘人」が集まったとされ、②は文脈に沿わない。③も「夷人」と「叟」を区別する本文とは合致しない。よって「叟二百餘人」は小部族長二百余人の意であろう。すると蜀漢期にもやはり蘇祁邑長冬逢や旄牛王の周囲には百以上の部落が存在し、耆率によって統率されたのであろう。かつて童恩正氏は、邛都・冕寧・米易・徳昌・越西・喜徳などの「大石墓（前漢後期以前の墓）」を調査し、各邑を貧富の格差の少ない血縁的紐帯の強い氏族制社会とみたが(92)、蜀漢期の漢嘉郡付近ではすでに旄牛王を頂点とし、旄牛畇毗王、邑君、耆率らを含む一大社会階層が形成されていたのである。彼らは漢人のごとき「姓」を共有したわけではないが、互いに一定の親族意識を持ち（広義の同姓）、親族の敵を自らの敵とみなした。ただし、蜀漢側が旄牛王の一族を殺した場合、それに勝る「恩信」を与えることで、夷・漢が協力関係を締結することも可能であった。

　第二に、狼路らの帰属は必ずしも旄牛種全体の帰属を意味せず、狼路らも必ずしも蜀漢側の戸籍に編入されて漢人同様に扱われたわけではない。そもそも『後漢書』南蛮西南夷列伝に、

　延光二年春、旄牛夷叛、攻零關、殺長吏。益州刺史張喬、與西部都尉撃破之。
（延光二年春、旄牛夷叛し、零關を攻め、長吏を殺す。益州刺史張喬、西部都尉と與に撃ちて之を破る）

表6—1　藩附の爵号と郡県・諸侯王・列侯との対比表

郡		県		
諸侯王		列侯		
四夷国王	率衆王	率衆侯・帰義侯	邑君	邑長

とあるごとく、旄牛夷の歴史は長く、郡内を通る旄牛～成都間の旧道の遮断も百年に及んだ。張嶷が当該交通路の開放を勝ち得た西暦二四〇年頃から逆算すると、旄牛夷による当該路の遮断は後漢順帝期頃にさかのぼる。だが張嶷は狼路に「貨幣」を賜い、狼路の姑（つまり冬逢の妻）からも狼路を諭させた。かくて張嶷と狼路は「盟誓」を結び、旧道は開通し、「亭驛」も復活した。そこで狼路を成都の劉禅のもとへ「朝貢」させ、「旄牛㽛毗王」に封じた（『三国志』蜀書張嶷伝）。「旄牛㽛毗王」は蜀漢側の与えた王号である。工藤氏作成の表によれば「王」は郡級だが（表6—1）[93]、狼路は数千戸を統べるのみで、非常に優遇されているといえる。加えて、このとき旄牛種には狼路の祖父の旄牛王もいた。旄牛王は旧道開通以前からそう名乗っているので、「旄牛王」なる名称は後漢や蜀漢が与えたものではなく、自称と考えられる。狼路も本来は旄牛王の一枝にすぎず、旄牛王は蜀漢期にも朝貢していない。よって狼路服属後も旄牛王麾下の旄牛種の多くはなお独立を保っていたと考えられる。現に、蜀漢の延熙十七年（二五四年）に張嶷が成都に帰還したとき、張嶷に従って「朝貢」した者が「百餘人」に及んだ（『三国志』蜀書張嶷伝）。これは越巂郡内に未朝貢者がなお多くいたことを裏書する。

第三に、狼路は「王」である以上、一定の自治が許されたはずである。だが、蜀漢滅亡時の譙周の上言によれば、南中七郡（越巂・朱提・牂牁・雲南・興古・建寧・永昌）の夷には南征以来、「官賦」や「兵」の供出が課せられ（『三国志』蜀書譙周伝）、南中七郡より成都に近い「漢嘉郡界」の旄牛㽛毗王も同様の義務を負った可能性がある。すると旄牛㽛毗王は漢代のいわゆる「外臣」相当ではなかろうか。すなわち、栗原朋信氏によれば、漢帝国は「内＝漢の皇帝の徳・礼・法が全人民に及ぶ地域」と「外＝漢に服属した君主だけに漢の皇帝の徳・礼・法が及び、治下では民族固有の礼・法が行なわれた地域」よりなり、「外臣」は上記「外」の君主で、その治下に漢の礼と法（漢の官制・身分制度・刑法）は及ばない。そしてその外部にはさらに外客臣・朝貢国・鄰対国もあった[94]。だが、かりに旄牛㽛毗王が官賦や兵の供出義務を負ったとすれば、旄牛㽛毗王本人には蜀漢の徳・礼・法が及んだことになる。よって旄牛㽛毗王はいわゆる「外臣」相当の可能性があるのである。

ほかにも、何祇が汶山郡太守であったとき（具体的年号不明）、「民夷」はその「信」に「服」した。何祇が転任すると「汶山夷」は「不安」となったが、何祇の「族人」が郡太守となったので落ちついた（『三国志』蜀書楊洪伝注）。また既述のとおり、王嗣も「西安圍督・汶山太守」となったさいに汶山夷を「恩信」で手なづけ、王嗣が死ぬと、夷は「涕泣」し、王嗣の子孫を「骨肉」や「兄弟」として扱ったという（第三節所引の蜀書附『季漢輔臣賛』裴松之注）。そもそも人間関係はふつう代を経るごとに疎遠になるものであるが、本例は「恩信」関係が世代を超えて伝わった一例である。

以上、本節では蜀漢期西南夷が社会的紐帯としての「恩信」を非常に重視した点を確認した。それは時に「姓」の繋がりをも凌駕し、「恩信」で結ばれた関係（百世遑耶）は子孫代々に及んだのである。

おわりに

以上本章では、蜀漢期西南夷の社会と人びとの生活について、文字史料を主、考古資料を傍証として検討を加えた。そのさいに蜀漢側の史料は『三国志』蜀書などに限られ、内容も断片的であったので、本章では先行研究の蓄積のある漢代西南夷と晋代西南夷の関連史料に着目し、双方に共通する記載を用いて蜀漢期西南夷社会の状況を推測するという手法をとった。その手順として、まず『史記』西南夷列伝所載の西南夷の地（夜郎・滇・邛都・巂・徙・筰都・冄駹・白馬羌）に焦点を絞り、当地に住む夷をとりまく自然環境や風俗習慣が蜀漢期にどうなったのかを概観した。その結果、蜀漢期西南夷がたんに中原王朝の周縁領域であるのみならず、本来中原と根本的に異なる社会を構成し、夷独自の社会と生活があったことを具体的に確認した。また彼らが必ずしも同質の地理・環境下で単一の集団意識・習俗を共有した存在ではなく、むしろ生活面で異種混交的であったことも論じた。ただし蜀漢期西南夷は王・君王・君長・耆帥・耆老などのもとで集団をなし、各集団は並存関係の場合もあれば、階層関係をなす場合もあった。彼らを率いる者のうち、耆老は必ずしも武力に優れた存在ではなく、むしろ集団構成員を説き伏せる弁舌能力に秀でていた。また彼らを結束させる社会的紐帯としてもっとも重視されたのは、漢代中原人が重視した爵位・任侠・市場などに基づく人間関係ではなく、むしろ「骨肉」・「同姓」・「恩信」であった。「骨肉」は夷の近親同士、「同姓」・「恩信」は夷人同士もしくは夷人―漢人間の関係をしめす。なかでも「恩信」は、西南夷関連史料だけでなく、周辺諸民族一般に関する史料に幅広くみえる語で、とくに『三国志』や『後漢書』に頻見する概念であった。それは、力によって相手を押さえつける方法とは逆で、敵対勢力を撫順して招き寄せる手段でもあった。南夷―漢人間の「恩信」関係によって醸成される親密性は、「湟耶」とよばれる「同姓」関係が当事者間一代に親密な関係性を醸成するのとは異なり、時に子孫代々にまで及ぶものであった（百世湟耶）。西南夷が、さまざまな自然環境・生活様式・文化を内包する異種混交的社会で、西南夷社会全体を統括する首長を欠いていたにもかかわらず、蜀漢期に一定程度のまとまりをもって蜀漢に背きえた理由は、君長達が「骨肉」・「同姓」・「恩信」を活用して勢力をまとめあげた点にあった。逆に、諸葛亮が多種多様な西南夷社会をまとめあげ、その後数十年にわたり一定程度大規模な反乱を抑止できた理由も、蜀漢側が西南夷の「大姓」の君長達にうまく「恩信」を施し、「大姓」を通じて「骨肉」・「同姓」ひいてはその族民達を支配させたためであった。

ちなみに最後に付言しておきたいことがある。それは蜀漢官吏の「庲降都督」の存在である。そもそも蜀漢では漢中に「興勢圍」という「圍（防柵のある軍事拠点）」を設けて曹魏軍を防ぐとともに、汶山・龍鶴・冉駹・白馬・匡用の五地点にも「圍」を設置した(95)。それは西晋初期に「夷徼」を防ぐのに用いられ、蜀漢期も同様の機能を果たしたと思われる。蜀漢はそれに加えて「庲降都督」を置き、鄧方（南郡）、李恢（建寧兪元）、張翼（犍為武陽）、馬忠（巴西閬中）、張表（蜀郡）、閻宇（南郡）を代々の庲降都督、楊戯（犍為武陽）、楊義（犍為）、霍弋（南郡出身霍峻の子）をその代々の副貳とした(96)。彼らの大半は西南夷地域出身である。石井仁氏によれば、庲降都督は本來「庲降屯」という塢壁を拠点とする「都督南中諸軍事」のことで、南中人に対する生殺与奪権をもつ者であった(97)。蜀漢関連史料に「都督南中諸軍事」の語はみえないものの、他の点は首肯しうる。治所は朱提郡南昌県（鄧方）(98)、牂柯郡平夷県（李恢～馬忠）、建寧郡味県（馬忠～蜀漢滅亡時）であった。そしてそれらの治所は、じつはすべて当時の西南夷地域最大の幹線上に位置する(99)。つまり西南夷は、蜀漢に抵抗もしくは服属をするにせよ、周辺地域と交易をするにせよ、基本的に当該幹線上を往来するさいに庲降都督と関わらざるを得なかったのである。その意味で、庲降都督は蜀漢と西南夷を直接繫ぐ第一の窓口であった。これより、蜀漢と西南夷社会の関係を良好に維持する秘訣のひとつは、庲降都督が西南夷に「恩信」を付与できるか否かにもかかっていたと推測される。

注

（1）余鵬飛『三国経済発展探索』（湖北人民出版社、二〇〇九年）。

（2）久村因「前漢の遷蜀刑に就いて――古代自由刑の一側面の考察――」（『東洋学報』第三七巻第二号、一九五四年）によると、前漢諸侯王の主たる徙遷先は巴蜀地域だったが、後漢時代の徙遷先は、漢中が都洛陽と近く、南方が非健康地なため、丹陽方面に移された（漢中が洛陽と近いので徙遷地に適さないとの点は、前漢の首都長安が洛陽以上に漢中と近いので疑問）。

だが劉備の皇帝即位以降、西南夷地は主たる徙遷先となった（梓潼郡に徙された李厳以外、廖立は汶山郡、楊儀は漢嘉郡、常房四弟は越嶲郡へ徙された）。なお秦漢律には「遷」刑がみえ、あまり重い刑罰ではない。「遷」刑に関しては工藤元男「秦の遷刑覚書」（『日本秦漢史学会会報』第六号、二〇〇五年）、水間大輔「秦律・漢律の刑罰制度」（『秦漢刑法研究』知泉書館、二〇〇七年）、辻正博「流刑の淵源と理念」（『唐宋時代刑罰制度の研究』京都大学学術出版会、二〇一〇年）など参照。ただし蜀漢期の前掲例は「遷」でなく「徙」（久村氏は未分割）。戦国秦の呂不韋の徙遷先が本当に永昌郡不韋県（西南夷地）ならば、呂不韋や前漢諸侯王などの久村氏が挙げる例は蜀漢期の「徙」に相当し、厳密には「遷」と異なるか。

（3）林謙一郎「大理国史研究の視角――中原史料の分析から――」（『名古屋大学文学部研究論集（史学）』第五〇号、二〇〇四年）などに学説史整理がある。

（4）方国瑜「漢晉時期西南地区的部族郡県及経済文化」（『方国瑜文集』第一輯、雲南教育出版社、二〇〇一年）など。

（5）前嶋信次「雲南の塩井と西南夷（上）（下）」（『歴史と地理』第二八巻第五・六号、一九三一年）など。

（6）方国瑜「諸葛亮南征的路線考説」（『方国瑜文集』第一輯、雲南教育出版社、二〇〇一年）など。

（7）張思恩「諸葛亮在「南中」的用兵及統治政策」（『西北大学学報（人文科学）』一九五七年第三期）、黎虎「蜀漢〝南中〟政策二三事」（『魏晉南北朝史論』学苑出版社、一九九九年［一九八四年初出］）など。

（8）藤澤義美「ビルマ雲南ルートと東西文化の交流」（『岩手史学研究』第二五号、一九五七年）、林超民「漢晉雲南各族地区交通概論」（『西南民族歴史研究集刊』第七号、一九八六年）、厳耕望『唐代交通図考』第四巻山剣滇黔区（中央研究院歴史語言研究所、一九八六年）、林謙一郎「「中国」と「東南アジア」のはざまで――雲南における初期国家形成」（『岩波講座東南アジア史』第一巻、岩波書店、二〇〇一年）など。

（9）久村因「古代西南支那の歴史地理研究法に関する一試論」（『南方史研究』第一号、一九五九年）など。

（10）柳春藩「関于諸葛亮平定「南中之乱」的評価問題」（『史学集刊』一九五六年第一期）など。

（11）万靖「雲貴高原漢墓研究」（『四川省文物考古研究院青年考古文集』科学出版社、二〇一三年）など。

（12）宋治民「川西滇西北的石棺葬」（『考古与文物』一九八七年第三期）。

（13）Wang Ming-Ke. 1992. *The Ch'iang of Ancient China through the Han Dynasty: Ecological Frontiers and Ethnic Boundaries*. Ph.D. Diss. Cambridge. MA: Harvard-Yenching Institute。

（14）久村因「史記西南夷列伝集解稿」（『名古屋大学教養部紀要』第十四～十八輯、一九七〇～一九七四年）、早稲田大学長江流域文化研究所編「『後漢書』南蛮西南夷列伝訳注」（『早稲田大学長江流域文化研究所年報』第一～三号、二〇〇二～二〇〇五年）。以下各々久村訳注・早稲田訳注と略す。

（15）『華陽国志』に関しては劉琳校注『華陽国志校注』（巴蜀書社、一九八四年）、任乃強校注『華陽国志校補図注』（上海古籍出版社、一九八七年）、船木勝馬・谷口房男・飯塚勝重等「華陽国志訳注稿」（『アジア・アフリカ文化研究所研究年報』一九七五～一九九八年）、中林史朗『華陽国志』（明徳出版社、一九九五年）など参照。以下各々劉琳校注、任乃強校補、船木等訳注、中林訳注と略す。

（16）『夜郎考』（一）～（三）（貴州人民出版社、一九七九～一九八三年）、貴州省社会科学院歴史研究所編『夜郎史探』（貴州人民出版社、一九八八年）、朱俊明『夜郎史稿』（貴州人民出版社、一九九〇年）など。

（17）貴州省文物考古研究所「貴州赫章可楽夜郎時期墓葬」（『考古』二〇〇二年第七期）。

（18）藤澤義美「昆明盆地の前史」（『西南中国民族史の研究』大安、一九六九年）。

（19）竹村卓二「漢代僰人の種類＝文化系統について」（『上智史学』第三号、一九五八年）。

（20）滇王之印に関しては栗原朋信「文献にあらわれたる秦漢璽印の研究」（『秦漢史の研究』吉川弘文館、一九六〇年）など。

（21）桑秀雲「邛都・筰都・冉駹等夷人的族属及遷徙情形」（『中央研究院歴史語言研究所集刊』第五二本第三分、一九八一年）。

（22）大石墓の族属問題について、四川省金沙江渡口西昌段安寧河流域聯合考古隊「西昌壩河堡子大石墓発掘簡報」（『考古』一九七六年第五期）は邛人とし、童恩正「四川西南地区大石墓族属試探――附談有関古代濮族的幾個問題」（『中国西南民族考古論文集』文物出版社、一九九〇年［一九七八年初出］）は濮族系邛人とする。その後、唐嘉弘「試論四川西南地区石墓族属」（『考古』一九七九年第五期）の筰人説も出たが、林向「大石墓的族属問題――巴蜀西南徼外的邛人墓葬」（『巴蜀考古論集』四川人民出版社、二〇〇四［一九八〇年初出］）は童恩正説を批判したうえで邛人説を補強した。

(23) 劉弘「金沙江中流域における考古学文化」(クリスチャン・ダニエルス・渡部武編『四川の考古と民俗』慶友社、一九九九年)。
(24) 栗原悟「雲南史研究の諸問題――その課題と展開――」(『東南アジア――歴史と文化』第十七巻、一九八八年)。
(25) 雲南省文物考古研究所等「昭通水富県楼壩崖発掘報告」(『雲南考古報告集(之二)』雲南科技出版社、二〇〇六年)。
(26) 楊帆・万揚・胡長城編著『雲南考古(一九七九―二〇〇九)』(雲南人民出版社、二〇一〇年)。
(27) 李昆声「雲南牛耕的起源」(雲南省博物館編『雲南青銅文化論集』雲南人民出版社、一九九一年)。
(28) 佐々木高明『照葉樹林文化とは何か　東アジアの森が生み出した文明』(中公新書、二〇〇七年)など参照。
(29) 現在の雲南省における焼畑分布に関しては、尹紹亭「雲南の刀耕火種(焼畑農耕)及びその変遷」(『ヒマラヤ学誌』第十号、二〇〇九年)。
(30) 張増祺『滇国与滇文化』(雲南出版集団公司、一九九七年)。
(31) 張増祺注(30)前掲書。
(32) 貯貝器の関連研究は梶山勝「貯貝器考」(『古代文化』第三四巻第八・十号、一九八二年)など参照。
(33) 銅鼓研究に関しては、今村啓爾編『南海を巡る考古学』(同成社、二〇一〇年)や李昆声・陳果『中国雲南与越南的青銅文明』(社会科学文献出版社、二〇一三年)で先行研究の収集整理が図られている。また最新の考古学的知見をふまえ、伝世文献に再注目した研究として吉開将人「銅鼓研究と漢籍史料」(『南海を巡る考古学』所収)参照。
(34) 肖明華「論滇文化的青銅器貯貝器」(『考古』二〇〇四年第一期)。
(35) 方国瑜「雲南用貝作貨幣的時代及貝的来源」(『方国瑜文集』第三輯、雲南教育出版社、二〇〇三年)。
(36) 肖明華注(34)前掲書。
(37) 李家瑞「古代雲南用貝幣的大概情形」(『歴史研究』一九五六年第一期)など。
(38) 楊徳文・張燗磊「南詔太和城遺址新発現一塊南詔国早期碑刻」(『雲南文物』二〇〇二年第二期)。
(39) 国家文物局『中国文物地図集　雲南分冊』(雲南科技出版社、二〇〇一年)。

(40) 藤澤義美「南詔野史の史料系統について」(『鎌田博士還暦記念歴史学論叢』鎌田先生還暦記念会、一九六九年)。
(41) 藤澤義美「大理盆地の前史」(『西南中国民族史の研究』大安、一九六九年)。
(42) 方国瑜注(35)前掲論文。
(43) 梶山勝注(32)前掲論文。
(44) 江上波夫「東アジアにおける子安貝の流伝」(『江上波夫文化史論集2　東アジア文明の源流』山川出版社、一九九九年)。
(45) 皮拉左里(Pirazzoli-t'Serstevens, Michele)「滇文化中的貝和銅銭」(『雲南民族学院学報(哲学社会科学版)』一九九四年第一期)。
(46) 汪寧生「晉寧石寨山青銅器図象所見〝滇〟人的経済生活和社会生活」(『民族考古学論集』文物出版社、一九八九年)。
(47) 林声「試釈雲南晉寧石寨山出土銅片上的図像文字」(『文物』一九六四年第五期)。
(48) 藤澤義美注(41)前掲論文。
(49) 藤澤義美注(41)前掲論文。
(50) 張増祺注(30)前掲書。
(51) 童恩正「蜀国境内的各種民族」(『古代的巴蜀』重慶出版社、一九九八年)。
(52) 工藤元男「秦の領土拡大と国際秩序の形成」(『睡虎地秦簡よりみた秦代の国家と社会』創文社、一九九八年)。
(53) 栗原朋信「漢帝国と周辺諸民族」(『上代日本対外関係の研究』吉川弘文館、一九七八年)。
(54) 前漢武帝は、莫大な経費がかかるとの公孫弘の進言を受け(『史記』巻一一二平津侯列伝、『漢書』巻五八公孫弘伝)、元朔三年春に蒼海郡を廃止した。その例から窺えるように、本来郡の設置には莫大な費用がかかる。
(55) 『通典』巻第一八七辺防三南蛮上哀牢・武太后神功二年閏十月条所収の蜀州刺史張柬之の表を参照。現に蜀漢は、越巂郡(とくに定莋・台登・卑水)の塩・鉄・漆をめぐり、夷(盤木王の舅で定莋の頭目狼岑を中心とする集団)と紛争し、塩鉄採取権を奪い、交通路を確保した(蜀書張嶷伝)。
(56) 藤澤義美注(41)前掲論文。

(57) Wang Ming-Ke 注（13）前掲論文。
(58) 金丸良子「雲南チベット族の牧畜業――尼汝村タンディアオ家を事例として――」（『中国研究』第十六号、二〇〇八年）。
(59) 楊帆・万揚・胡長城注（26）前掲書。
(60) 工藤元男「禹の変容と五祀」（『睡虎地秦簡よりみた秦代の国家と社会』創文社、一九九八年）。
(61) 工藤元男注（60）前掲論文。石棺墓の族属についてはその後、夏麦陵「茂県牟托石棺墓葬与冉氏之国」（羅世烈等主編『先秦史与巴蜀文化論集』歴史教学社、一九九五年）も冄駹とする。
(62) 徐学書（渡部武訳）「四川西北部の石碉建築」（渡部武・霍巍・クリスチャン・ダニエルス編『四川の伝統文化と生活技術』慶友社、二〇〇三年）。
(63) 十四年、武都氐王苻健請降（[延熙] 十四年［二五一年］、武都氐王の苻健、降るを請う。蜀書張嶷伝）。
(64) 『華陽国志』に関しては前掲注（15）参照。
(65) 王継超「〝遑耶〟一詞的彝語含義及功用考釈」（『中央民族大学学報（哲学社会科学版）』二〇〇七年第五期）。
(66) 王子今「走馬楼竹簡〝邪〟〝耶〟称謂使用的早期実証」（『秦漢称謂研究』中国社会科学出版社、二〇一四年）。
(67) 『史記』西南夷列伝に「滇王者、其衆數萬人、其旁東北有勞寖・靡莫、皆同姓相扶、未肯聽（滇王は、其の衆は數萬人にして、其の旁の東北に勞寖・靡莫有り、皆な同姓にして相い扶け、未だ聽《したが》うを肯んぜず）」とある。
(68) 白鳥芳郎「南詔及び大理の民族とその遺民、民家の言語系統について」（『華南文化史研究』六興出版、一九八五年）。『万暦雲南通志』巻十六に類似の文「傳至十五世孫鳳龍佑那不變其舊。諸葛武侯收用豪傑、仍封佑那於其故地、賜姓張氏（傳うること十五世の孫の鳳龍佑那に至るも其の舊を變えず。諸葛武侯は豪傑を收用し、仍《よ》りて佑那を其の故地に封じ、姓張氏を賜う）」がみえる。
(69) 藤澤義美注（40）（41）前掲論文。
(70) 方国瑜『雲南史料叢刊』第二巻（雲南大学出版社、一九九八年）。
(71) 白川静『白川静著作集別巻　説文新義』（平凡社、二〇〇二～二〇〇三年）。

（72）呂静「中国古代の盟書遺物に関する一考察」（『東洋文化研究所紀要』第一五〇冊、二〇〇六年）。

（73）蜀書馬忠伝に「建興元年、丞相亮開府、以忠爲門下督。三年、亮入南、拜忠牂牁太守。郡丞朱襃反。叛亂之後、忠撫育・卹理、甚有威惠（建興元年［二二三年］、丞相亮は府を開き、［馬］忠を以て門下督と爲す。［建興］三年［二二五年］、亮は南に入り、忠を牂牁太守に拜す。郡丞の朱襃反《そむ》く。叛亂の後、忠は撫育《ぶいく》［愛しみ育てる意］・卹理《じゅつり》［哀れみ治める意］し、甚だ威惠有り）」とあり、蜀書後主伝に「建興元年夏、牂牁太守朱襃擁郡反。先是、益州郡有大姓雍闓反、流太守張裔於吳、據郡不賓、越巂夷王高定亦背叛（建興元年［二二三年］夏、牂牁太守朱襃、郡を擁して反《そむ》く。是より先に、益州郡に大姓の雍闓有りて反き、太守の張裔を吳に流し、郡に據りて賓《したが》わず、越巂夷王の高定も亦た背叛す）」とある。

（74）『太平御覧』巻一六六州郡部十二引『十道記』に「越巂有瀘水、四時多瘴氣、三、四月間發人衝之、立死。非時中、人多悶絕。唯五月上伏卽無害。故諸葛亮征越巂、上䟽曰、「五月渡瀘、深入不毛」（越巂に瀘水有り、四時瘴氣多く、三、四月の間に人を發して之を衝［突き進む意］かば、立《たちどころ》に死す。時中《じちゅう》［適切な季節］に非ずんば、人は多く悶絕す。唯だ五月のみ上り伏せば卽ち害無し。故に諸葛亮の越巂を征するや、上䟽して曰く、「五月に瀘を渡り、深く不毛に入る」と）」とある。

（75）清・張樹『諸葛忠武侯故事』巻五引の宋・辛怡顯『至道雲南録』に「諸葛渡瀘、乃在越巂地（諸葛の瀘を渡るは、乃ち越巂の地に在り）」とあり、『輿地紀勝』巻一四六嘉定府景物上石人引『蜀記』に「昔諸葛亮南征蠻中、十里刻一石人。今黎巂路尙有存者（昔、諸葛亮、南のかた蠻中を征するや、十里ごとに一石人を刻む。今の黎巂路に尙お存する者有り）」とある。

（76）孟獲と「七擒七縱」故事の実在性に関しては、両方を是認する説と否認する説以外に、前者のみを認める方国瑜「諸葛亮南征的路線考説」（『方国瑜文集』第一輯、雲南教育出版社、二〇〇一年［一九八〇年初出］）、黎虎「蜀漢〝南中〟政策二三事」（『魏晉南北朝史論』学苑出版社、一九九九年［一九八四年初出］）などがある。

（77）唐・樊綽『雲南志』巻六雲南城鎭に「石城川、味縣故地也。貞觀中、爲郎州、開元初改爲南寧州。州城卽諸葛亮戰處故城也（石城川は、味縣の故地なり。貞觀中、郎州と爲り、開元初に改めて南寧州と爲る。州城は卽ち諸葛亮の戰處《せんしょ》の故城なり）」とある。

（78）蜀書諸葛亮伝注引『漢晉春秋』に「收服孟獲、遂至滇池（［諸葛亮は］孟獲を收《おさ》［捕縛］め服せしめ、遂に滇池に至る）」

とあり、『資治通鑑』魏紀二文帝黄初六年七月条に「亮遂至滇池（［諸葛］亮は遂に滇池に至る）」とある。

（79）　時孟獲僭爲蠻王……占據昆明・東川・武定以及烏撒・沾蒙數千里地。其衆數萬。亮經會川、歷三絳（武定也）・弄棟（姚安也）而抵水昌、斷九隆山脈以歇王氣。遂將孟獲生擒於營。使觀營壘、七縱七擒、以知亮有天威也。回兵白崖、立鐵柱以紀南征、改益州郡曰建寧、以仁果十七世孫張龍佑領之。……隋開皇十七年二月、遣太平公史萬歲……自蜻蛉川經弄棟小勃弄・大勃弄、至於南中。……見孔明紀功碑銘、其背曰、「萬歲之后、勝我者過此」（時に孟獲は僭《せん》して蠻王と爲り……昆明・東川・武定以及《およ》び烏撒・沾蒙の數千里の地を占據す。其の衆は數萬。［諸葛］亮は會川を經、三絳（武定なり）・弄棟（姚安なり）を歷て水昌に抵り、九隆山脈を斷ちて以て王の氣を歇《つ》くす。遂に將に孟獲を營に生擒《せいきん》せんとす。營壘を觀しめ、七たび縱《ゆる》し七たび擒え、以て亮の天威有るを知らしむるなり。兵を白崖に回《めぐ》らせ、鐵柱を立てて以て南征を紀《しる》し、益州郡を改めて建寧と曰い、仁果の十七世の孫の張龍佑を以て之を領せしむ。……隋の開皇十七年二月、太平公史萬歲を遣わし……蜻蛉川自《よ》り弄棟の小勃弄・大勃弄を經、南中に至らしむ。……孔明の紀功碑銘を見るに、其の背に曰く、「萬歲の后、我に勝る者、此を過ぐ」」と。元・張道宗『紀古滇説原集』）。類似の文は唐・杜佑『通典』巻第一八七辺防三南蛮上建甯国条にも「後漢諸葛武侯南征、至白崖、殺雍闓、擒孟獲、乃封白子國王仁果十五世孫龍佑那爲酋長、賜姓張氏、於白崖築建甯城、號建甯國、立鐵柱幷南中紀功碑。銘其背曰、「萬歲之後、勝我者過此」（後漢の諸葛武侯の南征するや、白崖に至り、雍闓を殺し、孟獲を擒え、乃ち白子國の王の仁果の十五世の孫の龍佑那を封じて酋長と爲し、姓張氏を賜い、白崖に建甯城を築き、建甯國と號し、鐵柱幷びに南中紀功碑を立つ。其の背に銘して曰く、「萬歲の後、我に勝る者、此を過ぐ」と）」とみえる。

（80）　『增訂南詔野史』下巻「佛光砦」の清・胡蔚訂正に「佛光砦卽佛光山。山半有洞、可容萬人。又名一女關。昔諸葛武侯曾擒孟獲於此。在大理府浪穹縣東二十里（佛光砦は卽ち佛光山。山の半ばに洞有り、萬人を容るべし。又た一女關と名づく。昔、諸葛武侯は曾て孟獲を此に擒う。大理府の浪穹縣の東二十里に在り）」とある。

（81）　唐・杜佑『通典』巻一八七昆彌条に「昆彌國、一曰昆明、西南夷也。在爨之西、西洱河爲界。卽葉榆河。……諸葛亮定南中、亦所不至（昆彌國は、一に昆明と曰い、西南夷なり。爨の西に在り、西のかた洱河を界と爲す。卽ち葉榆河なり。……諸葛亮の南中を定むるときも、亦た至らざる所なり）」とある。

（82）唐・樊綽『蛮書』巻二蘭滄江に「諸葛亮征永昌、于此築城（諸葛亮は永昌を征するや、此に城を築く）」とある。『永楽大典』巻三五七九引『洪武雲南志書』永昌府永平県条に「諸葛村、在永昌府南十里、有村曰諸葛、環居數百家、中有諸葛祠。夷傳云、在昔諸葛亮出征至此、夷人感其威德、遂祠之。至今祭祀不絶、祈禱多靈應（諸葛村は、永昌府の南十里に在り、村有りて諸葛と曰い、居數百家を環らし、中に諸葛祠有り。夷傳に云う、在昔《ざいせき》諸葛亮は出征して此に至り、夷人は其の威德に感じ、遂に之を祠る、と。今に至るまで祭祀は絶えず、祈禱せば靈應多し）」とある。『読史方輿紀要』巻一一八順寧府条引の明・佚名『滇紀』に「孟獲爲孔明所縱、南走慶甸（孟獲は孔明の縱す所と爲り、南のかた慶甸に走る）」とある。『（乾隆）清一統志』巻三八一順寧府古迹条引の明・佚名『滇紀』に「孟獲南走慶甸。今城南有孟獲塞遺址（孟獲は南のかた慶甸に走る。今の城南に孟獲塞遺址有り）」とある。『読史方輿紀要』巻一一三潞江条引の明・佚名『滇紀』に「諸葛武侯六擒孟獲、駐兵怒江之滸（諸葛武侯は六たび孟獲を擒え、兵を怒江の滸《ほとり》に駐《とど》む）」とある。

（83）『隋書』史万歳伝、『白古滇記』、唐・杜佑『通典』巻第一八七辺防三南蛮上建甯国条。

（84）嘉靖『貴州図経志書』巻十一所載の周洪謨『水西安氏家伝序』に「先有慕濟濟者、與普里部仡佬氏爭爲長、迭有盛衰。其後、濟濟火善撫其衆。時聞諸葛武侯南征、通道積糧、以迎武侯。武侯大悅、封爲羅甸國王（先に慕濟濟なる者有り、普里部仡佬氏と長と爲るを爭い、迭《たが》いに盛衰有り。其の後、濟濟は火もて善く其の衆を撫す。時に諸葛武侯の南征するを聞き、道を通じ糧を積み、以て武侯を迎う。武侯大いに悅び、封じて羅甸國王と爲す）」とある。

（85）川野明正『雲南の歴史』（白帝社、二〇一三年）、姜南『雲南諸葛亮南征伝説研究』（民族出版社、二〇一三年）など。

（86）保山地区文物管理所「保山汪官営蜀漢墓清理簡報」（『雲南文物』第十二期、一九八二年）。

（87）先主薨、高定恣睢於越巂、雍闓跋扈於建寧、朱褒反叛於牂牁。丞相亮南征、先由越巂、而恢案道向建寧。諸縣大相糾合、圍恢軍於昆明。時恢衆少敵倍、又未得亮聲息、紿謂南人曰、「官軍糧盡、欲規退還。吾中間久斥鄉里、乃今得旋。不能復北、欲還與汝等同計謀、故以誠相告」。南人信之、故圍守怠緩。於是恢出擊、大破之、追奔逐北、南至槃江、東接牂牁、與亮聲勢相連。南土平定……後軍還、南夷復叛、殺害守將。恢身往撲討、鉏盡惡類、徙其豪帥于成都、賦出叟・濮耕牛・戰馬・金銀・犀革、充繼軍資。于時費用不乏（先主の薨ずるや、高定は越巂に恣睢し、雍闓は建寧に跋扈し、朱褒は牂牁に反叛す。丞相

亮は南征し、先ず越嶲由りし、而して［李］恢は道を案じて建寧に向かう。諸々の縣は大いに相い糾合し、恢の軍を昆明に圍む。時に恢の衆は少なく敵は倍し、又た未だ亮の聲息を得ず、紿《あざむ》きて南人に謂いて曰く、「官軍の糧は盡き、退還［退却の意］するを規《はか》らんと欲す。吾れ間《このごろ》久しく鄕里より斥くに中《あた》り、乃ち今、旋《めぐ》る［帰郷］を得。復た北する能わず、還りて汝等と計謀を同じうせんと欲し、故に誠を以て相い告ぐ」と。南人は之を信じ、故に圍の守りは怠緩す。是に於いて恢は出撃し、大いに之を破り、追奔逐北《ついほんちくほく》［逃げた敵を追撃］し、南のかた槃江に至り、東のかた牂牁に接し、亮の聲勢と相い連なる。南土平定す……後に軍、還るや、南夷は復た叛き、守將を殺害す。恢は身ら往きて撲討《ぼくとう》［討伐］し、悪類を鉏盡《しょじん》［滅ぼす意］し、其の豪帥を成都に徙し、賦して叟・濮の耕牛・戰馬・金銀・犀革を出ださしめ、軍資を充たし繼ぐ。時に費用乏しからず。蜀書李恢伝）。

(88) 張嶷は十五年間にわたり越嶲郡に在任し、延熙十七年（二五四年）に成都へ帰還した。ここから逆算すると、張嶷の越嶲郡への着任時期は二三九年（延熙二年）となろう。

(89) 川本芳昭「民族問題を中心として見た魏晉段階における四川地域の状況について」（『東アジア古代における諸民族と国家』汲古書院、二〇一五年）。

(90)『三国志集解』本の蜀書張嶷伝に「其皆督率隨嶷朝貢者百餘人（原文ママ）」とあり、盧弼集解に「「其皆督率」宋本作「其督相率」。朱邦衡曰、「督率乃耆率之誤」。蠻夷君長曰「耆率」、不名督也（「其皆督率」は、宋本に「其督相率」に作る。朱邦衡曰く、「督率は乃ち耆率の誤りなり」と。蠻夷の君長は「耆率」と曰い、督を名とせざるなり）」とある。たしかに原文はよく読めず、朱邦衡と盧弼集解の説に従うべきであろう。

(91) 前掲注（15）引の船木等訳注（四）。

(92) 童恩正「四川西南地区大石墓族属試探――附談有関古代濮族的幾個問題」（『中国西南民族考古論文集』文物出版社、一九九〇年［一九七八年初出］）。

(93) 工藤元男注（52）前掲論文。

(94) 栗原朋信注（53）前掲論文。

(95)『華陽国志』大同志晉泰始七年［二七一年］条に「初蜀以汶山西五郡、北逼陰平・武都、故於險要置守。自汶山・龍鶴・冉駹・白馬・匡用五圍皆置脩屯牙門。晉初、以禦夷徼、因仍其守（初め蜀は汶山の西の五郡に以《およ》び、北のかた陰平・武都に逼り、故に険要に守を置く。汶山・龍鶴・冉駹・白馬・匡用の五圍の皆な置かれ脩めらるる自《よ》り牙門を屯す。晉初、以て夷徼を禦し、因りて其の守に仍《よ》る）」とある。

(96) 詳細は羅開玉『三国南中与諸葛亮』（四川科学技術出版社、二〇一四年）など。

(97) 石井仁「呉・蜀の都督制度とその周辺」（『三国志研究』第一号、二〇〇六年）はこう解する。蜀漢の州郡都督に関する表記は一致せず、都督の公称・自称は不明瞭で、のちに「都督○○諸軍事」の官称が使用された。庲降の治所は朱提郡南昌県、牂柯郡平夷県、建寧郡味県と一定せず、庲降は地名ではない。蜀書霍弋伝は霍弋を「參軍・庲降屯副貳都督」とし、「屯」は「邨」に通じ、塢壁・塁壁・村塢などの集落・山城を意味する語なので、庲降は塢壁名である。『広韻』「庲は舎なり」によれば、「庲降＝降を舎《とめ》る」と解せ、漢代の「受降城」と同様、南中反対勢力に帰順を促すメッセージであろう。最後の庲降都督霍弋が『華陽国志』南中志で「庲降都督」に作る一方、蜀滅亡後の晉では、霍弋は魏書巻四陳留王紀咸熙元年（二六四年）九月詔で「南中都督護軍」、『晉書』巻五七陶璜伝で「南中監軍」なので、庲降都督の正式な官名は「都督南中諸軍事」であろう、と。また石井仁「「地方分権化」と都督制」（『三国志研究』第四号、二〇〇九年）は、「都督○○諸軍事」を、軍隊の指揮権でなく、処罰できる人の身分・範囲とする。

(98) 南昌県について清・銭大昕『廿二史考異』巻十六三国志二に「案、南昌縣不見於兩漢志。華陽國志朱提郡南昌縣、故都督治、有鄧安遠城。此縣蓋先主所置矣（案ずるに、南昌縣は兩漢志に見えず。華陽國志に、朱提郡に南昌縣あり、故《もと》の都督の治にして、鄧安遠の城有り。此の縣は蓋し先主の置く所ならん）」とある。

(99) 西南夷地域の主要幹線については厳注（8）前掲書、林注（8）前掲論文など。

第七章　孫呉貨幣経済の構造と特質

はじめに

本書では第四章以来、三国時代の貨幣と経済について検討してきた。それによると曹魏では、後漢以来の五銖銭が国家的決済手段としての役割を失い、純粋に民間での利便性の高い経済的流通手段として生まれ変わった。またその一方で、布帛が新たに国家的決済手段としての役目を果たすようになった。この貨幣史上の大転換は、当初は曹魏国内にとどまるものであったが、曹魏が蜀漢を吸収し、西晉に帝位を禅譲し、西晉が孫呉を吸収したため、結局は三国時代以降の貨幣経済全体を方向づけるものとなった。

一方、蜀漢と孫呉は地方政権として四川・江南に数十年間割據するにとどまり、その国のあり方は必ずしも西晉に継受されなかった。だがそこに暮らした人びともまた、自分たちなりに試行錯誤を重ね、三国間の熾烈な生存競争を勝ち抜こうとしたのであり、それは結果的に独特な地方経済を胚胎した。とくに蜀漢は、本書第五章で論じたように、一貫していわゆる軍事最優先型経済体制を採用しつづけた。軍事最優先型経済体制とは、蜀漢が人口の七分の一にのぼる吏卒を合理的に活用し、計画的軍事都市の漢中を拠点として遠征・拉致・屯田の三位一体的活動を行ない、効果的に兵力増強・周辺鎮撫・国威顕揚を行なう経済体制のことである。本経済体制は、布帛を主たる国家的決済手段、銭を民間の経済的流通手段とする貨幣経済を潤滑油とし、経済と軍事に対する同時的な政治支配のうえに存立するものであった。蜀漢は軍事経済・戦時経済下の中国古代諸国家のなかでもとくに臨戦的特徴が濃厚で、それゆえ筆者はこれを軍事最優先型経済体制と称した。蜀漢が当該経済体制を採用した理由は、蜀漢が弱小国でありながらも、つねに曹魏を意識した戦時的経済体制を営まざるをえなかったからであった。ここに蜀漢経済の構造的特質があった。

では、孫呉の経済は一体いかなる構造と特質を有していたのか。結論からいうと、じつは筆者は、魏・呉・蜀三国のなかで孫呉貨幣経済こそが漢代貨幣経済をもっとも原形の残る形で継受していたと考える。本章では以下この仮説を検証する。なお本章では、陳寿『三国志』などの伝世文献のみならず、一九九六年に中国湖南省長沙市の五一広場前デパート建設現場の井戸址（J22）から出土した総数十四万枚弱の走馬楼呉簡（以下、呉簡）なども利用する。呉簡は孫呉の黄龍・嘉禾年間（二二九〜二三七年）の臨湘侯国（もしくは臨湘県）の関連文書とされ、すでに多くの先行研究があり、貨幣史・経済史の新史料を提供するものとして大いに注目される。これをふまえて検討を行なう。

第一節　孫呉貨幣経済と税制

周知のごとく、孫呉（正式な国号は呉）は呉郡孫氏のたてた政権である。まず孫堅が後漢末に黄巾の乱討伐や董卓討伐で勇名を馳せ、彼の死後は息子の孫策が江東に覇を唱えた。だがその後、孫策は若くして亡くなり、かくて孫権が立った。西暦二〇〇年のことである。その後、かの赤壁の戦いで大勝を得た孫権は、江東における孫呉政権の覇権を固め、時に曹魏と和し、時に劉備政権（のち蜀漢）と和しつつ、徐々に勢力を拡大していった。そして夷陵の戦いに大勝してからは、ほぼ夷陵以東・合肥—襄陽以南の広大な版図を確立し（図7—1参照）、二八三年に至るまで割拠した。なお孫権は西暦二二一年に呉王、二二九年に帝位にのぼっており、その意味で二二一年〜二二八年の孫呉政権は

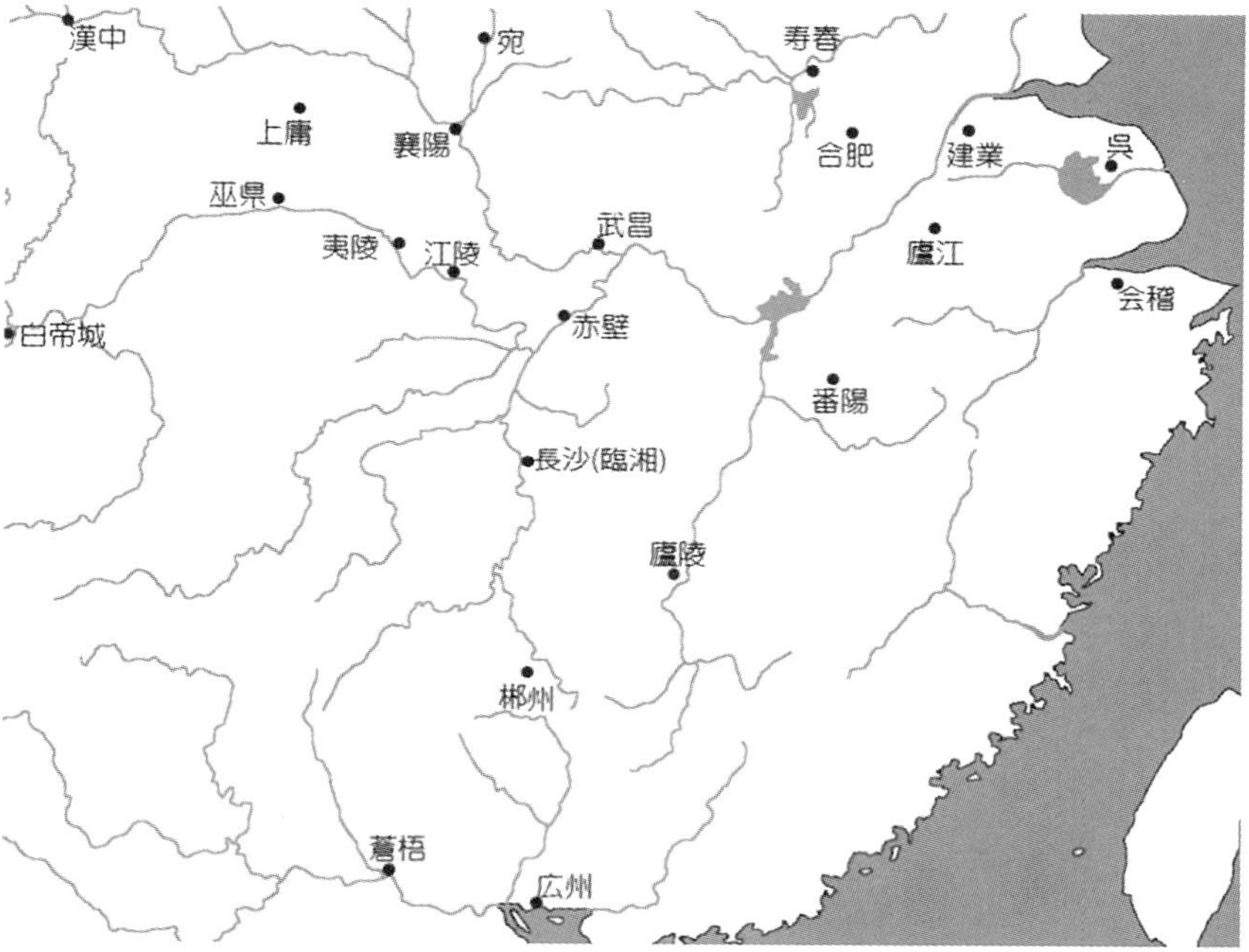

［図７―１］　孫呉の版図

孫呉王国、二二九年以降の孫呉政権は孫呉帝国とよびうる。

　では、孫呉政権は具体的にいかなる経済体制を布いていたのか。そこでまず確認しておきたいのは、本書第一章・第二章で論じたように、後漢時代には銭と布帛を主たる貨幣とする経済が営まれていたことである。また本書第八章で論ずるように、三国を統一した西晋と、その皇統を継いで江南に割拠した東晋の貨幣経済をみると、それらは多少の時代的変化を伴いつつも、ともにほぼ同様の構造と時代的特質を有した。晋では銭・布帛中心の貨幣経済が展開し、とくに八王の乱以降、弱体化した東晋中央政府主導の〝国家的物流〟でなく、地方勢力主導の〝地方的物流〟を主たる推進力とするものへと変化した。そしてそのなかで布帛は主たる国家的決済手段（地方勢力を含む）として用いられ、銭は民間の経済的流通手段へと純化されていった。これは、〝国家的物流〟を推進力とし、銭を国家的決済手段（布帛を補助）とする秦漢貨幣経済とは大きく異なる。

以上を概括すると、要するに江南地域には後漢時代にも東晉時代にも、銭・布帛中心の貨幣経済が展開していたことになる。とすれば、孫呉の時代にも、その前後の時代とほぼ同様の貨幣経済が継続的に展開していた可能性が高い。もっとも、陳寿『三国志』などの伝世文献をみるかぎり、孫呉の銭・布帛に関する史料はもとより多くない。たとえば以下のごとくである。

定……本孫権給使也。後出補吏。……晧以爲樓下都尉、典知酤糴事、專爲威福。……定又使諸將各上好犬。皆千里遠求、一犬至直數千匹。御犬率具纓直銭一萬（『三国志』呉書三嗣主伝鳳皇元年条注引『江表伝』）。

（［何］定……本より孫権の給使なり。後に出でて吏に補せらる。……［孫］晧は以て樓下都尉と爲し、酤糴の事を典知せしめ、專ら威福を爲す。……定は又た諸將をして各々好犬を上らしむ。皆な千里もて遠く求め、一犬は直數千匹に至る。犬を御して率いる具の纓《よう》［ヒモの意］は直銭一萬）

廞病卒、無子、妻寡居。詔在所、月給俸米、賜銭四十萬（『三国志』呉書士燮伝）。

（［士］廞（交州の士燮一族）は病もて卒し、子無く、妻は寡居《かきょ》す。在所《ざいしょ》に詔し、月ごとに俸米を給し、銭四十萬を賜う）

以蒙爲南郡太守、封孱陵侯、賜銭一億・黄金五百斤。蒙固辭金銭、権不許。封爵未下、會蒙疾發、権時在公安、迎置內殿、所以治護者萬方、募封內有能愈蒙疾者賜千金（『三国志』呉書呂蒙伝）。

（［呂］蒙を以て南郡太守と爲し、孱陵侯に封じ、銭一億・黄金五百斤を賜う。蒙固く金銭を辭するも、権は許さず。封爵未だ下らずして、會々蒙の疾發し、権は時に公安に在り、迎えて內殿に置き、治護《ちご》［治療・看護］

を以《な》す所の者は萬方《ばんぽう》［さまざまな手段］にして、封内に募りて能く蒙の疾を愈す者有らば千金を賜う）

このように伝世文献の記載は多くない。とはいえ、右の史料をみるだけでも、孫呉末期に銭や布を用いて民間の商品を購入できた実情が窺えよう。とくに銭は、交州のような辺境でも使用された（孫呉国内では黄金も賜与物として用いられた）。さらにつぎの史料によれば、嘉禾五年（二三六年）には「一當五百」、赤烏元年には「當千大錢」とよばれる銭が鋳造され、両者は赤烏九年（二四六年）に公的に廃止され、「計畀其直（大銭返却者に同価値の物財を与える）」という措置が取られ、大銭は器物に改鋳された。そのさいに、もし大銭返却者に同価値分の小銭を与えたのであれば、官有青銅原料は減少し、新たに器物を作れないはずなので、大銭返却者に与えられたのは銭以外の物財であろう。

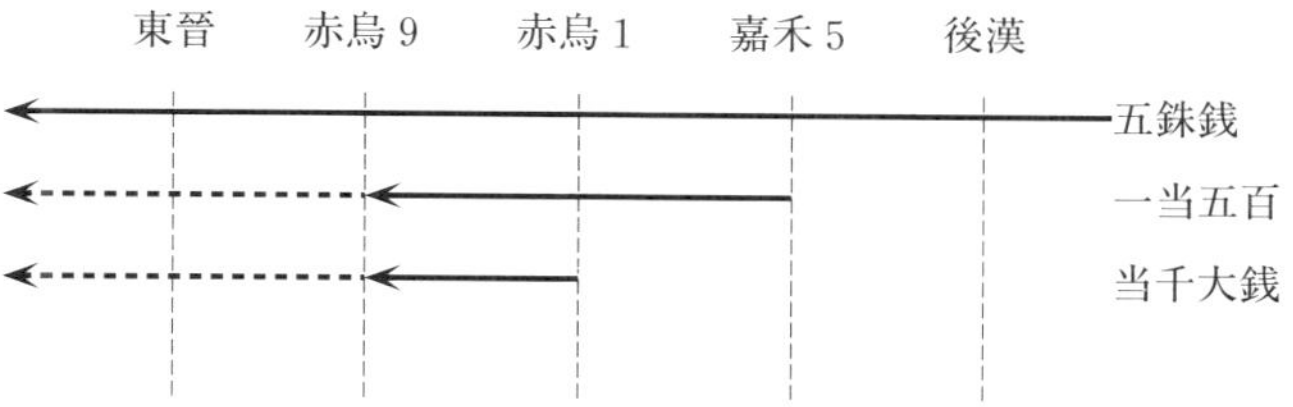

［図７―２］　孫呉銭幣制度

五年春、鑄大錢、一當五百。詔使吏民輸銅、計銅畀直。設盜鑄之科（『三国志』呉書呉主伝）。

（［嘉禾］五年（二三六年）春、大錢を鑄、一は五百に當たる。詔して吏民をして銅を輸《おく》［輸送］らしめ、銅を計りて直を畀《あた》う。盜鑄の科を設く）

嘉禾中、始鑄大錢、一當五百。後據部曲應受三萬緡、工王遂詐而受之。典校呂壹疑據實取、考問主者、死於杖下、據哀其無辜、厚棺斂之。壹又表、據吏爲據隱、故厚其殯。［孫］權數責問據、據無以自明、藉草待罪。數月、典軍吏劉助覺、言王遂所取、權大感寤曰、「朱據見枉、況吏民乎」。乃窮治壹罪、賞助百萬（『三国志』呉書朱拠伝）。

（嘉禾中に、始めて大錢を鑄、一は五百に當たる。後に［朱］據の部曲は應に三萬緡を受くべきも、工の王遂詐して之を受く。典校の呂壹は據の實《まこと》は取るを疑い、主

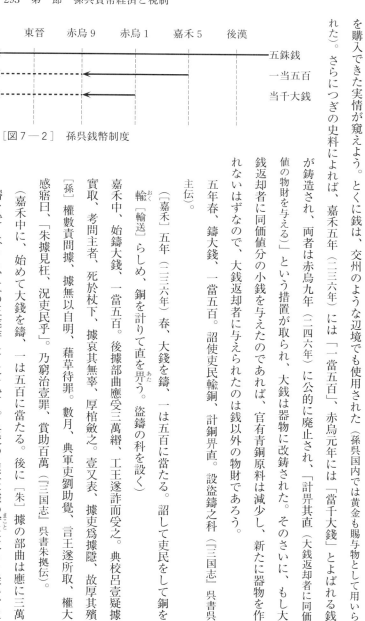

者〔朱據の部曲の人員〕を考問《こうもん》〔拷問〕し、杖下に死《ころ》し、據は其の辜無きを哀れみ、厚く之を棺斂《かんれん》〔遺体を納棺〕す。壹は又た表すらく、據の吏は據の爲に隠し、故に其の殯《かりもがり》を厚くす、と。〔孫〕權は數々據を責問《せきもん》し、據は以て自明《じめい》〔自ら明らかにする意〕する無く、草を藉《し》きて罪を待つ。數月、典軍吏の劉助覺《さと》り、王遂の取る所を言い、權は大いに感寤《かんご》して曰く、「朱據すら枉《ま》げらる〔冤罪に問われる意〕。況んや吏民をや」と。乃ち壹の罪を窮治《きゅうち》〔徹底調査〕し、助に百萬を賞す）

赤烏元年春、鑄當千大錢（『三国志』呉書呉主伝）。

（赤烏元年春、千に當たる大錢を鑄る）

是歲、權詔曰、「謝宏往日陳鑄大錢、云以廣貨、故聽之。今聞、民意不以爲便。其省息之、鑄爲器物、官勿復出也。私家有者敕以輸藏、計畀其直、勿有所枉也」（『三国志』呉書呉主伝赤烏九年条注引『江表伝』）。

（是の歲、〔孫〕權詔して曰く、「謝宏、往日に大錢を鑄るを陳べ、以て貨を廣むるを云い、故に之を聽す。今聞くならく、民の意は以て便と爲さず、と。其れ省きて之を息め、鑄て器物と爲し、官は復た出だす勿きなり。私に家に有する者は敕して以て輸藏せしめ、計りて其の直を畀え、枉ぐる所有る勿きなり」と）

晉自中原喪亂、元帝過江、用孫氏舊錢、輕重雜行。大者謂之比輪、中者謂之四文。……（『晉書』食貨志）。

（晉は中原喪亂し、元帝の江を過りて自《よ》り、孫氏の舊錢を用い、輕重雜え行なわる。大なる者は之を比輪と謂い、中なる者は之を四文と謂う。……）

前掲『晉書』食貨志をみると、東晉には孫呉の旧銭が残留し、そのなかの中型銭は通称「四文」で、銭文四文字の銭をさし、「一當五百」・「當千大錢」を含む可能性が高い（図7―2）[1]。これらの銭一枚は、東晉時代においては五銖銭一枚と同価値とされたのであろう。

このように銭に関する記載は伝世文献にみえるとはいえ、その史料数はけっして多くない。そこで注目すべきが呉簡である。呉簡によると、孫呉中期（王国期〜大帝期）に銭と布が納税手段として使用されたことは確実である[2]。とくに呉簡の「嘉禾吏民田家莂」（以下「田家莂」）をみると、孫呉は田租とともに麻布と銭を租税として徴収している。すでに本書第四章で諸説を挙げて論じたように、「田家莂」は「徴税側の郷が作成し、郷と県で分有した納税者台帳」とされ、孫呉の熟田所有者全員が田種や栽培種目を問わず、原則的に戸単位で銭と布を納税したことをしめす[3]。当該税制は一見曹魏戸調制と類似するが、両者の税率は異なり、呉簡には別途「調」も散見するので（後述）、「田家莂」の穀物・銭・布は対田課税（＝呉簡の租税）の一部と解される。これより、孫呉帝国の人びとも銭・布を納税手段などとして広く用いていたとわかる。

では、銭と布帛の間には具体的にいかなる機能的差異があったのか。そこで確認すべきは、孫呉が漢代同様に銭と布の両方を主たる国家的決済手段としていたか否かである。「田家莂」をみるかぎり、孫呉の銭・布はともに国家的決済手段であったが、以下本章ではこの点を検討し、さらに他の主要な税種を概観し、孫呉税制の骨子を把握し、銭と布の機能的差異を闡明する。

第二節　銭納人頭税

孫呉税制は従来、曹魏同様に戸調制中心の税制をもつと推測されてきた。だが、曹魏と孫呉はほぼ同時期に別地域で生じた政権なので、曹魏の税制改革がすぐに孫呉に伝播した可能性は低い。むしろ両者の制度的源流は後漢に求められよう。現に、一部の先学はつとに孫呉税制と漢代税制の共通性に注目してきた。とくに高敏氏は、曹魏税制と孫

呉税制を区別し、呉簡所見の「口筭錢」を漢代以来の算賦・口銭とする。[4] すなわち高敏氏は、

入南鄉頃佃丘烝蘇嘉禾二年口筭錢一千三百五十┃嘉禾三年三月□□日☒（壹39）

□遷里領吏民戸二百五十五戸口一千一百一十三人收□□口筭錢合六萬二千一百一十八錢（壹9407）

を引用する。さらに次簡を引用し、「小口」は口銭五銭（前漢武帝以前は口銭三銭、前漢成帝後は口銭七銭）、「大口＝算人」は算賦一二〇銭を納付し、分割払い（たとえば二八銭。呉簡（壹4464）参照）も可能であったとする。

其三百卌四人小口〻收錢五合一千六百七十（壹4436）

其六百八人大口〻收錢廿八合一萬七千廿四錢（壹4464）

其二百五十二人筭人〻收錢一百廿合三萬二百卌（壹4980）[5]

また次簡をふまえ、嘉禾二年に算賦が一二〇銭から一三〇銭へ増額した可能性を指摘する。

其□百廿人筭人收錢百卌《ママ》☒（壹9791）

そのうえで、吏籍と民籍の区分が孫権期に存在したこと、吏の税額が民より少なかったことを推測する。そして最後に次簡を引用し、孫呉には算賦の実物折納例があるので、銭納税制（算賦）から実物納税制（戸調制）への移行は時間の問題であったと結論づける。[6]

入模鄉二年林丘鄧改口筭麂皮二枚┃嘉禾二年十二月廿日烝弁付庫吏潘☒（壹8264）

以上の高敏説のうち、第一に、「大口＝算人」とする点には疑問が残る。第二に、厳密にいえば、呉簡の「小口」が五銭を納付するのに対し、漢代の口銭は二三銭で、両者の額面は異なる。[7] 第三に、嘉禾二年に算賦が一二〇銭から一三〇銭へ増額したとする論拠（壹9791）は、図版をよくみると「錢百卌」でなく「錢百廿」に作るごとくで、「算錢」は一二〇銭に統一されていた可能性が高い。[8] 第四に、吏口の税額が民口より少なかったか否かも疑問である。第五に、

漢代銭納人頭税に関しては従来、それが「算賦」という名称の統一的制度であったか否か、女子にも賦課されたか否か、両漢時代を通じて定額一二〇銭であったか否かをめぐって諸説あるが、高敏氏はそれらの論争をふまえていない（筆者自身は論争をふまえ、「算銭＝賦銭＝算賦＝諸賦の一つとしての算銭＝男女対象」と解する）(9)。とくに『漢書』応劭注や衛宏『漢官旧儀』に「算銭＝賦銭＝一二〇銭」とあるので(10)、後漢末の「算銭＝賦銭」が一二〇銭であった点は確実だが、その課税方法は複雑であった。すなわち重近啓樹氏によれば、後漢銭納人頭税の徴収時には郷が大きな権限をもち、郷が負担戸口数に対して平均一二〇銭を賦課したが、各戸は実際には貲算の多寡に応じて一二〇銭以上もしくは一二〇銭以下の金額を納付した(11)。つまり郷全体で平均すれば、負担戸口は一律一二〇銭を納付したことになるが、実際の郷内では貲算に応じて各戸の納付額が上下した。だが孫呉は「筭人」に対して一律一二〇銭を賦課しており（壹4980）、後漢と異なる。その原因究明は今後の課題である。第六に、呉簡には「凡口六事四　筭二事　中訾　五（壹2856）」のごとく、「凡口A事B　算C事D」形式簡も散見し、①算賦と関係する、②AとBに数字が入る、③A〜Dに数字が入る場合、A≧B≧C≧Dである、④A＝各戸の総口数であるとされる。以上四点に異論はない。しかし、BCDの意味には諸説ある(12)。呉簡には「凡口A事B　算C事復」簡や「凡口A事B　算C復」簡もあるが(13)、後漢の「復」は税役全般の免除をさし(14)、呉簡の「復」も広い意味をもつ可能性がある。よってこれらも「事D」の意味を推測する決め手にはならない。第七に、前掲呉簡（壹4436・壹4464・壹4980）の「三百卌四人小口」・「六百八人大口」・「二百五十二人筭人」の合計一一九四人は郷の総人口に相当するが（後述）、「筭人」の割合は二割強で、成年男女の郷内の総数としては少なすぎる。

　このように高敏説には細部に検討の余地がある。だが、呉簡の「口筭」を漢代以来のいわゆる算賦・口銭と関連付ける点は、その後も多くの研究者に支持され、現在通説化している。「小口＝口銭五銭の納入者」とする点もほぼ通説で、漢制（前漢成帝期以降）の口銭納入者が七歳～十四歳なのと同様、「小口」も七歳～十四歳とされる。さらに次簡に「更筭錢」とあり、漢代以来の「更錢・筭錢」の略と考えられる（更銭については後述）。

∠右小武陵郷領四年吏民一百九十四戸口九百五十一人收更筭錢合□□一千三百廿四錢（壹4985）[15]

よって、高敏説の骨子は妥当で、呉簡の「筭銭」は後漢以来の銭納人頭税制（算や賦銭と呼ばれる制）であるといってよかろう。また呉簡によれば、孫呉の「調」や「役」が特定の戸（「病」や「下品之下」と形容される戸）に課されなかったのに対し（後述）、孫呉の「筭」は基本的に対象者の病気の有無に関わらず、一定年齢の男女に課されたようである。というのも、呉簡の女性名籍にも「筭一」などの付記があり、そのなかに「腹心病（肆148）」、「腹心病（肆2745）」、「刑右足（肆546）」、「盲□目（肆631）」、「踵兩足（肆742・肆771）」、「苦腹心病（肆789）」、「風病（肆799）」、「刑兩□（肆859）」、「□□足（肆473）」、「一踵兩足（肆1779）」、「踵足（肆2774）」と付記されたものもあるからである。

　ともあれこれより、孫呉に後漢以来の銭納人頭税があった点は確実と考えられる。するとつぎに確認すべきは「獻費」の有無である。そもそも漢代銭納人頭税はかつて、地方の郡県に集積されたのち、一部（六三銭）が「獻費」として中央へ上供されたといわれる。[16]また当該献費制度はかつて、前漢高祖十一年に、それ以前の献（上計吏が毎年地方特産品各種を郡国貢献物として中央に上供する制度）を銭納化・統一化したものと理解されてきた。[17]一方、渡邊信一郎氏や重近啓樹氏は、前漢高祖十一年以降も賦税中央上供分と郡国貢献物（地方特産品）の二種類が並存し、ともに上計吏が上供したとする。[18]筆者自身は、漢代に賦税中央上供分と郡国貢献物の二種類が並存していたとは考えるものの、両者の上供時期は異なることもあったとみている。すなわち、湖北省荊州市荊州区紀南鎮松柏村出土の松柏漢簡「令丙第九」（第五二号牘記）[19]によると、前漢高祖十一年以降もビワなどの地方特産品を県単位で「獻（上供）」しており、しかも下令時期（孝文皇帝十年六月甲申）は上計時期（毎年十月）と異なる。

丞相言、「請、令西成（城）・成固・南鄭獻枇杷各十。至不足、令相備不足、盡所得。先告過所縣用人數、以郵・亭・次傳。人少者、財助獻。起所爲檄、及界、郵吏皆各署起・過日時、日夜走、詣行在所司馬門。司馬門更詣大官、大官上檄御史、御史課縣留穉（遅）者」。御史奏、「請許」。
制曰、「可」。孝文皇帝十年六月甲申下。

（丞相［張蒼］言す、「請うらくは、［漢中郡の］西城・成固・南鄭［三県］をして枇杷《びわ》各々十を獻ぜしめんことを。至るも足らずんば、相い足らざるに備えしめ、得る所を盡す。先ず過所の縣に用人の數を告げ、郵・亭・次［縣次か］を以て傳う。人の少なきは、財もて獻を助く。起所は檄を爲り、界［縣境か］に及ぶや、郵吏［郵佐か］皆な各々起［出発］・過［通過］の日時を署し、日夜走り、行在所の司馬門に詣る。司馬門は更に大官に詣り、大官は檄を御史に上り、御史は課縣の留遅する者を課［考課］す」と。御史［馮敬］奏す、「許を請う」と。制して曰く、「可」と。孝文皇帝十年［前一七〇年］六月甲申［一日］に下す）

よって漢代（前漢高祖十一年以後）には賦税中央上供分（六三銭）と地方貢献物（上計吏が運搬するとは限らず、郡が諸県の貢献物を一括して運搬するとも限らない）の二種類の「獻」が存在したと考えられる[20]。では上記二種類の「獻」制は孫呉に継受されたのか否か。既述のごとく、孫呉が後漢税制を継受したとすれば、孫呉は当然上記二種類の「獻」制も継受したはずである。

そこで関連史料をみると、初期孫呉政権にも後漢や曹魏への「獻」があり、王国期・帝国期の孫呉にも地方から中央への「獻御」が確認される。

曹公表權爲驃騎將軍・假節・領荊州牧、封南昌侯。權遣校尉梁寓奉貢于漢、及令王惇市馬、又遣朱光等歸（『三国志』呉書呉主伝建安二十四年条）。

（曹公は〔孫〕權を表して驃騎将軍・假節・領荊州牧と爲し、南昌侯に封ず。權は校尉梁寓を遣わして貢を漢に奉り、及び王惇をして馬を市わしめ、又た朱光等を遣わして歸《かえ》す）

帝欲封權子登、權以登年幼、上書辭封、重遣西曹掾沈珩陳謝、幷獻方物。立登爲王太子（『三国志』呉書呉主伝建安二十五年条）。

（〔魏〕帝は〔孫〕權の子の〔孫〕登を封ぜんと欲するも、權は登の年の幼なるを以て、上書して封を辭し、重ねて西曹掾の沈珩を遣わして陳謝し、幷せて方物を獻ず。登を立てて王太子と爲す）

夏四月、禁進獻御、減太官膳（『三国志』呉書呉主伝赤烏五年条）。

（夏四月、獻御を進むを禁じ、太官の膳を減ず）

治率數年一遣詣王府、所遣數百人。每歳時獻御、權答報過厚。……在故鄣歳餘還吳。黄武三年卒、在郡三十一年、年六十九（『三国志』呉書朱治伝）。

（〔朱〕治は率ね數年ごとに一たび遣《や》りて王府に詣《いた》らしめ、遣る所の數百人。歳時每《ごと》に獻御し、〔孫〕權は報に答うること過厚たり。……故鄣に在ること歳餘にして吳に還る。黄武三年卒し、郡に在ること三十一年、年は六十九）

第一事例の「貢」と第二事例の「獻方物」は地方貢献物（地方特産品）をさす。王国期・帝国期の「獻御（第三・第四事例中）」も、毎年四月頃に実施され、上計時期と合致しない。また「獻御」は赤烏五年四月に一旦禁止されている。もしこれを賦税上供分と解した場合、中央政府の歳入が一時的に皆無となり、それでは中央財政が動かない。よって「獻御」も賦税中央上供分でなく地方貢献物（地方特産品）と解される。一方、孫呉銭納税の中央上供（漢代では六三銭）の呼称に関する史料はみあたらない。だが、たとえば薛綜は交州の地理について説明し、交州が野蛮な地で、「田戸之租賦」も現地の官署を満たすのみで、「中國（中央財政の意）」を潤さないとする（呉書薛綜伝）。これは当時大半の地域から「中國（孫呉中央）」への上供がなされていた実情を裏書する。また孫権は、朱治が「王事（中央政府の事）」を重視したことを賞賛し、「四縣租税」を与えた。これも県の「租税」の一部が本来中央に上供されるべき建前であったことをしめす(21)。

また孫呉には、初めから中央上供用に徴収された銭納人頭税もあった。呉簡所見の「財用銭」である。孟彦弘氏によれば、財用銭は後漢以来の正式な税目の一つで、当初は中央尚書の文具等事務用品購入用の税収であったが、のちに固定税目化し、春（二〜三月）と秋（七〜十一月）に丘単位（数千〜数万銭）で庫吏に徴収された。それは、支出項目を前提とした収入（専款専用・以支定収）で、先秦以来の財政思想を背景とするものであった(22)。たしかに伝世文献所見の「財用」は事務用品と解せる。入庫時期も基本的に春・秋に限定される（「六月廿九日（参3241）」のみ例外）。また孟氏所引の「其七千八百二年財用錢（壹5246）」などは銭入出簿の一部（いわゆる「其」簡）で、財用銭が他銭とともに別々に庫内に保管されたことをしめす。なお「専款専用」・「以支定収」形式の税制は前漢初期の鳳凰山漢簡にもみえる(23)。

もっとも、「財用錢」入庫時の券書は「入……鄉……年月日財用錢……」構文に則り、「財用錢」は郷単位・年単位で庫内に保管された。また「財用錢」の額面はほぼ百銭単位で（例外は十銭単位の壹1440・壹2755・壹2822・壹5334・参3243と、十五万九四一一銭の参6317）、原則的に百銭単位で男性（もしくは戸主）に賦課されたと考えられる。そして「財用錢」は、「入模鄉嘉禾二年財用錢四百五十▌嘉禾二年☐（壹2755）」などの搬入簡（いわゆる「入」簡）や「●右東鄉入財用錢十一萬八百一十☐（壹1440）」などの搬入総計簡（いわゆる「右」簡）や「●右☐月旦承餘新入財用錢七萬☐千三百（壹5216）」などのいわゆる「承餘」簡（月旦簿の一部）をみる限り、厳密に郷単位・月単位で管理され、「月旦簿」に記録・保管された。では財用銭はどの庫に搬入されたのかというと、呉簡には郷単位の総計簡以外に、「右諸鄉四年財用錢准米五斛四斗（参3847）」などの諸郷総計簡もあるので、郷単位で徴収された財用銭は県級もしくはそれ以上の庫に搬入されたと考えられる。そこで注目すべきが次簡である。

入樂郷嘉禾四年財用錢准米三斛就畢┃嘉禾五年正月七日𠁣丘番屯關邸閣董基付倉吏〼（參3823）

入嘉禾三年財用錢襍米〼（參7453）

これらによると財用銭は米で代納されることもあり（財用錢准米）、倉に納付された。とくに前掲呉簡（参3823）の場合、納入関連文書は「邸閣董基」に「關（申告）」され、董基は「三州邸閣（貳753）」なので、嘉禾四年財用錢准米は三州倉に搬入された。すると三州倉は県倉とされるので[24]、各郷の財用銭も県級の庫に搬入されたと考えられる。次簡はそれを裏付ける。

□□□出今年財用錢十四萬□郡吏呉□生□事　二月十四日□□□□白（壹990）

本簡は「草言……事、某年月某曹史白」形式簡で、「郡太守が公文書を上呈した際に県廷側が保管しておく起草公文書記録」である[25]。すると前掲呉簡（壹990）も郡へ上呈された文書の記録と解され、その中に「今年財用錢十四萬」とあるので、財用銭は年単位で県庫に保管されたとみられる。かくて財用銭は郷ごとに集積され、春（一～三月）と秋（七～十一月）に県庫に搬入され、年単位で一括保管され、問題発生時には県曹が郡に問い合わせたと考えられる[26]。これより、孫呉には男性（もしくは戸主）に対する中央上供用の銭納税の「財用銭」もあったとわかる。ただしそれと算銭・口銭との関係や、財用銭納付者の年齢範囲は不明である。

以上、呉簡所見の算銭・口銭に関しては諸説あるが、それが漢代の銭納人頭税に連なるのは確実である。すると「田家莂」所見の銭納税制と算銭・口銭との関係が改めて問題となるが、両者の税額は異なるので、別税目であろう。現に「田家莂」の銭納税制が熟田の大小に即応したのに対し、算銭・口銭（獣皮などによる折納もある）[27]は各人一律の金額であった。

第三節　曹魏戸調制と孫呉調制

では逆に、孫呉には曹魏同様のいわゆる戸調制が存在しなかったのかというと、これにも論争がある。なぜなら呉簡には「調」が散見し、当初は戸調制と解されてきたからである。[28] だが高敏氏は、呉簡に「戸調」の語がみえないこと、呉簡の「調」が動詞であること、呉簡に口算と算賦がみえ、戸調制との並存が考えにくいことを指摘し、「調」を臨時徴税とした。[29] 一方、王素氏は「調＝戸調」説を墨守し、算賦・口算と戸調との並存がありうること、「入……調布」形式簡の「調」が名詞であることを指摘したが、[30] のちに高敏氏は再度自説を強調し、[31] たとえば「入……調布」形式簡が「入……所調布」にも作り、「調」が動詞であることを指摘した。もっとも、高敏氏の算賦理解には検討の余地があり（既述）、銭納人頭税と戸調の並存も論理上ないとはいいきれない。また後述するように、「戸調」の名詞自体は曹魏にも存在せず（曹魏戸調制は当時「祖賦」と呼ばれ）、「戸調」の語の有無や、「調」の品詞（動詞か名詞か）は判断基準にならない。だが結局、学説史的潮流としてはその後、高敏説が徐々に有力となっている。

たとえば于振波氏は、「調」の対象物品が多種多様であること、呉簡では戸単位税目を表現する際に「戸調」のごとく「戸租」・「戸算」といわないこと、「調」の対象物品の税率が非固定的で、戸品と対応しないことを指摘し、「調」を戸調制でなく、漢代以来の臨時徴税（雑税性横調）と官府による必要物資の購入とする。[32]

また楊際平氏は次のように述べる。そもそも漢代政府の主たる収入は銭と穀物、支出は穀物と帛で、収支間には矛盾があった。そのため各郡では財物や労働力の不足が生じ、中央政府は財物・労働力の郡国間調整や、郡国への臨時課税を行ない、財物を融通・調達した。これが「調」である。だが後漢時代になると財政支出が増加し、臨時課税の「調」が常態化した。そして免調は逆に恵民政策とみなされるようになった。曹魏戸調制（そもそも当時「戶調」の語はなく「租賦」と呼称）はそれを継承・定制化した。一方、呉簡の「調」は対象物品が多種多様で（布・皮革・銭・牛・役など）、吏民に一律定額で課されるものではなく、「調布」などの額面と戸品も対応せず、租税のごとく戸品などを基準に吏民に一定量賦課されるものでもなかった。むしろ「調布」や「調皮」は政府が吏民から購入したものであった（ゆえに呉簡には、「調」の不足分を民に後日支払わせた例もない）。漢代では、政府が財物不足分を吏民から購入することも「調」と呼び、それゆえ孫呉調制は漢代「調」を継受したといえるが、それはいわゆる戸調制でも臨時徴税（調発・調運を含む）でもなかった。(33)

以上の于振波説・楊際平説を整理すると、まず楊氏も指摘するように、「戶調」の語の有無はいわゆる戸調制の有無と関係ない。なぜなら「戶調」の語自体は西晉以前に書かれた文献にみえないからである。現に「戶調」の語は郴州晉簡に初見で、それ以前の出土文字資料にもみえない。(34)なお郴州晉簡にみえる「戶調綿絹賈布」の句は、本来「綿絹」で納めるべき戸調の価値を「布」に換算・表示したことをしめすものであろう。

今年戶調綿絹賈布一萬七千六百七十三匹別收責（1―44）

また于振波説・楊際平説をみると、孫呉の「調」が臨時徴税か、政府の財物不足分買い上げ制度か、それともその両方なのかに関しても決定的史料を欠く。とくに沈剛氏も批判するように、楊氏は「入……布」簡・「入……調布」簡・「入皮」簡・「調皮」簡を全て「調」関連簡とみなしており、これには検討の余地がある。(35)むしろ私見によれば、「入布」簡（竹簡肆所見）は基本的に「田家莂」所見の対熟田租税としての布の納入をしめすものである。よって孫呉の「調」について検討する際には、とりあえず「調」と明記されている史料以外を使用すべきではない。

一方、阿部幸信氏も孫呉調制と曹魏戸調制の相異点を次のように説明している。[36] すなわち、「調」の対象物財は必ずしも各種各様ではなく、「調皮」などは「調布」の代納である。[37] また布納入簡の書式は次のごとく分類される。

格式甲　入＋郷名＋年度＋調＋品類＋数量━年月日＋丘名＋身分＋姓名＋付庫吏殷連付

圧倒的多数を占める。同一年度の異なった日附の格式甲簡中に同一人物による納入記録があり（貳5538・壹8288）、当該人物が同一年度の「調」を分割納入したとわかる。また同一年度の格式甲簡と格式乙簡の中に同一人物が登場し（貳5496・貳6046）、格式乙簡は、格式甲簡（「調」納入の個々例。年数回）の年度内総量の確認簡と推測される。

格式乙　入＋郷名＋丘名＋身分＋姓名＋年度＋調＋品類＋数量━年月日（＋烝弁《自署》）＋付庫吏殷連付

「烝弁」二字のない例（壹7533）もある。「烝弁」の代わりに「關丞…」とある例もある（參198・參250・參459・參478）。「烝弁」は納入者―庫吏の仲介役で、記録確認を担った。一方、「關丞……」の丞（官府側の人物か）は出納記録の送達に関与した。「烝弁」を含む簡は嘉禾二年、「關丞……」を含む簡は嘉禾元年に集中する。

格式丙　入＋郷名＋調＋品類＋数量━年月日（＋烝弁）＋掾（＋姓名）＋付庫吏殷連付

格式丙に布納入者の姓名はなく、布納入は個人単位でなく郷単位で行なわれた。

以上の「調」納入簡の納入者の身分呼称は多様である。とくに「歳伍（貳5318・貳5471）」（もしくは月伍）は官府下で民を管理し（五戸単位とは限らない）、布納入時に参与した（「歳伍」は自署でなく、特定の丘に属し、その点で烝弁と異なる）。「力田（貳1289・貳2726）」・「丘魁（貳5458）」の力田・丘魁も納入に参与した。さらに次簡によれば、「調」は戸品に準じた累進課税であった。

□□女戸下品之下不任調　□（壹4233）

丘単位で徴収された「調」は各郷で集計され、最終的に庫吏に納められ、不足時は官府が市で工面した（次簡参照）。

入□郷嘉禾二年吏所調布二匹■嘉禾二年十月三日……□（壹6947）

もっとも楊氏は、本簡を重視し、市と「調」の関係を強調し、調を財物調達制度とするが、これは臨時措置にすぎない。むしろ「調」は、随意性の高い賦斂でなく、財物調達制度でもなく、後漢以来の郡国間の物資調整制度（調均）のミニチュア版（県が調整主体）であった。なぜなら次簡には「冬賜布」を調発したとあり、冬に賜与すべき布を事前に調発し、冬に備えて保管したものと考えられるからである。

入桑郷嘉禾二年所調冬賜布一匹■嘉禾二年七月十三日東平丘男子殷柱付庫吏殷連受（貳5367）

入□郷嘉禾二年所調冬賜□（貳5945）

□郷嘉禾二年所調冬賜布三丈九尺■嘉□（貳5998）。

また「調」には搬出簡もあり、納入簡と同じく「附庫吏殷連受」とあるが、これは庫吏が布の搬出・納入関連文書を受領したことを意味する。

出桑郷二年新調布一匹■嘉禾二年九月一日柤下丘□（貳5709）

出中郷二年調布二匹三丈八尺■嘉□（貳6156）

出都郷松□丘大男區巴二年布一匹二丈一尺■嘉禾二年十月十五日烝弁付庫吏殷　連受（壹7504）

つまり調は、臨時性の強い漢代的な調の延長上にあり、一部は民への頒布・貸与のために物資の余剰・欠乏を調整するもので、その意味で郡国間の財政不均衡を調整する「調均」のミクロ版なのである。以上が阿部氏の説である。

以上を整理すると、「調」は臨時徴税か、官府による財物買い上げか、県中心の物財調整（不足・余剰の調整）であったことになる。では結局どの説が妥当か。

まず諸説の問題点から指摘すると、第一に、既述のごとく、「入……布」簡・「入……調布」簡・「入皮」簡・「調皮」簡を全て「調」関連簡とみなすわけにはいかない。第二に、「調の基幹物財＝布」説にも疑問が残る（後述）。第三に、「▨□女戸下品之下不任調　▨（壹4233）」、「其七戸□□女戸不任調　下品之下（參4301）」、「其卅四戸各窮老及刑踵女戸下品之下不任調役（參6327）」、「其七戸貧□民不任調（肆533）」「其十二戸窮女戸不任調……下品之下（柒3925）」などによれば、調と戸品のあいだに一定の関係があったのは確かだが、次簡によれば「調」は基本的に「三品（上品・中品・下品の意）」を対象とし、「不任調」は「下品之下」のみであった。ゆえに孫呉の品級は、九等品制でなく、「三品＋下品之下」制（竹簡肆も同様）で、[38]「貧□民（肆533）」も「下品之下」とみられ、上品・中品・下品間に課税格差があったとは断定できない。つまり「下品之下」以外の戸品と調とのあいだに対応関係があったとは限らない。[39]

兵曹言部吏五□□□戸品限吏民上中下品出銅斤數要簿事　嘉禾四年七月廿一日書佐呂承封（柒2579）

言府三品調吏民出銅一萬四百斤事　七月廿七日兵曹掾番棟白（柒3164）

第四に、「府三品調吏民（柒3164）」によれば、民だけでなく吏も「調」を納付した。第五に、本簡はいわゆる「草（＝起草・撰写の意）言……事、某年月某曹史白」形式簡で、郡太守が公文書を上呈した際に県廷側が保管しておく公文書記録で、[40]「府三品調吏民」の「府」は郡府と解されるので、「調」の差配には郡も関わる場合があったと考えられる。次簡も「草言……事、某年月某曹史白」形式で、県関連の事案を（県が）郡へ「草白」している。

草白被督諸縣倉郡倉邸閣兼丞應縣問事　正月十五日右倉曹史趙野白（柒4481）

よって前掲呉簡（柒3164）も郡へ上呈された文書の記録（県側が保管）で、県が郡府の命に従って三品（上品・中品・下品）の吏民から銅一万四百斤を「調」したことをしめすと考えられる。

以上、諸説に関する疑問点を指摘した。では「調」とは結局何なのか。そこで改めて漢代「調」の内容を確認すると、それが制度外的な物資調達手段を含意したことは間違いない[41]。そしてそれをふまえて前掲呉簡（柒3164）をみると、兵曹が「調銅」を管掌しており、この銅は武具用として計画的に徴収された可能性が高い。これは、「調」の基幹物財が布一種類に限定されないことを示唆する。また次簡の「調」も、船曹掾が吏民の作った船を調発したことを意味する。

草言府答州或不佐郡官調吏民所作船事　閏月廿三日船曹掾潘椎白（柒3165）

これらの「調」は、官府が意図的・計画的に実施した臨時的な物資調達と解される。また次簡に「雜調」とあり、呉簡所見の「雜米」・「雜錢」・「雜税」の「雜～」同様、「様々な種類の調」の意に解され、これも「調」の対象物品が特定の品目（とくに布）に限定されなかったことを意味する。

〼嘉禾□年所領雜調已入未畢付授吏姓名□簿（肆5504）

では、調発対象物は官府によって買い上げられたのか否か。つまり調発時には官府から代価が支払われるのか否か。結論からいえば、代価が支払われる場合もあったと考えられる。たとえば次簡は、「所調布一百五十匹」を入庫したことを意味し、それは「市租錢」によって購入されたものである[42]。

入市租錢市所調布一百五十匹┃嘉禾元年八月廿日□□□□付庫吏殷　〼（參462）

また次簡も「吏（＝市吏。後述）」の李珠が「所調布」を「市＝市得（購入）」したことをしめす。

〼李珠市嘉禾二年所調布得八百卌匹其七百匹直〼（參6435）

〼□□市得布一百四匹五尺五寸布匹直三千六百錢爲米百廿斛悉畢謹列市得布匹（壹4405）

本簡の「市」や「市得」を購入でなく売却と解すると、簡中に「布～匹」とあるのと矛盾し、「謹列市得布匹」の一句とも矛盾する。よって本簡は市吏李珠が「所調布」を購入したと論定される。ちなみに呉簡（壹4405）には主語が欠けているが、呉簡所見の「市得」の主語は全て市吏なので、次の二簡は関連するとみられる。つまり両簡は、市吏が特定年度に調発した「布～匹」を購入し、その価格が「～銭」すなわち「米～斛」であったことをしめすものと考えられる。以上より、孫呉の調（少なくとも一部）は官府による財物購入を意味すると思われる。(43) 調を財物不足分買い上げ制度としてのみ捉える楊際平説には賛同できないが、官によるこうした買い上げを「緊急避難措施」（阿部説）とみるべきか否かは、今後さらなる史料の増加を待って検討したいところである。

それでは孫呉の「調」には「調均（物資調整）」の意もあったのか否か。結論からいえば、たしかに阿部氏のするどい指摘のとおり、「冬賜布」は夏に調発され、県が冬に備えて当該物資を貯蔵していた可能性は高いが、そのメカニズム全体が「調」と呼ばれたわけではなく、調発対象のすべてが布（冬賜布などを含む）であったわけでもない。むしろ「調」は、既述のごとく、官府が意図的・計画的に実施した物財調達で、状況におうじてさまざまな物財を対象としたものと考えられる。

以上本節では、孫呉の「調」について検討し、それが官府による意図的・計画的な物資調達（少なくとも一部は官府による物資買い上げ）を意味し、様々な物財（布に限定されない）を対象としたことを指摘した。このような「調」の性格は、明らかに漢代の「調」（多様な意味を含む）と連続し、定率の曹魏戸調制とは異なる。では、曹魏がいわゆる戸調制を採用したのに対し、孫呉が漢代税制を色濃く継受した理由は何か。そもそも曹魏がいわゆる戸調制を採用したのは、野中敬氏によると、①漢代以来の男耕女織に基づく農戸を戸単位で再建し、②桑などの生産を強制して農戸を地着させるためであった。(44) 逆にいえば、中原では男耕女織的生産基盤が崩壊しており、それゆえ銭の代わりに布帛が国家的決算手段となった。かくて董卓は五銖銭を鋳潰し、曹魏も積極的には銭を国家的決済手段として採用せず、銭は民間の経済的流通手段として特化していった（本書第四章参照）。だが孫呉の支配する江南地域では、男耕女織的生産基盤が中原ほどには壊滅しておらず、五銖銭の鋳潰しなども実施されなかった。『後漢書』趙岐伝などにも、後漢末に劉表支配下の荊州にはなお穀物などが保全されていたとある。そのため曹魏戸調制のような固定的・統一的税制を施行する必然性はなかった。しかも孫呉は銅山などの豊富で多様な自然資源を有し、各地の自然環境に応じた柔軟な税制を構築せねばならなかった。それゆえ孫呉では銭納人頭税が施行され続け、臨時的需要が生じた際には「調」が実施されたのであろう。では孫呉には他にも漢代税制と関連する税があったのか否か。つぎにこの点を確認する。

第四節　商業関連税

漢代には「市租」という税目があり、その課税対象者や税率には諸説ある。(45) だが、それが官営市で働く人びとなどに課された自己申告納税制である点は確実である。さらに漢代市租の支払方法は図7―3のごとくであった。(46) それによれば、納付者はまず担当官吏のもつ「缿（一度入銭したら取り出せない仕組の容器）」に銭を入れ、領収書として「參辨券（三分割可能な券書）」の一部を受領した。担当官吏も券の一部を保管し、残る一部を県廷に提出し、「缿」も提出した。市租が政府収入全体の何割を占めたかは不明だが、財政上無視できない規模であったことは確かで、それが基本的に銭納であった点にも注目される。(47)

以上の漢代市租を参考にして呉簡などをみると、孫呉にも市租の存在が確認される。(48) まず三国時代には、漢代以来の県城内部に設けられた市以外に、県城外の市もあった。(49) また市同士は一定のネットワークを構成していた。(50) なかでも孫呉には「市吏」・「市掾」・「給市吏（壹5726）」・「市士（壹1810）」などがおり、たとえば潘羜は「市吏（壹8723）」・

「市掾（參8396）」・「吏（參455）」・「都市掾（肆4550）」、唐腟は「市吏（參3476）」・「市掾（參3475）」などと呼ばれ、「市掾」と「市吏」の語は混用されたことが知られる。また「都市掾」の「都」は、おそらく「都鄉」の「都」と同様、県府などの行政的中心を意味し、「都市掾潘羜」は県府下の市に勤めていたのであろう。彼らは市租徵収に関与し、市租を受領し、郷単位でまとめ、「月旦簿」[51]の形で記録し、それを県庫に保管していたと考えられる。なぜなら呉簡には、帳簿を構成する「入」簡、「承餘」簡、「其」簡、「領」簡、「右」簡、「莂（一）」[52]簡が散見し、「月旦簿」の語も含まれるからである。

入桑鄉市會干慎三月四月五月租錢一□□▨（壹1432）

入……一日……七月錢九月十一日市租錢……錢□……□（壹3963）

承十二月旦簿餘嘉禾二年市租錢十萬七千二百（壹5242）

　其七萬一千三百二年市租錢（壹5317）

領三月市租錢十一萬二千七百　▨（壹9280）

一月領市租錢九萬九千六百米四百八十斛▼　▨（貳4518）

三月領市租錢九萬九千六百米四百十斛（貳4521）

右丞《ママ》（承）餘市租錢二萬一百□　▨（貳8422）

　●右都鄉入市租錢九千▨（壹1422）

……市租錢六百━嘉禾二年▨（壹1395）

また次簡は、市租が年度別に県庫に保管されたことを物語る。

▨□取屬縣市租□□文書▨（參4034）

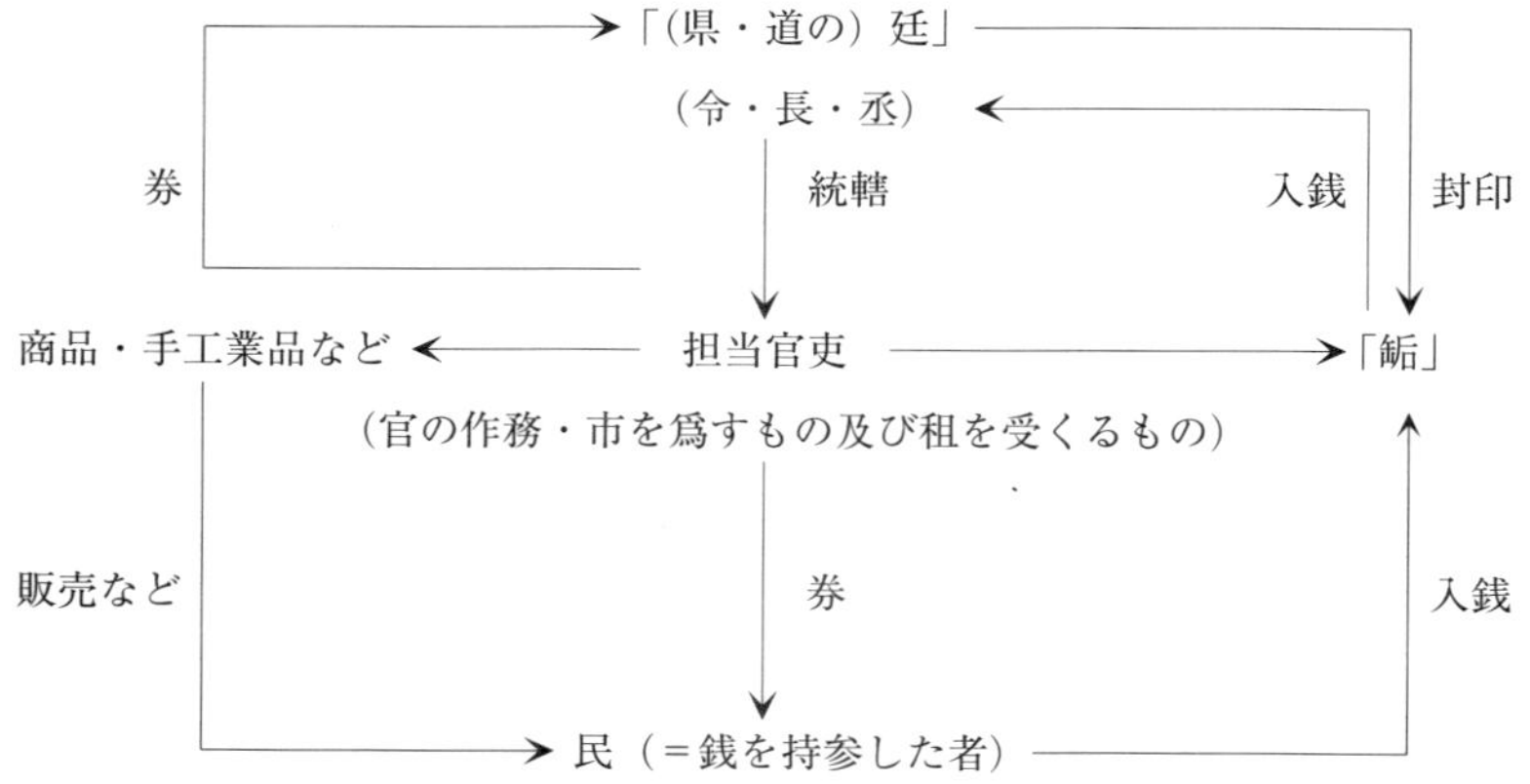

［図７―３］　前漢時代における市租の収入と管理

以上の市租関連簡（月旦簿含む）は、図7―3の県廷―担当官吏間の回路（入銭と券書の取り交わし）と合致する。

ただし孫呉市租の納付者は郷所属の吏民と考えられ（壹1422など）、市内在住者や市籍保有者に限られないようにみえる。また次簡によれば、「市掾」なども一般の郷里に属していた。

☐　三月十一日北郷市掾潘邦白（壹5157）

里の戸口統計中にも「其一戸縣市王須（肆532）」とあり、県級市の主管者は一般の郷里に属していた。つまり孫呉に市籍・一般戸籍の別があったか否かには疑問が残る。さらに市租には、市租銭（壹5271・壹5574・貳8638など）以外に、市租米（貳3773・参5443など）もあり、次の史料によれば、どちらも月単位で徴収された。

……言（？）部吏石彭隨月收責市租錢米有入未畢如牒☐（貳4633）

☐吏番喜者☐今年市租錢米☐十六萬一千八百米☐（参6332）

前掲呉簡（壹1422）によれば、都郷の市租銭（おそらく一ヵ月分）は九千銭に及び、他にも千単位・万単位の銭・米が毎月徴収された。また漢代市租は売上に応じて増減したとされるが、孫呉市租の額面はほぼ百銭単位で、しかも、前掲呉簡（貳4518・貳4521）をみると、同地の一月分・三月分が同額で、自己申告納税制でなく、定額人頭納税制の可能性もある。これより、漢代市租と孫呉市租の間には共通点と相違点があったと考えられる。ただし孫呉市租の骨子が漢代市租と合致すること、孫呉の市に漢代同様、膨大な数の銭が出回っていたことは確実である。

以上本章第一節～四節では、孫呉税制の骨子について検討し、それを通じて孫呉民間経済に銭と布が深く浸透していたことを窺った。孫呉の銭・布はともに国家的決済手段で、かつ民間の経済的流通手段でもあった。その意味で孫呉貨幣経済は後漢後期の貨幣経済と一致し、曹魏経済・蜀漢経済とは異なっていた。また孫呉では、市で酒を販売した者には市租以外にも「酒租（酒販売に伴う自己申告納税）」など(53)、裕福な賈人には資産税の「算緡」が課され(54)、これらも漢制を継受したものである。

では、孫呉には他にいかなる課税があったのか。そこで呉簡をみると、塩鉄関連収入の「鹽賈米（鹽米・賣鹽賈米）」や「鋘賈錢」があり(55)、詳細は今後の検討課題である。また孫呉には特定の人びと（全吏民ではない）に課された税目が散見する。たとえば第一に、「地僦錢（僦銭）」は一人（もしくは一戸）当たり五百銭で、「臨湘国・臨湘県の治所所在地内の商業性経営地に対する賃貸費(56)」や「城鎮内の市鎮地区に対する課税(57)」と推測されている。これには検討の余地があるが、地僦銭が全吏民に課されたものでない点は確実である。第二に、郷吏身分の者に個人単位・千銭単位で課されたといわれる「何黑錢（壹1433など）」がある(58)。第三に、「草言府以桓王廟□衣賦諸縣還賈錢事　嘉禾五年二月廿三日金曹史……白（柒1456）」や「☑廟所用嘉禾四年正☑（肆1618）」によれば、祭祀費（桓王孫策など）として別途銭納税制が課された可能性があり、これも臨時的・地域限定的課税と推測される。第四に、戸品に応じて数千銭～一万数千銭を納入するいわゆる「戸品出錢」もあり、安部聡一郎氏の詳細な研究などがある(59)。「戸品出錢」は異常に巨額で、税役体系上無視しえない。だが、それがもし「算錢」同様の正税だとすれば、一人当たり一二〇銭の「算錢」は逆にあまりにも小額であることになり、税役体系上ほとんど意味をなさなくなってしまい、不合理である。よって

「戸品出錢」は正税ではなかろう。むしろ呉簡をみると、「戸品出錢」対象者は地域的に限定されているので、「戸品出錢」は地域限定的・臨時的な徴収で、とりあえず孫呉の正規の税制体系の外部に属するものとみてよかろう。

以上のように、孫呉には正規の税目（算銭・口銭・市租など）以外にも多くの雑収入があった。これらの存在を勘案すると、孫呉税制は決して軽くない。かかる課税状況は、様々な名目で税を次々に追加した後漢末期の状況と合致する。また全体的に銭納税の割合が高く、孫呉の銭はなお国家的決済手段としての地位を失っていない。その意味で孫呉貨幣経済は、曹魏・蜀漢と異なり、やはり後漢貨幣経済を色濃く継受したものと考えられる。

第五節　孫呉の人口統計と吏卒数

ただしここで最後に検討すべき課題がある。それは、既述のごとく孫呉税制と後漢税制が相当程度合致するのに対し、孫呉の人口統計が一見きわめて軍事偏重的で、後漢と全く異なるようにみえる点である。この矛盾をいかに解決すべきか。

まず三国時代の人口統計を確認する（表5—1）。孫呉の人口統計は以下の史料による。

領州四・郡四十三・縣三百一十三・戶五十二萬三千・吏三萬二千・兵二十三萬・男女口二百三十萬・米穀二百八十萬斛、舟船五千餘艘・後宮五千餘人（『三国志』呉書三嗣公伝天紀四年条注引『晉陽秋』）。(60)

（州四・郡四十三・縣三百一十三・戶五十二萬三千・吏三萬二千・兵二十三萬・男女口二百三十萬・米穀二百八十萬斛・舟船五千餘艘・後宮五千餘人を領す）

これは孫皓天紀四年（西暦二八〇年）の統計である。それによると総人口（二三〇万）の十分の一が兵（二三万）で、吏は三万二千に及ぶ。口数二三〇万に対して戸数は五二万三千なので、一戸あたりの口数は約四・四人である。また総人口二三〇万・戸五二万三千に対し、各県は約七三五〇人＝約一六七〇戸、各郡は約五万三千人＝約一万二千戸となる。一方、呉簡によれば、一郷あたり平均四〜六里・二百〜三百戸・千人で、[61]次簡によれば各里の戸数は五十前後に整備されていた可能性が高い。

●集凡五唐里魁周□領吏民五十戸口食二百八十九人（肆380）
●集凡東扶里魁鄧?□領吏民戸五十五口食二百七十七人（肆428）
集凡小赤里魁黄仁領吏民戸五十口食百卅五人（肆495）
●集凡曼溲里魁□忽領吏民五十戸口食二?百五十七人（肆568）
右高遷里領吏民卅八戸口食一百八十人（壹10229）。
右平陽里領吏民卅六戸口食□百□□人（壹10248）。
右吉陽里領吏民卅六戸口食一百七十三人（壹10397）。
●右弦里領吏民五十戸口食三百卅人（貳1947）。
●右□里領吏民五十戸口食……（貳2320）

すると、総人口二三〇万を基準にした場合、孫呉全土の里は合計約一万五百、郷（五里＝郷で計算）は約二一〇〇に分けられる。また一里＝五十戸、一郷＝五里＝二五〇戸とした場合、一県＝約七三五〇人＝約一六七〇戸＝六・七郷となり、一郷＝約一一〇〇人となり、前掲『晉陽秋』と呉簡所見の人口統計はほぼ合致する。その誤差は、呉簡所見の人口統計が臨湘国限定で、各地の人口偏差が反映されていないために生じたものであろう。なお越智重明氏は、前掲『晉陽秋』について、A．戸五二万三千、B．吏三万二千、C．兵二三万を各々戸数とし、AはBCを含まないとするが、[62] それでは呉簡を解釈できない。むしろ以上の検討によれば、BとCはAに含まれよう。

以上の統計は一見すると、孫呉が蜀漢に匹敵する軍事最優先型国家であったことをしめすかのごとくである。だが蜀漢の兵数が十万二千で、実際に北伐などで動員された兵数も八万人前後に及び、統計上の総兵数と実働兵数が常時ほぼ一致したのに対し（本書第五章）、孫呉の場合、現実に二十万人前後の兵を動員したのは諸葛恪の北伐に限られる。つまり孫呉の吏卒は全て常勤吏や常備兵（兵戸）として常時動員されていたわけではない。

そこで注目すべきは、まず漢代の吏には員吏（いわゆる正式の職吏）と非員吏（輪番制の吏）の別があり、非員吏にはさらに常勤（冗）と非常勤（更）の別があったことである。[63] そして、呉簡にも「給吏」などの「給＋職名」が散見し、それは臨時に当該職位を担った民（つまり非員吏）であると解される点である。[64] 現に「給＋職名」の「職名」は県吏・郡吏・州吏・軍吏・県卒・庫吏・三州倉父・困父・郡園父・朝丞・養官牛・州卒・度卒・駅卒・駅兵・官瓦師・鍛佐・佃師・習射・子弟・私学・□士限佃・常佃・子弟限田・冢種客・□乞児・子弟佃客などで、さらに「給亭雑人（肆2042）」・「給鹽兵（肆2632）」・「給亭復人（肆2633）」などもあり、これらは民でもなく、厳密に吏とも呼べない存在を含み、臨時的・半官半民的存在と解さざるを得ない。彼らはまさに漢制の「踐更小吏（後述）」に相当する。[65] これより、孫呉の吏（三万二千人）の中にも相当数の非員吏が含まれていたと論定される。

次に孫呉の「兵二十三萬」の内実を確認すると、その中にも非常備兵が数多く含まれていたとみられる。なぜなら、孫呉戸口関連史料所見の常備兵の数が少なすぎるからである。たとえば呉簡には里の人口統計が含まれ、一般戸と区別される吏戸・兵戸は少数である。次簡はほぼ簡冊の原型を保ったまま出土し、各里の集計簡と明細簡が連続したものと捉えられる。

其一戶佃帥（肆371）

其一戶縣卒（肆372）
其五戶給新吏（肆373）
其□戶州吏（肆374）
其二戶郡吏（肆376）
其四戶縣吏（肆377）
其一百廿七人女（肆378）
其一百六十二人男（肆379）
●集凡五唐里魁周□領吏民五十戶口食二百八十九人（肆380）

次も同様の例である。

其一戶給郡吏（肆424）
其二戶給卒（肆425）
其一百廿五口女人（肆426）
其一百五十二口男人（肆427）
●集凡東扶里魁鄧?□領吏民戶五十五口食二百七十七人（肆428）

これらによると、まず孫呉には正規の「縣吏」・「郡吏（肆424）」・「州吏」以外に、非員吏の「給新吏」もおり、既述のごとくいわゆる「踐更小吏」と解される。また「縣卒」などの兵戶数はそれよりも少なく、戶口総数の二～五％にすぎない。彼らは常備兵で、呉簡所見の「兵戶（肆4078）」に相当するものであろう。だが以上の常備兵（兵戶）を合算しても「兵二十三萬」には遠く及ばない。そこで想定せざるを得ないのが、非常備兵の存在である。

次の史料も非常備兵の存在を裏付ける。

諸吏家有五人、三人兼重爲役、父兄在都、子弟給郡縣吏、既出限米、軍出又從、至於家事無經護者。朕甚愍之。其有五人三人爲役、聽其父兄所欲留、爲留一人、除其米限《ママ》、軍出不從（『三国志』呉書三嗣主伝孫休伝永安元年条十一月詔）。

（諸そ吏の家には五人有らば、三人は重きを兼ねて役を爲し、父兄は都に在り、子弟は郡縣吏に給せられ、既に限米を出だし、軍出づるや又た從い、家事に至りては經護《けいご》［治め守る意］する者無し。朕甚だ之を愍れむ。其《も》し五人有りて三人、役を爲さば、其の父兄の留まらんと欲する所を聽し、爲に一人を留め、其の米限《ママ》を除き、軍出づるときも從わず）

これによると孫呉永安元年以前の諸吏の家では、成年男性五人に対して最大三人が「役」に即き、「限米」[66]を納付した。たとえば父や兄が員吏として首都に勤務した場合、弟や子も非員吏（「郡縣吏に給せらる」）となり、戦争時には従軍し、かつ限米を納付したのであろう。これは、兵戸以外からも非常備兵が出されたことを物語る。

では非常備兵とは一体いかなる存在か。そこで後漢時代の労役制を改めて見直してみると、渡邊信一郎氏によれば、後漢時代の中核的労働力（臨時徭役・刑徒・官奴婢以外）は次の三つに分類され、総人口約五千万に対し、年間労働力は二百万以上に及んだ。渡邊説にはいくつかの疑問が提示されているが、ここではその骨子のみを紹介したい[67]。

更卒（更徭・卒更）……士農工商全成年男子（女子は臨時）を対象とする内徭（本籍郡内労働）。県で徴集後、郡で組織され、道路・治水工事などに従事した。毎年約一二五万〜一五〇万。当番が来たら、期間内に就き、就かずに期間を過ぎた場合、「過更銭（三〇〇銭）」を代納した。後漢時代（踐更期間一ヵ月）には過更銭納入が常態化し、算賦・口賦と併せて「更賦」と総称された。

衛卒（正衛）・戍卒……一年間の外徭（本籍郡外労働）。衛卒（正衛）は首都に上番して警護にあたる。戍卒は辺境防備にあたる。毎年約三八万～四五万。民は生涯のうち衛卒・戍卒どちらか一方を負担すべきであった。ただし後漢には、県幹部が県有器物を民に貸与し、利息で労働者を雇用し、衛卒などを代替させる場合もあった。

更践……一年間の内徭。毎年約三八万～四五万。甲卒（郡国兵）もしくは最下層の吏（分類上は卒）として官府に従事する。とくに百姓から強制徴発されて官長出行時の導従・取次ぎ・使い走り・官府警護などを担当した場合には「賤吏小史（本章では踐吏小吏に統一）」と総称された。後漢時代には吏卒同様、銭納による代替や雇用労働化が進んだ。

上記三分類のうち、まず吏卒は後漢時代に「過更銭」の納入にほぼ代置されたが、呉簡にも更銭納付関連の記載がある(68)。また呉簡には「歳伍」や「月伍」の語があり、吏卒と解されている(69)。これらは孫呉労役制が後漢労役制を継受したことの一証である。しかも呉簡をみると、兵戸以外にも「其二戸給卒（肆425）」などがおり、給吏などと同じくいわゆる「踐吏小吏」に分類される。さらに呉簡には「衞卒」の語が散見し、それらは漢代の「衞卒」に相当する（戍卒の有無は不明）。

では、これらの非常備兵は一体どれほど存在したのか。結論から言えば、孫呉の常備と非常備の吏卒の総数は「（吏三萬二千・）兵二十三萬」のはずだが、ではそれをしめす出土文字資料は存在するか否か。そこで注目すべきは、呉簡に上記各里戸口統計の総計簡として「□領役民廿六戸（肆2815）」、「凡領應役民卌戸（肆767）」、「定領應役民五戸（肆792）」、「定應役民廿戸（貳1704）」、「定領役民卌七戸（參4300）」、「領使役民廿三戸□（肆5147）」、「□役戸卌四戸（肆885）」、「領事役民卌戸（肆5302）」、「領事役民十二戸（肆5308）」とあり、平均五十戸（二〇〇人）前後の里内に五戸～四十戸の「役民」がいた点である。すると、成年男性の割合を一戸あたり一人とした場合、各里五人から四十人、平均すればおおよそ二十余人（つまり里民の九分の一）の「役民」がいたことになり[70]、「（吏三萬二千・）兵二十三萬（総人口の九分の一）」と数字上見事に合致する[71]。これより、孫呉には正規の吏戸や兵戸以外に様々な官府従事者（非常勤）がおり、その総計（「定應役民」戸の成年男性）が『晉陽秋』所引人口統計の「兵」を構成したと考えられる。

以上、孫呉の人口統計が必ずしも蜀漢軍事最優先型経済の人口統計と同様でなく、むしろ漢代の労役制を受け継いだものであったことを論じた。これは孫呉税制が後漢税制を継承したとする前節までの検討結果とも符合し、曹魏・蜀漢・孫呉のなかで孫呉こそが後漢の財政・労役制をもっとも色濃く継承した国家であったことを意味する。

おわりに

以上本章では、孫呉貨幣経済の構造と特質について検討し、それが魏・呉・蜀三国のなかでじつはもっとも原形の残る形で漢代貨幣経済を継受していたことを論じた。その制度的背景に関してはつとに高敏氏などの研究があり、賛同すべき点も少なくないものの、それらも必ずしも孫呉の制度や貨幣経済全体を見通したものとはいいがたく、随所に修正すべき論点も含んでいた。そこで本章は、呉簡などに関する先行研究を高く評価する一方で、その欠を補い、個別の論点を相互に結びつけ、伝世文献に対する諸々の議論もふまえ、孫呉貨幣経済の体系的把握をめざした。その結果、高敏氏以降の諸研究とは異なる見解に到達した[72]。

それによると孫呉貨幣経済は、銭・布を主たる国家的決済手段および民間経済的流通手段とし、その意味で後漢末期の貨幣経済と一致し、曹魏経済・蜀漢経済とは異なっていた。しかも孫呉は、漢代以来の銭納人頭税（いわゆる算賦や口銭）を施行し、さらに巨大な対田租税（穀物＋布＋銭）を課した。これに対して当時の中原地方は戦乱のため、男耕女織的生産基盤が壊滅した。そのため曹魏はいわゆる固定的・統一的な戸調制を施行した。かかる戸調制はその後一部改造され、西晉へと受け継がれていった。だが孫呉は銅山などの豊富で多様な自然資源を有し、男耕女織的基盤に壊滅的被害は生じていなかった。しかも孫呉は男耕女織政策を施行しつづけた。それゆえ孫呉は後漢以来の基本的税制を維持できた。加えて孫呉は、各地の自然環境に応じた柔軟な税制を構築し、それを通じて巨額の戦費に対応した。その一策として孫呉は、銭納人頭税と租税のほかに、国家的需要を補完する目的で、多種多様な必要物資の「調（＝調発の意。少なくとも一部は官府による物資買い上げ）」を随時実施した。また孫呉には漢代以来の市租などの商業関連税もあった。それは基本的に百銭単位で、漢代市租と一部異なるものの、多くの点で漢制と合致した。そのうえ、孫呉の人口統計は一見すると蜀漢軍事最優先型経済と同じく極端な軍事偏向を有したかのごとくであるが、実際にはそのなかに非常勤吏や非常備兵を数多く含み、孫呉の労役制はむしろ漢制をほぼ踏襲したものであった。これは結局、収入面でも支出面でも、孫呉が後漢（とくに後漢末）の制度的継承者であったことを意味する。

ただし上記の孫呉貨幣経済とその制度的背景は、西晉時代になると一新された。西晉は曹魏の禅譲を受けて中原に君臨し、十数年後に孫呉を滅ぼし、天下を統一し、その過程で名目上、すべての支配領域に対して統一的制度を施行していった。かくて孫呉貨幣経済は徐々に「晉化」していったのである。それは戸調制に代表される西晉税制の浸透を以て嚆矢とした。だが既述のごとく、前掲郴州晉簡（1—44）には、本来「綿絹」で納めるべき戸調の価値を「布」に換算・表示したことをしめす箇所があり、それは制度と実態のズレをしめすものと推測される。なぜなら既述のごとく、「布」は後漢以来江南地方では非常に多く作られた物財であり、逆に呉簡などには「綿絹」関連の記載が少ないからである。つまり「晉化」がすぐさま江南民の実生活に改変を迫ったものであるか否かにはまだ検討の余地があるようなのである。この点に関しては今後の検討に委ね、次章では晉代経済史に歩を進めたい。

注

（1）『長沙走馬楼三国呉簡・嘉禾吏民田家莂』の解説によれば、井戸址（J22）周辺からは五銖銭の他に大泉五十・直百五銖等も出土している。大銭鋳造の理由については諸説ある。たとえば張勛燎「従考古発現材料看三国時期的蜀漢貨幣」（『四川大学学報』一九八四年第一期）は、孫呉が直百銭を有する蜀漢に対抗し、対蜀漢交易で利用するために大銭を鋳造したとする。一方、宮澤知之『中国銅銭の世界――銭貨から経済史へ――』（思文閣出版、二〇〇七年）は、自国の財政の都合で任意に決められた額面が他国で通用するとは考えがたいとし、孫呉の大銭鋳造理由は孫呉国内（大銭鋳造によって得られる利益）に求められるとする。筆者も宮澤説に同意する。加えて呉書陸遜伝に「嘉禾六年……時謝淵・謝厷等各陳便宜、欲興利改作。以事下遜。遜議曰、「國以民爲本、彊由民力、財由民出。夫民殷國弱、民瘠國彊者、未之有也。故爲國者、得民則治、失之則亂。若不受利、而令盡用立效、亦爲難也。……數年之間、國用少豐、然後更圖」（嘉禾六年……時に謝淵・謝厷等は各々便宜を陳べ、興利改作をせんと欲す。事を以て［陸］遜に下す。遜は議して曰く、「國は民を以て本と爲し、彊［強さ］は民の力に由り、財は民由り出づ。夫れ民殷《さか》んなるも國弱く、民瘠《や》せるも國彊き者は、未だ之れ有らざるなり。故に國を爲《おさ》むる者は、民を得ば則ち治まり、之を失せば則ち亂る。若し利を受けず、而るに用を盡し效を立たしめんとするは、亦た難爲るなり。……數年の間に、國用少しく豊かにならば、然る後に更めて圖れ」）」とあり、赤烏元年に大銭計画を立案した謝宏と同姓の謝淵・謝厷が嘉禾六年に中央主導の経済政策を立案し、陸遜に反対されているので、大銭計画と中央主導の経済政策はともに謝一族の立案で、同一の意図に基づく可能性が高く、国家財政を潤すための政策であったと推測される（謝厷＝謝宏か）。

（2）朱和平・翁小雲「東呉商品経済初探」（『許昌市専学報』一九九七年第三期）。

（3）長江中下流域の自然は周知のごとく多様で、全地域で例外なく穀物・麻布栽培が可能であったとは限らないが、孫呉が国策として穀物収入を重視した点は他の史料にも散見し（呉書張紘伝・呉書陸遜伝）、交州では「黄魚一枚收稲一斛（呉書薛綜伝）」のごとく、漁民に対しても穀物納入を強制した。また実際の納税に際しては、他の物財による折納も行なわれたようで、呉簡には折納例が非常に多くみられる。

（4）高敏主編『魏晉南北朝経済史』（上海人民出版社、一九九六年）。

（5）図版によれば「其二百五十二人筭人」の直後に重文符号「〻」があるようにみえる。

（6）高敏「従《長沙走馬楼三国呉簡・竹簡〔壹〕》看孫呉時期的口銭・算賦制度――読《長沙走馬楼三国呉簡・竹簡〔壹〕》札記之五」（『長沙走馬楼簡牘研究』広西師範大学出版社、二〇〇八年）。高敏氏はまた、吏戸・民戸の区別は吏民に対する政治的統制を強化するのみならず、税制的に両者を区別するためであったとし、逆に漢代には吏を税制面で優遇するための戸籍区分は存在しなかったとするが、漢代に吏戸・民戸の別がないとする点、吏・民の間に税制的差異がないとする点には疑問も残る。重近啓樹「漢代の復除」（『秦漢税役体系の研究』汲古書院、一九九九年）によれば、吏には算賦が課されず、よって漢代の吏民間には税制的（かつ戸籍的）区別があった可能性が高い。

（7）中村威也「獣皮納入簡から見た長沙の環境」（『長沙呉簡研究報告』第二集、二〇〇四年）。なお中村氏は「口筭錢＝口銭・算賦」とする説に対し、「入都郷口筭錢五百一十（壹1623）」や「入僕郷口筭錢一千九百（壹1677）」を挙げ、一戸当たりの「口筭錢」が多すぎるとするが、これは各戸の口筭銭を一括して納付したものと考えれば矛盾しない。

（8）中村威也注（7）前掲論文。

（9）漢代銭納人頭税制（所謂「算賦」）について最初に体系的研究を行なったのは加藤繁「算賦に就いての小研究」（『支那経済史考証』上巻、東洋文庫、一九五二年）である。加藤氏は「算賦」を税制の名称とし、成年男女に課せられたとし、これが定説となった。だがその後、漢代に「算賦」という名称の税制があったか否かに関して論争が起こり、たとえば楠山修作「算賦課徴の対象について」（『中国古代史論集』私家版、一九七六年）、楠山修作「漢代の算銭について」（『中国古代国家論集』私家版、一九九〇年）、楠山修作「算と賦との研究」（『中国史論集』朋友書店、二〇〇一年）は「算＝算銭」と「賦＝賦銭」を分ける。また楊振紅「従出土〝算〟・〝事〟簡観両漢三国呉時期的賦役結構――〝算賦〟非単一税目辨」（『中華文史論叢』総第一〇一期、二〇一一年）は、漢代に「算」字を関する税が複数存在すること、「算」が人頭税の単位を意味することを指摘し、漢代に「算賦」という名称の税目は存在せず、代わりに「算」を単位とする諸人頭税が存在し、その中の一つに「賦銭」があったとする。だが「算賦」の語は『漢書』高帝紀「初爲算賦」以外にも、肩水金関漢簡に「☑□算賦給毋官獄徵事（73EJT9:328）」、「縣算賦給毋官獄徵事當得取傳謁移（73EJT10:222）」とある。また次注所引史料によれば「算銭」も「賦銭」

も同額の一二〇銭で、両者は同一税目と考えざるを得ない。ゆえに筆者自身は現在「算銭＝賦銭＝算賦＝諸賦の一つとしての算銭」と解する。また銭納人頭税が男女に課されたのか、それとも男性のみに課されたのかでも論争となり、楠山修作氏は女性不課説を支持し、山田勝芳『秦漢財政収入の研究』（汲古書院、一九九三年）や重近啓樹「算賦制の起源と展開」（『秦漢税役体系の研究』汲古書院、一九九九年）は男女賦課説を支持する。筆者は山田・重近説に賛同する。さらに所謂算賦が両漢を通じて定額一二〇銭であったか否かに関しても論争がある。すなわち加藤繁「算賦に就いての小研究」（『支那経済史考証』上巻、東洋文庫、一九五二年）は、「算賦＝一二〇銭」の論拠が『漢書』高帝紀漢四年条「初爲算賦（初めて算賦を爲す）」に対する曹魏・如淳注所引『漢儀注』や、『漢書』恵帝紀六年十月条「女子年十五以上至三十不嫁五算（女子の年十五以上、三十に至るものの嫁がざるは五算）」の後漢・応劭注引漢律で、どれも後漢末の史料であることから、後漢末以前の算賦は一二〇銭ではなかったと解した。だが平中苓次「居延漢簡と漢代の財産税」（『中国古代の田制と税法――秦漢経済史研究――』東洋史研究会、一九六七年）は加藤説を批判し、漢代算賦は基本的に一二〇銭で、状況に応じて臨時に増減したとし、現在では平中説が通説化している。その是非はともかく、「算賦＝一二〇銭」の論拠は後漢末の史料なので、後漢末の算賦が一二〇銭であった点は確実である。

(10) 『漢書』巻二恵帝紀六年条・顔師古注引の後漢末・応劭注に「漢律、人出一算、算百二十錢、唯賈人與奴婢倍算（漢律に、人ごとに一算を出だし、算ごとに百二十錢とし、唯だ賈人と奴婢のみは算を倍す、と）」、『漢書』巻一高帝紀上顔師古注引曹魏・如淳注引『漢儀注』に「民年十五以上至五十六出賦錢、人百二十爲一算、爲治庫兵車馬（民の年十五以上、五十六に至るは賦錢を出だし、人ごとに百二十とし、一算と爲し、庫兵車馬を治むる爲なり）」、孫星衍等輯『漢官六種』所収後漢・衛宏『漢官旧儀』巻下に「武帝加口錢、以補車騎馬逋稅。又令民男女年十五以上至五十六賦錢、人百二十爲一算、以給車馬（武帝は口錢を加え、以て車騎馬逋稅を補う。又た民の男女の年十五以上にして五十六に至るものをして錢を賦せしめ、人ごとに百二十とし、一算と爲し、以て車馬に給す）」とある。

(11) 重近啓樹注（9）前掲論文。

(12) 王素・宋少華・羅新「長沙走馬楼簡牘整理的新収獲」（『文物』一九九九年第五期）、王素「呉簡所見〝調〟応是〝戸調〟」

（『歴史研究』二〇〇一年第四期）、胡平生「〈長沙走馬楼三国呉簡〉第二巻釈文校証」（『出土文献研究』第七輯、上海古籍出版社、二〇〇五年）、于振波「〝筭〟与〝事〟——走馬楼戸籍簡所反映的算賦和徭役」（『走馬楼呉簡続探』文津出版社、二〇〇六年）、王子今「走馬楼竹簡〝小口〟考釈」（『史学月刊』二〇〇八年第六期）、張栄強「孫呉戸籍結句簡中的〝事〟」（『漢唐籍帳制度研究』商務印書館、二〇一〇年）、陳明光・邱敏『六朝経済』（南京出版社、二〇一〇年）、孟彦弘「呉簡所見〝事〟義臆説——从〝事〟到〝課〟」（『呉簡研究』第二輯、崇文書局、二〇〇六年）、凌文超「走馬楼呉簡采集簡〝戸籍簿〟復原整理与研究——兼論呉簡〝戸籍簿〟的類型与功能」（長沙簡牘博物館・北京大学中国古代史研究中心・北京呉簡研討班編『呉簡研究』第三輯、中華書局、二〇一一年）等々。最新の説は凌文超説で、「小口＝七歳〜十四歳の男女＝口銭納付」、「算人＝十五歳〜七九歳の男女＝算賦納付」、「大口＝疾病・罷癃・給役による十五歳〜七九歳の複算対象者＝二八銭納付」とする。だがこれでは大口の人数が大半に上る理由を説明できない。

（13）「凡口A事B　算C事復」の「復」について王素・宋少華・羅新注（12）前掲論文、張栄強（12）前掲論文は「免役」とし、高敏「読長沙走馬楼簡牘札記之二」（『長沙走馬楼簡牘研究』広西師範大学出版社、二〇〇八年）は「免除算賦」とする。

（14）重近啓樹注（6）前掲論文、山田勝芳「秦漢代の復除」（『秦漢財政収入の研究』汲古書院、一九九三年）。

（15）本釈文は、凌文超注（12）前掲論文により改めた。また末尾の「卅四銭」は私見により「廿四銭」に改めた。

（16）山田勝芳「均輸平準と桑弘羊——中国古代における財政と商業——」（『東洋史研究』第四十巻第三号、一九八一年）、山田勝芳「均輸平準の史料論的研究（一）・（二）」（『歴史』第六一〜六二輯、一九八三〜一九八四年）、重近啓樹「均輸法をめぐる諸問題」（『日本秦漢史学会会報』第六号、二〇〇五年）、渡邊信一郎「漢代の財政運営と国家的物流」（『中国古代の財政と国家』汲古書院、二〇一〇年）参照。

（17）吉田虎雄『両漢租税の研究』（大安、一九四二年）、影山剛「均輸・平準と塩鉄専売」（『岩波講座世界歴史4 東アジア世界の形成Ⅰ』岩波書店、一九七〇年）、影山剛「桑弘羊の均輸法試論」（『東洋史研究』第四十巻第四号、一九八一年）、山田勝芳注（16）前掲論文（一九八一年、一九八三〜一九八四年）。

（18）渡邊信一郎『天空の玉座　中国古代帝国の朝政と儀礼』（柏書房、一九九六年）、重近啓樹注（16）前掲論文。ただし渡邊氏が高祖十一年以来の献費（一人あたり六三銭）を郡国内の算賦・田租・口賦・更賦などの銭立の中央上供分（大司農財政の総額。約四十億銭）とするのに対して、重近氏は献費（六三銭）を算賦の中央上供分とし、献費（算賦の中央上供分）と上計吏の運搬する郡国貢献物とを別物とし、恵帝・呂后期に算賦が国家財政に入ると献費は委輸・賦輸などとよばれ、それと郡国貢献物との総称が貢輸とされるようになったとする。

(19) 二〇〇四年末、湖北省荊州市荊州区紀南鎮松柏村の村民が魚池の泥の除去作業を行なったさいに数座の古墓を見つけた。荊州博物館が早速緊急に発掘を行ない、四座の漢墓（M1～M4）と、二つの東周水井（J1～J2）を清理した。随葬器物には陶器・銅器・漆木器・木牘・木簡等があり、木牘は六三片に及ぶ。六片は無文字、三一片は一面に墨書、二六片は両面に墨書があり、内容は以下のように分類される。遣書（随葬器物の名称と数量を記録）・各種簿冊（南郡と江陵西郷等の戸口簿・正里簿・免老簿・新傅簿等）・牒書（秦昭襄王～漢武帝七年の王位・帝位在位年数を記録）・令（漢文帝の頒布した令の一部）・暦譜（おもに漢武帝時期の暦譜）・周偃の功労記録・漢景帝～漢武帝時期の周偃の昇遷記録と昇調文書等、公文書抄本。荊州博物館「湖北荊州紀南松柏漢墓発掘簡報」（『文物』二〇〇八年第四期）、荊州博物館編『荊州重要考古発現』（文物出版社、二〇〇九年）、彭浩「読松柏出土的四枚西漢木牘」（『簡帛』第四輯、上海古籍出版社、二〇〇九年）参照。

(20) 呂岱従交州召出、［薛］綜懼繼岱者非其人、上疏曰、「……縣官羈縻、示令威服、田戸之租賦、裁取供辦。貴致遠珍、名珠・香藥・象牙・犀角・瑇瑁・珊瑚・琉璃・鸚鵡・翡翠・孔雀・奇物、充備寶玩、不必仰其賦入以益中國也。……」（呂岱は交州従り召され出で、［薛］綜は岱を繼ぐ者の其の人に非ざるを懼れ、上疏して曰く、「……縣官は羈縻《きび》［押さえつける意］するに、令を示して威服《いふく》［威力で従わせる意］し、田戸の租賦は、裁取《さいしゅ》［見計らって取り立てる意］し供辦《きょうべん》［都合する意］す。致遠《ちえん》の珍を貴び、名珠・香藥・象牙・犀角・瑇瑁・珊瑚・琉璃・鸚鵡・翡翠・孔雀・奇物は、寶玩《ほうがん》を充備《じゅうび》するも、必ずしも其の賦を仰ぎて入れて以て中國を益せざるなり。……」と）。

(21) 呉書朱治伝に「權常歎治憂勤王事。性儉約、雖在富貴、車服惟供事。權優異之、自令督軍御史典屬城文書、治領四縣租稅而已（［孫］權は常に［朱］治の王事に憂勤《ゆうきん》するを歎《なげ》［賛美の意］く。性は儉約にして、富貴に在ると雖も、車服は惟だ供《きょう》事《じ》［公務に従事する意］のみ。［孫］權は優れて之を異とし、自ら督軍御史に令して屬城の文書を典らしめ、［朱治は］四縣の租税を治領するのみ）」とある。現在呉簡には中央政府との関連を窺わせる史料として、「其□□吏李便□齎褒《?》已嘉禾四年五月十一日於建業宮入付吏陳彊何玄便（肆3835）」や「⧄郡吏胡皖攸吏利擧弩析上送詣建業其年十一月二日付⧄（肆5402）」がある。

(22)　孟彦弘「釈〝財用銭〟」（北京呉簡研討班編『呉簡研究』第一輯、崇文書局、二〇〇四年）。

(23)　永田英正「江陵鳳凰山十号漢墓出土の簡牘」（『居延漢簡の研究』同朋舎、一九八九年）等参照。

(24)　王素・宋少華・羅新注（12）前掲論文は「三州倉＝従来中央政府（三州＝呉の別称）の派出した倉」とする。一方、安部聡一郎「嘉禾四年・五年吏民田家莂にみえる倉吏と丘」（『長沙呉簡研究会『嘉禾吏民田家莂研究――長沙呉簡研究報告』第一集、二〇〇一年）、伊藤敏雄「嘉禾吏民田家莂における米納入状況と郷・丘」（『歴史研究』第四三号、二〇〇六年）、谷口建速「長沙走馬楼呉簡よりみる孫呉政権の穀物搬出システム」（『中国出土資料研究』第十号、二〇〇六年）、伊藤敏雄「長沙走馬楼呉簡中の「邸閣」再検討――米納入簡の書式と併せて」（『中国前近代史論集』汲古書院、二〇〇七年）、王素（市来弘志訳）「中日における長沙呉簡研究の現段階」（『長沙呉簡研究報告』第三集、二〇〇七年）は「三州倉＝県倉」とする。なお呉簡には他にも「醴陵漉浦倉（肆4610・肆4612・肆4615・肆4663）」等の県倉の存在が確認される。ただし「戸曹郎《?》吏董基客巨□⧄（肆1622）」によれば「董基＝戸曹吏」である。さらに「付在所書帯下縣移三州邸閣董基倉吏鄭黑□受（肆3577）」や「州吏董基（肆4473）」や「⧄□邸閣南郡董基（肆4567）」によると、董基・邸閣・郡県の三者関係は複雑であった可能性もある。

(25)　徐暢「走馬楼簡所見孫呉臨湘県廷列曹設置及曹吏」（長沙簡牘博物館・北京大学中国古代史研究中心・北京呉簡研討班編『呉簡研究』第三輯、中華書局、二〇一一年）。

(26)　実際に「財用銭」が事務用品の製造・購入に使用されたか否かは不明。官用用品の製造には、官営手工業者とおぼしき「財模師（財莫師）」（參1606等）が関与か。

(27)　中村威也注（7）前掲論文。銭納税制の口算の代わりに納められる皮について、王子今「走馬楼簡的〝入皮〟記録」（北京呉簡研討班編『呉簡研究』第一輯、崇文書局、二〇〇四年）は「軍國之用」等とする。

(28) 王素・宋少華・羅新注（12）前掲論文。
(29) 高敏注（13）前掲論文。
(30) 王素注（12）前掲論文。
(31) 高敏「長沙走馬楼三国呉簡中所見〝調〟的含意――読《長沙走馬楼三国呉簡・竹簡〔壹〕》札記之七」（『長沙走馬楼簡牘研究』広西師範大学出版社、二〇〇八年）。
(32) 于振波「漢調与呉調」（『走馬楼呉簡初探』文津出版社、二〇〇四年）、于振波「走馬楼呉簡中的〝調〟」（『中国経済史研究』二〇〇四年第一期）、于振波「从走馬楼呉簡看両漢与孫呉的〝調〟」（『湖南大学学報（社会科学版）』二〇〇五年第一期）、于振波「略論走馬楼呉簡中的戸品」（『走馬楼呉簡続探』文津出版社、二〇〇七年）、于振波「走馬楼呉簡賦税収支記録管窺」（『南都学壇』二〇〇九年第四期）。
(33) 楊際平「析長沙走馬楼三国呉簡中的〝調〟――兼談戸調制的起源」（『歴史研究』二〇〇六年第三期）。
(34) 湖南省文物考古研究所・郴州市文物処「湖南郴州蘇仙橋遺址発掘簡報」（『湖南考古輯刊』第八輯、岳麓書社、二〇〇九年）によれば、二〇〇三年十二月～二〇〇四年二月に郴州市蘇仙橋遺址の後漢～宋元時代の古井戸（J4）から呉簡が発掘された。湖南省文物考古研究所・郴州市文物処「湖南郴州蘇仙橋J4三国呉簡」（『出土文献研究』第七輯、上海古籍出版社、二〇〇五年）参照。その後、同様の古井戸（J10）から晉簡が発見され、その一部の写真・釈文が「湖南郴州蘇仙橋遺址発掘簡報」に収録された。詳細は伊藤敏雄・永田拓治「郴州晉簡初探――上計及び西晉武帝郡国上計吏勅戒等との関係を中心に――附郴州晉簡にみる田租」（『長沙呉簡研究報告』二〇一〇年特刊、二〇一一年）参照。
(35) 沈剛「長沙走馬楼三国竹簡納布記録析論」（『史学月刊』二〇一〇年第十期）は「入布＝入調布」とする楊説を批判し、たとえば「入……所調布（壹7501）」の「調」は動詞なので、「入……布」簡と意味が異なるとする。また楊氏が「田家莂」所見の布と「入布」簡とを切り分ける点も批判し、「☑九月廿一日税布一□□□☑（壹78）」や「入小樂郷税布……□　□…☑（壹4834）」の「税布」を「田家莂」所見の「布」と同じものとする。
(36) 阿部幸信「長沙走馬楼呉簡所見的〝調〟――以出納記録的検討為中心」（長沙簡牘博物館・北京大学中国古代史研究中心・

北京呉簡研討班編『呉簡研究』第三輯、中華書局、二〇一一年）。

（37）中村威也注（7）前掲論文。

（38）九品説は王素・宋少華・羅新注（12）前掲論文、高敏「呉簡中所見孫呉時期戸等制度的探討――読《長沙走馬楼三国呉簡・竹簡〔壹〕》札記之三」（『長沙走馬楼簡牘研究』広西師範大学出版社、二〇〇八年）、三品（+下品之下）説は楊際平注（33）前掲論文、張栄強「呉簡中的〝戸品〟問題」（『漢唐籍帳制度研究』商務印書館、二〇一〇年）等参照。上品・中品・下品の語は竹簡肆にも相当数みられ、逆に三品と下品之下以外はみられない。

（39）「新調品布四匹（叄6215）」や「出元年四品布一千五百匹（肆1319）」の「品」は布の等級か。

（40）徐暢注（25）前掲論文。

（41）唐長孺「魏晉戸調制及其演変」（『魏晉南北朝史論叢』三聯書店、一九五五年）、渡邊信一郎「戸調制の成立――賦斂から戸調へ」（『中国古代の財政と国家』汲古書院、二〇一〇年）。

（42）「金田曹言已市得所調本錢□□乞請□□税錢……（叄3807）」は、銭を調発したとも読めるが、「調発した物品を購入し、その本銭（代価？）は……」とも読める。

（43）呉書潘濬伝に「先帝篤尚朴素、服不純麗、宮無高臺、物不彫飾。故國富民充、姦盜不作。而陛下徴調州郡、竭民財力、土被玄黄、宮有朱紫、是不遵先帝七也（先帝〔孫権〕は篤く朴素《ぼくそ》〔飾り気のない意〕を尚び、服は純麗《じゅんれい》〔精巧で華やかな意〕ならず、宮に高臺無く、物は彫飾せず。故に國は富み民は充ち、姦盜は作《おこ》らず。而るに陛下は州郡に徴調《ちょうちょう》し、民の財力を竭くし、土は玄黄を被り、宮に朱紫有り、是れ先帝に遵わざるの七なり）」とあり、本文中の「調」も、正規の租税・人頭税を補完する臨時徴収と解せる。

（44）野中敬「魏晉戸調成立攷」（『早稲田大学大学院文学研究科紀要』別冊第十四集・哲学・史学編、一九八七年）。

（45）漢代市租に関する諸説については柿沼陽平「戦国及秦漢時代官方〝受銭〟制度和券書制度」（『簡帛』第五輯、二〇一〇年）参照。

（46）柿沼注（45）前掲論文。

(47) 「入民還賈人李授米卌一斛六斗（肆4736）」・「入吏民還價人李授米六十六斛三斗（肆4736）」は賈人関連史料か。

(48) 朱徳貴「長沙走馬楼呉簡商業税献疑」（『商業研究』二〇〇八年第十二期）や高敏「从長沙走馬楼三国呉簡看孫呉時期的商品経済状況——読《長沙走馬楼三国呉簡・竹簡［壹］》札記之六」（『長沙走馬楼簡牘研究』広西師範大学出版社、二〇〇八年）は市租に言及しているが、具体的分析はほとんど行なっていない。

(49) 呉書陸遜伝に「嘉禾五年、權北征、使遜與諸葛瑾攻襄陽。……潜遣将軍周峻・張梁等撃江夏新市・安陸・石陽。石陽市盛、峻等奄至、人皆捐物入城。城門噎不得關、敵乃自斫殺己民、然後得闔（嘉禾五年、［孫］權は北のかた征し、［陸］遜と諸葛瑾をして襄陽を攻めしむ。……潜かに将軍周峻・張梁等を遣わして江夏の新市・安陸・石陽を撃つ。石陽の市は盛んにして、峻等の奄《にわ》かに至るや、人は皆な物を捐て城に入る。城門は噎《ふさ》がれて關《と》じるを得ず、敵は乃ち自ら己の民を斫《き》り殺し、然る後に闔《と》じるを得）」とある。

(50) 呉書呉主伝に「遣校尉陳勳将屯田及作士三萬人鑿句容中道、自小其至雲陽西城、通會市。作邸閣（校尉陳勳を遣わして屯田及び作士三萬人を将いて句容中道を鑿ち、小其自り雲陽西城に至り、會市に通ず。邸閣を作る）」とある。

(51) 王素「長沙呉簡中的〝月旦簿〟与〝四時簿〟」（『文物』二〇一〇年第二期）によれば、漢と孫呉の月旦簿・四時簿には継承関係があり、正式名称は月旦見簿で、旦簿とも称され、月単位での決算は月言簿や月旦簿、季節單位・年単位での決算は四時簿ともよばれ、どの決算日もその月・季節・年にではなく、次の月の一日、次の季節の三番目の月の一日、来年正月一日にあった。

(52) 胡平生・王力工「走馬楼呉簡〝嘉禾吏民田家莂〟合同符号研究」（『出土文献研究』第六輯、上海古籍出版社、二〇〇四年）。

(53) 高敏注（48）前掲論文。

(54) 『三国志』呉書三嗣公孫皓伝天璽元年（二七六）条に「會稽太守車浚・湘東太守張詠不出算緡、就在所斬之、徇首諸郡（會稽太守車浚・湘東太守張詠は算緡を出ださず、在所《ざいしょ》に就かしめて之を斬り、首を諸郡に徇《とな》う）」とあり、『建康実録』巻四呉後主伝に「時東湖太守張詠以不出算緡、亦遣就斬之、同梟首、以徇諸郡（時に東湖太守張詠は算緡を出ださざるを以て、亦た就かしめて之を斬り、同じく梟首し、以て諸郡に徇う）」とあるのも参照されたい。呉書三嗣公伝所引「算緡」について高敏注（6）前掲論文は「算賦緡銭」の略とするが、むしろ前漢武帝以来の「算緡」であろう。漢代算緡については、平中苓次「漢の武帝の算緡銭」（『中国古代の田制と税法』東洋史研究会、一九六七年）等参照。

(55) 侯旭東「三国呉簡所見塩米初探」（北京呉簡研討班編『呉簡研究』第一輯、崇文書局、二〇〇四年）、王子今「走馬楼許迪割米案文牘所見塩米比較及相関問題」（『長沙三国呉簡暨百年来簡帛発現与研究国際学術研討会論文集』中華書局、二〇〇五年）、侯旭東「三国呉簡中的〝鋘銭〞」（北京呉簡研討班編『呉簡研究』第一輯、崇文書局、二〇〇四年）等。

(56) 宋超「呉簡所見〝何黒銭〞・〝僦銭〞与〝地僦銭〞考」（北京呉簡研討班編『呉簡研究』第一輯、崇文書局、二〇〇四年）、王子今「長沙走馬楼竹簡〝地僦銭〞的市場史考察」（長沙簡牘博物館・北京呉簡研討班編『呉簡研究』第二輯、崇文書局、二〇〇六年）。

(57) 李均明「走馬楼呉簡〝地僦銭〞考」（卜憲群・楊振紅主編『簡帛研究二〇〇四』広西師範大学出版社、二〇〇六年）。

(58) 宋超注（56）前掲論文。

(59) 安部聡一郎「走馬楼呉簡中所見「戸品出銭」簡の基礎的考察」（藤田勝久・松原弘宣編『東アジア出土資料と情報伝達』汲古書院、二〇一一年）。

(60) 「米穀二百八十萬斛」は一国の食糧貯蔵量としては異常に少ない。本書第五章で論じたように、当時十万人の兵を一年間維持するのには約六百万斛が必要で、孫呉の兵は二三万に及ぶので、年間最低でも一五〇〇万斛以上を要したはずである。ただし蜀漢も滅亡時には四十余万斛しか有していないので（本書第五章参照）、孫呉滅亡時の分量としては十分にありうるものである。

(61) 高村武幸「調査走馬楼呉簡にみえる郷」（『長沙呉簡研究報告』第二集、二〇〇四年）はつとに臨湘侯国の郷が千人前後で、一郷あたり四〜六里とする。従うべきである。だが「一里＝五〇戸」前後の史料が多く、「☑集凡中郷領民三百卌九戸口食一千七十一人（肆899）」という史料もあるため、「一郷＝二〇〇戸」とする点はやや疑問。そこでここでは二〇〇〜三〇〇戸とし、平均二五〇戸で計算した。

(62) 越智重明『魏晉南朝の政治と社会』（吉川弘文館、一九六三年）は「吏三萬二千、兵二十三萬」を吏戸・兵戸の数とし、孫呉の戸数全体を五二万＋三万二千＋二三万＝七八万以上とする。

(63) 廣瀬薫雄「張家山漢簡『二年律令』史律研究」(『秦漢律令研究』汲古書院、二〇一〇年)は、漢代の労役従事者(卒や吏を含む)が月単位の輪番制(更)により、いわゆる常勤と非常勤に大別される点をあざやかに喝破した。ただしその後、部分的な批判がなされ、楊振紅「秦漢簡中的〝冗〟〝更〟与供役方式」(『出土簡牘与秦漢社会(続編)』広西師範大学出版社、二〇一五年)は正式な任命による吏(員吏)と、そうでない吏を分け、後者の勤務形態をさらに冗(長期供役)と更(輪番制による供役)に大別した。その詳細はさらに宮宅潔「漢代官僚組織の最下層――「官」と「民」のはざま――」(『東方学報』京都第八七冊、二〇一二年)で論じられている。

(64) 韓樹峰「走馬楼呉簡中的〝真吏〟与〝給吏〟」(『呉簡研究』第二輯、崇文書局、二〇〇六年)、韓樹峰「論呉簡所見的州郡県吏」(『呉簡研究』第二輯、崇文書局、二〇〇六年)、韓樹峰・王貴永「孫呉時期的〝給吏〟与〝給戸〟――以走馬楼呉簡為中心」(『呉簡研究』第三輯、中華書局、二〇一一年)は、「吏＝正真正銘の吏」、「給吏＝一時的に吏の業務に携わった民」とする。黎虎「〝吏戸〟献疑」(『歴史研究』二〇〇五年第三期)、黎虎「論〝吏戸〟即編戸斉民」(『中華文史論叢』二〇〇七年第二期)、黎虎「説〝給吏〟――従長沙走馬楼呉簡談起」(『社会科学戦線』二〇〇八年第十一期)は「給吏＝吏」とし、呼称の相異は勤務地の違いによるとする。

(65) 韓樹峰「走馬楼呉簡中的〝真吏〟与〝給吏〟」(『呉簡研究』第二輯、崇文書局、二〇〇六年)によれば、呉簡所見の「真吏」は、免老年齢を超える者もおり、算銭賦課対象(給吏簿は時々「筭」字を含む)の「給吏」と異なり、算銭が課されておらず、それゆえ「真吏」は国家に対する正式な服役で、口算等が免除されたとされる。これに対して給吏等は「吏」とも呼ばれたようで、現に「斛數錢米列登簿吏眞吏者乘里□詣在所計時□□(肆1291)」には「吏眞吏」とあり、「吏吏・眞吏」の略と解される。これも「給吏＝踐吏小吏」とする私見と合致する。

(66) 「限米」については従来諸説ある。谷口建速「長沙走馬楼呉簡にみえる「限米」――孫呉政権の財政に関する一考察」(『三国志研究』第三号、二〇〇八年)は諸説を整理し、次のように指摘する。①限米納入者の身分・職役は、租米・税米納入者とほぼ異なる。②租米・税米・限米の納入記録は書式が共通し、かつ同一簿にまとめられた可能性が高く、三者の収入としての性格は近い。③限米は郷に関わる収入で、限米負担者・租税・税米負担者は同一の郷・丘に所属し、彼らの田も同一の郷・丘に属した。④田地の区分には、郵卒田・佃卒田・衛卒田・民田という耕作者の身分・職役に基づく区分と、限田・租田・税田という課税に基づく区分があった。⑤従来限田は屯田耕作者の田とも推測されたが、実際には屯田耕作者以外も限田を耕し、限米を納めた。⑥限米は、一畝当たりの徴収額が大きいが、限田負担者は布・銭を賦課されなかった可能性もあり、他の税役面で優遇された可能性もある。⑦限米負担者は特定の身分・職役を有したが、一般の吏民と同じく郷里の名籍（正籍）に登録されていた。⑧限田は「佃客（国家によって編成された客で、私客ではない）」が耕作する場合もあった。

(67) 渡邊信一郎『中国古代の財政と国家』所収の「漢代吏卒制度の再検討――服虔＝濱口説批判」、「漢魯陽正衛彈碑小考――正衛・更賤をめぐって」、「漢代国家の社会的労働編成」参照。渡邊説の疑問点については廣瀬注（63）前掲論文参照。

(68) 「其□人更人收錢三百□（壹9786）」等。中村威也注（7）前掲論文、高敏注（6）前掲論文。

(69) 黎石生「走馬楼呉簡所見〝士伍〟・〝歳伍〟・〝月伍〟考」（『史学月刊』二〇〇八年第六期）によれば、呉簡の「領吏士」や「領帥士」が軍事編制所属なのに対し、「歳伍」・「月伍」は編戸斉民で、「吏」と関係する。また黎氏や李均明「長沙走馬楼呉簡所反映的戸類与戸等」（饒宗頤主編『華学』第九・十輯、上海古籍出版社、二〇〇八年）によれば、「歳伍＝一年一回交替」、「月伍＝一ヵ月一回交替」で、さらに李氏によれば「伍＝役伍＝服役時の一種の組織形式」である。つまり「歳伍」・「月伍」は更卒に含まれる。また呉簡所見の「給卒」も「臨時徴発されて一時的に卒となっている民」なので（「給」の意については既述）、兵戸でなく更卒に分類される。

(70) 「役民」は、「☑其卅四戸各窮老及刑踵女戸下品之下不任調役（參6327）」・「其卌□戸各窮老及刑踵女戸下品之下不任調役（參6375）」・「陽貴里戸人大女呉妾年七十六　不任役（肆1792）」によれば、「下品之下」以外の「民」と解される。

(71) 「定應役民」は「民」なので、正規の「吏」は含まない。だが「給吏」等の非常勤吏として働く「民」は含まれる。つまり前掲『晉陽秋』所引人口統計の兵数は、「吏三萬二千（常勤も非常勤も含む）」と一部重複する可能性がある。

(72) 本章では、既述のごとく、高敏氏の諸論文から多くの啓発を受けた。だが同時に、私見と高敏説には多くの相異点もあり、蜀漢経済に関しても見解を異にする。結果、両者の見解は異なるものとなった。すなわち、高敏「長沙走馬楼呉簡中所見

〝調〟的含意──兼于王素同志商榷」（『中華文史論叢』二〇〇七年第一期）は、三国時代を漢代賦税制から戸調制への移行期と捉え、曹魏は漢制改革、蜀漢は漢制維持を志向し、孫呉は両者を折衷する税制を採用したと総括するが、これは私見と大きく異なる。

第八章　晉代貨幣経済と地方的物流

はじめに

本書第一章・第二章・第四章の検討によると、銭を主たる国家的決済手段とし、布帛を民間供給型貨幣とする後漢貨幣経済は、後漢時代末期～三国時代中期にかけて大きく転換した。西暦二二〇年に後漢が名実ともに滅びると、中原では新たに曹丕が魏（以下、曹魏）を建国して皇帝を称した。また四川地方では劉備が蜀漢を、長江中下流域では孫権が呉（以下、孫呉）を建国し、それぞれ皇帝を称して対抗した。このような三国時代の戦乱は、二六三年に蜀漢が魏に滅ぼされ、二六五年に魏が晉に禅譲し、二八〇年に呉が晉に滅ぼされるまで続いた。このような状況のなか、後漢貨幣経済は大転換を遂げる。それはつぎの二点に起因するものであった。

①後漢最後の献帝を奉戴した曹操（曹丕の父）が、西暦二〇〇年前後を境として大々的に戸単位の布帛納税制（以下、曹魏戸調制）を施行したこと。

②曹魏の明帝曹叡が、当該曹魏戸調制を維持しつつも、「民に不便」との理由で五銖銭を復活させたこと。

これにより、五銖銭は国家的決済手段としての役割を失い、純粋に民間での利便性の高い経済的流通手段として生まれ変わり、その一方で、布帛は新たに国家的決済手段としての役目を果たすことになった。むろんこのような転換は、当初は曹魏国内にとどまるものであった。しかし、その曹魏が蜀漢を吸収し、西晉に帝位を禅譲し、西晉が孫呉を吸収する以上、結局それは三国以降の貨幣経済全体を方向づける決定的変化であった。

では、そのような曹魏の体制を継受した西晉においては、一体どのような経済が花開いたのか。前著序章や本書序章でのべたように、西晉時代～五胡十六国時代の約二〇〇年間の経済については、従来それを自給自足経済ないし自然経済とみる説が有力であった。一部には、南方貨幣経済の隆盛を説く論者や、銭だけでなく布帛をも貨幣の定義に含めることによって当該時期の貨幣経済を再評価しようとする論者もいたものの、総じて詳細・厳密な分析対象とはされてこなかった。なかには佐藤武敏氏や王怡辰氏のように、関連史料を相当程度網羅した好論を展開している者もいるが、(1)分類がやや粗く、史料収集の網羅性やその内容理解に関しても検討の余地がある。また宮澤知之氏は魏晉南北朝貨幣経済史の詳細を論じており、(2)大いに参考になるが、その焦点はいわゆる短陌問題などに絞られ、本章の論点と必ずしも完全に一致するものではない。むしろ両者は相互補完的関係にあるともいえる。そこで本章では、先行研究所引の史料に加え、あらためて関連史料を網羅的に収集して検討を加える。そのうえで晉代の銭と布帛のあり方にとくに注目し、それを通じて晉代貨幣経済の構造と特質を解明することにしたい。

第一節　晉代における国家的物流の弱体化

西暦二八〇年に孫呉を滅ぼして天下を統一した西晉武帝は、曹魏戸調制を継受し、新たに全国規模での戸調制を整えた。いわゆる西晉戸調制の制定である。その関連史料（『晉書』巻二六食貨志、『通典』巻一田制上、『初学記』巻二七宝器部絹第九所引『晉故事』、『隋書』巻二四食貨志など）の解釈には従来諸説あり、(3)戸調制を含む西晉税制の具体的内容には不明確な部分も多い。また束晳（二六四年頃～三〇三年頃）の「勧農賦」（『藝文類聚』巻六五所収）に、

惟百里之置吏、各區別而異曹。考治民之賤職、美莫當乎勸農。專一里之權、擅百家之勢。及至青幡禁乎游惰、田賦度乎頃畝。與奪在己、良薄決口。受饒在於肥脯、得力在於美酒。若場功畢、租輸至、錄社長、召閭師、條牒所領、注列名諱、則豚雞争下、壺榼橫至。遂乃定一以爲十、拘五以爲二。蓋由熱啖紆其腹、而杜康咥其胃。

（惟れ百里ごとの吏を置くや、各々區別して曹を異にす。民を考治《こうち》［拷問にかけて調査］するの賤職《せんしょく》の、美《よみ》するは勸農に當《かな》うもの莫し。一里の權を專らにし、百家の勢を擅《ほしいまま》とす。青幡《せいはん》［青色の細長い旗］もて游惰《ゆうだ》［游び怠けること］を禁じ、田賦［田地に課す賦税］ごとに頃畝《けいほ》［田地の大きさ］を度《はか》るに及至《きゅうし》［至る］す。與奪は己に在り、良薄は口に決す。饒《じょう》［豊かなこと］を受くるは肥脯《ひほ》［脂身を含む乾肉］に在り、力を得るは美酒に在り。若し場の功《こう》［仕事］畢《おわ》り、租輸《そゆ》至らば、社長［村長］を錄《す》べ、閭師《りょし》［郷里のお頭］を召し、領する所を條牒《じょうちょう》［箇条書き］し、名諱《めいき》［生存中の名と死後の諱］を注列《ちゅうれつ》し、則ち豚雞《とんけい》は下に争い、壺榼《ここう》［壺と蓋、転じて酒の意か］は橫《ほしいまま》に［無制限に］至る。遂に乃ち一を定めて以て十と爲し、五を拘《とら》えて以て二と爲す。蓋し熱き啖《たん》［食事］、其の腹を紆《めぐ》り［まとわりつき］、杜康《とこう》［酒］、其の胃を咥《か》むに由る）

とあるとおり(4)、そもそも当時の税率は担当官吏への賄賂如何で変化することがあり、晉代の課税実態を把握することにははじめから限界がある。ただし、西晉戸調制が曹魏戸調制と同じく、原則的に戸単位布帛納税制で、田租とともに西晉税制の根幹を占めていたことは疑いようがなく、それは東晉にも継受された。その実施例の一端を挙げると、以下のごとくである。

皇太后詔曰、「……三呉・義興・晉陵及會稽遭水之縣尤甚者、全除一年租布、其次聽除半年、受振貸者卽以賜之」

（『晉書』巻九孝武帝紀寧康二年条）。

（皇太后、詔して曰く、「……三呉・義興・晉陵及び會稽の水に遭うの縣の尤も甚しき者は、全く一年の租布を

除き、其の次は半年を除くを聴し、振貸を受くる者には卽ち以て之を賜う」と）

日有蝕之。減百姓緜絹三分之一（『晉書』巻三武帝紀太康六年条）。

（日、之を蝕する有り。百姓の緜絹三分の一を減ず）

五月……除天下戶調緜絹……（『晉書』巻四恵帝紀永平元年条）。

（五月……天下の戶調の緜絹を除く……）

晉左丞主臺內禁令……右丞掌臺內庫藏廬舍・凡諸器用之物及稟振人租布・刑獄兵器、督錄遠道文書章表奏事（『晉書』巻二四職官志）。

（晉の左丞は臺內の禁令を主り……右丞は臺內の庫藏廬舍・凡そ諸々の器用の物及び人に稟振する租布・刑獄兵器を掌り、遠道文書章表奏事を督錄す）

品	官名	秩数	月俸
3	尚書令	千	三十五斛
	尚書僕射	千（六百）	四十五斛
	光祿大夫	中二千	三十五斛
6	尚書左右丞	四百	三十斛
	博士	千（六百）	二十五斛
	大宰長史	千	五十斛
7	武庫令		二十斛
	車府令		二十斛
	太倉令		二十斛
	太医		二十斛
	公車司馬令		二十七斛

［表８―１］『晉百官表注』所載俸祿
※ 秩数は後漢のものを参考として挙げた。

そしてこのように収取された布帛は、『晉書』によると食糧調達費・官吏俸祿費・軍事費などに用いられた[5]。とくに官吏の俸祿に関しては中村圭爾氏の研究があり、西晉泰始年間以降は表８―１、孫呉平定後の太康年間以降は表８―２のようであったと解されており[6]、少なくとも太康年間以降の俸祿制度が布帛支給を伴うものであったことが確認できる。以上より布帛は、曹魏に続き、晉代でも主たる国家的決済手段として機能していたと論定される。

ただし、国家的物流の影響力が強かった秦漢時代に比べ、西晉～東晉中期のそれは非常に小さかった。すなわち、つぎの史料をみると、西晉恵帝の永寧年間（三〇一～三〇二年）には、まだ洛中に「錦帛四百萬・珠寶金銀百餘斛」の備蓄があり、愍懐太子の東宮を中心とした売買だけでも毎月数十万銭の利益を挙げる程であった。しかし、西晉恵帝による「北征（三〇四年）[7]」の大敗以降はほとんどの財を失っている。また東晉に入ってからは、なんとか「［布」四千匹」を確保したものの、蘇峻の乱（三二八年）の時に至っても、なお「布二十萬匹・金銀五千斤・錢億萬・絹數萬匹」を有するにすぎなかった。

永寧之初、洛中尚有錦帛四百萬・珠寶・金銀百餘斛(8)。惠后北征、蕩陰反駕……其布衾兩幅・囊錢三千、以爲車駕之資焉。懷帝爲劉曜所圍、王師累敗、府帑既竭……元后渡江、軍事草創、蠻陬賧布、不有恆準、中府所儲數四千匹（『晉書』卷二六食貨志）。

（永寧の初、洛中に尚お錦帛四百萬・珠寶・金銀百餘斛有り。惠后、北征するや、蕩陰して駕を反す……其の布衾兩幅・囊錢三千は、以て車駕の資と爲す。懷帝、劉曜の圍む所と爲り、王師は敗を累ね、府帑既に竭く……元后は江を渡り、軍事もて草創し、蠻陬賧布、恆準有らず、中府の儲する所の數は四千匹）

及長、不好學……又令西園賣葵菜・藍子・雞麵之屬而收其利。東宮舊制、月請錢五十萬、備於衆用。太子恆探取二月、以供嬖寵（『晉書』卷五三愍懷太子列伝）。

（〔愍懷太子の〕長ずるに及び、學を好まず……又た西園をして葵菜・藍子・雞麵の屬を賣らしめて其の利を收む。東宮の舊制に、月ごとに錢五十萬を請い、衆用に備う。太子恆

品	官名	秩数	日俸	菜田/田騶	布帛
1	諸公 開府位従公者		五斛	十頃 十人	絹春百匹・絹秋二百匹 緜二百斤
2	特進		四斛	八頃 八人	絹春五十匹 絹秋百五十匹※1 緜百五十斤
3	光祿大夫 諸卿 三品将軍	中二千	三斛	六頃 六人	絹春五十匹 秋百匹・緜百斤
	太子太傅 太子少傅	中二千 二千	三斛	六頃 六人※2	絹春五十匹 絹秋百匹・緜百斤
	尚書令	千	月俸 五十斛※3	六頃 六人	絹春三十匹 絹秋七十匹・緜七十斤

［表８―２］『晉書』職官志所載俸祿
※1『通典』巻34注に「五十匹」に作る。
※2 同上巻30注に「五十人」に作る。
※3『晉百官表注』の記載が混入か。

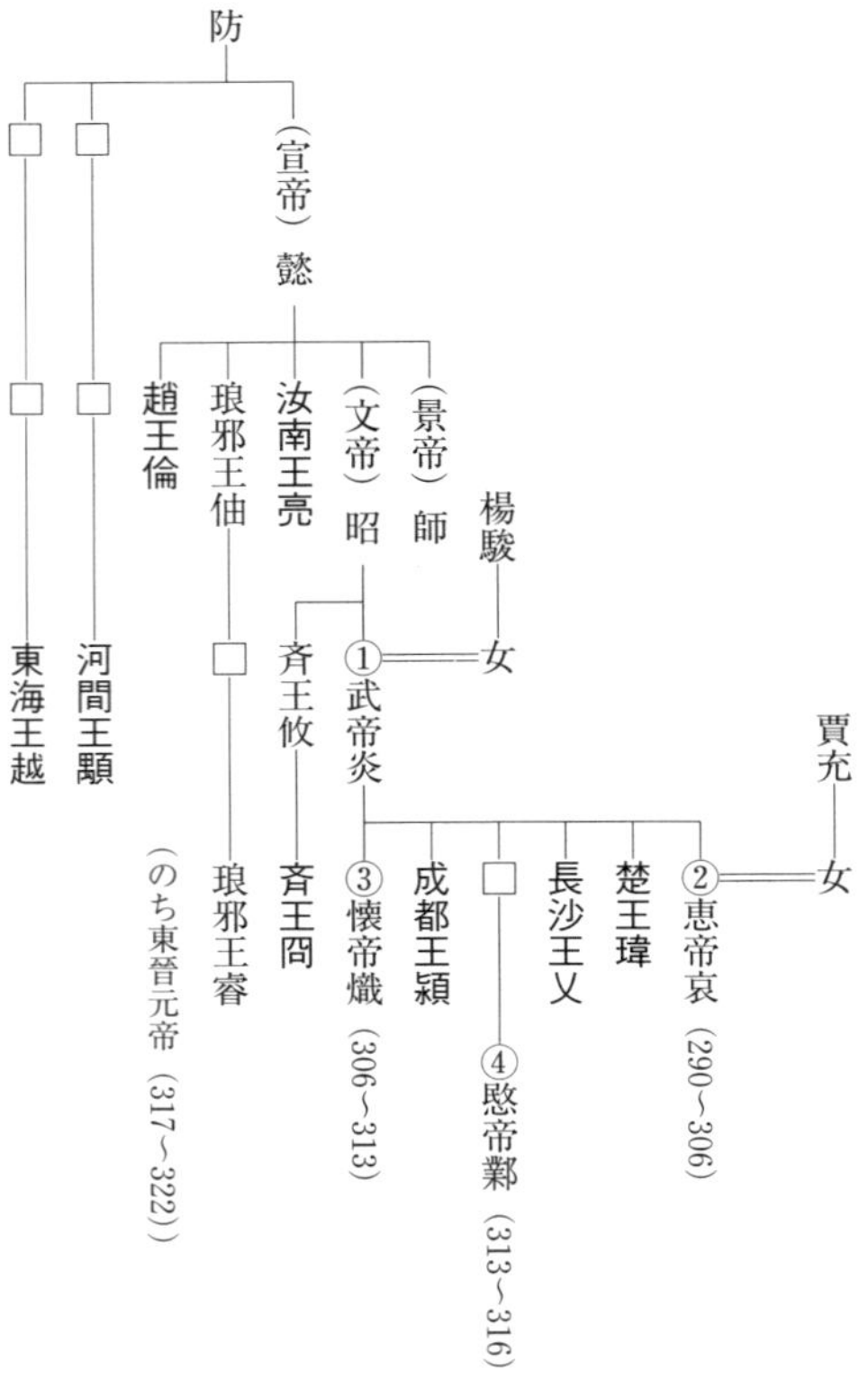

［図８—１］　西晋皇統譜（ゴシック体は八王）

に二月を深取し、以て嬖寵に供す）

峻素疑亮欲害己……謀爲亂而以討亮爲名……遂陷宮城、縦兵大掠……殘酷無道……哀號之聲震動内外。時官有布二十萬匹・金銀五千斤・錢億萬・絹數萬匹、他物稱是。峻盡廢之（『晋書』巻一〇〇蘇峻列伝）。

（［蘇］峻は素より［庾］亮の己れを害せんと欲するを疑い……謀りて亂を爲して亮を討つを以て名と爲し……遂に宮城を陷《おとしい》れ、兵を縦《ほしいまま》にして大いに掠し……殘酷無道にして……哀號の聲は内外を震動す。時に官に布二十萬匹・金銀五千斤・錢億萬・絹數萬匹有り、他物は是れに稱《かな》う。峻は盡く之を廢す）

このように国家の資産が布帛などで表示されている背景には、布帛を主たる国家的決済手段とする晋代の財政構造が垣間見えるが、それにも増して注目すべきは、その布帛総量の圧倒的少なさである。永寧年間の「錦帛四百萬」はまだしも、東晋中期の「布二十萬匹」は、三国時代の蜀漢の滅亡時における資産と比較しても、あまりに少ない。

禪……又遣尚書郎李虎送士民簿。領戸二十八萬・男女口九十四萬・帶甲將士十萬二千・吏四萬人・米四十餘萬斛・

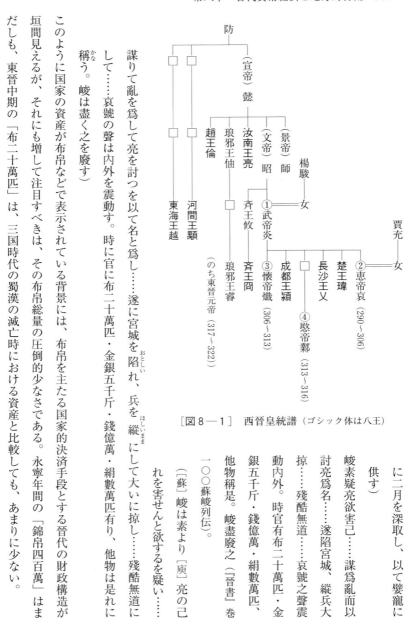

金銀各二千斤・錦綺綵絹各二十萬匹。餘物稱此（『三国志』巻三三後主伝景燿六年条裴松之注引・王隠『蜀記』）。

〔劉〕禪……又た尙書郎李虎を遣わして士民簿を送らしむ。戶二十八萬・男女口九十四萬・帶甲將士十萬二千・吏四萬人・米四十餘萬斛・金銀各々二千斤・錦綺綵絹各々二十萬匹を領す。餘物は此れに稱《かな》う）

その理由として、戦乱による首都の荒廃が挙げられる。すなわち西晉では、周知のごとく、武帝の死後に暗君恵帝の輔政役の座をめぐって激しい権力闘争が繰り広げられた。それは当初たんなる宮廷内の争いにすぎなかったが、外戚楊氏を滅ぼした賈皇后が皇太子司馬遹（愍懐太子）を廃するに及び、一挙に内乱状態に陥った（三〇〇年～）。いわゆる八王の乱の勃発である。(9) これにより首都圏は壊滅し、混乱のなかで西晉は滅亡する（三一三年）。このようななかにあって、首都洛陽（のち長安）に全国から安定的な税収が上がってくるわけがない。現に、河北では劉淵らが跋扈し、長江上流では石冰の乱（三〇三年）や陳敏の乱（三〇五年）が起こり、成都では李雄の成漢が建国されるなど（三〇四年）、西晉の地方統治力は極限にまで落ち込んでいた。

また三一一年六月の洛陽陥落に伴い、荀藩の檄文に従って建康で独立した司馬睿は、江南豪族（顧栄・周玘など）の協力を背景に、長江中流域の陶侃をも取り込み、東晉を建国するが（三一八年）、北来貴族の王氏を退けようとしたため、逆に王敦に首都建康を占領され（三二二年）、成帝期には叛将蘇峻らにも建康を蹂躪された（三二九年）。それゆえ東晉においても、前掲蘇峻列伝のしめすごとく、首都建康への資産集積は少なかった。毎年数十億銭の税収を得ていた漢代中央財政と比すれば、晉代の中央財政と国家的物流の経済全体に占める割合は非常に小さかったといわねばならない。これは、すでに主たる国家的決済手段としての地位を喪失していた銭だけでなく、戸調制導入とともに国家的決済手段へと変貌した布帛もまた、八王の乱以降、東晉に入ってからも、中央に集積されなくなっていたことを意味する。(10)

第二節　晉代貨幣経済の存立背景とその浸透度

それでは、晉代における銭と布帛の流通量は総体として少なかったのかというと、付表4をみるかぎり、そうともいえない。とくに銭は、すでに国家的決済手段としての中心的地位を失い、国家により信用が担保されていたわけではなかったにもかかわらず、戦乱期の市場において流通しつづけた。現に『晉書』巻二六食貨志には、

魏明帝乃更立五銖錢。至晉用之、不聞有所改創。

（魏の明帝は乃ち更めて五銖銭を立つ。晉に至るも之を用い、改創する所有るを聞かず）

とある。さらに『晉書』には「米斛萬錢（『晉書』巻四）」・「米石萬錢（『晉書』巻四）」・「米斛萬餘價（『晉書』巻五）」・「米斗萬錢（『晉書』巻七）」・「米斛萬錢（『晉書』巻二八）」・「一食萬錢（『晉書』巻四五）」・「日膳萬錢（『九家旧晉書輯本』所収王隠『晉書』巻六）」などの表現がみえ、人びとが餓死するほどの状況下においても、なお銭が価値尺度手段・経済的流通手段として機能していたことを窺わせる。唯一の例外として「斗米二金（『晉書』巻二六）」という表現もみえるが、おそらく米価が異常に高かったことをしめす誇大表現であろう。また当時銭にがめつい人は「錢癖」などと揶揄され[11]、逆に賄賂や贈銭を受けつけない人びとが称賛される社会的風潮が強かったが[12]、これも裏を返せば、銭の価値の高さと流通量の多さをしめすものである[13]。ちなみに『晉書』食貨志に、

二年……後軍将軍應詹表曰、「夫一人不耕、天下必有受其饑者。而軍興以來、征戰・運漕・朝廷・宗廟・百官用度既已殷廣、下及工商・流寓・僮僕不親農桑而遊食者以十萬計。

（〔太興〕二年〔三一九年〕……後軍将軍應詹、表して曰く、「夫れ一人耕さずんば、天下は必ず其の饑を受くる

者有り。而るに軍興りて以來、征戰・運漕・朝廷・宗廟・百官の用度《ようど》［必要経費］は既《すで》に殷廣《いんこう》［非常に多く広範］にして、下は工商・流寓・僮僕に及ぶまで農桑に親しまずして遊食する者は十萬を以て計る）

とあるとおり、晉代には工人や商人も相当いたようで、銭・布帛の媒介者としての彼らの活躍も見逃せない。市場での売買は漢代と同じく価格競争があり、だからこそ、そうでない場合は、「市無二價」（『晉書』陸雲列伝、甘卓列伝）のごとく、史料中に特異な例として書き残された。

だが既述のごとく、銭は基本的に国家供給型貨幣、布帛は民間供給型貨幣なので、国家が鋳銭する余裕を失い、民が戦乱によって男耕女織的生活を維持できなくなれば、当然それらの流通量は減退する。それでは当時、国家的物流の影響力が減退したなかにあって、それでもなお銭と布帛が上記のごとく流通し続けた背景には一体何があったのか。まず注目されるのは、西晉以前から流通していた既存の古銭の多さである。『晉書』巻二六食貨志にはつぎのような記載がある。

魏明帝乃更立五銖錢、至晉用之、不聞有所改創。……晉自中原喪亂、元帝過江、用孫氏舊錢、輕重雜行。大者謂之比輪、中者謂之四文。呉興沈充又鑄小錢、謂之沈郎錢。錢既不多、由是稍貴。孝武太元三年、詔曰、「錢國之重寶、小人貪利、銷壞無已。監司當以爲意。廣州夷人寶貴銅鼓。而州境素不出銅。聞、官私賈人皆於《衍文か》此下貪比輪錢斤兩差重、以入廣州、貨與夷人、鑄敗作鼓……」。

（魏の明帝、乃ち更めて五銖錢を立て、晉に至るも之を用い、改創する所有るを聞かず。……晉の中原を喪亂して自り、元帝、江を過り、孫氏の舊錢を用い、輕重雜え行す。大なるは之を比輪と謂い、中なるは之を四文と謂う。呉興の沈充も又た小錢を鑄、之を沈郎錢と謂う。錢既に多からず、是れ由り稍《やや》貴し。孝武の太元三年、詔して曰く、「錢は國の重寶なるも、小人利を貪り、銷壞已む無し。監司、當に以て意と爲すべし。廣州の夷人、銅鼓を寶貴す。而して州境、素より銅を出ださず。聞くならく、官私の賈人、皆な比輪錢の斤兩差《やや》重きを貪り、以て廣州に入り、夷人に貨與し、鑄敗して鼓を作る……」と）

これによると、西晉では曹魏明帝期以来の五銖銭が流通していたこと、東晉以降も「孫氏（＝孫呉）の舊錢」を含む大小様々な銭が流通していたことがわかる。もっとも東晉では、大型銭は「比輪」、中型銭は「四文」、小型銭は「沈郎錢」などと称されていたようであるが、当時商品価値は一般に「数字＋銭」と表記され、銭の枚数の積算によって尺度されていたので、名目上、銭は一種類（＝五銖銭）しか存在しないことになっていたと考えられる。つまり、「比輪」・「四文」・「沈郎錢」はあくまでも銭の大小を基準とする俗称にすぎず、名目的には大小軽重を問わず、「五銖」の銭文をもつ銭一枚が「一錢」であり、それ以外の銭文を有する銭一枚一枚もすべて五銖銭一枚と同価値とみなされていたのである。逆にもしそうではなく、「比輪＞四文＞沈郎錢」であったとすれば、前掲食貨志において「官私の賈人」は、大型の「比輪」を収集・輸出して「銅鼓」に鋳直すのではなく、小型の「沈郎錢」を安価で大量に収集・輸出して利益を挙げることもできたはずであろう(14)。これより、「比輪」・「四文」・「沈郎錢」と称される三種類の銭は名目上同価値であり、それらは曹魏以来の五銖銭を基準とするものであったと考えられる。

つぎに注目されるのは、弱体化した中央政府に代わり、経済的余力をもった地方軍閥や、戦乱の影響の少ない比較的平和な地方の人びとが鋳造した新銭の存在である。王敦麾下の沈充（〜三二四年）による「沈郎錢」(15)の鋳造はまさにその一例である（前掲『晉書』巻二六食貨志）。また西晉愍帝の即位時に護羌校尉・涼州刺史として半独立状態にあった張軌も、涼州において五銖銭の流通を強化している。

愍帝卽位……太府參軍索輔言於軌曰、「……二漢制五銖錢、通易不滯。泰始中、河西荒廢、遂不用錢、裂匹以爲段數。縑布既壞、市易又難、徒壞女工、不任衣用、弊之甚也。今中州雖亂、此方安全。宜復五銖以濟通變之會」。

軌納之、立制準布用錢。錢遂大行、人賴其利（『晉書』巻八六張軌列伝）。

（愍帝卽位し……太府參軍索輔、〔張〕軌に言いて曰く、「……二漢、五銖錢を制し、通易滞らず。泰始中、河西荒廢し、遂に錢を用いず、匹を裂きて以て段數と爲す。縑布、既に壞《こぼ》たれ、市易も又た難く、徒《いたずら》に女工を壞ち、衣用に任えざるは、弊の甚しきなり。今、中州、亂ると雖も、此の方、安全たり。宜しく五銖を復して以て通變の會を濟《たす》くべし」と。軌、之を納れ、制を立て布を準りて錢を用う。錢、遂に大いに行し、人、其の利に賴る）

これは、それ以前の河西地方において布が貨幣化していたことをしめすとともに、やはり銭の方が布帛よりも貨幣に適すること、銭の流通強化には当該地方の安定的支配が前提であったことを明示している。

また布帛も、西晉初年以来、各地に一定程度貯蓄されていたようで、陳敏の乱（三〇七年）後に西晉懐帝の寿春への遷都を主張した周馥は、その資金として荊州・湘州・江州・揚州から「〔永嘉〕四年米租十五萬斛」と「布絹各十四萬匹」を醵出しうる旨を上言している。

周馥……討陳敏滅之。……毎欲維正朝廷、忠情懇至。……洛陽孤危、乃建策迎天子遷都壽春。永嘉四年、與長史吳思・司馬殷識上書曰、「……臣謹選精卒三萬、奉迎皇駕。……荊・湘・江・揚各先運四年米租十五萬斛・布絹各十四萬匹、以供大駕……」（『晉書』巻六一周馥列伝）。

（周馥……陳敏を討ちて之を滅ぼす。……毎に朝廷を維正せんと欲し、忠情懇至たり。……洛陽孤危なれば、乃ち建策して天子を迎えて壽春に遷都せんとす。永嘉四年、長史吳思・司馬殷識と上書して曰く、「……臣、謹みて精卒三萬を選び、皇駕を奉迎せん。……荊・湘・江・揚をして各々先ず四年の米租十五萬斛・布絹各々十四萬匹を運ばしめ、以て大駕に供せん……」と）

これより、恵帝期以降に中央の貯蓄は枯渇していたにもかかわらず（前掲『晉書』巻二六食貨志「永寧之初」条）、地方にはなお相当の布絹があったことがわかる。

以上の検討によると、西晉〜東晉中期は必ずしも貨幣のない「自然経済」や「自給自足経済」の時代ではなかった。むしろ銭や布帛は、三国時代以来の流通に加え、経済的余力をもった地方軍閥や比較的平和な地方の人びとによる〝地方的物流〟を背景に、さかんに流通していたのである。

それでは、貨幣としての銭と布帛は一般民の実生活にどの程度浸透していたのか。いわゆる貴族層はともかく、たとえば小農民までもが銭や布帛を常用していたのであろうか。そこで注目すべきが、以下の四つの指標である。

第一は、西晉恵帝期における魯褒『銭神論』の存在である。魯褒『銭神論』は現在、『藝文類聚』巻六六産業部下・『晉書』巻六六隠逸魯褒伝などに佚文として残る文学作品で、綦毋先生と司空公子の会話および擬人化された銭自体の発言などからなる。綦毋先生は貧乏で「清談」を尚び、礼物も持たずに「貴人」に仕官しようとする人物、司空公子は「富者榮貴、貧者賤辱」という時代認識に基づき、「死生無命、富貴在錢」と考え、賄賂もなしに仕官しようとする綦毋先生を論難する人物で、(16) 現存『銭神論』は後者の前者に対する批判を中心に構成されている。このような清貧主義的理想と拝金主義的現実との葛藤を描いた文学作品は前後の時代にもみられ、前漢の揚雄「逐貧賦」(17) や王符『潜夫論』遏利篇、もしくは『抱朴子』の自叙篇・交際篇・疾謬篇などが挙げられるが、とくに銭を主題化した作品は『銭神論』を嚆矢とし、当初より高い評価を得ていたようである。(18) これは、晉代に銭幣経済が従来以上に浸透しつつあった実情を反映するものであろう。

第二は、伝世文献中に、東晉初期に民間で銭を用いた売買の例が散見することである。たとえば次のとおり。

阮脩……常歩行、以百錢挂杖頭、至酒店、便獨酣暢。雖當世富貴而不肯顧……（『晉書』巻四九阮脩列伝）。

（阮脩……常に歩行するに、百銭を以て杖頭に挂《か》け、酒店に至り、便ち獨り酣暢《かんちょう》す。當世の富貴と雖も顧みるを肯んぜず……）

晉自過江、凡貨賣奴婢・馬牛・田宅、有文劵劵、率錢一萬輸估四百入官。賣者三百、買者一百。無文劵者、隨物所堪、亦百分收四、名爲散估（『隋書』巻二四食貨志）。

（晉の江を過ぐる自《よ》り、凡そ奴婢・馬牛・田宅を貨賣するに、文劵有り、率ね錢一萬ごとに估四百を輸して官に入る。賣者は三百、買者は一百。文劵無き者は、物の堪する所に隨い、亦た百分して四を收め、名づけて散估と爲す）

元帝永昌二年、大將軍王敦下據姑孰。百姓訛言、「行蟲病……療之有方、當得白犬膽以爲藥」。自淮泗遂及京都、數日之間百姓驚擾、人人皆自云「已得蟲病」。又云、「始在外時當燒鐵以灼之」。於是翕然、被燒灼者十七、八矣。而白犬暴貴、至相請奪、其價十倍。或有自云能行燒鐵灼者、賃灼百姓、日得五、六萬、憊而後已。四、五日漸靜（『晉書』巻二八・五行志中）。

（元帝永昌二年、大將軍王敦は下りて姑孰に據す。百姓、訛言すらく、「蟲病を行し……之を療するに方有り、當に白犬の膽を得て以て藥と爲すべし」と。淮泗自り遂に京都に及び、數日の間、百姓驚擾し、人人皆な自ら「已に蟲病を得」と云う。又た云う、「始め外に在る時に當に鐵を燒きて以て之を灼くべし」と。是に於いて翕然として、燒灼を被る者は十に七、八。白犬、暴貴し、相い請奪するに至り、其の價は十倍。或いは自ら能く燒鐵灼を行なうと云う者有り、灼を百姓に賃し、日ごとに五、六萬を得、憊うるも而して後に已む。四、五日にして漸《よう》く靜《や》す）

又嘗在蕺山見一老姥持六角竹扇賣之。羲之書其扇。各爲五字。姥初有慍色。因謂姥曰、「但言是王右軍書、以求百錢邪」。姥如其言。人競買之。他日、姥又持扇來。羲之笑而不答。其書爲世所重、皆此類也（『晋書』巻八十王羲之列伝）。

（［王羲之］又た嘗て蕺山に在りて一老姥の六角竹扇を持ちて之を賣るを見る。羲之、其の扇に書す。各々五字爲り。姥、初め慍色有り。因りて姥に謂いて曰く、「但だ是れを王右軍の書と言い、以て百錢を求めよ」と。姥、其の言の如くす。人、競いて之を買う。他日、姥又た扇を持ちて來る。羲之、笑いて答えず。其の書、世の重んずる所と爲るは、皆な此の類なり）

前掲阮脩列伝は、「富貴」を顧みない阮脩が一〇〇銭をかけた杖をつきつつ酒店に通い、おそらくそれで酒を購入していたことをしめす。前掲『隋書』食貨志は、東晋初期以来、「奴婢・馬牛・田宅」の売買契約時に、官が取引額を銭で計上させて銭納税を課していたことをしめす。また前掲五行志中は、東晋初期に建康付近で「蟲病」が流行したとの噂が流れたとき、「焼鐵灼（艾《もぐさ》によるお灸）」などが効くとされ、自称鍼灸師の中に一日五～六万銭を稼ぐ者さえいたことをしめす。さらに前掲王羲之列伝は、東晋中期に「蕺山」で「六角竹扇」を売る老婆がおり、王羲之がそれに五字ずつサインした結果、一本あたり一〇〇銭で売れたという逸話で、実際に山道などでも銭が貨幣として用いられていた実情を物語る。これらの史料は、晋代を通して大小貴賤さまざまな商品が銭で売り買いされていた実情を端的にしめしている。

第三は、東晋後期の安帝元興二年（四〇三年）に桓玄が廃銭案を提起したさい、孔琳之が反対していることである（『晋書』巻九九桓玄列伝）。『晋書』巻二六食貨志や『宋書』巻五六孔琳之伝にその詳細がみえる。ここではとりあえず『宋書』の方を引用するが、両者はほぼ同文である。

桓玄時、議欲廢錢用穀帛。琳之議曰、「……百姓用力於爲錢、則是妨其爲生之業。禁之可也。今農自務穀、工自務器、四民各肆其業、何嘗《誤か》（當）致勤於錢。故聖王制無用之貨、以通有用之財。既無毀敗之費、又省運置之苦。此錢所以嗣功龜貝歷代不廢者也。穀帛爲寶、本充衣食。今分以爲貨、則致損甚多。又勞毀於商販之手、耗棄於割截之用。此之爲敝、著於自曩。……錢之不用、由於兵亂積久、自至於廢、有由而然。漢末是也。今既用而廢之、則百姓頓亡其財。……況又錢便於穀邪。……近孝武之末、天下無事、時和年豐、百姓樂業、便自穀帛殷阜、幾乎家給人足。驗之事實、錢又不妨民也……」。

（桓玄の時、錢を廢して穀帛を用いんことを議す。［孔］琳之、議して曰く、「……百姓をして力を錢を爲るに用いしめば、則ち是れ其の生を爲すの業を妨げん。之を禁ずること可ならん。今、農は自ら穀に務め、工は自ら器に務め、四民は各々其の業に肆《なら》えば、何ぞ當に勤を錢に致すべけんや。故に聖王は無用の貨を制し、以て有用の財を通ず。既に毀敗の費無く、又た運置の苦を省く。此れ錢の功を龜貝より嗣ぎて歷代廢せざる所以の者なり。穀帛の寶と爲るは、本と衣食に充《あ》つればなり。今、分ちて以て貨と爲さば、則ち損を致すこと甚だ多からん。又た商販の手に毀勞せられ、割截の用に耗棄せられん。此の敝爲るや、著わるること曩《むかし》自りす。……錢の用いられざるは、兵亂の積久するに由り、自ら廢するに至るは、由有りて然り。漢末、是れなり。今、既に用いらるるに之を廢さば、則ち百姓、頓《にわか》に其の財を亡わん。……況んや又た錢、穀よりも便なるをや。……近ごろ孝武の末、天下事無く、時和年豐にして、百姓業を樂しみ、便ち自ら穀帛殷阜たり、家ごとに給し人ごとに足るに幾《ちか》し。之を事實に驗するに、錢も又た民を妨げざるなり……」と）

これによると孔琳之は、銭の廃止と穀帛の用途拡大が偽造者の増加を招き、「毀敗の費」・「運置の苦」を招来し、「民に不便」なので、鋳銭が農工の本業の妨げにならない限りにおいて、銭を使用し続けるべきであると考え、突然の廃銭は「百姓」の財を失わせ、「民」を混乱に陥れかねないとも危惧している。これは、銭がすでに相当程度民の実生

活に浸透していた現状を背景とした発言であろう。しかも『晉書』食貨志では、この上言の直後に、

朝議多同琳之。故玄議不行。

（朝議多く琳之と同じ。故に玄の議、行なわれず）

とあり、孔琳之の見解が大勢の賛同を得たことがわかる。

第四は、伝世文献中に、晉代に民間で布帛を用いた売買の例が散見することである。さきほどのべたように、布帛よりも銭のほうが便利であったとはいえ、時と場合によっては布帛が貨幣とされることもあったのである。佐藤武敏氏は両晉国内の例を二つ挙げている。すなわち、『太平御覧』巻五九八契券条所引の西晉・石崇「奴券」には、奴隷を絹百匹で買い取る場面が出てくる。

余元康之際至在滎陽東住。聞主人公言聲大高。須臾出、趣吾車曰、「公府當怪吾家嘵嘵邪。中買得一悪羝奴。名宜勤、身長九尺餘、力擧五千斤、挽五石力弓、百歩射錢孔。言讀書、欲使便病。日食三斗米、不能奈何」。吾問公賣不。公喜。便下絹百疋。間請吾曰、「吾胡王子。性好讀書。公府事一不上券、則不爲」。公府作券文曰「……」。乃斂吾絹而歸。

（余は元康の際に滎陽の東に在りて住むに至る。主人の公の言の聲大にして高なるを聞く。須臾《しゆゆ》にして出で、吾が車に趣《おもむ》きて曰く、「公府は當に吾が家を怪《あや》しむこと嘵嘵《ぎようぎよう》たるべきか。中に買いて一悪羝奴を得。名は宜勤、身長は九尺餘にして、力は五千斤を擧げ、五石力の弓を挽《ひ》き、百歩より錢孔を射る。讀書するを言い、使せんと欲せば便ち病む。日ごとに三斗の米を食み、奈何《いかん》ともする能わず」と。吾れ公に賣るか不《いな》かを問う。公、喜ぶ。便ち絹百疋を下す。間《ひそ》かに吾れに請いて曰く、「吾れは胡の王子なり。性、讀書するを好む。公府の事は一たび券に上《くわ》えずんば、則ち爲さず」と。公府は券文を作りて曰く、「……」と。乃ち吾が絹を斂《おさ》めて歸る）

周知のごとく、本文は前漢・王褒「僮約」を範とした遊戯文学で、内容自体はフィクションとみてよい。だがそのなかに描かれている内容が西晋社会の実態と大きく乖離したものであるとは思えない。かりに実態を反映していないのであれば、本作品の諧謔性・遊戯性が当時の読者に伝わるはずがないからである。すると西晋の奴隷は、実際には絹織物で売買されることもあったことになる。また『太平御覧』巻四八六人事部窮条所引の孔舒元「在窮記」に、

遣信與義陽太守孫仲開相聞、告其困乏、得絹二疋、壞車一乘。賣得絹三疋。以糴、得米一石、橡三斛。食口三十五人、百日之中、以此自活、人皆鵠節、無復血色。

（信〔手紙〕を遣《つか》わし義陽太守孫仲開に與《あた》えて相い聞し、其の困乏《こんぼう》なるを告げ、絹二疋を得、壞車一乘とす。賣りて絹三疋を得。以て糴《かいよね》し、米一石を得、橡《しょう》〔とち〕三斛とす。口三十五人を食わしめ、百日の中、此を以て自活せんとするも、人皆な鵠節《かくせつ》〔病気〕たりて、血色を復する無し）

とある。孔舒元は孔衍、字を舒元といい、魯国の人で、東晋に帰順し、太興三年（三二〇年）に亡くなった。本史料によると、孔舒元は義陽太守孫仲開より貰った絹二疋を元手に、徐々に財を増やしてゆき、自活を図ろうとしたようである。これも、当時絹織物が商品売買に用いられたことをしめす一例である。

以上四つの指標より、銭・布帛を主たる構成要素とする貨幣経済は、晋代を通じて民の実生活にかなり浸透していたと論定される。

第三節　晋代における銭と布帛の特定用途化

では晋代の銭と布帛には、上述の経済的流通手段としての用途以外に、具体的に各々どのような用途があったのか。

本節ではこの点を明らかにし、それを前漢時代・後漢時代の状況と対比することで、晋代貨幣経済の時代的特質にさらに肉迫してみたい。

そもそも前漢時代の銭・黄金・布帛の用途には大きな違いがあり、そこには一定の規則性があった（前著第六章・第七章）。それによると、賜与物・贈与物としての黄金と銭の価値は必ずしも上下関係にあるわけではなく、それらと布帛の関係も一元的に説明しうるものではなかった。むしろ前漢時代の銭・黄金・布帛は、それぞれ全く異なる流通回路を有しており、贈与物・賜与物・呪物などとして各々独自に流通していた。たとえば銭は軍功褒賞・対徙民賜与・喪葬関連賜与・餞別、黄金は軍功褒賞・官吏退職金・対外国交易・対外国賜与、帛は対外国交易・対外国賜与・社会的名望や地位を有する民への賜与・社会的福祉の必要な弱者への賜与・病気見舞い・中級以下の官吏に対する賜与などに用いられ、それらの用途は基本的に区別されていた。これより、前漢時代の銭・黄金・布帛は、経済的流通手段としての共通の機能を果たす一方で、当時の経済・制度・習俗の複雑な絡み合いを背景に、各々独自の社会的機能をも果たしており、前漢貨幣経済はそのような各貨幣の相互補完的関係の上に、地域性を胚んだ柔構造を有していたと考えられる。

一方、後漢時代になると黄金はあまり使用されなくなり、代わりに銭の使用範囲が増加した（本書第一章）。たとえば、喪葬関連賜与・官吏退職金・懸賞金・対徙民賜与・対謫戍賜与・募民時の賜与・病気見舞いなどに銭が用いられた。これに対して布は喪葬関連賜与、帛は対国外交易・対国外賜与・官吏退職金・社会的名望や地位を有する民への賜与・社会的福祉の必要な弱者への賜与、縑は軍需物資調達のための臨時的贖刑による支払いなどに用いられた。これより、前漢と後漢の銭・黄金・布帛の用途には各々大きな相異があったと考えられる。後漢では、銭と布帛を主たる貨幣とする点では前漢と共通するものの、減少した黄金の代わりに銭が代替的機能を果たすようになっており、その背景には黄金の量的減少などの物理的事情に加え、当時の制度や習俗の時代的変化（貨幣流通の地域的範囲・習俗的範囲の変化、葬送儀礼の質素化など）が深く関与していた。

以上の点をふまえた上で、改めて晉代における銭・布帛の用途に注目すると（付表4）、つぎの十一点の特徴が看取される。

第一に、喪葬関連賜与には銭と布が多用された[19]。もっとも、それには例外もあり、王祥の喪葬時には銭と布帛が（史料9）、司馬孚には緋練・絹布・銭などが（史料17）、鄭袤・司馬亮には銭・絹布が（史料19・89）、唐淋には銭・絹が賜与されている（史料92）。しかし、司馬孚・鄭袤・司馬亮の賜与には銭と布が、唐淋の賜与には銭が含まれ、それらの事例でも銭は用いられており、唐淋の例だけが布を欠いている。前著第六章・第七章で論じたごとく、前漢の喪葬儀礼では銭帛が、後漢では薄葬政策に基づき銭布が常用され、晉代の賜与物は後漢と同じなので、晉代に銭と布が多用される理由も、おそらく後漢代と同様、当時の薄葬志向に基づくものであろう。これは逆に言えば、銭と絹を賜与された司馬孚・鄭袤・司馬亮・唐淋が、当時非常に優遇されたということを意味する（銭と布の両方が賜与される場合、銭の多さに比べて布の分量がきわめて少ない理由は不明）。

第二に、贖罪関連の支払には布（麻織物）が用いられた。もっともその用例は史料補7のみで、全体的傾向を窺うには不十分である。けれども後漢時代の贖罪関連の支払が「縑」によっていたのに比すれば、それをとりあえず晉代の一特徴とみなせるのではないか。ただし縑から布に切り替えられた理由は判然としない。

第三に、官吏退職金には銭と絹が常用された[20]。ここでいう「絹」とは絹織物のことで、『晉書』には他に「帛」もみえる。ただし両者の意味は本来同一で、『晉書』には「絹」と「帛」の併記例もないので、ここではとりあえず「絹＝帛」とする佐藤武敏説に従う。前著第六章と本書第一章で論じたように、官吏が退職するさいに前漢では黄金が、後漢では銭と帛が賜与されたので、官吏退職時の絹帛賜与は後漢時代のそれを受け継いだものといえる。後漢時代と同様に、銭が重視された理由は、それが退職者の生活を支えるもっとも実用的な経済的流通手段であったからではなかろうか。また絹帛が賜与された理由は史料上明記されていないが、絹帛が別の事例において暖かい衣料として社会福祉対象者に賜与されていることを鑑みれば、その理由はおそらく、絹帛の温もりを通じて官吏退職者を労わり、顕彰し、それによって皇帝の恩徳を伝えようとしたためであろう。

第四に、病気見舞いには銭と帛が常用され、布の用例も一つある。(21) これは、前漢時代におもに帛が、後漢時代におもに銭が常用されたのと比較すると、その両方の用途を継受した例として興味深い。もっとも、後漢時代には布帛の賜与例も皆無でないため、晉代の用例も後漢以来の流れを受けているといえなくもない。銭帛賜与のうち、銭はもっとも有用な経済的流通手段であったがゆえに贈られたのであろう。また帛は、官吏退職者や社会福祉対象者への帛賜与と同様、その温もりを通じて病人を労わる意図があったと思われる。ちなみに、後漢の布帛生産量は前漢よりも伸びていたにもかかわらず（本書第一章参照）、前漢から後漢にかけて、おもな見舞いの品は帛から銭に変更されており、晉も銭帛を併用している。よって見舞金に銭と帛のどちらを選ぶかは、必ずしも帛の生産量の増減には関係がないといえよう。

第五に、軍功を褒賞する場合、とくに孝武帝（三七二年～三九六年）以前には絹が常用された。(22) これは、銭や黄金による漢代軍功褒賞制とは大きく異なる点である。もっとも、武帝期に絹とともに銭を賜与した例も一つあるが（史料60）、それは孫呉平定（天下統一）という偉業を成した王濬に対する賜与例ゆえ、特例であろう。これに対して孝武帝以後の軍功褒賞では、絹でなく銭や綵が賜与されているが、そこに規則性を見出すことは困難である。その理由は不明だが、孝武帝期以後の晉では権力者が「桓温→謝安→会稽王司馬道子・司馬元顕→桓玄」と目まぐるしく代わり、謝安が前秦符堅を破った肥水の戦い（三八三年）や孫恩の乱（三九九年～四〇二年）なども起こったので、軍功褒賞の機会が増加し、絹の生産量が追いつかなくなったためかもしれない。

第六に、購賞（懸賞金）には布・絹・黄金が用いられた。(23)だが銭が用いられることはなかった。これは、漢代の購賞制度が基本的に銭と黄金の二本立てになっていたのと比べると特徴的である（前著第六章）。既述のごとく、晉代官吏の俸祿は原則的に、銭でなく穀物と布帛であったので、おそらくは購賞も、俸祿と同じ国家的支出として、銭以外での支払が義務づけられていたのであろう。これは、曹魏以来の銭が国家的決済手段から経済的流通手段へと純化したとする本書第四章を傍証するものである。

第七に、婚姻関係では銭と帛が多用された。(24)その背景には一定の規定があったとみられる。たとえば『晉書』巻二一礼儀志下に、

孝武納王皇后、其禮亦如之。其納采・問名・納吉・請期・親迎皆用白雁・白羊各一頭・酒米各十二斛。惟納徵羊一頭、玄纁用帛三匹・絳二匹・絹二百匹・獸皮二枚・錢二百萬・玉璧一枚・馬六匹・酒米各十二斛。鄭玄所謂五雁六禮也。

（孝武、王皇后を納るるや、其の禮も亦た之［穆帝と何氏の婚姻］の如し。其の納采・問名・納吉・請期・親迎は皆な白雁・白羊各々一頭・酒米各々十二斛を用う。惟だ納には羊一頭を徵し、玄纁には帛三匹・絳二匹・絹二百匹・獸皮二枚・錢二百萬・玉璧一枚・馬六匹・酒米各々十二斛を用う。鄭玄の所謂五雁六禮なり）

とあり、『晉書』巻二一礼儀志下に、

江左以來、太子婚納徵禮用玉璧一・獸皮二、未詳何所準況。……王肅納徵辭云、「玄纁束帛・儷皮雁羊」。……王者六禮尚未用焉。是故太康中、有司奏、「太子婚納徵用玄纁束帛、加羊馬二駟」。

（江左以來、太子の婚納徵禮には玉璧一・獸皮二を用い、未だ何に準況する所なるかを詳らかにせず。……王肅の納徵辭に云う、「玄纁束帛・儷皮雁羊」と。……王者の六禮は尙お未だ用いられず。是の故に太康中、有司奏すらく、「太子の婚の納徵に玄纁束帛を用い、羊馬二駟を加う」と）

とある。もっとも、これらは帝室の婚姻儀礼にすぎず、それ以外の者の婚姻に一定の聘物関連規定があったか否かは定かでない。また前掲礼儀志下によると、孫呉平定以前にはそのような皇族の婚姻儀礼すら不確定であった。よって、銭や帛による聘物儀礼は、西晉当初は理想にすぎず、皇族以外の者達による婚姻儀礼もそれほど厳格には定められていなかったと推測される。しかしつぎの『晉書』の記載は、婚姻時に「錢帛」を持参しない倭人文化の特異性を指摘したもので、やはり晉人が漢代同様、実態はともかく理念的には「錢帛」を聘納すべきと考えていたことを窺わせる。

倭人……嫁娶不持錢帛、以衣迎之。……漢末、倭人亂、攻伐不定、乃立女子爲王。名曰卑彌呼（『晉書』巻九七東夷倭人列伝）。

（倭人……嫁娶するに錢帛を持たず、衣を以て之を迎う。……漢末、倭人亂れ、攻伐定まらず、乃ち女子を立てて王と爲す。名は卑彌呼と曰う）

とすると、『晉書』にみえる銭・帛の聘納例は上記理念の実行例として理解できよう。

第八に、三老（五十歳以上で善行があり、よく民衆の師たるべき者として選ばれた郷三老、あるいは県三老）・孝（親に仕えて孝行な者）・弟（＝悌。長幼の序をわきまえた者）・力田（農業に精励する者）・鰥（老鰥《やもめ》夫）・寡（老寡婦）・孤（幼少で父なき者）・独（高齢で子のいない者）・高年（高齢者）などには「帛」が賜与された[25]。佐藤武敏氏が漢代の事例を挙げて指摘するように、三老・孝悌・力田への賜与は〝郷村社会の秩序強化〟、高年・鰥・寡・孤・独への賜与は〝社会福祉〟の施策であろう。では、これらの賜与にはなぜ「帛」が常用されたのか。ここで注意すべきは、漢代でも当該賜与に

「帛」が常用されていたことである。その理由についてかつて筆者は、それが暖かい衣料たりうるものであったがゆえに、賜与者たる皇帝はその温もりを通じて対象者を労《いた》わり、顕彰し、それによって皇帝の恩徳を民に直接伝えようとしたと論じた（前著第六章・第七章）。すると晉代における当該賜与も、それを受け継いだものであろう。

第九に、有為の人材を招聘する場合には、礼物として「束帛」を持参するのが一般的であった[26]。関連史料には帛の分量が全くしるされていないので、「束帛」は挨拶程度に贈られる礼物にすぎず、分量の多寡は問題とならなかったとみられる。むしろ人材招聘時の絹織物は例外なく「帛」でなく「束帛」に作るので、「束帛」の「束」という形態自体が一般に人材招聘を意味するものと理解されていたのであろう。これは後漢時代と同様の慣行である。

第十に、国家的慶事（皇太子成人、天下統一、皇太子冊立、太弟冊立）のさいには帛が賜与された[27]。その理由は判然としないが、後漢時代にも同様の国家的慶事に際しては黄金や帛が賜与されており、晉はその慣行を継承したのであろう。ただしそのなかに黄金が含まれていない点は後漢時代と異なる。

第十一に、餞別には銭が用いられた[28]。これは漢代と同様の慣行である。

以上本節では、晉代貨幣の用途上の特徴について検討し、それが前漢貨幣とも後漢貨幣とも、必ずしも一致しないことを論じた[29]。その全体的特徴として、晉代では、前漢と比較して黄金があまり用いられない点で、後漢と共通する。もちろん、加藤繁氏も指摘するように、晉代の史料には黄金の用例も皆無ではなく、その意味で「晉代に於て、金は、朝廷の賞賜には殆用ひられなかつたけれども、世上に於ては仍お間々或種の貨幣的用途に充用された」とはいえるものの[30]、少なくともその用例数が前漢時代に比して格段に減少していることはたしかなのである。また以上の検討によれば、前漢に比して銭と布帛の例が増えた点も重要である。一方、晉代では後漢以上に絹帛の使用例が多い。むろん既述のごとく、銭は晉代にまだ多く流通しており、銭と布帛とは流通回路と用途が全く異なっていたので、「布帛の用途拡大」を直截に「銭の用途縮小」と結びつけることはできないが、これより唐代へと連なる布帛の用途上の漸次的拡大傾向を窺うことができるのである。この点に関連して宋・王楙『野客叢書』巻二七「漢賜金晉賜布帛」条はつとに、

漢賞賜多用黄金。晉賞賜多用絹布。往往各因其時之所有而用之。

（漢の賞賜は多く黄金を用う。晉の賞賜は多く絹布を用う。往往にして各々其の時の所有に因りて之を用う）

とのべているが、かかる布帛の用途拡大は皇帝による「賞賜」にとどまらず、より広い範囲でみられる現象であったのである。しかもそれは、必ずしも黄金や絹布の国庫内現有量にのみ左右されたわけではなく、むしろ上記のごとく、当時の経済・制度・習俗によって左右された。このような特定目的貨幣の時代的変化は、晉代の銭・布帛の流通速度が漢代のそれとは異なること、晉代には晉代の経済・制度・習俗に基づく流通回路があったことを意味する。つまり晉では、従来指摘されてきたような自然経済や自給自足経済ではなく、むしろ歴然とした貨幣経済が展開しており、それは漢代貨幣経済と質的に異なるものであったのである。

おわりに

以上本章では、晉代貨幣経済の構造とその時代的特質について検討した。それによると、西晉と東晉の貨幣経済は、多少の時代的変化を伴いつつも、八王の乱以降、ほぼ同様の構造と時代的特質を有していたと考えられる。すなわち、晉では銭と布帛を中心とする貨幣経済が展開し、それはとくに八王の乱以降、弱体化した中央政府主導の〝国家的物流〟ではなく、地方勢力主導の〝地方的物流〟を主たる推進力とするものへと変化した。そしてその中で、布帛は主

たる国家（地方勢力を含む）的決済手段として用いられ、銭は市場における経済的流通手段に純化されていった。これは、〝国家的物流〟を主たる推進力とし、銭を国家的決済手段（布帛をその補助）とする秦漢貨幣経済とは大きく異なる特徴である。また晉代貨幣は、しばしば特定目的化され、経済的流通手段以外の独特な用いられ方をすることがあった。それは晉代独自の経済・制度・習俗を背景としたもので、漢代貨幣経済とは異なる晉代貨幣経済の時代的特質を形成する一因となった。そのような晉代貨幣経済の時代的特質としてとくに、晉代では後漢代と同じく黄金がほとんど用いられない一方で、後漢代以上に絹帛の使用例が多い点が挙げられる。これは、唐代における布帛の使用範囲の広さを勘案した場合、漢代から唐代へと連なる漸次的な時代的変化の一環として捉えられる。

注

（1）王怡辰『魏晉南北朝貨幣交易和発行』（文津出版社、二〇〇七年）、佐藤武敏『中国古代絹織物史研究』（風間書房、一九七七年）。以下、王氏と佐藤氏の説を引用する場合にはすべてこれらによる。

（2）宮澤知之「魏晉南北朝時代の貨幣経済」（『鷹陵史学』第二六号、二〇〇〇年）。

（3）晉代戸調制については、宮崎市定「晉武帝の戸調式に就て」（『宮崎市定全集7　六朝』岩波書店、一九九二年）、鈴木俊「晉の戸調式と田租」（『東方学会創立十五周年記念　東方学論文集』東方学会、一九六二年）、河原正博「西晉の戸調式に関する一研究――「遠夷不課田者」を中心として――」（『法政大学文学部紀要』第十号、一九六四年）、河原正博「晉の戸調式の袁夷について」（『鈴木俊教授還暦記念東洋史論叢』大安、一九六四年）、河原正博「西晉の戸調式に関する一研究」（『法政大学文学部紀要』第十号、一九六五年）、楠山修作「晉書食貨志の一考察」（『中国古代史論集』精興社、一九七六年）、鈴木俊「占田・課田と均田制」（『均田・租庸調制度の研究』刀水書房、一九八〇年）、唐長孺「魏晉戸調制及其演変」（『唐長孺文存』上海古籍出版社、二〇〇六年）、唐長孺「西晉戸調式的意義」（『唐長孺文存』上海古籍出版社、二〇〇六年）、野中敬「西晉

戸調式の「夷人輸賨布」条をめぐって」（『東方学』第九五輯、一九九八年）、伊藤敏雄「中国古代における蛮夷支配の系譜――税役を中心として――」（『堀敏一先生古稀記念 中国古代の国家と民衆』汲古書院、一九九五年）、藤元光彦「「戸調」の成立をめぐって――特に貨幣経済との関連を中心に――」（『立正史学』第六一号、一九八七年）、渡邊信一郎「戸調制の成立――賦斂から戸調へ――」（『東洋史研究』第六〇巻第一号、二〇〇一年）など参照。

（4）東晳の事績は、凌迅「東晳文学論」（『山東師範大学学報（哲学社会科学版）』一九八一年第六期）、松浦崇「東晳の滑稽文学」（『古田教授退官記念中国文学語学論集』東方書店、一九八五年）、佐竹保子「東晳（二六四年頃～三〇三年頃）」（『西晉文学論』汲古書院、二〇〇二年）など参照。

（5）『晉書』巻八一朱序列伝に「後丁零翟遼反、序遣将軍秦膺・童斌與淮泗諸郡共討之。又監兗青二州諸軍事・二州刺史、将軍如故、進鎭彭城。序求鎭淮陰、帝許焉。翟遼又使其子釗寇陳潁、序還遣秦膺討釗走之、拜征虜將軍。表求運江州米十萬斛・布五千匹以資軍費、詔聽之（後に丁零の翟遼反し、［朱］序は将軍秦膺・童斌を遣わして淮泗諸郡と共に之を討つ。又た監兗青二州諸軍事・二州刺史たりて、将軍は故の如く、進みて彭城に鎭す。序は淮陰に鎭するを求め、帝は焉を許す。翟遼は又た其の子釗をして陳潁を寇せしめ、序は還た秦膺を遣わして釗を討ちて之を走らしめ、征虜将軍に拜せらる。表して江州米十萬斛・布五千匹を運びて以て軍費に資せんことを求め、詔して之を聽す）」とあり、『晉書』巻一〇〇陳敏列伝に「陳敏……廬江人也。……以郡廉吏補尚書倉部令史。及趙王倫簒逆、三王起義兵、久屯不散、京師倉廩空虚。敏建議曰、「南方米穀皆積數十年……而不漕運以濟中州、非所以救患周急也」。朝廷從之、……東海王越當西迎大駕、承制起敏爲右將軍・假節・前鋒都督。致書於敏曰……「……米布軍資惟將軍所運」（陳敏は……廬江の人なり。……郡廉吏を以て尚書倉部令史に補せらる。趙王倫の簒逆し、三王の義兵を起し、久しく屯して散ぜざるに及び、京師の倉廩は空虚たり。［陳］敏は建議して曰く、「南方の米穀は皆な積むこと數十年……而るに漕運して以て中州［中原の意］を濟《すく》わざるは、患を救い急を周《すく》う所以に非ざるなり」と。朝廷は之に從い……東海王越は當に西のかた大駕を迎うべく、承制して敏を起して右將軍・假節・前鋒都督と爲す。書を敏に致して曰く……「……米布軍資は惟だ將軍の運ぶ所なるのみ」と）」とあり、『晉書』巻二六食貨志に「及晉受命、武帝欲平一江表。時穀賤而布帛貴。帝欲立平糴法、用布帛市穀、以爲糧儲。議者謂、軍資尚少、不宜以貴易賤。泰始二年……

（晉の命を受くるに及び、武帝は江表を平一にせんと欲す。時に穀賤くして布帛貴し。帝は平羅法を立て、布帛を用て穀を市い、以て糧儲と爲さんと欲す。議者謂えらく、軍資尙お少なければ、宜しく貴を以て賤に易うべからず、と。泰始二年……）」とあり、『晉書』巻七五范甯列伝に「帝詔公卿牧守普議得失。甯又陳時政曰、「……又方鎭去官、皆割精兵・器仗以爲送、故米布之屬不可稱計。……」（［簡文］帝は、公卿牧守に詔して普く得失を議せしむ。［范］甯は又た時政を陳べて曰く、「……又た方鎭は官を去り、皆な精兵・器仗を割きて以て送を爲し、故に米布の屬は稱《あ》げて計うべからず。……」と）」とあり、『晉書』巻七六王彪之列伝に「後以彪之爲鎭軍將軍・會稽内史、加散騎常侍。居郡八年……。桓溫下鎭姑孰、威勢震主……溫以山陰縣折布米不時畢、郡不彈糾、上免彪之（後に［王］彪之を以て鎭軍將軍・會稽内史と爲し、散騎常侍を加う。郡に居ること八年……。桓溫、下りて姑孰に鎭し、威勢は主を震わせ……［桓］溫は山陰の縣の折布米を以て畢《つ》くすに時《よ》からざるも、郡は彈糾せず、上は彪之を免ず）」とある。

（6）中村圭爾「晉南朝における官人の俸祿」（『六朝貴族制研究』風間書房、一九八七年）。ただし「惠帝卽位……榦雖王大國、不事其務、有所調補必以才能。雖有爵祿、若不在己、秩奉布帛皆露積腐爛（惠帝卽位す……［平原王司馬］榦は大國に王たると雖も、其の務を事《こと》とせず、調補する所有らば必ず才能を以てす。爵祿有ると雖も、己に在らざるが若くし、秩奉の布帛は皆な露積《ろせき》し腐爛《ふらん》す。『晉書』巻三八宣五王平原王榦列伝）」によると、惠帝期の俸祿は「布帛」で、「絹」・「緜」に作る表8—2とは差異がある。だが、ここでの「布帛」は織物の総称であろう。なお晉代俸祿制に関しては、張維華「対于〈初学記〉宝器部・絹第九所引〈晉故事〉一文之考釈」（『山東大学学報』一九五七年第一期）、越智重明「晉爵与宋爵」（『史淵』第八五号、一九六一年）、伊藤敏雄「試論西晉諸侯的秩俸」（『アジア諸民族における社会と文化 岡本敬二先生退官記念論集』国書刊行会、一九八四年）、藤家禮之助「西晉諸侯的秩俸――『初学記』所引「晉故事」の解釈をめぐって」（『漢三国両晉南朝の田制と税制』東海大学出版会、一九八九年）なども参照。

（7）西嶋定生訳注『晉書食貨志訳注』（東洋文庫、二〇〇七年）の注二四六参照。

（8）陳連慶『《晉書・食貨志》校注《魏書・食貨志》校注』（東北師範大学出版社、一九九九年）は、本文と『太平御覧』巻八一七引『四王起事』「張方移惠帝於長安。兵人入殿取物。特調御絹二尺幅。自魏晉之積將百餘萬疋、三日取之、尙不缺角（張方

は恵帝を長安に移《おく》る。兵人は殿に入りて物を取る。特だ御絹二尺幅を調す。魏晉自《よ》りの積は百餘萬疋に將《ちか》ければ、三日之を取るも尚お缺角《けつかく》せず）」との相異を指摘する。ただし前者は「錦帛」の分量、後者は恵帝北征後（三〇四年）の「絹」の分量であり、各々異なる種類の絹織物をさしている可能性がある。

（9）八王の乱の開始時期については諸説ありうるが、ここではとりあえず恵帝期の内乱を漠然と指す用語として用いた。詳細は福原啓郎『西晉の武帝　司馬炎』（白帝社、一九九五年）など。

（10）中村圭爾注（6）前掲論文は、南朝地方官が建前として公田中心の俸祿体系に依拠する一方で、それを補うために各地の実情に応じた雑収入も認められていたとし、東晉代における地方官交替時の送別銭の事例（史料35）を挙げるが、これも首都建康の中央財政への財の集積が少なかった点と、地方で銭が流通していた点を裏づける。また陳明光「試論東晉財力虚竭的原因」（『漢唐財政史論』岳麓書社、二〇〇三年）も、東晉における中央政府の財力枯渇現象と「主弱臣強」現象に触れており、晉代貨幣経済の推進力が中央政府から地方勢力に移ったとする私見との関連に注目される。

（11）武帝期に和嶠は「錢癖」と称される（『晉書』巻三四、『晉書』巻四五）。銭に貪欲な者として、王衍の妻郭氏（『晉書』巻四三）もいる。また「性豪侈、麗服・玉食。時洛京地甚貴、濟買地爲馬埒、編錢滿之、時人謂爲「金溝」（［王濟の］性は豪侈にして、麗服《れいふく》［華美な服装を着る意］・玉食《ぎよくしよく》［ご馳走を食べる意］す。時に洛京の地は甚だ貴く、［王］濟は地を買いて馬埒《ばれつ》［囲い］を爲《つく》り、銭を編みて之に滿たす。時人は謂いて「金溝」と爲す。『晉書』巻四二）」も参照。

（12）たとえば『晉書』巻四三王戎列伝に「南郡太守劉肇賂［王］戎筒中細布五十端、爲司隷所糾。以知而未納、故得不坐。然議者尤之。帝謂朝臣曰、「戎之爲行、豈懷私苟得。正當不欲爲異耳」。帝雖以是言釋之、然爲清愼者所鄙、由是損名（［平呉後に］南郡太守の劉肇は［王］戎に筒中の細布五十端を賂《まいな》い、司隷の糾《ただ》す所と爲る。知るも未だ納めざるを以て、故に坐せざるを得。然るに議者は之を尤《とが》む。帝は朝臣に謂いて曰く、「戎の行ない爲るや、豈に私を懷きて苟得《こうとく》［不法に取得する意］するや。正當にして異を爲すを欲せざるのみ」と。帝は是の言を以て之を釋《ゆる》すと雖も、然るに清愼《せいしん》［潔白で謹み深い意］を爲す者の鄙《いや》しむ所にして、是れ由り名を損《そこ》なう）」、『晉書』巻七八孔愉列伝に「孔愉……出爲鎭軍將軍・會稽内史、加散騎常侍。……在郡三年、乃營山陰湖南侯山下數畝地爲宅。草屋數間。便棄官居之。送資數百萬、悉無所取。……咸康八年卒（孔愉は……

出でて鎭軍將軍・會稽内史と爲り、散騎常侍を加えらる。……郡に在ること三年、乃ち山陰の湖南の侯山の下の數畝の地を營みて宅を爲《つく》る。草屋は數間。便ち官を棄てて之に居る。資數百萬を送らるるも、悉く取る所無し。……咸康八年に卒す）」、『晉書』巻八三顧和列伝に「咸康初、拜御史中丞、劾奏尚書左丞戴抗贓汙百萬、附法議罪、幷免尚書傅玩・郎劉傭官、百僚憚之（咸康の初に、［顧和は］御史中丞に拜せられ、尚書左丞の戴抗の百萬を贓汙《ぞうお》［賄賂を貪る行為］するを劾奏し、法に附し罪を議し、幷せて尚書傅玩・郎劉傭官［郎官劉傭の誤か］を免じ、百僚は之を憚る）」、『晉書』巻九四隠逸氾騰列伝に「氾騰……敦煌人也。……屬天下兵亂、去官還家。太守張閟造之、閉門不見、禮遺一無所受。歎曰、「生於亂世、貴而能貧、乃可以免」。散家財五十萬以施宗族（氾騰は……敦煌の人なり。……屬々《たまたま》天下に兵亂あり、官を去りて家に還る。太守の張閟は之に造《いた》るも、門を閉じて見《まみ》えず、禮遺は一に受くる所無し。歎じて曰く、「亂世に生まれ、貴くも能く貧たらば、乃ち以て免ずべし」と。家財五十萬を散じて以て宗族に施す）」とある。

（13）『晉書』巻九四隠逸郭文列伝「郭文……洛陽焰、乃步擔入吳興餘杭、大辟山中窮谷無人之地……恆著鹿裘・葛巾、不飲酒・食肉、區種菽麥、採竹葉・木實、貿鹽以自供。人或酬下價者亦卽與之。後人識文、不復賤酬。食有餘穀、輒恤窮匱（郭文……洛陽焰《も》え、乃ち步擔《ほたん》［担い歩む意］して吳興の餘杭に入り、大いに山中の窮谷無人の地に辟《さ》け……恆《つね》に鹿裘・葛巾を著《つ》け、飲酒・食肉をせず、菽麥《しゆくばく》を區種《くしゆ》し、竹葉・木實を採り、鹽に貿《か》えて以て自供《じきよう》す。人に下價を酬《むく》いる者或るも亦た卽ち之を與う。後に人、［郭］文を識り、復た酬《しゆう》［支払］を賤くせず。食に餘穀有らば、輒ち窮匱《きゆうき》［貧困な者］に恤《めぐ》む）」によれば、西晉末期の長江流域では「窮谷無人之地」に住む隠逸でさえ、完全なる自給自足の生活を営むことが困難で、ほとんどの人が塩を入手するための物々交換や、状況に応じた互酬的関係を、周囲の人びとと取り結んでいた。意図的に「窮谷無人之地」に隠棲してもなおかくのごとき状況である以上、そうでない大多数の人びとが相互に物財をやり取りしていたことはいうまでもなく、その際に銭や布帛も媒介物として用いられたろう。

（14）「四文」は孫呉以前の四文字銭（「大泉五百」・「大泉當千」・「大泉二千」など）のどれかをさし、「比輪」はその中の大型銭をさす可能性が高い。もしそれらの銭文がまだ有効であれば、「比輪」は「五銖」銭の何百倍もの価値を持っていることになるので、賈人達はそのような高価な「比輪」でなく安価な五銖銭を大量収集したはずである。そうなっていないのは、孫呉の銭文がもはや有効に機能しておらず、むしろ名目的に「比輪＝四文＝沈郎銭＝五銖銭」とされていたからであろう。

(15)「沈郎錢」の形状については陳注（8）前掲訳注に諸説が列挙されている。

(16) 福原啓郎「『銭神論』の世界」（『魏晉政治社会史研究』京都大学学術出版会、二〇一二年）、福原啓郎「魯褒『銭神論』訳注」（『京都外国語大学研究論叢』第五七号、二〇〇一年）、福井佳夫「魯褒『銭神論』」（『六朝の遊戯文学』汲古書院、二〇〇七年）。

(17) 林貞愛校注『揚雄集校注』（四川大学出版社、二〇〇一年）。福井佳夫「揚雄「逐貧賦」論」（『六朝の遊戯文学』汲古書院、二〇〇七年）なども参照。

(18) 福井佳夫注（16）前掲論文。

(19) 喪葬関連の銭賜与は史料5・9・12・16・17・19・20・21・24・27・39・41・42・47・61・65・66・67・80・89・92・93・94・98・124・146・174・178・180・184・187・188・193・195・補6、布賜与は史料5・9・12・16・17・19・21・24・39・41・42・65・66・67・80・89・146・174・178・180・184・187・188・193・195・補10、帛賜与は史料9・補10。絹賜与は史料17・19・89・92。

(20) 官吏退職関連の銭賜与は史料15・18・31・38・44・69・82・84・85・95・102・159・194・補15、絹賜与は史料18・38・84・85。

(21) 問疾関連の帛賜与は史料22・63・64、銭賜与は史料63・64・71・78・182、布賜与は史料157。

(22) 軍功褒賞関連の絹賜与は史料43・49・50・51・(52)・53・54・55・60・106・134・135・136・137、銭賜与は史料60・183・185・186、綵賜与は185。

(23) 購賞の布賜与は史料88・143・155、絹賜与は史料108・109・110、黄金賜与は史料109・110・133。

(24) 婚姻関連の帛賜与は史料58・75・167、束帛賜与は史料72・73・74、絹賜与は史料76・167、銭賜与は史料77・(114)・(139)・167。

(25) 帛賜与は史料91・103・105・140・141。

(26) 史料149・152・158・160・189・補8。

(27) 史料13・56・90・103・105・140・141。

(28) 史料131・181。

(29) 上記の諸点はあくまでも晉代貨幣の大まかな特徴をしめすにすぎず、実際には当時の銭・布帛の授受は状況に応じてさまざまな含意《メッセージ》を担った。たとえば東晉を滅ぼさんとの野望を抱く桓温が蜀の「星人（星占い）」に命運を尋ねたところ、よい啓示を得られなかった。それにもかかわらず桓温から「絹一匹・銭五千文」を送られた星人は「(桓温の機嫌を損ねたので)絹一匹を賜うは僕をして自裁せしめんとし、銭五千を恵むは以て棺を買わしめんとするなり」と誤解し、習鑿歯は「絹を以て君を戯し、銭を以て道中の資に供するなり」と諭した。これは、貨幣の授受時にメッセージの伝達がうまくいかなかった一例である。付表で提示した貨幣授受例の「理由」も第三者の筆者が観察した結果で、当事者がそう理解していたか否かとは一応区別して考えねばならない。

(30) 加藤繁「隋以前及び元以後に於ける金銀」(『唐宋時代に於ける金銀の研究』東洋文庫、一九二六年)。

終章

本書ではこれまで一貫して、後漢三国両晉時代において貨幣経済がどのように展開し、いかなる特質を有していたのかを問題としてきた。そのうえで出土文字資料を加味しつつ、後漢・三国・両晉という三つの時代のあいだ、ひいては三国（曹魏・蜀漢・孫呉）や、両晉（西晉・東晉）のあいだにも、経済面や財政面でさまざまな相異があったことをのべ、そのような後漢三国両晉貨幣経済の時代的・地域的な差異に、各々その時と場の経済・制度・習俗が影響を与えていたことを検討した。そこで本章では、このような後漢三国両晉貨幣経済史の展開過程とその特質に関する本書各章（第一章〜第八章）の検討結果を今一度簡単に総括し、あわせて今後の展望を提示したい。

第一章では、後漢時代に銭・布帛を主とする多元的貨幣経済が展開し、それが前漢貨幣経済と異なる時代的特質を備えていた点を論じた。銭・布帛は、当時の経済・制度・習俗を背景に、経済的流通手段（多くの商品を直接購入することのできる媒介物で、かつその利便性ゆえに多くの人から欲せられている物財）としての共通の機能を有するとともに、それぞれ異なる流通回路をも有していた。後漢貨幣経済は、銭や布帛などを主とする多元的構造を有するという点で、前漢貨幣経済に連なる持続的側面をもっていたものの、前漢貨幣経済とは大きな時代的差異もあったのである。このように諸貨幣間に一定の機能差があるということは、ある貨幣の増減がべつの貨幣の需要につねに影響を及ぼすわけではないことを意味する。貨幣それぞれが重複する機能を有するとともに相互に代替できない機能をも有していた以上、ある貨幣の不足をべつの貨幣で補うことが困難な場合もあるからである。また銭・布帛の価値が各々自在に変化し、必ずしも相互規定的関係にないということは、後漢政府にとって諸貨幣間のバランスを維持することが容易でないことをしめす。むしろそれらの流通が当時の経済・制度・習俗によって重層的に決定されていた以上、後漢には前漢と同様、市場原理が比較的機能する地域とそうでない地域、中央政府の制度が及ぶ地域とそうでない地域、特定の貨幣を偏重する習俗のさかんな地域とそうでない地域などが十分に均一化されないままに並存していたとみられる。以上のように後漢貨幣経済の柔構造をとらえた場合、つぎに問題となるのはその時代的変化の過程である。もとより後漢王朝は二百年近く存続した帝国で、中長期的にみれば柔構造を有する中国古代貨幣経済の存在が確認できるものの、そのあいだにも経済状況は刻一刻と変化した可能性がある。そこで次章ではこの問題を検討した。

第二章では、後漢時代を物々交換経済や自然経済と形容する見方への批判をさらに推し進め、むしろ後漢中期以降に徐々に金銭至上主義が台頭したことを論じた。すなわち、もともと河湟地方で半農半牧の生活を営む西羌は後漢中期前後より三輔地方への攻勢を強め、後漢はその駆逐に莫大な支出を要した。大司農（国家財政を主管する官）の府帑は空虚となり、国用（国家財政）は連年不足した。そこで後漢政府は借金（借租を含む）・増税・売爵・売官・贖罪・諸侯による銭縑の献上・帝室財政による国家財政の補塡・鋳銭等々の財政補塡策によって急場をしのいだ。とくに鋳銭の結果、後漢の人口増加期においても一人当たりの銭保有量（平均値）は減少せず、逆に元和年間（八四～八七年）には物価の全体的上昇が起こった。だが上記諸政策には弊害もあり、まず人びとの規範意識の低下と財政規律の弛緩を招いた。賄賂請求関連犯罪に対する厳格な漢律は骨抜きにされ、請託が横行し、いわゆる民爵最高の八級（公乗）保持者が増加し、爵制的身分秩序は無効化された。官爵・官職の序列は献金次第となり、人びとの価値尺度は金銭的価値に一本化されていった。帝室財政の再強化につながる霊帝の財政改革も、結果的にさらに金銭至上主義を推し進めた。金銭至上主義への傾斜は人びとの死生観にも影響を与え、揺銭樹・銭紋磚・売地券や、金銭への希求をしめす鎮墓瓶を生んだ。しかも人口増加現象が桓帝期に反転すると、一人当たりの銭保有量（平均値）は激増し、都鄙貴賤を問わずに銭を保持するようになった（もちろん都鄙間で貨幣流通量の濃淡はある）。現に、このころには人里離れた山民までもが銭を有するようになっている。ただし政府高官・外戚・宦官による不法な搾取のせいで、貧富の格差と銭の偏在もすすんだ。それでもなお地方の人びとは諸貨幣（とくに銭）を求めつづけたため、霊帝が京師洛陽で「四出文銭」を鋳造するや、それはまたたくまに地方に散っていった。では、このようななかで各地の群雄はどうせめぎあったのか。次章では後漢末の群雄の財源を探った。

第三章では、後漢末群雄割拠期（一九〇～二〇七年）における群雄の経済基盤について検討し、彼らにとって州長官に着任して州を掌握することが最優先事項であったことを確認した。そのうえで、実際に州長官位をめぐる群雄の動向を調べ、一八九年に洛陽入城を果たした董卓が早速州長官人事に介入した点、董卓の期待に反して、一部の州郡長官が中心となり反董卓連合を結成した点、一九〇年以後は群雄が州支配をめぐって相互対立しはじめた点、州郡長官同士は本来君臣関係にないので状況次第で集合離散する場合があった点、複数州を束ねる群雄も制度上は一州の長官で、他の州郡は親族・属吏・故吏に委ねざるをえなかった点、州長官は通常中央官によって選任されるが、実際には群雄が州郡長官を各々勝手に任命し、結果的に任官者が複数並存し相互衝突する場合があった点を論じた。以上に基づいて個々の群雄の動向を確認すると、まず後漢最大の州は益州で、荊州・冀州と続くので、これら三州のどれかを得た者が優勢となるはずであった。現に、劉焉一族・劉表一族は、一九〇年時点で益州・荊州を支配し、もっとも天下に近づき、群雄割拠期を生き抜くことに成功した。ただし益州・荊州では途中で内乱にも見舞われ、とくに晩年の劉表は対外進出に乗り気でなかったため、両者ともに州外への進出ははたせなかった。一方、一九〇年以降に州長官としてあらたに独立した者のうち、勃海太守袁紹は、韓馥が袁氏故吏であることと、韓馥が袁紹と公孫瓚による挟撃を恐れていたことを利用して冀州牧の位を入手し、南陽太守袁術は前任者の死を経て寿春を占拠し、「節」を掲げて故吏を通じて複数州を支配した。郡すら有さぬ鮑信・曹操・公孫瓚・劉備・江東孫氏は確たる経済基盤（公的財源）をもたぬがゆえに、家財によるか、あるいは商人・豪族から借財をすることによって挙兵せざるをえなかった。その過程で一部の群雄は、たんに州を支配するのみならず、さまざまな財政補塡策を打ち出して軍事力の維持向上に努めた。以上の検討結果は、後漢末の群雄がいかに財源確保に腐心していたかを物語る。この観点からみたとき、当時の下馬評どおり、一九五年頃から袁術・袁紹が他の群雄を頭一つ分、凌駕する形となった。しかし、両者はいずれも途中で病死し、各勢力は内部分裂を起こした。一方、曹操は当初は弱小勢力であったものの、私財を募って挙兵したのち、黄巾を吸収して典農部屯田で労働させ、塩官を設置して耕牛を準備するなど、積極的に財政補塡策を打ち出し、複数州の支配を確実なものにしていった。曹操の打ち出した財政補塡策のなかでも、とくに経済史的関心をそそられるのが戸調制である。次章ではその制度的背景と、それによる貨幣史・経済史への影響について検討した。

第四章では、銭・黄金・布帛を主とする秦漢貨幣経済が後漢末に変化し、とくに国家供給型貨幣・国家的決済手段として機能していた漢銭がその地位を失った背景について検討した。それによると、まず戦国秦漢時代には布帛生産量の漸次的な増加傾向が認められた。もっとも、従来もこのことは先学によってたびたび指摘されてきたが、それらは「女織」・「婦織」関連の史料を論拠としたものであった。ところが「女織」・「婦織」の語にはじつは政策的側面・通念的側面・実態的側面があり、関連記載のほとんどは「女織」・「婦織」政策の存在をしめすにすぎなかった。つまり実際の布帛の生産過程は、「女織」・「婦織」とは限らず、「女織」・「婦織」の関連史料は現実上の布帛生産量の拡大過程をしめすものとは限らなかった。これより、当時の布帛生産量に関しては、改めて別の史料を用いて検証する必要が出てきた。そこで国家に布帛を納付させる制度と布帛生産量を具体的にしめす史料をみると、新たに前漢武帝期以降の布帛生産量の増加が裏づけられ、これが後漢末における銭納税制（算賦・口賦等）から布帛納税制（対熟田布帛課税制・戸調制）への大転換を帰結したものと考えられる。ところが銭は、国家的決済手段の中心的地位から転落したにもかかわらず、それでもなお曹魏の曹叡のときに復活された。その理由は、銭が貴重であるからでも、政府の統治に必要なためでもなく、むしろ銭が経済的流通手段として布帛・穀物以上に民間で好まれていたからであった。かくして「銭＝国家供給型の国家的決済手段兼経済的流通手段」・「布帛＝民間供給型の補助的貨幣」という構造を有する戦国秦漢貨幣経済は、「銭＝国家供給型の経済的流通手段」・「布帛＝民間供給型の国家的決済手段」という構造を有する魏晋貨幣経済へと質的転換を遂げたのである。以上の貨幣史上の大転換が西晋時代にどう受け継がれたのかは第八章で検討した。そのまえに本書では、つぎに三国時代の残る二国、すなわち蜀漢と孫呉の経済状況を確認した。

第五章では、蜀漢政権が一貫して軍事最優先型経済体制をとり続けてきたこと、それが布帛を主たる国家的決済手段、銭を民間の経済的流通手段とする貨幣経済を潤滑油とし、経済と軍事に対する同時な政治支配の上に存立するものであったこと、当該体制が尚書令陳祗の死後に揺らいだことを論じた。ここでいう軍事最優先型経済体制とは、人口の七分の一にのぼる吏卒を有する蜀漢がそれらの吏卒を合理的に活用し、計画的軍事都市の漢中を拠点として遠征・拉致・屯田の三位一体的活動を行ない、兵力増強・周辺鎮撫・国威顕揚を実現する経済体制であった。蜀漢は軍事経済・戦時経済を有する中国古代諸国家のなかでもとくに軍事的特徴が濃厚であり、それゆえ筆者はこれを「軍事最優先型経済体制」と称した。蜀漢がそのような経済体制を採用した理由は、蜀漢が強大な曹魏とするどく敵対し、曹魏の存在をたえず意識した戦時的経済体制を営まざるをえなかったからであった。ここに蜀漢経済の構造的特質があった。これは、必ずしも民間社会の持続的安定を目指したものではなく、むしろ臨戦的・過渡的経済体制であった。その背後には蜀漢のもつ豊富な天然資源があったとはいえ、当該体制が民間にもたらす経済的負担はやはり少なくなく、当該経済体制の運営には政治主導による経済—軍事間の円滑な連動が求められた。以上の軍事最優先型経済を維持するうえで、欠くべからざる財源となったのが西南夷社会の存在であった。そこで次章では、当時の西南夷社会の様相を確認し、蜀漢がそれをどう統治していたのかを検討した。

第六章では、蜀漢期西南夷の社会と人びとの生活について、文字史料を主、考古資料を傍証として検討を加えた。もっとも、蜀漢側の史料は『三国志』蜀書などに限られ、内容も断片的である。そこで本章ではまず、すでに先行研究の蓄積のある漢代西南夷と晉代西南夷の関連史料に着目し、双方に共通する記載に注目し、そこから蜀漢期西南夷社会の状況を推測するという研究手法を採用した。その手順として、『史記』西南夷列伝所載の西南夷の地（夜郎・滇・邛都・昆明・嶲・徙・筰都・冄駹・白馬羌）に焦点を絞り、当地に住む夷をとりまく自然環境や風俗習慣が蜀漢期にどうであったかを概観した。結果、蜀漢期西南夷がたんに中原王朝の周縁領域であるのみならず、本来中原と根本的に異なる社会を構成し、夷独自の社会と生活があったことを具体的に確認した。また彼らが必ずしも同質の地理・環境下で単一の集団意識・習俗を共有した存在ではなく、むしろ生活面で異種混交的であったことも論じた。ただし西南夷はまったくの無秩序・分裂霧散の状態にあったわけでもなく、彼らには彼らなりの社会的紐帯の存在があった。それによると彼らは、王・君王・君長・耆帥・耆老などのもとで集団をなし、各集団は並存関係の場合もあれば、階層関係をなす場合もあった。彼らを率いる者のうち、耆老は、必ずしも武力に優れているわけではなく、むしろ集団構成員を説き伏せる弁舌能力に秀でていた。また彼らの社会的紐帯としてもっとも重視されたのは、漢代中原人が重視した爵位・任侠・市場などに基づく人間関係ではなく、「骨肉」・「同姓」・「恩信」であった。「骨肉」は夷の近親同士、「同姓」・「恩信」は夷人同士もしくは夷人—漢人間の関係をしめす。なかでも「恩信」は、西南夷関連史料だけでなく、周辺諸民族一般に関する史料に幅広くみえる語で、とくに『三国志』や『後漢書』に頻見する概念であった。それは、力によって相手を押さえつける方法とは逆で、敵対勢力を撫順して招き寄せる手段でもあった。南夷―漢人間の「恩信」関係によって醸成される親密性は、（擬制的）血縁関係による夷漢間の一代かぎりの親密な関係（遑耶）とは異なり、子孫代々にまで及ぶものであった（百世遑耶）。西南夷が、さまざまな自然環境・生活様式・文化を内包する異種混交的社会で、西南夷社会全体を統括する首長を欠いていたにもかかわらず、蜀漢期に一定程度のまとまりをもって蜀漢に背きえた理由は、君長達が「骨肉」・「同姓」・「恩信」を活用して勢力をまとめあげた点にあった。逆に、諸葛亮が多種多様な西南夷社会をまとめあげ、その後数十年に亙り一定程度大規模な反乱を抑止できた理由も、蜀漢側が西南夷の「大姓」の君長達にうまく「恩信」を施し、「大姓」を通じて「骨肉」「同姓」ひいてはその族民達を支配させたためであった。蜀漢の諸葛亮はそのような原理をうまく活用して西南夷社会を支配し、かくて蜀漢には西南夷地方から持続的に物資がもたらされることになったのである。以上、第四章で曹魏、第五章・第六章で蜀漢と西南夷を議題として取りあげた。では三国のうち、残る孫呉の経済は一体どのようなものであったのか。

第七章では、孫呉貨幣経済の構造と特質について検討し、それが魏・呉・蜀三国のなかで、じつはもっとも原形の残る形で漢代貨幣経済を継受したことを論じた。その制度的背景に関してはつとに高敏氏らの研究があるが、必ずしも孫呉の制度や貨幣経済全体を見通したものとはいいがたく、随所に修正すべき論点も含んでいた。そこで本章では、呉簡などに関する先行研究を高く評価する一方で、その欠を補い、個別の論点を相互に結びつけ、孫呉貨幣経済の体系的把握を目指した。その結果、高敏氏以降の諸研究とは異なる見解に到達した。それによると孫呉貨幣経済は、銭・布を主たる国家的決済手段および民間経済的流通手段とし、その意味で後漢末期の貨幣経済と一致し、曹魏経済・蜀漢経済とは異なるものであった。しかも孫呉は、漢代以来の銭納人頭税（いわゆる算賦や口銭）を施行し、さらに田畑に対する巨大な租税（穀物＋布＋銭）を課した。これに対して当時の中原地方は戦乱のため、男耕女織的生産基盤が壊滅していた。そのため曹魏はいわゆる固定的・統一的な戸調制（戸単位布帛納税制）を施行した。かかる戸調制はその後一部改造され、西晉へと受け継がれていった。だが孫呉は銅山等の豊富で多様な自然資源を有し、銭幣経済に中原ほどの被害は生じていなかった。しかも孫呉は男耕女織政策を施行しつづけた。それゆえ孫呉は後漢以来の基本的税制を維持できた。加えて孫呉は、各地の自然環境に応じた柔軟な税制を構築し、それを通じて巨額の戦費に対応した。その一策として孫呉は、銭納人頭税と租税のほかに、国家的需要を補完する目的で、多種多様な必要物資の「調（＝調発。少なくとも一部は官府による物資買い上げ）」を随時実施した。また孫呉には、漢代以来の市租などの商業関連税もあった。それは基本的に百銭単位で、漢代市租と一部異なるものの、多くの点で漢制と合致した。そのうえ孫呉の人口統計は、一見すると蜀漢軍事最優先型経済と同じく極端な軍事偏向を有したかのごとくであるが、実際にはそのなかに非常勤の吏や非常備兵を多く含み、孫呉の徭役制や兵制はむしろ漢制をほぼ踏襲し、そこに兵戸制を加えたものであった。これは結局、収入面でも支出面でも、孫呉が後漢（とくに後漢末）の制度的継承者であったことを意味する。ただし上記の孫呉貨幣経済とその制度的背景は、西晉時代になると一新された。西晉は曹魏の禅譲を受けて中原に君臨し、十数年後に孫呉を滅ぼし、天下を統一し、その過程で名目上、全ての支配領域に対して統一的制度を施行していった。かくて孫呉貨幣経済は徐々に「晉化」していった（このような「晉化」がすぐさま江南民の実生活に改変を迫ったものか否かにはなお検討の余地もある）。それは戸調制に代表される西晉税制の浸透を以て嚆矢とした。では、三国時代を統一した西晉、つづく東晉ではどのような経済が花開いたのか。次章ではこの点を検討した。

第八章では、晉代貨幣経済の構造とその時代的特質について検討した。それによると、西晉と東晉の貨幣経済は、多少の時代的変化を伴いつつも、八王の乱以降、ほぼ同様の構造と時代的特質を有していたと考えられる。すなわち、晉では銭と布帛を中心とする貨幣経済が展開し、それはとくに八王の乱以降、弱体化した中央政府主導の〝国家的物流〟ではなく、地方勢力主導の〝地方的物流〟を主たる推進力とするものへと変化した。そしてその中で、布帛は主たる国家的決済手段として用いられ、銭は市場における経済的流通手段に純化されていった。これは、〝国家的物流〟を主たる推進力とし、銭を国家的決済手段（布帛をその補助）とする秦漢貨幣経済とは大きく異なる特徴である。また晉代貨幣は、しばしば特定目的化され、経済的流通手段以外の独特な用いられ方をすることがあった。それは晉代独自の経済・制度・習俗を背景としたもので、漢代貨幣経済とは異なる晉代貨幣経済の時代的特質を形成する一因となった。そのような晉代貨幣経済の時代的特質としてとくに、晉代では後漢代と同じく黄金がほとんど用いられない一方で、後漢代以上に絹帛の使用例が多い点が挙げられる。これは、唐代における布帛の使用範囲の広さを勘案した場合、漢代から唐代へと連なる漸次的な時代的変化の一環として捉えられる。

以上、本書各章の結論を今一度整理・確認した。その結果みえてきたのは、後漢時代に関する文字史料のなかに、前漢時代に量的にまさるともおとらぬ貨幣（とくに銭と布帛）の用例が見出されること、三国時代・両晉時代の文字史料のなかにも相当量の貨幣の事例が見出されること、それゆえ前漢時代を貨幣経済と形容できるならば、後漢三国両晉時代もまた同様に貨幣経済と形容せねばならないことである。さらに、ひとたび後漢三国両晉貨幣経済をこまかく検討してゆくと、漢三国両晉貨幣経済と前漢貨幣経済とのあいだには質的差異もあり、後漢・三国・両晉という三つの時代のあいだ、ひいては三国（曹魏・蜀漢・孫呉）や両晉（西晉・東晉）のあいだにも貨幣の扱い方や国家財政・民間経済のあり方にさまざまな相異がみてとれる。そのような状況のもと、後漢王朝は必死に財源確保を行ない、後漢末の群雄はより大きな経済基盤を求めてせめぎあい、そのなかから、新しい経済政策を積極的に採用した曹魏が台頭していった。曹魏は後漢以来の中原地域における男耕女織的生産基盤の崩落をうけ、銭納人頭税の代わりに戸調制

（戸単位布帛納税制）を施行した。かくて、それまで国家的支払手段であった銭は、民間の経済的流通手段へと純化されていった。一方、蜀漢は、強大な曹魏に立ち向かうべく、軍事力強化を最優先する特殊な経済体制を布いた。他方、孫呉は従来の男耕女織的生産基盤が中原地域ほどには壊滅していなかったため、後漢経済を色濃く受け継ぎ、それを部分修正するかたちで三国時代を生き残ろうとした。だが結局三国は、いずれも西晋に吸収され、西晋は曹魏経済のありようを受け継いで、それを全国に広めていった。このような政治勢力の争いのなか、民間では五銖銭と布帛がおも貨幣として用いられつづけた。銭・黄金・布帛はそれぞれ経済的流通手段として共通の機能を有するとともに、それぞれが異なる社会的機能も有し、それは後漢・三国（曹魏・蜀漢・孫呉）・両晉（西晉・東晉）のあいだでも異なっていた。その意味で、後漢三国両晉時代には、前漢以来の貨幣経済の持続がみられるとともに、その細部にはいくつもの転換点がみられた。以上が本書よりみえてきた後漢三国両晉貨幣経済史の概要である。これより、以下の四つの論点が導かれる。

第一。後漢時代・三国時代・両晉時代は従来、「分裂の時代」・「暗黒の時代」・「貴族の勢力が強まる時代」などと評されることが多かった。なるほど、それらの時代認識はいずれも後漢三国両晉時代の一面を表現したものである。ただし、そうした時代認識を前提として、当時の経済状況を把握しようとする場合、概してつぎのような経済史像が描かれやすい。すなわち、当時の人びとはそれぞれ徒党を組んで自立し、なかでも貴族や地方名望家などとよばれる人びとが貧乏人を囲い込み、各集団内部では物々交換を行ないつつ、対外的には自給自足的生活を営む場合が多かった、と。かような伝統的見解は現在も根強く、当時の貨幣や経済のありようを積極的に再評価する論調はなお高まっていない。もちろん先行研究は皆無ではないものの、あくまでも中国古代貨幣経済盛衰論の枠内にとどまっており（前著序章参照）、その後、後漢魏晉経済史研究を続けている者もほとんどいない[1]。ここで必要なのは、貨幣経済のありようを盛か衰かで割り切るまえに、まず従来の学説史的潮流をふまえ、関連史料を徹底的に収集・読解し、網羅的に議論の俎上にのせることである。そして、国家的決済手段と民間経済流通手段の区別、諸貨幣間の関係、経済の地域差、いわゆる現物貨幣などにも配慮しつつ、中国経済通史における後漢三国両晉貨幣経済の位置づけを根底から考え直すことである。本書はその一試作であり、いわば史料集としての意味ももたせたつもりである。しかも当時、貨幣・経済・制度・社会・習俗は複雑に絡み合っていた。よって本書の結論は、たんに従来の貨幣史や経済史の理解に再検討を迫るのみならず、後漢三国両晉社会の全体的再検討にも繋がるものと思われる。

第二。前著と本書では、中国古代貨幣経済史の持続と転換の両面を描いてきた。戦後歴史学では、唐代以前を古代とする説と、後漢末以前を古代、三国時代から唐代を中世とする説が有力視され、現在は便宜的に後漢時代と三国時代を分ける見方がやや優勢であるが(2)、本書はその狭間にも持続と転換の両面を見出す。もとより歴史には多様な見方があり、見方次第で多様な時代区分が可能であることはいうまでもない。また、ある色の価値が他の色との差異によって同定されるのと同様、時代区分なき歴史も意味をもたない。その意味で、現代の歴史研究者は、かつての時代区分論争とはまったく異なる文脈のなかで、各々の研究する時代・地域の歴史認識を問われている。岸本美緒氏が指摘するとおり、「世界史を学ぶ意味は、論理的に完結した新しい世界史像を構築し、世界の隅々までその枠組みで理解しきろうとすることではなく、世界史上のさまざまな社会で人々が懐いていた世界像を理解しようと試み、それらがゆるやかに重なりあい、影響を与えあいながらダイナミックに動いて行く全体的図柄を示(3)」すことにあり、個々の歴史研究者はそのなかで時代や地域に対する認識を問われている。前著や本書はその参照軸のひとつを提供するものである。もっとも、私見に基づいて中国貨幣経済史をおおまかに捉えた場合、貨幣経済は春秋戦国時代を通じて徐々に形づくられ、後漢三国両晉時代を通じて持続していったことになる。また、歴史を捉えるための顕微鏡の焦点をより絞った場合、後漢三国両晉貨幣経済史のなかにも、さまざまな転換点が見出される。つまり、貨幣経済史の変化は重層的なもので、長期・中期・短期のどの時間軸を重視するのかによって、時に持続面が強調され、時に転換点が強調される(4)。かかる筆者の時代認識は、単層的なものではありえない。先学のなかには、そうした事情を理解したうえでなお最重要の時代的転換点を求める者もいるが、筆者は見方次第で解釈が変わるところにこそ歴史学の魅力があると考えている。そうした観点から描かれる中国古代貨幣経済史像は、現代貨幣経済とのあいだに持続と転換の両面を有するのであり、古代と現代は決して完全に断絶しているのではない。その意味で、中国史上の巨大な転換点を勝手にどこかに定め、現代中国を理解するさいに当該転換期以前を別世界と捉えたうえで、当該転換期以前の歴史研究を軽視するがごとき、通俗的な歴史認識は批判されねばならない。

第三。後漢三国両晉時代において銭や布帛は商品の売買に用いられ、官民の市場において広く経済的流通手段として機能した。筆者はその意味で、銭や布帛を「貨幣」とよんだ。またそれらのモノは時と場に応じて賜与物や贈与物としても用いられた。後者は、銭や布帛の非貨幣(非経済的流通手段)としての用途にあたる。筆者は前者の経済的流通手段としてのモノを狭義の「貨幣」とし、後者も含むモノを広義の「貨幣」とよぶ。本来両者を混同することはできず、本書でも個別に分析してきたわけであるが、かといって両者を完全に切り分けてしまうことも誤りである。というのも、非貨幣的用途による銭や布帛の出入は、結果的に、貨幣としての銭や布帛の流通量や流通回路にも影響を与えるからである。銭や布帛などの「貨幣」とよばれるモノは、時と場に応じてさまざまな表情をみせる。複数の表情を個別に理解することは可能であるが、それらはいずれもひとつの顔に宿っているのであり、顔自体を切り分けることなどできない。かかる貨幣論とその学説史的意義に関しては前著で論じたほか、一般書の『中国古代の貨幣　お金をめぐる人びとと暮らし』(以下、前著②)でも詳論した。もっとも、マルクスやジンメル以来、従来の貨幣論の多くは伝統的人間関係に対する貨幣の破壊的効用をとくに強調してきた。またそれと即応するかたちで、本来貨幣で買えないモノが商品化してゆくことを危険視する論者も少なくない。数十年前に宇野弘蔵がマルクス経済学を軸とする労働力商品化説を唱え[5]、カール・ポランニーが労働・土地・貨幣の擬制商品化説を唱えたことによる影響は、現在もなお言論界に根強く残っており[6]、最近ではマイケル・サンデルなどが非商品の商品化の一方的拡大に警鐘を鳴らしている[7]。そのような見方はたしかに貨幣の一側面を捉えている。しかし本書で展開した上記貨幣論によれば、銭や布帛は時と場に応じて贈与・賜与に用いられ、人と人をつなぐ効用ももつ。しかも貨幣によって商品を買うにせよ、貨幣を贈与物や賜与物として転用するにせよ、人びとは貨幣にそのつど何らかの気持ちを込めるものであり、その気持ちは多種多様であった。そうして手渡された貨幣の意味をどう理解するかも、受取手の解釈次第である。第三者はその光景をさらに別様に解釈する可能性もある。その意味で貨幣は、つねに人間らしさや伝統的人間関係に破壊的作用のみをもたらすわけではない。この点を歴史学的に検討してゆくことが前著と本書の目標のひとつであった。

第四。後漢三国両晉貨幣経済のもとでは、金銭至上主義が台頭すると同時に、それに対する激しい反発が生まれた。前述したように、貨幣自体は必ずしも人間関係を一方的に破壊しつづけるわけではないものの、現在もなお貨幣の否定的側面を強調する議論は少なくない。ここで注目すべきは、かような論調が東アジア史上最初に大々的に高まったのが、後漢三国両晉時代であったことである。たとえば光武郭皇后の弟として莫大な金銭縑帛を賞賜された郭況の家は「金穴」と妬まれ（『後漢書』皇后紀）、吝嗇な資産家は「守銭奴（『北堂書鈔』巻一二九所引『東観漢記』、『後漢紀』巻四）」や「守銭虜（『八家後漢書輯注』引華嶠『漢後書』第三八条、『後漢書』馬援列伝）」と非難され、買官者は「銅臭（『後漢書』崔駰列伝）」と蔑まれた。また西晉時代の和嶠はその吝嗇さゆえに「銭癖」と嗤われた（『晉書』和嶠列伝、『太平御覧』巻四四五引王隠『晉書』）。後漢後期に王符がわざわざ「富貴未必可重、貧賤必可輕。度量相萬億（富貴は未だ必ずしも重んずべからず、貧賤は必ずしも輕んずべからず。量［人間の価値］を度《はか》るには相い萬億［多様な基準がある］。『潜夫論』交際篇）」と論じたことも、当時の社交場がいかに貧富のみで人間の価値を判断していたかを裏書きする。また楊秉が「我有三不惑、酒・色・財也（我れに三不惑有り、酒・色・財なり。『八家後漢書輯注』所収張璠『後漢紀』）」と宣言し、「名公」と称《たた》えられた理由もここにある。かかる金銭への敵視は、後漢魏晋を貫く通時代的思潮の一つとなり、西晋初期の『銭神論』に結実する。金銭至上主義が貧富の格差を生む以上、貧者が羨望・嫉妬・僻みの果てに、金銭そのものを嫌悪するようになるのは当然であろう。またこのころから清（俸禄・賞賜の散施、産業を経営しないこと、家に余財のないこと）と評される官吏や、[8] 仁（家産を郷里社会へ施与すること）と評される在地の士人・富豪層、[9] みずからの「清」性を強調するために「貧」を自称する者、[10] 蓄財も贈与もせずに俗世との交わりをあえて断つ者、[11] 軽財好施を重視する任俠、[12] 貧者への施与を重んずる太平道信者、売官・売爵を嫌悪する法吏が続々と登場した。西晋の王衍などにいたっては、「銭」という言葉を口にするのも憚ったといわれる。彼らが各々いかなる理念を掲げ、何に抵抗し、どういう相互関係を取り結んだかはともかく、ここでは彼らがみな金銭以外の価値を模索している点に注目される。では、それはなぜか。ここでは、彼らが実際に何を考えていたかや、彼らの故事が本当か否かでなく、これらの故事が当該時代の史書にとくに書き残された事実が問題となる。類似の人びとは現代にもいるが、[13] ここでは彼らを評する後漢魏晋期の史料がそれ以前より格段に多い点が問題となるのである。そこで注目されるのが、後漢の人びとが貨幣を執拗に求めた結果、逆に反金銭至上主義的行動が目立つようになった可能性である。さもなくば、汎歴史的な彼らの存在が後漢時代にとくに顕在化し、その名が顕彰すべき奇特な行為として史書に書き留められるわけがなかろう。それは、無私や反利己の行動とは限らず、自己実現（社会的名声の獲得等）を図る手段ともなった。[14] 西晋においても、近親者への銭などの派手な贈与は、吝嗇同様に非難されるとともに、政治的・身分的安定を得る一手段たりつづけた。[15]

かくて貨幣経済をめぐる建前と本音の乖離は進み、その狭間から金銭以外の価値を標榜する政争（党錮・黄巾を含む）が勃発したのであろう。かつて内藤湖南は「漢末から魏の初まで」に「名節を尚ぶことを余り極端に実行して苦節とな」る風潮（いわゆる過礼）が生まれたとし、それを「偽善者の出現」とよんだが[16]、筆者は反金銭至上主義者にも同型の思考様式を見出すものである。

以上本章では、本書の概略と、そこから導き出される四つの論点について説明した。これに加え、以上の結論から導かれる新たな課題の所在についても、最後に蛇足的ながら論及しておきたい。上記四つの論点に続けるかたちで、第五から第九の課題点を挙げておく。

第五。本書で論じたように、後漢時代・三国時代・両晋時代の貨幣経済は前漢時代に比して見劣りせず、分布の濃淡はあれども、銭は民間社会の末端（山奥の僻村や辺境など）にまで行き渡っていた。だが既述のごとく、当該時代の史料に自給自足的大土地所有者の存在が散見するのも事実である。両者の関係をどう考えるべきか。そこでまず注目されるのが、西嶋定生・多田狷介・米田賢二郎、紙屋正和諸氏の研究である（前著序章の学説史整理参照）。諸氏によると、①当時の大土地所有者や豪族の荘園は必ずしも自給自足体ではない。②荘園内でも商品売買は行なわれた。③前漢後半期以降、大商人は減少し、代わりに小農民や傭客相手の商業活動が活発化した。以上の研究によると、荘園の盛衰と貨幣経済の盛衰は必ずしも同期しない。加えて柏祐賢《かしわすけかた》氏の見解にも注目される。柏氏は、二十世紀前半の中国華北では、自給自足的な豪農に対し、意外にも貧農のほうが、自給自足困難な狭い土地しか持たぬため、賃労働を通じて積極的に貨幣経済に関わらざるを得なかったとする[17]。後漢三国両晋時代でも、（1）大土地所有者が散見する。（2）貧富の格差がはげしい。（3）狭小な土地しかもたぬ農民が少なくない[18]。（4）貨幣（銭や布帛など）が都鄙貴賤に浸透していた。さらに近年の研究によれば、（5）官民による雇用労働が行なわれ、とくに前漢後期以降には流民だけでなく、土地持ちの小農も多く雇用労働に従事し、[19]（6）後漢時代には毎年二百万人におよぶ労役の銭納代替化・雇用労働化も進んだ。[20]すると、当時も貧農こそが貨幣経済を担った可能性がある。

第六。前著と本書では、金銭至上主義が戦国時代に萌芽し、後漢三国両晉時代に大きく花開いた点を指摘した。しかしそれはもちろん、いわゆる近代資本主義の出現を意味しない。それはなぜか。周知のとおり、マックス・ウェーバーは、「中国の高官、古代ローマの貴族、近代の大地主の貪欲さときたら、比較しようもないほどに大きなものである。またナポリの馬車の御者や船乗りと、アジアの同じような職業の人々の金銭欲は、そして経験者ならよく知っているように、南欧やアジア諸国の職人たちの金銭欲は、たとえばイギリスの同様な人々と比較してもはるかに激しいものであり、厚かましいものである」とのべ、しかし中国社会は「近代資本主義の精神」を欠くと論じた。[21]ウェーバー学の研究蓄積を通覧していない筆者にその是非を云々する資格はないが、前著と本書で金銭至上主義の漸次的展開を論じた以上、如上の論点を等閑視もできない。むろん資本主義を人類共通のゴールとする西欧中心主義史観に与するつもりは毛頭ないけれども、少しは説明が必要であろう。そこで想起したいのが、二十世紀前半の中国経済に関する村松祐次氏の説である。それによると、圧倒的な農業重視の産業構成と、直接消費財中心（主食穀物農業中心）の平板な構造のもと、高い金利と地代に悩む人びとは、零細な家内産業に走る。賃金は低廉ゆえ、機械化も進まない。小さな政府と脆弱な中間団体のもと、自由経済競争にじかにさらされた人びとは、資本授受に必要な安定感を欠き、私人的保証の狭隘な範囲内で競争を続け、安定なき停滞に陥る。[22]まったく異なる時代に関する停滞史観的学説ではあるが、農業重視の産業構成・直接消費財中心・零細な家内産業・小さな政府・脆弱な中間団体といった要素が後漢三国両晉社会に類似しているのも事実である。ここにも後漢三国両晉貨幣経済の特殊性を解く鍵がありそうである。

第七。後漢三国両晉時代における銭納税制から布帛税制への転換は、当然国庫内に集積される布帛総量の激増を招いたろう。すると、かかる貨幣史的・税制史的転換は、いわゆるシルクロード交易に変化をもたらしたのではないか。もとより長安から敦煌を経て、タリム盆地経由でその西方へとつづく交易路は、漢代以前に開通していた(23)（もちろんローマには達していない）。漢代の東西交易路はそうした経路以外にも複数存在し、現在では草原の道や海の道を含む交易路を「シルクロード・ネットワーク」と捉える論者もいる(24)。結果、現在とくに唐代前後のソグド人を主役とする東西交易の研究が華々しい。ここでシルクロード論と魏晉戸調制を結びつけると、布帛税制が成立した後漢三国両晉時代こそは本来、国庫に膨大な布帛が蓄積される時代の始まりといえる。とすると、かかる莫大な布帛は国家主導のシルクロード貿易を活性化し、それがアジアに対する中国貨幣経済史の最初の衝撃をもたらしたとはいえまいか(25)。もっとも、魏晉期以前の民間シルクロード貿易の存在に否定的な研究もあるため(26)、今後はその詳細を検討する必要がある。

第八。後漢三国両晉時代における布帛税制への転換は、本書第四章でのべたように、家内女性労働としての織物生産業の成長を背景とする。母や妻の労働がなければ、当時の家々は納税困難となる。すると、かかる税制的転換が後漢三国両晉時代の母や妻の地位に変化をもたらした可能性はないか。たとえば十九世紀末〜二十世紀初頭では、広東省で製糸業が発展するにつれ、女工たちの結婚拒否と女性同士の結束が生じたとされる(27)。現代社会でも、男女共働きの家庭内で高給取りの妻が夫以上の発言権をもつ光景は珍しくない。これらは、女性労働の価値が高まるにつれ、女性の社会的地位も高まる可能性を物語る。そこで後漢三国両晉時代の史料をみると、意外にも女性の社会的地位の向上を明示する史料はみあたらない(28)。むしろ漢代以降に「母の原理」（母子関係・同母関係を重視し、異父兄弟姉妹間や母党族員と血縁的絆意識を堅持すること）は弱化し(29)、妻の家庭内地位も低下した可能性がある。この問題をどう考えるか。ここで注目すべきは、後漢時代に「盜不過五女門（盜は五女の門を過ぎず）」という鄙諺があり、陳蕃が「以女能貧家也（女の能く家を貧しくするを以てなり）」と解説するごとく（『東観漢記校注』巻十七陳蕃伝）、母・妻・娘の生産力はなお不十分であった点である。魏晋時代には織機が改良されたが[30]、その後も事態は変わらない。その背景には儒教的女性観の影響があったと思われる。漢代儒学では、「女織」を道徳的に称賛すべき女性の家内労働とみなす一方、利潤追求型の「女織」を非難する傾向があった[31]。しかも、劉向『列女伝』や班昭『女誡』以来、従属的女性像を理想視する書籍が増え[32]、女性の地位向上を抑制した可能性が高い[33]。結局、女性の労働価値が高まろうとも、それを「不払い労働[34]」とみなす伝統的儒教社会では、女性の地位向上は望めなかったのではないか。

第九。筆者は前著で、貨幣経済のいちじるしく発展した現代社会においてさえ、「世の中にはカネで買えないものがある」と考えている人が少なからず存在し、貨幣経済が根づいたばかりの戦国秦漢時代にも同様の思考の持ち主がいた点を指摘した。彼らは、時と場に応じて賈（価格の高低＝市場原理）のみならず、爵（爵位の高低＝爵制的原理）・親（人間同士の親密度＝家族的原理）・行（徳行の高低＝任侠的原理）などを重視した（前著終章）。これは後漢三国両晋時代の人びとにもあてはまることで、彼らも必ずしも貨幣の多寡のみに二十四時間一喜一憂していたわけではなく、それ以外のさまざまな価値尺度を適宜優先していた。すると、彼らのなかには後漢三国両晋貨幣経済の展開と金銭至上主義の台頭に表面的に反発するのみならず（前掲第四論点も参照）、それを実際に心から苦々しく思う者もいたはずである。そのような人びとの割合は、現代資本主義社会に比べればはるかに多かったはずである。よって今後は、後漢三国両晋時代に生きた個々人が時と場に応じてさまざまな価値尺度（貨幣を含む）を取捨選択してゆく過程を念頭に置きながら、そのような個々人の心性を解き明かしてゆく必要もある。これは前著や本書とはまったく異なる研究の方向性をしめすものである。前著がいわゆる長期持続（Longue duree）の研究であるとすれば[35]、多様な価値観をもつ中国古代の日常生活と個々人の心性を摑む試みはミクロストリアの手法に近い[36]。ただし両研究はたんに方向性を異にするだけではなく、むしろ表裏一体の関係にある[37]。今後はそのようなミクロストリア的研究が本書の欠を埋めうるものと期待される。

注

（1）窪添慶文編『魏晉南北朝史のいま』（勉誠出版、二〇一七年）は近年の研究動向を端的に象徴している。

（2）近年の学界ではおおまかに「秦漢史」と「魏晉南北朝史」を区別するのが習わしとなっており、その区分に沿って学説史も毎年整備されることが多い。たとえば『史学雑誌――回顧と展望』では一九五〇年以来、「戦国・秦漢」と「魏晉南北朝」の二項目が立てられ、毎年刊行される諸論文が紹介されている。学術団体としても一九八九年に日本秦漢史研究会（二〇〇二年に日本秦漢史学会に改称）と「若手魏晉南北朝史学会」（二〇〇一年に魏晉南北朝史学会に改称）が発足し、二〇一六年現在もなお両学会は並存している。中国でも『中国史研究動態』では「秦漢史研究綜述」と「魏晉南北朝史研究綜述」の二項目が立てられ、毎年刊行される諸論文が紹介されている。学術団体としても一九八七年に中国秦漢史研究会が、一九八四年に「中国魏晉南北朝史学会」が発足し、二〇一六年現在もなお両会は並存している。欧米圏でも秦漢時代と魏晉時代を分ける例は少なくなく、たとえば「The Cambridge History of China」は秦漢時代と魏晉南北朝時代を区別する（魏晉南北朝史巻は未刊）。また「Early China」もおもに上古から漢代までの研究論文を掲載する雑誌で、魏晉南北朝時代の研究は除外されている。このような時代区分によらない個別研究も実際には少なくなく、『中国中古史研究』や『早期中国史研究』のように唐代以前を一括する雑誌もあるとはいえ、学界を代表する団体や学術雑誌における以上の時代区分の影響は過小評価できまい。

（3）岸本美緒「時代区分論」（『風俗と時代観　明清史論集1』研文出版、二〇一二年、三五頁）。

（4）歴史学における時間概念と時間の重層性に関しては、フェルナン・ブローデル（浜名優美訳）「長期持続」（『ブローデル歴史集成Ⅱ　歴史学の野心』藤原書店、二〇〇五年）。

（5）宇野弘蔵『恐慌論』（岩波書店、一九五三年）。

（6）Polanyi, Karl. 1944. The Self-regulating Market and the Fictious Commodities: Labor, Land, and Money. *The Great*

Transformation. New York: Rinehart.

(7) Sandel, Michael. 2012. *What Money Can't Buy: The Moral Limits of Markets*. New York: Farrar, Straus & Giroux.

(8) 渡邊信一郎「清――六朝隋唐国家の社会編成論――」(『中国古代国家の思想構造――専制国家とイデオロギー――』校倉書房、一九九四年)。

(9) 渡邊信一郎「仁孝――六朝隋唐期の社会救済論と国家――」(『中国古代国家の思想構造――専制国家とイデオロギー――』校倉書房、一九九四年)。

(10) 渡邉義浩「官僚」(『後漢国家の支配と儒教』雄山閣、一九九五年)。

(11) 小尾郊一『中国の隠遁思想　陶淵明の心の軌道』(中央公論社、一九八八年)は後漢時代に激増した「隠逸」・「逸民」を、人生を悲観し、怨嗟したり、不幸な最期を遂げた人物や世捨人ではなく、「官僚社会(宮仕え)から逃避して、自分の主義主張を守り通した人物」とする。つまり彼らは絶えず朝廷の存在を意識し、安定的で理想的な政治を求めたとする。もっとも、当時も貧乏で読書も宮仕えもできない者(貧農等)は無数に存在した。にもかかわらず一部の者だけが「隠逸」や「逸民」等として賞賛されるのは、やはり「本来十分な交友関係・教養(読書量等=財力)を有し、意図的に宮仕えを拒む者」だからであろう。

(12) 越智重明「後漢時代の豪族」(『東洋学報』第七三巻第三~四号、一九九二年)は、年齢秩序を重視する前漢社会、家格秩序を重視する六朝貴族社会と比べ、後漢豪族は任侠的関係(=軽財好施)を重視したとする。これは後漢の一面を捉えたものだが、段熲が党錮に入れてもらえなかった点、他時代の軽財好施との相異点、後漢時代に逸民も急増する点などで十全でない。

(13) 岸本美緒「モラル・エコノミー論と中国社会研究」(『清代中国の物価と経済変動』研文出版、一九九七年)。

(14) 市村瓚次郎「後漢の経学及び選挙と士風との関係」(『支那史研究』春秋社、一九三九年)は、学校教育と選挙に関係して後漢では①孝行、②廉譲、③徴辟に応ぜず、または官爵を放棄する、④報恩(報仇を含む)を重んずる「氣節」の士が多く、中には選挙で勝ちあがるために①~③の実践に励む者もいたとする。

(15) 福原啓郎「西晋の貴族社会の気風に関する若干の考察――『世説新語』の倹嗇篇と汰侈篇の検討を通して――」(『魏晋政治社会史研究』京都大学学術出版会、二〇一二年)。

(16) 内藤湖南「支那中古の文化」(『内藤湖南全集』第十巻、筑摩書房、一九六九年)。

(17) 柏祐賢『柏祐賢著作集』第二巻、京都産業大学出版会、一九八五年)。

(18) 柿沼陽平『中国古代の貨幣　お金をめぐる人びとと暮らし』(吉川弘文館、二〇一五年)。

(19) 石洋「両漢傭価変遷考証」(『東洋史研究』第七一巻第二号、二〇一二年)。馬増栄「秦漢時期的僱傭活動与人口流動」(『中国文化研究所学報』第五四巻、二〇一二年)。

(20) 渡邊信一郎「漢代の財政と帝国」(『中国古代の財政と国家』汲古書院、二〇一〇年)。

(21) マックス・ウェーバー(中山元訳)『プロテスタンティズムの倫理と資本主義の精神』(日経ＢＰクラッシックス、二〇一四年)。

(22) 村松祐次『中国経済の社会態制〔復刊〕』(東洋経済新報社、一九七五年)。

(23) 松田壽男「東西絹貿易」(『松田壽男著作集3　東西文化の交流Ⅰ』六興出版、一九八七年)。

(24) 森安孝夫『シルクロードと唐帝国』(講談社、二〇〇七年)。

(25) 柿沼陽平学会報告 *The First Chinese Economic Impact on Asia: Synchronic and Diachronic Relationships among Concurrent Currencies in Early China.* EACS2016. 25th August. St.Petersberg University. Russia。

(26) ヴァレリー・ハンセン(田口未和訳)『図説シルクロード文化史』(原書房、二〇一六年)。

(27) 岸本美緒「結婚しない同盟――広東製糸女工の人生設計」(『地域社会論再考』研文出版、二〇一二年)。

(28) 神矢法子「三年の喪――「失せにし親を思ふ心」」(『「母」のための喪服――中国古代社会に見る夫権―父権・妻＝母の地位・子の義務――』近代文藝社、一九九四年)。

(29) 山田勝芳「中国古代の『家』と均分相続」(『東北アジア研究』第二号、一九九八年)、下倉渉「漢代の母と子」『東北大学東洋史論集』第九輯、二〇〇一年)。

（30）天野元之助「中国の養蚕考」（『中国農業史研究［増補版］』御茶の水書房、一九七九年）。

（31）Hinsh, Bret. 2003. Textiles and Female Virtue in Early Imperial Chinese Historical Writing. *Nan Nü*. no.5-2. pp.170-202、Chin, Tamara T.. 2014. Alienation: Kinship in the World Economy. *Savage Exchange: Han Imperialism, Chinese Literary Style, and the Economic Imagination*. Cambridge（Massachusetts）and London: Harvard University Asia Center. pp.191-227。

（32）山崎純一「『女四書』と『新婦譜』の世界——旧中国女性の生活と教育の基調——」（『教育からみた中国女性史資料の研究』明治書院、一九八六年）。

（33）下見隆雄『儒教社会と母性［増補版］』（研文出版、二〇〇八年）。

（34）家事労働論争に関しては上野千鶴子『家父長制と資本制——マルクス主義フェミニズムの地平』（岩波書店、一九九〇年）。

（35）Von Falkenhausen, Lothar. 2014. Review of Kakinuma Yōhei, Chūgoku kodai kahei keizaishi kenkyū. *Zhejiang University Journal of Art and Archaeology*. no.1. Hangzhou: Zhejiang University Press.

（36）柿沼陽平「中国古代郷里社会の「きずな」と「しがらみ」」（『つながりの歴史学』北樹出版、二〇一五年）、柿沼陽平「魏晋時代の人びととそのつながり——臨沢県黄家湾村出土晋簡等よりみた民衆社会——」（『歴史民俗研究（櫻井徳太郎賞受賞作文集）』第一三輯、二〇一六年）。

（37）柿沼陽平「中国古代の人びととその「つながり」」（『つながりの歴史学』北樹出版、二〇一五年）。

あとがき

本書は、『中国古代貨幣経済史研究』（汲古書院、二〇一一年）につづく筆者の二冊目の専門書である。前著から本書までのあいだに『中国古代の貨幣　お金をめぐる人びとと暮らし』（吉川弘文館、二〇一五年）も刊行しており、それを入れれば本書は三冊目の単著である（経緯は前掲二書のあとがき参照）。本書は以下の既出論文に基づく。

序　章　書き下ろし

第一章　論文「後漢時代における貨幣経済の展開とその特質」（『史滴』第三一号、二〇〇九年十二月、六四〜一〇一頁）による。旧稿は、学会報告「後漢時代における貨幣経済の展開とその特質」（平成十七年度〜二一年度文部科学省特定領域研究「東アジアの海域交流と日本伝統文化の形成」貨幣論班第十四回研究会「東アジア貨幣史の諸問題」、二〇〇九年六月五日、於東京大学）と学会報告「東漢時期貨幣経済的展現及其特点」（中国秦漢史研究会第十三届年会国際学術討論会、二〇一一年八月二十日、於河南省南陽市南陽賓館）に基づく。

第二章　学会報告「後漢王朝滅亡の経済的遠因――対羌戦争と通貨膨張――」（第三八回早稲田大学東洋史懇話会大会、二〇一三年三月二三日、於早稲田大学）による。

第三章　論文「漢末群雄の経済基盤と財政補塡策」（『三国志研究』第十一号、二〇一六年九月、一五〜三二頁）による。

第四章　論文「三国時代の曹魏における税制改革と貨幣経済の質的変化」（『東洋学報』第九二巻第三号、二〇一〇年十二月、一～二七頁）による。旧稿は厳密には、二〇〇九年十月十六日の研究報告「Hemp and Silk as Money in Han and Wei Periods」（平成十七年度～二一年度文部科学省特定領域研究「東アジアの海域交流と日本伝統文化の形成」貨幣論班第十五回研究会 Monies for ordinary people: neither precious nor national'、於東京大学）の英文予稿集に Hemp and Silk as Money in Han and Wei Periods. *Workshop 'Monies for ordinary people: neither precious nor national' 15th and 16th October.* Tokyo: Tokyo University. pp. 87-97.として掲載されたのが初出である。その後、中国語版の学会報告「三国時期曹魏的税制改革和貨幣経済質変」（中国三国歴史文化国際学術討論会暨第十七次諸葛亮学術研討会、二〇一〇年九月二六日、於中国湖北省襄樊市襄樊学院）を行ない、中国語修正版が「三国時期曹魏的税制改革和貨幣経済質変」（『中国三国歴史文化国際学術討論会論文集』湖北人民出版社、二〇一二年八月、一九四～二〇九頁）に掲載された。

第五章

論文「蜀漢的軍事最優先型経済体系」（『史学月刊』二〇一二年第九期、二〇一二年九月、二八～四二頁）による。旧稿は、学会報告「蜀漢的先軍経済体系」（中国魏晋南北朝史学会第十届年会暨国際学術研討会、二〇一一年十月十九日、於山西省天瑞商務酒店）に基づく。

第六章

本章の「はじめに」から「第三節」までは論文「三国時代西南夷の社会と生活」（早稲田大学長江流域文化研究所編『中国古代史論集――政治・民族・術数――』雄山閣、二〇一六年九月、一四三～一六八頁）による。「第四節」から「おわりに」までは論文「三国時代西南夷の社会と恩信」（『帝京史学』第三十号、二〇一五年二月、一〇一～一二九頁）による。前者旧稿は、学会報告「三国時代西南夷の社会と生活」（第一回早稲田大学簡帛研究会若手研究者発表会、二〇一三年十一月十四日、於早稲田大学）に、後者旧稿は、学会報告「三国時代西南夷的社会与恩信」（中国秦漢史研究会第十四届会暨国際学術研討会、二〇一四年八月二三日、於中国四川成都十八歩島酒店）に基づく。

第七章　論文「孫呉貨幣経済的結構和特点」（『中国経済史研究』二〇一三年第一期、二〇一三年三月、一二三～四三頁）による。旧稿は学会報告「孫呉貨幣経済の構造と特質」（中国出土資料学会、二〇一二年三月十日、於東京大学）に基づく。旧稿はのちに一部修正のうえ、長沙簡牘博物館編『走馬楼呉簡研究論文精選』下（岳麓書社、二〇一六年八月、三九〇～四一七頁）に再録された。

第八章　論文「晉代貨幣経済の構造とその特質」（『東方学』第一二〇輯、二〇一〇年七月、一八～三三頁）による。旧稿は学会報告「晉代貨幣経済的構造与其特色」（平成十七年度～二一年度文部科学省特定領域研究「東アジアの海域交流と日本伝統文化の形成」貨幣論班第十六回研究会　中国貨幣歴史再考察――従多元性和互補性的観点来看、二〇〇九年十二月十五日、於東京大学）に基づく。旧稿刊行後、中国語版（部分訳）として「晉代貨幣経済的構造与特色」（『中外文化交流』二〇一五年増刊、二〇一五年九月、五三～五八頁）、英語版（部分訳）として Monetary Economy in the Jin Dynasty: Construction and Characteristics. *China & the World: Cultural Exchange*. Beijing: Beijing Newspaper and Periodical Distribution Bereau. pp.78-85 が刊行された。

終　章　書き下ろし

旧稿のいくつかは中国語もしくは英語によって執筆され、海外の学会での討論を経たものである。もとより日本語を母語とする筆者にとって、外国語での論文執筆や学会報告は大きな負担であった。しかし貨幣という世界共通の現象を研究する以上、私見の是非は国際的な舞台でこそ問われねばならない。また外国史を研究する者として、私見が外国人研究者にどう受け止められるのかにも興味があった。それゆえここ数年間は海外出張を重ね、下手なりに英語や中国語で直接物事を考えるよう努めてきた。もっとも、そのぶん筆者の思考回路に隙が生じ、生来の注意力の散漫さが悪化した感は否めない。また流暢でない外国語での討論を通じ、かえって聴衆に誤解を広めた虞れもあり、反省すべき点は多い。だが、二〇一六年の夏に仕事を振り返る機会を得たので、以上の旧稿や学会報告に大幅な加筆・修正を加え、母語によって本書を執筆した。本書では学会報告時や旧稿発表時に多くの方々から賜わった有益な御指導・御助言を極力反映させ、単純な誤りを訂正し、史料を補強した。また論述を首尾一貫させるべく、旧稿の議論の重複を省き、行論を整理し、叙述や表現の仕方にも修正を加えた。研究のプライオリティに配慮しつつ、最新の体系化された自説の提示を心掛けた。旧稿の多くは日本学術振興会特別研究員PDのときに執筆されたもので、今からみても未熟な箇所が多く、そのまま転載することは憚られた。読者におかれては、筆者がなお発展途上の一学徒に過ぎないことを鑑み、どうかご海容を願う次第である。本書刊行を以て旧稿の役割は終了したものと考えたい。

さて、本書の完成原稿を眺めてみると、改めて今後の課題ばかりが目につく。いまや大学卒業論文で扱った殷代を遠く離れ、後漢魏晉時代を主題としているため、本来学生時代に学んでおくべき史料の扱い方や先行研究の読み方には不安も残るが、あとは内容を江湖に問い、読者諸賢の御叱正を請うほかはない。ただしここで同時に、筆者の脳裏には「著者にとって本は子供のようなもの」との吉沢英成氏（現甲南学園理事長）の言が浮ぶ。それは吉沢氏が大著『貨幣と象徴』でサントリー学芸賞を受賞した際の言で、もちろん本書はそれに比すべくもない。だが、できの悪い子供ほどかわいいという意味であれば、前著の『中国古代貨幣経済史研究』と『中国古代の貨幣　お金をめぐる人びとと暮らし』、そして本書は、まぎれもなく筆者の子である。なかでも一人目の子は賛否両論をよんだ。全く見当違いな読み方をする読者もおり、親としては対処に困ったものである。だが「読者ありきの研究」を目指す筆者としては、余計な口を出さずとも、単純な誤解は時とともに解消されるものと信ずる。価値ある問いにのみ向き合い続けたい。また幸運なことに、前著を的確に評してくださる方もつとに少なからず国内外に存在した。前著各章のいくつかは中国語で再刊され、一部は『複印報刊資料』等に再々録された。Journal of Asian Studies などの雑誌に好意的な書評が出、『中国銭幣』に要旨が転載されたこともあってか、前著は意外に早く版元品切れとなり、その過程で筆者の手元には世界各地から有益なご意見が集まった。本書ではその一部を生かしたつもりである。また前著は筆者の研究生活に安定ももたらしてくれた。その点に関連して前著刊行後に筆者を助教として受け入れてくださった母校早稲田大学の先生方はもとより、非常勤講師として受け入れてくださった桐本東太（慶應義塾大学教授）・小嶋茂稔（東京学芸大学教授）・上田信（立教大学教授）・藤野裕子（東京女子大学准教授）の先生方には感謝せねばならない。このように前著は、その出来ばえはともかくとしても、いわば「仕送り」を欠かさない子であった。第三子となる本書には、建設的議論を喚起する役目を期待している。

最後に、本書執筆に際してお世話になった方々への謝意を表明したい。二〇一四年十一月までにお世話になった方々にはすでに前著二冊のあとがきでも謝辞をしめした。ここでは本書執筆時にとくにお世話になった方々に限定する。第一に常日頃お世話になっている勤務先の帝京大学、母校の早稲田大学の先生方へ。恩師の工藤元男先生は筆者を早稲田大学長江流域文化研究所招聘研究員とし、早稲田大学図書館の利用の便宜を図ってくださった。これがなければ史料や先行研究の収集も覚束なかった。学生時代に引き続き、研究・教育面でも多大な御指導を賜わった。二〇一五年には本田毅彦・木村茂光・山本英貴諸氏との共著『つながりの歴史学』（北樹出版）を刊行し、筆者の交換史観をいわば異種格闘技戦の中で雕琢し、魏晉貴族制論を自分なりに整理できた。研究過程で三上岳彦先生（首都大学東京名誉教授）から衛星情報に基づく地図作成法を、今村啓爾先生（東京大学名誉教授）と白坂蕃先生（東京学芸大学名誉教授）から本書第六章執筆に必須となった文献の御提供も受けた。第二に中国の先生方へ。筆者の中国訪問時（二〇一〇年度）にお世話になった中国社会科学院歴史研究所の先生方には、二〇一四年九月の第二届青年漢学家研修計画等で再度お世話になった。筆者が中国を訪問するたびに温かく迎え入れてくださる卜憲群所長・王震中先生や、楊振紅先生（南開大学）をはじめとする方々に深く御礼を申し上げる。また二〇一〇年の中国訪問時に清華大学の侯東旭先生や北京師範大学の張栄強先生に師事できたことも、本書に影響を与えた。第三に学会報告時や旧稿発表時に御指導下さった先生方へ。人数があまりに多く、匿名の査読者も含まれるため、一人一人の御名前を挙げ得ないのを遺憾とする。せめて学会発表や論文発表の機会を下さった早稲田大学東洋史懇話会の先生方と、渡邉義浩（早稲田大学教授）・黒田明伸（東京大学教授）・岸本美緒（お茶の水女子大学教授）・封越健（中国社会科学院経済研究所研究員）・楊振紅（前掲）、Richard von Glahn（UCLA）、Maxim Korolkov（Heidelberg University）の諸氏の御名前は挙げたい。von Glahn 先生には本書の英文タイトルも御校正いただいた。第四に帝京大学火鍋会メンバーへ。帝京大学文学部史学科には毎年一〜二名、漢文を徹底的に学びたいとの意欲をもった学生がおり、筆者は正規の授業以外に漢文勉強会（通称火鍋会）を開催している。他大学からの参加者もいる。彼らにのせられて時に飲み歩き、時に合宿を開き、毎年さまざまな漢文を読んできたが、二〇一五年夏〜二〇一七年夏には関康祐・高橋龍・後藤健一郎の三君とともに、本書の付表1（第一章旧稿初出）と付表4の出典を読み直した。付表は本来、筆者が博士課程一年生の頃に作成したものであるが、出典を一字一句調べ直す過程で、少なからぬ誤記を修正できた。帝京大学で安定したゼミ運営ができたのも彼らのおかげである。

以上に加え、本書執筆に際して研究助成をくださった財団と審査員の方々にも謝する。それは、公益財団法人松下幸之助記念財団二〇一一年度研究助成（研究課題「中国南北朝時代における貨幣経済史の研究（課題番号11-015）」）、公益財団法人三島海雲記念財団第五十回学術研究奨励金（研究課題「中国魏晋時代の貨幣経済史に関する研究——長沙走馬楼呉簡等の出土文字資料を中心に――」）、平成二四・二五年度科学研究費補助金（研究活動スタート支援）「中国前漢後半期から王莽期の貨幣経済史に関する研究（課題番号24820055）」、二〇一三年度公益財団りそなアジア・オセアニア財団（調査研究助成）（研究課題「中国南北朝時代の貨幣経済と周辺諸地域」）である。また本書に対しては、独立行政法人日本学術振興会平成二九年度科学研究費助成事業研究成果公開促進費（課題番号17HP5107）の助成を受けた。出版に際しては、汲古書院の三井久人社長と小林詔子女史、そして雨宮明子女史に多大な御助力を賜わった。深甚に謝する。

東京新宿の自宅にて

柿沼　陽平

汲古叢書

1	秦漢財政収入の研究	山田　勝芳著	本体 16505円
2	宋代税政史研究	島居　一康著	12621円
3	中国近代製糸業史の研究	曾田　三郎著	12621円
4	明清華北定期市の研究	山根　幸夫著	7282円
5	明清史論集	中山　八郎著	12621円
6	明朝専制支配の史的構造	檀上　寛著	品　切
7	唐代両税法研究	船越　泰次著	12621円
8	中国小説史研究－水滸伝を中心として－	中鉢　雅量著	品　切
9	唐宋変革期農業社会史研究	大澤　正昭著	8500円
10	中国古代の家と集落	堀　敏一著	品　切
11	元代江南政治社会史研究	植松　正著	13000円
12	明代建文朝史の研究	川越　泰博著	13000円
13	司馬遷の研究	佐藤　武敏著	12000円
14	唐の北方問題と国際秩序	石見　清裕著	品　切
15	宋代兵制史の研究	小岩井弘光著	10000円
16	魏晋南北朝時代の民族問題	川本　芳昭著	品　切
17	秦漢税役体系の研究	重近　啓樹著	8000円
18	清代農業商業化の研究	田尻　利著	9000円
19	明代異国情報の研究	川越　泰博著	5000円
20	明清江南市鎮社会史研究	川勝　守著	15000円
21	漢魏晋史の研究	多田　狷介著	品　切
22	春秋戦国秦漢時代出土文字資料の研究	江村　治樹著	品　切
23	明王朝中央統治機構の研究	阪倉　篤秀著	7000円
24	漢帝国の成立と劉邦集団	李　開元著	9000円
25	宋元仏教文化史研究	竺沙　雅章著	品　切
26	アヘン貿易論争－イギリスと中国－	新村　容子著	品　切
27	明末の流賊反乱と地域社会	吉尾　寛著	10000円
28	宋代の皇帝権力と士大夫政治	王　瑞来著	12000円
29	明代北辺防衛体制の研究	松本　隆晴著	6500円
30	中国工業合作運動史の研究	菊池　一隆著	15000円
31	漢代都市機構の研究	佐原　康夫著	13000円
32	中国近代江南の地主制研究	夏井　春喜著	20000円
33	中国古代の聚落と地方行政	池田　雄一著	15000円

34	周代国制の研究	松井　嘉徳著	9000円
35	清代財政史研究	山本　　進著	7000円
36	明代郷村の紛争と秩序	中島　楽章著	10000円
37	明清時代華南地域史研究	松田　吉郎著	15000円
38	明清官僚制の研究	和田　正広著	22000円
39	唐末五代変革期の政治と経済	堀　　敏一著	12000円
40	唐史論攷－氏族制と均田制－	池田　　温著	18000円
41	清末日中関係史の研究	菅野　　正著	8000円
42	宋代中国の法制と社会	高橋　芳郎著	8000円
43	中華民国期農村土地行政史の研究	笹川　裕史著	8000円
44	五四運動在日本	小野　信爾著	8000円
45	清代徽州地域社会史研究	熊　　遠報著	8500円
46	明治前期日中学術交流の研究	陳　　　捷著	品　切
47	明代軍政史研究	奥山　憲夫著	8000円
48	隋唐王言の研究	中村　裕一著	10000円
49	建国大学の研究	山根　幸夫著	品　切
50	魏晋南北朝官僚制研究	窪添　慶文著	14000円
51	「対支文化事業」の研究	阿部　　洋著	22000円
52	華中農村経済と近代化	弁納　才一著	9000円
53	元代知識人と地域社会	森田　憲司著	9000円
54	王権の確立と授受	大原　良通著	品　切
55	北京遷都の研究	新宮　　学著	品　切
56	唐令逸文の研究	中村　裕一著	17000円
57	近代中国の地方自治と明治日本	黄　　東蘭著	11000円
58	徽州商人の研究	臼井佐知子著	10000円
59	清代中日学術交流の研究	王　　宝平著	11000円
60	漢代儒教の史的研究	福井　重雅著	品　切
61	大業雑記の研究	中村　裕一著	14000円
62	中国古代国家と郡県社会	藤田　勝久著	12000円
63	近代中国の農村経済と地主制	小島　淑男著	7000円
64	東アジア世界の形成－中国と周辺国家	堀　　敏一著	7000円
65	蒙地奉上－「満州国」の土地政策－	広川　佐保著	8000円
66	西域出土文物の基礎的研究	張　　娜麗著	10000円

67	宋代官僚社会史研究	衣川　強著	品　切
68	六朝江南地域史研究	中村　圭爾著	15000円
69	中国古代国家形成史論	太田　幸男著	11000円
70	宋代開封の研究	久保田和男著	10000円
71	四川省と近代中国	今井　駿著	17000円
72	近代中国の革命と秘密結社	孫　江著	15000円
73	近代中国と西洋国際社会	鈴木　智夫著	7000円
74	中国古代国家の形成と青銅兵器	下田　誠著	7500円
75	漢代の地方官吏と地域社会	髙村　武幸著	13000円
76	齊地の思想文化の展開と古代中國の形成	谷中　信一著	13500円
77	近代中国の中央と地方	金子　肇著	11000円
78	中国古代の律令と社会	池田　雄一著	15000円
79	中華世界の国家と民衆　上巻	小林　一美著	12000円
80	中華世界の国家と民衆　下巻	小林　一美著	12000円
81	近代満洲の開発と移民	荒武　達朗著	10000円
82	清代中国南部の社会変容と太平天国	菊池　秀明著	9000円
83	宋代中國科擧社會の研究	近藤　一成著	12000円
84	漢代国家統治の構造と展開	小嶋　茂稔著	品　切
85	中国古代国家と社会システム	藤田　勝久著	13000円
86	清朝支配と貨幣政策	上田　裕之著	11000円
87	清初対モンゴル政策史の研究	楠木　賢道著	8000円
88	秦漢律令研究	廣瀬　薫雄著	11000円
89	宋元郷村社会史論	伊藤　正彦著	10000円
90	清末のキリスト教と国際関係	佐藤　公彦著	12000円
91	中國古代の財政と國家	渡辺信一郎著	14000円
92	中国古代貨幣経済史研究	柿沼　陽平著	品　切
93	戦争と華僑	菊池　一隆著	12000円
94	宋代の水利政策と地域社会	小野　泰著	9000円
95	清代経済政策史の研究	黨　武彦著	11000円
96	春秋戦国時代青銅貨幣の生成と展開	江村　治樹著	15000円
97	孫文・辛亥革命と日本人	久保田文次著	20000円
98	明清食糧騒擾研究	堀地　明著	11000円
99	明清中国の経済構造	足立　啓二著	13000円

100 隋唐長安城の都市社会誌	妹尾　達彦著	未　刊
101 宋代政治構造研究	平田　茂樹著	13000円
102 青春群像－辛亥革命から五四運動へ－	小野　信爾著	13000円
103 近代中国の宗教・結社と権力	孫　　江著	12000円
104 唐令の基礎的研究	中村　裕一著	15000円
105 清朝前期のチベット仏教政策	池尻　陽子著	8000円
106 金田から南京へ－太平天国初期史研究－	菊池　秀明著	10000円
107 六朝政治社會史研究	中村　圭爾著	12000円
108 秦帝國の形成と地域	鶴間　和幸著	13000円
109 唐宋変革期の国家と社会	栗原　益男著	12000円
110 西魏・北周政権史の研究	前島　佳孝著	12000円
111 中華民国期江南地主制研究	夏井　春喜著	16000円
112「満洲国」博物館事業の研究	大出　尚子著	8000円
113 明代遼東と朝鮮	荷見　守義著	12000円
114 宋代中国の統治と文書	小林　隆道著	14000円
115 第一次世界大戦期の中国民族運動	笠原十九司著	18000円
116 明清史散論	安野　省三著	11000円
117 大唐六典の唐令研究	中村　裕一著	11000円
118 秦漢律と文帝の刑法改革の研究	若江　賢三著	12000円
119 南朝貴族制研究	川合　　安著	10000円
120 秦漢官文書の基礎的研究	鷹取　祐司著	16000円
121 春秋時代の軍事と外交	小林　伸二著	13000円
122 唐代勲官制度の研究	速水　　大著	12000円
123 周代史の研究	豊田　　久著	12000円
124 東アジア古代における諸民族と国家	川本　芳昭著	12000円
125 史記秦漢史の研究	藤田　勝久著	14000円
126 東晉南朝における傳統の創造	戸川　貴行著	6000円
127 中国古代の水利と地域開発	大川　裕子著	9000円
128 秦漢簡牘史料研究	髙村　武幸著	10000円
129 南宋地方官の主張	大澤　正昭著	7500円
130 近代中国における知識人・メディア・ナショナリズム	楊　　韜著	9000円
131 清代文書資料の研究	加藤　直人著	12000円
132 中国古代環境史の研究	村松　弘一著	12000円

133	中国古代国家と情報伝達	藤田　勝久著	15000円
134	中国の教育救国	小林　善文著	10000円
135	漢魏晋南北朝時代の都城と陵墓の研究	村元　健一著	14000円
136	永楽政権成立史の研究	川越　泰博著	7500円
137	北伐と西征―太平天国前期史研究―	菊池　秀明著	12000円
138	宋代南海貿易史の研究	土肥　祐子著	18000円
139	渤海と藩鎮―遼代地方統治の研究―	高井康典行著	13000円
140	東部ユーラシアのソグド人	福島　　恵著	10000円
141	清代台湾移住民社会の研究	林　　淑美著	9000円
142	明清都市商業史の研究	新宮　　学著	11000円
143	睡虎地秦簡と墓葬からみた楚・秦・漢	松崎つね子著	8000円
144	清末政治史の再構成	宮古　文尋著	7000円
145	墓誌を用いた北魏史研究	窪添　慶文著	15000円
146	魏晋南北朝官人身分制研究	岡部　毅史著	10000円
147	漢代史研究	永田　英正著	13000円
148	中国古代貨幣経済の持続と転換	柿沼　陽平著	13000円
149	明代武臣の犯罪と処罰	奥山　憲夫著	15000円
150	唐代沙陀突厥史の研究	西村　陽子著	近　刊
151	朝鮮王朝の対中貿易政策と明清交替	辻　　大和著	8000円

（表示価格は2018年２月現在の本体価格）

著者紹介

柿沼　陽平（かきぬま　ようへい）

早稲田大学　博士（文学）

1980年　東京に生まれる

2009年　早稲田大学大学院文学研究科博士後期課程修了、博士（文学）

2012年　早稲田大学文学学術院助教

2013年　帝京大学文学部史学科専任講師

2016年　　同　　准教授　　現在に至る

単著　『中国古代貨幣経済史研究』（汲古書院、2011年）

　　　『中国古代の貨幣　お金をめぐる人びとと暮らし』（吉川弘文館、2015年）

共著　『つながりの歴史学』（北樹出版、2015年）

訳書　『北京大学版　中国の文明』第３巻、潮出版、2015年）

監修　『キッズペディア　世界の国ぐに』（小学館、2017年）

汲古叢書148

中国古代貨幣経済の持続と転換

平成三十年二月二十日　発行

著　者　柿　沼　陽　平

発行者　三　井　久　人

整版印刷　富士リプロ㈱

発行所　汲　古　書　院

〒102-0072 東京都千代田区飯田橋二-五-四

電　話　〇三（三二六五）九七六四

FAX　〇三（三二二二）一八四五

ISBN978 - 4 - 7629 - 6047 - 5　C3322

Continuity and Transformation in the Monetary Economy of Ancient China

by

KAKINUMA Yohei

2018

KYUKO-SHOIN

TOKYO

索　　引

凡例

1．本索引は、日本人研究者名索引・外国人研究者名索引・語彙索引・史料索引・年号索引・図表索引の６項目よりなる。
2．本索引の対象は、本文のみであり、付表は含まれない。
3．日本人研究者名・語彙索引・史料索引は五十音順、外国人研究者名はアルファベット順に配列する。
4．研究者名は著者・編者を対象とし、書名に含まれる人名は含まない。
5．研究者の中でも歴史的人物に相当すると判断した者は、研究者名索引には配列せず、適宜語彙索引に配列する。
6．語彙索引は必ずしも網羅的ではなく、筆者の判断で適宜採録箇所を決定する。かりに特定頁に採録語彙がなくとも、文脈上関連する頁数は適宜採録する。
7．史料索引について、史料には各々篇名をもつものもあり、本文では篇名のみを挙げている箇所があるが、それらも史料名ごとに採録する。たとえば二年律令の語が含まれる頁は張家山漢簡の項目に採録する。
8．章や節に採録語彙ないしその関連語が含まれるばあい、当該範囲全体の頁数を採録する。史料等を二頁に渡って引用するばあい、ともに採録する。

日本人研究者名索引

あ行

外国人研究者名索引

史料名索引

語彙索引

さ行

た行

ま行

年号索引

〔18　〕天鳳５年　61
〔21　〕地皇２年　22

更始

〔23　〕更始元年　15,16
〔24　〕更始２年　17,18
〔25　〕更始３年　16

後漢

〔25～〕建武　40
〔26　〕建武２年　25,97,135
〔27〕建武３年　17,40
〔30　〕建武６年　17,52,53
〔31　〕建武７年　125
〔34　〕建武10年　26
〔35　〕建武11年　20,23,25
〔36　〕建武12年　16,21
〔37　〕建武13年　23,135,173
〔39　〕建武15年　21,23
〔40　〕建武16年　16,18～21,23～27,34,40
〔41　〕建武17年　23～26,77
〔44　〕建武20年　25
〔50　〕建武26年　29,30,95
〔51　〕建武27年　43
〔56　〕中元元年　37
〔57　〕中元２年　37
〔58～〕永平　56,64,93,164
〔58　〕永平元年　73
〔60　〕永平３年　64
〔63　〕永平６年　40
〔66　〕永平９年　40
〔69　〕永平12年　246,247
〔75　〕永平18年　224
〔76～〕建初　64
〔76　〕建初元年　64
〔79　〕建初４年　71
〔81　〕建初６年　71
〔84～〕元和　38,77,92,368
〔86　〕元和３年　64
〔87　〕章和元年　64
〔88　〕章和２年　64,65,70,72
〔89　〕永元元年　64,65
〔91　〕永元３年　64,74
〔92　〕永元４年　65
〔106　〕延平元年　29
〔106～〕延平　30
〔107～〕永初　66,67
〔107　〕永初元年　65,76,166
〔108　〕永初２年　65
〔109　〕永初３年　65,74
〔110　〕永初４年　65
〔111　〕永初５年　65
〔115　〕元初２年　65
〔117　〕元初４年　32
〔120　〕永寧元年　66
〔121　〕建光元年　66
〔123　〕延光２年　66,273
〔126～〕永建　66
〔129　〕永建４年　66
〔136～〕永和　66,67
〔136　〕永和元年　66
〔138　〕永和３年　66
〔140　〕永和５年　111,115,127,216
〔141　〕永和６年　66
〔142　〕漢安元年　54
〔146　〕本初元年　144,153
〔157　〕永寿３年　79
〔159　〕延熹２年　67
〔162　〕延熹５年　67,76
〔163　〕延熹６年　67
〔166　〕延熹９年　96
〔167　〕永康元年　67
〔168～〕建寧　129
〔170　〕建寧３年　67
〔172～〕熹平　89
〔172　〕熹平元年　89
〔173　〕熹平２年　82
〔178　〕熹平７年　90
〔178～〕光和　89
〔178　〕光和元年　89,90
〔181　〕光和４年　89
〔184～〕中平　89
〔184　〕中平元年　89,90,120,121,133
〔185　〕中平２年　89
〔186　〕中平３年　80
〔188　〕中平５年　83,90,150
〔189　〕中平６年　103,105～107,111,117,131,132
〔190～〕初平　172
〔190　〕初平元年　73,

81, 103, 107, 116, 132, 133, 159
〔191　〕初平２年　110, 114, 115, 117
〔192　〕初平３年　109, 116
〔193　〕初平４年　118
〔194　〕興平元年　111, 120, 172
〔195　〕興平２年　116
〔195　〕興平末年　123
〔196　〕建安元年　97, 123, 126, 146, 153, 154
〔197　〕建安２年　153
〔198　〕建安３年　153
〔199　〕建安４年　153
〔200　〕建安５年　103
〔204　〕建安９年　150, 152, 154
〔205　〕建安10年　159
〔207　〕建安12年　103
〔208　〕建安13年　104, 159
〔219　〕建安24年　155, 187
〔220　〕建安25年　187

曹魏

〔220　〕黄初元年　155
〔221　〕黄初２年　155, 156, 171～173
〔223　〕黄初４年　267, 268
〔225　〕黄初６年　284
〔227　〕太和元年　156, 173
〔244　〕正始５年　216
〔253　〕嘉平５年　221
〔263　〕景元４年　190, 216

蜀漢

〔221　〕章武元年　190, 191
〔223　〕建興元年　187, 267
〔224　〕建興２年　182, 183, 188, 198
〔225　〕建興３年　183, 215, 262, 268, 283
〔227　〕建興５年　190, 198, 215
〔228　〕建興６年　262
〔229　〕建興７年　257
〔231　〕建興９年　254
〔232　〕建興10年　198, 218
〔234　〕建興12年　204, 226
〔235　〕建興13年　226
〔238　〕延熙元年　198
〔239　〕延熙２年　271, 286
〔244　〕延熙７年　204, 218, 226
〔246　〕延熙９年　226
〔247　〕延熙10年　205, 226, 254
〔248　〕延熙11年　226
〔251　〕延熙14年　221, 282
〔252　〕延熙15年　226
〔253　〕延熙16年　205, 269, 270
〔254　〕延熙17年　271, 274, 286
〔255　〕延熙18年　226, 227
〔256　〕延熙19年　180, 181, 193, 205
〔258　〕景耀元年　206, 227
〔261　〕景耀４年　205, 207
〔263　〕炎興元年　183, 190, 191
〔263　〕景耀６年　208, 227, 228

孫呉

〔224　〕黄武３年　300
〔229～〕黄龍　6, 290
〔232～〕嘉禾　6, 290
〔232　〕嘉禾元年　305, 308
〔233　〕嘉禾２年　296, 305, 311
〔234　〕嘉禾３年　296
〔235　〕嘉禾４年　145, 146, 302, 307
〔236　〕嘉禾５年　145, 146, 293, 313, 330
〔237　〕嘉禾６年　322
〔238　〕赤烏元年　293, 294, 322
〔242　〕赤烏５年　190, 300
〔246　〕赤烏９年　293

図表索引

付　　表

［付表１］各種の『後漢書』よりみた銭・黄金・布帛の授受

	No.	年号	賜与物	授者	受者	理由	詳　細	出典
更始帝	1	更始	錢千萬	光武帝	李忠	募集	王郎遣將攻信都、信都大姓馬寵等開城內之、收太守宗廣及［李］忠母妻、而令親屬招呼忠。時寵弟從忠爲校尉、忠…因格殺之。…忠曰「若縱賊不誅、則二心也」。世祖聞而美之、謂忠曰「今吾兵已成矣。將軍可歸救老母妻子。宜自募吏民能得家屬者。賜錢千萬、來從我取」。※後紀2更始2に類似の文。	21
	2	建武前	數百萬	張堪	兄子	贈與	張堪…早孤、讓先父餘財數百萬與兄子。彪279：張堪…南陽宛人。爲郡族姓。堪早孤、讓先父餘財數百萬與兄子。※31：張堪16歳で長安、建武1年に光武帝に郎中として仕官。	31
	3	建武前	縑帛數百匹等	耿純	光武帝	婚姻	會世祖度河至邯鄲、［耿］純卽謁見、世祖深接之。純退、見官屬將兵法度不與它將同、遂求自結納、獻馬及縑帛數百匹。※東觀399に類似の文。	21
	4	更始敗	縑帛等	趙憙	更始親屬	贈與	更始敗、［趙］憙爲赤眉兵所圍…亡走。…既入丹水、遇更始親屬、皆裸跣塗炭、飢困不能前。憙見之悲感、所裝縑帛資糧悉以與之、將護歸鄉里。※東觀501にほぼ同文。	26
光武帝	5	建武1	絮五百斤等(or金五百斤等)	光武帝	卓茂	賜與	時光武初卽位…詔曰「前密令卓茂、束身自修、執節淳固…當受天下重賞…今以茂爲太傅、封褒德侯、食邑二千戸、賜几杖車馬・衣一襲・絮五百斤」。※東觀472：建武元年詔曰「故密令卓茂、束身自脩…今以茂爲太傅、封褒德侯、賜安車一乘・衣一襲・金五百斤」。	25
	6	建武1	雜繒等	光武帝	任延	遷職	建武初、［任］延上書願乞骸骨…詔徵爲九眞太守。光武引見、賜馬・雜繒、令妻子留洛陽。※86：光武中興、錫光爲交阯、任延守九眞。	76
	7	建武1?	縑帛等	光武帝?	吳漢	輸送	世祖微時、見［張］堪志操、常嘉	31

						焉。及卽位、中郞將來歙薦堪、召拜郞中、三遷爲謁者。使送委輸縑帛、幷領騎七千匹、詣大司馬吳漢伐公孫述、在道追拜蜀郡太守。	
8	建武1?	黃金二百斤	光武帝	董融	賜與	［光武帝］賜［董］融璽書曰「…威德流聞…天下未幷…王者有分土、無分民、自適己事而已。今以黃金二百斤賜將軍、便宜輒言」。因授融爲涼州牧。	23
9	建武1?	家錢千萬	譙瑛	公孫述	贖罪	後公孫述僭號於蜀、［譙玄］連聘不詣。…遂受毒藥。玄子瑛泣血叩頭於太守曰「方今國家東有嚴敵、兵師四出、國用軍資或不常充足、願奉家錢千萬、以贖父死」。太守爲請、述聽許之。…建武十一年卒。明年…［光武帝］敕所在還玄家錢。	81
10	建武3	繒綵等	彭寵	匈奴	國外	建武二年…明年春、［彭］寵遂拔右北平・上谷數縣。遣使以美女繒綵賂遺匈奴、要結和親。單于使左南將軍七八千騎、往來爲游兵以助寵。	12
11	建武3	黃金三十斤	光武帝	朱祐	軍功	延岑自敗於穰、遂與秦豐將張成合、［朱］祐率征虜將軍祭遵與戰於東陽、大破之…進擊黃郵、降之、賜祐黃金三十斤。	22
12	建武5	金玉等	彭寵	蒼頭子密等	强奪	五年春、［彭］寵…獨在便室。蒼頭子密等三人因寵臥寐、共縛著牀…於是兩奴將妻入取寶物…於是收金玉衣物、至寵所裝之、被馬六疋、使妻縫兩縑囊。※東觀278−279と後紀5建武5にほぼ同文。	12
13	建武5	帛四十匹	光武帝	周黨	賜與	博士范升奏毀［周］黨曰「…敢私竊虛名、誇上求高、皆大不敬」。書奏、天子以示公卿。詔曰「…太原周黨不受朕祿、亦各有志焉。其賜帛四十匹」。※後紀5建武5：是歲、徵會稽嚴光・太原周黨。…黨…三徵然後至…黨曰「…」。遂見、自陳願守所志、上聽之。詔曰「…其賜帛四十匹、遣歸田里」。博士范升奏毀黨曰「…」。書奏、天子	83

						示公卿。詔曰「…亦各有志焉」。黨既退…。	
14	建武6	繒帛等(=財物)	光武帝	隗囂	賜與	六年、關東悉平。…帝遣・尉銚期持珍寶繒帛賜［隗］囂、期至鄭被盜、亡失財物。帝常稱囂長者、務欲招之、聞而歎曰「吾與隗囂事欲不諧、使來見殺、得賜道亡」。	13
15	建武6	金幣	光武帝	匈奴	國外	建武…至六年、始令歸德侯劉颯使匈奴、匈奴亦遣使來獻、漢復令中郎將韓統報命、賂遺金幣、以通舊好。	89
16	建武6	錢帛等	光武帝	馮異	賜與or退職	六年春［馮］異朝京師。引見、帝謂公卿曰「是我起兵時主簿也。爲吾披荊棘、定關中」。旣罷、使中黃門賜以珍寶・衣服・錢帛。	17
17	建武6	縑五百匹等	光武帝	溫序	喪葬	［溫序］…死。序主簿韓遵・從事王忠持屍歸斂。光武聞而憐之、命忠送喪到洛陽。賜［洛陽］城傍爲冢地、賻穀千斛・縑五百匹、除三子爲郎中。※後紀5建武6：太原人溫序、爲護羌校尉…爲［隗］囂將苟宇所執。 …遂伏劍。上聞而憐之、賜洛陽城旁塚地、穀千斛・縑五百匹、除序子壽爲郎、遷鄒平侯相。	81
18	建武7	縑帛	梁松	鄭衆	招聘	建武中、皇太子及山陽王荊因虎賁中郎將梁松以縑帛聘請［鄭］衆、欲爲通義、引籍出入殿中。※後紀5・東觀624にほぼ同文。後紀6建武7に「束帛聘衆…不受」、東觀624に「賂遺縑帛、［鄭］衆悉辭不受」に作る。	36
19	建武8	縑千匹	光武帝	歙妻	賜與or軍功	八年春、［來］歙與征虜將軍祭遵襲略陽…斬［塊］囂守將金梁、因保其城。囂…圍略陽…歙與將士固死堅守…。帝乃大發關東兵…圍解。於是置酒高會、勞賜歙、班坐絕席、在諸將之右、賜歙妻縑千匹。	15
20	建武12	金帛繒絮	光武帝	軍士・邊民	供給・賜與	［建武］十二年、［光武帝］遣謁者段忠將衆郡弛刑配［杜］茂、鎭守北邊…又發委輸金帛繒絮供給軍士、幷賜邊民、冠蓋相望。…先是、鴈	22
21	建武12	金帛	光武帝	杜茂・	賜與		

				涼軍吏及平城降民		門人賈丹・霍匡・解勝等爲［盧芳之將］尹由所略、由以爲將帥、與共守平城。丹等聞［盧］芳敗、遂共殺由詣［雁門大守］郭涼。涼上狀、皆封爲列侯、詔送委輸金帛、賜茂・涼軍吏及平城降民。	
22	建武12	錢千萬	光武帝	譙慶	返却	明年、天下平定、［譙］玄弟慶以狀詣闕自陳。光武美之、策詔本郡祠以中牢、勑所在還玄家錢。	81
23	建武12	錢百萬等	光武帝	祭肜	賜與	［永平］十二年、［祭肜］徵爲太僕。［祭］肜在遼東幾三十年、衣無兼副。顯宗［明帝］既嘉其功…拜日、賜錢百萬・馬三匹・衣被刀劍、下至居室什物、大小無不悉備。※東觀379-380：祭肜素清儉、在遼東三十年、衣無儲副。帝嘉其功效、賜錢百萬・衣服刀劍、下至杯案食物、大小重沓。彪184：祭肜…爲太僕卿。朝廷聞肜素淸有道而衣無副、有功效拜之日、賜錢百萬・馬三匹・衣被刀劍、下至梧案什物。上常歎之、以爲任大之臣也。	20
24	建武12?	金帛	公孫述	敢死士五千餘人	募集	九月、漢兵遂守成都。…延岑…曰「男兒當死中求生、可坐窮乎。財物易聚耳、不宜有愛」。［公孫］述乃悉散金帛、募敢死士五千餘人、以配岑於市橋、僞建旗幟、鳴鼓挑戰、而潛遣奇兵出吳漢軍後、襲擊破漢。※東觀912にほぼ同文。	13
25	建武13	財帛	光武帝	匈奴	購賞（國外）	…十三年…匈奴聞漢購求盧芳、貪得財帛、乃遣芳還降、望得其賞。	89
26	建武13	錢	光武帝	高詡	喪葬	高詡…拜大司農。在朝以方正稱。十三年、卒官、賜錢及冢田。	79下
27	建武14	賻絹千匹	光武帝	杜詩	喪葬	［杜］詩…政化大行。十四年、坐遣客爲弟報仇、被徵、會病卒。司隷校尉鮑永上書言［杜］詩貧困無田宅、喪無所歸。詔使治喪郡邸、賻絹千匹。※東觀583にほぼ同文。「匹」を「疋」に作る。	31
28	建武14	縑百匹	光武帝	祭肜	賜與	光武初以［祭］遵故、拜［祭］肜…遷襄賁令。…數年襄賁政清。璽書勉勵、增秩一等、賜縑百匹。…建	20

						武十七年…。※東觀379にほぼ同文あり「匹」を「疋」に作る。後紀10建武17に類似の文。彪183：祭肜除偃師長［建武9年］、視事五年、縣無盜賊、州課第一。遷襄賁令。時盜賊抄掠、肜到官、誅鋤姦猾、縣界清淨。詔書增秩一等、賜縑百疋、册書勉勵。17に「［建武］九年春、祭遵卒」、20に「及遵卒無子、帝追傷之、以肜爲偃師長」とあり、祭肜の偃師長就任は建武9年。その後「視事五年」で賜縑百疋ゆえ建武14。	
29	建武15	縑	杜茂	兵馬	支給&横領	十五年、［杜茂］坐斷兵馬稟縑、使軍吏殺人、免官、削戶邑、定封參蘧鄉侯。	22
30	建武15	千餘萬	不明	不明	竊盜	［歐陽］歙…爲大司徒。坐在汝南臧罪千餘萬發覺下獄。…已死獄中。歙掾陳元上書追訟之、言甚切至、帝乃賜棺木、贈印綬、賻縑三千匹。1下：［建武］十五年春正月…汝南太守歐陽歙爲大司徒。…冬十一月甲戌、大司徒歐陽歙下獄死。	79上
31		賻縑三千匹等	光武帝	歐陽歙	喪葬		
32	建武16	繒二萬匹	光武帝	匈奴	國外	十六年、［盧］芳復入居高柳、與閔堪兄林使使請降。［光武帝］乃立芳爲代王、堪爲代相、林爲代太傅、賜繒二萬匹、因使和集匈奴。	12
33	～建武17	布百匹	光武帝	郅惲	賜與	［郅］惲…爲上東城門候。帝嘗出獵、車駕夜還、惲拒關不開。…上書諫曰「…陛下遠獵山林、夜以繼晝…暴虎馮河、未至之戒、誠小臣所竊憂也」。書奏、賜布百匹、貶東中門候爲參封尉。	29
34	建武17	黄金錦繡等	光武帝	賢	國外	［莎車國］康死…弟賢代立…十七年、賢復遣使奉獻、請都護。…賜賢西域都護印綬及車旗黄金錦繡。	88
35	建武17	錢百萬	光武帝	嚴光	喪葬	［嚴光］除爲諫議大夫、不屈。…建武十七年、復特徵不至。年八十終於家。帝傷惜之、詔下郡縣賜錢百萬・穀千斛。	83
36	建武17	錢千萬	信陽侯	井丹	招聘?	建武末、沛王輔等五王…皆好賓	83

	～末		陰就		依賴?	客、更遣請［井］丹、不能致。信陽侯陰就、光烈皇后弟也。以外戚貴盛、乃詭說五王、求錢千萬、約能致丹、而別使人要劫之。丹不得已、旣至…。※後紀7建武17に類似の文。「錢千萬」を「錢二萬」に作る。	
37	建武19	錢十萬	光武帝	桓榮	賜與	建武十九年…何湯…以尙書授太子。世祖從容問湯本師爲誰、湯對曰「事沛國桓榮」。帝卽召榮、令說尙書、甚善之。拜爲議郎、賜錢十萬、入使授太子。※後紀9永平2條（建武中云々）と彪328に類似の文。	37
38	建武19	錢百萬・繒二百匹等	光武帝	劉般	賜與	十九年、行幸沛、詔問郡中諸侯行能。太守薦言［劉］般束脩至行、爲諸侯師。帝聞而嘉之、乃賜般綬・錢百萬・繒二百匹。二十年、復與車駕會沛、因從還洛陽、賜穀什物、留爲侍祠侯。	39
39	～建武19	錢三十萬	光武帝	董宣	賜與	［董宣］…爲洛陽令。時湖陽公主蒼頭白日殺人、因匿主家、吏不能得。…宣於夏門亭候之…因格殺之。主卽還宮訴帝、帝大怒。…宣叩頭曰…「陛下聖德中興、而縱奴殺良人、將何以理天下乎。…」。…因勅彊項令出。賜錢三十萬、宣悉以班諸吏。26：會天下擾亂、［蔡］茂素與竇融善…會洛陽令董宣擧糾湖陽公主…建武二十年、代戴涉爲司徒。	77
40		錢三十萬	董宣	諸吏	賜與		
41	建武20	金錢縑帛	光武帝	郭況	賜與	光武帝郭皇后…父昌…娶眞定恭王女…生后及子況。…十七年…進后中子右翊公輔爲中山王。…二十年、中山王…封沛王、［郭］后爲沛太后。［郭］況遷大鴻臚。［光武］帝數幸其第、會公卿諸侯親家飮燕、賞賜金錢縑帛、豐盛莫比。京師號況家爲金穴。※東觀383にほぼ同文。「金錢縑帛」を「金帛」に作る。	10上
42	建武20	錢等	光武帝	虞延	賜與33	二十年［光武帝］東巡。…［虞］延爲部督郵。…勅延從駕到魯。還	33

						經封丘城門、門下小、不容羽蓋。帝怒、使撻侍御史、［虞］延因下見引咎、以爲罪在督郵。言辭激揚、有感帝意、乃制詔曰「以陳留督郵虞延故、貰御史罪」。延從送車駕西盡郡界、賜錢及劍帶佩刀還郡。於是聲名遂振。	
43	建武20	金	人	戴涉	竊盜	二十年、大司徒戴涉坐所擧人盜金下獄、帝以三公參職、不得已乃策免［董］融。	23
44	建武22	錢等	光武帝	郭伋	賜與	［郭］伋以老病上書乞骸骨。二十二年、徵爲太中大夫、賜宅一區及帷帳錢穀、以充其家、伋輒散與宗親九族、無所遺餘。※彪273：郭伋…以幷州牧徵爲太中大夫、賜宅一區及帷帳錢穀、伋輒散與宗親九族、無遺餘。	31
45	建武22	錢等	郭伋	宗親九族	贈與		
46	建武22	棺錢人三千	光武帝	郡中居人壓死者	喪葬	地震裂。制詔曰「…其令南陽勿輸今年田租芻稾。遣謁者案行、其死罪繫囚在戊辰以前減死罪一等。徒皆弛解鉗、衣絲絮。賜郡中居人壓死者棺錢人三千。其口賦逋稅而廬宅尤破壞者勿收責。吏人死亡或在壞垣毀屋之下而家羸弱不能收拾者、其以見錢穀取傭、爲尋求之」。	1下
47		錢等	光武帝	傭	雇傭		
48	建武23	錢帛等	光武帝	竇融	退職	二十三年…［竇］融復乞骸骨、輒賜錢帛、太官致珍奇。※後紀5（21年條）に類似の文。	23
49	建武26	黃金錦繡・繒布萬匹・絮萬斤等	光武帝	單于	國外	授南單于璽綬…南單于遣子入侍、奉奏詣闕。於是雲中・五原・朔方・北地・定襄・鴈門・上谷・代八郡民歸於本土。遣謁者分將施刑補理城郭。發遣邊民在中國者布還諸縣、皆賜以裝錢、轉輸給食。89：二十六年、遣中郎將段郴・副校尉王郁使南單于立其庭…乃伏稱臣。…詔賜單于冠帶・衣裳・黃金璽・盭緺綬・安車羽蓋・華藻駕駟・寶劍弓箭・黑節三・駙馬二・黃金錦繡・繒布萬匹・絮萬斤・樂器鼓車・棨戟甲兵・飲食什器。又轉河東米糒二萬五千斛・牛羊三萬六千頭、以	1下
50		綵繒千匹・錦四端・金十斤等		匈奴使			
51		繒綵合萬		單于母等			

52		裝錢		邊民在中國者	徙民	贍給之。…漢乃遣單于使、令謁者將送、賜綵繒千匹・錦四端・金十斤・太官御食醬及橙橘・龍眼・荔支。賜單于母及諸閼氏・單于子及左右賢王・左右谷蠡王・骨都侯有功善者繒綵合萬。歲以爲常。	
53	建武26	金帛	光武帝	宋均	軍功？招聘？	會武陵蠻反、圍武威將軍劉尚、詔使［宋］均乘傳發江夏奔命三千人往救之。…蠻夷震怖…於是入賊營。…光武嘉其功、迎賜以金帛、令過家上冢。※後紀8建武26に類似の文。	41
54	建武27	錢十萬	光武帝	衛颯	退職	二十五年［衛颯］徵還。光武欲以爲少府、會颯被疾、不能拜起、勑以桂陽太守歸家、須後詔書。居二歲、載病詣闕、自陳困篤。乃收印綬、賜錢十萬。後卒于家。東觀798：視事十年、［衛颯］徵還。颯到卽引見、賜食於前。從吏二人、賜冠幘・錢人五千。	76
55	建武27	錢人五千	光武帝	衛颯之從吏二人	賜與		
56	建武27	賻錢千萬・布萬匹	光武帝	樊宏	喪葬	二十七年［樊宏］卒。［樊宏］遺勑薄葬…。帝善其令…曰…「且我萬歲之後欲以爲式、賻錢千萬・布萬匹。謚爲恭侯、贈以印綬、車駕親送葬。子儵嗣。帝悼宏不已、復封少子茂爲平望侯。樊氏侯者凡五國。明年、賜儵弟鮪及從昆弟七人合錢五千萬。	32
57	建武28	錢五千萬	光武帝	樊鮪・從昆弟七人	賜與		
58	建武28	雜繒五百匹等	光武帝	單于	國外	二十八年、北匈奴…更乞和親。…班彪奏曰…報荅之辭…曰「…今齎雜繒五百匹・弓鞬韇丸一・矢四發、遣遺單于。又賜獻馬左骨都侯・右谷蠡王雜繒各四百匹・斬馬劍各一。…朕不愛小物於單于、便宜所欲、遣驛以聞」。	89
59		雜繒各四百匹等	光武帝	左骨都侯・右谷蠡王			
60	建武31	綵繒	光武帝	北匈奴	國外	三十一年、北匈奴復遣使如前、乃璽書報荅、賜以綵繒、不遣使者。	89
61	建武31～	繒綵四千匹等	光武帝	單于	國外（喪葬）	單于比立九年薨…比弟左賢王莫立、帝遣使者齎璽書鎭慰、拜授璽綬、遺冠幘・絳單衣三襲・童子佩刀・緄帶各一、又賜繒綵四千匹、令賞賜諸王・骨都侯已下。其後單于薨、	89

							弔祭慰賜、以此爲常。（以後、單于薨去時の常制となる）	
	62	建武？	錢等	光武帝	韓歆	喪葬	［韓］歆…帝大怒…復遣使宣詔責之。…歆及子嬰竟自殺。歆素有重名、死非其罪、衆多不厭、帝乃追賜錢穀、以成禮葬之。	26
	63	建武？	錢二十萬	光武帝	戴憑	喪葬	戴憑…在職十八年、卒於官、詔賜東園梓器・錢二十萬。	79上
	64	建武？	帛百匹	皇帝	張堪	褒賞？喪葬？	…拜［樊］顯爲魚復長。方徵［張］堪、會病卒、［世祖光武］帝深悼惜之、下詔褒揚、賜帛百匹。	31
	65	後漢初	錢帛	鄭均	兄	賜與	鄭均……兄爲縣吏、頗受禮遺、均數諫止、不聽。卽脫身爲傭、歲餘得錢帛、歸以與兄。曰「物盡可復得、爲吏坐臧、終身捐棄」。兄感其言。※東觀544にほぼ同文。「錢帛」を「數萬錢」に、「物盡可復得」を「錢盡可復得」に作る。	27
明帝	66	中元1	縑二十匹	天下亡命殊死以下死罪	明帝	贖罪	十二月甲寅、詔曰「…天下亡命殊死以下聽得贖論。死罪入縑二十匹、右趾至髡鉗城旦舂十匹、完城旦舂至司寇作三匹。其未發覺、詔書到先自告者、半入贖…」。※自告者は別。	2
	67		縑十匹	右趾～髡鉗城旦舂				
	68		縑三匹	完城旦舂～司寇作				
	69	中元1?	辦裝錢	明帝	劉平・琅邪王望・東萊王扶	賜與	顯宗初、尙書僕射鍾離意上書薦［劉］平及琅邪王望・東萊王扶曰「…」。書奏、有詔徵平等、特賜辦裝錢。至皆拜議郎。	39
	70	中元1?	千金	不明	張恢	賄賂	顯宗卽位…時交阯太守張恢、坐臧千金、徵還伏法、以資物簿入大司農、詔班賜羣臣。［鍾離］意得珠璣、悉以委地而不拜賜。帝怪而問其故。對曰「…此臧穢之寶、誠不敢拜」。帝嗟歎曰「清乎尙書之言」。乃更以庫錢三十萬賜意。※謝承141・東觀691にほぼ同文。	41
	71		庫錢三十萬	明帝	鍾離意	賜與		
	72	中元2?	繒帛	濟南安王康	州郡姦猾漁陽	贈與	濟南安王康…［建武］二十八年就國。…中元二年、封康子德爲東武	42

				顏忠・劉子產等		城侯。…康在國不循法度、交通賓客。其後、人上書告康招來州郡姦猾漁陽顏忠・劉子產等、又多遺其繒帛、案圖書、謀議不軌。事下考、有司舉奏之…。	
73	永平1	錢人三萬	明帝	士卒	戍	秋七月、捕虜將軍馬武等與燒當羌戰、大破之。募士卒戍隴右、賜錢人三萬。	2
74	永平1～	錢歲二億七千萬	青徐二州	鮮卑大人	國外	永平元年、祭肜復賂偏何擊歆志賁、破斬之。於是鮮卑大人皆來歸附、並詣遼東受賞賜、青徐二州給錢歲二億七千萬、爲常。明・章二世、保塞無事。	90
75	永平2～	縑各有差	明帝	文官太傅・司徒以下	賜與	自永平中…立春之日、迎春于東郊、祭青帝句芒。車旗服飾皆青。歌青陽、八佾舞雲翹之舞。及因賜文官太傅・司徒以下縑各有差。2：是歲［永平2］、始迎氣於五郊。帝句芒、車服皆青、歌青陽、八佾舞雲翹之舞。	祭中
76	永平3	縑	明帝	降胡子	國外	時詔賜降胡子縑、尙書案事、誤以十爲百。帝見司農上簿、大怒、召郎將笞之。※後紀9永平3と東觀691に類似の文。	41
77	永平3	錢二十萬	明帝	鍾離意	喪葬	［鍾離］意視事五年、以愛利爲化、人多殷富。以久病卒官。遺言上書陳升平之世、難以急化、宜少寬假。帝感傷其意、下詔嗟歎、賜錢二十萬。※後紀9永平3に類似の文。	41
78	永平5	裝錢人二萬	明帝	邊人在內郡者	徙民	是歲、發遣邊人在內郡者、賜裝錢人二萬。	2
79	永平5	錢五千萬・布十萬匹	明帝	東平憲王蒼	賜與	［東平憲王］蒼在朝數載…聲望日重、意不自安。上疏歸職曰「…」。帝優詔不聽。其後數陳乞、辭甚懇切。五年、乃許還國、而不聽上將軍印綬。以驃騎長史爲東平太傅、掾爲中大夫、令史爲王家郎。加賜錢五千萬・布十萬匹。	42
80	永平6	帛五十匹	明帝	三公	賜與	王雒山出寶鼎、廬江太守獻之。夏四月甲子、詔曰「…方今政化多僻、何以致茲。…豈公卿奉職得其理邪。太常其以礿祭之日、陳鼎於廟、以	2
81		帛二十五匹		九卿・二千石			

						備器用。賜三公帛五十匹、九卿・二千石半之…」。	
82	永平7	布二十五萬匹等	明帝	東平憲王蒼	賜與	六年冬、帝幸魯、徵［東平憲王］蒼從還京師。明年、皇太后崩。既葬、蒼乃歸國、特賜宮人奴婢五百人・布二十五萬匹及珍寶服御器物。	42
83	永平7	錢四十萬	明帝	蔡賀	喪葬	［蔡］賀…永平四年、徵拜河南尹、以淸靜稱。在官三年卒、詔書愍惜、賜車一乘・錢四十萬。	26
84	永平7	錢三十萬	明帝	宋均	問疾	［宋］均…以疾上書乞免、詔除子條爲太子舍人。均自扶輿詣闕謝恩、帝使中黃門慰問、因留養疾。司徒缺、帝以均才任宰相、召入視其疾、令兩騶扶之。均拜謝曰「天罰有罪、所苦浸篤、不復奉望帷幄」。因流涕而辭。帝甚傷之、召條扶侍均出、賜錢三十萬。※後紀9永平7に類似の文。	41
85	永平8	縑	天下死罪	光武帝	贖罪	［楚王］英少時好游俠…晩節更喜黃老、學爲浮屠齋戒祭祀。［永平］八年、詔令天下死罪皆入縑贖。英遣郎中令奉黃縑白紈三十匹、詣國相曰「…歡喜大恩、奉送縑帛、以贖愆罪」。國相以聞。［其後返却］。※東觀239：楚王英奉送黃縑三十五疋・白紈五疋入贖、楚相以聞、詔書還贖縑紈、以助伊蒲塞桑門之盛饌」。後紀10永平8：八年冬十一月丙子、上臨辟雍。詔天下死罪贖各有差。	42
86		黃縑白紈三十匹（or黃縑三十五疋・白紈五疋）	楚王英	國相			
87	永平9	錢六萬	明帝	妻無父兄獨有母者	徙民	九年春三月辛丑、詔郡國死罪囚減罪、與妻子詣五原・朔方占著、所在死者皆賜妻父若男同產一人復終身。其妻無父兄獨有母者賜其母錢六萬、又復其口筭。	2
88	永平11	黃金	廬江太守	國家	獻上	是歲、漅湖出黃金。廬江太守以獻。時麒麟・白雉・醴泉・嘉禾所在出焉。	2
89	永平12	錢帛衣物等	明帝	王景	賜與	永平十二年、議修汴渠、乃引見［王］景、問以理水形便。…帝善之。又以嘗修浚儀、功業有成、乃賜景山海經・河渠書・禹貢圖及錢	76
90	永平15	縑錢等	明帝	王景	賜與		

						帛衣物。…十五年、從駕東巡狩、至無鹽、帝美其功績、拜河堤謁者賜車馬縑錢。	
91	永平15	錢千五百萬・布四萬匹	明帝	東平憲王蒼	賜與	十五年春、行幸東平、賜［東平憲王］蒼錢千五百萬・布四萬匹。	42
92	永平15	縑四十匹	亡命自殊死以下死罪	明帝	贖罪	十五年…東巡狩…幸偃師。詔亡命自殊死以下贖、死罪縑四十匹、右趾至髡鉗城旦舂十匹、完城旦至司寇五匹。犯罪未發覺、詔書到日自告者半入贖。	2
93		縑十匹	右趾～髡鉗城旦舂				
94		縑五匹	完城旦～司寇				
95	永平15	帛百匹	明帝	郎・從官視事二十歲已上	慶事	［皇子封建時］賜天下男子爵人三級。郎・從官視事二十歲已上帛百匹、十歲已上二十匹、十歲已下十匹、官府吏五匹、書佐・小史三匹。令天下大酺五日。乙巳、大赦天下、其謀反大逆及諸不應宥者皆赦除之。	2
96		帛二十匹		十歲已上			
97		帛十匹		十歲已下			
98		帛五匹		官府吏			
99		帛三匹		書佐・小史			
100	永平17	錢帛等	明帝	鮑昱	賜與	十七年［鮑昱］代王敏爲司徒、賜錢帛・什器・帷帳。除子得爲郎。	29
101	永平17	帛十匹	明帝	郎・從官視事十歲以上者	瑞祥	是歲、甘露仍降…制曰「…唯高祖・光武聖德所被、不敢有辭。其敬舉觴、太常擇吉日策告宗廟。其賜天下男子爵人二級、三老孝悌力田人三級、流人無名數欲占者人一級。鰥・寡・孤・獨・篤・癃貧不能自存者粟人三斛。郎・從官視事十歲以上者帛十匹。中二千石・二千石下至黃綬、貶秩奉贖、在去年以來皆還贖」。	2
102	永平17	金帛	耿恭（明帝）	烏孫	國外	永平十七年冬…始置西域都護・戊己校尉、乃以［耿］恭爲戊己校尉…恭至部、移檄烏孫、示漢威德、大昆彌已下皆歡喜、遣使獻名馬、及	19

							奉宣帝時所賜公主博具、願遣子入侍。恭乃發使齎金帛、迎其侍子。	
	103	永平18	縑三十匹	天下亡命死罪者	明帝	贖罪	十八年…詔曰「其令天下亡命自殊死已下贖。死罪縑三十匹、右趾至髡鉗城旦舂十匹、完城旦至司寇五匹。吏人犯罪未發覺、詔書到自告者半入贖」。	2
	104		縑十匹	右趾～髡鉗城旦舂				
	105		縑五匹	完城旦～司寇				
	106	永平18	錢千萬	明帝	館陶公主	賜與	帝遵奉建武制度、無敢違者。後宮之家不得封侯與政。館陶公主爲子求郎、不許而賜錢千萬。63：陽嘉二年…［李］固對曰「…昔館陶公主爲子求郎、明帝不許、賜錢千萬。所以輕厚賜、重薄位者、爲官人失才、害及百姓也。…」。※華嶠2に類似の文。	2
	107	永平	錢百萬	明帝	樊曄家	賜與	永平中、顯宗追思［樊］曄在天水時政能、以爲後人莫之及、詔賜家錢百萬。	77
	108	永平	縑錢	明帝	楊仁	賜與	顯宗特詔補［楊仁］北宮衞士令、引見［楊仁］、問當世政迹。［楊］仁對以寬和任賢、抑黜驕戚爲先。又上便宜十二事、皆當世急務。帝嘉之、賜以縑錢。	79下
	109	永平	罰金	中常侍孫章	明帝	犯罪	永平中…有兄弟共殺人者、而罪未有所歸。帝以兄不訓弟、故報兄重而減弟死。中常侍孫章宣詔、誤言兩報重、尚書奏章矯制、罪當腰斬。帝復召躬問之、［郭］躬對「章應罰金」。帝曰「章矯詔殺人、何謂罰金」。躬曰「法令有故・誤。章傳命之謬、於事爲誤、誤者其文則輕」。	46
	110	～永元	縑七匹	戴封	賊	贈與	戴封…後遇賊、財物悉被略奪、唯餘縑七匹、賊不知處。封乃追以與之、曰「知諸君乏、故送相遺」。賊驚曰「此賢人也」。盡還其器物。	81
章帝	111	永平18	布三千匹	衞尉廖	三輔衣冠	賄賂	肅宗初立…。帝以明德太后故、尊崇舅氏馬廖、兄弟並居職任。…［第五］倫以后族過盛…曰「…竊	41
	112		錢三百	城門校	三輔衣			

		萬	尉防	冠		聞衛尉廖以布三千匹、城門校尉防以錢三百萬、私贍三輔衣冠、知與不知、莫不畢給。又聞臘日亦遺其在洛中者錢各五千、越騎校尉光臘用羊三百頭・米四百斛・肉五千斤。臣愚以爲不應經義…」。	
113		錢各五千	廖・防	其在洛中者			
114	永平18	白越三千端・雜帛二千匹・黄金十斤等	皇太后	諸貴人	慶事	肅宗卽位、尊后曰皇太后。諸貴人當徙居南宮、太后感析別之懷、各賜王赤綬、加安車駟馬・白越三千端・雜帛二千匹・黄金十斤。	10上
115	永平18	裝錢三十萬	章帝	張酺	賜與	張酺…守經義、每侍講間隙、數有匡正之辭、以嚴見憚。及肅宗卽位…數月、出爲東郡太守。酺自以嘗經親近、未悟見出、意不自得、上疏辭曰「…」。詔報曰「…好醜必上、不在遠近。今賜裝錢三十萬、其亟之官」。※東觀713：顯宗以張酺受皇太子業、甚得輔導之體。章帝卽位、出拜東郡太守、賜錢三十萬。後紀14にほぼ同文。	45
116	建初1	錢五百萬	章帝	東平憲王蒼	賜與	肅宗卽位、尊重恩禮踰於前世、諸王莫與爲比。建初元年地震。［東平憲王］蒼上便宜、其事留中。帝報書曰「丙寅所上便宜三事、朕親自覽讀、反覆數周、心開目明…冀蒙福應。彰報至德、特賜王錢五百萬」。	42
117	建初1	金帛各有差	光武帝	衍師傅已下官屬	慶事	下邳惠王衍、永平十五年封。衍有容貌、肅宗［章帝］卽位、常在左右。建初［元年］初冠、詔賜衍師傅已下官屬金帛各有差。	50
118	建初1	錢三十萬	章帝	承宮	喪葬	承宮…建初元年卒。肅宗褒歎、賜以冢地。妻上書乞歸葬鄉里、復賜錢三十萬。	27
119	建初1	布五百匹等	章帝	賈逵	賜與	建初元年、詔［賈］逵入講北宮白虎觀・南宮雲臺、［逵］書奏、帝嘉之、賜布五百匹・衣一襲。※東觀628にほぼ同文。「匹」を「疋」に作る。	36
120	建初1	帛二十	郡	淳于恭	賜與	建初元年、肅宗下詔美［淳于］恭	39

		匹				素行、告郡賜帛二十匹、遣詣公車、除爲議郎。	
121	建初1?	錢等	章帝	召馴	遷職or賜與	［召］馴…建初元年、稍遷騎都尉、侍講肅宗。拜左中郎將、入授諸王。帝嘉其義學、恩寵甚崇。出拜陳留太守、賜刀劍錢物。	79下
122	建初1〜3	錢各五百萬	馬太后	廣平・鉅鹿・樂成王	賜與	其美車服不軌法度者、便絕屬籍、遣歸田里。廣平・鉅鹿・樂成王車騎朴素、無金銀之飾、帝以白［馬］太后、太后卽賜錢各五百萬。	10上
123	建初2	布貫頭衣二領等	邑豪	國家	國外	西部都尉廣漢鄭純爲政清絜…天子嘉之、卽以爲永昌太守。純與哀牢夷人約、邑豪歲輸布貫頭衣二領・鹽一斛、以爲常賦、夷俗安之。…建初元年、哀牢王類牢與守令忿爭…明年春、邪龍縣昆明夷鹵承等應募、率種人與諸郡兵擊類牢於博南、大破斬之。傳首洛陽、賜鹵承帛萬匹、封爲破虜傍邑侯。	86
124		帛萬匹	光武帝	昆明夷鹵承	購賞(國外)		
125	建初4	御府雜帛二萬匹・大司農黃金千斤・錢二千萬等	和帝	賈貴人	賜與	賈貴人［明德太后馬氏之］…中元二年生肅宗［章帝］、而顯宗［明帝］以爲貴人。帝既爲太后所養、專以馬氏爲外家、故貴人不登極位、賈氏親族無受寵榮者。及［明德］太后［馬氏］崩、乃策書加貴人王赤綬・安車一駟・永巷宮人二百・御府雜帛二萬匹・大司農黃金千斤・錢二千萬。※後紀11建初4にほぼ同文。後紀11は「御府雜帛二萬匹・大司農黃金千斤・錢二萬」に作る。	10上
126	建初7	錢等	章帝	韋彪	賜與	建初七年、車駕西巡狩…問以三輔舊事・禮儀・風俗。［韋］彪…言「今西巡舊都、宜追錄高祖・中宗功臣、褒顯先勳、紀其子孫」。帝納之。…乃厚賜［韋］彪錢珍羞食物、使歸平陵上冢。	26
127	建初7	錢等	章帝	秦彭	行幸?	建初元年、遷山陽太守。…［秦彭］在職六年、轉穎川太守、仍有鳳皇・麒麟・嘉禾・甘露之瑞、集其郡境。肅宗巡行、再幸潁川、輒賞賜錢穀、恩寵甚異。	76
128	建初7	裝錢千	章帝	東平憲	賜與	六年冬［東平憲王］蒼上疏求朝。	42

		五百萬		王蒼		明年正月、帝許之。特賜裝錢千五百萬、其餘諸王各千萬。帝以蒼冒涉寒露、遣謁者賜貂裘及太官食物珍果、使大鴻臚竇固持節郊迎。帝乃親自循行邸第、豫設帷牀、其錢帛器物無不充備。	
129		錢各千萬		其餘諸王			
130		錢帛等		東平憲王蒼	設備		
131	建初7	錢四十萬	章帝	公	賜與	飲酎高廟、禘祭光武皇帝・孝明皇帝。…詔「…朕得識昭穆之序、寄遠祖之思。今年大禮復擧、加以先帝之坐、悲傷感懷。樂以迎來、哀以送往、雖祭亡如在、而空虛不知所裁、庶或饗之。豈亡克愼肅雍之臣、辟公之相、皆助朕之依依。今賜公錢四十萬、卿半之、及百官執事各有差」。	3
132		錢二十萬		卿			
133		錢各有差		百官執事			
134	建初4〜7	錢布等以億萬計	章帝	東平憲王蒼	賜與	大鴻臚奏遣諸王歸國、帝特留［東平憲王］蒼、賜以祕書・列僊圖・道術祕方。至八月飲酎畢、有司復奏遣蒼、乃許之。…於是車駕祖送、流涕而訣。復賜乘輿服御・珍寶輿馬・錢布以億萬計。※東觀242-243に類似の文（建初4に繫年）。後紀11建初7：歲餘、大鴻臚奏遣諸王歸國、上持留蒼、封女三人皆爲公主、賜以祕列圖。…上乃手書與蒼曰「…」蒼發、上臨送之、流涕而別。復賜乘輿服御物・珍寶・輿馬、錢布以億萬計。	42
135	建初7	錢各有差	章帝	魏郡守令〜三老・門闌・走卒	行幸	進幸鄴、勞饗魏郡守令已下至于三老・門闌・走卒賜錢各有差。勞賜常山・趙國吏人、復元氏租賦三歲、辛卯車駕還宮。詔天下繫囚減死一等勿笞、詣邊戍。妻子自隨、占著所在。父母同產欲相從者恣聽之。有不到者皆以乏軍興論。及犯殊死一切募下蠶室。其女子宮。繫囚鬼薪・白粲已上、皆減本罪各一等、輸司寇作。亡命贖、死罪入縑二十匹、右趾至髡鉗城旦舂十匹、完城旦至司寇三匹、吏人有罪未發覺、詔書到自告者、半入贖。	3
136		縑二十匹	亡命死罪	章帝	贖罪		
137		縑十匹	右趾至髡鉗城旦舂				
138		縑三匹	完城旦至司寇				
139	建初8	錦帛	章帝	大小昆	國外	［班］超…欲進攻龜茲。以烏孫兵	47

				彌以下		彊、宜因其力、乃上言…。帝納之。八年…別遣衞候李邑護送烏孫使者賜大小昆彌以下錦帛。	
140	建初8	錢前後一億・布九萬匹	章帝	四姓小侯諸國王主?	喪葬or賜與	［東平憲王］蒼…薨。…遣大鴻臚持節、五官中郎將副監喪、及將作使者凡六人、令四姓小侯諸國王主悉會詣東平奔喪、賜錢前後一億・布九萬匹。	42
141	建初9	錦帛	章帝	月氏王	國外	是時月氏新與康居婚相親、［班］超乃使使多齎錦帛遺月氏王、令曉示康居王、康居王乃罷兵、執［疏勒王］忠以歸其國、烏卽城遂降於超。	47
142	建初	錢五十萬	章帝	傅昌	賣爵	子［傅］昌嗣、徙封蕪湖侯。建初中、遭母憂、因上書、以國貧不願之封、乞錢五十萬、爲關内侯。肅宗怒、貶爲關内侯、竟不賜錢。※華嶠35に類似の文。「五萬」に作る。周注は「五十萬」の誤とする。	22
143	建初？	錢二十萬	章帝	賈逵	賜與	［賈］逵母常有疾、帝欲加賜、以校書例多、特以錢二十萬、使潁陽侯馬防與之。謂防曰「賈逵母病、此子無人事於外、屢空則從孤竹之子於首陽山矣」。※後紀12建初8に類似の文。	36
144	元和1	錢三十萬	章帝	鄧彪	退職	［鄧彪］…視事四年、以疾乞骸骨。元和元年、賜策罷、贈錢三十萬、在所以二千石奉終其身。※後紀12に類似の文。	44
145	元和2	錢帛	章帝	孔氏男女	賜與	元和二年…帝東巡狩、還過魯、幸闕里、以太牢祠孔子及七十二弟子、作六代之樂、大會孔氏男子二十以上者六十三人、命儒者講『論語』。［孔］僖…曰「…今陛下親屈萬乘、辱臨敝里、此乃崇禮先師、增煇聖德。至於光榮、非所敢承」。帝大笑曰「非聖者子孫、焉有斯言乎」。遂拜僖郎中、賜襃成侯損及孔氏男女錢帛。	79上
146	元和2	帛人一匹	章帝	三老・孝悌・力田	瑞祥	己未鳳皇集肥城。乙丑帝耕於定陶。詔曰「三老尊年也。孝悌淑行也。力田勤勞也。國家甚休之。其賜帛	3

						人一匹、勉率農功」。	
147	元和2	帛人一匹	章帝	高年鰥寡孤獨	瑞祥	詔曰「乃者鳳皇・黃龍・鸞鳥比集七郡…其賜天下吏爵人三級。高年鰥寡孤獨帛人一匹。經曰「無侮鰥寡、惠此煢獨」。加賜河南女子百戶牛酒令天下大酺五日、賜公卿已下錢帛各有差。及洛陽人當酺者布戶一匹、城外三戶共一匹。賜博士員弟子見在太學者布人三匹。令郡國上明經者口十萬以上五人、不滿十萬三人」。※後紀12（元和2年5月丙戌詔）：鳳皇・黃龍・鸞鳥比集七郡、神雀・甘露降自京都。…其賜百官錢各有差。天下吏爵人三級。高年鰥寡孤獨帛人一匹。令天下大酺五日。鳳皇・黃龍所集亭皆無出今年租賦。見者及太守・令・長・丞・尉帛各有差。後紀12と差あり。	3
148		錢帛or錢		公卿已下			
149		布戶一匹		洛陽人當酺者			
150		布一匹		城外三戶			
151		布人三匹		博士員弟子見在太學者			
152	元和2	帛二十匹	章帝	先見［鳳皇・黃龍］者	瑞祥	詔「鳳皇・黃龍所見亭部無出二年租賦。加賜男子爵人二級。先見者帛二十匹、近者三匹、太守三十匹、令・長十五匹、丞・尉半之…」。	3
153		帛三匹		近者			
154		帛三十匹		太守			
155		帛十五匹		令・長			
156		帛七匹半		丞・尉			
157	元和3	錢五十萬等	章帝	諸郭	賜與？行幸	元和三年、肅宗北巡狩、過眞定、會諸郭［＝外戚郭氏］、朝見上壽、引入倡飲甚歡。以太牢具上郭主冢、賜粟萬斛・錢五十萬。	10上
158	元和3	錢五十萬等	章帝	第五倫	退職	［第五］倫奉公盡節、言事無所依違。…連以老病上疏乞身。元和三年、賜策罷、以二千石奉終其身、加賜錢五十萬・公宅一區。後數年卒、時年八十餘、詔賜祕器・衣衾・錢布。	41
159	元和3～	錢布等			喪葬		
160	元和3	罽絮（每年）	廣德	匈奴	國外	匈奴聞廣德滅莎車、遣五將發焉耆・尉黎・龜茲十五國兵三萬餘人圍于	88

						竄、廣德乞降、以其太子爲質、約歲給罽絮。	
161	元和3	賻錢五百萬	章帝	許太后	喪葬	十五年、帝幸彭城、見許太后及英妻子於内殿、悲泣、感動左右。…元和三年、許太后甍、復遣光祿大夫持節弔祠、因留護喪事、賻錢五百萬。	42
162	元和？	錢十萬・布百匹等	章帝	朱暉	賜與	是時穀貴、縣官經用不足…尙書張林上言「穀所以貴、由錢賤故也。可盡封錢、一取布帛爲租、以通天下之用。…」。…［朱］暉奏據林言不可施行、事遂寢。…帝卒以林等言爲然。…暉等皆自繫獄。…暉曰「…」。…帝意解、寢其事。後數日、詔使直事郎問暉起居、太醫視疾、太官賜食。暉乃起謝、復賜錢十萬・布百匹・衣十領。	43
163	元和？	錢二十萬	章帝	朱暉	遷職？	［朱暉］後遷爲尙書令、以老病乞身、拜騎都尉、賜錢二十萬。	43
164	章和1	布帛各一匹	章帝	高年二人	賜與	秋、令是月養衰老授几杖、行糜粥飲食。其賜高年二人共布帛各一匹、以爲醴酪。	3
165	章和1	金銀等	迷唐	燒何・當煎・當闐等	國外	章和元年…迷吾子迷唐及其種人向塞號哭、與燒何・當煎・當闐等相結、以子女及金銀娉納諸種、解仇交質、將五千人寇隴西塞。	87
166	章和1	縑二十匹	亡命者死罪	章帝	贖罪	南巡狩。…詔郡國中都官繫囚減死罪一等、詣金城戍。犯殊死者一切募下蠶室。其女子宮。繫囚鬼薪・白粲已上減罪一等、輸司寇作。亡命者贖、死罪縑二十匹、右趾至髡鉗城旦舂七匹、完城旦至司寇三匹。吏民犯罪未發覺、詔書到自告者半入贖。復封阜陵侯延爲阜陵王。	3
167		縑七匹	右趾～髡鉗城旦舂				
168		縑三匹	完城旦～司寇				
169	章和1	錢千萬布萬匹等	章帝	阜陵質王劉延	行幸or封侯	章和元年、行幸九江、賜［阜陵質王劉］延書與車駕會壽春。帝見延及妻子、愍然傷之、乃下詔曰「…今復諸侯爲阜陵王、增封四縣、并前爲五縣」。…加賜錢千萬・布萬匹・安車一乘、夫人諸子賞賜各有差。明年入朝。※後紀12章和1年條に類似の文あり、「錢千萬・安	42

							車一乘」に作る。	
和帝	170	章和2	錢二十萬	和帝	韋彪	問疾？	［韋］彪…遂稱困篤。章和二年夏…詔曰「彪…勤身飭行…君年在耆艾、不可復以加增。恐職事煩碎、重有損焉。其上大鴻臚印綬。其遣太子舍人詣中臧府、受賜錢二十萬」。永元元年、卒。詔尚書「…其賜錢二十萬・布百匹・穀三千斛」。※後紀11に類似の文あり、「布帛百匹・穀三千斛」に作る。	26
	171	永元1	錢二十萬・布百匹等（布帛）			喪葬？		
	172	永元1	金帛	和帝	北單于	國外	［竇］憲乃班師而還。遣軍司馬吳汜・梁諷奉金帛遺北單于、宣明國威、而兵隨其後。	23 47
	173	永元2	錢布各有差	和帝	公卿〜佐史	賜與	分太山爲濟北國、分樂成・涿郡・勃海爲河間國。丙辰、封皇弟壽爲濟北王、開爲河間王、淑爲城陽王、紹封故淮陽王昞子側爲常山王。賜公卿以下至佐史錢布各有差。	4
	174	光武〜和帝	賻錢三千萬・布三萬匹	皇帝	皇子始封薨者（通例）	喪葬	［中山簡王焉］…永元二年薨。自中興至和帝時、皇子始封薨者、皆賻錢三千萬・布三萬匹。嗣王薨、賻錢千萬・布萬匹。是時竇太后臨朝、竇憲兄弟擅權、太后及憲等東海出也、故睦於焉而重於禮、加賻錢一億。	42
	175		錢千萬・布萬匹		嗣王（通例）			
	176	永元2	賻錢一億三千萬・布三萬匹	和帝	中山簡王焉			
	177	永元2	金銀珠玉	月氏副王謝	龜茲	國外	永元二年、月氏遣其副王謝將兵七萬攻［班］超。…［班超］不下。…超度其糧將盡、必從龜茲求救、乃遣兵數百於東界要之。謝果遣騎齎金銀珠玉以賂龜茲。※後紀13に類似の文。	47
	178	永元2	金帛等	和帝	車師	國外	和帝永元二年、大將軍竇憲破北匈奴、車師震慴、前後王各遣子奉貢入侍、並賜印綬金帛。	88
	179	永元3	黃金	和帝	諸侯王〜宗室子孫在京師奉朝請者	慶事	三年…皇帝［＝和帝］加元服、賜諸侯王・公・將軍・特進・中二千石・列侯・宗室子孫在京師奉朝請者黃金、將・大夫・郎吏・從官帛。賜民爵及粟帛各有差、大酺五日。	4

180		帛		將・大夫・郎吏・從官(將・大夫・郎吏)		郡國中都官繫囚死罪贖縑、至司寇及亡命各有差。庚辰、賜京師民酺、布兩戸共一匹。※後紀13永平3年：春正月甲子、皇帝加元服、儀用新禮。賜王公・列侯在京師者黄金、將・大夫・郎吏帛、及天下男子爵各有差。鰥寡孤獨貧不能自存者人帛一匹、酺飲五日。繫囚亡命贖罪各有差。	
181		帛各有差等		民（鰥寡孤獨貧不能自存者）			
182		縑	郡國中都官繫囚死罪～司寇及亡命	和帝	贖罪		
183		布兩戸共一匹	和帝	京師民	賜與		
184	永元3	錢帛各有差	和帝	行所過二千石長吏～三老官屬	行幸	冬十月癸未、行幸長安。詔曰「北狄破滅、名王仍降、西域諸國、納質内附、豈非祖宗迪哲重光之鴻烈歟。寤寐歎息、想望舊京。其賜行所過二千石長吏已下及三老・官屬錢帛各有差。鰥・寡・孤・獨・篤癃・貧不能自存者粟人三斛」。	4
185	永元4	錢各有差等	和帝	公卿～佐史	賜與	丁巳、賜公卿以下至佐史錢穀各有差。	4
186	永元4	錢帛	和帝	清河孝王慶	賜與	後［清河孝王］慶以長、別居丙舍。永元四年…帝將誅竇氏、欲得外戚傳、懼左右不敢使。乃令慶私從千乘王求、夜獨内之。又令慶傳語中常侍鄭衆求索故事。及大將軍竇憲誅、慶出居邸、賜奴婢三百人・輿馬・錢帛・帷帳・珍寶・玩好充仞其第、又賜中傅以下至左右錢帛各有差。	55
187		錢帛各有差		中傅～左右			
188	永元4	布三百匹	和帝	韓棱	賜與	和帝卽位、侍中竇憲使人刺殺齊殤王子都鄕侯暢於上東門、有司畏憲、咸委疑於暢兄弟。詔遣侍御史之齊案其事。［韓］棱上疏以爲賊在京師、不宜捨近問遠、恐爲姦臣所笑。竇太后怒。…及竇氏敗［＝永元4年］、棱典案其事、深竟黨與、數	45

						月不休沐。帝以爲憂國忘家、賜布三百匹。	
189	永元1～4	錢	和帝	樂恢	退職or問疾	［樂恢］拜議郎。…時竇太后臨朝、和帝未親萬機、恢以意不得行、乃稱疾乞骸骨。詔賜錢、太醫視疾。恢薦任城郭均・成陽高鳳、而遂稱篤。拜騎都尉。	43
190	永元4～	金銀香罽等	諸國侍子・督使賈胡	李恂	國外	李恂…後復徵拜謁者、使持節領西域副校尉。西域殷富、多珍寶、諸國侍子及督使賈胡數遺恂奴婢・宛馬・金銀・香罽之屬、一無所受。※東觀730にほぼ同文。51：時大將軍竇憲將兵屯武威、天下州郡遠近莫不修禮遺、［李］恂奉公不阿、爲憲所奏免。後復徵拜謁者、使持節領西域副校尉。4：［永元元年］竇憲爲大將軍（永元4年失脚）。24：永元二年…大將軍竇憲西屯武威。	51
191	永元5	錢三十萬	和帝	張酺	問疾	永元五年、遷［張］酺爲太僕。數月、代尹睦爲太尉。數上疏以疾乞身、薦魏郡太守徐防自代。帝不許、使中黃門問病、加以珍羞、賜錢三十萬。酺遂稱篤。	45
192	永元6	綵五百匹	和帝	焉耆王	國外	六年秋、［班］超遂…討焉耆。兵到尉犂界、而遣曉說焉耆・尉犂・危須曰「都護來者欲鎭撫三國。卽欲改過向善、宜遣大人來迎、當賞賜王侯已下、事畢卽還。今賜王綵五百匹」。	47
193	永元6	錢三十萬	和帝	黃香	賜與	六年…［黃香］後爲東郡太守、香上疏讓曰「…」。［和］帝亦惜香幹用、久習舊事、復留爲尙書令、增秩二千石、賜錢三十萬。	80上
194	永元7	金帛	和帝	蘇拔廆	國外	馮柱將虎牙營留屯五原、罷遣鮮卑・烏桓・羌胡兵、封蘇拔廆爲率衆王、又賜金帛。	89
195	永元9	衣被錢帛…累資千萬	和帝	樊調妻嫕	賜與	永元九年…會貴人姊南陽樊調妻嫕…曰「…妾門雖有薄・史之親、獨無外戚餘恩、誠自悼傷。妾父旣冤、不可復生、母氏年殊七十、及弟棠等遠在絕域、不知死生。願乞收竦朽骨、使母弟得歸本郡、則施過天	34

						地、存歿幸頼」。帝覽章感悟、乃下中常侍・掖庭令驗問之、嬺辭證明審、遂得引見、具陳其狀。乃留嬺止宮中、連月乃出、賞賜衣被錢帛第宅奴婢、旬月之間、累資千萬。	
196	永元9	錢帛等	和帝	小君長	國外	永元…九年、徼外蠻及撣國王雍由調遣重譯奉國珍寶、和帝賜金印紫綬、小君長皆加印綬・錢帛。	86
197	永元9	累千金	和帝	[梁后]舅三人	賜與	十二年六月。潁川大水、傷稼。…先是恭懷皇后葬禮有闕、竇太后崩後[=永元9]、乃改殯梁后、葬西陵、徵舅三人皆爲列侯、位特進、賞賜累千金。	五三
198	永元10?	金帛	和帝	迷唐	國外	迷唐…請降。…入居金城。和帝令迷唐將其種人還大小楡谷。迷唐…不肯遠出。吳祉等乃多賜迷唐金帛、令糴穀市畜、促使出塞、種人更懷猜驚。	87
199		金帛	迷唐	糴穀楡畜者	賣買(國外)		
200	永元12	錢帛等	和帝	旄牛徼外夷	國外	十一年…明年…蜀郡旄牛徼外夷白狼樓薄種王唐繒等率種人口十七萬歸義内屬、賜金印紫綬錢帛。86:和帝永元十二年、牛徼外白狼・樓薄蠻夷王唐繒等、遂率種人十七萬口、歸義内屬。詔賜金印紫綬、小豪錢帛各有差。	天中86
201	永元12	布人三匹	和帝	博士員弟子在太學者	賜與	賜博士員弟子在太學者布人三匹。	4
202	永元15	錢布各有差	和帝	二千石～三老官屬・民百年者	行幸	九月壬午、南巡狩、清河王慶・濟北王壽・河閒王開並從。賜所過二千石・長吏以下・三老・官屬及民百年者錢布各有差。…十一月甲申、車駕還宮、賜從臣及留者公卿以下錢布各有差。	4
203		錢布各有差		從臣・留者公卿～			
204	永元	錢布	和帝	趙代	喪葬	子[趙]代嗣、…永元中、副行征西將軍劉尙征羌、坐事下獄、疾病物故。和帝憐之、賜祕器錢布、贈越騎校尉・節鄉侯印綬。	26
205	和帝期	錢二十萬	和帝	周榮	喪葬	周榮…出爲潁川太守、坐法、當下獄、和帝思榮忠節、左轉共令。歲	45

							餘、復以爲山陽太守。所歷郡縣、皆見稱紀。以老病乞身、卒于家、詔特賜錢二十萬。	
	206	延平1	黃金三十斤・雜帛三千匹・白越四千端等	［鄧］太后	周・馮貴人	賜與	元興元年…太后臨朝。和帝葬後、宮人並歸園、太后賜周・馮貴人策曰「…其賜貴人王靑蓋車・采飾輅・驂馬各一駟・黃金三十斤・雜帛三千匹・白越四千端」。又賜馮貴人王赤綬、以未有頭上步搖・環珮、加賜各一具。※後紀15延平1に類似の文あり、「王靑蓋車・采飾輅・驂馬各一駟・黃金四十斤・雜綵三千匹」に作る。	10上
殤帝	207	延平1～	錢布等	殤帝～安帝	張禹	問疾？慰留？	延平元年、［張禹］遷爲太傅、錄尙書事。鄧太后以殤帝初育、欲令重臣居禁內、乃詔禹舍宮中…。及安帝卽位、數上疾乞身。詔遣小黃門問疾、賜牛一頭・酒十斛、勸令就第。其錢布・刀劍・衣物前後累至。	44
	208	延平1	錢六十萬	鄧太后	張顯	軍功	延平元年、鮮卑復寇漁陽、太守張顯率數百人出塞追之。…唯［兵馬掾嚴］授力戰、身被十創、手殺數人而死。顯中流矢、主簿衞福・功曹徐咸皆自投赴顯、俱歿於陣。鄧太后策書褒歎、賜顯錢六十萬、以家二人爲郎。授福・咸各錢十萬、除一子爲郎。	90
	209		各錢十萬		嚴授・衞福・徐咸			
安帝	210	永初～	賻錢千萬・布萬匹	順帝	封王薨者	喪葬	濟北惠王壽…以永元二年封…立三十一年薨。自永初已後、戎狄叛亂、國用不足。始封王薨、減賻錢爲千萬・布萬匹。嗣王薨、五百萬・布五千匹。時唯壽最尊親、特賻錢三千萬・布三萬匹。	55
	211		賻錢五百萬・布五千匹		嗣王薨者			
	212		賻錢三千萬・布三萬匹		濟北惠王壽			
	213	永初2	錢二十萬	安帝	小吏所輔［之父］	軍功or喪葬	永初二年、劇賊畢豪等入平原界、縣令劉雄將吏士乘船追之。…雄敗、執雄、以矛刺之。時小吏所輔前叩	81

						頭求哀、願以身代雄。豪等縱雄而刺輔、貫心洞背卽死。東郡太守捕得豪等、具以狀上。詔書追傷之、賜錢二十萬、除父奉爲郎中。	
214	永初2	黃金	青衣道夷等	安帝	國外	永初…二年、青衣道夷邑長令田與徼外三種夷三十一萬口、齎黃金・旄牛毦、擧土内屬。	86
215	永初3	金帛各有差	安帝	王・主・貴人・公卿以下	慶事	三年…皇帝加元服。大赦天下。賜王・主・貴人・公・卿以下金帛各有差。男子爲父後及三老・孝悌・力田爵人二級、流民欲占者人一級。彪23：安帝加元服、大赦、賜公卿金帛。※周注は原文に「安帝靈帝加元服」に作るので安帝・靈帝兩方に分けてしるすとする。だが安帝永初3年に類似の文あり。	5
216	永初3	錢穀	吏人	國家	買官買爵	三公以國用不足、奏令吏人入錢穀、得爲關内侯・虎賁羽林郎・五大夫・官府吏・緹騎・營士各有差。※後紀16永初3年條に類似の文あり、「以用度不足、命吏人入錢穀爲關内侯」に作る。	5
217	永初4	葛布各有差	鄧太后	諸儒劉珍等及博士・議郎・四府掾史五十餘人	賜與	［永初］三年秋…［鄧］太后…乃博選諸儒劉珍等及博士・議郎・四府掾史五十餘人、詣東觀讎校傳記。事畢奏御、賜葛布各有差。…及新野君薨、太后自侍疾病、至乎終盡、憂哀毀損、事加於常。贈以長公主赤綬・東園祕器・玉衣繡衾、又賜布三萬匹・錢三千萬。［鄧］騭等遂固讓錢布不受。使司空持節護喪事、儀比東海恭王、謚曰敬君。※東觀101：［永初］四年…新野君薨、贈以玄玉赤紱・賻錢三千萬・布三萬匹。五年…。	10上
218		布三萬匹・錢三千萬		新野君	喪葬		
219	永初5	錢百萬	安帝	杜琦首者（のち杜習）	購賞	永初五年…漢陽人杜琦及弟季貢・同郡王信等與羌通謀、聚衆入上邽城、琦自稱安漢將軍。於是詔購募得琦首者、封列侯、賜錢百萬、羌胡斬琦者賜金百斤・銀二百斤。漢陽太守趙博遣刺客杜習刺殺琦、封習討姦侯、賜錢百萬。而杜季貢・	87
220		金百斤・銀二百斤	安帝	羌胡斬琦者	購賞（國外）		
221		金銀綵	王信等	安帝	沒收		

		已上帛一億				王信等將其衆據㯉泉營。侍御史唐喜領諸郡兵討破之、斬王信等六百餘級、沒入妻子五百餘人、收金銀綵帛一億已上。	
222	永初～	歲入錢四萬等	安帝	馮石	租秩	［馮］石、襲母公主封獲嘉侯。…爲安帝所寵。…自永初兵荒、王侯租秩多不充、於是特詔以它縣租稅足石、令如舊限、歲入穀三萬斛・錢四萬。	33
223	永初	錢二千萬	頃王肅	國家	獻上	［東海恭王劉彊］薨、子頃王［劉］肅嗣。永元十六年、封肅弟二十一人皆爲列侯。肅性謙儉、循恭王法度。永初中、以西羌未平、上錢二千萬。元初中、復上縑萬匹、以助國費、鄧太后下詔褒納焉。※東觀234-235にほぼ同文。「匹」を「疋」に作る。	42
224	元初	縑萬匹					
225	元初1	錢三萬	安帝	劉毅	賜與	劉毅…永元中、坐事奪爵。…元初元年、上「漢德論」并「憲論十二篇」。時劉珍・鄧耽・尹兌・馬融共上書稱其美、安帝嘉之、賜錢三萬、拜議郎。	80上
226	元初1	帛人一匹	安帝	貞婦	賜與	改元元初。賜民爵人二級、孝悌・力田人三級、爵過公乘、得移與子若同產・同產子、民脫無名數及流民欲占者人一級。鰥寡孤獨篤癃貧不能自存者穀人三斛、貞婦帛人一匹。※後紀16元初1：賜天下男子爵各有差。鰥寡孤獨篤癃不能自存者粟人三斛、貞婦帛人一匹。	5
227	元初2	錢千萬・布萬匹	太后	鄧弘	喪葬	元初二年［鄧］弘卒。…初疾病、遺言悉以常服、不得用錦衣玉匣。有司奏贈弘驃騎將軍、位特進、封西平侯。太后追思弘意、不加贈位衣服、但賜錢千萬・布萬匹、［鄧］騭等復辭不受。	16
228	元初2	錢人五千	安帝	尤貧無以葬者	喪葬	二月戊戌、遣中謁者收葬京師客死無家屬及棺槨朽敗者、皆爲設祭。其有家屬、尤貧無以葬者賜錢人五千。	5
229	元初2	錢	安帝	陳省・羅橫	軍功	二年春…零昌種衆復分寇益州、遣中郎將尹就將南陽兵、因發益部諸	87

						郡屯兵撃零昌黨呂叔都等。至秋、蜀人陳省・羅横應募、刺殺叔都、皆封侯賜錢。	
230	元初2	數千錢	民	國家	據出	後遣任尙爲中郎將…屯三輔。尙臨行、懷令虞詡說尙曰「使君頻奉國命討逐寇賊、三州屯兵二十餘萬人…疲苦徭役、而未有功效、勞費日滋。…莫如罷諸郡兵、各令出錢數千、二十人共市一馬、如此、可捨甲冑、馳輕兵、以萬騎之衆、逐數千之虜。…」。※後紀16元初2：令二十人共市一馬、民出數千錢得免介冑、去行伍。	87
231	元初2	金帛各有差	安帝	五里・六亭渠帥	國外（軍功）	和帝永元四年冬、漊中・澧中蠻潭戎等反…安帝元初二年、澧中蠻以郡縣徭稅失平、懷怨恨、遂結充中諸種二千餘人、攻城殺長吏。州郡募五里蠻六亭兵追擊破之、皆散降。賜五里・六亭渠帥金帛各有差。※東觀101：元初…二年…安定太守杜恢與司馬鈞等幷威擊羌、恢乘勝深入、至北地靈州丁奚城、爲虜所害、鈞擁兵不救、收鈞下獄。蠻田山・高少等攻城、殺長吏。州郡募五里蠻夷・六亭兵追擊、山等皆降。賜五里・六亭渠率金帛各有差。	86
232	元初3	金帛各有差等	安帝	左鹿蠡王須沈	國外	度遼將軍鄧遵率南單于及左鹿蠡王須沈萬騎、擊零昌於靈州、斬首八百餘級、封須沈爲破虜侯、金印紫綬、賜金帛各有差。	87
233	～元初3	金十斤	王密	楊震	賄賂（失敗）	［楊震］四遷荊州刺史・東萊太守。當之郡、道經昌邑、故所擧荊州茂才王密爲昌邑令、謁見、至夜懷金十斤以遺震。震曰「故人知君、君不知故人、何也」。密曰「暮夜無知者」。震曰「天知、神知、我知、子知。何謂無知」。※東観748にほぼ同文。	54
234	永寧1	錢三十萬	安帝	劉愷	退職	永寧元年、［劉愷］稱病上書致仕、有詔優許焉、加賜錢三十萬、以千石祿歸養。	39
235	永寧1	綵繒各	安帝	遼西鮮	國外	永寧元年、遼西鮮卑大人烏倫・其	90

		有差		卑大人烏倫・其至鞬		至鞬率衆詣鄧遵降、奉貢獻。詔封烏倫爲率衆王、其至鞬爲率衆侯、賜綵繒各有差。	
236	永寧2	金銀綵繒各有差等	安帝	撣國王雍由調	國外	永寧元年、撣國王雍由調復遣使者詣闕朝賀…明年元會、安帝作樂於庭、封雍由調爲漢大都尉、賜印綬・金銀・綵繒各有差也。	86
237	永寧2	錢布各有差	鄧太后	諸園貴人王主羣僚	賜與	永寧二年二月、［鄧太后］寢病漸篤、乃乘輦於前殿、見侍中・尙書、因北至太子新所繕宮。還、大赦天下、賜諸園貴人王主羣僚錢布各有差。	10上
238	建光1	錢布各有差	安帝	諸園貴人王主公卿以下	賜與	二月癸亥、大赦天下。賜諸園貴人王主公卿以下錢布各有差。以公卿・校尉・尙書子弟一人爲郎・舍人。	5
239	建光1	錢人二千	安帝	死者	喪葬	郡國三十五地震、或坼裂。詔三公以下、各上封事陳得失。遣光祿大夫案行、賜死者錢人二千。除今年田租。其被灾甚者、勿收口賦。	5
240	建光1	錢各十萬	安帝	馮煥・姚光	喪葬	［馮］煥、安帝時爲幽州刺史、疾忌姦惡、數致其罪。時玄菟太守姚光亦失人和。建光元年、怨者乃詐作璽書、譴責煥・光、賜以歐刀。…煥欲自殺、［馮］緄疑詔文有異、…上書自訟、果詐者所爲…會煥病死獄中、帝愍之、賜煥・光錢各十萬、以子爲郎中。	38
241	延光1？	直縑人四十匹	安帝	自以親附送生口者	國外（贖罪）	是歲［句麗王］宮死、子遂成立。…遂成還漢生口、詣玄菟降。詔曰「遂成等…乞罪請降。…自今已後、不與縣官戰鬬而自以親附送生口者、皆與贖直、縑人四十匹、小口半之」。	85
242		直縑人二十匹		自以親附送小口者			
243	延光1	帛人二（三?）匹	安帝	貞婦	賜與	改元延光。大赦天下。還徙者復戶邑屬籍。賜民爵及三老・孝悌・力田人二級。加賜鰥寡孤獨篤癃貧不能自存者粟人三斛。貞婦帛人二匹。※後紀17延光1に類似の文、「貞婦人帛三匹」に作る。	5
244	延光1	金銀綵繒各有	安帝	麃奴等	國外	延光元年春、［馬］賢追到湟中、麃奴出塞度河、賢復追擊戰破之、	87

			差等				種羌散遁、詣涼州刺史宗漢降。龎奴等孤弱飢困、其年冬、將種羌三千餘戸詣漢陽太守耿种降。安帝假金印紫綬、賜金銀綵繒各有差。	
	245	延光1	人二千	安帝	壓溺死者年七歳以上	喪葬	是歳、京師及郡國二十七雨水・大風、殺人。詔賜壓溺死者年七歳以上錢、人二千。其壞敗廬舍・失亡穀食粟人三斛。又田被淹傷者一切勿收田租。若一家皆被灾害而弱小存者、郡縣爲收斂之。	5
	246		粟人三斛		其壞敗廬舍失亡穀食			
	247	延光1	錢布（錢帛）	安帝	九卿	問疾	［陳］忠意常在褒崇大臣、待下以禮。其九卿有疾、使者臨問、加賜錢布。皆忠所建奏。※後紀17延光1： 九卿有疾、使者臨問、加賜錢帛。	46
	248	延光2	錢等	司農	樊豐及侍中周廣謝惲等	調發	延光二年…時詔遣使者大爲阿母脩第、中常侍樊豐及侍中周廣・謝惲等更相扇動、傾搖朝廷。［楊］震復上疏曰「…」。豐・惲等見震連切諫不從、無所顧忌、遂詐作詔書、調發司農錢穀・大匠見徒材木、各起家舍・園池・廬觀、役費無數。	54
	249	延光2	錢五十萬・布千匹等	安帝	劉愷	喪葬	永寧元年…［劉愷］視事三年、以疾乞骸骨、久乃許之、下河南尹、禮秩如前。歳餘、卒于家。詔使者護喪事、賜東園祕器・錢五十萬・布千匹。	39
	250	延光3	帛五十匹	安帝	臺長	瑞祥	濟南上言鳳皇集臺縣丞霍收舍樹上。賜臺長帛五十匹、丞二十匹、尉半之、吏卒人三匹。鳳皇所過亭部、無出今年田租。賜男子爵人二級。※後紀延光3：鳳皇集濟陽、賜見者帛二十匹、鳳皇所過亭部無出今年租。	5
	251		帛二十匹		丞			
	252		帛十匹		尉			
	253		帛三匹（＋帛二十匹）		吏卒（＋見者）			
順帝	254	延光4	金銀錢帛各有差	順帝	十九侯	軍功？封侯？	［順帝］下詔曰「［順帝擁立時、孫］程爲謀首、康・國協同。…」。是爲十九侯、加賜車馬金銀錢帛各有差。李閏以先不豫謀、故不封。遂擢拜程騎都尉。	78
	255	延光4	錢穀各	順帝	公卿以	賜與	己卯、葬少帝以諸王禮。司空劉授	6

		有差		下		免。賜公卿以下錢穀各有差。	
256	延光4	錢帛	順帝	鄭安世	賜與	延光中、安帝廢太子爲濟陰王、［鄭］安世與太常桓焉・太僕來歷等共正議諫爭。及順帝立、安世已卒追賜錢帛、除子亮爲郎。	36
257	延光4	錢百萬	順帝	楊震	喪葬？	歲餘、順帝即位、樊豐・周廣等誅死、［楊］震門生虞放・陳翼詣闕追訟震事。朝廷咸稱其忠、乃下詔除二子爲郎、贈錢百萬、以禮改葬於華陰潼亭、遠近畢至。※後紀17延光4：楊震門下人訟震之冤、天子嘉震之忠、除二子爲郎、賜錢二十萬。	54
258	永建1	錢十萬	順帝	宋漢	喪葬	［宋］漢…永建元年…上病自乞、拜太中大夫、卒。策曰「太中大夫宋漢、清修雪白…其令將相大夫會葬、加賜錢十萬、及其在殯、以全素絲羔羊之絜焉」。	26
259	永建1	義錢	百姓讁罰者	長吏二千石	贖罪	永建元年…是時長吏・二千石聽百姓讁罰者輸贖、號爲「義錢」。託爲貧人儲、而守令因以聚斂。詡上疏曰「元年以來、貧百姓章言長吏受取百萬以上者、匈匈不絕、詡罰吏人至數千萬、而三公・刺史少所舉奏。尋永平・章和中、州郡以走卒錢給貸貧人、司空劾案、州及郡縣皆坐免黜。今宜遵前典、蠲除權制」。於是…切責州郡。讁罰輸贖自此而止。	58
260	永建1	帛人三匹	順帝	貞婦	賜與	永建元年…詔曰「…朕奉承大業、未能寧濟。…與人更始、其大赦天下。賜男子爵人二級、爲父後・三老・孝悌・力田人三級、流民欲自占者一級。鰥寡孤獨篤癃貧不能自存者粟人五斛。貞婦帛人三匹。坐法當徙勿徙。亡徒當傳勿傳。宗室以罪絕、皆復屬籍。其與閻顯、江京等交通者悉勿考。勉修厥職、以康我民」。※後紀18永建1に類似の文。	6
261	永建3	錢人二千	順帝	實覈傷害者年	災害	三年…京師地震、漢陽地陷裂。甲午、詔實覈傷害者、賜年七歲以上	6

				七歳以上		錢、人二千。一家被害、郡縣爲收斂。乙未、詔勿收漢陽今年田租・口賦。	
262	永建4	金帛各有差	順帝	王･主･貴人・公卿以下	慶事	帝［順帝］加元服。賜王・主・貴人・公卿以下金帛各有差。賜男子爵及流民欲占者人一級、爲父後・三老・孝悌・力田人二級。鰥寡孤獨篤癃貧不能自存帛人一匹。※後紀18永建4に類似の文。	6
263		帛人一匹	順帝	鰥寡孤獨篤癃貧不能自存	慶事		
264	陽嘉1	錢人三千	順帝	所殺者	喪葬？	望都・蒲陰狼殺女子九十七人、詔賜狼所殺者錢人三千。	6
265	陽嘉1	綵繒各有差	順帝	歸等已下爲率王侯長	國外	陽嘉元年冬、耿曄遣烏桓親漢都尉戎朱廆率衆王侯咄歸等、出塞抄擊鮮卑、大斬獲而還、賜咄歸等已下爲率衆王・侯・長、賜綵繒各有差。	90
266	陽嘉2	縑綵各有差等	順帝	夫沈等	國外	二年…匈奴中郎將趙稠遣從事將南匈奴骨都侯夫沈等、出塞擊鮮卑、破之、斬獲甚衆。詔賜夫沈金印紫綬及縑綵各有差。	90
267	陽嘉3	帛人二匹・絮三斤	順帝	民九十以上	賜與	制詔曰「…朕秉事不明…天地譴怒、大變仍見…朕甚愍之。嘉與海內洗心更始。其大赦天下、自殊死以下謀反大逆諸犯不當得赦者、皆赦除之。賜民年八十以上米人一斛・肉二十斤・酒五斗。九十以上加賜帛人二匹・絮三斤」。※後紀18陽嘉3：［陽嘉三年］夏戊戌、［順帝］大赦天下。賜民爵［爵は衍字か］八十已上米人一斛。九十已上帛、人一匹・絮三斤。	6
268	永和3	金帛	順帝？	交阯？	輸送or國外	永和二年…交阯…九眞…兵士…遂反…。明年…李固…曰「…宜更選有勇略仁惠任將帥者以爲刺史・太守、悉使共住交阯。…還募蠻夷、使自相攻、轉輸金帛、以爲其資。	86
269	永和3	錢人二千	順帝	壓死者年七歳以上	喪葬	戊戌、遣光祿大夫案行金城・隴西、賜壓死者年七歳以上錢人二千。一家皆被害、爲收斂之。除今年田租、尤甚者勿收口賦。	6
270	永和4?	錢帛等	順帝	楊厚	退職or	時大將軍梁冀威權傾朝、遣弟侍中	30上

					問疾	不疑以車馬・珍玩致遺於［楊］厚、欲與相見。厚不荅、固稱病求退。帝許之、賜車馬錢帛歸家。	
271	永和6	布三千匹等	順帝	馬賢孫	賜與	馬賢將五六千騎擊之、到射姑山。賢軍敗、賢及二子皆戰歿。順帝愍之、賜布三千匹・穀千斛、封賢孫光爲舞陽亭侯、租入歲百萬。※6：［永和］六年春正月丙子、征西將軍馬賢與且凍羌戰于射姑山。賢軍敗沒、安定太守郭璜下獄死。	87
272		歲百萬			租稅		
273	永和6	戶錢一千	假民有貲者	順帝	借上	秋七月甲午、詔假民有貲者戶錢一千。	6
274	永和6	錢二百萬・布三千匹等	順帝	梁商	喪葬	六年秋［梁］商病篤…曰「…斂以時服、皆以故衣、無更裁制…無用三牲…」。及薨、帝親臨喪、諸子欲從其誨、朝廷不聽、賜以東園朱壽器・銀鏤・黃腸・玉匣・什物二十八種、錢二百萬・布三千匹。皇后錢五百萬・布萬匹。	34
275		錢五百萬・布萬匹	皇后				
276	漢安2	綵布二千匹等	順帝	兜樓儲	國外	呼蘭若尸逐就單于兜樓儲先在京師、漢安二年立之。天子臨軒、大鴻臚持節拜授璽綬、引上殿。賜青蓋駕駟・鼓車・安車・駙馬騎・玉具刀劍・什物、給綵布二千匹。賜單于閼氏以下金錦錯雜具、軿車馬二乘。	89
277		金錦錯雜具等		單于閼氏以下			
278	漢安2	錢百萬	順帝	張綱	喪葬	漢安元年…［張］綱在［廣陵］郡一年、年四十六卒。百姓老幼相攜、詣府赴哀者不可勝數。…詔曰「…朕甚愍焉」。拜綱子續爲郎中、賜錢百萬。	56
279	漢安2	縑	郡國・中都官繫囚殊死以下	順帝	贖罪	令郡國・中都官繫囚殊死以下出繫贖各有差。其不能入贖者、遣詣臨羌縣居作二歲。※後紀19漢安2に類似の文。「殊死」を「大逆」に作る。後紀に「各有差」の語なし。	6
280	順帝	錢帛	節王崇	順帝	軍費	［任城孝王尚子］安立十九年薨、子節王崇嗣。順帝時、羌虜數反、崇輒上錢帛佐邊費。及帝崩、復上錢三百萬、助山陵用度、朝廷嘉而不受。	42
281		錢三百萬	節王崇		助山陵用度		
282	順帝？	金二斤	罪者	雷義	謝禮	雷義…嘗濟人死罪、罪者後以金二斤謝之、義不受。※謝承487：豫	81

							章雷義…嘗濟人死罪。人後以金二斤謝之、義不受、金主候義不在、默投金嚢於承塵之上。後葺治屋、得金、主已死、義乃以附縣曹。	
	283	順帝	息錢數十萬	陳重	責主	借金代納	［陳重］有同署郎負息錢數十萬、責主日至、詭求無已、重乃密以錢代還。郎後覺知而厚辭謝之。重曰「非我之爲、將有同姓名者」。終不言惠。	81
沖帝	284	建康1	錢二十萬	梁太后	李進	賜與	永和元年…明年春、蠻二萬人圍充城、八千人寇夷道。遣武陵太守李進討破之、斬首數百級、餘皆降服。…在郡九年、梁太后臨朝［=建康1］、下詔增進秩二千石、賜錢二十萬。	86
質帝	285	永熹1	錢邑各有差	滕撫	邑	購	順帝末、揚・徐盜賊羣起…建康元年、九江范容・周生等相聚反亂…又陰陵人徐鳳・馬勉等復寇郡縣、殺略吏人。…明年、廣陵賊張嬰等復聚衆數千人反、據廣陵。…［滕］撫…討之。又廣開賞募錢邑各有差。	38
	286	質帝？	齎錢百萬	故吏	楊秉	贈與	［楊］秉…遷任城相。自爲刺史・二千石、計日受奉、餘祿不入私門。故吏齎錢百萬遺之、閉門不受。以廉潔稱。	54
	287	本初1	累千金	客	門者	賄賂	［梁］冀乃大起第舍…或連繼日夜、以騁娛恣。客到門不得通、皆請謝門者、門者累千金。…冀又起別第於城西、以納姦亡。或取良人、悉爲奴婢至數千人、名曰自賣人。※後紀20本初1：［梁］冀於洛陽城門內起甲第、而［冀妻之孫］壽於對街起宅、競與冀相高。…積金玉明珠充仞其中。…賓客詣門不得通、請謝門者、門者累千金。	34
	288	～建和1	錢五百	民	孫性	强制徵收	［吳］祐以光祿四行遷膠東侯相。…嗇夫孫性私賦民錢、市衣以進其父。父得而怒曰「…」、促歸伏罪。性慙懼、詣閤持衣自首。祐…使歸謝其父、還以衣遺之。祐在膠東九年、遷齊相、大將軍梁冀表爲長史。及冀誣奏太尉李固…。※彪493：賦	64

	289	～建和1	錢五百	孫性	不明	購入（衣）	錢五百、爲父市單衣。建和1李固死去。	
桓帝	290	建和1	帛人三匹	桓帝	貞婦	賜與	大赦天下。賜吏更勞一歲、男子爵人二級、爲父後及三老・孝悌・力田人三級、鰥寡孤獨篤癃貧不能自存者粟人五斛、貞婦帛人三匹。災害所傷什四以上、勿收田租。其不滿者以實除之。※後紀21建和1年春正月條：賜男子爵各有差。鰥寡孤獨貧不能自存者粟人三斛、貞婦帛人三匹。	7
	291	建和？	錢…三千萬	士孫奮	梁冀	借金	扶風人士孫奮居富而性吝、［梁］冀因以馬乘遺之、從貸錢五千萬、奮以三千萬與之、冀大怒、乃告郡縣、認奮母爲其守臧婢、云盜白珠十斛・紫金千斤以叛、遂收考奮兄弟、死於獄中、悉沒貲財億七千餘萬。※彪301にほぼ同文。「奮五百萬與之」に作る。34：桓帝初～元嘉1に繫年。	34
	292		貲財億七千餘萬	士孫奮之兄弟	國家	沒官		
	293	建和2	黃金各百斤	桓帝	河間・勃海二王	慶事	二年…皇帝加元服。庚午、大赦天下。賜河間・勃海二王黃金各百斤、彭城諸國王各五十斤、公主・大將軍・三公・特進・侯・中二千石・二千石・將・大夫・郎吏・從官・四姓及梁鄧小侯・諸夫人以下帛各有差。年八十以上賜米酒肉、九十以上加帛二匹・綿三斤。※後紀21建和2年正月條：賜王侯已下金帛各有差。	7
	294		各五十斤		彭城諸國王			
	295		帛各有差		公主・大將軍～四姓・梁鄧小侯・諸夫人以下			
	296		帛二匹・綿三斤等		九十以上			
	297	建和3	直人三千	桓帝	其有家屬而貧無以葬者	喪葬	詔曰「朕攝政失中…其有家屬而貧無以葬者、給直人三千、喪主布三匹。若無親屬、可於官壖地葬之、表識姓名、爲設祠祭。又徒在作部、疾病致醫藥、死亡厚埋藏。民有不能自振及流移者、稟穀如科。…」。	7
	298		布三匹		喪主			
	299	建和3	錢十萬	桓帝	周舉	喪葬	［周舉］建和三年卒。朝廷以舉清	61

						公亮直、方欲以爲宰相、深痛惜之。乃詔告光祿勳・汝南太守曰「…其令將大夫以下到喪發日復會弔。加賜錢十萬、以旌委蛇素絲之節焉」。※後紀21建和3に類似の文、「其賜錢千萬」に作る。	
300	元嘉1	金錢・綵帛等	桓帝	梁冀	賜與	元嘉元年、帝以［梁］冀有援立之功、欲崇殊典、乃大會公卿、共議其禮。於是有司奏、冀入朝不趨、劍履上殿、謁讚不名、禮儀比蕭何。悉以定陶・成陽餘戸增封爲四縣、比鄧禹。賞賜金錢・奴婢・綵帛・車馬・衣服・甲第、比霍光。以殊元勳。	34
301	元嘉2	賻錢四千萬・布四萬匹	桓帝	孝崇皇后	喪葬	孝崇匽皇后…生桓帝。…和平元年、梁太后崩、乃就博陵尊后爲孝崇皇后。…元嘉二年崩。以帝弟平原王石爲喪主、斂以東園畫梓壽器・玉匣・飯含之具、禮儀制度比恭懷皇后。使司徒持節、大長秋奉弔祠、賻錢四千萬・布四萬匹、中謁者僕射典護喪事、侍御史護大駕鹵簿。	10下
302	永興2	錢各有差	桓帝	所過道傍年九十以上	行幸	冬十一月甲辰、校獵上林苑、遂至函谷關、賜所過道傍年九十以上錢各有差。	7
303	永壽1	錢人二千	桓帝	所唐突壓溺物故七歳以上	喪葬	詔太山・琅邪遇賊者、勿收租・賦、復更・筭三年。又詔被水死流失屍骸者、令郡縣鉤求收葬。及所唐突壓溺物故、七歳以上賜錢人二千。壞敗廬舍、亡失穀食、尤貧者稟人二斛。	7
304	永壽1	金鐻八枚	羌豪帥	張奐	國外	羌豪帥感［張］奐恩德、上馬二十匹、先零酋長又遺金鐻八枚。奐並受之…曰「使馬如羊、不以入廄、使金如粟、不以入懷」。悉以金・馬還之。※謝承314・彪504・東觀776にほぼ同文。	65
305	永壽2	錢五十萬等	桓帝	段熲	軍功	時太山・琅邪賊東郭竇・公孫舉等聚衆三萬人、破壞郡縣。…永壽二年…司徒尹頌薦［段］熲乃拜爲中郎將。擊竇・舉等大破斬之、獲首萬餘級、餘黨降散。封熲爲列侯、	65

						賜錢五十萬、除一子爲郎中。	
306	永壽3	錢六十萬	桓帝	皃式	軍功or喪葬	桓帝永壽三年、居風令貪暴無度、縣人朱達等及蠻夷相聚、攻殺縣令…進攻九眞、九眞太守皃式戰死。詔賜錢六十萬、拜子二人爲郎。	86
307	延熹2	錢各千五百萬	桓帝	單超・徐璜・具瑗	軍功？	初、梁冀兩妹爲順・桓二帝皇后、冀代父商爲大將軍、再世權戚、威振天下。…帝曰「姦臣脅國、當伏其罪、何疑乎」。…遂定其議、帝齧［單］超臂出血爲盟。於是詔收冀及宗親黨與悉誅之。［左］悺・［唐］衡遷中常侍、封［單］超新豐侯、二萬戶、［徐］璜武原侯、［具］瑗東武陽侯、各萬五千戶、賜錢各千五百萬。悺上蔡侯、衡汝陽侯、各萬三千戶、賜錢各千三百萬。※7：［延熹2年］帝御前殿、詔司隸校尉張彪將兵圍冀第、收大將軍印綬、冀與妻皆自殺。	78
308		錢各千三百萬		左悺・唐衡			
309	延熹4	錢各有差	民	桓帝	賣爵賣官	減公卿以下奉、貣王侯半租。占賣關內侯・虎賁・羽林・緹騎營士・五大夫錢各有差。	7
310	～延熹4	百錢	人	劉寵	獻上	［劉寵］拜會稽太守。山民愿朴、乃有白首不入市井者、頗爲官吏所擾。寵簡除煩苛、禁察非法、郡中大化。…人［＝山民］齎百錢以送寵。寵勞之曰「父老何自苦」。對曰「山谷鄙生、未嘗識郡朝。它守時吏發求民間、至夜不絕、或狗吠竟夕、民不得安。自明府下車以來、狗不夜吠、民不見吏。年老遭値聖明、今聞當見棄去。故自扶奉送」。寵曰「吾政何能及公言邪。勤苦父老」。爲人選一大錢受之。※彪559・華嶠202に類似の文。後紀23建寧1にも類似の文。	76
311		一大錢	人	劉寵	獻上		
312	延熹5	錢	公卿～王侯	桓帝	借金	武陵蠻叛…以太常馮緄爲車騎將軍、討之。假公卿以下奉、又換王侯租以助軍糧、出濯龍中藏錢還之。	7
313	延熹5	錢一億	桓帝	馮緄	軍功	［馮］緄軍至長沙、賊聞、悉詣營道乞降。進擊武陵蠻夷、斬首四千餘級、受降十餘萬人、荊州平定。	38, 謝承185

314	延熹5	錢十萬	桓帝	應奉	賜與	詔書賜錢一億、固讓不受。※謝承121にほぼ同文。48：延熹中、武陵蠻復寇亂荊州、車騎將軍馮緄以［應］奉有威恩、爲蠻夷所服、上請與倶征。拜從事中郎。謝承185［48注引］：時詔［應］奉曰…朝廷以奉昔守南土、威名播越、故復式序重任。奉之廢興、期在於今。賜奉錢十萬、駮犀方具劒・金錯把刀劒・革帶各一。奉其勉之。	
315	延熹7	賻錢布	桓帝	徐璜	喪葬	［徐］璜卒、賻贈錢布、賜冢塋地。	78
316	延熹8	畝斂稅錢	郡國有田者	朝廷	課稅	八月戊辰、初令郡國有田者畝斂稅錢。※8：［中平二年］稅天下田、畝十錢。	7
317	延熹8	錢百萬等	桓帝	度尚等	軍功	［度］尚…七年、封右鄉侯、遷桂陽太守。明年、徵還京師。時荊州兵朱蓋等…復作亂、與桂陽賊胡蘭等三千餘人復攻桂陽…轉攻零陵、太守陳球固守拒之。於是以尚爲中郎將、將幽・冀・黎陽・烏桓步騎二萬六千人救球、又與長沙太守抗徐等發諸郡兵、并埶討擊、大破之、斬蘭等首三千五百級、餘賊走蒼梧。詔賜尚錢百萬、餘人各有差。7：桂陽胡蘭・朱蓋等復反、攻沒郡縣、轉寇零陵、零陵太守陳球拒之。遣中郎將度尚・長沙太守抗徐等擊蘭・蓋、大破斬之。56：州兵朱蓋等反、與桂陽賊胡蘭數萬人轉攻零陵。…會中郎將度尚將救兵至、［陳］球募士卒、與尚共破斬朱蓋等。賜錢五十萬、拜子一人爲郎。	38
318	延熹	縑五千匹	侯覽	桓帝	獻上or賣爵	桓帝初［侯覽］爲中常侍、以佞猾進…受納貨遺以巨萬計。延熹中、連歲征伐、府帑空虛、乃假百官奉祿・王侯租稅。覽亦上縑五千匹、賜爵關內侯。	78
319	延熹？	前後累億計	民有豐富者	侯覽兄	强奪	［侯］覽兄參爲益州刺史、民有豐富者、輒誣以大逆、皆誅滅之、沒入財物。前後累億計。太尉楊秉奏參、檻車徵、於道自殺。京兆尹袁逢於旅舍閱參車三百餘兩、皆金銀	78

320		金銀錦帛等	侯覽兄	桓帝	沒官	錦帛珍玩、不可勝數。※彪574にほぼ同文。「三百」を「三萬」に作る。	
321	永康1	錢人二千	桓帝	溺死者七歲以上	喪葬	六州大水、勃海海溢。詔州郡賜溺死者七歲以上錢人二千。一家皆被害者、悉爲收斂。其亡失穀食、稟人三斛。	7
322	永康1	錢二十萬	桓帝	張奐	軍功	永康元年春、東羌・先零五六千騎寇關中…。［張］奐遣司馬尹端・董卓並擊、大破之、斬其酋豪、首虜萬餘人、三州淸定。論功當封、奐不事宦官、故賞遂不行、唯賜錢二十萬、除家一人爲郎。並辭不受、而願徙屬弘農華陰。※後紀23建寧2：由是爲武威太守・度遼將軍、幽・幷州淸淨、吏民歌之。徵大司農、賜錢二十萬、除家一人爲郎。	65
323	永康1	錢五十四億	桓帝	軍費	軍費	而東羌・先零等…朝廷不能討…桓帝詔問［段］熲曰「…今若以騎五千・步萬人・車三千兩、三冬二夏、足以破定、無慮用費爲錢五十四億。如此、則可令羣羌破盡、匈奴長服、內徙郡縣、得反本土。伏計永初中、諸羌反叛、十有四年、用二百四十億。永和之末、復經七年、用八十餘億。費耗若此、猶不誅盡、餘孽復起、于茲作害。今不暫疲人、則永寧無期。臣庶竭駑劣、伏待節度」。帝許之、悉聽如所上。	65
324	永初（順帝）	錢二百四十億	皇帝	軍費			
325	永和（順帝）	錢八十餘億		軍費			
326	桓帝？	金	皇帝	民	購賞	時河內張成…推占當赦、遂教［張成］子殺人。李膺爲河南尹…殺之［張成子］。…［張］成弟子…因上書誣告膺等…。於是天子震怒…其辭所連及陳寔之徒二百餘人、或有逃遁不獲、皆懸金購募。	67
327	桓帝末	縑九千匹	桓帝	董卓	賜與or軍功	桓帝末、以六郡良家子爲羽林郞、從中郞將張奐爲軍司馬、共擊漢陽叛羌、破之、拜郞中、賜縑九千匹。［董］卓曰「爲者則己、有者則士」。乃悉分與吏兵、無所留。	72
328		縑九千匹	董卓	吏民	賜與or軍功		

霊帝	329	建寧1	錢五千萬	蠡吾侯悝	中常侍王甫	賄賂	太后立桓帝弟蠡吾侯悝爲渤海王。…延熹八年、悝謀爲不道、有司廢之。…悝後因中常侍王甫求復國、許謝錢五千萬。帝［桓帝］臨崩、遺詔復爲勃海王。悝知非甫功、不肯還謝錢。甫怒、陰求其過。※後紀23熹平1に類似の文。「租錢五十萬」に作る。	55
	330	建寧1	錢二十萬	竇太后	段熲	軍功	時竇太后臨朝、下詔曰「…［段熲］功用顯著、朕甚嘉之。…今且賜熲錢二十萬、以家一人爲郎中」。勑中藏府調金錢綵物、增助軍費。拜熲羌將軍。	65
	331		金錢綵物	竇太后	軍	軍費		
	332	建寧1	縑各有差	天下繫囚罪未決	靈帝	贖罪	日有食之。令天下繫囚罪未決入縑贖各有差。	8
	333	建寧1?	錢五千萬	靈帝	朱瑀	軍功	（竇氏打倒直前）［朱］瑀等…曰「竇氏無道…」。旣誅［竇］武等、詔令太官給塞具、賜瑀錢五千萬、餘各有差、後更封華容侯。	78
	334	熹平1	金錢	賣官者	董皇后	賣官	及竇太后崩、［董皇后］始與朝政、使［靈］帝賣官求貨、自納金錢、盈滿堂室。※御覽92引續漢書：建寧元年正月…［靈帝］卽皇帝位。［董］太后臨朝。四年正月、帝加元服。御覽842引續漢志：桓帝之初、京都童謠曰「城上烏、尾畢逋。公爲吏、子爲徒。一徒死、百乘車。車班班、入河間。河間姹女工數錢、以錢爲室金爲堂、石上慊慊舂黃粱。下有懸鼓、我欲擊之、丞相卿怒」。城上烏者、處高獨食、不與下共、謂人主多聚斂也。公爲吏、子爲徒者、言蠻夷叛逆、父旣爲軍吏、子弟又爲卒徒往擊之也。一徒死、百乘車者、言前一人討胡旣死矣、後又遣百乘車往也。車班班者、言乘輿班班、入河間迎靈帝也。姹女工數錢、言帝旣立、其母永樂太后［董太后］好聚金錢、以爲堂室也。石上慊慊者、言太后雖積金錢、猶慊慊常苦不足、使人舂黃粱而食之	10下

						也。我欲擊之者、言太后教帝使賣官授錢、天下忠篤之士怨望、欲擊鼓求見卿。懸鼓者、復怒而止我也。	
335	～熹平2	錢百萬	郡	周規	借金	朱儁…母嘗販繒爲業。…時同郡周規辟公府、當行、假郡庫錢百萬、以爲冠幘費而後倉卒督責、規家貧無以備、儁乃竊母繒帛、爲規解對。母旣失產業、深恚責之。儁曰「小損當大益、初貧後富、必然理也」。…熹平二年…。※張璠74に類似の文。張璠は興平2年に繫年。	71
336	～熹平2	繒帛（＝錢百萬）	朱儁母	朱儁	竊盜		
337		繒帛（＝錢百萬）	朱儁	郡庫	支拂		
338	熹平2	數百金	朱儁	主章吏	賄賂	後太守尹端以［朱］儁爲主簿。熹平二年、端坐討賊許昭失利、爲州所奏、罪應弃市。儁乃羸服間行、輕齎數百金到京師、賂主章吏、遂得刊定州奏、故端得輸作左校。※張璠75に類似の文。後半を「儁爲買珍寶賂主章吏、端得免死」に作る。張璠は興平2年に繫年。	71
339	熹平2	千萬～五百萬	段熲	靈帝	買官	［熹平］二年…夏五月、以司隷校尉段熲爲太尉。※三國志魏書董卓傳注引傅子：靈帝時牓門賣官。於是太尉段熲・司徒崔烈・太尉樊陵・司空張溫之徒皆入錢上千萬下五百萬以買三公。	8
340	熹平3	縑	天下繫囚罪未決	靈帝	贖罪	令天下繫囚罪未決、入縑贖。	8
341	熹平4	縑	天下繫囚罪未決	靈帝	贖罪	令天下繫囚罪未決、入縑贖。	8
342	熹平6	縑	天下繫囚罪未決	靈帝	贖罪	令天下繫囚罪未決、入縑贖。	8
343	光和1	錢各有差	關內侯・虎賁・羽林	靈帝	賣官	是歲、鮮卑寇酒泉。京師馬生人。初開西邸賣官、自關內侯・虎賁・羽林入錢各有差。私令左右賣公卿、公千萬、卿五百萬。注引山陽公載記：時賣官、二千石二千萬，四百石四百萬、其以德次應選者半之、或三分之一、於西園立庫以貯之。※彪48：中平元年［周注：光和1	8
344		千萬	公				

345		五百萬	卿			年の誤]、初賣官、自關内侯以下、至虎賁・羽林、入錢各有差。御覽92引續漢書：建寧元年正月…［靈帝］卽皇帝位。［董］太后臨朝。［建寧］四年正月、帝加元服。光和元年初［光和1年3月＝熹平7年3月］、置鴻都門學生…。［光和］四年、於后宮與宮人爲列肆販賣…。中平元年［光和1年の誤か］、初賣官、自關内侯以下至虎賁・羽林、入錢各有差。二年、稅天下田畝十錢。金樓子箴戒：漢靈帝本侯家宿貧、卽位、常歎曰「桓帝不能作家居、都無私錢」。乃賣官自關内侯・虎賁・羽林各有差。私令左右賣公卿錢、公錢千萬、卿錢五百萬。後紀24中平1［光和1の誤か］：初賣官、自關内侯以下至虎賁・羽林入錢各有差。	
346	光和1	黄金五十斤	靈帝	朱儁	軍功	會交阯部羣賊並起…光和元年、卽拜［朱］儁交阯刺史…旬月盡定。以功封都亭侯、千五百戶、賜黄金五十斤。徵爲諫議大夫。※後紀28興平2に類似の文。	71
347	光和1	錢物	諸常侍小黄門在省闥者	宋皇后	贈與or喪葬	靈帝宋皇后、諱某…無寵而居正位。…光和元年…后自致暴室、以憂死。在位八年。父及兄弟並被誅。諸常侍・小黄門在省闥者皆憐宋氏無辜、共合錢物、收葬廢后及酆父子、歸宋氏舊塋皐門亭。※彪92に類似の文。	10下
348	光和3	縑	繋囚罪未決	靈帝	贖罪	令繋囚罪未決入縑贖各有差。	8
349	～光和4	縑百匹	董卓	張奐	贈與	［張］奐…及爲將帥…董卓慕之、使其兄遺縑百匹。奐惡卓爲人、絕而不受。光和四年卒。※後紀23建寧2：河東太守董卓慕其［張奐］名、使兄遺奐縑百匹。奐不受。彪507に類似の文。張奐は光和4死去。	65
350	光和5	縑	繋囚罪未決	靈帝	贖罪	令繋囚罪未決入縑贖。	8
351	～中平	數億	不明	張忠	賄賂	時董太后姊子張忠爲南陽太守、因	48

						埶放濫、臧罪數億。［荊州刺史徐］璆臨當之部、太后遣中常侍以忠屬璆。璆對曰「臣身爲國、不敢聞命」。太后怒、遽徵忠爲司隸校尉、以相威臨。璆到州、舉奏忠臧餘一億、使冠軍縣上簿詣大司農、以彰暴其事。又奏五郡太守及屬縣有臧汙者、悉徵案罪、威風大行。中平元年…。	
352	光和7=中平1	脩宮錢直千萬	劉陶	靈帝	獻上	明年、張角反亂…［劉陶］以數切諫、爲權臣所憚、徙爲京兆尹。到職、當出脩宮錢直千萬、陶旣淸貧、而恥以錢買職、稱疾不聽政。	57
353	光和7=中平1	千萬～五百萬	張溫	靈帝	買官	夏四月…大司農張溫爲司空。※三國志魏書董卓傳注引傅子：靈帝時牓門賣官。於是太尉段熲・司徒崔烈・太尉樊陵・司空張溫之徒皆入錢上千萬下五百萬以買三公。	8
354	光和7=中平1	錢物	皇甫嵩	吏有因事受賂者	賜與	以黃巾旣平、故改年爲中平。…［皇甫］嵩溫卹士卒、甚得衆情、每軍行頓止、須營幔修立、然後就舍帳。軍士皆食、已乃嘗飯。吏有因事受賂者、嵩更以錢物賜之、吏懷慙或至自殺。※袁159に類似の文。	71
355	～光和7=中平1	錢五千	皇甫嵩	中常侍張讓	賄賂	初［皇甫］嵩討張角、路由鄴、見中常侍趙忠舍宅踰制、乃奏沒入之。又中常侍張讓私求錢五千萬、嵩不與、二人由此爲憾。	71
356	中平2	畝十錢	天下田	朝廷	稅	稅天下田、畝十錢。※31：時靈帝欲鑄銅人、而國用不足、乃詔調民田、畝斂十錢。78：明年、南宮災。［張］讓・［趙］忠等說帝令斂天下田畝稅十錢、以修宮室。…宮室連年不成。…刺史・二千石及茂才孝廉遷除、皆責助軍修宮錢、大郡至二三千萬、餘各有差。當之官者、皆先至西園諧價、然後得去。有錢不畢者、或至自殺。其守淸者、乞不之官、皆迫遣之。彪49：［中平］二年、收天下田、畝十錢、以治宮殿。發太原・河東諸道材木、黃門常侍斷截州郡送材木・文石、掌主	8
357		錢（大郡至二三千萬餘各有差）	刺史・二千石・茂才・孝廉	靈帝	稅		

						史譴呼不中、退賣之、貴戚因緣賤買、十倍入官、其貴戚所入者、然後得中、宮室連年不成。州郡因增加調發、刺史・二千石遷除、皆責助治宮錢、大郡至二千萬。諸詔所徵、皆令西園騶密約敕、號曰中使、恐動州郡、多受財賂、天下騷動、起爲盜賊矣。御覽92引續漢書に類似の文。	
358	中平2	三百萬	司馬直	民	減責	時鉅鹿太守河內司馬直新除、以有清名、減責三百萬。直被詔、悵然曰「爲民父母、而反割剝百姓、以稱時求、吾不忍也」。辭疾、不聽。…上書極陳當世之失、古今禍敗之戒、卽吞藥自殺。書奏、帝爲暫絕修宮錢。	78
359	中平2	金錢繒帛	司農	萬金堂	移管	［靈帝］又造萬金堂於西園、引司農金錢繒帛、仞積其中。又還河間買田宅、起第觀。帝本侯家、宿貧、每歎桓帝不能作家居、故聚爲私臧、復寄小黃門常侍錢各數千萬。※彪50：是歲又於西園造黃金堂、以爲私藏、別司農金錢繒帛、積之於中。又還河間買田業、起第觀。上本侯家、居貧、卽位常曰「桓帝不能作官家、曾無私錢」。故爲私藏。復寄小黃門常侍家錢至數千萬。御覽92引續漢書に類似の文。後紀25中平2に類似の文。	78
360	中平？	錢各數千萬	靈帝	小黃門常侍	保管	（359に同じ）	
361	中平2	錢三百萬・布五百匹	靈帝	楊賜	喪葬	中平…二年九月［楊賜］復代張溫爲司空。其月薨。天子素服、三日不臨朝、贈東園梓器襚服、賜錢三百萬・布五百匹。	54
362	中平2	錢五百萬	崔烈	靈帝	買官	［崔］寔從兄烈、有重名於北州、歷位郡守・九卿。靈帝時、開鴻都門榜賣官爵、公卿州郡下至黃綬各有差。其富者則先入錢、貧者到官而後倍輸、或因常侍・阿保別自通達。…烈時因傅母入錢五百萬、得爲司徒。※8：［中平］二年…三月廷尉崔烈爲司徒。三國志魏書董卓傳注引傅子：靈帝時牓門賣官。於	52

						是太尉段熲・司徒崔烈・太尉樊陵・司空張温［中平1］之徒皆入錢上千萬下五百萬以買三公。	
363	中平4	縑	天下繫囚罪未決	靈帝	贖罪	令天下繫囚罪未決、入縑贖。	8
364	中平4	錢五百萬	買關内侯者	靈帝	賣爵	是歳、賣關内侯、假金印紫綬、傳世、入錢五百萬。※彪51：［中平］四年、又慕買關内侯、假金紫、入錢五百萬。續五行1：熹平中…後靈帝寵用便嬖子弟・永樂賓客・鴻都羣小…又遣御史於西邸賣官、關内侯顧五百萬者、賜與金紫。御覽92引續漢書に光和1年鴻都門學設置、中平1初賣官、中平4又賣官とあるゆえ鴻門學設置後の賣官は中平4。	8
365	中平5	千萬～五百萬	樊陵	靈帝	買官	［中平］五年…夏四月…太尉曹嵩罷。五月，永樂少府樊陵 爲太尉。※三國志魏書董卓傳注引傅子：靈帝時牓門賣官。於是太尉段熲［熹平2］・司徒崔烈［中平2］・太尉樊陵［中平5］・司空張温［中平1］之徒皆入錢上千萬下五百萬以買三公。	8
366	中平6	禮錢千萬	皆	東園	賄賂？	［中平］六年、靈帝欲以［羊］續爲太尉。時拜三公者、皆輸東園禮錢千萬、令中使督之、名爲「左騶」。其所之往、輒迎致禮敬、厚加贈賂。續乃坐使人於單席、擧縕袍以示之、曰「臣之所資、唯斯而已」。左騶白之、帝不悅、以此故不登公位。而徵爲太常、未及行、會病卒、時年四十八。遺言薄斂、不受賵遺。舊典、二千石卒官賻百萬。府丞焦儉遵續先意、一無所受。詔書褒美、勅太山太守以府賻錢賜續家云。※前半部は謝承78・袁125に類似の文。	31
367	舊典時	賻百萬	朝廷	二千石卒官	喪葬		
368	中平6	賻錢	靈帝	羊續	喪葬		
369	靈帝	錢一億萬	曹嵩	西園	買官	［曹］嵩、靈帝時貨賂中官及輸西園錢一億萬、故位至太尉。※華嶠205に同文。	78

	370	靈帝	錢五百萬	崔烈	靈帝	買官	［崔］寔從兄烈、有重名於北州、歴位郡守・九卿。靈帝時、開鴻都門榜賣官爵、公卿州郡下至黄綬各有差。其富者則先入錢、貧者到官而後倍輸、或因常侍・阿保別自通達。…烈時因傅母入錢五百萬、得爲司徒。	52
	371	靈帝	錢三億	買官者	西園	賣官	［李燮］擢遷河南尹。時旣以貨賂爲官、詔書復横發錢三億、以實西園。燮上書陳諫、辭義深切、帝乃止。	63
	372	靈帝？	絹二匹	陳寔	盜賊	賜與	有盜夜入其室、止於梁上。……寔徐譬之曰「視君狀貌、不似悪人、宜深剋己反善。然此當由貧困」。令遺絹二匹。※華嶠178に類似の文。「匹」を「疋」に作る。	62
弘農王	373	永漢1	錢帛	董卓	皇甫規妻	婚姻	皇甫規妻者、不知何氏女也。…及規卒時、妻年猶盛、而容色美。後董卓爲相國、承其名、娉以軿輜百乘・馬二十匹、奴婢錢帛充路。	84
	374	中平6	金帛等	洛中貴戚	董卓	强奪	是時洛中貴戚室第相望、金帛財産、家家殷積。［董］卓縱放兵士、突其廬舍、淫略婦女、剽虜資物、謂之「搜牢」。	72
獻帝	375	初平1	錢二十萬	獻帝	桓典	賜與	獻帝卽位、三公奏［桓］典前與何進謀誅閹官、功雖不遂、忠義炳著。詔拜家一人爲郎、賜錢二十萬。	37
	376	初平3	金二三萬斤・銀八九萬斤・錦綺繢縠紈素等	塢中	皇甫嵩	强奪	時王允與呂布及僕射士孫瑞謀誅［董］卓…布應聲持矛刺卓、趣兵斬之。…百姓歌舞於道。長安中士女賣其珠玉衣裝市酒肉相慶者、塡滿街肆。使皇甫嵩攻卓弟旻於郿塢、…塢中珍藏有金二三萬斤・銀八九萬斤・錦綺繢縠紈素奇玩積如丘山。※董卓の死は初平3。	72
	377	初平3	金寶	牛輔	左右	强奪	［董卓死］…呂布乃使李肅以詔命至陝討［牛］輔等…輔懼、乃齎金寶踰城走。左右利其貨、斬輔、送首長安。	72
	378	興平2	金帛等	殿（御府）	李榷營	輸送	明年春、［李］榷…［郭］汜遂復理兵相攻。…帝於是遂幸榷營、彪等皆徒從。亂兵入殿、掠宮人什物、	72

						権又徙御府金帛乘輿器服、而放火燒宮殿官府、居人悉盡。※後紀28興平2にほぼ同文。	
379	興平2	縑數匹or絹十匹	伏后or伏德	孫徽	强奪	興平二年、［孝獻伏后］立爲皇后、［伏］完遷執金吾。帝尋而東歸、李傕・郭汜等追敗乘輿於曹陽、帝乃潛夜度河走、六宮皆步行出營。后手持縑數匹、董承使符節令孫徽以刃脅奪之、殺傍侍者血濺后衣。※華嶠9：李傕等大戰弘農、百官士卒死者不可勝數。董承密招白波帥李樂等率衆來共擊傕等、大破之、乘輿乃得進。承夜潛過曰「先具舟船爲應」。帝步出營、臨河岸高不得下。時中官伏德扶中宮、一手持十疋絹。乃取德絹、連續挽而下、餘人匍匐岸側、或自投死亡。華嶠10：孝獻伏后、興平二年立爲皇后。李傕・郭汜等敗乘輿於曹陽。帝乃潛夜渡河走、六宮皆步行出營。后手持縑數疋、董承使孫微以刃脅奪之、殺傍侍者、血濺后衣。後紀28興平2：上與公卿步出營、臨河欲濟。岸高十餘丈、不得下。議欲續馬轡系帝腰。時后兄伏德扶后、一手挾絹十匹。董承使符節令孫儼從人間斫后…殺旁侍者、血濺后衣。伏德以馬轡不可親腰、以絹爲輦下。校尉向弘居前負帝下、至河邊。	10下
380	興平	金璧	曹操	匈奴	國外	陳留董祀妻者、同郡蔡邕之女也。…字文姬。…興平中…文姬爲胡騎所獲、沒於南匈奴左賢王、在胡中十二年、生二子。曹操素與邕善、痛其無嗣、乃遣使者以金璧贖之、而重嫁於祀。	84
381	建安9	金帛各有差(3年每)	獻帝	三公已下	賜與	賜三公已下金帛各有差。自是三年一賜、以爲常制。	9
382	建安10	金帛各有差	獻帝	百官尤貧者	賜與	賜百官尤貧者金帛各有差。	9
383	建安18	束帛玄纁五萬	曹操	獻帝	婚姻	建安十八年、［曹］操進三女憲・節・華爲［獻帝］夫人、聘以束帛	10下

			匹				玄纁五萬匹、小者待年於國。	
不明	384	建安？	錦	蜀人	國家	購入	左慈…少有神道。…［曹］操又謂［左慈］曰「既已得魚、恨無蜀中生薑耳」。…［曹］操…因曰「吾前遣人到蜀買錦、可過勅使者、增市二端」。語頃、［左慈］卽得薑還、幷獲操使報命。後操使蜀反、驗問增錦之狀及時日早晩、若符契焉。	82下
	385	不明	葛衣	主人	計子勳	賜與	計子勳…皆謂數百歲、行來於人間。一旦忽言日中當死、主人與之葛衣、子勳服而正寢、至日中果死。	82下
	386	不明(安帝?)	數百匹	長吏	伯榮	賄賂	時帝數遣黃門常侍及中使伯榮往來甘陵、而伯榮負寵驕蹇、所經郡國莫不迎爲禮謁。…［陳］忠上疏曰「…王侯二千石至爲伯榮獨拜車下、儀體上僭…長吏…賂遺僕從人數百匹…」。	46
	387	不明	金	不明	樂羊子	拾得	河南樂羊子之妻者、不知何氏之女也。羊子嘗行路、得遺金一餠、還以與妻。妻曰「妾聞志士不飲盜泉之水…」。羊子大慙、乃捐金於野、而遠尋師學。…後盜欲有犯妻者、乃先劫其姑。妻聞、操刀而出。盜人曰「釋汝刀從我者可全、不從我者、則殺汝姑」。妻仰天而歎、擧刀刎頸而死。盜亦不殺其姑。太守聞之、卽捕殺賊盜、而賜妻縑帛、以禮葬之、號曰貞義。	84
	388	不明	金	樂羊子	樂羊子之妻	贈與		
	389	不明	縑帛	太守	樂羊子之妻	喪葬？		
	390	不明	百萬	王仲	公沙穆	贈與	有富人王仲、致產千金。謂［公沙］穆曰「方今之世、以貨自通。吾奉百萬與子爲資、何如」。對曰「來意厚矣。夫富貴在天、得之有命、以貨求位、吾不忍也」。	82下
	391	不明	金帛等	折像	親疎	贈與	［折像之父之折］國有貲財二億、家僮八百人。…及國卒、感多藏厚亡之義、乃散金帛資產、周施親疎。	82上
	392	不明	金十斤	書生	王忳	依賴	王忳…嘗詣京師、於空舍中見一書生疾困…書生謂忳曰「我當到洛陽而被病、命在須臾、腰下有金十斤、願以相贈、死後乞藏骸骨」。未及問姓名而絕。忳卽鬻金一斤、營其殯葬、餘金悉置棺下、人無知者。	81
	393		金一斤	王忳	不明	賣買		

補	補1	更始？	數百萬	樊重	人	貸與	樊重…年八十餘終。其素所假貸人間數百萬、遺令焚削文契。債家聞者皆慚、爭往償之、諸子從敕、竟不肯受。	東觀459
	補2	更始？	錢	民	劉賜	國租	趙勤…劉賜姊子。勤童幼有志操、往來賜家、國租適到、時勤在旁、賜指錢示勤曰「拜、乞汝三十萬」。勤曰「拜而得錢、非義所取」。終不肯拜。	東觀510
	補3	更始？	三十萬	劉賜	趙勤	賜與		
	補4	建武1	布帛等	光武帝	宣秉	賜與	宣秉…拜御史中丞、布被瓦器、居不粟馬、出無從車。車駕幸其府舍、歎曰「雖楚國二龔、不如雲陽宣巨公」。賜布帛帳帷什器。※27：建武1御史中丞。建武2司隷校尉。	彪243
	補5	建武初？	金寶財産	劉敞	昆弟	贈與	［劉］敞父仁嗣侯…初元四年、徙南陽之白水鄉、猶以舂陵爲國名、遂與衆弟鉅鹿都尉回往家焉。仁卒、敞謙儉好義、推父時金寶財産與昆弟。	東觀232
	補6	建武8	縑千匹	光武帝	祭遵	軍功	時［祭］遵屯汧。詔書曰「將軍連年距難…功勞爛然。兵退無宿戒、糧食不豫具、今乃調度、恐力不堪。國家知將軍不易、亦不遺力。今送縑千匹、以賜吏士」。※20：［建武8］時［祭］遵有疾、詔賜重茵、覆以御蓋。復令進屯隴下。及公孫述遣兵救囂、吳漢・耿弇等悉奔還、遵獨留不卻。	東觀375
	補7	建武9～	錢等	商人行旅	樊曄	贈與	樊曄爲天水郡、其政嚴猛…道路不敢相盜。商人行旅以錢物聚於大道旁、曰「以附樊父」。後還其物如故。77：隗囂滅後、隴右不安、乃拜曄爲天水太守。…吏人及羌胡畏之。道不拾遺。行旅至夜、聚衣裝道傍、曰「以附樊公」。	東觀809
	補8	建武11	絳縑六千匹	皇帝	臧宮之吏士	軍功	上璽書勞［臧］宮、賜吏士絳縑六千匹。※周注：臧宮が延岑を破った時（巻18建武11）。	華嶠26
	補9	建武16	錢五萬	杜林	馬援	贈與	杜林…與馬援同鄉里、素相親厚。援從南方還、時林馬適死、援令子持馬一匹遺林、曰「朋友有車馬之饋、可具以備乏」。林受之。居數	東觀530

						月、林遣子奉書曰「將軍内施九族、外有賓客、望恩者多。林父子兩人食列卿祿、常有盈、今送錢五萬」。援受之、謂子曰「人當以此爲法、是伯山所以勝我也」。※建武16馬援交州より歸還。	
補10	建武18	錢	人	許陽	竊盜	汝南許陽曉以術承地脈、太守鄧晨署爲平水掾、使治鴻郤陂。陂成、人譖陽、言取錢。晨繫陽於獄、戶自開、械自解、晨釋之出。※15：［建武］十八年、行幸章陵、徵［鄧］晨行廷尉事。從至新野、置酒酣讌、賞賜數百千萬、復遣歸郡。晨興鴻郤陂數千頃田、汝土以殷、魚稻之饒、流衍它郡。	謝承499
補11	建武20	縑千疋	皇帝	馬援	軍功	會匈奴入右北平、詔以事示、［馬］援遂自請北邊。…十二月、伏波將軍馬援出襄國。上以［馬］援勤勞、賜縑千疋。	後紀5 建武20
補12	建武25	奉錢	鍾離意	不明	出費（作屋）	［鍾離］意在堂邑…初到縣、市無屋、意出奉錢帥人作屋。人齎茅竹或持材木、爭起趨作、浹日而成。…人皆大悅。※41：［建武］二十五年、遷堂邑令。	東觀691
補13	建武29～永平5	三百錢	謝夷吾	烏程長	喪葬	會稽謝夷吾…爲西部督郵。烏程長有罪、太守第五倫使夷吾往收之。到縣、入閤便大哭、以三百錢爲禮、便歸。倫問其故、對曰「三十日中當死、故不收之」。至時、果如其言。※第五倫の會稽太守期は建武29～永平5。	謝承501
補14	建武2？	縑	天下繫囚	國家	贖罪	建武初、令天下繫囚減罪一等、出縑贖罪、輕重有差。※周注：建武29年詔と類似。「初」は「末」の誤か。1下：二十九年…夏四月乙丑、詔令天下繫囚自殊死已下及徒各減本罪一等、其餘贖罪輸作各有差。	彪8
補15	建武	縑千疋	光武帝	來歙妻	賜與	上大發關東兵、自將上隴、隗囂衆潰走、圍解。於是置酒高會、勞賜諸將、來歙班坐絕席、在諸將之右、賜歙妻縑千疋。	東觀288

補16	建武	帛	光武帝	杜篤	賜與	杜篤…與美陽令遊、數從之請託、不諧、頗相恨。令怒、收篤送京師。會大司馬吳漢薨、世祖詔諸儒誄之。篤於獄中爲誄、辭最高。帝美之、賜帛免刑。	東觀842
補17	建武	鉅鹿縑三百疋	皇帝	馬援	軍功	馬援行亭鄣、到右北平、詔書賜援鉅鹿縑三百疋。	東觀431
補18	建武	歲送穀五十斛・帛五匹	朱暉	張堪妻子	贈與	朱暉同縣張堪有名德、每與相見、常接以友道。…堪至把暉臂曰「欲以妻子託朱生」。…堪後仕爲漁陽太守、暉自爲臨淮太守、絕相聞見。堪後物故、時南陽飢、堪妻子貧窮、暉乃自往候視、見其困厄、分所有以賑給之。歲送穀五十斛・帛五匹以爲常。	東觀696
補19	建武	絳八百疋	光武帝	朱祐	任命	光武起拜朱祐建義大將軍、賜絳八百疋。	東觀403
補20	建武	雜繒百疋	光武帝	張堪家	賜與	光武詔曰「平陽丞李善稱故令範遷於張堪、令人面熱汗出、其賜堪家雜繒百疋、以表廉吏」。	東觀587
補21	建武？	千萬	不明	張禁	賄賂	坐前長沙太守張禁多受遺送千萬、以［郅］惲不推劾、故左遷芒長。	東觀576
補22	建武？	縑二匹	王丹子	同門生喪親	贈與？喪葬？	王丹子有同門生喪親、家在中山、白丹欲往奔慰。結侶將行、丹怒撻之五十、令寄縑二匹以祠焉。或問其故、丹曰「交道之難、未易言也」。	東觀522
補23	建武？	縑一疋	王丹	友人	喪葬	王丹資性淸白、疾惡豪强。時河南太守同郡陳遵、關西之大俠也。其友人喪親、遵爲護喪事、賻助甚豐。丹乃懷縑一疋、陳之於主人前、曰「如丹此縑、出自機杼」。遵聞而有慚色。※後紀5に類似の文。「遵爲護喪事、賻助甚豐」を「遵友人喪親、賻縑百匹」に作る。	東觀521
補24	建武？	錢	大盜丁仲	芒守丞韓龔	賄賂	芒守丞韓龔受大盜丁仲錢、阿擁之、加笞八百、不死、入見［郅］惲、稱仲健。惲怒、以所杖鐵杖捶龔。龔出怨懟、遂殺仲、惲故坐免。	東觀576
補25	建武	帛三百	光武帝	竇攸	賜與	竇攸篤學退居、舉孝廉爲郎。世祖［光武帝］會百寮於靈臺、得鼠如豹文、問群臣。攸曰「鼮鼠」。詔曰「何以知」。曰「見爾雅」。詔書	華嶠206

						如攸言、賜帛三百、更敕諸王子從攸受爾雅。	
補26	建武？	金帛等	皇帝	陳禁	問疾	陳禁…拜尚書。…禁在臺二年、嘗病、令・僕射數奏久病滿百日、請輒免。有詔賜金帛醫藥。※謝承623：沛國陳禁性不好榮、建武三十年拜議郎。	謝承622
補27	建武末	奉錢	楊音	江革	賜與	臨淄令楊音高之［＝江革］、設特席、顯異巨孝［江革］於稠人廣衆中、親奉錢以助供養。※39參照。	華嶠104
補28	中元1	錢帛	皇帝	馮勤	問疾	中元元年、車駕西幸長安、祠園陵還、［馮］勤燕見前殿盡日、歸府、因病喘逆、上使太醫療視、賞賜錢帛、遂薨。	東觀497
補29	永平初	錢二萬等	皇帝	鄧衍	賜與	帝賜輿馬・衣服・劒・珮刀・錢二萬。南陽計吏歸、具以啓［虞］延。延知［鄧］衍華不副實、行不配容、積三年不用。於是上乃自勅衍稱南陽功曹詣闕。33：永平初、有新野功曹鄧衍…顯宗目之、顧左右曰「朕之儀貌、豈若此人」。特賜輿馬衣服。［虞］延以衍雖有容儀而無實行、未嘗加禮。帝既異之、乃詔衍令自稱南陽功曹詣闕。	謝承91
補30	永平3	錢百萬	明帝	虞延	賜與	［明帝］詔問［虞］延外黃園寢殿祭器俎豆、悉曉其禮、由是遂見謝焉、賜錢百萬。郡中聞之、易視聽。	後紀9永平3
補31	永平4	布數篋（布帛）	蜀郡太守張穆	廉範（廉范）	賜與	廉範…父客死蜀漢、範與客步負喪歸。至葭萌、舡觸石破沒、範持棺柩、遂俱沈溺。衆傷其義、鉤求得之、僅免於死。太守張穆持筒中布數篋與範、範曰「石生堅、蘭生香、前後相違、不忍行也。」遂不受。※後紀9永平4：［廉］范父遭亂、客死於蜀。范…遂與客俱西入蜀。蜀郡太守張穆、［祖父］丹之故吏也、聞范迎喪、遣吏資車馬布帛送范、范還不受。	東觀590
補32	永平5～8	束帛等	明帝	包咸	賜與（學問）	包咸、字子良。永平五年、遷大鴻臚。…顯宗［明帝］以咸有師傅恩、而素淸苦、常時賞賜珍玩束帛、奉祿增於諸卿。※永平8年死去（79	謝承446

						下）。	
補33	永平7	太后所遺金寶	明帝	琅邪孝王	贈與	光烈皇后［陰麗華］崩［永平7］、明帝悉以太后所遺金寶賜京［＝琅邪孝王］。	東觀251
補34	永平11～18	廖信	錢等	周澤・孫堪	强制讓渡	北地太守廖信貪汚下獄、詔以信田宅奴婢錢財、賜廉吏太常周澤・光祿易［孫の誤］堪。※79下：［永平］十年、［周澤］拜太常。…永平十一年、［孫堪］拜光祿勳。十八年、以病乞身。	東觀836
補35	永平16	布二百匹	皇帝	班超	軍功	［班］超還入塞、奉虜使首詣固。固具上超前後功、詔以超爲司馬、賜布二百匹。	後紀10永平16
補36	永平16?	金帛	諸弟	北海王劉睦	買戾	［北海王劉］睦父靖王興薨、悉推財產與諸弟、雖車服珍寶皆以介意、有要、然後隨以金帛贖之。	後紀10永平16
補37	永平	金三斤	朱暉	阮況	贈與	朱暉爲郡督郵、［南陽郡］太守阮況當嫁女、欲買暉婢、不與。及況卒、暉送金三斤。人問其故、暉曰「前不與婢者、恐以財貨汙府君耳。今重送者、以明己心也」。	東觀695
補38	明帝期	錢各五百萬	明帝	廣平・鉅鹿・樂成王	賜與	明德［明帝皇后馬氏］、後詔書流布、咸稱至德、王主諸家、莫敢犯禁。廣平・鉅鹿・樂成王在邸、入問起居、［明］帝望見車騎鞍勒皆純黑、無金銀綵飾、馬不踰六尺、於是以白太后、卽賜錢各五百萬。於是施親戚、被服自如。	東觀193
補39	明帝期	錢等	郡	蕭何子孫	賜與	十一月、［明帝］詔京兆・右扶風以中牢祠蕭何・霍光、出郡錢穀給蕭何子孫、在三百里內者、悉令侍祠。	東觀56
補40	明帝期	錢百萬	明帝	趙王栩	賜與	五年十月、上［＝明帝］幸鄴、趙王栩會鄴、賜錢百萬。	東觀56
補41	建初5	素六十匹	皇帝	鄭璩	賜與	鄭璩…建初五年、闢司徒府、拜待御史、上疏曰「…職任過分…」。詔書示官府曰「璩盡節剛正、亦何陵遲之有。賜璩素六十匹」。由是顯名、轉司隸校尉。	東觀735
補42	建初6	裝錢千萬	皇帝	諸王	上洛要請	東平王上疏請詔諸王朝。各賜裝錢千萬、東平王加五百萬。	後紀11建初6
補43		裝錢千		東平王	上洛要		

		五百萬			請		
補44	建初7	金帛等	皇帝	國邸	賜與	七年春正月、沛王・東平王・中山王・東海王・琅邪王・廣陵王・楡鄕侯・東鄕侯朝。使中謁者以乘輿服・太官珍膳迎蒼於郊。是時國邸皆豫受賜、金帛床帷充實其中、駕親自循行。	後紀11建初7
補45	建初	黃金十斤等	皇帝	馬嚴	問疾	馬嚴爲陳留太守。建初中、嚴病…上…問疾病形狀、以黃金十斤・葛縛佩刀・書刀・革帶附襲、賜嚴、遣太醫送方藥。	東觀452
補46	建初6?	錢布等	皇帝	鄭均（鄭英）	賜與	［鄭］均遣子英奉章詣闕、詔召見英、問均所苦、賜以冠幘錢布。※27：［建初］六年…再遷尙書…後以病乞骸骨、拜議郎、告歸、因稱病篤、帝賜以衣冠。	東觀544
補47	元和1頃	錢三萬・黃白葛各一端	皇帝	黃香	賜與	黃香爲郎、召詣安福殿、賜錢三萬・黃白葛各一端。※80上：［黃香］初除郎中、元和元年…。	東觀763
補48	章帝期	錢二十萬	皇帝	丁鴻	賜與	上歎嗟其［＝丁鴻］才、號之曰「殿中無雙丁孝公」。賜錢二十萬。※東觀648-649にほぼ同文。白虎觀會議後の記事。37：［章帝期］時人嘆曰「殿中無雙丁孝公」。數受賞賜。	彪333
補49	永元3	束帛等	太后	袁安	招聘	［永元三年］和帝始加元服。時太后詔袁安爲賓、賜束帛・乘馬。	東觀712
補50	～永元4	絳罽襜褕	大將軍竇憲	王阜	賄賂	王阜爲益州太守、大將軍竇憲貴盛、以絳罽襜褕與阜、阜不受。嘗移書益州、取六百萬。阜疑有姧詐、以狀上。憲遣奴騶帳下吏李文迎錢、阜以詔書未報、距不與文。積二十餘日、詔書報、給文以錢市馬。※永元4竇憲死去。	東觀513
補51	～永元4	六百萬	益州	大將軍竇憲	要求		
補52	～永元4	六百萬	不明	李文	購入（馬）		
補53	永元7	金銀等	焉耆王廣	班超	獻上	班超發龜茲等八國兵七萬人討焉耆・尉黎二國。…［焉耆王］廣乃與大人迎超於尉黎、奉上金銀・奴婢・牛馬。超受馬以給軍、餘總悉還之。	後紀13永元7
補54	永元12	錢二十萬	皇帝	楊終	喪葬	侍中賈逵薦［楊］終博達忠直、徵拜郎中。及卒、賜錢二十萬。※48：永元12年に死去。	袁132
補55	建光1	雜繒布	皇帝	衛尉馮	賜與	上賜衛尉馮石寶劍・玉玦・雜繒布	彪28

		等		石		等。	
補56	～延平	數千萬	魏郡	太守	貯蓄	黄香…遷魏郡太守。俗每交代、添設儲峙輒數千萬。香未入界、移敕悉出所設什器。及到、頗有、卽徹去。※80上：延平元年、［黄香］遷魏郡太守。	東觀764
補57	永初2	束帛	皇帝	鄧騭	招聘	十二月、徵車騎將軍鄧騭還京師、遣使者迎拜騭爲大將軍、詔大鴻臚親迎、中常侍郊勞以乘馬・束帛。	後紀16永初2
補58	永初3	錢二十萬	皇帝	魯恭	問疾	司徒魯恭以災異策免。［盧］恭再爲宰相、掾屬至卿大夫者數十人。…自爲三公、常稱病不視事。上輒遣小黄門問疾、喻令强起者數矣。至是、遂稱疾篤、賜錢二十萬。年八十餘、終於家。	後紀16永初3
補59	～永初4	束帛等	桓帝	獻皇后	婚姻（納采）	孝桓懿獻皇后、順烈后之女弟也、字女瑩。上始卽位、備禮儀納綵。案舊令聘后、納綵乘馬束帛如孝惠・孝平故事、聘后黄金二萬斤。永初四年、立爲皇后。※漢官六種所收衛宏漢官舊儀卷下：皇帝聘皇后、黄金萬斤。孫星衍注：疑萬上脫二字。	彪88
		黄金二萬斤	桓帝	獻皇后	婚姻（聘后）		
補60	～元初2	錢五千	鄧弘	長壽亭長	賠償	鄧弘…和熹后兄也。…奴醉、擊長壽亭長、亭長將詣第白之。弘卽見亭長、賞錢五千、厲聲曰「健直當然」。異日、奴復與宮中衛士忿爭、衛士毆箠奴、弘聞、復賞五千。※16：元初二年、弘卒。	東觀306–307
補61	～元初2	五千	鄧弘	宮中衛士	賠償		
補62	永寧1	金帛	皇帝	公卿已下	慶事	永寧元年夏四月丙寅、立皇子保爲皇太子。大赦天下。賜公卿已下金帛。天下男子爵各有差。鰥寡孤獨癃篤不能自存者粟人三斛。貞婦帛人一匹。	後紀16永寧1
補63	永寧1	帛人一匹	皇帝	貞婦	慶事		
補64	陽嘉2	歲錢千萬	皇帝	阿母宋娥	賜與（計畫）	［陽嘉］二年夏四月…爵阿母宋娥爲山陽君。尙書左雄…復諫曰「…臣伏見尙書故事、無乳母賜爵之制。…臣請歲以錢千萬給阿母、內可以盡恩愛之親、外可以不爲吏民之所怪也」。上卒不從。	後紀18陽嘉2
補65	永和4	帛人三匹	皇帝	貞婦	賜與	夏四月戊午、賜天下男子爵各有差、鰥寡篤癃不能自存者人粟五斛、貞	後紀19永

補66	永和4	帛人二匹	皇帝	貞婦九十已上	賜與	婦帛人三匹、九十已上人二匹。	和4
補67	～永和6	錢等	梁商	貧民	賜與	梁商、饑年穀貴、有餓餒、輒遣蒼頭以車載米鹽菜錢、於四城散乞貧民。※永和6梁商死去。	東觀613
補68	漢安1	錢等	皇帝	九十家不自存（爲火所燒）	賜與（被災者）	漢安元年、雒陽劉漢等百九十七家爲火所燒、其九十家不自存、詔賜錢廩穀。	東觀113
補69	漢安2	錢十萬	皇帝	馬寔	軍功	匈奴中郎將馬寔有孔於邊、詔書褒奬、賜錢十萬。	後紀19漢安2
補70	順帝？	息錢數十萬	陳重	債主	支拂	陳重…擧孝廉、在郎署。有郎負息錢數十萬、債主日至、煎求無已。重乃密以錢代還。郎後覺知、而厚辭謝之。	謝承486
補71	永憙1	不明	錢縑三百七十五萬	趙序	賄賂？	［趙序］取錢縑三百七十五萬。※6：［質帝永嘉1年11月］中郎將滕撫擊廣陵賊張嬰、破之。丁未、中郎將趙序坐事棄市」。	東觀794
補72	永憙1	一億五千萬	民	韓昭	强賦	［韓昭］强賦一億五千萬、檻車徵下獄。※6：［永憙元年］冬十一月己丑、南陽太守韓昭坐贓下獄死。	東觀794
補73	永憙1	帛人二匹	皇帝	貞婦	賜與	二月乙酉、大赦天下。賜男子爵各有差。鰥寡孤獨癃貧不能自存者粟人三斛、貞婦帛人二匹。	後紀20永憙1
補74	本初1	帛人三匹	皇帝	貞婦	賜與	六月丁巳、大赦天下。賜天下男子爵各有差。鰥寡孤獨貧不能自存者粟人三斛、貞婦帛人三匹。	後紀20本初1
補75	本初頃	錢	豪富大家	梁冀	贖罪	［梁冀妻之］孫壽甚美…冀不敢違。…冀用壽言、多斥奪諸梁在位者、外以爲謙讓。唯孫氏宗親相冒名爲侍中・中郎・校尉・守・長吏者十餘人皆貪叨凶淫。使私客籍屬縣豪富大家、被以誹謗之罪、閉獄掠笞、使出錢自贖、不滿意者至於死徙、哀號之聲滿天下。	後紀20本初1
補76	建寧2?	錢十萬等	皇帝	段熲	軍功	段熲滅羌、詔賜錢十萬、七尺絳襜褕一具。	東觀779
補77	建寧4	金帛	皇帝	公卿	慶事	建寧四年［171年］正月、帝［＝靈帝］加元服、大赦天下、賜公卿金帛。	彪38

補78	建寧頃	束帛	張奐	龐淯母	賜與	酒泉龐淯母者、趙氏之女、字娥。父爲同縣人所殺。…娥陰懷感憤…刺殺之［讎家］、因詣縣自首。…後遇赦得免。州郡表其閭。太常張奐嘉歎、以束帛禮之。※張奐の太常就任は建寧1。	東觀869
補79	延熹2	巨萬	桓帝	后家	賜與	桓帝誅大將軍梁冀、而中常侍單超等五人皆以誅冀功並封列侯。又立掖庭民女亳氏爲皇后、數月間、后家封四人賞賜巨萬。※梁冀誅殺は延熹2。	東觀757
補80	延熹3	贓五六十萬	單匡賓客親吏四十餘人	國家	摘發	第五種遷兗州刺史。中常侍單超兄子匡爲濟陰太守、負勢貪放。種欲收擧、未知所使。會聞從事衞羽素抗直、乃召羽具告之…羽出、遂馳到定陶、閉門收匡賓客・親吏四十餘人、六七日中、糾發其贓五六十萬。種卽奏匡、幷以劾超。※54に延熹3年に第五種が彈劾したとある。通鑑延熹2年條に單超がのちに第五種を陷れたとある。	謝承140
補81	延熹3?	錢百餘萬	故孝廉景慮	楊秉	贈與	［楊］秉免歸、雅素淸儉、家至貧窶、幷日而食。任城故孝廉景慮齎錢百餘萬、就以餉秉、秉閉門、距絕不受。	謝承234
補82	延熹4	數千錢	姜肱	賊	贈與	［姜］肱與［姜］季江俱乘車行、適野廬、爲賊所劫…［然賊知肱等賢］…盜戢刃曰「二君所謂賢人、吾等不良、妄相侵犯」。棄物而去。肱車中尙有數千錢、盜不見也。使從者追以與之、亦復不受。肱以物經歷盜手、因以附亭吏而去。※通鑑は延熹2年に繫年。後紀22延熹4年條に類似の文。	謝承217
補83	～延熹7	錢百萬	故吏	楊秉	賄賂	楊秉…爲刺史・二千石、計日受俸、餘祿不入私門。故吏齎錢百萬遺之、閉門不受、以廉淸稱。※7：延熹7死去。	彪413
補84	延熹8	累億（金銀錦帛等）	民有豐富者	侯參	沒收	［楊］秉奏「［侯］參取受罪贓累億。牂柯男子張攸、居爲富室、參橫加非罪、云造訛言、殺攸家八人、沒入廬宅。…［又殺李元］…。宜當	謝承235, 236

						糾持、以謝一州」。※謝承236：京兆尹袁逢於長安客舍中得［侯］參重車三百餘乘、金銀珍玩不可稱記。54：［延熹七年］時中常侍侯覽弟參爲益州刺史、累有贓罪、暴虐一州。明年、秉劾奏參、檻車徵詣廷尉。參惶恐、道自殺。78：［侯］覽兄參爲益州刺史、民有豐富者、輒誣以大逆、皆誅滅之、沒入財物、前後累億計。太尉楊秉奏參、檻車徵、於道自殺。京兆尹袁逢於旅舍閲參車三百餘兩、皆金銀錦帛珍玩、不可勝數。覽坐免、旋復復官。	
補85	延熹9	餘千金	無辜	張興	贓	初、陽翟令張興、黄門張讓弟也。多殺無辜、贓餘千金。	後紀22延熹9
補86	延熹9	絹	夏靖	夏馥	贈與	陳留夏馥避黨事、遁迹黑山。弟靖載絹往餉之於深陽縣客舍、見馥顏色衰毀、不復識、聞其聲、乃覺之。	謝承343
補87	延熹9	千金	李膺等	捕者	購賞	九月、詔收［李］膺等三百餘人、其逋逃不獲者懸千金以購之、使者相望於道、其所連及死者不可勝數、而黨人之議始於此矣。	後紀22延熹9
補88	延熹9	絹	韓馥弟	韓馥	贈與	黨事之興、［韓］馥名在捕中。馥乃髠鬚髪、易姓名、匿跡遠竄、爲人傭賃。馥弟静駕車馬、載絹餉之。於溞陽縣客舍見馥、顏色毀瘁、不能復識也。	後紀22延熹9
補89	～永康	錢	市	劉祐	購入	［劉祐］宗室胤緒、代有名位。…仕郡爲主簿。郡將小子嘗出錢附之、令市買果實、祐悉以買筆墨書具與之。※69：永康1尚書。	謝承338
補90	建寧1	帛	皇帝	孝悌・力田	賜與	三月辛丑、葬孝桓皇帝于宣陵。庚午、大赦天下。賜男子爵、孝悌・力田帛各有差。	後紀23建寧1
補91	桓帝期?	二百錢	范丹	姊	贈與	范丹［＝范冉、字史雲］姊病、往看之。姊設食、丹以姊婿不德、出門留二百錢。姊使人追索還之、丹不得已受之。聞里中芻藁僮僕更相怒曰「言汝清高、豈范史雲輩，而云不盜我菜乎」。丹聞之曰「吾之微志、乃在僮豎之口、不可不勉」。	謝承491

						逐投錢去。※81：桓帝期に萊蕪長、中平2年死去。延熹9の黨錮之禁前か。	
補92	中平1	黄金二十斤	黄雋	蓋勳	謝金	中平元年、黄巾賊起、故武威太守酒泉黄雋被徴、失期。梁鵠欲奏誅雋、［蓋］勳爲言得免。雋以黄金二十斤謝勳、勳謂雋曰「吾以子罪在八議、故爲子言、吾豈賣評哉」。終辭不受。※後紀26初平2に類似の文、「黄金二千斤」に作る。	彪442
補93	中平5	束帛等	河南・弘農太守	李楷	招聘	［李］楷字公超、河南人。…就拜光祿大夫、固疾不起。乃命河南［太守］・弘農［太守］致玄纁束帛、欲必致之、楷終不屈。	後紀25中平5
補94	興平2	雜繒二萬匹	皇帝？	御府大司農	購入（馬）	是時以年不豐、民食不足、詔賣廏馬百餘匹、御府大司農出雜繒二萬匹與馬直、賜公卿已下及貧民不能自存者。李傕曰「我邸閣儲跱少」。乃不承詔、悉載置其營。賈詡曰「此乃上意、不可拒也」。不從。	後紀28興平
補95	興平2	雜繒二萬匹	御府大司農	公卿～貧民不能自存者	賜與		
補96	興平2	緜絹	公卿以下	河東太守王邑	賦（＝徵收？）	丁亥、［獻帝］幸安邑。［河東太守］王邑賦公卿以下緜絹各有差、封邑爲列侯。	後紀28興平2
補97	建安	衣服等	揚州刺史劉繇	桓礹	賜與	［桓］礹到吳郡、揚州刺史劉繇振給穀食衣服所乏者、悉不受。後東適會稽、住止山陰縣故魯相鍾離意舍、太守王朗餉給糧食・布帛・牛羊、一無所留。臨去之際、屋中尺寸之物、悉疏附主人、纖微不漏。	東觀645–646
補98	建安	布帛等	太守王朗	桓礹	賜與		
補99	不明	縑五百	萬良	周躬	謝意	汝南周躬爲櫟陽令、功曹萬良爲父報仇、自械詣獄。躬解械放良。後良賫縑五百餉躬、閉門不受。	謝承660
補100	不明	帛等	皇帝	商仁	退職	商仁…徵拜大鴻臚卿、以年老乞骸骨、詔賜斗酒米帛。若經傳有疑、使小黄門就問之。	謝承725
補101	不明	錢等	陰慶	弟員及丹	贈與	陰慶爲鮦陽侯、其弟員及丹皆爲郎。慶以明尙書脩儒術、推居第・園田・奴婢・錢、悉分與員・丹、慶但佩印綬而已。當代稱之。	張瑩7
補102	不明	錢	公沙穆	買豬人	賣買返金	［公沙］穆嘗養豬、豬有病、使人賣之於市、語之云「如售、當告買者言病、賤取其直、不可言無病、	謝承515

						欺人取貴價也」。賣豬者到市即售、亦不言病、其直過價。穆怪之、問其故。齎半直追以還買豬人、告語云「豬實病、欲賤賣、不圖賣者人相欺、乃取貴直」。買者言賣買私約、亦復辭錢不取。穆終不受錢而去。	
補103	不明	大布被・糯蔥	郡	羊定	賜與	羊定…爲郡功曹、病困、被不覆軀、衣不周身。郡將賜大布被及糯蔥、皆不受、執志而終。	謝承544
補104	不明	金	吳奉	張冀	贈與	豫章張冀［＝張戴］…爲廣陵守。舉孝子吳奉爲孝廉。冀罷郡、奉賚金爲禮、冀閉門不受、奉以囊盛金、夜投冀園中而逝。冀追不及、賚金至廣陵還奉。	謝承616
補105	不明	錢二千・布二端	家	王阜	持出	王阜…少好經學…辭父母、欲出精廬。…後阜竊書誦盡、日辭、欲之犍爲定生學經、取錢二千・布二端去。母追求到武陽北男謁舍家得阜、將還。	東觀512
補106	不明	錢二千・布二端	王阜	不明	旅費？		

注1：［出典］欄には、范曄『後漢書』からの引用では巻数（中華書局本）を記した。表には、銭・黄金・布帛の授受が計画されたが授受が完了していない例も含めた。［詳細］欄には原文を嫡記した。『後漢書』以外の出典も適宜付加した。［理由］欄には黄金・銭・布帛授受の理由をしるした。「軍功」は戦功に対する賜与もしくは戦功を期待しての賜与、「国外」は外国・外国人関係の賜与、「退職」は退職金、「喪葬」は死者に対する賜与、「徙民」は徙民対象者への賜与、「慶事」は皇太子即位や立皇后などの国家的慶事時の賜与、「転職」は官職異動に伴う賜与、「賜与」は前記以外の一般的賜与。それ以外の特殊な理由に関しては適宜明記した。

注2：「補」には周天游輯注『八家後漢書輯注』（上海古籍出版社、1986年）、呉樹平校注『東観漢記校注』（中華書局、2008年）、袁弘（張烈点校）『後漢紀』（中華書局、2002年）の関連史料を補った。『八家後漢書輯注』所収史料のうち、謝承『後漢書』は「謝承」、薛瑩『後漢記』は「薛」、司馬彪『續漢書』は「彪」、華嶠『漢後書』は「華嶠」、謝沈『後漢書』は「謝沈」、張瑩『後漢南記』は「張瑩」、袁山松『後漢書』は「袁」、張璠『後漢紀』は「張璠」と略し、各々の直後に史料番号を付す。『東観漢記校注』は「東観＋頁数」と略す。周天游注は「周注」と略す。『後漢紀』は「後紀＋巻数＋紀年」と略す。佚文引用にさいしては、原典を確認した上で、便宜上、上記輯本や校注本から引用する形をとった。かりに大きな問題がある場合は適宜注記した。

［付表２］後漢時代の対羌戦争と自然災害に関する年表

皇帝	西暦		災害（佐藤武敏）	贖罪	民爵賜与	大記事
光武帝	25	建武1	李熊、公孫述に山東饑饉、人民相食むという。			野穀や野蠶が盛んで、民は利益を得る（光武帝紀上）。公孫述・劉秀が各々帝位に即く。赤眉が更始帝殺害。隗囂が隴右で自立（隗囂傳）。
	26	建武2	關中飢え、民相食む。			耒陽縣は鐵を產し民は錢を私鑄、衛颯は鐵官を設け私鑄禁止（循吏衛颯列傳）。延岑が漢中で自立、更始帝配下に敗北（宗室四王三侯順陽懷侯傳）。
	27	建武3	洛陽大旱。		天下長子爲父後者1	赤眉が光武帝に降る。公孫述側の李育・程烏が關中豪族呂鮪らと三輔寇掠、光武帝が撃退（公孫述傳）。
	28	建武4				
	29	建武5	旱・蝗、旱久しく麥を傷つけ、秋種未だ下さず。			河西大將軍竇融が貢獻。…野穀が減少し、田畝が擴大（光武帝紀上）。
	30	建武6	蝗、旱。			牛邯が護羌校尉となり、牛邯死後廢止（西羌傳）。今軍士屯田し、糧儲がやや蓄積。田租は舊制どおり30分の１とする。初めて郡國の都尉の官を罷める。…匈奴、使を遣わして來獻（光武帝紀下）。前年に水旱・蝗蟲がひどく、穀價騰躍（光武帝紀下）。光武帝が關東平定、光武帝と隗囂が對立（隗囂列傳）。公孫述が荊州寇掠に失敗、公孫述は五銖錢を罷め鐵官錢を流通させた（公孫述傳）。
	31	建武7	雨水つづく。			薄葬獎勵（光武帝紀下）。隗囂が公孫述に臣從（隗囂傳、公孫述傳）。
	32	建武8	大水。	○		公孫述が隗囂を救援するも、隗囂配下の多くは光武帝に歸順（光武帝紀下、隗囂傳）。
	33	建武9	旱。			隗囂死す（隗囂傳）。護羌校尉再設置（光武帝紀下）。燒當羌滇良が臺頭（西羌傳）。來歙・馬援らが涼州平定へ（馬援傳）。
	34	建武10	樂浪・上谷に雹ふる。			先零羌が金城・隴西に侵入、來歙らが撃退（光武帝紀下、西羌傳）。隗氏降

						伏（隗囂傳）。
	35	建武11				先零羌が臨洮縣寇掠、馬援が撃破し、天水・隴西・扶風に移住させる（光武帝紀下、西羌傳、馬援傳）。朝廷で金城郡破羌縣以西放棄案が出るが、當地が肥沃で灌漑設備もあり羌害停止不可と考えた馬援が反對（馬援傳）。河南郡・南陽郡は有力者多く墾田隱匿多い（劉隆傳）。岑彭が任滿（公孫述側）を破る（公孫述傳）。
	36	建武12	3.5.旱。12.河南・平陽に雹ふる。大きさ杯の如く、吏民の廬舍をこわす。			公孫述敗死（公孫述傳）。參狼羌が武都寇掠、馬援らが撃退（光武帝紀下、西羌傳、馬援傳）。邊境で守備優先作戰を展開（光武帝紀下）。
	37	建武13	揚・徐部大疾疫。會稽・江左甚し。			7月に廣漢郡徼外の白馬羌が内屬、金城郡を再置（光武帝紀下）。
	38	建武14	會稽に大疫あり（光武帝紀下）。			
	39	建武15	12.鉅鹿に雹ふる。			耕地・戸籍の調査を開始。
	40	建武16				青州・徐州・幽州・冀州で豪族反亂、五銖錢を行す（光武帝紀下、馬援傳、『東觀漢記』馬援傳）。劉張・竇固らが匈奴征伐（宗室四王劉張傳）。
	41	建武17				
	42	建武18	5.旱。			州牧を罷め、刺史を置く（光武帝紀下）。
	43	建武19				馬援が徵姉妹の亂を鎭壓（馬援傳）。
	44	建武20				馬援が廣州方面から銅鼓を持ち歸る。匈奴・烏桓が扶風寇掠、馬援は三輔の園陵が危險ゆえ出征希望（馬援傳）。
	45	建武21	6.旱。10.この時、郡國皆大水、百姓饑饉。			
	46	建武22	この歳、靑州蝗（「古今注」は22年3月、京師・郡國19蝗）。9.郡國42地震、南陽最も甚し。			被災地支援。烏桓、匈奴を撃破し、匈奴北徙し、莫北の地は空虛となる。諸々の邊郡の亭候の吏卒を罷める（光武帝紀下）。
	47	建武23	京師・郡國18大蝗・旱、草木盡く。			
	48	建武24				馬援が武陵蠻夷討伐。匈奴が南北分裂。

	49	建武25				烏桓の大人が來朝・內屬する。匈奴南單于が貢獻し、稱臣する（光武帝紀下）。馬武が武陵蠻討伐（馬武傳）。
	50	建武26	郡國7大疫。			正月、百官の奉を增す。その千石以上は前漢舊制より減らし、六百石以下は舊秩より增す（光武帝紀下）。
	51	建武27				南匈奴・烏桓・鮮卑が朝貢（趙熹列傳）。
	52	建武28	3.郡國80蝗。			北匈奴が貢獻し、和親を結ぶ（光武帝紀下）。
	53	建武29	4.武威・酒泉・淸河・京兆・魏郡・弘農、蝗。		天下男子2	
	54	建武30	5.大水。6.郡國12蝗。		天下男子2	
	55	建武31	5.大水。夏.蝗。		天下男子2	
	56	中元1	秋.郡國3蝗（宋均傳は山陽・楚・沛）。	○		參狼羌が武都郡に侵入し、李苞が劉盱の命で討伐し、擊破（光武帝紀下、西羌傳）。燒當羌滇吾强勢（西羌傳）。燒當羌が隴西郡に侵入し、允街縣で後漢郡兵を破り、謁者張鴻の援軍も允吾縣で破ったので、11月に中郎將竇固が捕虜將軍馬武らと出兵（光武帝紀。西羌傳は中元2年に繫年）。
明帝	57	中元2			天下男子2+	燒當羌滇吾・滇岸が隴西に侵入。後漢軍を連破。牢姐種が天水の後漢軍を擊破。盧水胡が燒何羌を攻擊。燒何羌が降る（西羌傳、馬武傳）。
	58	永平1	5.旱。			竇固・馬武らが燒當羌滇吾擊破、滇岸降伏。竇林が護羌校尉を領す（明帝紀、西羌傳）。
	59	永平2				竇林が滇吾と滇岸を混同、かつ收賄罪で獄死。郭襄が護羌校尉を領すも免官、護羌校尉再廢止。滇吾の子東吾立ち、弟迷吾が後漢と敵對（明帝紀、西羌傳）。竇融隱居、子孫が請託（竇融傳）。
	60	永平3	京師および郡國7大水（天文志は伊・洛水溢る、郡7・縣32大水）。3.夏.旱。8.郡國12に雹ふり、稼を傷つく。		天下男子2+	民に收穫・貯蓄少ない（明帝紀）。儉約のため北宮建造中止（第五鍾傳）。

	61	永平4	12. 酒泉大蝗、塞外より入る。			
	62	永平5				
	63	永平6				
	64	永平7	10. 越嶲雷。			北匈奴が遣使し和親希望（明帝紀）。
	65	永平8	秋、郡國14雨水。8. 冬. 旱。	○		北匈奴が西河諸郡に寇す（明帝紀）。死刑因に縑で贖罪させる（光武十王劉英列傳）。
	66	永平9				郡國が公田を貧人に賜與、豐作（明帝紀）。
	67	永平10				
	68	永平11	8. 旱。			
	69	永平12			天下男子2+	薄葬奨勵（明帝紀）。天下安平で繇役無く、豐作續き、粟は1斛30錢、牛馬は野を被う（明帝紀）。王景が濟水工事で100億費やし、翌年完成（循吏王景列傳）。
	70	永平13			天下男子3+	
	71	永平14				
	72	永平15	8. 旱。蝗、泰山よりおこり、兗豫にひろまる。	○	天下男子3	12月に匈奴を撃ち西域を通ずるため竇固・耿秉を涼州に派遣（明帝紀、竇固傳）。
	73	永平16				竇固らが北匈奴討伐（明帝紀、竇固傳）。北匈奴が雲中郡寇掠、廉范が撃退（明帝紀）。
	74	永平17			天下男子2+	西域諸國の子が入侍（明帝紀）。武威・張掖・酒泉・敦煌諸郡・張掖屬國の繫囚の一部を兵役に附す（明帝紀）。西域都護府復活。
章帝	75	永平18	3. 旱（章帝紀は京師および兗・豫・徐の3州大旱）、宿麥傷つき、秋種下さず。牛疫（建初1年1丙寅の詔によると、墾田減少、穀價騰貴、人流亡）。	○	天下男子2+	旱で宿麥傷み、秋の收穫減少（明帝紀）。外戚の封侯と政治參與が許可される、戸口滋殖（明帝紀）。明帝死し厚葬送終の禮を省く（章帝紀）。北匈奴が戊己校尉耿恭を包圍（明帝紀）。征西將軍耿秉が酒泉に駐屯、段彭らが匈奴と戰闘（章帝紀）。
	76	建初1	2. 山陽・東平地震。大旱。			被災地（兗州・豫州・徐州）に穀物等援助（章帝紀）。連年、牛に疾疫多く、墾田は減少し、穀價は高騰し、人は流

					亡す（章帝紀）。7月…上林の池籞の田を貧人に賦假する（章帝紀）。章帝が陵墓建設計畫を立てたときも、「虚費國用」だとする上奏があり、取りやめられている（光武十王東平憲王蒼列傳）。金城郡で卑湳羌が勒姐種・吾良種と反亂。孫純らが撃破。吳棠が護羌校尉を領す（西羌傳）。穀價高騰（楊終列傳）。
77	建初2	夏.洛陽旱。			飢饉多發（章帝紀）。6月、燒當羌叛し、金城太守郝崇之を討つも敗積し、羌遂に漢陽に寇す。秋8月、行車騎將軍馬防を遣わして平定させる（章帝紀、馬援列傳附馬防傳）。燒當羌迷吾ら出塞。盧水胡と呼應。吳棠罷免され、傅育が護羌校尉となる。迷吾は封養種らと隴西・漢陽に侵入。馬防が迷吾らを下す（西羌傳、後漢紀11）。
78	建初3			人2+	行車騎將軍馬防、燒當羌を臨洮（隴西郡）に破る（章帝紀）。
79	建初4	夏.旱。		人2+	白虎觀會議開催（章帝紀）。牛に大疫（章帝紀）。
80	建初5	2.久旱、麥を傷つく。			班超が西域を平定。
81	建初6				
82	建初7	京師および郡國螟、稼を傷つく。	○		常山・趙國の吏人に勞賜し、元氏の租賦を復すること三歲（章帝紀）。
83	建初8	京師および郡國螟、稼を傷つく。			8月に北匈奴の大人が歸順（章帝紀）。
84	元和1	春.旱。			牛疫以來穀食連りに少ない（章帝紀）。郡國に令して人の田無く它の界に徙り肥饒に就かんと欲する者を募り、恣に之を聽す。在所に到らば公田を賜給し、爲に耕傭を雇い、種餉を賃し、田器を貰與し、租を收むる勿きこと五歲、筭を除くこと三年。
85	元和2	旱。		天下吏3+	「人に子を產む者有れば復し、筭する勿きこと三歲」との漢令を變え、「今、諸々の懷妊せる者、胎養穀を賜うこと人ごとに三斛。其の夫を復し、筭する勿きこと一歲。…鳳凰・黃龍の見る所の亭部は二年の租賦を出だす無し」と

						する（章帝紀）。
	86	元和3				章帝が常山・魏郡・清河・鉅鹿・平原・東平郡に行幸、當地は未開墾の肥田多いので貧民に與え、糧種を與えて働かせるよう郡太守等に命令。10月に燒當羌迷吾・號吾らが隴西寇掠、解散後に再度叛亂（章帝紀、西羌傳）。この頃縣官は經用不足（朱暉傳）。
	87	章和1	旱。	○		3月に護羌校尉傅育が燒當羌に敗北（章帝紀）。迷吾らが金城寇掠（西羌傳）。4月・9月に郡國・中都官の繫囚を減刑し金城を守備させる。7月に鮮卑が北匈奴單于を攻殺。燒當羌迷吾が金城を寇掠、護羌校尉張紆が斬る（章帝紀）。北匈奴入朝。班超が莎車を降し龜茲を擊退。張紆が護羌校尉となる。穀價高い（馬棱傳）。
和帝	88	章和2	5. 京師旱。			和帝卽位、竇太后臨朝、竇憲が侍中で、太傅・錄尚書事鄧彪が百官統率（和帝紀）、皇帝側近の宦官鄭衆も臺頭、宦官專制始まる（宦者傳）。民間鹽鐵業を重ねて許可（和帝紀）。迷吾ら毒殺され、迷唐は燒何・當煎・當闐諸種と隴西寇掠、諸胡とも連携し、張紆敗れ、鄧訓が護羌校尉となる（西羌傳）。屯兵は常時2萬人以上で、轉運費で府帑は空（鄧訓傳）。鮮卑が北匈奴を擊破（宋意傳）。竇氏の奢侈と賞賜で倉帑（大司農）は虚、邊郡は西羌に惱み、内郡も公私疲弊（何敞傳）。
	89	永元1	5. 會稽南山崩る。 7. 郡國9大水。			竇憲・鄧鴻・南匈奴單于らが北匈奴を破り、北匈奴は貢獻する（和帝紀）。鄧訓は金錢をばらまき羌人を離間す。このころ東吾の子東號が立、號吾らと後漢に歸順。鄧順が迷唐を破る（西羌傳）。竇憲の匈奴征伐で「國用勞費」（任塊傳、袁安傳）、「府藏空虚」（郅惲列傳）。
	90	永元2	郡國14旱。			西河・上郡に屬國都尉設置。北匈奴が稱臣。南匈奴が北匈奴を破る（和帝紀）。竇憲が武威に駐屯すると馬棱は軍費を獻上し、百姓に賦す（馬援傳附馬棱傳）。

	91	永元3		○	民1+	和帝元服。竇憲・耿夔らが北匈奴を破る。西域都護・騎都尉・戊己校尉の官を置く（和帝紀）。魯恭は「數年以來、民の食は足らず、國に畜積無し。盛春に興發し、天下を擾動し、農時を妨廢し、以て夷狄に事う」（東觀476）、「數年以來秋稼は熟らず、人食は足らず、倉庫は空虚にして、國に畜積無し。…今始めて徴發するも大司農の調度足らず…」と反對するも棄却（魯恭列傳）。
	92	永元4	6.郡國13地震。夏.旱・蝗。			北匈奴單于が歸順、和帝が宦官鄭衆らと竇憲一派を滅ぼす。聶尙が護羌校尉となる、燒當羌迷唐が金城寇掠（和帝紀、西羌傳）。
	93	永元5	2.隴西地震。5.南陽大風。6.郡國3雹ふる。7.水。			內外廏と涼州諸苑の馬を減らす。京師の離宮の果園上林・廣成の囿をすべて貧民に假し、恣に采捕するを得しめ、課税せず。前年の秋麥收入が少ないため。護羌校尉貫友、燒當羌を討ち、羌は遁走す。南匈奴單于安國叛くも骨都侯喜、これを斬る（和帝紀）。貫友が護羌校尉となり離間策で迷唐を破る（西羌傳）。
	94	永元6	3.濟河の域、凶饉流亡。夏.旱。秋.京師旱。			三河・兗・冀・青州の貧民に穀物を貸與。流民に穀物等を販賣する者には租税を免除。三公・中二千石・二千石・內郡守相に人材を推薦させ、皇帝自ら選抜試験し郎吏とする。夏4月、蜀郡徼外の羌、種人を率い內附す。班超が焉耆などを破り、西域諸國が服屬。南匈奴の一部反亂（和帝紀）。
	95	永元7	大旱。7.越國易地地裂く。9.京師地震。			
	96	永元8	5.河內・陳留蝗。9.京都蝗。		天下男子2+	貫友病沒。史充が護羌校尉となる。迷唐を攻撃するも破られる（西羌傳）。
	97	永元9	3.隴西地震。6.蝗・旱。			被災地に對し、山林陂池を貧民に開放し假税を收めない（和帝紀）。燒當羌、隴西に寇し、長吏を殺し、行征西將軍劉尙・越騎校尉趙世等を遣わして討ちて之を破る（和帝紀）。班超が甘英を

						ローマへ派遣（不到達）。撣族の雍由調の使者が入朝。史充が罷免され、呉祉が護羌校尉となる。迷唐が隴西に侵入。劉尚・趙代らが迷唐と戦い、雙方死傷する（西羌傳）。
	98	永元10	5.京師大水（和帝紀注引「東観記」は京師大雨、南山の水流出して東郊にいたり、廬舎をこわす）。10.5州雨水。			12月、燒當羌の豪の迷唐ら、種人を率いて貢獻す（和帝紀）。劉尚・趙代は罷免。迷唐が降伏（西羌傳）。
	99	永元11				被災地に山林池澤を開放し、假税を収めず（和帝紀）。薄葬奬勵（和帝紀）。商賈小民の一部が不法行爲に走る（和帝紀）。
	100	永元12	京師去冬宿雪なく、今春雨なく、民流離す。閏4.南郡秭歸山高さ400丈崩れ、谿をうずむ（和帝紀注引「東観記」は100餘人を壓殺）。6.舞陽（五行志は潁川）大水。		天下男子2+	燒當羌迷唐は再度反亂（和帝紀、西羌傳）。呉祉は罷免され、周鮪が護羌校尉となる（西羌傳）。官吏は爭って苛政を行ない、小民を憂苦させ、虚名を高めている。賄賂は言葉一つで横行している（和帝紀）。
	101	永元13	8.荊州雨水。			迷唐は賜支河曲に歸還。護羌校尉周鮪は月氏諸胡・牢姐種らと迷唐を攻撃。金城太守侯覇が迷唐を破り、迷唐の種人は弱體化し、迷唐はのち病沒（和帝紀、西羌傳）。荊州以外はやや實りあるも、全國にあまねく行渡るほどではない（和帝紀）。
	102	永元14	秋.3州（兗・豫・荊）雨水。			宦官の封侯開始。周鮪は罷免、侯覇が護羌校尉となる。安定郡の燒何種が反亂し敗北。曹鳳の奏上で西海郡回復。各地に屯田を置くも永初年間に廢止（西羌傳）。
	103	永元15	5.南陽大風。秋.4州（兗・豫・徐・冀）雨水。洛陽、郡國22旱。			章帝期以來、連年水害・旱魃で飢餓・流民多く、穀物育成不十分で穀價は常に高い（魯恭傳）。

	104	永元16	7.旱。			北匈奴が稱臣し貢獻（和帝紀）。
殤帝	105	元興1	5.雍地裂く。11.郡國4冬雷。		天下男子2+	
安帝	106	延平1	5.河東垣縣の山崩る（殤帝紀注引「古今注」は山崩ること長さ7丈、廣さ4丈）。6.郡國37大水（五行志は5月）。9.6州大水。9.陳留雷、隕石。10.4州大水、雹ふる。			司徒・大司農・長樂少府に詔し後宮費縮減、宗室の罪人を宥し、刺史の行ないを糾し、郡太守・長吏に實情報告させる（殤帝紀）。鄧太后・車騎將軍鄧隲が安帝擁立（安帝紀）。
	107	永初1	6.河南の地陷る（五行志は河東の楊の地）。10.河南新城の山泉水大いに出ず。郡國8旱。この歳、郡國18地震、41雨水、或は山水暴かにいたる、28大風、雹ふる。	○		蜀郡徼外の羌が內屬。先零羌が隴道を斷って寇掠。鄧隲・任尙が討伐。反逆を謀る諸羌の罪を除く。薄葬獎勵。揚州5郡の租米を調し、東郡・濟陰・陳留・梁國・下邳・陳留・山陽に贍給、永初年間に飢饉續きで服飾質素化（安帝紀）。章和2年に歸順した東號の子麻奴立ち、後漢側の徵兵等に耐えかね、勒姐種や當煎種東岸らと塞外に逃亡。先零羌別種滇零らが鍾羌と反亂（西羌傳）。永初以來戎狄叛亂で國用不足ゆえ諸侯王葬儀關連費縮減（章帝八王劉壽傳）。先零羌のため涼州は流民多く物資徵發が絕えず、水害（龐參傳）。郡縣は被災を粉飾、對羌戰爭等で府帑も虛匱（陳忠傳）。前線の將は戰費を詐取し賄賂に轉用（皇甫規傳）。
	108	永初2	6.京師および郡國40大水、大風雹ふる。郡國12地震。			鍾羌が車騎將軍鄧隲を冀縣で破る。蜀郡徼外の羌が內屬。征西將軍任尙は先零羌と平壤縣で戰い敗北。11月に鄧隲を洛陽に召喚。先零羌滇零が參狼羌らを糾合し、任尙らを破って稱帝し、三輔寇掠、趙・韓の地を犯し、益州に侵入。12月に廣漢塞外の參狼羌降り、廣漢北部を屬國都尉とする（安帝紀、西羌傳）。梁慬が張掖で西羌を擊退し、三輔園陵へ向かう西羌も擊退（梁慬傳）。西羌蜂起で米穀高騰、函谷關以西は餓死者多い（馬融傳）。

109	永初3	3.京師大饑、民相食む。5.京師大風（五行志は癸酉）。12.郡國9地震。京師および郡國41雨水、雹ふる、幷・涼2州大饑、人相食む。郡國8旱。大水（楊厚傳は洛陽）。		天下男子2+	先零羌滇零らは騎都尉任仁を破り、當煎・勒姐種は破羌縣を、鍾羌は臨洮縣を攻略（安帝紀、西羌傳）。國用不足を補うため、吏人に錢穀を收めさせ、賣爵・賣官（安帝紀）。
110	永初4	郡國9地震（五行志は郡國4）。4.6州蝗（安帝紀注引「東觀記」によると、司隸・豫・兗・徐・青・冀）。7.3郡大水。9.益州郡地震。			百官と州郡縣の俸祿を減額。先零羌が褒中縣（陝西省漢中北）に侵入。漢中太守鄭勤沒。金城郡治を襄武縣に移す。鄧騭罷免（安帝紀）。滇零は褒中を攻略。任尙らは退却して長安に駐屯し、南陽・潁川・汝南の吏卒は解散し、京兆虎牙都尉を長安に、扶風都尉を雍に設置。金城郡の治所を襄武縣に移す。段禧が病沒し、侯霸が護羌校尉に再任され、張掖縣に駐屯（西羌傳）。羌寇が益々盛んで兵費は增大、穀物收穫も少なく、穀石ごとに萬餘錢、民は徭役や錢代納で損害多く、官負人責（官民の負債額）は數十億萬錢。民は日用品を賣って補塡し、かつ武都郡への兵糧輸送も擔當、縣官は不足分を民に借りようとするが、無理で、國用不足ゆえ、龐參は西州放棄案を提出するも棄却さる（龐參列傳）。
111	永初5	1.郡國10地震。夏.9州蝗（夏は五行志による）。害、成麥に及ぶ。郡國8雨水。			先零羌が河東・河內寇掠。先零羌と結んだ杜琦を暗殺（安帝紀、西羌傳）。民が黃河を渡り南へ逃亡。魏郡・趙國・常山國・中山國に塢候616ヶ所を修築。郡太守や縣令・長は多く內郡の人で戰意なし。隴西郡治を襄武縣に、安定郡治を美陽縣に、北地郡治を池陽縣に、上郡治を衙縣に移す（西羌傳）。穀價高騰（梁慬傳）。
112	永初6	3.10州蝗（「古今注」は郡國48）。5.旱。6.郡6冬雷。		二千石～黃綬の秩還者	侍御史唐喜が王信を殺す（安帝紀）。任尙は再度罷免。滇零が死に、幼子零昌立ち、狼莫が反亂主導（西羌傳）。
113	永初7	2.郡國18地震。5.		民1+	護羌校尉馬賢・騎都尉侯霸は先零羌

		旱。8.京師大風、蝗蟲飛んで洛陽を過ぐ。9.9郡國3冬雷。			（零昌別部の牢羌）を安定郡で破る（安帝紀、西羌傳）。
114	元初1	2.日南地裂く（五行志は3月、安帝紀注引「東觀記」は長さ182里、廣さ56里裂く）。4.京師および郡國5旱、蝗。6.河東の地陷る。10.郡國3冬雷。11.郡國15地震。		民2+	先零羌零昌が雍城、號多が武都・漢中寇掠。先零羌が涼州刺史皮陽を破る（安帝紀）。侯霸病沒し、龐參が護羌校尉となる（西羌傳、龐參傳）。
115	元初2	3.京師大風。5.京師旱、河南および郡國19蝗（五行志は郡國20蝗）。6.洛陽の新城地裂く。11.郡國地震（五行志は郡國10）。			3月に先零羌が益州侵入。中郎將尹就が討伐。10月に仲光・杜恢・耿溥が先零羌に敗北（安帝紀）。燒當羌號多ら降伏。龐參は令居縣に戻り、河西路を再開通。先零羌が帝號を僭稱、龐參・司馬鈞らが零昌討伐に失敗、馬賢が護羌校尉を領す、府庫單竭（西羌傳、龐參傳）。
116	元初3	郡國10地震。4.京師旱。7.緱氏（河南偃氏縣南）地裂く。10.汝南・樂浪雷。11.郡國9地震。			5月に鄧遵らが南匈奴を率い靈州で先零羌零昌を破る。6月に中郎將仁尚が先零羌を破る。馮翊北に烽燧建設。12月に仁尚が先零羌零昌を北地郡で大破（安帝紀、西羌傳）。
117	元初4	6.3郡雹ふる（五行志は郡國3）。7.京師および郡國10雨水。この歳、郡國13地震。			9月に護羌校尉仁尚が零昌を暗殺。12月に任尚と馬賢が先零羌狼莫を北地郡で破る。虔人羌が降伏、隴右平定（安帝紀、西羌傳）
118	元初5	3.京師および郡國5旱。この歳、郡國4地震。			連年豐穰（安帝紀）。冠婚葬祭質素化を奬勵（安帝紀）。狼莫を暗殺、三輔・益州鎭壓、仁尚・鄧遵が賄賂で罷免（西羌傳）。
119	元初6	2.京師および郡國42地震、或は地裂け、水泉湧出す。4.會稽大疫。沛國・渤海大風、雹ふる。			勒姐・隴西羌の反亂が未然に鎭壓される（西羌傳）。

			5. 京師旱。10. 郡國5冬雷。12. 日食、郡國8地震。		
	120	永寧1	3-7. 京師および郡國33大風、雨水。10. 郡國7冬雷。郡國23地震。	民1+	3月・6月に上郡沈氏種羌が張掖寇掠。護羌校尉馬賢が撃退（安帝紀）。當煎種が金城郡寇掠、馬援が撃退。燒當種・燒何種が張掖寇掠（西羌傳）。
	121	建光1	秋. 京師および郡國29雨水。10. 郡國7冬雷。11. 郡國35地震、地裂くるところあり（五行志は9月己丑、漢紀は12月己丑）。11. 京師および郡國水雨を被り、稼を傷つくるものは頃畝にしたがい田租を減ず。郡國4旱。		鄧太后沒、鄧一族誅滅、安帝親政。8月に護羌校尉馬賢が燒當羌と金城で戦うも戦果なし（安帝紀）。馬賢が當煎種も破る。當煎種・燒當種麻奴・燒何種が金城寇掠、馬賢・先零羌を破り沈氏種・先零羌を脅し武威寇掠。馬賢は諸種を招き、麻奴は湟中に歸還（西羌傳）。安帝親政に伴い賞賜多く天下の財を斂め功無きの家に積み、帑藏は單盡し民物は損傷（翟酺傳）。
	122	延光1	4. 京師郡國21雹ふる（孔季彦傳は河西大いに雹ふる）。4. 京師地震。6. 郡國蝗。7. 京師および郡國13地震。9. 郡國27地震（漢紀は9月戊申）。この歳、京師および郡國27雨水、大風人を殺す。	民1+	7月に虔人羌が穀羅城寇掠、度遼將軍耿夔が破る。10月に燒當羌の豪降伏（安帝紀）。馬賢の攻撃で麻奴降伏。虔人種・上郡胡が穀羅城攻撃、耿夔・烏桓らが撃退（西羌傳）。
	123	延光2	1. 河東・潁川大風（五行志は3月丙申）。6. 郡國11大風。7. 丹陽、山崩る。9. 郡國5雨水。この歳、京師および郡國3地震（五行志は郡國32、漢紀は37、資は12月4日		蟲害で穀物被害、羌が三邊を擾亂、大司農の帑藏匱乏ゆえ兵甲軍糧不足、乳母王聖や樊豐らが浪費（楊震傳）。

			とし、郡國は3)。			
	124	延光3	6.閬中（四川）、山崩る。この歳、京師および郡國23地震、36雨水、疾風、雹ふる。		男子2+	廢太子（皇太子劉保）事件。隴西郡治が狄道に戻る。燒當羌麻奴の弟犀苦立つ（西羌傳）。敦煌西羌を酒泉で撃退(翟酺傳)。
順帝	125	延光4	1.越嶲山崩る。11.京都・郡國16地震。冬.京都大疫。郡國19冬雷。			少帝卽位し閻太后臨朝。少帝夭折、宦官孫程らが順帝擁立（順帝紀）。護羌校尉虞詡が武都羌撃破（虞詡傳）。
	126	永建1			男子2+	春に隴西鍾羌叛き護羌校尉馬賢が破る。以後涼州無事（順帝紀、西羌傳）。中常侍張防の請託盛ん、貧民救濟用に長吏・二千石が罪人の輸贖（義錢）を許可したのに便乘し太守・縣令は私に聚斂。虞詡の上奏で義錢廢止(虞詡列傳)。
	127	永建2	3.旱。			
	128	永建3	1.京師地震、漢陽の地陷裂。6.旱。			
	129	永建4	5.5州（司隸・荊・豫・兗・冀）雨水。		男子1+	龐參が涼州放棄案提出、のち廢案。虞詡の上疏で安定・北地・上郡再設置。馬賢罷免（馬融の上言か)、韓皓が護羌校尉となる（西羌傳)。
	130	永建5	4.京師旱。4.京師および郡國12蝗。5.郡國12雹ふる。			この頃犀苦が故地へ歸還要求。韓皓は罷免、馬續が護羌校尉となり恩信を施す（西羌傳)。
	131	永建6	11.冀州淫雨。郡國12雹ふり、秋稼を傷つく。			伊吾に屯田を開く、太學が興る（順帝紀)。
	132	陽嘉1	2.京師旱。		人2+	梁氏が皇后になる。孝廉に限年法と課試法施行（順帝紀)。青州で飢饉、盜賊絶えず、民が穀物貸與要求（左雄傳)。
	133	陽嘉2	2.吳郡・會稽飢荒。4.京師地震。6.洛陽地陥る。6.旱。			隴西南部都尉再設置。小規模分散的な羌族叛亂あり（馬融列傳)。郎顗は「方今時俗は奢佚にして恩に淺く義に薄し」等と上奏、「數年より以來、穀收稍々減じ家ごとに貧しく戸ごとに饉え、歲りは昔に如かず」等と對策（郎顗傳)。
	134	陽嘉3	2.久旱（周擧傳は			7月に鍾羌種良封らが再度隴西郡・漢

			河南・三輔大旱）。			陽郡寇掠、11月に武都塞上の屯羌と外羌が屯官を撃破（順帝紀、楊厚傳、郎顗傳）。謁者馬賢・馬續が良封撃破（西羌傳）。
	135	陽嘉4	2. 去冬より2月迄旱。3. 京師地震。			2月に宦官の養子の襲爵を許可。謁者馬賢が良封を殺害、鍾羌降伏。梁商が大將軍になる（順帝紀、西羌傳）。烏桓が耿曄を包圍（楊厚傳）。
	136	永和1	夏. 洛陽洪水。7. 偃師蝗。			馬續は度遼將軍、馬賢は護羌校尉になる（西羌傳）。京師水患、荊州・交州で蠻族叛亂（楊厚傳）。
	137	永和2	4. 京師地震。11. 京師地震。			宋阿母ら失脚（楊厚傳）。2月に廣漢屬國都尉が白馬羌を破る（順帝紀）。馬賢も白馬羌を破り、隴右平安（西羌傳）。
	138	永和3	2. 京師および金城・隴西地震、2郡山岸崩れ、地陷る。閏4. 京師地震。			10月に燒當羌那離が金城を攻撃、護羌校尉馬賢が撃破、那離は西の羌胡と合し吏民を殺傷（順帝紀、西羌傳）。
	139	永和4	3. 京師地震。4. 雷、高廟世祖廟外槐樹を震撃。8. 太原郡旱、民庶流れさまよう。		民1+	護羌校尉馬賢が湟中義從兵と羌胡を率いて燒當羌那離を殺す。馬賢が弘農太守に、來機が并州刺史に、劉秉が涼州刺史になる（西羌傳）。
	140	永和5	2. 京師地震。			5月、且凍羌が三輔侵入、9月、且凍羌が武都郡侵入。南匈奴句龍王吾斯らが羌を味方につけて上郡に侵入（順帝紀）。且凍種・傅難種が金城に、西塞・湟中の雜種羌胡が三輔に侵攻。來機・劉秉は罷免。馬賢が征西將軍として出陣。且凍種が武都侵略（西羌傳）。羌胡・匈奴が寇掠、并州水害で租稅・卒更錢不足、そこで陳龜は并州・涼州の人事（一部に宦官の親族）刷新と減稅を主張し採用され、のち度遼將軍として西北に着任すると經常費を1億錢削減（陳龜列傳）。
	141	永和6				1月に馬賢が且凍羌と射姑山で戰い敗死。東西羌大いに合す。閏月に鞏唐種が隴西寇掠、園陵を燒き關中寇掠。3月に趙沖が河西四郡の兵を督し鞏唐種（罕種羌）を破り、張耽が烏桓・羌を

						天山山脈で破り、7月に資産家の民から戸ごとに1000錢借用。8月に梁商死し梁冀が大將軍となる。9月に羌が武威侵入、三輔寇掠、馬賢は4年間に對羌戰爭費100億錢を費やすも敗れ、安定を扶風に、北地を馮翊に移し、張喬が迎擊準備（順帝紀、西羌傳）。青州・徐州で飢饉（皇甫規傳）。
	142	漢安1				趙沖は護羌校尉となり恩信政策をとり、張喬の軍屯を解除。燒何種は安定郡による（西羌傳）。
	143	漢安2	この歳、涼州の地、180震、9月より翌年4月にいたる。	○		4月に趙沖と張貢が燒當羌と何羌を、閏月に燒當羌を破る（順帝紀、西羌傳）。
沖帝	144	漢安3 建康1	9.京師および太原・雁門地震、3郡水涌き、土裂く。		人1+	梁太后が攝政。3月に護羌從事馬玄が羌に降伏、羌と出塞、領護羌校尉衞瑤（or琚）が破る、護羌校尉趙沖が追擊し戰沒。4月に馬寔が南匈奴・羌・烏桓を破り羌衰亡（順帝紀、西羌傳、沖帝紀）。
質帝	145	永嘉1	春より夏にかけて大旱。		人1+	2月に左馮翊梁並の恩信で叛羌（離湳種・狐奴種等）降伏し隴右平定、張貢が護羌校尉となる（質帝紀、西羌傳）。11月に南陽太守韓昭が1億5千萬錢を強制徵税した罪で處刑（質帝紀、注引『東觀記』）。
桓帝	146	本初1	5.海水、樂安・北海に溢る。		民1+	梁冀が桓帝擁立。收賄した吏の子孫は推擧禁止（桓帝紀）。
	147	建和1	2.荊・揚2州の人、餓死多し。4.京師地震。4.郡國6地裂け、水湧き、井溢る。9.京師地震。		男子2+	2月に荊州・揚州で餓死者多數、4月に收賄額30萬錢以上で未彈劾の長吏の上官たる刺史・太守を處罰（桓帝紀）。
	148	建和2	9.京師大水。			3月に白馬羌が廣漢屬國寇掠、西羌・湟中胡が寇掠、益州刺史が板楯蠻を率い破る（桓帝紀、西羌傳）。
	149	建和3	6.憲陵の寢屋に震あり。8.京師大水。9.地震。9.また地震、郡國の五山崩る。			
	150	和平1	7.廣漢の梓潼山崩			

			る。			
	151	元嘉1	1.京師疾疫。2.九江・廬江大疫。4.京師旱、任城・梁國飢え、民相食む。11.京師地震。			
	152	元嘉2	1.京師地震。10.京師地震			
	153	永興1	7.郡國32蝗、河水溢る、百姓飢窮、道路に流れさまよい、數十戸にいたる、冀州最も甚だし。			
	154	永興2	2.京師地震。6.彭城の泗水增長逆流す。6.京都蝗。6.東海朐山崩る。9.日食。			飢饉ひどく、桓帝は奢侈を禁止し（永平故事による）、隣接郡縣での穀物備蓄・相互扶助を奬勵（桓帝紀）。
	155	永壽1	2.司隸・冀州飢え、人相食む。6.洛水溢る。鴻徳苑をこわす。南陽大水。6.巴郡、益州郡山崩る。霖雨大水、三輔以東湮沒せざるなし。			張貢に代わり第五訪が護羌校尉になり、西方は平穩無事（西羌傳）。積穀ある王侯吏民から10分の3を借り貧民救濟し、吏民には現錢で、王侯には次年度の租で返濟、南匈奴が叛亂し、安定屬國都尉張奐が撃退（桓帝紀）。張奐が南匈奴撃退、東羌と講和（張奐傳）。
	156	永壽2	12.京師地震。			鮮卑が雲中に侵入し、西羌・疏勒國・龜慈國は張掖・酒泉・雲中を侵略（黨錮李膺傳）。段熲が連年續く太山琅邪の東郭竇・公孫擧の亂を鎮壓（段熲傳）。
	157	永壽3	6.京師蝗。7.河東地裂く。			
	158	延熹1	5.京師蝗。6.旱。7.左馮翊雲陽の地裂く。			張奐が南匈奴單于を率い鮮卑撃退（張奐傳、『北堂書鈔』卷63引謝承『後漢書』）。
	159	延熹2	夏.京師雨水(五行志は霖雨50餘日)。			桓帝が梁冀一族を誅滅。宦官單超らを封侯。第五訪死に、段熲が護羌校尉となる。燒當羌8種が隴右に寇掠し、護羌校尉段熲が撃破（西羌傳、桓帝紀）。梁冀誅殺に伴い宦官單超ら臺頭し選擧專斷（李雲列傳）。燒當羌ら8部族の羌

					が隴西・金城を寇掠、段熲が湟中義從羌を率い撃退（段熲傳）。
160	延熹3	5.漢中山崩る。			閏月、焼何羌が叛亂して張掖郡に侵攻。護羌校尉段熲が撃破。9月、特定の職務のない官は一時的に俸祿を停止し、豐作時に復活させることとした。11月、勒姐羌が允街縣を包圍し、段熲が撃破した（桓帝紀）。西羌殘黨が張掖を寇掠、段熲が撃退・追擊、冬には勒姐羌・零吾羌を允街で撃退（段熲傳）。
161	延熹4	1.大疫。5.京師雹ふる。6.京兆・右扶風・涼州地震。6.岱山および博（博城縣）の尤來山頽裂。7.京師旱。			零吾が先零羌・上郡沈氏種・牢姐種らと幷州・涼州・三輔寇掠。たまたま段熲に代わり胡閎が護羌校尉となるも、威嚴なく平定失敗。中郎將皇甫規が平定（西羌傳、桓帝紀）。7月、公卿以下の俸祿を減じ、王侯から租の半分を借り上げた。關内侯や官位を賣りに出す（桓帝紀）。皇甫規が太山の賊叔孫無忌を鎭壓、零吾羌・先零羌別種が叛亂し護羌校尉段熲は更迭され、皇甫規が1千萬錢で鎭撫、地方長官を更迭、結果沈氏羌も服屬、1億の經費節減（皇甫規傳）。冬、上郡沈氏・隴西郡牢姐・烏吾の各種羌が幷州・涼州寇掠、段熲は撃退失敗（段熲傳）。
162	延熹5	5.京師地震。			沈氏諸種が張掖・酒泉寇掠。皇甫規が降伏させる。烏吾種が漢陽寇掠。隴西・金城の郡兵が撃破。滇那らが武威・張掖・酒泉寇掠（西羌傳、桓帝紀）。5月、中藏で火事。8月、任務にたえない虎賁・羽林の兵は俸祿を半減し、冬服を支給しない。公卿以下は冬服代の半額を支給する。のち公卿以下の俸祿を借り上げ、王侯からも租稅を借り上げて軍糧を補い、濯龍宮の中藏の錢を出して返濟にあてた（桓帝紀）。宦官盛ん、膨大な郎官（郡國上計吏からなる。700餘人）の俸祿で帑藏空虛ゆえ、以後桓帝期は上計吏→郎官が停止（楊秉列傳）。
163	延熹6				滇那羌の武威・張掖・酒泉寇掠で涼州壞滅（段熲傳）。隴西太守孫羌が滇那

						撃破。胡閎が病氣で段熲が護羌校尉再任（西羌傳、桓帝紀）。陳蕃は作物不育・人材不足・備蓄不足・戰亂持續が重なる點を危惧（陳蕃傳）。
	164	延熹7	5. 京師雹ふる。			段熲が當煎羌を撃破（桓帝紀）。段熲が滇那羌らを降し、當煎羌・勒姐羌を撃退（段熲傳）。
	165	延熹8	6. 氐氐地裂く。8. 京師地震。			2月に段熲が罕姐羌（勒姐羌）撃破、6月に段熲が當煎羌撃破、羌は北進して武都寇掠、8月に初めて土地所有者に畝單位で税錢を斂めさせる（桓帝紀、段熲傳）。羌蠻のせいで收穫少なく民飢える（竇武傳）。
	166	延熹9	1. 歳みのらず、民飢窮多し、また水旱疾疫の困あり、盜賊のおこること南州（長沙・桂陽・零陵などの郡）最も甚し。3. 司隸・豫州の飢死者10の4乃至5戸を滅するものあるにいたる。9. 揚州の6郡、水旱蝗害つらなる。			連年不作ゆえ大司農は今歳の調度の徵求および前年の調の未納入を免除し、災害盜賊のある郡も租を徵收せず、餘郡も半ばとする。7月に沈氐羌が武威・張掖寇掠、9月に大秦國王安敦の使者到來、12月に第1次黨錮の禁（桓帝紀）。武威太守張奐が大司農に轉じたので鮮卑・南匈奴・烏桓・東羌（上郡沈氐羌と安定郡先零羌）が叛亂、再度張奐が鎭撫（張奐傳、董卓列傳）。
霊帝	167	永康1	5. 京師および上黨地裂く（五行志は、5月丙午、洛陽・高平・永壽亭・上黨・泫氏地裂く）。8. 6州大水、勃海海溢る。			正月に先零羌（東羌岸尾）が三輔寇掠、張奐が撃破、當煎羌が武威寇掠、段熲が撃破、段熲が連年續く東羌・先零羌討伐計畫を立案・可決さる、4月に先零羌が三輔寇掠、6月に黨錮解除、10月に先零羌が三輔寇掠、張奐が撃破（桓帝紀、靈帝紀、段熲傳、西羌傳）。靈帝は銅人鑄造計畫を立てるが、國用不足で、臨時徵税をする（陸康列傳）。靈帝期に呂強は、後宮の衣食費が日に數百金であること、近頃穀物が安いのに民が飢えている點、民は穀物を安く賣ってでも縣官に供せねばならない故である點を指摘し、後宮費削減を上言、また靈帝は郡國の貢物等を中署に移し、導行費と名づけ、中尙方に諸郡の寶物を收め、中御府に天下の繒を積み、西

						園に大司農收入を入れ、中廄に太僕の馬を入れる（宦者呂强傳）。
	168	建寧1	6. 京師雨水（五行志は夏霖雨60餘日）。	○	民1+	1月に竇太后・竇武が靈帝擁立、竇太后が臨朝、7月に破羌將軍段熲が先零羌擊破、8月に中常侍曹節らが大將軍竇武・太傅陳蕃を誅殺（靈帝紀）。東羌・先零羌らが三輔寇掠、張奐が尹端・董卓らと擊退、大將軍竇武・太傅陳蕃が中常侍曹節ら誅殺に失敗（張奐傳）。竇太后が中藏府の金錢・彩絹で段熲軍の軍費を增强（段熲傳）。
	169	建寧2	4. 大風、雹ふる。			7月に謁者馮禪が漢陽郡の羌を降すが、羌に與える食糧が縣官にない。羌が叛くと判斷した段熲が決戰し東羌を平定（靈帝紀、段熲傳）、10月に中常侍侯覽らが第二次黨錮の禁（靈帝紀）。
	170	建寧3				燒當羌が貢獻（西羌傳）。
	171	建寧4	2. 地震、海水溢れ、河水淸し。3. 大疫。5. 河東地裂け、雹ふり、山水暴出す（漢紀は4月、河東の地裂くこと12處、各長さ10餘里）。			
	172	熹平1	6. 京師雨水（五行志は霖雨70餘日）。			竇皇太后沒。宦官が段熲に命じ太學生1000人餘逮捕（靈帝紀）。
	173	熹平2	1. 大疫。6. 北海地震、東萊・北海海水溢る、人を漂沒す。			
	174	熹平3	秋. 洛水溢る。	○		
	175	熹平4	4. 郡國7大水（五行志は郡國3）。6. 弘農・三輔蝗。	○		平準令を中準令に更名し、宦官を任命し、內署のひとつとした。以後諸署は宦官が丞・令を占めた（靈帝紀）。
	176	熹平5	4. 天下大旱。			
	177	熹平6	4. 旱。7州蝗。10. 京師地震。東萊冬雷。	○		桓帝陵に孝を盡した市賈數十人を太子舍人とする（靈帝紀）。
	178	光和1	2. 地震（五行志は辛未）。4. 地震。			初めて西邸を開き官を賣り、關內侯・虎賁・羽林に入錢させ、私に公卿を賣らせ、公1000萬錢、卿500萬錢、二千

					石官2000萬錢、四百石400萬錢、本物の有德者は半額か3分の1で、西園に倉庫を建て錢を貯蓄（靈帝紀、注引山陽公載記）。
179	光和2	春．大疫。3．京兆地震。			
180	光和3	秋．表是（酒泉郡）地震、涌水出ず（五行志は秋より翌3年春迄、酒泉表氏の地80餘動、湧水出ず）。	○		
181	光和4	6．雹ふる。			帝は後宮に列肆を作り采女に商賣させ、靈帝も商服着用し飲宴（靈帝紀）。
182	光和5	2．大疫。4．旱。	○		
183	光和6	夏．旱。秋．金城、河水溢る、五原山岸崩る。冬．大寒、東海・東萊・琅邪井中冰の厚さ1尺餘。			大豐作（靈帝紀）。
184	中平1				黃巾の亂、盧植・董卓は張角討伐失敗。三公九卿に馬と弩を據出させ、太官令に集まる諸國の珍味を減らし、祭祀用以外の馬を軍に給し、黨錮の禁を解除。冬に先零種が黃巾に便乘して漢中羌・湟中義從胡の北宮伯玉らと隴右寇掠、金城郡の韓遂・邊章とともに護羌校尉伶徵らを殺す（靈帝紀、董卓傳、西羌傳）。中藏錢と西園の馬も軍に放出（皇甫嵩傳）。反亂のため役賦徵發、崔烈は涼州放棄案を提出するが、傅燮反對（傅燮傳、御覽卷427引謝承『後漢書』）。涼州刺史左昌が徵發時に數千萬錢橫領（蓋勳傳）、この頃枹罕縣で宗建が河首平漢王を自稱、以後30餘年間自立（董卓傳）。
185	中平2	1．大疫。4．大風、雹ふる。7．三輔螟。			2月に南宮修理のため天下の田に1畝10錢を課稅、刺史・郡太守・茂才・孝廉の昇任希望者に助軍費・修宮費を據出させ、西園で值段決定（宦者張讓傳）。邊章・韓遂に備え、皇甫嵩が園陵守備

						（皇甫嵩傳）。3月に崔烈が司徒を購入。北宮伯玉らが宦官討伐を名目に三輔の園陵に迫り、皇甫嵩・張溫・董卓ら敗北、11月に張溫が破る。周愼が追撃失敗。董卓が先零羌討伐に失敗。西園に萬金堂を造る（靈帝紀、董卓傳、應劭傳）。
	186	中平3				南宮玉堂を修築し銅人4・黃鍾4・天祿・蝦蟆を鑄造し、四出文錢を鑄造（靈帝紀、宦者張讓傳）。韓遂が北宮伯玉らを殺し隴西郡を包圍、馬騰も合流し三輔寇掠、のち内部分裂（董卓傳）。
	187	中平4	12. 雨水、大雷電、雹。	○		涼州刺史耿鄙が金城郡の韓遂に敗北、韓遂は傅燮を殺す、關內侯を500萬錢で賣る（靈帝紀）。
	188	中平5	6. 大風。郡國7大水（五行志注引「袁山松書」は山陽・梁・沛・彭城・下邳・東海・琅邪）。			劉焉が益州牧、黃琬が豫州牧、劉虞が幽州牧に、袁紹・曹操らが西園八校尉になり、11月に涼州の王國が陳倉を包圍し皇甫嵩が救援（靈帝紀、西羌傳）。曹嵩が1億錢を西園に獻上し太尉になる（宦者曹騰傳）。
	189	中平6				皇甫嵩が涼州の王國を破る。4月、靈帝崩御（靈帝紀）。事件多く國用不足ゆえ、子を產み1歲で口錢を據出させる（『水經注』湘水引『零陵先賢傳』）。董卓が小錢鑄造（董卓傳）。

※災害欄は佐藤武敏編『中国災害史年表』（国書刊行会、1993年、11～22頁）による。贖罪欄は付表1による。対羌戦争欄はおもに『後漢書』西羌伝による。民爵賜与欄は「民ごとに爵1級を増す」場合「民1」と表記し、他もこれに准ずる。他の付属規定がある場合「民1+」とする。

※范曄『後漢書』をおもな出典とする。また『東観漢記校注』（中華書局、2008年）からの引用は「東観＋頁数」に作る。

［付表３］蜀漢の北伐と軍糧の関連年表

蜀紀年	魏紀年	西暦	季節	統帥	出征先	内容	史　料
建興2	黄初5	224	春	諸葛亮	準備	農業	二年春、務農殖穀、閉關息民（蜀書後主傳）。
建興3	黄初6	225	3月	諸葛亮	南蠻	南征	三年春三月、丞相亮南征四郡、四郡皆平。十二月、亮還成都（蜀書後主傳）。三年春、亮率衆南征、其秋悉平（蜀書諸葛亮傳）。建興三年春、亮南征（華陽國志）。
建興5	太和1	227	春	諸葛亮	漢中	農業	五年春、丞相亮出屯漢中、營沔北陽平石馬（蜀書後主傳）。五年率諸軍北駐漢中。…遂行屯于沔陽（蜀書諸葛亮傳）。五年［趙雲］隨諸葛亮駐漢中（蜀書趙雲傳）。
建興6	太和2	228	春	諸葛亮	祁山	北伐・徙民・屯田・食糧問題	六年春、亮出攻祁山、不克（蜀書後主傳）。六年春……亮身率諸軍攻祁山…南安・天水・安定三郡叛魏應亮、關中響震。魏明帝西鎭長安、命張郃拒亮、亮使馬謖督諸軍在前、與郃戰于街亭。謖違亮節度、擧動失宜、大爲郃所破。亮拔西縣千餘家、還于漢中、戮謖以謝（蜀書諸葛亮傳）。會馬謖敗於街亭、亮拔將西縣千餘家及［姜］維等還（蜀書姜維傳）。
建興6	太和2	228	春	趙雲・鄧芝	斜谷長安		六年春、揚聲由斜谷道取郿、使趙雲・鄧芝爲疑軍、據箕谷、魏大將軍曹眞擧衆拒之（蜀書諸葛亮傳）。頃大水暴出、赤崖以南、橋閣悉壞。時趙子龍與鄧伯苗、一戍赤崖屯田、一戍赤崖口、但得緣崖與伯苗相聞而已（水經注沔水）。
建興6	太和2	228	12月	諸葛亮	陳倉	北伐・食糧不足	冬復出散關、圍陳倉。糧盡退。魏將王雙率軍追亮、亮與戰破之、斬雙。還漢中（蜀書後主傳）。六年…冬、亮復出散關、圍陳倉、曹眞拒之、亮糧盡而還。魏將王雙率騎追亮、亮與戰破之、斬雙（蜀書諸葛亮傳）。十二月、諸葛亮圍陳倉（魏書明帝紀）。
建興7	太和3	229	春	陳式	武都・陰平	北伐・徙民	七年春、亮遣陳式攻武都・陰平、遂克定二郡。冬、亮徙府營於南山下原上、築漢・樂二城（蜀書後主傳）。七年、亮遣陳式攻武都・陰平。魏雍州

							刺史郭淮率衆欲撃式、亮自出至建威、淮退還、遂平二郡。詔策亮曰「…今歳爰征、郭淮遁走。降集氐羌、興復二郡、威鎮凶暴、功勳顯然…」(蜀書諸葛亮傳)。建興七年、丞相諸葛亮遣護軍陳戒伐之、遂平武都・陰平二郡。還屬益州。魏將夏侯淵・張郃・徐晃征伐常由此郡、而蜀丞相亮及魏延・姜維等多從此出秦川、遂荒無留民(華陽國志漢中志)。
建興8	太和4	230	秋？	魏延	陽谿	小規模北伐	八年…魏延破魏雍州刺史郭淮于陽谿(蜀書後主傳)。丞相司馬魏延・將軍呉懿西入羌中、大破魏後將軍費曜・雍州刺史郭淮於陽溪（華陽國志は秋の魏軍侵攻以降に繫年)。
建興9	太和5	231	3月	諸葛亮	祁山	北伐・食糧不足	九年春二月、亮復出軍圍祁山、始以木牛運。魏司馬懿・張郃救祁山。夏六月、亮糧盡退軍、郃追至青封、與亮交戰、被箭死（蜀書後主傳)。九年、亮復出祁山、以木牛運、糧盡退軍、與魏將張郃交戰、射殺郃（蜀書諸葛亮傳)。初、亮出、議者以爲亮軍無輜重、糧必不繼、不撃自破、無爲勞兵。或欲自芟以奪賊食、帝皆不從。前後遣兵增宣王［=司馬懿］軍、又敕使護麥。宣王與亮相持、賴得此麥以爲軍糧（明帝紀注引魏書)。
建興10	太和6	232	年間	諸葛亮	準備	農業	十年、亮休士勸農於黃沙、作流馬木牛畢、教兵講武（蜀書後主傳)。
建興11	太和7～青龍1	233	冬	諸葛亮	準備	兵站確保	十一年冬、亮使諸軍運米、集於斜谷口、治斜谷邸閣（蜀書後主傳)。
建興12	青龍2	234	2～8月	諸葛亮	五丈原	北伐・屯田	十二年春二月、亮由斜谷出、始以流馬運。秋八月、亮卒于渭濱（蜀書後主傳)。十二年春、亮悉大衆由斜谷出、以流馬運、據武功五丈原、與司馬宣王對於渭南。亮每患糧不繼、使己志不申、是以分兵屯田、爲久駐之基。耕者雜於渭濱居民之間、而百姓安堵、軍無私焉。相持百餘日。其年八月、亮疾病、卒于軍（蜀書諸葛亮傳)。諸葛亮耕於渭濱、規抗上國（晉書食貨

							志)。明帝青龍二年四月、大疫。蜀相諸葛亮出斜谷、卒于渭南（御覽卷879引臧榮緒晉書)。
建興14	青龍4	236	4月	武都氐王苻健	武都	徙民	十四年夏四月…徙武都氐王苻健及氐民四百餘戶於廣都（蜀書後主傳)。
延熙元	景初2	238	11月	蔣琬	準備	屯田	延熙元年……冬十一月、大將軍蔣琬出屯漢中（蜀書後主傳)。延熙元年、詔琬曰「……君其治嚴、總帥諸軍屯住漢中、須吳擧動、東西掎角、以乘其釁」。又命琬開府、明年就加爲大司馬（蜀書蔣琬傳)。延熙元年、［姜維］隨大將軍琬住漢中（蜀書姜維傳)。
延熙2～13	景初3～熹平2	239-250	春	姜維	羌中・西平	小規模西征・徙民	［蔣］琬既遷大司馬、以［姜］維爲司馬、數率偏軍西入。六年……（蜀書姜維傳)。延熙二年春……輔漢將軍姜維領大司馬司馬西征、入羌中（華陽國志)。［延熙］十二年……秋、衞將軍姜維出攻雍州、不克而還。將軍句安・李韶降魏（蜀書後主傳)。［延熙］十二年、假維節、復出西平、不克而還（蜀書姜維傳)。乃者蜀將姜維寇鈔［郭］脩郡、爲所執略（魏書三少帝紀)。［延熙］十三年、姜維復出西平、不克而還（蜀書後主傳)。
延熙3	正始1	240	春	張嶷	越巂	南征	三年春、使越巂太守張嶷平定越巂郡(蜀書後主傳)。
延熙5	正始3	242	正月	姜維	涪	屯田	五年春正月、監軍姜維督偏軍、自漢中還屯涪縣（蜀書後主傳)。
延熙10～11	正始8～9	247-248		姜維	隴西	小規模北伐	［延熙］十年、涼州胡王白虎文・治無戴等率衆降、衞將軍姜維迎逆安撫、居之于繁縣（蜀書後主傳)。［姜維］又出隴西・南安・金城界、與魏大將軍郭淮・夏侯霸等戰於洮西。胡王治無戴等擧部落降、維將還安處之（蜀書姜維傳)。［正始］八年、隴西・南安・金城・西平諸羌餓何・燒戈・伐同・蛾遮塞等相結叛亂、攻圍城邑、南招蜀兵、涼州名胡治無戴復叛應之。討蜀護軍夏侯霸督諸軍屯爲翅。［姜］維果攻爲翅、會［郭］淮軍適至、維遁退。進討叛羌、斬餓何・燒戈、降服者萬餘落。［正始］九年、遮塞等屯

							河關・白土故城、據河拒軍。淮…大破之。治無戴圍武威、家屬留在西海。淮進軍趨西海、欲掩取其累重。會無戴折還、與戰於龍夷之北、破走之。…姜維出石營、從彊川、乃西迎治無戴(魏書郭淮傳)。
延熙10	正始8	247		姜維	汶山	小規模遠征	汶山平康夷反、維往討、破平之（蜀書後主傳)。［延熙］十年……汶山平康夷反、維率衆討定之（蜀書姜維傳)。後主延熙十年、平康夷反。衞將軍姜維討平之。維資此郡、屢出兵狄道(華陽國志)。
延熙11	正始9	248	5月	費禕	漢中	屯田	［延熙］十一年夏五月、大將軍費禕出屯漢中（蜀書後主傳)。［延熙］十一年、出住漢中（蜀書費禕傳)。
延熙11	正始9	248	秋	姜維	涪陵屬國	小規模遠征	十一年…秋、涪陵屬國民夷反、車騎將軍鄧芝往討、皆破平之（蜀書後主傳)。
延熙12	嘉平1	249	秋	姜維 句安 李歆	麴山	小規模北伐	嘉平初…蜀大將軍姜維率衆依麴山築二城、使牙門將句安・李歆等守之、聚羌胡質任等寇偪諸郡。征西將軍郭淮與［陳］泰謀所以禦之。泰曰「麴城雖固、去蜀險遠、當須運糧。…」。淮從泰計…維果來救…維懼、遁走、安等孤縣、遂皆降（魏書陳泰傳)。嘉平元年…［郭淮］與雍州刺史陳泰協策、降蜀牙門將句安等於翅上（魏書郭淮傳)。十二年春正月、魏誅大將軍曹爽等、右將軍夏侯霸來降。…秋、衞將軍姜維出攻雍州、不克而還。將軍句安・李韶降魏（蜀書後主傳)。蜀將姜維之寇隴右也、征西將軍郭淮自長安距之。進帝［=司馬昭］位安西將軍・持節、屯關中、爲諸軍節度。淮攻維別將句安於麴、久而不決。帝乃進據長城、南趨駱谷以疑之。維懼、退保南鄭、安軍絕援、帥衆來降（晉書文帝紀)。
延熙13	嘉平2	250		姜維	西平	小規模北伐	［延熙］十三年、姜維復出西平、不克而還（蜀書後主傳)。
延熙14～15	嘉平3～4	251-252	年間	費禕	漢中	屯田・北伐準	十四年夏、大將軍費禕還成都。冬、復北駐漢壽。大赦（蜀書後主傳)。往

						備	歳僞大將軍費禕驅率羣衆、陰圖闚椿、道經漢壽、請會衆賓、脩於廣坐之中手刀擊禕（魏書三少帝紀）。
延熙16	嘉平5	253	4月	姜維	南安	北伐食糧不足	［延熙］十六年…夏四月、衞將軍姜維復率衆圍南安、不克而還（蜀書後主傳）。［延熙］十六年…夏、維率數萬人出石營、經董亭、圍南安、魏雍州刺史陳泰解圍至洛門、維糧盡退還（蜀書姜維傳）。
延熙17	嘉平6～正元1	254	6月	姜維	隴西狄道河關臨洮靈州？	北伐・徙民	十七年……夏六月、維復率衆出隴西。冬、拔狄道・河關・臨洮三縣民、居于綿竹・繁縣（蜀書後主傳）。明年……復出隴西、守狄道長李簡擧城降。圍襄武、與魏將徐質交鋒、斬首破敵、魏軍敗退。維乘勝多所降下、拔河關・狄道・臨洮三縣民還（蜀書姜維傳）。蜀將姜維又寇隴右、揚聲欲攻狄道。以帝［=司馬昭］行征西將軍、次長安。雍州刺史陳泰欲先賊據狄道、帝曰「姜維攻羌、收其質任、聚穀作邸閣訖、而復轉行至此、正欲了塞外諸羌、爲後年之資耳。若實向狄道、安肯宣露、令外人知。今揚聲言出、此欲歸也」。維果燒營而去。會新平羌胡叛、帝擊破之、遂耀兵靈州、北虜震讋、叛者悉降（晉書文帝紀）。
延熙18	正元2	255	夏	姜維	狄道洮西	北伐	［延熙］十八年春…夏、復率諸軍出狄道、與魏雍州刺史王經戰于洮西、大破之。經退保狄道城、維卻住鍾題（蜀書後主傳）。後十八年、復與車騎將軍夏侯霸等俱出狄道、大破魏雍州刺史王經於洮西、經衆死者數萬人。經退保狄道城、維圍之。魏征西將軍陳泰進兵解圍、維卻住鍾題（蜀書姜維傳）。
延熙19	正元3～甘露1	256	春	姜維	段谷	北伐・食糧奪取失敗	十九年春、進姜維位爲大將軍・督戎馬、與鎭西將軍胡濟期會上邽、濟失誓不至。秋八月、維爲魏大將軍鄧艾所破于上邽。維退軍還成都（蜀書後主傳）。十九年春…［姜維］更整勒戎馬、與鎭西大將軍胡濟期會上邽、濟失誓不至、故維爲魏大將鄧艾所破於

							段谷、星散流離、死者甚衆（蜀書姜維傳）。［鄧艾］解雍州刺史王經圍於狄道、姜維退駐鍾提、乃以艾爲安西將軍・假節・領護東羌校尉。議者多以爲維力已竭、未能更出。艾曰「洮西之敗、非小失也。破軍殺將、倉廩空虛、百姓流離、幾於危亡。今以策言之、彼有乘勝之勢、我有虛弱之實、一也。彼上下相習、五兵犀利、我將易兵新、器杖未復、二也。彼以船行、吾以陸軍、勞逸不同、三也。狄道・隴西・南安・祁山各當有守、彼專爲一、我分爲四、四也。從南安・隴西、因食羌穀、若趣祁山、熟麥千頃、爲之縣餌、五也。賊有黠數、其來必矣」。頃之、維果向祁山、聞艾已有備、乃回從董亭趣南安、艾據武城山以相持。維與艾爭險、不克、其夜、渡渭東行、緣山趣上邽、艾與戰於段谷、大破之（魏書鄧艾傳）。
延熙20	甘露2年	257	5月～	姜維	駱谷	北伐・食糧收奪失敗	二十年、聞魏大將軍諸葛誕據壽春以叛、姜維復率衆出駱谷、至芒水（蜀書後主傳）。二十年［五月］魏征東大將軍諸葛誕反於淮南、分關中兵東下。維欲乘虛向秦川、復率數萬人出駱谷、徑至沈嶺。時長城積穀甚多而守兵乃少、聞維方到、衆皆惶懼。魏大將軍司馬望拒之、鄧艾亦自隴右、皆軍于長城。維前住芒水、皆倚山爲營。望・艾傍渭堅圍、維數下挑戰、望・艾不應。景耀元年、維聞誕破敗、乃還成都（蜀書姜維傳）。甘露…二年、［鄧艾］拒姜維于長城、維退還（魏書鄧艾傳）。
景耀5	景元3	262		姜維	侯和漢沓中	北伐・屯田	［景耀］五年……姜維復率衆出侯和、爲鄧艾所破、還住沓中（蜀書後主傳）。五年、維率衆出漢・侯和、爲鄧艾所破、還住沓中。…不復還成都（蜀書姜維傳）。景元三年、［鄧艾］又破［姜］維于侯和、維卻保沓中（魏書鄧艾傳）。［姜］維惡黃皓恣擅…後主勅皓詣維陳謝。維說皓求沓中種麥、以

							避內逼耳（華陽國志）。蜀劉禪時、地震。時黄皓專政、閹官無陽施、猶婦人也。此皓見任之應。是年、終蜀亡（御覽880引臧榮緒晉書）。於是［司馬昭］徵四方之兵十八萬、使鄧艾自狄道攻姜維於沓中、雍州刺史諸葛緒自祁山軍于武街、絕維歸路、鎮西將軍鍾會帥前將軍李輔・征蜀護軍胡烈等自駱谷襲漢中。秋八月、軍發洛陽、大賚將士、陳師誓衆。…九月、又使天水太守王頎攻維營、隴西太守牽弘邀其前、金城太守楊欣趣甘松。鍾會分爲二隊、入自斜谷、使李輔圍王含於樂城、又使部將易愷攻蔣斌於漢城。會直指陽安、護軍胡烈攻陷關城。姜維聞之、引還、王頎追敗維於彊川。維與張翼・廖化合軍守劍閣、鍾會攻之（晉書文帝紀）。夏五月詔曰「蜀、蕞爾小國、土狹民寡、而姜維虐用其衆、曾無廢志。往歲破敗之後、猶復耕種沓中、刻剝衆羌、勞役無已、民不堪命…」。又命鎮西將軍鍾會由駱谷伐蜀（魏書陳留王奐紀）。

※延熙2～13年に姜維はたびたび遠征を行なっているが、費禕存命中、姜維は主力を動かせなかったので、そのときの遠征内容覧には「小規模」の語を付した。建興8年の魏延の北伐も、諸葛亮の名がなく、蜀漢主力は動いていないので、「小規模」の語を付した。

［付表４］各種の『晉書』よりみた銭・黄金・布帛の授受

番号	皇帝	年号	西暦	賜与物	授者	受者	理由	詳細	巻数
1	武帝	泰始1	265	絹二千匹	武帝	司馬孚	賜與	及武帝受禪、陳留王［曹奐］就金墉城、［司馬］孚拜辭、執王手、流涕歔欷、不能自勝。…［武帝司馬炎］又以孚內有親戚、外有交游、惠下之費、而經用不豐、奉絹二千匹。	j37
2		泰始1	265	錢三十萬等	皇帝	盧欽	賜與	武帝受禪、［盧欽］以爲都督沔北諸軍事・平南將軍・假節、給…御府人馬鎧等及錢三十萬。…入爲尚書僕射、加侍中・奉車都尉、領吏部。以淸貧、特賜絹百匹。	j44
3				絹百匹	皇帝	盧欽	賜與		
4		泰始1	265	殘碎繒絮	不明	董京	賣買	董京…被髮而行、逍遙吟詠、常宿白社中。時乞於市、得殘碎繒絮、結以自覆、全帛佳緜則不肯受。或見推排罵辱、曾無怒色。孫楚時…。※王9に類似の文。「太始初」に繫年。	j94
5		泰始2	266	錢三十萬・布百匹等	皇帝	王沈	喪葬	泰始二年［王沈］薨。帝素服擧哀、賜祕器朝服一具・衣一襲・錢三十萬・布百匹・葬田一頃、諡曰元。	j39
6		泰始3	267	帛各有差	皇帝	王公以下	吏俸增額	詔曰「…今在位者祿不代耕、非所以崇化之本也。其議增吏俸」。賜王公以下帛各有差。	j3
7		泰始3	267	帛萬餘匹	皇帝	弟子百人	賜與	文帝爲晉王…於是令賈充定法律…泰始三年、事畢、表上。武帝詔曰「…夫立功立事、古今之所重、宜加祿賞…輒如詔簡異弟子百人、隨才品用、賞帛萬餘匹」。	j30
8		泰始4	268	帛各有差	皇帝	官吏	賜與	律令成、封爵賜帛各有差。	j3
9		泰始5	269	錢三十萬・布帛百匹等	皇帝	王祥	喪葬	泰始五年［王祥］薨、詔賜東園祕器・朝服一具・衣一襲・錢三十萬・布帛百匹。	j33
10		泰始6	270	絹百匹	皇帝	太常	賜與	武帝泰始六年十二月、帝臨辟雍、行鄉飲酒之禮。詔曰「禮儀之廢久矣、乃今復講肄舊典」。賜太常絹百匹、丞・博士及學生牛酒。	j21

11	泰始6	270	帛等	皇帝	太常博士學生	賜與	幸辟雍、行鄉飲酒之禮、賜太常博士・學生帛牛酒各有差。	j3
12	泰始7	271	錢三十萬・布百匹等	皇帝	裴秀	喪葬	泰始七年［裴秀］薨…。詔曰「…朕甚痛之。其賜祕器・朝服一具・衣一襲・錢三十萬・布百匹。諡曰元」。	j35
13	泰始7	271	帛各有差	皇帝	王公以下	慶事	皇太子冠、賜王公以下帛各有差。	j3
14	泰始7	271	金帛	不明	司馬望	財産	泰始七年薨…賻贈有加。［司馬］望性儉吝而好聚斂、身亡之後、金帛盈溢、以此獲譏。	j37
15	泰始7？	271頃	錢五十萬（等）	皇帝	鄭袤	賜與 退職	武帝踐阼、［鄭袤］進爵爲侯。雖寢疾十餘年、而時賢並相推薦。泰始中…以侯就第、拜儀同三司、置舍人官騎、賜牀帳簟褥錢五十萬。※王6：太始七年、以鄭袤爲司馬。…遣息稱疾。…久之見許。以侯就第、拜儀同三司、置舍人官騎、賜床帳簟褥錢五十萬。	j44
16	泰始8	272	錢三十萬・布百匹等	皇帝	石苞	喪葬	泰始八年［石苞］薨。帝發哀於朝堂、賜祕器・朝服一具・衣一襲・錢三十萬・布百匹。及葬、給節・幢・麾・曲蓋・追鋒車・鼓吹・介士・大車、皆如魏司空陳泰故事、車駕臨送於東掖門外。	j33
17	泰始8	272	緋練百匹・絹布各五百匹・錢百萬等	皇帝	司馬孚	喪葬	［司馬］孚…泰始八年薨…詔曰「王勳德超世、尊寵無二…其以東園溫明祕器・朝服一具・衣一襲・緋練百匹・絹布各五百匹・錢百萬・穀千斛以供喪事…」。	j37
18	泰始9	273	錢百萬・絹五百匹等	皇帝	鄭沖	退職	［泰始］九年、［鄭］沖又抗表致仕。詔曰「太傅韞德深粹…其賜几杖、不朝。…又賜安車駟馬・第一區・錢百萬・絹五百匹、牀帷簟褥、置舍人六人、官騎二十人。…」。	j33
19	泰始9	273	錢三十萬・絹布各百匹等	皇帝	鄭袤	喪葬	［泰始］九年［鄭袤］薨…。帝於東堂發哀、賜祕器・朝服一具・衣一襲・錢三十萬・絹布各百匹、以供喪事。諡曰元。	j44
20	泰始9	273	錢三十	皇帝	庾峻	喪葬	武帝踐阼…［庾峻］常侍帝講詩…	j50

				萬等				［泰始］九年、［庾峻］卒、詔賜朝服一具・衣一襲・錢三十萬。	
21		泰始10	274	錢三十萬・布百匹等	皇帝	鄭沖	喪葬	明年、［鄭沖］薨、帝於朝堂發哀、追贈太傅、賜祕器・朝服・衣一襲・錢三十萬・布百匹。謚曰成。	j33
22		泰始	265〜274	帛百匹	皇帝	范粲	問疾	泰始中、［范］粲同郡孫和時爲太子中庶子、表薦粲、稱其操行高潔、久嬰疾病…乃詔郡縣給醫藥、又以二千石祿養病、歲以爲常、加賜帛百匹。	j94
23		泰始	265〜274	錢二十萬	皇帝	向雄	遷職	泰始中、［向雄］累遷秦州刺史、假赤幢・曲蓋・鼓吹、賜錢二十萬。	j48
24		泰始	265〜274	錢三十萬・布百匹等	皇帝	侯史光	喪葬	［侯史光］後遷少府、卒官、詔賜朝服一具・衣一襲・錢三十萬・布百匹。及葬、又詔曰「光厲志守約、有清忠之節。家極貧儉、其賜錢五十萬」。	j45
25				錢五十萬	皇帝	侯史光家	追賜		
26		泰始？	265〜274	帛等	時人	劉殷	贈與	劉殷…服喪三年…時人嘉其至性通感、競以穀帛遺之。殷受而不謝、直云待後貴當相酬耳。…弱冠…齊王攸辟爲掾…。	j88
27		泰始〜	265〜274	錢二十萬等	皇帝	華表	喪葬	泰始中、［華表］拜太子少傅、轉光祿勳、遷太常卿。數歲以老病乞骸骨。詔曰「…今聽如所上、以爲太中大夫、賜錢二十萬・牀帳褥席、祿賜與卿同、門施行馬」。	j44
28		泰始〜	265〜274	錢	民	姦淫亡命・老小貧戸	違法収入	［潘嶽］轉懷令。時以逆旅逐末廢農、姦淫亡命、多所依湊…使老小貧戸守之、又差吏掌主、依客舍收錢。	j55
29		咸寧初	275	絹三百匹	皇帝	王祥	賜與	咸寧初、以［王］祥家甚貧儉、賜絹三百匹、拜［王］馥上洛太守、卒謚曰孝。	j33
30		咸寧初	275	錢十萬	皇帝	李胤	賜與藥代	咸寧初…［李］胤雖歷職內外、而家至貧儉、兒病無以市藥。帝聞之、賜錢十萬。※王6「咸寧二年、李胤爲尚書令。雖歷職內外、而在公退食家室。至貧儉、兒病無以市藥。上賜錢十萬」。	j44

31	咸寧初	275	賜錢二十萬等	皇帝	王覽	退職	咸寧初詔曰「[王] 覽少篤至行…」。頃之、以疾上疏乞骸骨。詔聽之、以太中大夫歸老、賜錢二十萬・牀帳薦褥、遣殿中醫療疾給藥。後轉光祿大夫、門施行馬。	j33
32	～咸寧	～275	絹	羊祜	吳	返濟	[羊] 祜出軍行吳境、刈穀爲糧、皆計所侵、送絹償之。	j34
33	～咸寧	～275	錢二百萬等	皇帝	荀顗家	家代	[荀顗] 以泰始十年薨。…詔曰「…朕甚痛之。其賜溫明祕器・朝服一具・衣一襲。謚曰康」。又詔曰「…其賜家錢二百萬、使立宅舍」。感寧初…。	j39
34	咸寧2	276	帛二百匹	皇帝	傅詢	賜與	以平州刺史傅詢・前廣平太守孟桓清白有聞、詢賜帛二百匹、桓百匹。	j3
35			帛百匹		孟桓			
36	咸寧3	277	錢五十萬等	皇帝	司馬亮	之國	[感寧] 三年、[司馬亮] 徙封汝南、出爲鎭南大將軍・都督豫州諸軍事・開府・假節、之國、給追鋒車・皁輪犢車・錢五十萬。	j59
37	咸寧3	277	絹各五百匹	皇帝	賈充・司馬攸・荀勗	賜與返報	會帝寢疾、[賈] 充及齊王 [司馬] 攸・荀勖參醫藥。及疾愈、賜絹各五百匹。…咸寧三年…。	j40
38	～感寧4	～278	錢百萬・絹五百匹等	皇帝	何曾	退職	[何] 曾以老年、屢乞遜位。詔曰「…其進太宰、侍中如故。朝會劍履乘輿上殿、如漢相國蕭何・田千秋・魏太傅鍾繇故事。賜錢百萬・絹五百匹及八尺牀帳簟褥自副。…」。…感寧四年薨。	j33
39	咸寧4	278	布五十匹・錢三十萬等	皇帝	盧欽	喪葬	咸寧四年 [盧欽] 卒。詔曰「…朕甚悼之。其贈衞將軍・開府儀同三司、賜祕器・朝服一具・衣一襲・布五十匹・錢三十萬」。…又以欽忠清高潔…家無所庇、特賜錢五十萬、爲立第舍。	j44
40			錢五十萬	皇帝	盧欽家	追賜		
41	咸寧4	278	錢三十萬・布百匹	皇帝	何曾	喪葬	咸寧四年 [何曾] 薨、時年八十。帝於朝堂素服擧哀、賜東園祕器・朝服一具・衣一襲・錢三十萬・布百匹。	j33
42	咸寧4	278	錢三十萬・布百匹等	皇帝	羊祜	喪葬	[羊祜] 疾漸篤、乃擧杜預自代。尋卒…。帝素服哭之、甚哀。…賜以東園祕器・朝服一襲・錢三十萬・布百匹。	j34

43		咸寧5	279	絹六千	皇帝	周浚	軍功	［周］浚既濟江、與［王］渾共行吳城壘、綏撫新附、以功進封成武侯、食邑六千戶、賜絹六千匹。明年、移鎭秣陵。時吳初平…。	j61
44		咸寧5	～279	五十萬錢	皇帝	李憙	退職	［李熹］遷尙書僕射、拜特進・光祿大夫、以年老遜位。詔曰「…其因光祿之號、改假金紫、置官騎十人、賜錢五十萬、祿賜班禮、一如三司、門施行馬」。初、［李］憙爲僕射時、涼州虜寇邊、憙唱義遣軍討之。朝士…竟不從之。後…涼州覆沒、朝廷深悔焉。以憙清素貧儉、賜絹百匹。及齊王［司馬］攸出鎭…。	j41
45				絹百匹	皇帝	李憙	賜與		
46		～太康	～280	絹百匹	皇帝	魏舒	賜與	［魏舒］…出爲冀州刺史、在州三年、以簡惠稱。入爲侍中。武帝以舒清素、特賜絹百匹。…太康初…。	j41
47		～太康	～280	錢五十萬等	皇帝	魏舒	賜與喪葬	［魏舒］遷尙書、以公事當免官、詔以贖論。舒三娶妻皆亡、是歲自表乞假還本郡葬妻、詔賜葬地一頃・錢五十萬。太康初…。※王6に類似の文。	j41
48		～太康	～280	錢數十萬	不明	鮑瑗	賣買	上黨鮑瑗家多喪病貧苦、或謂之曰「淳于叔平［智］神人也、君何不試就卜、知禍所在」。…會智來…曰「君安宅失宜、故令君困。君舍東北有大桑樹、君徑至市、入門數十步、當有一人持荊馬鞭者、便就買以懸此樹、三年當暴得財」。瑗承言詣市、果得馬鞭、懸之三年、浚井、得錢數十萬、銅鐵器復二十餘萬、於是致贍、疾者亦愈。…太康末…。※臧17・可7・王10にほぼ同文。何7は「錢數十萬」を「錢千萬」に作る。何7・王10は「銅鐵器復二十餘萬」を「銅鐵雜器復可二十餘萬」に作る。	
49		太康1	280	絹八千匹	皇帝	羊耽	軍功	孫晧既平…［羊祜］以功進爵當陽縣侯、增邑幷前九千六百戶、封子［羊］耽爲亭侯、千戶、賜	j34

								絹八千匹。	
50		太康1	280	絹萬匹	皇帝	張華	軍功	初、帝潛與羊祜謀伐吳…唯［張］華贊成其計。…及吳滅、詔曰「尙書・關內侯張華、前與故太傅羊祜共創大計…其進封爲廣武縣侯・增邑萬戶、封子一人爲亭侯・千五百戶、賜絹萬匹」。	j36
51		太康1	280	絹六千匹	皇帝	司馬伷	軍功	平吳之役…詔曰「琅邪王［司馬］伷督率所統…功勳茂著、其封子二人爲亭侯、各三千戶、賜絹六千匹」。	j38
52		太康1	280	絹千匹	皇帝	荀勖	賜與軍功？	及王濬表請伐吳、［荀］勖與賈充固諫不可、帝不從、而吳果滅。以專典詔命、論功封子一人爲亭侯、邑一千戶、賜絹千匹。	j39
53		太康1	280	絹八千匹	皇帝	王渾	軍功	孫晧司徒何植・建威將軍孫晏送印節、詣［王］渾降。…帝［司馬炎］下詔曰「…遂平定秣陵、功勳茂著。其增封八千戶、進爵爲公、封子澄爲亭侯、弟湛爲關內侯、賜絹八千匹」。	j42
54		太康1	280	絹六千匹	皇帝	唐彬	軍功	吳平、詔曰「廣武將軍唐彬…東禦吳寇…其以彬爲右將軍・都督巴東諸軍事」。徵拜翊軍校尉、改封上庸縣侯、食邑六千戶、賜絹六千匹。	j42
55		太康1	280	絹六千匹	皇帝	王戎	軍功	［王］戎督大軍臨江、吳牙門將孟泰以蘄春・邾二縣降。吳平、進爵安豐縣侯、增邑六千戶、賜絹六千匹。	j43
56		太康1	280	帛各有差	皇帝	公卿以下	慶事	帝臨軒大會、引［孫］晧升殿、羣臣咸稱萬歲。…於是論功行封、賜公卿以下帛各有差。	j3
57		太康1	280	帛八千匹	皇帝	賈充	賜與	王濬之克武昌也、［賈］充遣使表曰「吳未可悉定…宜召諸軍、以爲後圖…」。…帝不從。…吳平、軍罷。帝遣侍中程咸犒勞、賜充帛八千匹、增邑八千戶。	j40
58		太康1	280	帛等各有差	皇帝	六宮	婚姻	太康初…［魏］舒上言「今選六宮、聘以玉帛…」。	j41
59		太康1	280	布帛	不明	八百餘人	竊盜	［吳平…王］濬復表曰…臣軍先至、爲土地之主。百姓之心、皆歸仰	j42

								臣、臣切敕所領、秋毫不犯。…時有八百餘人、緣石頭城劫取布帛。臣牙門將軍馬潛卽收得二十餘人、幷疏其督將姓名、移以附［周］浚…。	
60		太康1	280～	絹萬匹・錢三十萬等	皇帝	王濬（羊祜・王濬）	軍功	［平吳之後、王］濬至京都…拜濬輔國大將軍、領步兵校尉。舊校唯五、置此營自濬始也。…詔依征鎭給五百大車、增兵五百人爲輔國營、給親騎百人・官騎十人、置司馬。封爲襄陽縣侯、邑萬戶。封子彝楊鄕亭侯、邑千五百戶。賜絹萬匹、又賜衣一襲・錢三十萬及食物。※虞： 武帝武帝論平吳功。唯羊祜・王濬・張華三人。各賜絹萬疋。其餘莫得此比。	j42
61		太康3	282	錢二百萬等	皇帝	李胤家	喪葬	太康三年［李胤］薨…詔曰「…身沒、家無餘積、賜胤家錢二百萬・穀千斛、［李］灌家半之」。	j44
62		太康3	282	帛萬匹等	皇帝	羊祜夫人	賜與	［羊］祜卒二歲而吳平…帝執爵流涕曰「此羊太傅之功也」。…策曰「…今封夫人夏侯氏［＝羊祜夫人］萬歲鄕君、食邑五千戶又賜帛萬匹・穀萬斛」。	j34
63		太康3	282	錢帛等	皇帝	賈充	問疾	［賈充］及疾篤、上印綬遜位。帝遣侍臣諭旨問疾、殿中太醫致湯藥、賜牀帳錢帛、自皇太子宗室躬省起居。太康三年四月薨。	j40
64		～太康4	～283	錢帛等	皇帝	司馬伷	問疾	［司馬伷］疾篤、［武帝］賜牀帳・衣服・錢帛・秔粱等物、遣侍中問焉。太康四年薨。	j38
65		太康4	283	錢五十萬・布百匹等	皇帝	山濤	喪葬	［山濤］太康四年薨。…詔賜東園祕器・朝服一具・衣一襲・錢五十萬・布百匹、以供喪事、策贈司徒蜜印紫綬・侍中貂蟬・新沓伯蜜印青朱綬、祭以太牢、謚曰康。將葬、賜錢四十萬・布百匹。	j43
66				錢四十萬・布百匹等					
67		太康4	283	錢三十萬・布百匹等	皇帝	羊琇	喪葬	及齊王［司馬］攸出鎭也、［羊］琇以切諫忤旨、左遷太僕。既失寵憤怨、遂發病、以疾篤求退。…卒。帝手詔曰「…朕甚悼之。其追贈輔國大將軍・開府儀同三司、	j93

								賜東園祕器・朝服一襲・錢三十萬・布百匹」。	
68		太康5	284	錢三十萬等	皇帝	劉毅	賜與	［劉］毅夙夜在公…言議切直…帝以毅淸貧、賜錢三十萬、日給米肉。年七十、告老。…以光祿大夫歸第、門施行馬、復賜錢百萬。王6：［劉毅］年七十、告老。以光祿大夫致仕、門施行馬、賜錢百三十萬。	j45
69		太康6	285	錢百萬	皇帝	劉毅	退職		
70		太康6	285	絹各有差	皇帝	皇后・公主以下	親桑	及武帝太康六年、散騎常侍華嶠奏…。詔曰「…今藉田有制而蠶禮不修、由中間務多、未暇崇備。今天下無事、宜修禮以示四海…」。…於是蠶於西郊、蓋與藉田對其方也。…事訖、皇后還便坐、公主以下乃就位、設饗宴、賜絹各有差。	j19
71		太康7	286	錢二十萬等	皇帝	馮紞	問疾	太康七年、［馮］紞疾、詔以紞爲散騎常侍、賜錢二十萬・牀帳一具。尋卒。	j39
72		太康8	286	玄纁束帛等	皇帝	女家	婚姻	太康八年、有司奏「婚禮納徵、大婚用玄纁束帛、加珪・馬二駟。王侯玄纁束帛、加璧・乘馬。大夫用玄纁束帛、加羊。古者以皮馬爲庭實、天子加以穀珪、諸侯加大璋、可依『周禮』改璧用璋、其羊雁酒米玄纁如故。諸侯婚禮、加納采・告期・親迎各帛五匹、及納徵馬四匹、皆令夫家自備。惟璋、官爲具致之」。尚書朱整議「…魏氏王娶妃・公主嫁之禮、用絹百九十匹。晉興、故事用絹三百匹」。詔曰「公主嫁由夫氏、不宜皆爲備物、賜錢使足而已。惟給璋、餘如故事」。	j21
73				玄纁束帛等	王侯	女家			
74				玄纁束帛等	大夫	女家			
75				各帛五匹	夫家	納采告期親迎			
76				絹三百匹	王	妃家			
77				錢	夫氏	皇帝			
78		太康8	287	錢二十萬等	皇帝	郭奕	問疾	［郭］奕表［楊］駿小器、不可任以社稷。帝不聽、駿後果誅。及奕疾病、詔賜錢二十萬、日給酒米。太康八年卒。	j45
79		太康9	288	帛各有差	皇帝	內外夫人・命婦	親桑	三月丁丑、皇后親桑于西郊、賜帛各有差。J31：太康九年、［武悼楊皇］后率內外夫人・命婦躬	j3, j31

								桑于西郊、賜帛各有差。	
80		太康10	289	錢五十萬・布百匹等	皇帝	荀勖	喪葬	太康十年［荀勖］卒、詔贈司徒、賜東園祕器・朝服一具・錢五十萬・布百匹。	j39
81		太康10	289	帛有差	皇帝	王公以下	賜與	荀勖卒。帝疾瘳、賜王公以下帛有差。	j3
82		太康末	290	錢百萬等	皇帝	魏舒	退職	及山濤薨［太康4］…［魏舒］後以災異遜位…乃下詔曰「…今聽其所執、以劇陽子［＝魏舒］就第、位同三司、祿賜如前。几杖不朝、賜錢百萬、牀帳簟褥自副…」。…太熙元年…。	j41
83		太熙1〜	290〜	帛二百匹等	楊駿	劉殷	賜與	太傅楊駿輔政（太熙元年〜永寧元年）、備禮聘［劉］殷、殷以母老固辭。駿於是表之、優詔遂其高志、聽終色養、敕所在供其衣食、蠲其傜賦、賜帛二百匹・穀五百斛。	j88
84		武帝期	265〜290	錢百萬・絹五百匹等	皇帝	衞瓘	退職	［衞］瓘慚懼、告老遜位。乃下詔曰「…今聽其所執、進位太保、以公就第。給親兵百人、置長史・司馬・從事中郎掾屬及大車・官騎・麾蓋・鼓吹諸威儀、一如舊典。給廚田十頃・園五十畝・錢百萬・絹五百匹。牀帳簟褥、主者務令優備、以稱吾崇賢之意焉」。…惠帝卽位…。	j36
85		武帝期	265〜290	錢百萬・絹五千匹	皇帝	楊珧	退職	［楊］珧…得幸於武帝、時望在［楊］駿前。以兄貴盛、知權寵不可居、自乞遜位…聽之、賜錢百萬・絹五千匹。	j40
86		武帝？	265〜290	錢千萬	王愷	王濟	賭博	王愷以帝舅奢豪、有牛名「八百里駮」…［王］濟請以錢千萬與牛對射而賭之。愷亦自恃其能、令濟先射。一發破的、因據胡牀、叱左右速探牛心來、須臾而至、一割便去。	j42
87	惠帝	永熙1	290〜	絹萬匹	皇帝	何攀	賜與	楊駿執政…［何］攀以爲非…以豫誅駿功、封西城侯、邑萬戶、賜絹萬匹。弟逢平鄉侯、兄子逵關中侯。攀固讓所封戶及絹之半、餘所受者分給中外宗親、略不入	j45

								己。	
88		元康1	291	布千匹	司馬瑋	能斬亮者	購賞	楚王［司馬］瑋有勳而好立威、［司馬］亮憚之、欲奪其兵權。瑋甚憾…以兵圍之。…遂爲肇所執…瑋出令曰「能斬亮者、賞布千匹」。遂爲亂兵所害…。及瑋誅、追復亮爵位、給東園溫明祕器・朝服一襲・錢三百萬・布絹三百匹、喪葬之禮如安平獻王孚故事、廟設軒懸之樂。	j59
89				錢三百萬・布絹三百匹等	皇帝	司馬亮	喪葬		
90		永平1	291	帛各有差	皇帝	王公已下	慶事	丙午、皇太子冠。…二月甲寅、賜王公已下帛各有差。	j4
91		永平1	291	帛人三匹	皇帝	孝悌高年鰥寡力田	福祉	五月…壬午、除天下戶調緜絹、賜孝悌・高年・鰥寡・力田者帛人三匹。	j4
92		元康4	294	絹二百匹・錢二十萬	皇帝	唐彬	喪葬	［唐］彬…元康四年卒官、時年六十。諡曰襄、賜絹二百匹・錢二十萬。	j42
93		元康4	294	錢二十萬等	皇帝	傅咸	喪葬	元康四年［傅咸］卒官…。詔贈司隸校尉、朝服一具・衣一襲・錢二十萬、諡曰貞。	j47
94		元康7	297	錢百萬	皇帝	周處	喪葬	［周處］遂力戰而沒。追贈平西將軍、賜錢百萬、葬地一頃、京城地五十畝爲第又賜王家近田五頃。	j58
95		元康6～9	296～299	錢等	皇帝	傅祇	退職	氐人齊萬年舉兵反、以［傅］祇爲行安西軍司、加常侍、率安西將軍夏侯駿討平之。遷衛尉、以風疾遜位、就拜常侍、食卿祿秩、賜錢及牀帳等。尋加光祿大夫、門施行馬。	j47
96		元康	291～300	五十萬	氾騰	宗族	贈與	氾騰…敦煌人也。…除郎中。屬天下兵亂、去官還家。太守張閟造之、閉門不見、禮遺一無所受。歎曰「生於亂世、貴而能貧、乃可以免」。散家財五十萬以施宗族。張軌徵之爲府司馬…。※王9にほぼ同文。天下兵亂は八王の亂（291年～）。張軌の涼州刺史就任は301年。	j94
97		永康初	300	錢二萬（毎日）	何劭	多數	消費	［何］劭博學…永康初、遷司徒。趙王倫簒位、以劭爲太宰。及三王交爭、劭以軒冕而游其間、無	j33

								怨之者。而驕奢簡貴、亦有父風。衣裘服翫、新故巨積。食必盡四方珍異、一日之供以錢二萬爲限。…永寧元年薨…。※王6にほぼ同文。	
98		永康1	300	錢二十萬等	皇帝	劉頌	喪葬	及趙王倫之害張華也、［劉］頌哭之甚慟。…於是以頌爲光祿大夫、門施行馬。尋病卒、使使者弔祭、賜錢二十萬・朝服一具、謚曰貞。	j46
99		～永康	～300	錢百萬	皇帝	愍懷太子	支給	及［愍懷太子］長、不好學…又令西園賣葵菜・藍（籃）子・雞麵之屬而收其利。東宮舊制月請錢五十萬、備於衆用、太子恆探取二月、以供嬖寵（愍懷太子は300年死去)。※王7にほぼ同文。「二月」を「三月」に作る。	j53
100		～永寧	～301	帛等	祖逖	貧乏	散財	祖逖…然輕財好俠、慷慨有節尙、毎至田舍、輒稱兄意、散穀帛以賙貧乏、鄕黨宗族以是重之。…辟齊王冏大司馬掾・長沙王乂驃騎祭酒、轉主簿。…從惠帝北伐…。※齊王冏の大司馬就任は永寧元年（301)。永寧2年（302）死去。	j62
101		永寧1	301	百錢	司馬榦	齊王冏	贈與	齊王［司馬］冏之平趙王［司馬］倫也…［司馬］榦獨懷百錢、見冏出之曰「趙王逆亂、汝能義擧、是汝之功、今以百錢賀汝。雖然、大勢難居、不可不愼」。	j38
102		太安初	302	錢百萬等	皇帝	劉寔	退職	太安初、［劉］寔以老病遜位、賜安車駟馬・錢百萬、以侯就第。	j41
103		太安1	302	帛	皇帝	孤寡	慶事福祉	以淸河王［司馬］遐子［司馬］覃爲皇太子、賜孤寡帛、大酺五日。	j4
104		～太安2	～303	錢帛	李咸馮南吳定徐泰等	諸官	覆察	時［吳王］晏信任部將、使覆察諸官錢帛、［陸］雲又陳曰「伏見令書、以部曲將李咸・馮南・司馬吳定・給使徐泰等覆校諸官市買錢帛簿…。［請罷之］」。	j54
105		太安2	303	帛三匹	皇帝	鰥寡高年	慶事福祉	河間王［司馬］顒表請立成都王穎爲太弟。…詔曰「…其以穎爲皇太弟・都督中外諸軍事、丞相如故」。大赦、賜鰥寡高年帛三匹、	j4

							大酺五日。	
106	太安2	303	絹千匹	皇帝	華譚	軍功	永寧初、［華譚］出爲郟令。…譚甚有政績、再遷廬江内史、加綏遠將軍。時石冰之黨陸珪等屯據諸縣、譚遣司馬褚敦討平之。…以功封都亭侯、食邑千戶、賜絹千匹。※j4によれば、石冰の亂は太安2年（303年）に編年される。	j52
107	太安2	303	絹五十匹	司馬越	王尼	賜與	初入洛、［王］尼詣［司馬］越不拜。…尼曰「昔楚人亡布、謂令尹盜之。今尼屋舍資財悉爲公軍人所略、尼今飢凍、是亦明公之負也」。越大笑、即賜絹五十匹。※王6に類似の文。「匹」を「疋」に作る。	j49
108	太安2	303	絹五千匹	河間王司馬顒	能殺輿兄弟送首者	購賞	東海王［司馬］越・范陽王司馬虓之擧兵也、以［劉］輿爲潁川太守。及河間王［司馬］顒檄劉喬討［司馬］虓於許昌、矯詔曰「潁川太守劉輿…距逆詔命…能殺輿兄弟送首者、封三千戶縣侯、賜絹五千匹」。	j62
109	建武1	304	絹三千匹・金五十斤	皇帝	有能梟石季龍首者	購賞	［元］帝傳檄天下曰「逆賊石勒…。有能梟［石］季龍首者賞絹三千匹・金五十斤、封縣侯、食邑二千戶。又賊黨能梟送季龍首、封賞亦同之」。	j6
110			絹三千匹・金五十斤		賊黨能梟送石季龍首			
111	永興1	304	錢三千	侍中黃門	皇帝	貸用	安北將軍王浚…攻成都王穎于鄴、大敗之。［司馬］穎與［惠］帝單車走洛陽、服御分散、倉卒上下無齎、侍中黃門被囊中齎私錢三千、詔貸用、所在買飯以供、宮人止食于道中客舍。	j4
112	永興1	304	絹二百匹・緜百斤等	皇帝	鄭志	賜與	王浚攻鄴、［盧］志勸［司馬］穎奉天子還洛陽。…既達洛陽、志啓以滿奮爲司隸校尉。奔散者多還、百官粗備、帝悅、賜志絹二百匹・緜百斤・衣一襲・鶴綾袍一領。	j44
113	～永興	～30	錢數萬	王戎	女適裴	借金	［王］戎…性好興利…積實聚錢…	j43

		2	5			頠		又儉嗇、不自奉養、天下人謂之膏肓之疾。女適裴頠、貸錢數萬、久而未還。女後歸寧、戎色不悅、女遽還直、然後乃歡。	
114		永嘉前	～307	錢	王敦等	阮脩	婚姻準備	［阮］脩居貧、年四十餘未有室、王敦等斂錢爲婚、皆名士也。時慕之者求入錢而不得。…王敦時爲鴻臚卿…。※j98：趙王倫簒位…惠帝反正、敦遷散騎常侍・左衞將軍・大鴻臚・侍中、出除廣武將軍・靑州刺史。永嘉初…」。	j49
115	懷帝	永嘉1?	307	錢三十萬・帛三百匹等	皇帝	王佑三息	賜與	［王］嶠…父［王］佑…爲楊駿腹心。…永嘉末、攜其二弟避亂渡江。時元帝鎭建鄴、教曰「王佑三息始至、名德之胄、並有操行、宜蒙飾敍。且可給錢三十萬・帛三百匹・米五十斛・親兵二十人」。尋以嶠參世子東中郎軍事、不就。	j75
116		永嘉1	307	絹五百萬匹・緜五百萬等	中央	幷州	委輸	永嘉元年、［劉琨］爲幷州刺史…上表曰「…臣伏思此州雖云邊朔、實邇皇畿…當須委輸、乃全其命。今上尙書、請此州穀五百萬斛・絹五百萬匹・緜五百萬斤…」朝廷許之。	j62
117		永嘉1	307	帛各丈尺等	司馬騰	將士	支給	［司馬］騰發幷州、次于眞定。…其後公師藩與平陽人汲桑等爲羣盜…與張泓故將李豐等將攻鄴［j5：永嘉元年］。…鄴中雖府庫虛竭、而騰資用甚饒。性儉嗇無所振惠、臨急、乃賜將士米可數升、帛各丈尺、是以人不爲用、遂致於禍。	j37
118		永嘉初	307	金銀寶物	王敦	眾	贈與	王敦…尙武帝女襄城公主……永嘉初、徵爲中書監。于時天下大亂、敦悉以公主時侍婢百餘人配給將士、金銀寶物散之於眾、單車還洛。※何7：［王］敦尙武帝女襄城公主、天下大亂、敦將還臺、悉以主嫁。時侍婢百餘人配給將士、金寶一時棄捐。	j98
119		永嘉4	310	布絹各十四萬	民	荊湘江揚	稅收	永嘉四年、［周浚］與長史吳思・司馬殷識上書［懷帝］曰「…戎	j61

				匹				狄交侵、畿甸危逼。…方今王都罄乏、不可久居…淮揚之地、北阻塗山、南抗靈嶽、名川四帶、有重險之固。…臣謹選精卒三萬、奉迎皇駕。輒檄前北中郎將裴憲、行使持節・監豫州諸軍事・東中郎將、風馳即路。荊湘江揚各先運四年米租十五萬斛・布絹各十四萬匹、以供大駕。…」。	j61
120		～永嘉5	～311	二千萬	庾敳	司馬越	贈與	［庾］敳有重名…後以其性儉家富、［劉輿］說［司馬］越、令就換錢千萬、冀其有吝、因此可乘。越於衆坐中問於敳、而敳乃踊然已醉、幘墮机上、以頭就穿取、徐答云「下官家有二千萬、隨公所取矣」。輿於是乃服。越甚悅。	j50
121		永嘉5	311	絹二匹	華譚	甘卓使	賜與	及甘卓討［周］馥…甘卓嘗爲東海王［司馬］越所捕、下令敢有匿者誅之、卓投［華］譚而免。及此役也、卓遣人求之曰「華侯安在。吾甘揚威使也」。譚答不知、遺絹二匹以遣之。使反、告卓。卓曰「此華侯也」。復求之、譚已亡矣。	j52
122	愍帝	建興2	313	束帛	有面刺孤罪者	國家	賜與	建興初…蘭池長…上軍士張冰得璽、文曰皇帝璽。［張］寔曰「孤常忿袁本初［公路の誤か］擬肘…」。因送于京師。下令國中曰「…自今有面刺孤罪者酬以束帛。翰墨陳孤過者答以筐篚。謗言於市者報以羊米」。…寔納之、增位三等、賜帛四十匹。※『十六國春秋』前涼張寔元年（建興2年）條に繫年。	j86
123				帛四十匹	皇帝	張寔	賜與		
124		永嘉5～建興3	311～315	錢二百萬	吳興	顧壽	喪葬	元帝爲鎭東將軍…。［顧］祕卒、州人立［顧］衆兄［顧］壽爲刺史、尋爲州人所害。衆往交州迎喪、値杜弢之亂、崎嶇六年乃還。祕曾莅吳興、吳興義故以衆經離寇難、共遺錢二百萬、一無所受。※j5：元帝の鎭東大將軍就任は永嘉5年。杜弢の亂は永嘉5年～	j76

								建興3年。	
125		永嘉5～建興3	～315	庫錢	官	杜弢	竊盜	［杜］弢將王貢精卒三千、出武陵江、誘五谿夷。以舟師斷官運、徑向武昌。［陶］侃…大破之…。…王貢復挑戰、侃遙謂之曰「杜弢爲益州吏、盜用庫錢、父死不奔喪。卿本佳人、何爲隨之也。天下寧有白頭賊乎」。※王隱7に類似の文。杜弢の亂は永嘉5年～建興3年。	j66
126		建興	313～317	官布六百餘匹	官	宋挺	竊盜	丞相行參軍宋挺、本揚州刺史劉陶門人。陶亡後、挺娶陶愛妾以爲小妻。建興中、挺又割盜官布六百餘匹、正刑棄市、遇赦免。	j69
127	元帝	～建武	～317	金寶綵絹	石勒	疾陸眷	賜與	王浚遣督護王昌等率疾陸眷及弟文鴦・從弟末杯攻石勒於襄國。勒敗還壘、末杯追入壘門、爲勒所獲。勒質末杯、遣使求和於疾陸眷。疾陸眷將許之…以鎧馬二百五十匹、金銀各一簏贖末杯。勒歸之、又厚以金寶綵絹報疾陸眷。疾陸眷令文鴦與石季龍同盟、約爲兄弟、遂引騎還。昌等不能獨守、亦還。建武初…。※『通鑑』では永嘉6年條に繫年。	j63
128		～建武1	～317	錢二十萬等	愍帝	賀循	賜與	其後帝［愍帝］以［賀］循清貧、下令曰「循冰清玉潔…其賜六尺牀薦席褥并錢二十萬、以表至德、暢孤意焉」。循又讓、不許、不得已留之、初不服用。及帝踐位…。※何7にほぼ同文。「薦」字無し。	j68
129		建武～	317～	錢	人	人	賣買	洛陽焰。…獨宿十餘年…有猛獸殺大麈鹿於菴側、［郭］文以語人、人取賣之、分錢與文。文曰「我若須此、自當賣之。所以相語、正以不須故也」。聞者皆嗟歎之。…王導聞其名…。	j94
130		建武～大興3	317～320	布三千匹等	司馬睿	祖逖	軍費	［祖］逖以社稷傾覆、常懷振復之志。…曰「…庶幾國恥可雪、願大王圖之」。帝［司馬睿］乃以逖爲奮威將軍・豫州刺史、給千人稟・布三千匹、不給鎧仗、使自	j62

								招募…屯于江陰。※何7に類似の文あり、「給千人稟・布三千匹」を「給布三千疋」に作る。	
131		建武～永昌	318～322	錢數百萬	郡民	鄧攸	餞別	［鄧攸］遂至江東…時吳郡闕守、人多欲之、［元］帝以授攸。攸載米之郡、俸祿無所受、唯飲吳水而已。…攸在郡刑政清明、百姓歡悅、爲中興良守。後稱疾去職。郡常有送迎錢數百萬、攸去郡、不受一錢。百姓數千人留牽攸船、不得進、攸乃小停、夜中發去。…永昌中…。※臧16に同文。	j90
132		太興3	320	帛等	石勒	邵續	賜與	［石］季龍之攻［邵］續也、朝廷有王敦之逼、不遑救恤。續既爲［石］勒所執、身灌園鬻菜、以供衣食。勒屢遣察之、歎曰「此眞高人矣…」。嘉其清苦、數賜穀帛。※元帝紀太興3で邵續は石勒に降伏。王7にほぼ同文。	j63
133	明帝	太寧1	323	布五千匹	皇帝	能殺鳳送首	購賞	太寧元年…詔曰…「有能殺［錢］鳳送首、封五千戶侯、賞布五千匹」。	j78
134		太寧2	324	絹九千匹		王導	軍功	［王敦之亂］悉平之。封司徒王導爲始興郡公、邑三千戶、賜絹九千匹。丹楊尹溫嶠建寧縣公、尚書卞壺建興縣公、中書監庾亮永昌縣公、北中郎將劉遐泉陵縣公、奮武將軍蘇峻邵陵縣公、邑各千八百戶、絹各五千四百匹。尚書令郗鑒高平縣侯、護軍將軍應詹觀陽縣侯、邑各千六百戶、絹各四千八百匹。建威將軍趙胤湘南縣侯、右將軍卞敦益陽縣侯、邑各千六百戶、絹各三千二百匹。其餘封賞各有差。j65：及明帝卽位、［王］導受遺詔輔政…。王敦又舉兵內向。…及帝伐敦…敦平、進封始興郡公、邑三千戶、賜絹九千匹、進位太保…。j67：及［王］敦構逆、加［溫］嶠中壘將軍・持節・都督東安北部諸軍事。…嶠自率衆與賊夾水戰…事平、	j6
135				絹各五千四百匹		溫嶠・卞壺・庾亮・劉遐・蘇峻			
136				絹各四千八百匹		郗鑒・應詹			
137				絹各三千二百匹		趙胤・卞敦			

								封建寧縣開國公、賜絹五千四百匹、進號前將軍。j73：及［王］敦擧兵、加［庾］亮左衞將軍、與諸將距錢鳳。…事平、以功封永昌縣開國公、賜絹五千四百匹、固讓不受。轉護軍將軍。j67：及［王敦佐吏錢］鳳等平、溫嶠上議、請宥敦佐吏、［郗］鑒以爲…王敦佐吏雖多逼迫、然居逆亂之朝、無出關之操、準之前訓、宜加義責。又奏錢鳳母年八十、宜蒙全宥。乃從之。封高平侯、賜絹四千八百匹。j70：及［王］敦作逆、明帝…以［應］詹爲都督前鋒軍事・護軍將軍・假節・都督朱雀橋南。…賊平、封觀陽縣侯、食邑一千六百戶、賜絹五千匹。	
138		太寧2	324	布千匹	皇帝	紀瞻	賜與	明帝嘗獨［紀］瞻於廣室、慨然憂天下…及王敦之逆［太寧2年］、帝使謂瞻曰「卿雖病、但爲朕臥護六軍、所益多矣」。乃賜布千匹。瞻不以歸家、分賞將士。	j68
139		～太寧2	～324	賜錢五十萬	皇帝	卞壼	婚姻賜與	［卞］壼廉潔儉素、居甚貧約。息當婚、詔特賜錢五十萬、固辭不受。後患面創、累乞解職。…時庾亮將徵蘇峻［太寧2年］…。※臧7：卞壼廉潔儉素、居甚貧約。息當婚、詔特賜錢三十萬、固辭不受。※卞壼は281～328年。「息當婚」とある以上、320年代か。	j70
140		太寧3	325	帛人二匹	皇帝	鰥寡孤獨	慶事福祉	立皇子［司馬］衍爲皇太子、大赦、增文武位二等、大酺三日、賜鰥寡孤獨帛人二匹。	j6
141	成帝	咸和1	326	帛人二匹	皇帝	鰥寡孤老	慶事福祉	太寧三年三月戊辰、立爲皇太子。…［太寧三年改め咸和元年］己丑、太子卽皇帝位［成帝司馬衍］、大赦、增文武位二等、賜鰥寡孤老帛人二匹。	j7
142		咸和1	326	布百匹・錢十萬	皇帝	王嶠	賜與	咸和初、朝議欲以［王］嶠爲丹楊尹。嶠以京尹望重、不宜以疾居之、求補廬陵郡、乃拜嶠廬陵太守。以嶠家貧、無以上道、賜	j75

							布百匹・錢十萬。尋卒官、謚曰穆。	
143	咸和2～3	327～328	布萬匹	溫嶠	能斬約・峻者	購賞	［有蘇峻之亂、溫］嶠於是列上尙書、陳［蘇］峻罪狀…曰「…有能斬［祖］約・［蘇］峻者、封五等侯、賞布萬匹…」。	j67
144	咸和3	328	官幔三張合布三十匹	官	邵廣	竊盜	討蘇峻…時廷尉奏殿中帳吏邵廣盜官幔三張、合布三十匹、有司正刑棄市。	j75
145	咸和4	329	布帛百匹	皇帝	鍾雅	賜與	蘇峻之難…明年、［鍾雅］並爲賊［＝蘇峻・祖約等］所害。賊平［咸和4年］、追贈光祿勳。其後以家貧、詔賜布帛百匹。	j70
146	咸和4	329	錢百萬・布千匹等	皇帝	溫嶠	喪葬	［溫］嶠…先有齒疾、至是拔之、因中風、至鎭未旬而卒…帝下册書曰「…今追贈公侍中・大將軍・持節・都督・刺史、公如故、賜錢百萬・布千匹、謚曰忠武、祠以太牢」。※成帝紀咸和4年條「溫嶠卒」。	j67
147	咸和4	329	絹八千匹	皇帝	陶侃	賜與	［陶］侃旋江陵、尋以爲侍中・太尉、加羽葆鼓吹、改封長沙郡公、邑三千戶、賜絹八千匹、加都督交・廣・寧七州軍事。※成帝紀咸和4年條「以征西大將軍陶侃爲太尉、封長沙郡公」。	j66
148	咸和4	329		郭默	陶侃	賜與	屬後將軍郭默矯詔襲殺平南將軍劉胤、輒領江州。［陶］侃聞之曰「此必詐也」。…侃以大軍繼進。默遣使送妓婢絹百匹、寫中詔呈侃。※成帝紀咸和4年條「太尉陶侃帥衆、討默」。	j66
149	咸和8	333	束帛	皇帝	翟湯・虞喜	招聘	夏四月、詔封故新蔡王弼弟邈爲新蔡王。以束帛徵處士尋陽翟湯・會稽虞喜。	j7
150	～咸和9	～334	絹物	不明	翟湯	貨易	司徒王導辟［翟湯］不就、隱於縣界南山。始安太守干寶與［翟］湯通家、遣船餉之、敕吏云「翟公廉讓、卿致書訖、便委船還」。湯無人反致、乃貨易絹物、因寄還寶。寶本以爲惠而更煩之、益愧歎焉。咸康中…。※何7にほぼ	j94
151			絹物	翟湯	干寶	返報		

								同文。	
152		咸康1	335	束帛	皇帝	翟湯・郭翻	招聘	［咸康元年］秋八月、長沙・武陵大水。束帛徵處士翟湯・郭翻。j7：咸康中、征西大將軍庾亮上疏薦之、成帝徵爲國子博士、湯不起。	j7
153		～咸康	～335	布萬匹	皇帝	王導	賜與	［王］導簡素寡欲…帝知之、給布萬匹、以供私費。…石季龍掠騎至歷陽、導請出討之…給布萬匹。※成帝紀咸康元年條「石季龍寇歷陽」。	j65
154		咸康1	335	布萬匹	皇帝	王導	賜與		
155		咸康5	339	布千匹	蔡謨	得賊大白船者	購賞	［郗］鑒卒…［石］季龍於青州造船數百…朝廷以爲憂。［蔡］謨遣龍驤將軍徐玄等守中洲、并設募、若得賊大白船者賞布千匹、小船百匹。	j77
156		～咸康5	～339	錢百萬	不明	王導	發掘	［王］悅…先［王］導卒、謚貞世子。先是、導夢人以百萬錢買悅、潛爲祈禱者備矣。尋掘地、得錢百萬、意甚惡之、一皆藏閉。※王導の死は咸康5年。	j65
157		咸康8	342	米布	成帝	司馬紘	問疾	以［司馬］紘繼高密王據。及［元］帝卽位。…後疾甚…御史中丞車灌奏劾請免紘官…成帝詔曰「…王可解常侍・光祿・宗師、先所給車牛可錄取、賜米布牀帳以養疾」。咸康八年薨。	j37
158		咸康末	342	束帛	皇帝	韓績	招聘	咸康末、會稽內史孔愉上疏薦之［＝韓績］、詔以安車束帛徵之。尙書令諸葛恢奏績名望猶輕、未宜備禮、於是召拜博士。※王9：［韓］績少好文學。…司徒王導聞其名。辟以爲掾、不就。咸康末、會稽內史孔愉上疏薦之。詔以安車束帛徵之。稱老病。卒于家。	j94
159	康帝	咸康8	342	錢二十萬等	皇帝	丁潭	退職	康帝卽位、［丁潭］屢表乞骸骨。詔以光祿大夫還第、門施行馬、祿秩一如舊制、給傳詔二人、賜錢二十萬・牀帳褥席。年八十卒。	j78
160		建元1	343	束帛	皇帝	翟湯・虞喜	招聘	又以束帛徵處士尋陽翟湯・會稽虞喜。	j7
161		～建元	～	烏布帳	郡府	謝尙	贈與	［謝］尙爲政清簡、始到官、郡府	j79

		1	343	（布四十匹）				以布四十匹爲尚造烏布帳。尚壞之、以爲軍士襦袴。建元二年…。	
162		～建元1	～343	襦袴（布四十匹）	謝尚	軍士	贈與		
163		建元2	344	絹十匹	官	庾襲	借財	［庾］冰天性淸愼、常以儉約自居。中子［庾］襲嘗貸官絹十匹、冰怒、捶之、市絹還官。臨卒…曰「…死之日、斂以時服、無以官物也」。及卒、無絹爲衾。※穆帝紀建元2年條「庾冰卒」。何7にほぼ同文。	j73
164					庾冰	官	返濟		
165	穆帝	永和1～	345～	絹一匹・錢五千文	桓溫	星人	賜與	時［桓溫］有大志、追蜀人知天文者至、夜執手問國家祚運修短。答曰…溫不悅乃止。異日、送絹一匹、錢五千文以與之。星人乃馳詣［習］鑿齒曰「家在益州、被命遠下、今受旨自裁、無由致其骸骨。緣君仁厚、乞爲標碣棺木耳」。鑿齒問其故、星人曰「賜絹一匹、令僕自裁、惠錢五千、以買棺耳」。鑿齒曰「君幾誤死。君嘗聞干知星宿有不覆之義乎。此以絹戲君。以錢供道中資、是聽君去耳」。	j82
166		永和10	354	百錢	老姥	人	賣買	［王羲之］…又嘗在蕺山見一老姥、持六角竹扇賣之。羲之書其扇、各爲五字。姥初有慍色。因謂姥曰「但言是王右軍書、以求百錢邪」。姥如其言。人競買之。他日、姥又持扇來、羲之笑而不答。其書爲世所重、皆此類也。※臧15・沈にほぼ同文。臧15は「但言」前に「入市」の語がある。沈は「六角竹扇」を「十許六角竹扇」に作る。	j80
167		升平1	357	帛三匹・絳二匹・絹二百匹・錢二百萬等	皇帝	王皇后	婚姻	孝武納王皇后、其禮亦如之。其納采・問名・納吉・請期・親迎、皆用白雁・白羊各一頭、酒米各十二斛。惟納徵羊一頭・玄纁用帛三匹・絳二匹・絹二百匹・獸皮二枚・錢二百萬・玉璧一枚・	j21

								馬六匹・酒米各十二斛。	
168		升平4	360	錢百萬・布五千匹	皇帝	荀崧	改葬	荀崧…咸和三年薨。…升平四年、崧改葬、詔賜錢百萬・布五千匹。	j75
169	哀帝	隆和1	362	以水牛牽埭稅取錢直	海鹽・錢塘	司馬奕	納稅	隆和元年…時東海王［司馬］奕求海鹽・錢塘以水牛牽埭稅取錢直、帝［哀帝］初從之、［孔］嚴諫乃止。初、帝或施私恩以錢帛賜左右。嚴又啓諸所別賜及給廚食、皆應減省。帝曰「左右多困乏、故有所賜。今通斷之、又廚膳宜有減徹、思詳具聞」。嚴多所匡益。※何7：［孔］嚴補大中正。時東海王弈…上疏求海鹽・錢塘以水牛牽埭、稅取錢直。嚴啟宜寢表。	j78
170				錢帛	皇帝	左右	救貧		
171		～興寧1	～363	錢數千萬	不明	郗愔	散財	［郗愔太元九年卒。郗］愔又好聚斂、積錢數千萬、嘗開庫、任［郗］超所取。超性好施、一日中散與親故都盡。其任心獨詣、皆此類也。…［桓］溫遷大司馬…。※郗超は336～378年の人。郗愔は384年に死す。桓溫の大司馬就任は363年。	j67
172				錢數千萬	郗超	親故	散財		
173	廢帝	太和	366～371	錢	不明	不明	發掘	太和中、會稽山陰縣起倉、鑿地得兩大船、滿中錢、錢皆輪文大形。時日向暮、鑿者馳以告官、官夜遣防守甚嚴。至明旦、失錢所在、惟有船存。視其狀、悉有錢處。	j27
174		太和4～	369～	布千匹・錢百萬	皇帝	南康公主	喪葬	太和四年…及［桓溫妻］南康公主薨、詔賻布千匹・錢百萬、溫辭不受。	j98
175	簡文帝	咸安1	371	錢五千萬・絹二萬匹・布十萬匹	皇帝	桓溫	賜與	［桓］溫既負其才力…乃廢帝而立簡文帝。詔溫依諸葛亮故事、甲仗百人入殿、賜錢五千萬・絹二萬匹・布十萬匹。※簡文帝紀咸安2年に「遺詔以桓溫輔政、依諸葛亮・王導故事」とあるが、別の出來事か。	j98
176		咸安1	371	人布一匹等	皇帝	桓溫軍三萬人	賜與	咸安元年…詔曰「…朕以寡德…其大赦天下、大酺五日、增文武	j9

								位二等、孝順忠貞・鰥寡・孤獨米人五斛」。己未、賜［桓］溫軍三萬人、人布一匹・米一斛。	
177		咸安2	372	布三萬匹等	皇帝？	桓熙	軍費	［桓］溫復還白石、上疏求歸姑孰。…仍請還鎭。遣侍中王坦之徵［桓］溫入相…詔以西府經袁眞事故、軍用不足、給世子［桓］熙布三萬匹・米六萬斛、又以熙弟［桓］濟爲給事中。…及孝武卽位…。	j78
178	孝武帝	寧康1	373	錢二百萬・布二千匹等	皇帝	桓溫	喪葬	［桓］溫薨。…時詔賻溫錢布漆蠟等物、而不及大殮。［桓］沖上疏…求還官庫。詔不許、沖猶固執不受。J98：［桓溫］薨…皇太后與帝臨於朝堂三日、詔賜九命袞冕之服、又朝服一具・衣一襲・東園祕器・錢二百萬・布二千匹・臘五百斤、以供喪事。及葬…賜九旒鸞輅…、優册卽前南郡公增七千五百戶、進地方三百里、賜錢五千萬・絹二萬匹・布十萬匹、追贈丞相。	j74, j98
179				錢五千萬・絹二萬匹・布十萬匹等	皇帝	桓溫	追賜		
180		太元2	377	錢五十萬・布五百匹	皇帝	桓豁	喪葬	太元初、［桓豁］遷征西大將軍…尋卒…。贈司空、本官如故、謚曰敬。贈錢五十萬・布五百匹。使者持節監護喪事。※孝武帝紀太元元年條「桓豁爲征西大將軍」、同2年條「征西大將軍桓豁卒」。	j74
181		太元2	377	錢五十萬	皇帝	桓沖	餞別	［太元二年、桓］豁卒、［桓沖］遷都督江荊梁益寧交廣七州揚州之義成雍州之京兆司州之河東軍事・領護南蠻校尉・荊州刺史・持節、將軍・侍中如故。…沖將之鎭、帝餞於西堂、賜錢五十萬。又以酒三百四十石・牛五十頭犒賜文武。	j74
182		～太元2	～377	錢三十萬	皇帝	王彪之	問疾	王彪之…加光祿大夫・儀同三司、未拜、疾篤、帝遣黃門侍郎問所苦、賜錢三十萬以營醫藥。太元二年卒…。	j76
183		太元6	381	錢百萬等	皇帝	桓沖	軍功	［桓沖］求自領江州、帝許之。沖使石虔伐［苻］堅襄陽太守閻震、擒之［太元6年。後文參照］。…	j74

								三郡［襄陽・上庸・新城］皆平。詔賜錢百萬・袍表千端。※孝武帝紀太元6年12月條に「苻堅遣其襄陽太守閻震寇竟陵、襄陽太守桓石虔討擒之」とある。	
184		太元7	378	賻錢二十萬・布百匹	皇帝	周虓	喪葬	後又與［苻］堅兄子苞謀襲堅［太元7年］…［周］虓竟以病卒於太原。…孝武帝詔曰「虓厲志貞亮、無愧古烈。…贈龍驤將軍・益州刺史、賻錢二十萬・布百匹」。又贍賜其家。※苻堅載記下太元七年條「堅兄法子東海公陽［周虓傳では苞］與王猛子散騎侍郎皮謀反…」。	j58
185		太元8	383	錢百萬・綵千匹	皇帝	謝玄	軍功	及苻堅自率兵…衆號百萬…［謝玄］決戰肥水南…堅衆奔潰…詔遣殿中將軍慰勞、［玄］進號前將軍・假節、固讓不受。賜錢百萬・綵千匹。※肥水の戰いは383年に決着。	j79
186		太元8	383	錢百萬等	皇帝	桓伊	軍功	［桓］伊有武幹…及苻堅南寇、伊與冠軍將軍謝玄・輔國將軍謝琰俱破堅於肥水、以功封永脩縣侯、進號右軍將軍、賜錢百萬・袍表千端。※王7に類似の文。「袍裏千端」に作る。	j81
187		太元8	383	錢五十萬・布五百匹	皇帝	桓沖	喪葬	［桓］沖…卒…。贈太尉、本官如故、謚曰宣穆。賻錢五十萬・布五百匹。※桓沖の死は太元8年(孝武帝紀)。	j74
188		太元10	385	錢百萬・布千匹等	皇帝	謝安	喪葬	［謝安］尋薨…賜東園祕器・朝服一具・衣一襲・錢百萬・布千匹・蠟五百斤、贈太傅、謚曰文靖。以無下舍、詔府中備凶儀。及葬、加殊禮、依大司馬桓溫故事。※孝武帝紀太元10年條「謝安薨」。	j79
189		太元12	387	束帛	皇帝	戴逵・龔玄之	招聘	束帛聘處士戴逵・龔玄之。	j9
190		太元12	387	布帛各有差	皇帝	百官	賜與	秋八月辛巳、立皇子德宗爲皇太子、大赦、增文武位二等、大酺五日、賜百官布帛各有差。	j9

191	安帝	～隆安2	～398	財帛	皇帝	王恭	財產	時桓玄等已至石頭、…斬之。［王恭］家無財帛、唯書籍而已、爲識者所傷。	j84
192		元興初	402	錢五十萬等	皇帝	吳隱之	賜與	隆安中、以［吳］隱之爲龍驤將軍・廣州刺史・假節、領平越中郎將。…元興初、詔曰「…夫處可欲之地而能不改其操、饗惟錯之富、而家人不易其服、革奢務嗇、南域改觀、朕有嘉焉。可進號前將軍、賜錢五十萬・穀千斛」。	j90
193		義熙4	408	錢百萬・布千匹等	皇帝	司馬遵	喪葬	忠敬王［司馬］遵…義熙四年薨。…詔賜東園溫明祕器・朝服一具・衣一襲・錢百萬・布千匹、策贈太傅、葬加殊禮。	j64
194		義熙8	412	錢十萬等	皇帝	吳隱之	退職	義熙八年、［吳隱之］請老致事、優詔許之、授光祿大夫、加金章紫綬、賜錢十萬・米三百斛。九年、卒、追贈左光祿大夫、加散騎常侍。	j90
195		義熙	405～418	錢三十萬・布三百匹	皇帝	毛璩・毛瑾・毛瑗	喪葬	義熙中、時延祖爲始康太守、上疏訟［毛］璩兄弟。於是詔曰「故益州刺史璩・西夷校尉瑾・蜀郡太守瑗勤王忠烈、事乖慮外。葬送日近、益懷惻愴。可皆贈先所授官、給錢三十萬・布三百匹」。	j81
196		安帝期	396～418	錢十萬	皇帝	卞壼	賜與	咸康六年、成帝追思［卞］壼…其後盜發壼墓、尸僵、鬢髮蒼白、面如生、兩手悉拳、爪甲穿達手背。安帝詔給錢十萬、以修塋兆。	j70
補1	補	武帝時	265～290	金冊九百九十枚	一老母	比干	贈與	何比干…武帝時爲丹陽都尉、有陰德。嘗獨坐。天大雨。有一老母詣比干。而衣不濡。比干怪而敬焉。臨去。懷中出金冊九百九十枚。以授比干曰「爾子孫當佩印綬。如此册數」。	何7
補2		咸寧4	278	錢三千萬等	武帝	杜預	賜與	杜預爲鎮南大將軍・都督荊州諸軍事、給追鋒車・第二駙馬・御府人馬・錢三千萬、鎮襄陽。j34：及［羊］祜卒［＝278年］、［杜預］拜鎮南大將軍・都督荊州諸軍事、給追鋒車・第二駙馬。預既至鎮、繕甲兵…。	王6

補3	～咸寧4	～278	絹	羊祜	孫吳	交換(穀)	[羊] 祜周行賊 [＝孫吳] 境七百餘里、往反四十餘日、刈賊穀以爲軍糧、皆計頃畝、送絹還直。使如穀價。※羊祜278年死去。	晉別
補4	～太康3	～283	絲百斤	袁毅	山濤	賄賂贈與	袁毅爲鬲令、賂遺朝廷、以營虛譽。遺山濤絲百斤。濤不欲爲異、乃受之、命內之閣上。後毅事露、吏驗至濤所、濤於梁上取絲、塵埃黃黑、封印如初。以附吏。※山濤は283年死去。	臧7
補5	太康10	289	帛	武帝	作廟者	賜與	太康十年、太廟成、遷神主於新廟。上 [武帝] 帥百官奉迎於道左、遂親禘祫、賜王公以下至司馬督・子弟官、賜作廟者帛。	王1
補6	元康7	297	賻數百萬	懷王渾德惠者	王戎	喪葬	[王] 戎父渾有令名、官至涼州刺史。渾薨。所歷九郡義故、懷其德惠、相率致賻數百萬。戎悉不受。戎由是顯名。※王渾は元康7年 (297) 死去。	虞
補7	～永寧1	～301	五百匹布	劉寶	國家	贖罪	劉寶嘗爲司徒扶風王駿以五百匹布贖之、用爲從事中郎。※劉寶は301年死去。	臧補
補8	建初1～2	303～304	束帛等	李雄	譙秀	招聘	譙秀…巴西人也。少而靜默、不交於世。郡察孝廉、州擧秀才、皆不就。及李雄據巴蜀、慕秀名、具束帛安車徵、皆不應。※李雄は建初元年大將軍・益州牧を自稱。翌年成都王自稱。	王9
補9	建興3	315	繒帛・珍寶	景公及管仲塚	曹嶷	盜掘	愍帝建興三年。漢曹嶷據臨淄。發景公及管仲塚。尸並不朽。繒帛可服。珍寶巨萬。	王1
補10	太寧1?	323?	帛布	不明	杜夷?	喪葬	君年五十二、當其終亡、安厝先塋。帛布輀車、喪儀儉約。執引者皆三吳令望、及北人賢流。j91：[杜夷] 太寧元年卒、年六十六。※兩記載は關連？	晉別
補11	成帝期	325～342	官幔、合布四十疋	國家	秦王典吏邵廣	竊盜	[顯宗成帝時] 范堅…爲廷尉。秦王典吏邵廣盜官幔、合布四十疋。依律棄市。	何7
補12	咸康2～7?	336～341?	錢百萬・布五百疋	成帝	後母裴氏	賜與	成恭皇后杜氏、陵陽京兆人也。成帝贈後母裴氏爲廣德縣高安鄉君、賜錢百萬・布五百疋。※杜	何4

								氏は咸寧7（341）死去。咸康2年（336）皇后即位。	
補13		太元8	383	錦罽萬端等	苻堅	謝玄	戰果	氐賊苻堅、傾國大出、眾號百萬。［謝玄］與從弟琰等選精鋭決戰。射傷堅。俘獲數萬計。得僞輦及雲母車。寶器山積、錦罽萬端・牛馬驢騾駝十萬頭匹。※何7に類似の文。	晉別
補14		義熙8?	412?	帛金錢等	宋王	民	贈與	［刁］彝子逵…、弟暢…、次宏…各歷職州刺史。兄弟子姪並不治名行、競修貨殖。…義旗初建、宏將謀起兵。宋王［劉裕］遣劉毅誅之。…宋既誅暢、散其穀帛金錢牛羊、令民稱力取之、彌日不盡。時天下饑儉編戶菜蔬、及刁氏之破、百姓充足。※劉毅死亡後（412年）に劉裕の宋王即位（417年）。	王7
補15		不明	不明	錢三十萬等	皇帝	爰郡	退職	爰郡…老乞骸骨。詔聽如所上、拜太中大夫、賜錢三十萬・床帷薦褥。祿賜與卿同。遣殿中侍給藥。	臧補1
補16		不明	不明	百金	謝安	中外子姪	食費	［謝］安于東山營墅樓館、林木甚盛、毎攜中外子姪、往來遊集、餚饌亦屢費百金。世頗以此譏焉。安殊不以屑意。※謝安は320～385年。	臧15
補17		不明	不明	罰金八兩	私釀酒酤者	國家	罰金	凡民私釀酒酤、其有婚姻及疾病者聽之。餘有犯、罰金八兩。	臧補1
補18		不明	不明	金	象林南四國人	國家	貢納	自此南有四國、其人皆云漢人子孫。今有銅柱、亦是漢置此爲界。貢金供稅也。※王2：日南郡象林南有四國、皆稱漢人、貢金供稅。	j15象林自注

※［出典］欄には唐・房玄齢等撰『晉書』の巻数を記した。その中には物財授受が提案されているだけで、実際には授受が完了していない事例も含めた。［詳細］欄には原文を摘記し、［理由］欄には授受理由をしるした。たとえば、「軍功」は戦功に対する賜与、「退職」は退職金、「喪葬」は死者に対する賜与、「特賜」は社会的福祉の必要な者や顕彰すべき特定の民に対する賜与、「問疾」は病気の官吏などに対する見舞金、「婚姻」は婚姻締結時の物財授受、「親桑」は親桑儀礼時の物財授受、「賜与」は前記以外の一般的賜与をさす。それ以外の特殊な理由に関しても適宜明記した。なお『晉書』には他にも俸祿関連史料などがあるが、それらは個々の事例というよりは一定の原則をしめした史料なので、とりあえずここでは除外した。

※［補］として房玄齢等撰『晉書』以外の各種晉書佚文も補った。清・湯球輯・厳茜子点校「九家

旧晉書輯本」(『二十五別史』斉魯書社、1998年）に基づく。「臧」は臧栄緒『晉書』、「臧補」は臧栄緒『晉書』補遺一巻、「王」は王隠『晉書』、「虞」は虞預『晉書』、「沈」は沈約『晉書』、「何」は何法盛『晉中興書』、晉別は『晉諸公別伝輯本』をさす。